제 2 증보판

미국저작권판례

COPYRIGHT CASES OF THE UNITED STATES

Chang, Chu-Young 장 주 영

육 법 사

제2증보판 머리말

증보판을 펴낸 이후 5년 만에 새로운 판례를 추가하여 제2증보판을 낸다. 추가한 판례는 모두 8건인데 최근의 주요한 저작권 분쟁 사례들을 골랐다. 연방대법원의 Kirtsaeng v John Wiley & Sons (2013), ABC v Aereo(2014) 2건과 연방항소법원의 Chamberlain Group v Skylink Technologies(2004), Jacobsen v Katzer(2008), MDY Industries v. Blizzard Entertainment(2010), Viacom v Youtube(2012), Oracle v Google(2014), Authors Guild v Google(2015) 6건이다. Kirtsaeng 판결은 저작물 수입 금지, Aereo 판결은 방송신호의 불법수신과 공연권 침해, Chamberlain 판결 및 Blizzard 판결은 접근 통제 및 저작권 보호 기술조치의 우회 금지, Jacobsen 판결은 오픈소스 이용허락과 저작권 침해, Youtube 판결은 서비스제공자의 면책, Oracle 판결은 컴퓨터 프로그램의 저작권 보호와 공정이용, Authors Guild 판결은 구글의 디지털 도서관 사업과 공정이용과 관련하여 법률조항의 해석과 적용범위를 다룬 판결들이다.

본문 제12장에 "저작권 보호 기술 조치와 우회 금지" 내용을 새로 추가하여, 접근 통제 기술 조치의 우회 금지와 접근 통제 및 저작권 보호 기술 조치를 우회하는 기술・제품 등의 거래 금지 조항을 설명하고 관련 판결을 소개하였다. 디지털 기술과 인터넷의 발전으로 새로운 저작권분쟁이 자주 일어나는 미국의 사례는 거의 비슷한 법조항을 두고 있는 우리 저작권법의 해석과 적용에 많은 참고가 된다.

새로운 판례들은 저작권과 관련이 있는 내용 중심으로 번역하였고, 저작권 법리 이해와 무관하거나 중복되는 부분은 제외하였다. 판결문에 인용되어 있는 판례나 근거 자료, 증거, 당사자 서면 표시와 주석내용도 거의 포함하지 않았다. 기존 판결과 본문에 내용을 조금 추가하거나 불필요한 내용을 없애기도 했고, 더 자연스러운 우리말 표현과 어법에 맞게 바꾸려고 하였다. 영문은 꼭 필요하다고 생각될 때에만 나란히 적었다. 초판을 낼 때처럼 축소 요약하면 많은 판결을 소개할 수 있으나 취지를 충분히 전달하지 못하는 아쉬움이 남는다. 판결문 전문 번역은 분량이 많아지고 중복되거나 불필요한 부분도 있어서 바람직하지 않았다. 그래서 적정한 범위안에서 번역하려고 했으나 판결문 자체가 길어서 고민스러울 때가 많았다.

분량도 줄일 겸 해서 중요성이나 시의성이 떨어진다고 생각되는 몇 몇 판결을 삭제했다. 삭제한 판결은 12개로 Miller v. Universal City Studio, Carter v. helmsley Spear, Cramer v. Crestar Financial Group, Perfumes Givency v. Drug Emporium, Ty v. GMA Accessories, Novelty Textile Mills v. Joan Fabric Corp, Arnstein v. Porter, Peter Pan Fabrics v. Martin Weiner Corp, Meeropol v. Nizer, Walt Disney Productions v. Air Pirates, Religious Technology Center v. Netcom이다. 비아콤 사건의 1심 판결(Viacom v Youtube)은 항소법원 판결로 바꾸었다.

방대한 미국저작권법의 일부만을, 그것도 판례위주로 다루었다는 한계가 있지만 미국저작권법의 법리 전반을 이해하기 위한 기초 교재로는 쓸 만해진 느낌이다. 한국과학기술원 지식재산대학원 프로그램(MIP)에서 해마다 글로벌 저작권법을 강의한 경험이 제2증보판 발간에도 큰 도움이 되었다. 강의 자료로 쓰기 위해 꾸준히 번역한 판례가 이 책의 밑거름이 되었음은 물론이다. 직장생활을 하면서 지식재산 관련 분야에 상당한 전문지식이 있었던 학생들의 질문이나 의견을 들으면서 부족한 부분을 다시 보고 자극도 받았다. 새삼 강의에 적극 참여했던 학생들에게 고마운 마음이다. 지식재산대학원 프로그램을 만들어 수준 높게 발전시킨 이광형 원장님과 박성필 교수님의 노고가 없었다면 어쩌면 증보 작업 자체가 불가능하였을지 모른다. 여러 가지로 성원을 아끼지 않으신 두 분께 감사드린다. 멋진 표지 디자인과 함께 빈틈없이 책을 만들어주시는 육법사 백욱 사장님께도 늘 감사드린다.

2017. 3.

변호사 **장 주 영**

증보판 머리말

9년만에 증보판을 발간하게 되었다. 처음에 책을 낼 때는 향 후 새로운 판례들을 보완하려 했으나 이런 저런 핑계로 손을 대지 못하였다. 그런데 작년 여름에 한국과학기술원 지식재산 실무석사 과정(KAIST-MIP)의 글로벌 저작권법 강의를 맡게 되었다. 기존의 책을 기본으로 강의를 하면서도 시간이 많이 흘렀기 때문에 새로 나온 미국판례들을 소개할 필요가 있었다. 그 때 강의자료로 삼은 미국판례들에다 추가로 선정한 판례들로 증보판을 내게 되었다. 추가된 판결은 모두 10건인데 연방대법원(Grokster)과 연방지방법원(Youtube)의 판결 1개씩을 제외하고 나머지는 연방항소법원 판결들이다. 10건의 판결은 다음과 같다. MGM Studios v. Grokster(2005), UMG Recordings v. Shelter Capital Partners(Veoh Networks)(2011), Leibovitz v. Paramount Pictures(1998), Mattel v. MGA Entertainment(2010), Meshwerks v. Toyota (2008), Perfect 10 v. Amazon.com(Google Inc.)(2007), Perfect 10 v. CCBill (2007), Pivot Point v Charlene Products(2004), Satava v. Lowry(2003), Viacom v Youtube(2010). 인터넷 서비스 제공자의 저작권 책임과 관련하여 1998년에 제정된 디지털 밀레니엄 저작권법(DMCA)을 적용한 판결들이 나오기 시작하여 5건을 포함시킬 수 있었다. 이 판결들은 저작권자와 인터넷 서비스 제공자의 저작권분쟁이 법적으로 어떻게 정리되고 있는지를 이해하는데 도움을 준다. 저작권의 보호와 IT기술의 발전이라는 서로 상충하는 이해관계 속에서 타협의 산물로서 제정된 DMCA가 본격적으로 적용되는 사례를 확인할 수 있다. 앞으로도 인터넷의 발전은 물론 스마트폰, SNS서비스 등 새로운 유형의 정보통신기술이 발전함에 따라 저작권법의 적용과 한계를 둘러싼 논란이 계속될 것으로 보인다. 우리나라에서도 한·EU FTA와 한미FTA의 이행을 위해 저작권법을 개정하면서 DMCA조항과 비슷한 내용을 도입하였는데 이들 판례는 우리 저작권법의 이해와 적용에도 도움이 되리라 생각된다. 또한 미국저작권법의 공정이용(fair use)조항을 본떠 우리 저작권법에 도입한 공정이용규정의 해석과 적용에서도 미국 저작권 판례들이 시사하는 바가 많을 것이다.

판례들은 내가 임의로 선정한 것이고 중요한 판례들을 모두 망라한 것은 아니다. 번역기준은 원칙적으로 초판과 같지만 달라진 점은 이번에는 판결문을 요약하기 보다는 저작권에 관련된 내용을 모두 번역하려고 하였다. 가급적 직역을 하였으나 우리말 표현이나 문장구조에 맞도록 불가피하게 의역한 부분도 있다. 증보판을 내면서 초판의 오탈자를 고치고 일부 내용을 수정한 부분도 있다. 번역을 할 때마다 번역이 어렵다는 것을 절감한다. 특히 문화예술분야나 디지털기술분야에 대한 이해가 부족하여 전문용어를 부정확하게 번역한 것은 아닌지 우려된다. 판결문의 정확한 이해를 위해서는 반드시 원문을 읽어볼 필요가 있다. 번역이 어렵기는 하지만 의미를 하나 하나 따져 가는 과정에서 판결내용과 복잡한 미국 저작권법 조항을 명확하게 이해하는 데는 큰 도움이 되었다.

강의기회를 제공하여 저작권법 연구의 끈을 놓지 않게 해 준 윤경 변호사님, 최복규 부장판사님, 고려대 법학전문대학원 안효질 교수님, KAIST 박성필 교수님께 감사드리고 싶다. 사랑하는 은애, 한이, 솔이와도 이 작은 기쁨을 함께 하고 싶다. 산뜻한 편집과 교정으로 책을 출판해 주신 육법사 백욱 사장님께도 변함없이 감사드린다.

2012. 3.

변호사 **장 주 영**

머 리 말

우리 경제가 발전하고 각종 문화예술 활동이 활발해지면서 저작권에 대한 관심이 커지고 있다. 국제적으로는 무역거래와 교류가 빈번해지면서 저작권에 관한 분쟁도 증가하고 있다. 저작권으로 보호할 경제, 문화적 자산이 많은 선진국에서는 자국민의 저작권을 보호하기 위하여 세계무역기구 등을 통해 저작권관련협약을 만드는 동시에 저작권을 보호하지 않는 나라에 대해서는 통상압력을 가하고 있다. 이에 따라 저작권을 깊이 있게 연구하고 저작권보호압력에 대비하여 각국의 저작권법을 알아야 할 필요성이 높아지고 있다. 그 중에서도 저작권보호의 역사가 깊고 사례 또한 풍부할 뿐만 아니라 최근에는 인터넷이나 컴퓨터 등을 둘러싼 저작권논쟁이 활발히 일어나고 있는 미국의 저작권이론을 연구할 필요성은 더욱 크다 할 것이다. 그런데 아직 저작권연구의 역사가 깊지 않은 우리나라에는 미국 저작권법과 판례를 체계적으로 소개한 책을 찾아보기가 어려웠다. 이런 현실에서 개인적으로는 판례를 자세히 공부하면서 저작권연구에 보탬이 되는 자료를 제공할 필요가 있겠다는 생각이 들어 이 책을 쓰게 되었다.

이 책은 내가 미국 워싱턴대학(University of Washington) 로스쿨에서 2년 동안(LL.M.포함) 공부하면서 보았던 미국 저작권판례 중 일부를 미국 저작권법의 체계에 맞추어서 정리, 번역한 것이다. 미국 저작권법의 내용은 법규정을 중심으로 간략히 소개하였고 관련되는 중요한 판례를 모았다. 판례를 선정하고 번역한 기준은 다음과 같다.

첫째, 연방대법원과 연방항소법원의 판례를 중심으로 가능한 한 비교적 최근의 판례들을 골랐고 오래된 판례는 선례가 된다고 생각되는 것들을 선정하였다.

둘째, 판결문을 모두 번역한 것이 아니라 축소, 요약하여 번역하였다. 판결문은 보통 상당히 많은 분량이었는데 판결문에 들어 있는 내용 중에서 특허(patent)와 상표권(trademark)의 침해, 불공정경쟁(unfair competition), 반독점(antitrust), 영업비밀(trade secret)침해, 소송법관련문제 등 저작권법과 직접 관련이 없다고 생각되는 판시내용은 모두 생략하였다. 소수의견도 대부분 생략하였다.

셋째, 미국 저작권법의 내용 중 발행, 표시, 보호기간은 간단히 언급하는 데 그쳤고 그 외 갱신(renewal), 저작권의 회복(restoration of copyright), 저작권의 등록(registration)과 납본(deposit), 연방법 우선적용(preemption of state law) 등에 관련된 내용과 판례는 제외하였다.

막상 책을 마무리하고 보니 판시내용을 오해한 것은 없는지, 번역의 어려움 때문에, 또는 축소해서 번역하다 보니 판결문의 취지를 제대로 전달하지 못한 것은 아닌지 하는 불안감이 남아 있다. 따라서 이 책은 미국 저작권판례를 이해하기 위한 하나의 입문서 정도로만 생각하고 판례의 정확한 이해를 위해서는 반드시 판결문 원문을 읽어보기를 권하고 싶다.

미국 저작권법에 대한 연구가 깊지 않은 상태에서 책을 내려고 생각하니 주저되고 부끄러운 마음이 앞선다. 그러나 이 책이 미국 저작권법에 대한 자료가 많지 않은 현실에서 미국 저작권판례를 이해할 수 있는 하나의 기초자료가 될 수 있다면 그것으로 충분하다는 생각으로 용기를 냈다. 앞으로 기회가 닿는 대로 새로운 판례들을 보완할 예정이다.

이 책을 내기까지 도움을 주셨던 분들을 기억하지 않을 수 없다. 먼저 저작권을 공부하는 과정에서 여러 가지 조언과 격려를 아끼지 않으셨던 정상조 교수님, 내가 미국에서 생활하는 동안 물심양면으로 지원해 준 법무법인 상록의 천낙붕 변호사님 이하 변호사님들, 어려운 출판환경 속에서도 이 책의 출판을 맡아 편집과 교정에 힘써 주신 육법사 백욱 사장님께 진심으로 감사드린다.

2003. 1.

장 주 영

차 례

제2증보판 미국 저작권판례

제1장 미국 저작권법의 역사

제2장 저작권의 대상 (SUBJECT MATTER OF COPYRIGHT)

제 8 장 저작권침해와 구제 (INFRINGEMENT AND REMEDIES)

제9장 저작권침해에 대한 항변 (DEFENSES TO COPYRIGHT INFRINGEMENT) 301

제10장 디지털 밀레니엄 저작권법과 인터넷서비스제공자의 책임 418

제 1 장 미국 저작권법의 역사

1. 앤여왕법(the Statute of Anne)

저작권법은 사상이나 감정이 표현된 것을 복제하거나 배포하는 기술이 발달함에 따라 이에 대응하기 위해 생성·발전되어 왔다. 최초의 저작권법은 영국에서 인쇄술의 도입으로 인하여 만들어졌다. 종교 또는 정치 반란을 부추기는 인쇄물의 배포를 두려워한 영국왕은 인쇄업자와 책판매업자로 구성된 회사에 출판독점권을 주는 대신에 왕의 통제에 복종하도록 하였다. 독점출판기간이 끝난 후 최초의 저작권법인 앤여왕법이 1710년에 제정되었다. 앤여왕법은 처음으로 저작자의 권리를 인정하였고 지식의 확산을 장려함으로써 공공복리를 증진하는 것을 입법취지로 삼았다. 또한 저작자의 창작물에 대하여 보상을 하는 대신에 보호기간을 정함으로써 저작권의 보호기간이 지난 후에는 공유의 영역(public domain)에 들어가도록 하였다.

2. 1790년 저작권법

미국연방헌법은 "저작자와 발명가에게 제한된 기간 동안 그들의 각기 저술과 발명에 배타적인 권리를 보장함으로써 과학과 실용기술의 발전을 촉진하기 위하여(To promote the Progress of Science and the useful Arts, by securing for limited Times to Authors and Inventors the exclusive Right to their respective Writings and Discoveries)"[1] 연방의회에 저작권법과 특

1) 미국 헌법 제1조 제8절 제8항.

허법을 만들 권한을 부여하였다. 헌법규정에 따라 1790년에 앤여왕법을 모델로 하여 미국저작권법이 처음 제정되었다. 1790년 법은 지도, 도해, 책에 대해서 본기간 14년과 갱신기간 14년을 포함하여 모두 28년간 저작권으로 보호하였다. 그 후 저작물의 범위를 음악, 연극, 사진 등으로 확대하였고 보호기간도 각 28년으로 늘렸다.

3. 1909년 저작권법

1909년 저작권법은 저작권 보호 대상으로 저작자의 모든 저술을 포함하였다. 보호기간은 1차 28년, 2차 갱신기간 28년으로 모두 56년간 보호받을 수 있게 하였다. 미국이 베른 협약(the Berne Convention)에 가입하지 않은 이유는 1909년 저작권법이 저작권의 보호를 받기 위해서는 모든 공표된 저작물에 저작권자를 밝히는 표시를 하도록 요구하였고 짧은 보호기간을 규정하였기 때문이다. 당시 베른협약은 저작권보호를 위하여 미국저작권법의 표시와 같은 특별한 형식을 요구하지 않았고 보호기간도 저작자 사후 50년까지였다.

4. 1976년 저작권법(The Copyright Act of 1976)

가. 주요내용

(1) 저작권의 대상을 8가지 범주로 넓게 인정하였다.[2)]

저작자의 저작물은 다음의 범주를 포함한다.

(가) 어문저작물

(나) 가사를 포함한 음악저작물

(다) 수반되는 음악을 포함한 연극저작물

(라) 무언극과 안무저작물

(마) 회화, 그래픽 및 조각저작물

(바) 영화 및 기타 시청각저작물

(사) 녹음물

---

2) 17 U.S.C.§ 102(a).

(아) 건축저작물[3)]

(2) 저작권의 보호기간은 저작권자 생존시와 사후 50년까지로 하였다.[4)] 보호기간은 1998년의 법개정으로 사후 70년까지 늘어났다.[5)]

(3) 저작권의 표시라는 형식은 여전히 모든 발행된 저작물에 필수로 요구되었고 표시문구를 달지 않은 저작물은 공유로 인정하여 저작권의 보호를 받을 수 없었다.[6)] 그 외에도 저작권의 등록, 저작권이전의 등록 등도 저작권 침해소송의 전제 조건이었다.

(4) 저작권자의 5가지 배타적인 권리 즉, 복제권, 2차적 저작물 작성권, 배포권, 공연권, 전시권을 인정하였고 1995년에는 디지털 음의 송신에 의한 녹음물의 공연권을 추가하였다.[7)]

(5) 저작권자의 배타적인 권리에 대한 중요한 제한으로 법원이 인정해 온 공정이용특권을 법에 규정하였다.[8)]

(6) 강제이용허락제도[9)]와 저작권사용료재정위원회가 도입되었다. 저작권사용료재정위원회는 1993년에 저작권사용료중재패널[10)]로 교체되었다.

(7) 저작권자가 저작권의 일부분을 분할하여 이용허락하거나 양도할 수 있게 하였다.[11)]

(8) 연방저작권법이 각 주의 보통법보다 우선적용되었다.[12)]

(9) 1980년에 컴퓨터프로그램의 보호조항이 추가되었다.[13)]

---

3) 건축저작물은 건축저작물보호법에 따라 1990년에 추가되었다.

4) 17 U.S.C.§ 302(a).

5) Sonny Bono Copyright Term Extension Act, 105-298, 112 Stat. 2827(1998).

6) 17 U.S.C.§§401(a)-404. 저작권의 표시는 1) 기호 ⓒ나 “Copyright” 또는 약어 “Copr.”, 2) 최초발행연도, 3) 저작권자의 성명으로 이루어진다.

7) 17 U.S.C.§ 106. The Digital Performance Right in Sound Recordings Act of 1995.

8) 17 U.S.C.§ 107.

9) 17 U.S.C.§§ 111, 114, 115, 116, 118 and 119.

10) 17 U.S.C.§ 801.

11) 17 U.S.C.§ 201(d).

12) 17 U.S.C.§ 301.

13) 17 U.S.C.§ 117.

나. 베른협약이행법(The Berne Convention Implementation Act of 1988)

베른협약이행법은 미국이 베른협약에 가입한 후 협약내용에 어긋나는 1976년 저작권법조항을 고쳤다. 가장 큰 변화는 표시요건을 없애고 1989. 3. 1.이후에 발행된 저작물은 저작물에 저작권자를 밝히는 표시문구를 붙이지 않더라도 저작물로 보호받을 수 있게 되었다.

다. 우루과이 라운드 조약법(Uruguay Round Agreements Act)

우루과이 라운드 협상결과 체결된 TRIPs협정(The Agreement on Trade Related Aspects of Intellectual Property Rights)에 따라 저작권법을 개정하였다. WTO의 회원국이거나 베른협약에 가입한 국가의 저작자가 가지고 있는 저작권을 회복시키고[14] 생음악공연의 녹음, 녹화 및 녹음물의 거래를 금지시켰다.[15]

라. 디지털 밀레니엄 저작권법(The Digital Millennium Copyright Act; DMCA)

1998년에 제정된 DMCA는 WIPO저작권조약과 WIPO 실연·음반조약을 이행하기 위해 만들어졌다. 주요내용으로는 저작권관리정보에 관한 규정을 신설하고[16] 온라인서비스제공자의 책임범위를 명확히 하여 일정한 조건을 갖추면 사용자에 의하여 발생하는 온라인상의 저작권침해에 대해 책임이 면제되도록 하였다.[17]

---

14) 17 U.S.C.§ 104A.

15) 17 U.S.C.§ 1101.

16) 17 U.S.C.§ Chapter 12. §1201-1205.

17) 17 U.S.C.§ 512.

제2장 저작권의 대상 (SUBJECT MATTER OF COPYRIGHT)

1. 원 칙

저작물이 저작권으로 보호받기 위해서는 고정과 독창성의 2가지 요소가 필요하다. 현재 알려져 있거나 장래에 개발될 유형적인 표현매체로서 직접 또는 기계나 장치에 의하여 저작물을 지각, 복제 또는 기타 전달할 수 있는 것에 고정된 저작자의 독창적인 저작물은 저작권의 보호를 받는다.[1]

2. 고 정(Fixation)

저작물이 유형적인 표현매체에 "고정"된 것이란, 저작자의 허락에 의하여 저작물이 순간을 넘는 시간 동안에 지각, 복제 또는 기타 전달될 수 있을 만큼 충분히 영속되거나 안정되어 복제물이나 음반에 들어 있는 경우를 말한다.[2] 저작물은 복제물이나 음반에 처음 고정된 때에 "창작"된다.[3] 저작물이 일정 기간 이상에 걸쳐 작성되는 경우에는 특정 시점에 고정된 부분은 그 시점에서 저작물이 되고, 저작물이 다른 버전으로 작성되는 경우에는 각 버전은 별개의 저작물이 된다.

---

1) 17 U.S.C.§ 102(a). 이 책의 미국 저작권법 규정은 한국저작권위원회가 펴낸 「미국 저작권법(번역 임원선, 2010)」의 번역내용에 따랐으나 더 나은 번역이라고 생각되는 내용으로 바꾸기도 하였다.

2) 17 U.S.C.§ 101("fixed").

3) 17 U.S.C.§ 101("created").

복제물이란 현재 알려졌거나 또는 장래 개발될 방법으로 저작물이 고정된 음반 이외의 유체물로써, 그로부터 저작물이 직접 또는 기계나 장치를 통하여 지각, 복제 또는 달리 전달될 수 있는 것을 말한다. 복제물은 음반 이외에 저작물이 처음 고정된 유체물을 포함한다.[4] 음반은 영화나 다른 시청각저작물에 들어 있는 것을 제외하고 음이 현재 알려진 또는 장래 개발될 방법으로 고정되고, 그로부터 음이 직접 또는 기계나 장치를 통하여 지각, 복제 또는 기타 전달될 수 있는 유체물을 뜻한다. 음반은 음이 처음 고정된 유체물을 포함한다.[5]

저작권의 대상으로 저작물의 "고정"을 요구하는 근거는 미국 헌법이 저작자의 "저술"을 보호하기 위해서 저작권법을 만들도록 규정하였기 때문이다. 고정요건은 직접 인식되거나 직접 눈으로 볼 수 없어도 기계나 기구의 도움을 받아 인식될 수 있으면 된다. 생방송과 같이 공연과 동시에 녹화 혹은 녹음되는 공연은 고정요건을 충족한 것으로 본다.[6] 고정되지 않은 단순한 공연은 저작권으로 보호되지 못하는 것이 원칙이나 생음악공연의 음악이나 음악과 영상을 허락없이 복제물이나 음반에 고정하거나 공중에게 송신하거나 또는 전달하는 행위 등은 저작권침해가 된다.[7] 그러나 이에 대해서는 저작권으로 보호받기 위해서는 유형매체에 고정되어야 한다는 요건을 무시한 것으로 저작자의 저술에 저작권을 부여하도록 한 헌법규정을 위반했는지 논란이 있다.

3. 독창성(Originality)

판례에 의하여 발전된 독창성의 2가지 요소는 독자적인 창작(independent creation)과 최소한의 창작성(a minimum degree of creativity)이다.

독자적으로 창작한 이상 실질적으로 같거나 비슷한 저작물에 대해서 둘 이상의 저작권이 발생할 수 있다. 최소한의 창작성이면 충분하므로 현저한 독특

4) 17 U.S.C.§ 101("copies").

5) 17 U.S.C.§ 101("phonorecords").

6) 송신되고 있는 음, 영상 또는 두 가지로 구성된 저작물은, 그 저작물의 고정이 그 송신과 동시에 이루어졌다면 "고정"된 것이다. 17 U.S.C.§ 101("fixed").

7) 17 U.S.C.§ 1101.

함이나 천재성, 신규성 등을 요구하지 않으며 또한 예술적인 우수함이나 아름다움을 가지고 있어야 하는 것도 아니다. 광고용으로 제작된 저작물도 최소한의 창작성을 가지고 있는 한 저작권의 대상이 될 수 있다. 창작성여부는 작품의 개별 구성요소보다는 전체로서 판단되어야 한다.

그러나 이름, 제목 또는 표어 등과 같은 단어나 짧은 구는 최소한의 창작성 요건을 충족하지 못하므로 저작권의 대상이 될 수 없다.

Bleistein v. Donaldson Lithographing Co.

연방대법원
188 U.S. 239(1903)

사 안

원고는 윌리스(Wallace)가 소유한 서커스단의 광고를 위해 원고의 직원들이 만든 세가지의 다색석판화(chromolithographs)를 피고가 축소된 모양으로 복사하여 원고의 저작권을 침해하였다고 주장하였다. 판화물은 윌리스의 초상화와 서커스에서 보여줄 남녀들의 춤과 자전거묘기 등을 묘사한 내용을 담고 있었다. 제1심법원은 위 판화물은 저작권의 보호대상이 아니라는 이유로 원고의 청구를 기각하였고 항소법원은 1심판결을 인용하였다.

판결요지

연방대법관 홈즈(HOLMES) :

하찮은 그림도 저작권으로 보호될 수 있는 전화번호부나 이와 비슷한 것보다 더 많은 창작성을 가지고 있다. 판화물이 디자인이나 사람들과 줄, 색깔들의 특별한 조합 등을 통해 전체나 또는 세부에서 원고 디자이너의 창작품이라는 것을 의심할 이유는 없다. 그림은 광고로 사용되었다 하더라도 여전히 그림이고 저작권의 대상이 된다. 그림이 비누나 극장, 월간지 등

을 광고하기 위해서 사용될 수 있다면 서커스를 광고하기 위해서도 사용될 수 있다. 월리스 쇼를 광고하기 위해서 이 그림들을 특별히 개작한 것은 저작권의 범위에 관한 문제일 뿐 저작권의 성립을 방해하지 않는다. 법률가들이 가장 좁고 뚜렷한 경계를 벗어난 그림의 가치를 최종 판단하는 것은 위험한 일이 될 수 있다.[8] 천재의 작품이 당대에 평가받지 못하는 경우도 있고 반면에 판사보다 교육을 받지 못한 일반 대중의 관심을 끄는 작품의 저작권 보호가 거부될 수도 있다. 원고의 권리를 무시하고 그림을 베끼려는 의도는 이 그림이 가지고 있는 가치와 성공을 충분히 보여주고 있다. 항소법원의 판결을 파기한다.(할란대법관의 반대의견 생략)

Meshwerks, Inc. v. Toyota Motor Sales U.S.A., Inc.

연방 제10항소법원
528 F.3d 1258(10th Cir. 2008)

판사 GORSUCH :

이 사건은 새로운 기술인 디지털 모델링(digital modeling)에 저작권법리를 적용할 것을 요청하고 있다. Meshwerks(옮긴이는 원고라 함)는 지방법원의 판결과 달리 도요타 승용차와 트럭의 디지털 모델은 충분히 독창적이어서 저작권의 보호를 받을 수 있다고 주장한다. 원고의 모델은 광고에서 제품사진 대신에 사용되는 컴퓨터화된 대체물의 기초가 되는 것으로 도요타 자동차의 디지털 와이어 프레임(wire-frames)[9]이다. 디지털 매체가 저작권으로 보호되는 창작 표현의 새로운 영역을 보여주는 것을 충분히 인정하고 있지만 이 사건에서 원고의 모델은 그 디자인이 도요타의 것이고 그들 자신의 독창적인 것을 포함하고 있지 않다는 사실은 다툼이 없다. 원고의 모델은 저작권으로 보호되지 않으므로 우리는 지방법원의 판결을 인용

8) 홈즈대법관이 작성한 다수의견의 이 구절은 판사가 예술 가치를 평가하는 위험성에 관련하여 판결문에 가끔 인용되는데 원문은 다음과 같다.
It would be a dangerous undertaking for persons trained only to the law to constitute themselves final judges of the worth of pictorial illustration, outside of the narrowest and most obvious limits.

9) (옮긴이 주) 컴퓨터 그래픽에서 3차원 물체의 형상을 나타내기 위해 물체의 형상을 수많은 선의 조합으로 표시하여 입체감을 나타내는 것. 이것은 마치 철사를 이어서 만든 뼈대처럼 보이므로 와이어 프레임이라 한다.

한다.

Ⅰ. A.

2003년에 도요타는 광고대행사인 사치앤사치(Saatchi & Saatchi)와 함께 2004년 모델의 광고 캠페인작업에 착수하였다. 사치와 도요타는 도요타 웹사이트와 기타 다양한 매체에서 도요타 자동차의 디지털 모델을 사용하는 광고를 하기로 합의하였다. 디지털 모델은 제품사진과 다른 실질적인 효과가 있다. 컴퓨터 마우스를 몇 번 누르면 차량의 색과 배경을 바꿀 수 있고 자동차 스타일의 변화를 보여주기 위해 물리적 상태를 편집할 수도 있다. 이를 위해서는 도요타가 승용차나 트럭의 디자인을 조금이라도 바꿀 때마다 모든 자동차를 새롭게 촬영하여야 한다.

사치와 도요타는 디지털 모델을 공급하기 위해 그레이스(Grace & Wild, Inc)와 계약을 했다. 그레이스는 작업의 초기단계인 디지털화와 모델링에서 도움을 받기 위해 원고와 계약을 체결하였다. 디지털화는 묘사대상으로부터 물리적인 자료를 모았다. 도요타 자동차의 경우 승용차와, 트럭, 밴의 각 지점을 측정한 결과를 바탕으로 모델링 소프트웨어가 와이어프레임 모델을 닮은 디지털 이미지를 만들었다. 달리 말하면 자동차의 위치자료(측정치)가 컴퓨터화된 격자지도위에 기록되고 모델링 소프트웨어는 각 자동차의 와이어 프레임을 만들어내기 위해 점들을 이었다.

그러나 컴퓨터 화면 이미지는 완전하지 않으며 수공으로 하는 모델링이 필요하다. 원고 작업자는 자동차와 비슷하게 닮도록 화면위의 선들을 미세조정 또는, 원고가 좋아하는 말을 쓰자면, 조각했다. 원고는 모델에 포함된 위치 자료의 약 90%는 첫 번째 단계의 측정결과가 아니고 두 번째 단계에서 디지털 조각가가 손작업으로 들이는 기술과 노력의 결과라고 표현하였다. 예를 들면 바퀴, 전조등, 문 손잡이, 도요타 상징물과 같은 세세한 부분은 현재의 기술로는 정확하게 측정될 수 없었다. 이러한 특징들은 두 번째 조각 단계에서 추가되어야 했고 원고는 이 특징들을 사진을 보고 손작업으로 가능한 한 사실대로 재창조해야 했다. 측정된 부분에서도 원고는 3차원의 승용차에서 측정된 결과를 2차원의 컴퓨터표현으로 바꾸는 어려움을 겪었다. 이 결과를 얻어내기 위해 위치자료를 만들거나 옮겨야 했다. 자동차

1대당 거의 80에서 100시간의 노력을 들인 뒤의 결과물은 화면에 3차원으로 보이는 도요타 자동차의 2차원 와이어 프레임이었다. 그러나 색, 음영 등이 없는 전혀 장식되지 않는 것이었다. 판결문에 첨부된 첨부A가 원고의 디지털 와이어 프레임 모델을 화면인쇄한 견본이다.

원고가 만든 와이어프레임을 받은 그레이스는 비록 상당히 많은 와이어가 프레임에 추가되거나, 또는 촘촘한 그물로 만들어졌다 할지라도 먼저 컴퓨터화된 모델에 세부손실하여 화면에서 와이어 프레임이 난난히 낸 것처럼 보이도록 한다. 다음으로 그레이스는 도요타의 광고에 사용하기 위해 색, 질감, 빛, 연속 움직임을 추가한다. 그레이스 제작물의 예는 첨부B이다. 그레이스의 디지털 모델은 사치와 도요타에게 보내져 다양한 인쇄물, 온라인, 텔레비전 매체의 많은 광고물에서 이용된다.

B.

원고는 자신의 와이어 프레임으로부터 만든 디지털 모델을 도요타 텔레비전 광고로만 쓰는 것으로 계약을 했고 도요타나 피고들이 다른 광고에서 디지털 모델을 쓰는 것을 허용하지 않았기 때문에 이 사건 분쟁이 생겼다고 주장한다. 그래서 원고는 피고들이 저작권법 뿐만 아니라 계약을 어겨 부당하게 다른 매체에서 디지털 모델을 재사용하였다고 주장한다. 피고들이 지적재산권을 도용했다는 주장을 뒷받침하기 위해 원고는 와이어 프레임 모델에 대해 저작권등록을 하였다는 사실을 지적하고 있다.

피고들은 원고의 와이어 프레임 모델은 저작권으로 보호되기에 충분한 독창성이 없다는 논리로 약식판결을 신청하였다. 피고들은 특히 원고 제작물의 독창적인 표현은 자동차를 디자인한 도요타 디자이너에게서 나오는 것이고 따라서 피고들이 모델을 사용하는 것은 저작권침해문제를 일으킬 수 없다고 주장하였다.

지방법원은 피고들의 주장에 동의했다. 와이어 프레임 모델은 도요타 제품의 복제이며 저작권의 보호를 받을 만큼 충분한 독창성이 없다고 판단하였고 원고의 의도는 도요타 자동차의 이미지를 가급적 그대로 모사하는 것이었다는 점을 강조하였다. 유효한 저작권이 없고 침해가 있을 수 없기 때문에 연방법상 저작권 주장에 관하여 원고 청구를 기각하였다.

Ⅱ.

저작권침해를 주장하기 위해서는, 원고는 (1) 유효한 저작권을 가지고 있고, (2) 피고들이 원고의 독창적인 작품의 구성요소를 베꼈다는 것을 증명해야 한다. 이 사건에서 우리는 첫째 요소－즉, 원고가 디지털 와이어 프레임 모델에 유효한 저작권을 보유하고 있는지에 관한 질문에 초점을 맞추고 있다. 우리는 원고가 저작권청에 저작권등록을 하였기 때문에 유효한 저작권을 가지고 있는 것으로 추정한다. 동시에 피고들은 이 사건 제작물이 저작권의 보호를 받을 자격이 없다는 사실을 밝혀 줄 충분한 증거와 법리를 제시함으로써 추정을 뒤집을 수 있다.

A.

헌법은 연방의회에 "저작자와 발명가에게 제한된 기간 동안 그들의 각기 저술과 발명에 독점적 권리를 보장함으로써 과학과 실용기술의 발전을 촉진하기 위한" 권한을 주었다. 연방대법원은 이 규정에 따른 권한－저작자에게 작품에 대한 독점권을 주기 위한 권한－은 작품이 "어느 정도의 독창성"을 갖고 있다는 전제를 달고 있다고 강조해 왔다. 연방의회는 핵심을 동일하게 인식하고, "독창적인 저작물"만 저작권으로 보호하고 있다(17 U.S.C. § 102). 독창성은 저작권의 필수요건이다. 모든 저작물이 저작권으로 보호되는 것은 아니고 독창적인 표현만이 보호된다. 이 헌법과 법률의 원리는 사회에 새로운 것을 기여한 사람들을 보상하고 격려하는 측면과 다른 사람들이 그 창작물을 토대로 더하고 발전시키는 것을 허용하고 자극하는 측면 사이에 균형을 추구하고 있다. 저작권은 원래 저작자의 노력에 대한 보상이 아니라 과학과 실용 기술의 향상을 촉진하기 위해 존재한다고 말하여진다. 이러한 목적으로 저작권은 저작자에게 독창적인 표현에 대한 권리를 보장하지만 다른 사람이 저작물이 전달하는 아이디어와 정보를 자유롭게 이용하도록 권장한다.

저작물이 독창적이어야 한다는 것은 정확히 무엇을 뜻하는가? 파이스트 판결[10]에서 연방대법원은 저작물은 저작자에 의해 독립적으로 창작(다른 작품을 베끼지 않고)되어야 한다는 점을 밝혔다. 나아가 저작물은 반드시

10) Feist Publications, Inc. v. Rural Telephone Service Co., 499 U.S. 340(1991).

심미적 가치를 지녀야 하는 것은 아니라 할지라도 적어도 최소한의 창작성을 갖추어야 한다.

당사자들은 이 사건에서 원고의 모델이 도요타의 제품을 복제한 것이 아니라 독립 창작물인지 여부에 관한 쟁점에 초점을 맞추고 있다. 그러나 저작권법리에 기초할 때 독립창작과 표절을 어떻게 구분할 것인가? 그 법리는 현실을 모방하려는 가상 세계와 디지털 매체의 시대에 어떻게 적용될 것인가? 저작권법리가 이 사건과 같이 상대적으로 새로운 디지털 매체에 어떻게 적용될 것인가를 설명해주는 선례는 없지만, 과거 사진기술의 혁명시대에 법이 어떻게 대처해왔는지를 보면 교훈을 발견할 수 있다.

Pauley판사가 SHL Imaging사건[11]에서 설명했듯이, 초기에 비평가들은 사진을 회의적으로 바라보았다. 어떤 사람은 "사진은 모든 것을 복사하고 아무 것도 설명하지 않는다."고 말했고 카메라가 물리적인 세계를 기록하는 것 외에 무엇을 더 할 수 있는지에 대해 논란이 있었다. 이러한 심미 논쟁은 오스카 와일드가 1880년대 미국을 여행하면서 홍보를 위해 사진가 사로니를 채용하여 사진을 촬영하였을 때 법률논쟁이 되었다. Burrow-Giles사는 사진가의 허락없이 재빨리 사진을 복사하여 85,000장을 판매하였다. Burrow-Giles사는 사진은 와일드의 신체적 특징을 기계적으로 복사한 것에 불과하기 때문에 저작권으로 보호되지 않는다고 주장하였다. 연방대법원[12]은 오스카 와일드의 독특한 얼굴은 사진가의 소유가 아니거나 사진가로부터 유래한 것은 아니라는 점을 인정하고 사진은 때때로 독창성이 부족할 수도 있어서 그 자체로 저작권으로 보호되지 않는다고 판시하였다. 동시에 법원은 오스카 와일드가 카메라 앞에서의 자세, 복장과 휘장, 기타 다양한 장신구의 선택과 배열, 품위있는 모습을 보여주기 위한 대상의 배치, 조명과 음영의 배열과 배치, 바람직한 표현을 제안하고 불러일으키는 것과 관련된 범위내에서 사진은 저작권으로 보호될 수 있다고 판단하였다. 따라서 연방대법원은 사진은 독창적인 묘사의 범위내에서만 저작권으로 보호된다고 판시하였다. 와일드의 이미지는 저작권으로 보호되지 않지만 자세, 위치,

11) SHL Imaging, Inc. v. Artisan House, Inc., 117 F. Supp. 2d 301(S.D.N.Y. 2000).
12) Burrow-Giles Lithographic Co. v. Sarony, 111U.S.53(1884).

배경, 조명, 음영 등에 관련된 사진가의 결정을 반영하는 범위내에서 그 요소들은 사진가로부터 나온 것이라고 말할 수 있고 적어도 그 범위내에서 사진은 저작권으로 보호될 수 있다.

연방대법원이 파이스트 판결에서 설명한 대로, 저작권으로 보호되지 않는 아이디어 또는 사실과 저작권으로 보호되는 그 아이디어 및 사실의 특별한 표현 사이의 효과적인 구분이 문제이다. 아이디어 / 표현 이분법 또는 사실 / 표현 이분법으로 알려진 원칙은 모든 저작물에 적용된다. 파이스트 사건에서 쟁점이 되었던 사실의 편집에 적용하면, "독창적인 표현이 없다고 가정할 때, 편집자의 선택과 배열만이 보호되고 사실 자체는 자유롭게 이용될 수 있다." 이 결과는 불공정하지도 않고 불운한 것도 아니다. 저작권은 과학과 기술의 향상을 촉진하는 수단이다. 사진이 문제된 사건에서처럼 원고의 디지털 모델이 실제 유용한 대체물로 이용되기 위해 디자인되었기 때문에 제작자는 대상의 표현 또는 해석에서 나타나는 추가된 기여부분에 한해서 저작권보호를 받는다.

B.

사진과 관련하여 발전되어 온 이러한 법리를 사진을 보완하거나 대체하는 새로운 매체에 적용할 때, 우리는 원고의 모델은 도요타 자동차의 복사본, 그 이상의 독립 창작물은 아니라고 생각한다. 우리는 (1) 특정한 모델의 객관적인 평가, (2) 당사자들의 제작 목적에 근거하여 이러한 결론에 이르렀다. 우리는 사진과 마찬가지로 새로운 디지털 매체가 저작권으로 보호될 수 있는 생생한 새로운 표현을 창작하는데 이용될 수 있다는 사실을 전혀 의심하지 않는다.

1.

이 사건에서 중요한 사실은 원고의 디지털 와이어 프레임 컴퓨터 모델이 다른 특색이 없는 도요타의 자동차를 그렸다는 것이다. 디지털 그림붓으로 그리지 않았고 야자나무 앞에서 묘사되지 않았으며 도로를 달리거나 산악지대를 올라가는 모습으로 그려지지 않았다. 달리 말하면 원고의 모델은 있는 그대로의 도요타 자동차를 묘사한 것이다. 그리고 파이스트 판결의 명백한 교훈은 세상에 존재하는 사실 자체와 구분되는 표현을 담고 있지 않으면 저작권으로 보호되지 않는다는 것이다. 님머교수가 사진촬영술과 관련하여 다음과 같이 말했다. “이미 존재하는 제품의 사진에 적용되는 것처럼, (독창성의) 기본원리는 사진가가 명백히 촬영 대상에 대해서는 저작권을 주장할 수 없다. 결국 사진가는 전통적으로 사진예술장르에서 적용되는 조명, 촬영각도, 원경, 그 밖의 요소를 바탕으로 저작권을 인정받을 수 있다.” 이 사건 디지털 매체의 경우에도 똑같이 판단되어야 할 것 같다. 이 사건에서 원고가 조명, 음영, 배경, 촬영 각도 등에 관련하여 어떤 결정을 하지 않았다는 사실은 분명하다. 요약하면 원고의 모델에는 오스카 와일드든 또는 도요타 캠리든 세상의 사물이나 사실을 묘사할 수 있는 어떤 결정이나 저작권으로 보호되는 새로운 표현이 들어 있지 않다.

비슷하게 우리는 도요타 자동차의 꾸미지 않은 이미지에 대해서 원고의 저작권을 인정할 수 없고 제외되어야 한다. 원고의 디지털 와이어 프레임 모델이 독창적인 표현과 관련된 조명, 각도, 조망, 기타 요소를 포함하고 있지 않으면서 단지 자동차를 그대로 묘사하고 있는 한 우리는 저작권으로 보호할만한 내용이 없다고 본다. 게다가 이 결론을 확인해주는 것은 원고가 모델 제작 순서에서 차지하는 특이한 위치이다. 한편으로 원고는 다른 (자동차 회사의) 승용차, 트럭, 또는 밴과 구분되는 도요타 자동차의 겉모습을 디자인하는데 관여하지 않았다. 그 표현(자동차 외관)은 원고이전에 도요타와 그 디자이너들이 창작한 결과물이다. 적어도 문제의 8개 자동차 중 6개는 여전히 도요타의 디자인 특허에 의해서 보호된다. 다른 한편으로 원고가 만든 모델이 배경, 조명, 각도, 색깔을 포함하여 광고에서 어떻게 이용되는가는 모두 원고가 제작을 마친 후 그레이스, 사치, 3D Recon에게 남겨진 문제였다. 그래서 원고는 도요타 자동차를 디지털 매체로 복제하여 다른 회사들이 제작하는 과정에서 중요하지만 작은 역할을 했을 뿐이다.

이 사건에서 저작권을 부여한다면 우리는 저작권의 근본 원리－즉 저작권법 용어로서 독창성은 저작물이 저작자에 의해 독립 창작되어야 한다(다른 저작물로부터 복제된 것과 반대로)는 것을 의미－와 충돌하게 될 것이다. 저작권법은 독창적인 표현만을 보호하기 때문에 복제물에 대해 저작권 보호를 거부하는 이유는 명백하다. 복사기는 창작자가 아니며 독립 창작자도 아니다.

원고가 한 행위가 특이한 유형의 복제행위임은 분명하다. 원고가 도요타 자동차 전체를 재창조하지 않았다. 그 대신에 도요타의 3차원 물체를 2차원의 디지털 매체로 묘사하려고 하였다. 그러나 우리는 어떤 작품이 다른 매체로 복제되었다고 해서 복사행위가 아니라고 보지는 않는다. 단지 다른 사람의 창작이 표현된 매체를 바꾸는 행위가 원작에 들어 있는 표현을 넘는 (새로운) 것을 반드시 추가한 것은 아니다.

이러한 결론에 이르면서 우리는 원고의 디지털 와이어 프레임 모델을 만드는데 들어간 많은 시간과 노력, 기술을 결코 가볍게 여기지 않는다. 그러나 저작물의 독창성을 평가하는데 있어서 우리는 제작 과정이 아닌 최종 제작물만을 보았다. 제작물을 만드는 과정에 집중되고, 숙련된 창작 노력이 들어갔다는 사실이 저작권보호를 보장하지는 않는다. 이 사건에서 도요타 자동차의 겉모습을 3차원에서 2차원으로 바꾸는 것, 컴퓨터 화면 이미지가 정확하게 도요타의 제품을 반영하는 것에 집중하는 노력이 필요하고 상당한 기술을 요한다는 것에는 의문이 없다. 그러나 최종 결과물은 원고에게 속하지 않는 도요타 자동차의 겉모습을 그대로 묘사하였기 때문에 우리는 기술, 노력, 노동을 저작권보호로 보상할 수 없다.

2.

와이어 프레임 모델을 만드는 원고의 의도도 우리의 결론을 뒷받침하고 있다. "이론상으로 독창성 요건은 저작자의 마음 상태를 살펴본다. 그가 자신의 작품을 창작할 때 기존 작품을 마음속에 담고 있었는가?" 만약 예술가가 적극 모방하려고 했다면–독창적인 작품을 창작하려고 하기 보다는 다른 사람의 창작물을 복사하려고 했다면–결과물은 사실상 독창적이지 않을 것이다. 물론 이것이 우연히 혹은 즉흥의 예술가가 예술품을 만들 의도가 없었다는 이유로 저작권의 보호가 거부된다고 말하는 것은 아니다. 저작 의도는 때때로 특정 작품이 독립창작물인가 복제물인가에 관한 의문을 밝힐 수 있다는 것을 말할 뿐이다.

이 사건에서 다툼없는 증거는 원고가 창작하거나 독창적인 표현을 더하기 보다는 도요타 자동타를 베끼려고 했다는 점에 대해 의문을 남기지 않는다. 그레이스의 주문서는 도요타 자동차를 디지털화하고 모델을 만드는 것이었고 그레이스에 보낸 원고의 청구서는 원고가 했던 업무를 정확하게 담고 있다. 원고 스스로 일관되게 디지털화와 모델링을 컴퓨터 화면에 나타나는 디지털 이미지로 3차원의 실물 제품을 정확하게 묘사하려는 시도로 설명하고 있다. 그러므로 당사자들은 원고가 디지털 모델을 만들고 실제 광고에서 보이는 독창적이고 창작적인 요소는 그 이후 과정에서 다른 업체가 추가할 계획을 가지고 있었다.

원저작물을 똑같이 베끼는 행위에는 저작권보호에 필요한 독창성이 없다. 여기서도 원고의 디지털 와이어 프레임 모델에 남아 있는 것은 모두 도요타 자동차의 디자인이므로 결론은 같다.

C.

비록 우리가 원고의 디지털 와이어 프레임 모델이 저작권으로 보호되기에 충분히 독창적이지 않다고 보았다 할지라도, 우리는 디지털 이미지작업이 새롭고 진화하는 기술이라는 사실과 의회가 "알려지지 않았거나 앞으로 개발될 유형 매체에 고정된 독창적인 표현물"로 저작권보호를 넓히고 있다는 사실을 알고 있다. 디지털 모델링이 저작권으로 보호되는 표현을 창작하는 데 사용되고 있고 사용이 증가될 것임은 의심할 여지가 없다. 그러나 사진이 그 자체로 저작권으로 보호되지 않는 것처럼 디지털 모델링도 마찬가지이다. 독특한 음영, 조명, 각도, 배경 등의 선택에 의하여 도요타 자동차를 저작권으로 보호되는 특징을 가진 모습으로 묘사하는 디지털 모델이 제작될 수 있다. 이 사건에서 원고의 문제는 그러한 과정이 없었다는 것과 2차원 공간에서 도요타 자동차를 있는 그대로의 디지털 복제본으로 만들기 위한 계약이었다는 것이다. 이러한 이유로 우리는 이 사건 판결에 의해 창작 표현을 위축하는 효과가 나타나기를 바라지 않는다. 그 대신에 사진과 다른 매체에 적용되는 같은 법리를 디지털 모델링에 적용하려는 것이다.

독창성은 저작권의 필수요건이다. 만약 예술품에 들어 있는 바탕 디자인이 저작권주장자의 것이 아니라면 반드시 그 디자인에다가 독창적인 무언가를 더해야 하고 독창적인 부가부분만이 저작권으로 보호될 것이다. 이 사건에서 원고는 디지털 와이어 프레임 모델을 만들면서 도요타의 디자인을

첨부 A

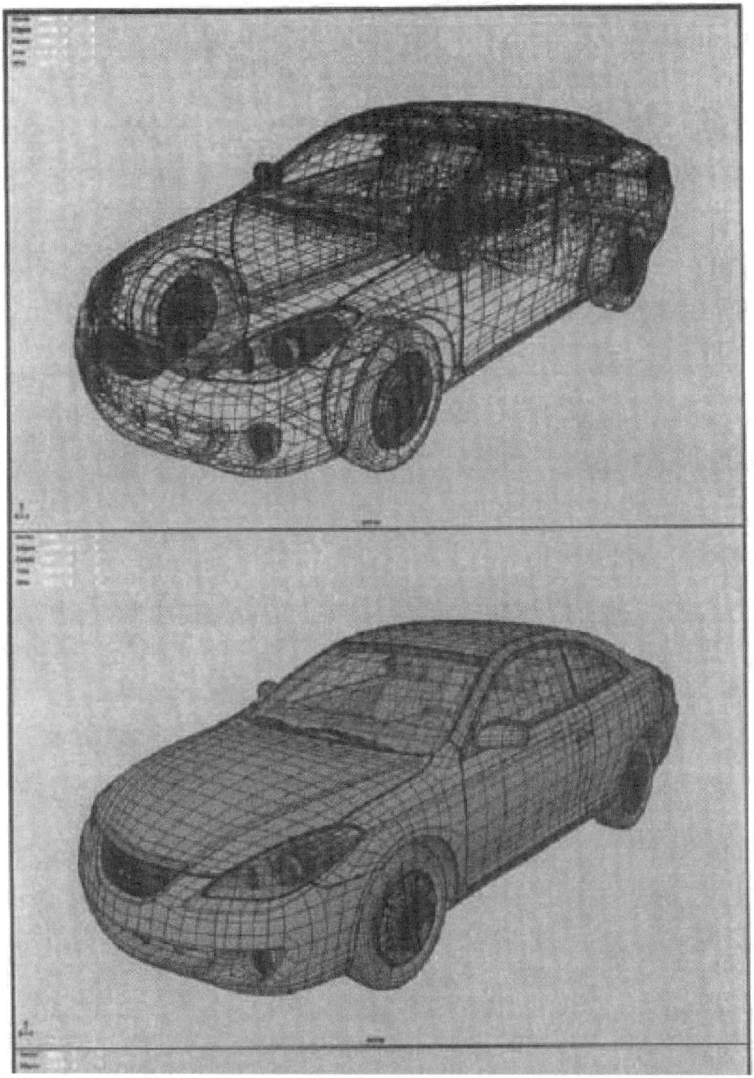

첨부 B

베꼈다. 그러나 자동차의 디자인은 도요타의 것이고 원고의 소유가 아니다. 그래서 우리는 원고의 디지털 와이어 프레임 모델이 상당한 노동과 기술, 판단의 산물임은 분명하지만 저작권보호로 보상할 수 없다. 지방법원의 판결을 인용하고 피고의 변호사비용청구를 기각한다.

4. 2차적 저작물(Derivative Works)

가. 의 의

2차적 저작물이란 번역물, 편곡물, 극화물, 소설화물, 영화화물, 녹음물, 미술복제물, 축약물, 요약물 또는 기타 어느 저작물을 개작, 변형 또는 각색한 형태와 같이, 기존의 하나 이상의 저작물을 바탕으로 만든 저작물을 의미한다. 전체로서 원저작물을 나타내는 편집수정물, 주석물, 퇴고물 또는 기타 수정물로 구성된 저작물은 2차적 저작물이다.[13]

저작권이 있는 기존 자료를 사용하는 2차적 저작물의 보호는, 당해 저작물 중 기존 자료를 불법 사용한 부분으로 확대되지 않는다.[14] 2차적 저작물에 대한 저작권은 그 저작물에 사용된 기존 자료와 구별되고, 저작자가 기여한 내용에 대해서만 효력이 미치며, 기존 자료에는 어떠한 배타적 권리도 생기지 않는다.[15] 2차적 저작물은 기존 자료의 저작권 보호의 범위, 보호기간, 소유 또는 존속에 대하여 영향을 미치지 아니한다. 따라서 원저작자의 저작물을 기초로 2차적 저작물을 만들 경우에는 원저작자의 허락을 받아야 한다. 공유에 속하는 저작물을 기초로, 또는 원저작자의 허락을 받아 작성한 2차적 저작물에 대해서는 2차적 저작자가 추가한 창작 요소에만 2차적 저작권이 미치고 공유영역에 속하는 자료나 원저작물에는 미치지 않는다.

나. 2차적 저작권과 독창성

그림을 조각품으로 만들거나 혹은 재질을 달리하거나 축소나 확대를 통해

---

13) 17 U.S.C.§ 101(“derivative work”).

14) 17 U.S.C.§ 103(a).

15) 17 U.S.C.§ 103(b).

미술작품을 변경 복제한 경우 그 복제품에 대해서 2차적 저작권을 인정할 것인가에 대해서 법원의 견해가 엇갈리고 있다. 색깔을 고르거나 만드는 과정에서 창작적인 노력이나 특별한 기술이 요구되면 저작권을 인정하는 견해와 특별한 기능이나 노력이 들었다 하더라도 실질적인 변화를 가져오지 못하고 하찮은 변화에 불과하다면 최소한의 창작성 기준을 충족시키지 못했다는 견해로 갈라지고 있는데 후자의 견해가 우세하다.

L.Batlin & Son, Inc. v. Snyder

연방 제2항소법원
536 F. 2d 486(2d Cir. 1976)

사 안

스나이더(Snyder)는 공유영역에 있는 금속제 샘(Uncle Sam) 기계식 저금통을 본 떠 플라스틱제 저금통으로 만들어 저작권을 등록하였다. 플라스틱저금통은 금속제에 비해 길이가 2인치 줄어들고 받침대가 줄어들었으며 손가방과 샘의 얼굴모습이 조금씩 바뀌었고 우산이 샘의 몸에 붙어 있었다. 주로 금속제 저금통을 플라스틱제로 보다 쉽게 만들기 위해서 바꾸었다. 외국에서 만든 플라스틱 샘 저금통을 수입하려던 발틴(Baltin)은 스나이더의 플라스틱제 저금통의 저작권이 무효라며 소송을 걸었다. 뉴욕 남부 연방지방법원은 스나이더의 저작권이 무효라고 판결하였다.

판결요지

판사 OAKES :

법원은 스나이더의 플라스틱 샘 저금통과 공유영역에 있는 샘 저금통의 복제품을 조사해보았다. 항소인 스나이더는 크기뿐만 아니라 다른 세세한 부분에서의 차이점을 지적하고 있다. 예를 들면 플라스틱 저금통의 융단제가방의 모양은 부드럽지만 금속저금통은 거칠다. 금속저금통의 독수리는 발톱으로 화살을 쥐고 있지만 플라스틱저금통은 나뭇잎을 쥐고 있는데 이는 플라스틱으로는 더 작은 크기의 화살을 만들 수 없기 때문에 이루어진 변화다. 옷의 결, 머리털의 모양, 나비넥타이와 옷깃, 왼팔 뿐만 아니라 이름이 쓰여 있는 깃발의 모양이 다르다고 주장하고 있다. 독수리의 모양과 느낌이 다르다고 한다. 그러나 이러한 차이점들 중 많은 것들은 일반 관찰자들은 알기 어렵다.

지방법원 판사는 항소인의 플라스틱 저금통은 사소한 변경과 함께 높이를 대략 11인치에서 9인치 정도 줄인 것을 빼고는 금속 저금통을 베꼈다고 판단하였다. 중대한 변경에 이르는 차이점이나 플라스틱으로 좀 더 알맞고 아마도 값싼 제품을 만들기 위한 기능적인 목적을 뺀 다른 목적을 가지고 있는 차이점은 없었다.

하찮은 변경에 반대되는 실질의 변경을 요구하고 기계 복제를 금지하는 것은 독창성의 개념에 들어 있고 전제되어 있다. 우리는 미술품을 복제하는데 있어서 저작권으로 보호되기 위해서는 다른 매체로 옮기는 과정에서 일어날 수 있는 사소한 변화가 아닌 실질적인 변화가 있어야 한다는 이 법원의 판례를 따른다.

독창성의 요건은 단지 신체의 기술이나 특별한 훈련을 밝혀서 충족되는 것은 아니다. 복제품을 저작권으로 보호하기 위해서는 상당히 높은 정도의 기술, 진정한 예술 솜씨가 요구된다. 원 작품과 복제품 사이에 진정한 차이가 없다면 헌법이 요구하는 예술의 발전에 관한 공공의 이익은 거의 얻을 수 없다.

사소한 변화에까지 저작권의 보호를 넓히면 공유저작물을 독점하여 이용하려는 나쁜 복제자의 손에 무기를 쥐어줄 수 있다. Mazer사건[16]에서 법원은 명백하게 저작권으로 보호되는 대상은 독창성있게 저작자가 그의 아이디어를 유형적으로 표현하여야 한다고 판결하였다. 이 사건에서는 그러한 독창성이나 표현, 아이디어가 존재하지 않는다. 그러므로 항소인의 주장은 받아들일 수 없다. 지방법원의 판결을 인용한다.

16) Mazer v. Stein 연방대법원 347 U.S. 201(1954).

Durham Industries, Inc. v. Tomy Corp.

연방 제2항소법원
630 F. 2d 905(2d Cir. 1980)

사 안

토미(Tomy)는 8개의 장난감과 관련하여 경쟁업체인 더럼(Durham)이 만든 비슷한 모양의 장난감이 자신의 저작권을 침해하였다고 주장하면서 달리 해결되지 않으면 소송을 걸겠다고 위협하였다. 이에 더럼은 토미의 권리를 침해하지 않았다는 내용을 확인해 달라는 소송을 걸었고 토미는 저작권 침해금지의 반소를 제기하였다. 그 후 더럼은 확인청구소송을 취하하였고 뉴욕 남부 연방지방법원은 토미의 청구를 기각하였다.

판결요지

판사 MESKILL :

8개의 장난감은 3개의 디즈니 캐릭터인 미키마우스, 도날드 덕, 플루토 모양의 플라스틱장난감과 5개의 나머지 장난감이다. 우리는 반소를 검토하면서 디즈니 장난감에 대하여는 저작권의 유효여부를, 나머지 장난감에 대하여는 저작권의 침해여부에 초점을 맞추었다.

1. 디즈니 장난감

토미는 디즈니 장난감 3종류에 대해 저작권을 갖고 있고 더럼은 실질적으로 거의 같은 장난감을 만들어 팔았다. 더럼은 장난감을 만드는 과정에서 토미의 디즈니 장난감을 모형으로 썼다는 사실을 인정하고 있다. 토미는 더럼이 자신의 배타적인 권리를 침해하였다고 주장하고 있다.

토미는 디즈니가 이 캐릭터들에 대해 저작권을 갖고 있고 디즈니의 허락 없는 캐릭터 이용은 침해에 해당될 수 있다는 것을 인정하고 있다. 토미는 디즈니 장난감의 원 창작자를 디즈니로 확인하고 특별한 조각적인 면에서만 저작권을 주장하면서 2차적 저작물로 등록하였다. 2차적 저작물의 경우 첫째, 저작권으로 보호받기 위해서는 독창적인 부분이 사소한 것 이상이어야 하며, 둘째, 2차적 저작권은 원저작물의 보호범위에 영향을 미치지 않는다. 따라서 토미의 디즈니 장난감에 대한 저작권은 2차적 저작물의 저작자 또는 창작자가 가미한 사소하지 않은, 독창적인 특징에만 미친다.

배트린 판결[17]에서 저작권보호의 요건인 독창성은 다른 매체로 예술품을 복제하거나 예술 기교가 아닌 신체 기술을 보여주는 것으로 충족될 수 있다는 주장을 분명히 배척하였다. 단지 플라스틱으로 디즈니의 캐릭터를 복제한 행위는 비록 기존의 물제를 이러한 매체로 만드는 것에 일정 정도의 제조기술이 들어간다 하더라도 이 법원이 정의한 바와 같은 독창성을 충족하지는 않는다. 토미와 장난감 그 자체는 독립 창작, 기존 작품과 식별할만한 변화, 디즈니의 캐릭터와 다른 토미의 특징을 이루는 저작자의 기여내용이라고 인정할만한 것이 없다.

헌법과 저작권법이 규정한 독창성요건은 저작권으로 보호되는 기존 작품에 기초한 2차적 저작물의 경우에 특히 중요한 의미를 갖는다. 토미 장난감은 최소한의 독창성을 갖추지 못하고 있으므로 저작권의 보호를 받지 못한다.

2. 기타 장난감

더럼은 나머지 5개의 장난감과 관련하여 토미의 저작권을 다투지 않고 있고 의문을 품을 만한 점도 없다. 그러나 우리는 장난감과 법리를 검토한 결과 토미가 자신의 저작권이 사실상 침해되었다는 점을 입증하지 못했다고 믿는다.

A. 게임

복제의 직접 증거는 드물기 때문에 원고는 접근과 두 작품의 실질적인 유사성을 밝힘으로써 복제사실을 증명할 수 있다. 더럼은 토미의 장난감에 접근하였다는 점을 부인하지는 않는다. 그러나 장난감들을 비교해보면 더럼은 저작권으로 보호되는 토미의 저작물과 실질적으로 비슷한 장난감을 만들기 위해 접근한 것은 아니라는 결론에 이르게 된다.

---

17) L.Batlin & Son, Inc. v. Snyder 연방 제2항소법원 536 F. 2d 486(2d Cir. 1976).

침해청구를 판단함에 있어서 표현의 유사성만이 중요하다. 아이디어와 표현의 구분은 비록 부정확한 수단이긴 하지만 포기된 적이 없다. 왜냐하면 우리는 저작권의 보호를 부여하거나 제한하는 근거를 제공하는 두 가지의 충돌하는 이해관계를 조화시키는 더 나은 방법을 찾지 못했기 때문이다. 또 하나 유념해야 할 것은 저작권의 보호가 저작물의 예술 측면에만 미치고 기계나 실용 특징에는 미치지 않는다는 것이다. 그러므로 저작권소송에서는 아이디어나 기능의 유사성은 예술 표현의 유사성과는 구분되어야 한다. 작품의 보호되는 부분에 관하여도 저작권법상 실질적인 유사성만이 침해의 근거가 될 수 있다는 점이 강조되어야 한다. 우리는 그러한 실질적인 유사성이 발견될 경우 두 작품 사이의 조그마한 차이는 침해인정을 방해하지 않는다고 자주 판결해왔다.

이러한 법리를 염두에 두고 우리는 2개의 게임용 장난감과 3개의 인형으로 이루어진 이 사건 5개의 장난감을 살펴본다.

토미는 “Pass the Nuts”라는 이름의 간단한 게임용 장난감에 대한 저작권이 더럼이 만든 “Mickey Mouse Peanut Putter”라는 이름의 비슷한 장난감에 의해 침해되었다고 주장하고 있다. 그러나 비록 게임이 기능이 같고 구조가 비슷하다 할지라도 여러 가지 면에서 다르다. “Pass the Nuts”는 노란 상자에 들어 있고 빨간 단추에 의해 조작된다. 디스크를 미는 손잡이 장치는 마치 곰, 토끼, 원숭이와 다람쥐가 도토리를 바닥에서 위로 던지려고 하는 것처럼 보이도록 고안되었다. 더럼의 Peanut Putter는 녹색 상자에 들어 있고 노란 단추에 의해 작동되는데 전통의 골프공보다는 땅콩을 이용하여 골프를 하는 미키마우스와 미니 마우스, 도날드 덕, 플루토가 등장하며 관중들과 캐디도 나온다.

두 번째 게임으로 토미는 “Drive Yourself Crazy”에 대한 저작권이 더럼의 “Mickey Mouse Star Ship”에 의해 침해되었다고 주장하고 있다. 토미의 게임은 노란색 운전대로 움직이는 도로 위에 놓여 있는 자동차를 조종하여 장애물을 피하도록 함으로써 점수를 얻는 게임이다. 더럼의 게임은 기계적으로 같고 구조가 토미의 게임과 매우 비슷하지만 디즈니의 캐릭터를 바탕으로 한 게임방식은 아예 다르다. 자동차를 움직이는 것 보다는 더럼의 게임자는 미키마우스를 도와 유성이나 적의 공격을 피하면서 우주선을 무사히 착륙시킨다. 토미의 게임과 달리 더럼의 게임은 점수를 얻는 방식을 쓰지 않는다.

더럼 게임의 장식이 자신의 게임과는 모두 다르다고 인정하면서도 토미는 각 게임의 조각물이 그 자체로 저작권으로 보호되는 예술 창작이라고 주장하면서 더럼이 조각을 베꼈고 침해한 조각을 비침해적인 장식으로 숨김으로서 책임을 벗어날 수 없다고 주장하고 있다. 더럼이 베낀 토미 게임의 특징들은 장난감의 기계 및 실용 측면에만 관련되어 있다. "Pass the Nuts"게임의 손잡이와 단추 그리고 "Drive Yourself Crazy" 게임 운전대와 움직이는 길은 게임을 작동시키는 기계 장치이다. 장난감의 모습이나 차원, 배치 등도 또한 주로 실용 고려에 달려 있다.

토미는 물체의 실용 측면에서 분리되어 확인되고 또 독립하여 존재하는 조각 특징이나 심미 요소를 특정하지 못했다.

B. 인형

토미는 또한 모두 "Mini-Winders"로 알려진 더럼의 3가지 태엽인형들이 자신의 저작권을 침해하였다고 주장하고 있다.

3가지 토미 인형의 가장 두드러진 특징은 걷거나 기어다니는 능력이지만 예술과 실용의 구분논리에서 볼 때 더럼이 걸어다니거나 기어다니는 인형이라는 아이디어뿐만 아니라 그것을 가능케 하는 기계 방식을 자유롭게 쓸 수 있다는 것은 분명하다. 아기 인형과 관련하여 상당 정도의 비슷함은 토미와 더럼 인형의 큐피인형모습에 있는데 둥근 얼굴, 아담한 코, 활모양 입, 커다란 눈은 인형의 표준 특징들이다.

토미 인형의 기계 측면보다 예술 표현만이 저작권으로 보호될 수 있고 오직 아이디어의 표현만이 보호되고 같은 아이디어를 표현하려고 하는 모든 인형들은 적어도 상당한 정도로 비슷할 수밖에 없다는 점을 염두에 둘 때 우리는 더럼의 인형들이 토미의 인형들과 실질적으로 비슷하지 않다고 본 지방법원의 판단에 동의해야 한다.

3. 지방법원의 판결을 인용한다.

Gracen v. Bradford Exchange

연방 제7항소법원
698 F. 2d 300(7th Cir. 1983)

사 안

브래드포드(Bradford)는 1976년 MGM영화사로부터 영화 "오즈의 마법사"의 등장인물들과 영화장면을 장식용 접시에 쓰는 허락을 받고 몇몇 화가들에게 주디 갤런드가 역을 맡은 도로시의 그림을 그려 제출하도록 하였다. 브래드포드는 영화에서 뽑은 사진을 각 화가들에게 주었고 최고의 그림을 그린 화가와 계약을 맺어 필요한 그림을 계속 그리게 할 예정이었다. 그레이슨(Gracen)은 사진들과 영화에 대한 회상을 통해 그림(그림 1. 원작은 컬러)을 완성하였고 이 그림이 최고작으로 뽑혔다. 그러나 그레이슨은 계약조건이 마음에 들지 않아 브래드포드와의 계약체결을 거절하였고 브래드포드는 다른 화가에게 그레이슨이 그린 그림을 주면서 동일한 그림을 그리도록 하였다. 그 후 그레이슨은 자신의 도로시 그림과 영화 속 다른 등장인물들을 그린 5개의 소묘들에 대해 저작권을 등록하였고 브래드포드, MGM 등이 자신의 저작권을 침해하였다며 소송을 걸었다. 브래드포드와 MGM은 그레이슨이 그림과 소묘들을 공개함으로써 영화에 대한 저작권을 침해했다는 이유로 반소를 제기하였다. 일리노이 북부 연방지방법원은 반소인용 판결을 했다.

판결요지

판사 포스터(POSNER) :

저작권자의 배타적인 권리들은 저작물을 기초로 2차적 저작물을 준비할 권리를 포함하고 있기 때문에 비록 그레이슨의 그림과 소묘들이 2차적 저작물로서 저작권으로 보호될 만큼 충분한 독창성을 가지고 있다 하더라도

Figure 1

영화로부터 저작물을 사용할 권한을 가지고 있지 않는 한 그레이슨이 그림들의 저작권을 가질 수 없다. 그림은 그레이슨의 독자적인 회상과 브래드포드가 준 사진들(그림 2.)에 있는 대로 영화를 바탕으로 하고 있다. 화가의 창작성이 섞인 어떤 그림과 마찬가지로 영화사진에 나타난 주디 갤런드의 그림이므로 2차적 저작물이라는 점은 의문이 없다. 그러므로 만약 그레이슨이 영화로부터 2차적 저작물을 만들 권한이 없다면 그녀는 그림과 소묘들에 대해 저작권을 주장할 수 없고 그것들을 공개 전시함으로써 MGM의 저작권을 침해하였다. 그러나 그레이슨은 브래드포드가 영화를 바탕으로 도로시 그림을 그리도록 요청하였기 때문에 어떤 권한을 가지고 있었던 것은 분명하다. 그러므로 문제는 그레이슨이 2차적 저작물을 만들 권한을 받았는지가 아니라 그림을 전시하고 저작권으로 등록할 권한을 받았는지 여부이다. 만약 그레이슨이 그림을 그릴 권한을 받았다면 브래드포드와 합의가 이루어지지 않을 경우에는 적어도 그것을 전시할 권한을 받았거나 그러한 권한이 있다고 합리적으로 믿었을 것이다. 그러므로 반소청구 인용판결은 잘못된 것이다.

그러나 우리는 그레이슨이 유효한 저작권을 가지고 있다는 주장을 검토해 보아야 한다. 브래드포드로부터 받은 묵시적 이용허락의 범위가 우선 문제된다. 그녀가 그림을 전시할 권한이 있다 할지라도 그림에 대해 저작권을 보유할 권한을 부여받은 것은 아닐 것이다. 브래드포드는 MGM의 저작권을 이용할 허락을 받았지만 그로 인하여 창작된 2차적 저작물에 대해 저작권 보유를 허락받은 것은 아니다.

지방법원은 그레이슨의 그림과 소묘들이 저작권으로 보호될 만큼 충분하게 독창적이지 않다고 보았다. 그레이슨은 판사들이 예술 문제에 대해 말하는 것이 적절하지 않을 수 있다는 것을 상기시켜주고 있다. 예술의 독창성은 판사가 알 수 없는 세부, 느낌, 명암에 있을 수 있다. 그러나 예술의 독창성은 저작권법에서 독창성의 법률 개념과 같은 것은 아니다. 특히 2차적 저작물에 적용될 때 독창성의 개념은 중복청구를 막기 위해 미적인 기능보다는 법률상의 기능을 수행한다. 예를 들면 두 화가가 공유영역에 있는 그림 모나리자를 베껴서 그렸다고 가정하자. 두 화가의 작품이 원본에 가까울수록 두 화가 사이에 표절여부에 대한 논란이 커질 것이다.

독창성의 요건은 주로 2차적 저작권과 관련하여 중요하다. 만약 너무 넓게 해석된다면 첫 번째 창작자에게 같은 원 작품으로부터 2차적 저작물을 계속 창작하는 일을 방해하는 상당한 권한을 줌으로써 거꾸로 그러한 저작물의 창작을 장려하기 보다는 막게 될 것이다. 만약 그레이슨이 실물을 보고 주디 갤런드를 그렸다면 저속하다고 생각될 지라도 저작권으로 보호받

Figure 2

을 수 있겠지만 2차적 저작물이 저작권으로 보호받기 위해서는 원작품과 실질적으로 달라야 한다. 이것이 배틀린 판결[18]의 기준이다. 우리는 배틀린 판결의 기준아래에서 그레이슨의 그림은 예술 가치가 무엇이든 간에 저작권법상 독창적인 2차적 저작물이 아니라는 지방법원의 판단에 동의한다.

18) L.Batlin & Son, Inc. v. Snyder 연방 제2항소법원 536 F. 2d 486(2d Cir. 1976).

5. 편집저작물(Compilations)

가. 의 의

편집물이란 기존의 자료나 데이터를 수집 및 조합하여 이루어진 것으로서, 그러한 자료나 데이터를 선택, 정리 또는 배열하여 얻어진, 저작물 전체가 원저작물이 되는 저작물을 의미한다. 편집물에는 집합저작물이 포함된다.[19] 집합저작물은 정기간행물, 선집 또는 백과사전과 같이, 그 자체가 별개의 독립된 저작물인 다수의 기여분이 전체에 조합되어 이루어진 저작물을 의미한다.[20] 편집물은 전화번호부나 판례집, 각종 목록과 같이 저작권으로 보호되지 않는 자료나 데이터를 모은 것이고 집합저작물은 독립된 저작물을 모은 것이라는 점에서 차이가 있다.

나. 편집물에서의 독창성

사실이나 데이터는 그 자체로는 저작권의 보호대상이 될 수 없다. 그러나 사실이나 데이터를 선택하거나 정리 혹은 배열하는데 있어서 사소한 변화 이상의 창작성이 있으면 편집물로서 저작권의 보호대상이 될 수 있다. 다만 창작적인 선택이나 배열만이 저작권의 보호대상이 되고 모은 사실이나 데이터는 저작권의 보호대상이 될 수 없다.[21] Feist판결은 편집저작물의 보호범위와 관련하여 그 동안 논란이 되어 왔던 이른바 이마의 땀 이론(the sweat of the brow doctrine)을 버리고 편집저작물의 보호기준과 범위를 명확히 하였다.

---

19) 17 U.S.C.§ 101("compilation").

20) 17 U.S.C.§ 101("collective work").

21) 17 U.S.C.§ 103(b).

Feist Publications, Inc. v. Rural Telephone Service Co.

연방대법원
499 U.S. 340(1991)

사 안

이 사건은 전화번호부의 인명편에 대한 저작권보호의 범위에 관한 것이다.

루럴(Rural Telephone Service Company)은 캔사스 북서지역에 전화서비스를 제공하는 회사인데 매년 인명편과 상호편으로 이루어진 전형적인 전화번호부책을 펴냈다. 인명편은 일반가입자의 이름과 도시, 전화번호를 알파벳순서로 썼고 상호편은 사업자들의 전화번호를 분야나 특징에 따라 알파벳순서대로 기재하였다. 파이스트(Feist Publications, Inc.)는 루럴보다 더 넓은 지역의, 더 많은 전화번호를 수록한 전화번호부를 발간해왔다. 파이스트는 대략 46,878개의, 루럴은 7,700개의 인명편 전화번호를 담고 있었다. 파이스트는 전화회사가 아니었기 때문에 인명편을 만들기 위해 10군데 지역전화회사로부터 각기 인명편의 목록에 대한 사용권을 얻었으나 루럴은 이를 거부하였다. 파이스트는 직원들을 고용하여 루럴의 전화번호부내용을 확인하였으나 1,309개의 인명편 전화번호목록은 루럴의 것과 같았다. 루럴은 저작권침해를 주장하였고 파이스트는 위 전화번호목록은 저작권의 보호를 받지 못한다고 주장하였다. 지방법원은 전화번호부는 저작권으로 보호된다는 이유로 루럴 승소판결을 했고 연방 제10항소법원은 지방법원판결을 인용하였다.

판결요지

연방대법관 오코너(O'CONNOR) :

A.

이 사건은 2가지의 잘 확립된 명제와 관련되어 있다. 사실은 저작권의 보호대상이 아니라는 것과 사실의 편집물은 보통 저작권의 보호대상이라는 것이다. 두 명제 사이에는 부인할 수 없는 긴장이 있다. 많은 편집물은 단지 원자료－창작 표현이 없는 오로지 사실정보－로 이루어져 있다. 저작권의 필수요건은 독창성이다. 독창성은 저작물이 저작자에 의해서 독립 창작되었다는 것과 최소한의 창작성을 가지고 있어야 한다는 것을 의미한다. 독창성은 헌법이 정한 요건이다.

아무도 사실에 대해서 독창성을 주장할 수 없다. 특별한 사실을 발견하여 보고한 사람은 그 사실을 창작한 것은 아니다. 그는 단지 그 사실의 존재를 발견했을 뿐이다. 과학과 역사, 인물전기의 모든 사실과 하루하루의 뉴스는 저작권의 보호대상이 아니며 누구나 쓸 수 있는 공유영역에 속한다.

반면에 사실의 편집물은 필요한 독창성을 가지고 있을 수 있다. 사실의 선택과 배열이 편집자에 의해서 독립하여 이루어지고 필요한 최소한의 창작성을 가지고 있는 한 편집물도 독창성의 요건을 갖출 수 있다. 그러나 편집저작자가 독창적으로 더한 저작물의 구성요소만 저작권으로 보호되고 기초사실은 보호되지 않는다. 예를 들면 우리는 Harper & Row사건[22]에서 포드 대통령은 그의 전기 중 단지 역사 사실은 다른 사람들이 베끼는 것을 막지 못하며 공인에 대한 그의 주관적인 기술이나 묘사의 복제는 금지할 수 있다고 설명하였다. 이것은 어쩔 수 없이 사실의 편집물에 대해서는 저작권의 보호가 약하다는 것을 의미한다. 편집자가 노력한 결과의 상당부분이 아무런 보상없이 다른 사람에 의해서 이용될 수 있다는 점에서 불공평할 수 있다. 그러나 저작권의 기본 목적은 저작자의 노력을 보상하려는 것이 아니라 과학과 실용 기술의 발전을 꾀하기 위한 것이다. 이러한 목적 때문에 저작권은 저작자에게 그들의 독창적인 표현에 대해 권리를 보장하는 한편 저작물이 전하는 아이디어나 정보를 다른 사람들이 자유롭게 쓸 수 있게 장려하고 있다.

결국 사실은 그 자체로든 편집물의 일부로든 독창성이 없으며 저작권으로 보호되지 않는다. 사실의 편집물이 만약 사실의 독창적인 선택과 배열을 보여주고 있다면 저작권의 보호를 받으나 저작권은 특별한 선택과 배열에

22) Harper & Row, Publishers, Inc v. Nation Enterprises 연방대법원 471 U.S. 539 (1985).

만 미친다. 어떤 경우에도 저작권은 사실 그 자체에는 미치지 않는다.

B.

설명한바 대로 독창성은 헌법이 요구하는 저작권보호의 전제조건이다. 그런데 몇몇 하급심법원은 1909년 저작권법의 모호한 조문으로 인하여 이 요건을 잠시 잊어버리게 되었다. 더 나쁘게도 이 법원들이 사실의 편집물에 대한 보호를 정당화하기 위하여 새로운 이론을 발전시켜왔다. "이마의 땀" 혹은 "근면한 수집"으로 알려진 이 이론의 바탕이 되는 개념은 저작권이 사실을 편집하는 데 들인 노고에 대한 보상이라는 것이다. 이마의 땀 이론[23]은 많은 흠을 가지고 있으며 가장 명백한 것은 편집물에 있어서 편집자의 독창적인 기여인 선택과 배열을 넘어 사실 그 자체에까지 저작권의 보호를 넓힌 것이다. 이 이론아래서 침해에 대한 유일한 항변은 독립 창작일 뿐이다. 이후의 편집자는 이전에 발행된 정보를 전혀 쓸 수 없고 똑 같은 일반 정보자료로부터 같은 결과를 얻기 위하여 자신이 독립적으로 결과를 만들어내야 할 것이다. "이마의 땀" 법원은 사실과 아이디어를 저작권으로 보호할 수 없다는 저작권법의 기본 원칙을 무시하고 있다.

C.

편집물에 관하여 법이 규정한 정의조항의 목적은 사실의 수집은 그 자체로는 저작권으로 보호될 수 없다는 점을 강조하기 위해서다. 사실에 바탕을 둔 작품이 독창적인 저작물인지를 결정하기 위해서 법원은 사실의 선택, 정리, 배열 방식에 초점을 맞추어야 한다. 그러나 독창성요건은 특별히 엄격하지 않다. 편집자는 다른 사람들이 이용한 선택이나 배열을 따를 수 있고 새로움이 요구되지는 않는다. 독창성은 다른 책으로부터 선택과 배열을 베끼지 않고 저자가 독립하여 선택하고 배열했다는 것만을 요구한다. 모두는 아닐지라도 대부분의 편집물은 이 기준을 넘을 것이다.

작품이 저작권으로 보호되는 편집물의 자격이 있다 할지라도 보호가 제한된다. 즉 저작권은 전달되는 사실이나 정보가 아닌 저작자의 독창적인 기여만을 보호한다.

"편집물에서의 저작권은 … 저작물에 이용된 기존 자료와 구분되는, 저작

23) 옮긴이 주) 노동이론이라고도 함.

자가 기여한 부분에만 미치고 기존 자료에 대해서는 어떠한 배타적인 권리를 포함하지 않는다." § 103(b)

저작권은 편집자에게 독창적인 요소, 즉 사실의 선택, 정리, 배열만을 보호하기 때문에 기존 작품에 들어 있는 사실은 자유롭게 쓸 수 있다.

개정된 1976년 저작권법은 "이마의 땀"이 아닌 독창성이 주소록이나 다른 사실에 기초한 작품에서 저작권보호의 기초라는 점에 의문을 남기지 않고 있다. 1909년법에서도 마찬가지다.

D.

저작권침해를 밝히기 위해서는 두가지 요건이 증명되어야 한다. (1) 유효한 저작권의 보유, (2) 독창적인 저작물구성요소의 복제. 파이스트는 첫 번째 요건에 대해서는 다투지 않고 있다. 이 사건의 쟁점은 두 번째 요건 즉, 파이스트가 루럴의 인명편으로부터 1,309개의 이름과 도시, 전화번호를 베낌으로써 루럴에 속하는 독창적인 것을 복제했는가 이다. 이 정보는 저작권의 보호를 받을 수 없는 사실이다. 이것들은 루럴이 기록하기 전에도 있었고 루럴이 전화번호부를 만들지 않았어도 계속 있었을 것이다. 남은 문제는 루럴이 이 사실을 독창성 있는 방법으로 선택, 정리, 배열했는가 이다. 독창성은 엄격한 기준은 아니며 사실이 혁신적인 또는 놀랄만한 방법으로 선택, 배열되어야 하는 것은 아니다. 그러나 사실의 선택이나 배열이 창작성을 전혀 요구하지 않을 정도로 기계적이거나 상투적일 수는 없다. 독창성의 기준은 낮지만 여전히 존재한다.

루럴 인명편의 선택과 정리, 배열은 저작권보호를 위한 최소한의 헌법 기준을 갖추지 못하고 있다. 루럴의 인명편은 아주 전형적이며 단지 가입자들이 전화를 신청할 때 제공한 자료를 모아 가입자들의 성을 알파벳순서로 정리하였을 뿐이다. 이것에는 단순한 선택을 저작권의 보호를 받는 표현으로 바꾸는데 필요한 최소한의 창작성이 없다. 파이스트는 루럴이 가입자들의 이름과 전화번호의 발간을 스스로 선택한 것이 아니라 전화독점영업권에 따라 요구된 것이라는 점을 지적하였다. 따라서 이 선택은 루럴이 아닌 주법이 요구하였다.

또한 루럴은 사실의 정리와 배열에 독창성이 있다고 주장할 수 없다. 인명편은 단지 가입자들을 알파벳순서로 늘어놓았을 뿐이다. 이것은 오래된 관행이고 전통이며 일반화된 것이라 당연하게 여겨진다. 이것은 독창적이지도 않을 뿐만 아니라 실제로 불가피한 방법이다.

파이스트가 베낀 이름, 도시와 전화번호는 루럴에게 독창적인 것이 아니며 저작권의 보호를 받지 못한다. 법률상 17 U.S.C.§ 101은 독창성이 모자란 방법으로 선택, 정리, 배열된 사실의 모음을 저작권으로 보호하지 않는다. 루럴의 인명편은 독창성이 부족하므로 파이스트의 전화번호목록이용은 저작권침해를 구성하지 않는다.

항소법원의 판결을 파기한다.

Key Publications, Inc. v. Chinatown Today Pub. Enterprises, Inc.

연방 제2항소법원
945 F. 2d 509(2d Cir. 1991)

사 안

1984년 이래로 키(Key)는 매년 뉴욕시 차이나타운과 보스턴, 필라델피아에 있는 중국계 업소의 주소록을 발간해왔다. 키는 각 주소록에 저작권등록을 하였다. 1989－90 주소록에 수집된 정보는 업소형태에 따라 분류되었고 주소는 260개의 범주 중 하나에 들어있다. 대략 9,000개의 주소는 이름, 주소, 전화번호를 포함하고 있다. 일부 주소는 다른 편집물인 중국계 미국음식점주소록(이하 음식점주소록)으로부터 베낀 것도 있다.

차이나타운(Chinatown)은 1990년 뉴욕 중국계 미국업소의 주소록(Galore Directory)을 발간했는데 약 2,000개의 주소가 28개의 범주안에 기재되어 있다. 그 주소록에 있는 약 75% 또는 1,500개의 주소가 키 주소록의 1989-90 주소록에 들어 있다. 키는 차이나타운 주소록이 1989-90 주소록의 저작권을 침해하였다며 소송을 걸었다. 뉴욕 남부 연방지방법원은 원고 승소판결을 했다.

판결요지

판사 윈터(WINTER) :

이 사건에는 두 가지 논점이 있다. 첫째, 1989-90 주소록이 저작권의 보호대상이 되는가? 둘째, 차이나타운 주소록이 그 저작권을 침해하였는가? 우리는 첫 번째 질문에는 긍정으로, 두 번째 질문에는 부정으로 답한다.

1. 저작권의 보호여부

사실은 저작권의 대상이 아니나 사실의 편집물은 저작권의 보호를 받을 수 있다. 편집물이 저작권의 보호를 받기 위해서는 3가지 요건이 필요하다. (1) 원자료의 수집과 집합, (2) 그 자료의 선택, 정리, 배열, (3) 독창성

모든 편집물은 그 자체로 자료의 수집이라는 첫 번째 요건을 충족하기 때문에 키의 1989-90 주소록이 저작권으로 보호되느냐는 두번째와 세 번째 요건에 달려 있다. 주소록에 들어 있는 주소의 선택과 정리, 배열이 충분히 독창적일 때에만 주소록은 저작권의 보호를 받을 수 있다.

선택은 자료들 중에서 편집물에 어떤 사실을 넣을 것인가를 판단하는 것을 의미한다. 키의 대표 왕은 오랫동안 영업하지 않을 것 같은 업소, 예를 들면 일정한 보험중개인, 가져가는 음식을 파는 음식점, 전통 중국 의술인과 같은 업소는 주소록에 싣지 않았다고 증언하였다. 이 증언은 주소록에 포함된 업소를 선택하는데 있어서 일정한 고려와 창작성이 있었음을 나타내 주고 있다. 차이나타운은 키 주소록이 이미 출간된 주소록, 즉 음식점주소록에 들어 있는 주소들을 포함하고 있음을 지적하면서 그것은 키 주소록이 업소의 선택에서 독창성이 부족하다는 것을 보여준다고 주장하였다. 그러나 음식점주소록은 주로 음식점의 주소만을 담고 있으나 키 주소록은 범위가 매우 넓고 내용도 많으며 음식점주소록의 내용을 모두 베낀 것도 아니다. 그러므로 키 주소록은 업소 선택의 독창성을 갖고 있다.

또한 키 주소록의 배열은 저작권법의 의미상으로 독창적이다. 단순히 자료의 기계적인 집합, 예를 들면 알파벳순서로, 연대기순으로, 순차로 자료를

정리하는 정도를 넘어 목록이나 범주속으로 자료를 정돈하거나 모았다. 키 주소록의 형식은 대부분의 범주를 나눈 주소록에 일반적인 것이며 특별한 범주-예를 들면 회계사, 신부가게, 신발가게-는 물론 다른 주소록에서도 사용되어 왔다. 그럼에도 불구하고 몇몇 범주-예를 들면 두부와 콩나물 가게-는 중국계 미국인 사회에 특별한 이해관계가 있으며 업소주소록에 일반화된 것은 아니다. 그리고 범주의 배열과 지정이 다른 주소록으로부터 복제되었다거나 실질적으로 비슷하다는 증거는 없다. 새로움이 부족하다고 저작권보호에 장애가 되지 않는다. 오히려 개개의 범주들은 우리의 의문과 관계없으며 그보다는 키 주소록의 배열이 전체로 보아 독창적이냐 하는 것에 우리는 관심을 가지고 있다. 배열은 전혀 기계적이지 않으며 어떤 범주를 어떤 이름아래 넣을 것인가를 결정하는데 창작성이 들어 있다고 보여진다. 그러므로 우리는 키의 1989-90 주소록에 대한 저작권이 유효하다는 지방법원의 입장을 지지한다.

2. 침 해

편집물의 구성물은 보통 공유영역에 속하고 공유영역에 있는 것과 같거나 실질적으로 비슷하다는 것만으로는 침해를 입증하기에 부족하다. 편집물에서 저작권의 보호를 받는 요소와 실질적으로 비슷해야 한다. 광범위한 보호는 경쟁자들이 공유영역에 속한 요소들을 이용하는 것을 금지하게 되며, 앞으로 편집물의 독창성과 창작성을 장려하기 보다는 가로막게 될 것이다. 키 주소록에서 저작권의 보호를 받는 요소는 첫째, 업소들이 분류된 260개가 넘는 범주들의 배열, 둘째 그렇게 분류, 정리된 9,000개 업소들의 선택이다. 만약 차이나타운 주소록이 범주의 배열, 업소들의 선택과 관련하여 키 주소록과 실질적으로 비슷하다면 저작권침해가 성립될 수 있다. 만약 그렇지 않다면 차이나타운 주소록이 단지 공유영역에 있는 자료들을 이용한 것이 된다. 주소들의 배열과 관련하여 차이나타운 주소록은 키 주소록에서 이용된 배열과 거의 다르다. 차이나타운 주소록은 단지 28개의 다른 범주만을 포함하고 있는 반면에 키 주소록은 260개가 넘는 범주들을 담고 있다. 범주의 개수에 있어서 차이가 클 뿐만 아니라 차이나타운 주소록의 28개 범주 중 3개만이 키 주소록의 그것과 같다. 그러므로 차이나타운 주소록에 있는 범주의 배열이 키 주소록에 있는 범주의 배열과 실질적으로 유사하다고 볼 수 없다.

물론 두 주소록에 들어 있는 업소들의 선택에 있어서 실질적인 유사성이 있다면 침해가 성립될 수 있다. 그러나 키 주소록 중 17%(1,500 / 9,000)의 주소들이 차이나타운 주소록에 들어 있다. 일정한 수 이상의 주소를 포함하고 있는 키 주소록의 어느 범주도 차이나타운 주소록에 통째로 복제되어 있지 않다. 중요한 점은 중복이나 복제가 있었느냐가 아니라 업소들의 선택을 이끌어 내는 편집원칙이 실질적으로 비슷하느냐이다.

차이나타운 주소록에서 업소들의 선택은 키 주소록과 매우 다르다. 차이나타운 주소록은 키 주소록에 있는 9,000개의 주소 중 7,500개가 없다. 실질적인 범주나 그에 속한 주소들을 모두 키 주소록으로부터 가져오지 않았다. 차이나타운 주소록에 있는 500개가 넘는 주소들이 키 주소록에는 없다. 그러므로 두 주소록의 편집원칙이 실질적으로 유사하지 않다. 두 주소록을 접한 어떤 소비자들도 두 주소록이 매우 다르다고 느낄 것이다. 다른 선택원칙에 따라 일하는 편집자들은 이미 다른 사람들에 의해서 이루어진 사실조사를 되풀이할 의무는 없다. 차이나타운 주소록이 키 주소록의 저작권을 침해하였다고 판결한 지방법원의 판결을 파기한다.[24)]

CCC Information Services, Inc. v. Maclean Hunter Market Reports, Inc. 연방 제2항소법원 44 F. 3d 61(2d Cir. 1994)

사 안

항소인 매클린(Maclean Hunter Market Reports, Inc.)은 1911년 이래로 자동차 레드북(Red Book)을 발간해왔다. 1년에 8번 나오는 레드북은 편집

24) BellSouth Advertising & Pub. Corp. v. Donnelley Information Pub., Inc. 연방 제11 항소법원 999 F. 2d 1436(11th Cir. 1993) 판결도 같은 취지이다.

자가 중고차의 장래 6주 동안의 가치를 평가한 내용을 담고 있다. 미국을 3개 지역으로 나누어 각 지역별로 다른 판을 발간해왔다. 예상가치는 자동차회사, 모델번호, 차체모양, 엔진형식에 따라 달리 평가되어 있다. 레드북은 또한 다양한 조건과 주행거리가 5,000마일씩 늘어남에 따라 예상가치를 조정하고 있다. 피항소인 CCC Information Services, Inc.(이하 "피항소인") 컴퓨터 데이터 베이스를 통해서 고객들에게 중고차 가격에 관한 정보를 제공해왔다. 1988년 이후 피항소인는 대부분의 레드북 내용을 컴퓨터 전산망에 올리고 레드북의 정보를 자신의 고객들에게 다양한 형태로 제공해왔다.

피항소인는 레드북의 정보를 이용하고 재발행하는 행위로 인하여 매클린에게 저작권법상 책임을 지지 않는다는 내용의 확인판결을 구하는 소송을 제기하였고 매클린은 피항소인의 저작권침해책임을 주장하는 반소를 제기하였다. 코네티컷 연방지방법원은 피항소인 승소판결을 했다.

판결요지

판사 LEVAL :

1. 항소심에게 제기된 첫 번째 문제는 매클린이 레드북에 대해 유효한 저작권을 갖고 있는가 이다. 1976년 저작권법은 명백히 편집물에 대한 보호를 제한하고 있다. §103. 파이스트 판결에서 연방대법원은 독창성은 저작권 보호의 본질 요건이며 편집물의 저작권은 선택, 정리 또는 배열이 독창성을 나타내어 전체로서 독창적인 저작물이 될 때에만 부여된다고 판결하였다. 독창성은 저작자가 독립하여 선택이나 배열을 했고(즉, 다른 저작물로부터 선택이나 배열을 베끼지 않고) 최소한의 창작성을 보여주는 것을 요구한다.

지방법원은 레드북이 독창성을 갖추지 못했다고 판결한 몇 가지 이유를 제시하고 있다. 첫째, 매클린은 레드북에 있는 중고차의 가격이 사실정보의 해석 또는 분석 이상이라는 것을 설득력있게 밝히지 못했다고 판시하고 있다. 그러나 매클린의 증거는 가격평가가 과거의 가격이나 다른 자료로부터 기계적으로 이끌어 낸 것이 아니라 많은 자료와 전문적인 판단과 의견을 바탕으로 장래 가격을 예측하였다는 점을 입증하고 있다. 가격평가에 있어서 15가지 사항이 고려되었으며 가격평가 그 자체가 매클린의 독창적인 창작물이다.

또한 지방법원은 자료의 선택과 배열이 중고차 가격시장의 필요에 맞춘 논리상 당연한 결과이기 때문에 독창성이 없다고 판시하였다. 그러나 시장의 수요에 맞춰 자료를 배열한 것이 독창성을 배제하지 않으며 편집된 정보를 가장 잘 보여주기 위해 논리를 사용하는 것은 독자 창작이다. 우리는 레드북에 있는 자료의 선택과 배열은 저작권보호를 받기 위한 낮은 수준의 창작성 요구를 충분히 충족시키고 있다고 본다. 이 독창성은 전국 중고자동차시장을 몇 개의 지역으로 나누고 지역에서 발견되는 조건에 따라 각 지역별로 독자적인 예상가격을 산정하고 있는 것으로 표현되고 있다. 중고차 가격은 지역형편에 따라 다르고 장소에 따라 가격이 달랐다. 산정된 가격은 어림한 것이고 독창적일 수밖에 없다. 또 다른 독창적인 면은 1) 선택가능한 특징의 선택과 제시, 2) 5,000마일씩 증가함에 따라 주행거리 당 가격의 조정, 3) 평가대상으로 각 범주마다 평균 자동차라는 추상 개념의 사용, 4) 자동차 년식 모델의 선택 등이 있다. 레드북에 독창성이 없다는 이유로 저작권의 보호를 받을 수 없다는 지방법원의 판결은 잘못이다.

2. 아이디어－표현 이분법과 표현된 아이디어와 필요한 표현의 합체

피항소인의 가장 강력한 주장은 피항소인이 저작권으로 보호될 수 없는 아이디어만을 가져갔다는 것이다. 즉 1) 레드북은 특정자동차의 가격에 대한 저작자의 아이디어를 표현하고 있고, 2) 아이디어의 표현은 아이디어의 진술에 불가결하고 따라서 아이디어에 합체되기 때문에 그 표현은 저작권으로 보호될 수 없고, 3) 레드북의 각 가격은 저작권을 침해하지 않고 자유롭게 이용할 수 있기 때문에 레드북의 모든 내용을 이용하는 것은 저작권 침해가 아니라는 것이다.

저작권은 아이디어를 보호하지 않고 저작자의 표현내용만을 보호한다는 것은 오랫동안 인정되어 왔다.[25] 아이디어의 개인 소유를 막기 위해 표현이 아이디어의 진술에 본질적일 때에는 아이디어의 논의에 공중의 자유로운 접근을 보장하기 위하여 표현도 또한 보호되지 않는다. 이 제한은 아이디어

25) Mazer v. Stein, 347 U. S. 201(1954). Baker v. Selden, 101 U. S. 99(1897).

－표현 이분법으로 알려져 왔다.

만약 피항소인의 주장이 받아들여진다면 저작권법이 명백히 규정하고 있음에도 불구하고 실질적으로 편집물에 부여된 저작권은 있을 수 없게 된다. 편집물의 속성상 편집자의 독창적인 기여는 거의 아이디어로 이루어져 있다는 것은 불가피하다. 예를 들면 선택에 있어서 독창성은 자료의 제한된 선택이 고객에게 유용하느냐 하는 아이디어와 관계되어 있다. 편집자의 독창적인 기여는 자료의 정리와 배열을 위한 아이디어와도 관계가 있다. 선택과 정리, 배열에 관한 편집자의 어떠한 독립 창작도 실질적으로는 잠재 고객들에게 유용성과 선호도를 높이기 위해서 계획되고 어떤 아이디어를 나타낼 것이다. 만약 피항소인이 주장한 대로 합체이론이 아이디어가 부적절하게 보호되는 위험을 피할 목적으로 그 아이디어의 개별 표현을 이용하기 위해 편집물을 모두 베끼는 것을 허용한다면 저작권법 103조가 편집물에 부여한 보호는 유명무실하게 될 것이다. 크레고스 사건[26)]은 현상의 이해 또는 문제의 해결－예를 들면 특별한 질병의 존재를 알아내는데 가장 유용한 증상의 확인－을 촉진시키는 아이디어와 그 사건의 쟁점인 투구표(the pitching form)와 같이 현상을 설명하거나 답을 제공하지 않지만 저작자의 기호나 의견이 들어 있는 아이디어 사이를 구분하고 있다. 후자와 관련하여 편집물에 반영된 선택이 기호나 개인 의견과 관계되어 있는 한 합체이론을 적용하지 않는 것이 아이디어에 대한 보호를 금지한 저작권법의 뜻을 심각하게 손상시킬 위험은 없다고 판시하고 있다. 편집물을 모두 베낀 경우에 기호 및 의견으로 채워져 있는 아이디어에 대해 합체이론의 적용을 보류하고, 합체이론을 신중히 적용하는 것이 좀 더 중요하고 유용한 종류의 아이디어에 공중이 접근하는 정책을 해치지 않고 혁신적인 편집물을 보호하려는 저작권법의 취지를 이행하게 될 것이다.

저작권법의 정책상 이 사건에서 레드북에게 저작권의 보호를 박탈하기 위하여 합체이론을 적용하는 것은 옳지 않다. 피항소인에게 합체이론의 혜택을 주는 결과는 아이디어에 공중의 접근을 보장하려는 저작권법의 정책에 대한 충분한 이득도 없이 법이 편집물에게 주려고 한 보호를 너무 허물

26) Kregos v. Associated Press, 연방 제2항소법원 937 F. 2d 700(2d Cir. 1991).

고 있다. 첫째, 피항소인은 실질적으로 레드북의 거의 모든 내용을 베꼈다. 피항소인의 합체이론주장은 매클린의 편집물에 대한 모든 보호를 사실상 없앨 것이다. 둘째, 피항소인이 레드북으로부터 베낀 가격은 레드북 편집자가 지역별로 6주 동안의 중고차 가치에 대하여 예측한 것일 뿐이다. 레드북은 안내문에서 특정 차의 가치는 이용자가 마지막으로 평가하여야 하며 책은 중고차 가치 평가 분야에서 전문가의 의견을 보충할 뿐 대체하는 것은 아니라고 밝히고 있다. 이것은 크레고스 사건에서와 매우 비슷한 내용이다. 레드북의 아이디어는 의견을 제안하는 종류여서 합체이론을 적용하지 않더라도 아이디어에 공중의 접근을 보장하려는 저작권법의 취지를 심각하게 훼손하지는 않을 것이다. 크레고스 사건에서 제안된 이해관계의 균형평가는 우리로 하여금 합체이론의 혜택을 구하려는 피항소인의 주장을 받아들일 수 없게 한다. 매클린은 유효한 저작권과 침해사실을 입증하였으므로 지방법원의 판결을 파기한다.

Matthew Bender & Co. v. West Publishing Co.

연방 제2항소법원
158 F. 3d 674(2d Cir. 1998)

사 안

항소인 웨스트(West)는 판례집을 발행해왔는데 다음 2가지 종류를 추가하였다. 1) 독립적으로 만든 특징, 즉 판결요지, 특정 법리를 요약한 head notes, 법률 주제 및 하위 주제로 분류한 key numbers, 2) 사실정보의 추가, 즉 판례에 대한 평행[27] 또는 대체인용, 변호사 정보, 후속절차에 관한 정보.

---

27) 평행인용(Parallel Citation)은 하나 이상의 판례집에 들어 있는 사건을 추가로 인용하는 것을 말한다. 예를 들면 "Morgan v. U.S., 304 U.S. 1, 58 S. Ct. 773, 82 L. Ed. 2d 1129(1938)"에서 주인용은 연방대법원판례집(U.S. Reporter)이고 평행인용은 웨스트로의 Supreme Court Repoter과 렉시스(Lexis)의 Lawyer's Edition을 인용한 것이다.

하이퍼로(HyperLaw, Inc.)는 1990년 이후 연방대법원 판례와 1993년 이후 연방항소법원 판례를 CD-ROM판례집으로 발행해왔는데 1990년 이전 연방대법원판례와 1993년 이전 연방항소법원판례를 웨스트 판례집으로부터 판결요지와 headnotes, key numbers 삭제한 후 복제하려고 하였다. 복제 분량은 웨스트 판례집의 50%에 이를 것으로 예상되었다. 웨스트 판례집에 별모양의 쪽번호를 넣은 매튜가 웨스트의 저작권을 침해하지 않았다며 제기한 확인소송에 원고로 참가한 하이퍼로는 삭제한 항목을 뺀 웨스트 판례집은 저작권의 보호를 받을 수 없다고 주장하였다. 웨스트는 매튜와 하이퍼로에게 승소판결을 한 뉴욕 남부 연방지방법원의 판결에 대해 항소하였다.

판결요지

판사 JACOBS :

A. 연방정부 간행물은 저작권의 보호를 받을 수 없다. 그러므로 판결문은 자유로이 복제할 수 있다. 편집물에 대한 저작권침해주장은 두가지 요건, 즉 유효한 저작권의 보유와 독창적인 구성요소의 복제를 입증해야 한다. 이 사건의 쟁점은 웨스트의 판례 변경내용이 전체로 볼 때 저작권으로 보호받을 수 있을 만큼 충분한 독창성과 창작성을 보여주고 있느냐에 있다.

B. 웨스트는 독창성과 창작성은 하이퍼로가 베끼려고 한 판례집의 다음 4가지 요소에 담겨 있다고 주장한다. (i) 당사자와 법원, 판결일을 특정하는 정보의 배열, (ii) 변호사정보의 선택과 배열, (iii) 재심리의 거부와 같은 후속절차 정보의 배열, (iv) 평행인용과 대체인용의 선택. 각 요소는 그 자체로는 보호받을 수 없는 기존 사실을 더하거나 재배열한 것이므로 그 사실의 선택이나 배열에 창작성이 나타나지 않는 한 판례집에 있는 그러한 요소들이 저작권의 보호를 받을 수 없다. 편집저작자는 독자들의 사용효과를 높이기 위해 어떤 사실들을 넣고 어떤 순서로 나열할 것인가, 모은 자료를 어떻게 배열할 것인가를 결정한다. 이 선택과 배열의 결정은 편집자가 독립적으로 하고 최소한의 창작성을 갖고 있는 한, 의회가 저작권법을 통해서 보호하기에 충분할 만큼 독창적이다. 그러나 i) 어떤 사람이 같은

종류의 편집물을 만들더라도 같은 범주의 정보를 선택하도록 하는 산업상의 관례나 다른 외부 요소가 있거나,[28] ii) 저작자가 뻔하거나 흔해 빠진 또는 틀에 박힌 선택을 한 경우[29]에는 창작성이 없다. 그러므로 정보의 선택과 배열에서 창작성은 적지 않은 조건들로부터 임의의 선택을 하는 데에 있다.[30] 따라서 선택과 배열의 창작성은 i) 이용가능한 선택조건들의 전체 수, ii) 어떤 선택조건의 실행을 제한하거나 다른 조건들을 비창작적으로 만드는 외부요인, iii) 어떤 선택을 흔해빠진 것으로 만들어 버린 과거의 이용 등과 관련이 있다.

C. 우리는 하이퍼로가 복제하려고 하는 웨스트 판례집의 독창성과 창작성 여부를 평가하고자 한다.

1. 당사자표시, 법원, 날짜정보

웨스트는 다음과 같은 부분에 독창성이 있다고 주장하고 있다.

- 당사자의 표기형식은 첫 번째 원고와 피고를 대문자로 표기하여 표준화하였고 때때로 당사자의 이름은 축약되었다.
- 법원의 이름을 바꾸었다. United States Court of Appeals for the Second Circuit을 United States Court of Appeals, Second Circuit으로 변경하였다.
- 변론날짜와 선고날짜에 관한 표현을 바꾸었다. 예를 들면 filed를 decided로 바꾸었다.
- 당사자표시, 법원, 사건번호와 날짜를 특별한 순서로 적었으며 판결문 앞머리에 있는 하급심법원 정보는 삭제되었다.

그러나 이러한 변경이 실질적이지도 않고 독창성이나 창작성이 없다고 판결한 1심법원이 잘못을 저질렀다고 생각하지 않는다. 첫 번째 원고와 첫 번째 피고의 이름에 의해서 사건을 인용하는 것은 흔한 일이다. 그 외 절차

28) Victor Lalli Enters., Inc. v. Big Red Apple, Inc., 연방 제2항소법원 936 F. 2d 671 (1991), Mid America Title Co., v. Kirk, 연방 제7항소법원 59 F 3d 719(1995) 판결 참조.

29) Feist판결, BellSouth Adver. & Publ'g Corp. v. Donnelley Info. Publ'g, Inc., 연방 제11항소법원 999 F. 2d 1436(1993) 판결 참조.

30) Kregos v. Associated Press, 연방 제2항소법원 937 F. 2d 700(1991) 판결 참조.

적인 사실에 관련된 웨스트의 전반적인 선택이 독창성이나 창작성을 보여주지 못하고 있다. 당사자이름, 판결법원과 일자는 기본 요소이고 그것들은 중요해서 들어간 것이지 웨스트의 판단에 의해서 기재된 것은 아니다.

2. 변호사정보

법원의 판결문은 웨스트가 편집한 변호사 정보를 모두 기록하지 않는다. 웨스트는 변론변호사, 법률회사, 개업도시와 주 등을 적는다. 파이스트 사건의 전화번호부에 들어있는 이름과 도시, 전화번호와 마찬가지로 변호사의 이름과 회사, 개업도시 등은 일반적이고 흔해 빠진 것이다.

3. 후속절차

웨스트의 판례집은 재심리거부나 판결문수정결정과 같은 후속절차를 담고 있다. 1심법원은 웨스트의 실제 선택권이 제한되어 있기 때문에 후속절차를 반영하여 판결문을 수정하였다고 해서 독창성이나 창작성을 발휘한 것은 아니라고 판결하고 있다. 우리는 1심판결이 명백하게 잘못되었다고 말할 수 없다. 대부분의 항소심에서 유일한 후속절차는 재심리의 거부이다. 좀 더 복잡한 후속절차가 진행된 사건에서조차 웨스트에게는 다른 선택방법이 거의 없기 때문에 후속절차를 반영하면서 웨스트가 독창성을 보여주었다고 볼 수 없다.

4. 평행 또는 대체 인용

a) 웨스트는 판결문에 없는 평행인용구를 넣었다. 예를 들면 연방대법원 판결을 인용할 경우 United States Reports, Supreme Court Reporter와 Lawyer's Edition에 평행인용구를 삽입하였다.

b) 웨스트는 몇몇 인용구를 다른 것으로 대체하였다.

c) 웨스트는 판결문에 사건명만 인용되어 있을 경우에는 인용구를 넣었다.

인용구의 변경과 관련된 웨스트의 판단은 거의 모두 불가피하고 일반적인 것이며 법적 관례에 따른 것이다. 웨스트의 인용구와 관련된 결정에 거의 창작성이 없다는 사실을 판단하는 유용한 방법은 만약 웨스트의 결정이 저작권으로 보호받는다면 웨스트의 경쟁자들이 저작권침해를 피하기 위해 무엇을 할 수 있을 지를 생각해 보는 것이다. 유용한 판례집을 만들려고 하는 하이퍼로와 같은 경쟁자들은 평행 또는 대체인용의 독창적인 선택을 할 필요가 있을 것이다. 웨스트의 판례집에 없는 유용한 정보(예를 들면 Westlaw대신 LEXIS인용)가 포함될 수 있는 반면에 대부분의 유용한 정보는 이미 웨스트의 판례집에 추가되어 있을 것이다. 이러한 변경내용을 포함시킨 경쟁자들은 저작권침해가 없다는 확신을 가질 수 없을 것이다. 경쟁자가 같은 인용구를 사용하지 않고 유용한 판례집을 만들기는 매우 어려운 일이다. 웨스트가 추가한 인용구를 저작권으로 보호한다면 웨스트는 상업 판례집발행을 독점하게 된다.

마지막으로 변호사정보와 후속절차, 부가적인 인용정보를 추가하기 위한 웨스트의 결정은 거의 창작성이 없다. 대부분의 법원은 이미 변호사정보와 후속절차의 내용을 포함한 정확한 판결문을 제공하고 있다.

하이퍼로가 복제하려고 하는 웨스트 판례집의 요소들이 저작권의 보호를 받을 수 없다고 판시한 지방법원의 판결에 잘못이 없다.(SWEET판사의 반대의견 생략)

6. 저작권의 대상이 아닌 것

가. 아이디어(Ideas) 등

어떠한 경우에도, 독창적인 저작물에 대한 저작권의 보호는 그 저작물에 기술, 설명, 예시 또는 수록되는 형태를 묻지 않고, 관념, 절차, 공정, 체제, 조작방법, 개념, 원리 또는 발견에는 미치지 아니한다.[31] 저작권은 창작자의 아이디어가 나타나는 구체적인 표현에만 미치고 아이디어 그 자체에는 미치지 않는다. 그러므로 저작권법은 아이디어나 과학의 발견, 역사적인 사실의 이용을 금지하지 않는다.

Satava v. Lowry

연방 제9항소법원
323 F.3d 805 (9th Cir. 2003)

31) 17 U.S.C.§ 102(b).

요 약

저작권법에서 의회는 예술가들에게 창작 표현을 권장함으로써 공공의 이익을 추구하고 있다. 의회는 이러한 목적을 이루기 위해 저작권보호의 윤곽을 주의깊게 그리고 있다. 의회는 예술가들에게 그들의 저작물에 나타난 독창적인 표현에 대해 배타적인 권리를 부여함으로써 우리의 문화를 풍부하게 하는 작품을 창작하도록 금전 보상을 주고 있다. 그러나 예술가들 작품 속의 아이디어와 표준 요소들에 대한 배타적인 권리는 부인함으로써 공중이 정당하게 소유하고 있는 것을 그들이 독점하지 않도록 하였다. 이 사건에서 우리는 동물 조각에서 보호되지 않는 아이디어와 독창적인 표현 사이의 희미한 경계를 밝혀내야 한다. 우리는 실물 같은 이중유리(glass-in-glass, 유리 안의 유리) 해파리 조각품이 저작권으로 보호되는지를 결정해야 한다. 우리는 조각품이 보호될 수 없는 아이디어와 표준 요소로 구성되어 있고, 그러한 요소들의 결합은 보호될 수 없다고 판단하기 때문에 원심 법원의 판결을 파기한다.

사 안

원고 사타바(Richard Satava)는 캘리포니아출신 유리미술가이다. 1980년대말 사타바는 수족관에 전시된 해파리에게서 영감을 받았다. 그는 이중유리 형태로 해파리 조각품을 만들기 시작하였고 1990년에 그 조각품을 팔기 시작하였다. 조각품은 잘 팔렸고 2002년에는 사타바는 매달 300개의 해파리 조각품을 디자인하고 만들었다. 사타바의 조각품은 40개 주의 미술품점과 선물가게에서 팔렸고 크기에 따라 수백 또는 수천달러에 팔렸다. 사타바는 작품을 저작권청에 등록하였다.

사타바는 그의 조각품을 "수직방향, 유색의, 가공의 해파리로서, 덩굴손 식물모양의 촉수와 둥글납작하고 총알 모양 비슷하게 바닥쪽으로 좁아지는 둥글고 맑은 유리로 둘러싸여 있는 둥근 갓을 가지고 있고 유리안을 가득 채운 해파리 조각품"으로 묘사한다. 사타바의 해파리는 실물과 똑같은 것처럼 보인다. 그것은 태평양에서 살고 있는 해파리종을 닮았다.

1990년대 하와이 출신의 유리 예술가인 피고 로우리(Christopher Lowry)는 유리 해파리 조각품을 만들기 시작했다. 로우리의 조각은 사타바의 것과 비슷했고 많은 사람들이 헷갈렸다. 하와이에서 사타바의 조각은 관광안내책자와 미술잡지에 실렸다. 조각품들은 16개 미술품점과 선물가게에서 팔렸다. 로우리는 1996년에 미국공예잡지에 실린 사타바의 해파리 조각품을 보았다고 인정했다. 그리고 1997년에 한 손님이 그에게 수리를 위해 가져온 사타바의 해파리 조각품을 살펴보았다고 인정했다.

이중유리 조각은 보통 막이라고 불리는 유리막안에 유리조각으로 구성된 수백년된 미술형식이다. 미술가는 안쪽의 유리 조각을 창작한 후 그 것을 녹아 있는 유리에 담가 바깥에 단단한 유리막으로 둘러싸이게 한다. 유리막은 식기 전에 늘려 펴질 수 있어 미술가가 바라는 모양을 만들 수 있다.

사타바는 로우리를 상대로 저작권침해금지소송을 제기하였고 사타바의 요청에 따라 1심 법원은 로우리에게 사타바의 조각품을 닮은 조각품의 제조 및 판매를 금지하는 임시처분결정을 하였다. 로우리가 항소했다.

판결요지

판사 GOULD :

임시처분은 1심 법원이 (1) 재량권을 남용하거나 (2) 명백한 사실오인 또는 잘못된 법리에 기초하지 않는 한 항소심에서 인용되어야 한다. 우리는 1심 법원이 잘못된 법리에 기초한 결정을 했다고 판단하고 파기한다.

현재 알려져 있거나 장래에 개발될 유형적인 표현매체로서, 직접 또는 기계나 장치에 의하여 그로부터 저작물을 지각, 복제, 또는 그 밖에 전달할 수 있는 것에 고정된 독창적인 저작물은 저작권 보호를 받는다. 17 U.S.C. §102(a). 그러나 저작권 보호는 관념, 절차, 공정, 체제, 조작 방법, 개념, 원리, 또는 발견에는 미치지 아니한다(17 U.S.C. §102(b)).

저작권으로 보호되는 표현은 독창성을 갖추어야 한다. 비록 독창성 기준을 충족하는데 필요한 독창성의 양이 적다 하더라도 무시할 수 있는 것은

아니다. 하찮은 변화 이상의, 예술가 자신의 것이라고 느껴질 수 있는 무엇이 있어야 한다.

독창성 요건은 사실이나 아이디어가 저작권의 보호대상이 아니라는 것을 요구한다. 비슷하게 특정 대상이나 매개체에 대한 표준의, 상투적인, 흔한 표현은 저작권법에서는 보호되지 않는다.[32] 이러한 원칙에 따라 이중유리 해파리 조각품을 만드는 아이디어 또는 그러한 조각의 아이디어로부터 자연스럽게 흘러나오는 표현 요소는 저작권으로 보호되지 않는다.

사타바는 다른 사람들이 덩굴손 모양의 촉수 또는 둥근 갓을 가진 해파리를 묘사하는 것을 막을 수 없다. 왜냐하면 많은 해파리들이 그러한 신체 부분들을 가지고 있기 때문이다. 그는 많은 해파리가 밝은 색이기 때문에 해파리를 밝은 색깔로 묘사하는 것도 금지할 수 없다. 해파리는 자연상태에

32) 표준적인 요소들은 때때로 모호한 프랑스어로 "scenes a faire("scenes which must be done")"로 불린다. 연방 제9항소법원은 이들을 저작권보호에 대한 장애사유보다는 침해에 대한 항변으로 다룬다.

서 수직으로 헤엄을 치고 또 자주 위아래로 헤엄치는 것으로 묘사되기 때문에 다른 사람들이 해파리를 수직적으로 헤엄치는 모습으로 묘사하는 것을 막을 수 없다. 맑은 유리는 물속생물에 가장 알맞은 배경이기 때문에 사타바는 다른 사람들이 맑은 유리안에 들어있는 해파리를 묘사하는 것을 금지할 수 없다. 그는 해파리가 유리막을 거의 가득 채우는 방법으로 묘사하는 것도 막을 수 없다. 왜냐하면 그러한 비율은 이중유리 조각에서는 표준이기 때문이다. 그리고 유리를 총알모양처럼 좁아지는 모습으로 만드는 것도 표준적인 방법이기 때문에 금지시킬 수 없다.

사타바의 해파리조각품은 비록 아름답다 할지라도 몇 가지 보호될 수 없는 아이디어와 표준 요소들이 결합되었다. 이러한 요소들은 공유영역에 속하고 공공의 자산이며 사타바가 그 것들은 독점이용하기 위해 저작권법을 이용할 수 없다.

물론 보호되지 않는 요소들의 결합이 저작권으로 보호될 수 있다. 그러나 보호될 수 없는 요소들의 결합이 바로 저작권으로 보호되지 않는다. 판례가 시사하고 우리가 오늘 결정하듯이 보호되지 않는 요소들의 결합이 독창적인 저작물에 해당하기에 충분할 정도로 창작적인 선택과 배열이 있을 경우에만 저작권으로 보호될 수 있다.

사타바의 조각품에서 보호되지 않는 요소들의 결합은 이 기준을 충족하지 못하고 있다. 맑은 유리, 길쭉한 유리막, 밝은 색, 비율, 수직적 방향, 흔한 해파리모양의 선택을 함께 고려해 볼 때 저작권으로 보호되기에 필요한 독창성이 모자라다. 이러한 요소들은 이중유리 조각에서는 너무 흔하고 해파리의 일반 생태를 반영하고 있어서 그러한 요소들의 결합을 저작권으로 보호하면 수직 촉수를 가진 실물과 똑같은 해파리의 이중유리 조각에 대한 독점권을 사타바에게 주는 결과가 된다. 사타바가 이러한 표준적이고 흔한 요소들을 결합하면서 추가한 독창성의 정도는 우리의 판례법에 따르면 사소한 것으로 보아야 하고 사타바는 다른 미술가들이 그 것들을 쓰는 행위를 막을 수 없다.[33]

---

33) 우리의 분석은 합체이론(the merger doctrine)이 이 사건에서 적용될 수 있다는 것을 시사한다. 합체이론에 따르면 법원은 만약 저작물에 들어 있는 아이디어가 오직

우리는 사타바가 그의 해파리 조각품에 저작권으로 보호할만한 요소를 전혀 더하지 않았다고 보려는 것은 아니다. 그는 특정 덩굴손의 독특하게 감긴 모양, 색조의 배열, 해파리 갓부분의 독특한 모양과 같은 몇 가지 저작권으로 보호할만한 기여를 하였다. 이것들과 기타 미술 선택이 해파리의 생태 또는 이중유리 형태에 따라 정해진 것이 아닌 범위까지는 사타바가 이론상 저작권법을 통해서 보호받을 수 있는 독창적인 요소들이다. 그러나 이러한 독창성 있는 요소들(또는 그들의 결합)에 대한 사타바의 저작권은 이미 공유영역에 속하는 아이디어에 대한 독창성 있는 기여부분만을 포함하는 약한 것이다. 달리 말하면 사타바는 다른 사람들이 그가 기여한 독창적인 특징을 베끼는 것을 금지할 수 있으나, 자연이 모든 관찰자들에게 보여주거나 이중유리 형태가 모든 조각가에게 보여주는 표현 요소를 베끼는 행위를 막지 못한다. 사타바는 거의 똑같은 모양의 복제행위만을 금지할 수 있는 약한 저작권을 갖고 있다.

우리는 살아 있는 동물의 실물 묘사가 저작권으로 보호될 수 없다고 판단하지 않는다. 사실은 우리는 반대로 판단해 왔다. 그러나 그러한 작품에 대한 저작권의 보호범위는 좁다고 인식하고 있다. 자연은 우리에게 자연상태에서의 동물들에 대한 아이디어를 준다. 쥐를 잡아채기 위해 발톱을 펴는 독수리, 이빨 사이에서 연어를 물고 있는 곰, 번데기에서 나오는 나비, 보름달아래 울부짖고 있는 늑대, 열대에서 헤엄치고 있는 해파리 등. 자연에서 처음 표현된 이러한 아이디어들은 인류의 공공유산이며 어느 미술가도 다른 사람들이 이들을 묘사하는 것을 금지시키기 위해 저작권을 이용할 수 없다.

그러나 미술가가 이러한 아이디어들에 기여한 독창성 있는 표현은 보호될 수 있다. 미술가는 동물의 자세나 태도, 몸짓, 근육구조, 얼굴 표정, 털, 질감을 바꿀 수 있다. 미술가는 배경, 빛, 원근법을 변화시킬 수 있다. 그러

한 가지 방법으로만 표현될 수 있다면 그 아이디어의 독점을 부여하지 않도록 저작물을 보호하지 않을 것이다. 사타바가 그의 조각에서 표준적이고 흔한 요소들의 사용이나 그 요소들의 결합을 막을 수 없다는 우리의 판단에 비추어 보면 우리는 합체이론의 적용을 고려할 필요가 없다고 본다.

한 변화가 독창적이라면 저작권으로 보호될 수 있다. 사타바의 해파리 조각은 이러한 유형의 변화가 너무 적기 때문에 저작권의 범위도 좁다.

우리는 창작 미술가들이 그들의 독창적인 작품을 보호하기 위한 적법한 필요성을 무시하려는 것은 아니다. 무엇보다도 저작권법은 미술가들에게 창작 대가를 줌으로써 우리의 문화를 풍성하게 하려는 높은 목적을 달성하고 있다. 그러나 우리는 저작권 사건에서 공유자산을 사취하지 않도록 주의해야 한다. 아이디어와 표현사이의 경계를 바르게 구분함으로써 미술가들이 그들의 독창적인 창작에 대해 정당한 보상을 받고, 그리고 올바른 범위에서 다른 미술가들에게 우리 모두에게 속한 아이디어의 사용을 보장할 수 있다.

원심판결을 취소한다.

Mattel, Inc. v. MGA Entertainment, Inc.

연방 제9항소법원
(9th Cir. 2010)

판사 KOZINSKI

누가 브랏츠를 소유하는가?

Ⅰ. (소송경과)

바비는 20세기 후반기에 타의 추종을 불허하는 패션인형시장의 여왕이었다. 그러나 2001년에 "패션에 대한 열정을 지닌 소녀들, 브랏츠가 나타났다. 얌전한 바비인형과 달리 브랏츠인형은 도시와 다민족 성향이며 유행을 따른다. 브랏츠인형은 대성공을 거두웠다. 바비인형을 만드는 마텔사는 이 경쟁을 기뻐하지 않았다. 그리고 브랏츠인형의 뒤에 전직 직원 브라이언트가 있다는 사실을 알았을 때 특히 불쾌했다.

브라이언트는 놀이용보다는 수집용의 최고급 바비인형의 유행과 머리스타일을 디자인하는 부서에서 근무했다. 2000년 여름 그가 마텔사에 근무할 때, 브라이언트는 경쟁업체인 MGA사의 직원 2명에게 브랏츠인형의 아이디어를 이야기했다. 브라이언트는 곧 MGA사의 사장인 래리언에게 호출되었다. 브라이언트는 예비 스케치와 마텔사의 창고에서 가져온 인형 머리와 몸, 부츠로 만든 거친 모조품을 가져왔다. 브라이언트가 소묘한 Zoe, Lupe, Hallidae, Jade인형은 나중에 1세대 브랏츠인형인 Cloe, Yasman, Sasha, Jade로 제작되어 판매되었다.

브라이언트는 2000. 10. 4. MGA사와 자문계약을 맺었다. 브라이언트는 10. 4.에 마텔사에 10. 19.까지 근무하겠다고 2주전 통지를 보냈다. 또한 브라이언트는 브랏츠인형을 개발하기 위해 MGA사와 일했고 브랏츠인형의 예비 제품을 만들기도 하였다. 조각은 피부색과 얼굴색을 칠하지 않고, 머리카락이나 옷이 없는 마네킹 비슷한 플라스틱 인형이었다.

MGA사는 브랏츠사업에 브라이언트가 관여하고 있는 사실을 비밀에 부쳤으나 마텔사가 알게 되었다. 줄소송이 제기되었고 연방 지방법원에서 병합되었다. 배심은 브라이언트의 예비 브랏츠 제품이 마텔사의 저작권을 침해하였다고 인정한 평결을 하였다. 마텔사는 저작권침해로 인한 손해배상으로 10억 달러 이상을 청구하였으나 배심은 1천만달러 또는 청구액수의 약 1%를 배상금으로 인정했다. 아마 브랏츠인형의 일부분만이 침해라고 인정했기 때문으로 보인다.

저작권주장에 대하여 지방법원은 MGA사에게 마텔사의 저작물인 브랏츠 작품과 실질적으로 비슷한 장래의 인형은 물론 실질적으로 모든 브랏츠 여성 패션인형의 제조, 판매를 금지하는 금지명령을 내렸다. 금지명령은 원래의 4개 인형 뿐만 아니라 후속세대의 인형과 다른 인형 캐릭터도 포괄하고 있다. 결과적으로 바비는 브랏츠를 사로잡았다. 브랏츠는 항소했다.

Ⅱ. (법정신탁부분 생략)

Ⅲ. A. (근로계약과 발명의 양도 부분 생략)

B.

근로계약의 해석에 관한 지방법원의 잘못은 저작권 금지명령을 취소시키기에 충분하다. 환송심에서 마텔사는 적절하게 설명을 들은 배심에게 근로계약이 고용의 범위 밖에서 창작된 저작물을 양도하고 있거나, 브라이언트의 예비 스케치와 조각물이 마텔사와의 고용범위내에서 창작되었다는 점을 확신시켜야 할 것이다. 그 이후 지방법원은 다시 한번 저작권 금지명령을 할 것인지를 결정해야 한다.

마텔사는 MGA사의 브랏츠인형이 스케치와 조각물의 저작권을 침해했다고 주장했다. 저작권청구가 성공하기 위해서는 마텔사는 3가지 사항을 입증해야 한다. 첫째, 마텔사는 스케치와 조각물의 저작권을 갖고 있다는 점을 입증해야 한다. 둘째, MGA사가 스케치와 조각물에 접근했다는 점을 밝혀야 한다. 셋째, MGA사의 인형이 스케치와 조각물을 침해(복제)했다는 점을 입증해야 한다.

마텔사가 브라이언트의 예비 도안과 조각물을 소유하고 있다고 가정할 때, 저작권은 아이디어 자체가 아닌 인형 아이디어의 특별한 표현만을 보호한다. 그렇지 않으면 아이디어를 처음으로 표현한 사람이 아이디어를 독점해 버리게 된다. 화가 드가는 다른 미술작가가 발레리나를 그리는 것을 막을 수 없고 샬레인 해리스는 수키가 먼저 등장했다는 이유로 스테파니 메이어가 트와이라잇을 출판하는 것을 막을 수 없다. 비슷하게 MGA사는 브라이언트의 스케치를 보고 “좋은 아이디어! 우리도 역시 인형을 만들고 싶다.”라고 자유롭게 말할 수 있다.

물론 마텔사는 MGA사가 아이디어가 아니라 인형에 대한 브라이언트의 독특한 표현을 베꼈다고 주장한다. 허용되는 아이디어의 이용과 허용되지 않는 표현의 복제 사이를 구별하기 위해서 우리는 "외부/내부" 테스트를 개발해왔다. 먼저 외부단계에서 우리는 저작물과 상대 작품 사이의 유사성을 조사한 후 비슷한 요소가 보호될 수 있는 지 여부를 결정한다. 예를 들면 아이디어와 표준 특성(scenes a faire), 독창성 없는 성분은 보호될 수 없다. 보호될 수 없는 요소들을 도려내면, 저작자의 특별한 아이디어의 표현이 남고 이 것이 보호될 수 있다.

다른 사람들이 아이디어(그리고 다른 보호되지 않는 요소들)를 자유롭게 이용할 수 있다면, 우리는 먼저 그러한 아이디어를 표현할 수 있는 범위를 검토하는 것으로 시작한다. 만약 표현의 폭이 넓다면(예컨대 외계인 공격 영화를 만드는 무수한 방법이 있다면), 저작권의 보호범위는 넓고 만약 저작물과 실질적으로 유사하다면 침해가 성립할 것이다. 만약 표현의 범위가 좁다면(예를 들면 검은 배경에 탄력있는 빨간 공을 그리는 방법이 많지 않다면) 저작권의 보호는 좁고 침해가 성립되기 위해서는 거의 똑같이 베껴야 한다.

외부 단계에서 결정된 침해의 기준—실질적으로 유사 또는 거의 동일—은 내부 단계에서 적용된다. 우리는 거의 대부분 배심에게 일반의 합리적인 관찰자가 저작물과 상대 작품을 실질적으로 비슷하다고(또는 거의 같다고) 보는 지를 결정하도록 요청한다. 만약 유사하다고 한다면 침해가 성립한다.

지방법원은 외부분석을 수행했고 브라이언트의 스케치와 조각의 다음 요소들이 보호되지 않는다고 보았다.

1. 사람의 형태와 생태를 닮거나 비슷한 것
2. 인체 및 생태에 따른 머리카락, 머리, 두 눈, 눈썹들, 입술, 코, 뺨, 입, 그리고 기타 특징들의 단순한 존재
3. 사람의 옷, 신발, 장신구
4. 나이, 인종, 민족, 그리고 도시 또는 시골 풍
5. 다른 것들(인형의 코와 상대적으로 날씬하고 작은 신체)에 관계된 공통된 또는 표준 해부학 특징들
6. 대상의 표준 특징, 또는 공통되거나 표준이 되는 취급

지방법원은 다음의 요소들은 보호될 수 있다고 판단했다.

1. 독특한 스타일을 표현하고 뚜렷한 표정이나 태도를 전달하는 인체와 해부학 구조의 표현 및 상세하고도 상호 보완하는 짜임새
2. 인형의 머리, 입술, 눈, 눈썹, 눈의 특징, 코, 뺨, 머리 스타일과 가슴의 상세한 표현, 다른 것들(인형의 입술, 눈, 눈썹, 그리고 눈의 특징들)과 관련된 어떤 해부학 특징들의 강조 또는 과장, 그리고 다른 것들(인형의 코와 뺨, 작은 신체)와 관련된 어떤 해부학 특징들의 경시
3. 적극적이고, 당대의 젊은 스타일을 표현하는 상세하고도 기능과 무관한 인형의 옷, 신발, 장신구

이러한 판단을 바탕으로 지방법원은 실질적인 유사성이 침해여부의 적절한 분석방법이라고 결정했다. 그리고 지방법원은 마텔사가 형평법상의 구제조치를 받을 수 있는 지를 결정하면서 두 개의 브랏츠 조각과 거의 모든 브랏츠 여성 패션 인형이 실질적으로 마텔의 저작물과 비슷하다고 인정했다. 지방법원은 MGA사가 침해 인형 또는 장래 실질적으로 유사한 인형의 제작을 금지하는 명령을 내렸다. 우리는 저작권 보호 범위에 관한 지방법원의 결정을 검토한다.

1. 인형 조각물

지방법원은 MGA사에게 브라이언트의 예비 조각물과 실질적으로 유사한 "핵심적인 브랏츠 패션인형 생산 조각물" 또는 "브랏츠 영화 조각물"로 만든 인형의 생산과 판매를 금지시켰다. 실질적 유사성 기준을 채택한 지방법원은 브라이언트의 조각에 대해 저작권을 넓게 인정하였다. MGA사는 브라이언트 예비 조각의 보호를 제한하여 실질적으로 같은 제품에만 적용해야 한다고 주장한다.

조각물에 대한 보호의 범위를 결정하기 위해서 우리는 먼저 보호되지 않는 요소들을 제거해야 한다. 젊은 여성을 닮은 작은 플라스틱 인형을 만드는 것은 패션 인형시장에서 기본이다. 이러한 기초 개념에다 브랏츠 인형은 커다란 머리와 발과 같은 과장된 특징들을 더하였다. 그러나 많은 패션 인형들은 블라이드 인형과 바비 인형의 큰 머리와 같은 과장된 특징들을 가

지고 있다. 나아가 여성들을 종종 베티부프부터 일본 만화영화의 주인공들과 스티브 매든 광고들과 같이 브랏츠 인형과 비슷하게 과장된 비율로 그린다. 그러므로 젊고 유행에 앞선 여성을 큰 머리와 발을 포함하여 과장된 특징들로 묘사하는 개념은 독창성이 없을 뿐만 아니라 보호될 수 없는 아이디어이다.

마텔사는 부풀린 인물상을 그릴 수 있는 방법은 많기 때문에 조각은 넓은 보호를 받아야 한다고 주장한다. 과장된 특징들을 가진 몸을 표현하는 범위는 넓다. 작은 코가 아닌 큰 코를 가지거나 잘룩한 허리 대신 배불뚝이 패션 인형을 만들 수 있다. 그러나 패티와 셀마와 같은 패션인형을 위한 큰 시장은 없다. 소녀들은 이상의 비율－즉 조금 큰 머리, 눈과 입술; 조금 작은 코와 허리; 그리고 자연 상태보다는 조금 긴 팔다리－을 가진 패션 인형을 산다. 그러나 머리가 너무 크거나 허리가 너무 작은 인형은 기형이고 이상이 아니다.

그러므로 부풀린 비율을 가진 매력적인 젊은 여성 패션인형의 표현은 매우 제한된다. 표현의 범위가 좁기 때문에 예비 조각은 거의 똑같은 복제에 대해서만 저작권보호를 받는다. 조각물과 실질적으로 비슷한 제품에까지 넓게 저작권보호를 적용한 지방법원은 잘못이다.

2. 브랏츠 스케치

지방법원은 또한 브라이언트의 예비 스케치와 실질적으로 비슷하다는 이유로 MGA사가 1세대 인형은 물론 후속 제품을 포함하여 거의 모든 브랏츠 여성 패션 인형의 생산, 판매를 금지하였다. MGA사는 지방법원이 보호되지 않는 요소들을 도려내지 않고서 실질적 유사성 기준을 적용한 것은 잘못이라고 주장한다.

조각의 표현 범위가 제한된 것과 달리, 과장된 특징을 가진 젊고 완벽하고 유행에 앞선 여성 패션 인형을 표현하는 범위는 넓다. 디자이너는 조각에 작은 변화를 주는 것에 더하여 얼굴색, 머리카락의 색깔과 스타일, 옷과 장신구를 바꿀 수 있다. 어떤 인형은 구리빛 눈화장을 한 갈색 눈, 적갈색의 물결모양 머리카락, 가죽 신발, 검은 단추가 달린 셔츠에 어울리는 청색 격자무늬 스커트, 은색 귀걸이와 큰 가방을 갖고 있을 수 있다. 분홍색 눈화장을 한 녹색 눈, 흐트러진 갈색 머리카락, 자주빛 운동복과 검은색의 몸에 달라붙은 청바지, 장식용 소매와 지갑, 조금 다른 신체와 얼굴 구조를 가진 인형도 있을 수 있다. 인형 스케치와 관련하여 실질적으로 비슷한 제품에 대해 넓게 저작권보호를 인정(저작권침해를 인정)한 지방법원은 잘못이 없다.

그러나 지방법원은 브라이언트 스케치에서 보호될 수 없는 요소들을 제거하지 않은 잘못이 있다. 지방법원이 확인한 보호되지 않는 요소들은 다음과 같다. (1) 사람을 닮은 인형모습, (2) 머리카락, 머리, 두 눈과 다른 사람 특징들의 존재, (3) 사람의 옷, 신발, 장신구, (4) 나이, 인종, 민족과 도시 또는 농촌의 외관, (5) 다른 것(예컨대 날씬한 신체)에 관련된 표준 특징들, (6) 다른 표준 취급. 그리고 적극적이고 당대의 젊은 스타일을 표현한 인형 패션과 함께 독특한 스타일을 표현하고 뚜렷한 표정이나 태도를 전달하는 몸과 해부학 구조의 표현 및 상세하고도 상승하는 짜임새는 보호될 수 있다고 판단하였다. 그러나 마텔사는 보호되지 않는 아이디어인 개구쟁이 모습이나 태도, 또는 유행하는 운동복을 가진 패션 인형에 대한 독점권을 주장할 수 없다.

이 잘못은 중요하다. 비록 실질적인 유사성이 알맞은 기준이라 하더라도, 두 작품 사이의 실질적인 유사성은 보호되지 않는 요소들의 유사성을 바탕으로 판단될 수 없다. 미술품의 아이디어가 같을 때, 보통사람들이 보기에 비슷할 것이다. 예를 들면 저작권침해에 있어서 "실질적인 유사성"은 아이디어가 아닌 표현의 유사성을 요구한다. 중요한 질문은 항상 같은 아이디어를 묘사했다는 사실을 넘어서는 실질적인 유사성이 있는가 이다.

MGA사의 브랏츠 인형과 스케치가 단지 큰 머리와 몸매를 가진 젊고 멋진 소녀를 묘사하고 있다는 이유만으로 브라이언트의 예비 스케치와 실질적으로 유사하다고 평가될 수 없다. 그러나 지방법원은 다음과 같이 설시하고 있다.

특히 법원의 실질적 유사성 판단에 중요한 것은 인형의 머리, 입술, 눈썹, 눈의 특징들, 코의 특별한 표현과 다른 것과 관련하여 어떤 해부학 특징들의 특별한 표현의 일관성이다. 그리고 어떤 해부학 특징들(가장 유명하게는 작은 인형의 코와 빰, 인형신체)의 일관된 경시이다. 또한 법원에 중요한 것은 독특한 스타일을 분명하게 표현하고 뚜렷한 표정이나 태도를 전달하는 몸과 해부학 구조의 표현 및 상세하고도 상호 보완되는 짜임새이다.

특히 1세대 인형과 같이 몇몇 브랏츠 인형이 브라이언트의 스케치와 실질적으로 비슷하다는 보는 것이 합리적일 수 있다. 그러나 지방법원이 아이디어의 유사성에 따르지 않는 한, 어떻게 해서 대부분의 다른 브랏츠 인형이 패션과 머리스타일이 브라이언트의 그림과 전혀 다름에도 불구하고 실질적으로 비슷하다고 인정했는지 우리는 알 수가 없다.

브라이언트의 근로계약은 “브랏츠”와 “제이드” 이름에 관한 아이디어를 마텔사에 양도하지 않을 수 있고 지방법원은 명백하게 양도되었다고 인정한 잘못이 있다. 비록 브라이언트가 자신의 아이디어를 양도했다 하더라도 지방법원이 모든 브랏츠 상표가 마텔사에 양도된 것으로 본 것은 재량권 남용이다. 그러므로 우리는 브랏츠 상표에 관한 마텔사의 권리와 관련하여 법정 신탁과 금지명령, 확인판결을 취소한다. 지방법원은 마텔사가 브라이언트의 아이디어를 소유하고 있다는 적절한 결정이 있을 경우에만 더 좁은 범위의 법정 신탁을 인정할 수 있다.

또한 지방법원은 근로계약에 의해 브라이언트의 근로범위밖에서 창작된 작품의 권리가 양도된 것이라는 결론은 잘못이다. 그러므로 우리는 저작권 금지명령을 취소한다. 환송심에서 마텔사는 배심에게 계약은 근로범위 밖에서 만들어진 작품도 양도하고 있다거나 또는 브라이언트의 근로범위내에서 창작된 것이기 때문에 계약에 의해 브라이언트의 예비 스케치와 조각이 양도되었다는 사실을 확신시켜야 할 것이다. 그리고 저작권 금지명령이 정당하기 위해서는 마텔사는 브랏츠 조각이 브라이언트 예비조각과 거의 같거나 보호되지 않는 아이디어의 유사성을 빼고 브랏츠 인형이 브라이언트의 스케치와 실질적으로 비슷하다는 점을 증명해야 할 것이다.

우리는 적절한 사실인정에 바탕을 둔 형평법상의 구제조치를 배제하는 것은 아니다. 우리가 확인한 잘못이 배심원 설명에도 나타나기 때문에 배심원평결과 손해배상의 상당한 부분이 취소되어야 하고 모든 사건이 재심되어야 할 것 같다. 이 점에 관하여 우리는 추가 절차가 우리의 결정과 일치해야 한다는 것 외에 다른 의견은 밝히지 않는다.

미국은 경쟁속에서 번영한다; 전형적인 미국 소녀인 바비인형도 마찬가지다. 형평법상의 구제를 취소한다. 당사자는 소송비용을 각자 부담한다.

나. 합체이론(The Merger Doctrine)

합체이론이란 아이디어(절차, 공정, 체계, 조작방법 등 포함)가 오직 한 가지 방법으로만 효과있게 표현될 수 있을 때 아이디어와 표현이 합체되어 있다고 볼 수 있으며 아이디어와 표현이 합체된 저작물의 복제행위는 아이디어의 복제이므로 저작권침해에 해당되지 않는다는 것이다.

Baker v. Selden

연방대법원
101 U.S. 99(1879)

사 안

연방대법관 BRADLEY :

셀던(Selden)은 특별한 부기체계를 설명한 책과 개정증보한 책에 저작권등록을 하였다. 셀던은 부기체계를 설명한 글과 정해진 선과 제목을 포함한 첨부 양식 또는 공백에 저작권을 갖고 있다고 주장하였다. 베이커(Baker)는 항목배열을 달리하고 제목을 바꾼 것 말고는 유사한 부기체계를 사용하였다. 원고 셀던은 피고 베이커를 상대로 위 저작권을 침해하였다며 소송을 걸었고 베이커는 침해되었다고 하는 내용은 적법한 저작권의 대상이 아니라고 주장하였다.

판결요지

이 사건의 쟁점은 셀던이 책에 대한 저작권을 얻음으로써 책에서 예시하고 설명하려고 한 부기방법이나 체계의 사용에 독점권을 확보했느냐 이다.

잘 알려진 체계에 대한 설명이라 할지라도 부기에 관한 저작물이 저작권의 대상이라는 것은 의문의 여지가 없다. 그러나 책과 그것이 예시하려고 한 기술 사이에는 뚜렷한 구분이 있다. 책의 경우 다른 책으로부터 베끼지 않았다면 책의 내용이 새롭지 않더라도 저작권으로 보호된다. 그러나 책에 설명되거나 묘사된 기술 등의 새로움은 저작권의 유효여부와 관련이 없다. 기술이나 제품의 발명이나 발견에 대한 권리는 독점권을 얻기 전에 특허심사절차를 거쳐야 한다. 책에 대한 저작권은 책에 그림이나 예시를 많이 포함하고 있고 그것들이 과거에 알려지거나 사용된 적이 없다 하더라도 묘사된 그림의 형태에 대해서는 독점권을 부여하지 않는다. 기술에 대한 특허를 얻지 않고 책을 출판함으로써 기술은 공유영역에 속하게 된다. 실제로 기술을 적용하여 복제되는 선과 모양을 예시하여 책에서 기술을 설명하였다는 사실도 차이가 없다. 이러한 예시들은 저자가 아이디어를 좀더 정확하게 전달하기 위해 채용한 언어일 뿐이다.

수학책의 저작권은 저자에게 그가 제의한 계산 방식 또는 이를 설명하기 위해 사용한 도표에 대해 배타적인 권리를 주지 않는다. 과학이나 유용한 기술에 관한 책을 펴내는 목적은 그것이 담고 있는 유용한 지식을 세상에 전달하기 위한 것이다. 그러나 만약 지식이 책을 표절하였다는 혐의를 받지 않고 이용될 수 없다면 바로 이 목적은 달성할 수 없을 것이다. 책내용을 설명한 방법이나 도표를 쓰지 않고는 기술을 이용할 수 없다면 그러한 방법이나 도표는 기술에 반드시 수반되며 공중에 제공된 것으로 여겨진다. 그러나 기술을 가르치기 위해서 출간된 책의 말 또는 예시속에 들어 있는 똑같은 서술방법을 사용하는 것은 의심할 것 없이 저작권의 침해가 된다.

이 사건에서 누구도 기술에 관한 사용법을 설명한 셀던의 책을 인쇄하거나 발행할 권리는 없지만 셀던이 묘사하고 예시한 기술 그 자체는 사용할 수 있다. 기술의 사용은 그것을 설명한 책을 발행하는 것과는 전혀 다르다. 부기책의 저작권은 그 책에 설명된 제안에 따라 만든 회계부를 만들거나, 팔거나, 사용할 독점권까지 보장하는 것은 아니다. 그 기술이 특허권으로 보호받았을 것인지 여부는 우리 앞에 놓여 있는 문제는 아니다. 그 기술이

특허등록되지 않았고 따라서 공중이 자유롭게 사용할 수 있다. 항소심판결을 취소한다.[34]

Kern River Gas Transmission Co. v. Coastal Corp. 연방 제5항소법원 899 F. 2d 1458(5th Cir. 1990)

사 안

항소인 Kern River(이하 "항소인")는 캘리포니아주 Kern 카운티 지역에 천연가스를 공급하는 가스관건설공사를 따내기 위해 연방에너지규제위원회(이하 "위원회")에 가스관매설 예정지역을 나타내는 지도들을 제출하였다. 가스관통로는 남부 와이오밍에서 유타와 네바다를 거쳐 캘리포니아로 이어졌다. 이 지도들은 항소인이 독자적이고 충분한 조사작업을 통해 만든 가스관통로를 나타내는 선과 거리표시를 포함하고 있었다. 위원회에 제출된 항소인 지도들의 복사본은 환경영향을 평가하는 기구와 관련된 연방 및 주의 기관에게 보내진다.

원심 공동 피고(Wyoming-California Pipeline Company)도 위원회에 건설공사를 신청하였는데 환경영향평가과정에서 일부 노선을 수정하면서 항소인의 지도에 나와 있는 일부 가스관 노선을 베꼈다. 위원회가 위 피고에 건설공사승인을 하자 항소인은 피고를 상대로 자신들의 지도를 베낀 행위에 대해 저작권침해금지 신청을 하였다.

텍사스 남부 연방지방법원은 소축척지도(1 : 250,000)는 가스관노선에 대한 아이디어를 나타낸 것이고 그 아이디어는 표현과 분리할 수 없으므로 저작권의 대상이 되지 않는다고 판시하였다. 대축척 지도(1 : 24,000)는 저

34) 옮긴이 주) 베이커 판결은 주로 저작권과 특허권의 관계를 이야기하고 있으나 또 한편으로는 이른바 합체이론을 언급한 최초의 판결로 알려져 있다. 그러나 합체이론에 관한 설명은 매우 모호하여 판결의 올바른 취지를 이해하기 어렵다고 한다.

작권의 대상이 되나 위 피고의 지도 복제행위가 건설공사승인에 영향을 미쳤다는 증거가 없고, 항소인이 환경영향평가 등 여러 절차를 거쳐 위원회의 승인을 받는다는 보장이 없는 한 회복할 수 없는 피해가 발생한다고 보기 어렵다고 보았다. 또한 여러 사정을 종합해 볼 때 공정이용에 해당된다는 이유로 원고의 청구를 기각하였다.

판결요지

판사 CLARK :

저작권침해소송에 있어서 원고는 저작권으로 보호되는 자료의 소유와 피고에 의한 그 자료의 복제를 입증해야 한다. 저작권의 보유는 독창성과 저작권보호가능성, 법정형식의 준수를 밝힘으로써 증명된다. 복제는 피고가 저작권으로 보호되는 저작물에 접근하였고 피고의 저작물이 원고의 것과 실질적으로 유사하다는 점을 밝힘으로써 입증될 수 있다.

지도는 회화, 도면 및 조각저작물[35]에 포함된다. 저작권의 보호는 유형매체에 고정된 아이디어의 표현에만 미치고 고정된 형태에 관계없이 아이디어 그 자체에는 미치지 않는다.[36] 법원은 종종 아이디어와 그 표현을 구분하기가 어렵다는 것을 알고 있다. 핸드(Learned Hand) 판사는 가끔 인용되는 그의 추상화테스트에서 아이디어와 표현의 차이는 정도문제라고 설명하였다.[37] 아이디어와 표현 사이의 정확한 경계를 찾는 어려움을 해결하기 위한 노력의 하나로 합체이론이 발전되어 왔다.

우리는 소축척지도는 저작권의 보호대상이 아니라는 지방법원 판결을 지지한다. 소축척지도는 일반 공중에 판매되는 지도위에 가스관의 위치를 나타내는 선을 표시한 것이다. 그러한 지도를 만드는 것은 1,000마일의 지역을 지나는 가스관의 위치에 대한 아이디어를 나타내기 위한 유일하고 효과

35) 17 U.S.C.§ 102(a).

36) 17 U.S.C.§ 102(b).

37) Nichols v. Universal Pictures Corp., 연방 제2항소법원 45 F. 2d 119, 121(2d Cir. 1930).

적인 방법이다. 그 선을 저작권으로 보호하는 것은 선택된 통로에 가스관을 배치시키는 아이디어에 대한 독점권을 항소인에게 주게 될 것이다. 대축척의 지도도 크기만 다를 뿐 소축척지도와 같다. 소축척지도와 마찬가지로 항소인이 그은 선은 가스관의 위치에 대한 아이디어를 유일하게 효과적인 방법으로 표현하였다. 항소인의 직원은 제안된 가스관의 위치에 대한 아이디어를 나타내는 다른 방법은 없다고 증언하고 있다. 위원회는 지도를 복제할 당시에 시간소비나 비용부담이 추가되지 않고 가스관이 설치될 수 있도록 환경평가를 받은 통로만 이용하도록 하였다. 대축척지도를 저작권으로 보호하는 것은 항소인에게 유일하게 승인된 가스관의 노선을 독점하는 결과가 된다.

대축척지도는 저작권으로 보호되는 저작물이 아니므로 복제행위가 공정이용에 해당하는 지의 문제는 다루지 않기로 한다. 지방법원의 판결을 인용한다.

Kregos v. Associated Press
연방 제2항소법원 937 F. 2d 700(2d Cir. 1991)

사 안

원고 크레고스(Kregos)는 야구경기의 선발로 나오기로 예정되어 있는 투수들의 과거 투구결과에 관한 정보를 담고 있는 투구표를 신문사에 배포하였다. 1983년 투구표에는 9가지 항목이 들어 있는데 전체 시즌 동안의 투구내용에 관한 첫째 범주에는 승패기록과 방어율 등 2가지 항목, 전체 시즌동안 경기지역에서 상대팀에 대한 투구내용에 관한 두 번째 범주에는 승패기록, 투구회수, 방어율 등 3가지 항목, 최근 3번 선발 등판한 경기의 투구내용에 관한 세 번째 범주에는 승패기록, 투구회수, 방어율, 평균주자 등 4가지 항목으로 이루어져 있다.

크레고스는 이 양식에 대하여 저작권등록을 하였고 저작권을 취득하였다.

이 양식이 통계내용을 포함하고 있다 하더라도 이 사건에서 쟁점은 통계자료를 뺀 양식에 대한 크레고스의 권리, 즉 통계 범주의 특별한 선택에 대한 권리에만 관련되어 있다. 연합통신(Associated Press)은 Sports Features가 제공한 투구표를 발표해왔다. 연합통신의 1984년 양식은 크레고스의 1983년 양식과 거의 같다. 연합통신과 Sports Features는 1986년 몇 가지 점에서 양식을 바꾸었다.

크레고스의 1983년 양식 이전에는 똑 같은 9개의 항목을 담고 있는 양식은 없었고 9가지 항목 중 몇 개는 다른 양식에도 나와 있다는 사실은 다툼이 없다. 뉴욕 남부 연방지방법원은 크레고스의 투구표가 첫째, 독창성이 없으며 둘째, 투구표의 아이디어가 표현에 합체되었으며 셋째, 이른바 양식이론("blank form" doctrine)에 따라 저작권으로 보호받을 수 없다고 판시하였다.

판결요지

판사 JON O. NEWMAN :

A. 사실의 편집에 대한 저작권

크레고스는 많고도 다양한 투수의 투구와 관련된 정보 중 9가지 항목을 골랐다. 그는 최근 선발 등판한 3경기가 아니라 4경기나 5경기 등 임의의 경기수로부터 투구내용을 고를 수 있었으며 삼진, 볼넷, 보크 또는 몸에 맞는 볼, 주자가 2루에 진루하지 못한 회 등 다른 다양한 항목을 고를 수도 있었을 것이다. 즉 기초자료로부터 산출해낼 수 있는 투구내용에 관한 수십개의 통계자료가 있고 이를 바탕으로 투구표에 넣기 위해 고를 수 있는 자료의 조합은 수천개에 이르고 있다. 많은 양의 자료 가운데 9가지 항목을 뽑은 것이 독창성의 요구조건을 충족시키기에 충분한 정도의 선택이 아니었다고 말할 수 없다. 그런데 크레고스의 양식에 나와 있는 거의 모든 항목이 그 이전에 발표되었다면 크레고스의 선택이 독창성이 있느냐의 문제와 관련된다. 그러나 크레고스의 양식에 포함된 9개의 항목 중 3개 이상의 투구내용을 포함한 양식은 없었다. 크레고스의 저작권이 필요한 독창성과 창작성이 모자라다는 이유로 거부될 수 없다.

B. 아이디어와 표현의 합체

아이디어의 표현만이 보호되고 아이디어 그 자체는 보호되지 않는다는 저작권의 기본 원칙은 아이디어를 표현하는 방법이 오직 하나 또는 매우 적어서 표현의 보호가 사실상 아이디어 그 자체를 보호하는 결과가 될 경우에는 표현도 보호되지 않는다는 추론을 낳았다. 우리 법원은 저작권이 유효하느냐 보다는 침해가 발생했는지를 결정하는데 있어서 합체이론을 고려하였다. 보통은 침해의 경위속에서 합체여부를 판단하는 것이 표현의 보호가 아이디어를 보호하게 된다는 주장을 평가하기 위한 좀 더 자세하고 현실적인 근거를 제공하게 된다.

언제 아이디어와 그 표현이 합체되느냐를 결정하려면 많은 주의가 필요하다. 만약 합체이론이 너무 쉽게 적용된다면 쓸 수 있는 대체표현수단이 금지될 것이고 만약 너무 드물게 적용된다면 아이디어도 저작권으로 보호하게 될 것이다. 어떤 의미에선 모든 사실의 편집물은 아이디어와 표현의 합체를 나타내는 것으로 여겨질 수 있다. 모든 사실의 편집자는 그의 특별한 사실의 선택이 유용하다는 아이디어를 가지고 있다. 만약 아이디어가 편집자가 행한 특별한 사실의 선택을 넘는 추상 수준에서 형성되었다면 아이디어와 표현의 합체가 반드시 일어나지 않는다. 아이디어가 높은 수준에서 추상적으로 형성되었어도 실제 표현을 다르게 할 수 있는 가능성이 극히 제한되어 있어서 아이디어가 그 표현에 합체되었다고 볼 수 있는 상황이 일어날 수 있다. 크레고스는 야구경기의 결과를 예측하는 한 방법으로 9개의 통계자료를 고른 것이 아니다. 그의 아이디어는 신문독자들이 경기결과를 예측하는 데 있어서 고려해야 할 사실들을 고른다는 일반 의미에서 “결과 예측 투구표”를 만든다는 것이다. 그는 9개의 통계자료를 평가하려고 하지 않았고 결과를 헤아리거나 또는 가능성을 예측하기 위하여 한 투수의 통계자료에 대한 전체 평가를 상대 투수의 그것과 비교하는 방법을 보여주지도 않았다. 야구투수의 실력은 다양한 통계자료로 잴 수 있다. 이러한 다양한 자료는 투수의 실력을 평가하는 아이디어를 표현하는데 있어서 아이디어가 표현에 합체되었다는 이론을 배제시키기에 충분한 수많은 방법이 있다는 것을 가리키고 있다.

이러한 결론에 이르면서 우리는 자료의 선택－이 사건에서는 자료의 범주에 대한 선택－에 대한 보호가 아이디어를 보호하게 될 가능성에 대한 걱정 때문에 편치 못함을 고백한다. 사실의 선택이 기호나 개인 의견에 관련된 것이라면 합체이론을 적용하지 않는 것이 아이디어까지 보호하게 될 심각한 위험을 불러오지 않을 것이다. 그러나 자료의 선택이 정확한 결과 혹은 어떤 결과가 발생할 상당한 가능성을 낳는 분석에 있어서 첫 번째 단계일 경우 표현을 보호하는 것이 명백하게 분석의 아이디어를 보호할 위험이 있다.

크레고스는 예측력이 있다고 믿는 자료의 범주를 선택하는데 만족하고 있고 그가 고른 자료들로부터 가능한 결과를 판단하는 것은 신문독자들에게 맡기고 있다. 합체이론의 목적상 그의 아이디어는 그의 선택이 확정된 결과가 발생할 가능성을 보여주는 정확한 아이디어라기보다는 통계자료가 투수의 실력을 평가하는 데 쓸 수 있다는 일반적인 아이디어로 남아 있다. 그러한 일반적인 아이디어를 표현하는 방법은 다양하므로 아이디어는 공유의 영역에 속한다는 것을 확인하기 위하여 합체이론을 적용할 필요는 없다.

C. 양식이론

지방법원은 또한 이른바 양식이론 때문에 크레고스는 투구표의 저작권을 취득할 수 없다고 판시하였다. 이 이론은 연방대법원의 베이커 판결[38]에서 나온 것이다. 빈 양식은 저작권으로 보호될 수 없다는 것을 시사한 판결이 있지만 적지 않은 빈 공간을 가지고 있는 양식에도 보호할만한 요소가 있다는 것을 인정한 판결도 많다. 저작권청의 규정도 회계부, 일기, 수표책, 점수카드, 주소록, 보고서양식, 주문표와 같이 그것 자체가 정보를 전달하지 않고 정보를 기록하기 위해 만들어진 양식에 대한 저작권의 등록을 금지하는데 신중하다. 물론 정보를 담고 있지 않고 오직 정보를 기록하기 위한 빈 공간만을 제공하는 양식은 저작권의 보호를 받을 수 있는 정보의 선택이나 표현을 가지고 있지 않다. 동시에 기록할만한 정보의 범주를 고르고 사실의 편집물로서 저작권의 보호를 충분히 받을 만큼 독창성과 창작성을 갖춘 저

38) Baker v. Selden 연방대법원 101 U.S. 99(1879).

작물이 단지 정보를 기록하기 위한 빈 공간을 가지고 있다는 이유만으로 저작권의 보호를 잃지 않는다. 이 사건에서 통계자료의 범주에 대한 크레고스의 선택이 저작권으로 보호받을 수 있는 충분한 창작성을 보여주고 있다는 결론이 내려진 이상 그 결론은 양식이론을 배척하게 된다.

D. 보호의 범위

크레고스의 투구표에 독창성과 창작성이 인정된다면 그의 양식에 있는 보호받을 수 있는 특징에 대해서만 저작권으로 보호된다. 통계자료의 선택만이 보호를 받게 될 것이다. 통계자료의 선택에서도 그의 선택을 베낀 양식에 대해서만 저작권침해를 주장할 수 있다. 따라서 크레고스의 양식과 거의 같은 연합통신의 1984년 양식만이 크레고스의 저작권을 침해한 것으로 보인다. 1986년에 개정된 연합통신의 현재 양식은 크레고스 양식의 9개 항목 중 6개를 포함하고 있고 크레고스양식에 없는 4개의 항목을 가지고 있다. 만약 누군가 하찮은 정도를 넘는 다른 선택을 함으로써 필요한 창작성의 요건을 갖추었다면 크레고스는 저작권의 침해를 주장할 수 없다. 그러나 크레고스가 한 통계자료의 선택이 저작권의 보호를 받을 수 있는 창작성의 요건을 충족하였다면 경쟁자가 하찮은 정도를 넘는 다른 범주의 선택을 함으로써 저작권침해를 비껴갈 수 있을 것이다. 지방법원의 판결을 파기하고 재심리를 명한다.

다. 컴퓨터프로그램과 아이디어/표현

Apple Computer, Inc. v. Microsoft Corp.

연방 제9항소법원
35 F. 3d 1435(9th Cir. 1994)

사 안

애플은 리사와 매킨토시에 들어 있는 GUI(graphical user interface)를 저

작권으로 등록하였다. 애플은 마이크로소프트가 윈도우 1.0판에 GUI를 기초로 2차적 저작물을 만들고 재이용허락을 할 수 있는 이용허락계약을 체결하였다. 마이크로소프트는 윈도우 2.03판과 3.0판을 발행하였고 휴렛패커드(Hewlett-Packard Company : 이하 "HP")는 마이크로소프트로부터 이용허락을 받아 NewWave 1.0판과 3.0판을 발행하였다. 애플은 윈도우 1.0판을 제외한 나머지 프로그램은 이용허락계약의 범위를 넘었고 GUI에 대한 자신의 저작권을 침해하였다고 주장하며 소송을 걸었다. 캘리포니아 북부 연방지방법원은 원고의 청구를 기각하였다.

판결요지

판사 RYMER :

A. 애플은 이용허락계약이 GUI에 의하여 만들어진 화면표시("visual displays")의 사용을 허락하였다 하더라도 마이크로소프트와 HP는 그 범위를 넘어 저작권을 침해하였다고 주장하고 있다. 피고의 저작물이 이용허락을 받은 부분과 받지 않은 부분을 포함하고 있는 경우에는 침해여부는 이용허락을 받지 않은 부분이 저작권으로 보호될 수 있는 가에 달려 있다. 이 사건에서 윈도우 2.03판과 3.0판의 90% 이상이, NewWave프로그램의 2/3 이상이 적법하게 복제된 것이다.

우리는 복제행위가 침해행위에 해당되느냐는 외부 및 내부 요소를 합친 2가지 심사를 통해 판단해왔다.[39] 외부 기준은 외형 특징에 바탕을 둔 아이디어의 유사성 심사이다. 도움이 된다면 해부분석과 전문가증언이 사용될 수 있다. 내부 기준은 보통의 합리적인 관찰자의 입장에서 전문가의 도움을 받지 않고 표현의 유사성을 심사하는 것이다. 외부 심사는 아이디어와 표현에 실질적인 유사성이 있는가를 객관적으로 판단하는 것으로 발전했다. 반면에 내부 심사는 주관적으로 표현을 평가해 오고 있다. 불법 복제인지에 대한 의문이 있을 경우 보호되는, 그리고 저작자의 허락없이 사용된 저작물

39) Sid & Marty Krofft Television Productions, Inc. v. McDonald's Corp. 연방 제9항소법원 562 F. 2d 1157(9th Cir. 1977)사건에서 처음 채택되었다.

의 요소들만이 비교될 수 있기 때문에 저작물이 전체로서 고려되기 전에 저작권의 보호범위를 결정하기 위해 해부 분석을 한다.

GUI 저작권의 보호범위를 정함에 있어서 다음 3단계가 도움이 된다.

1) 원고는 그의 저작물과 피고 저작물 사이의 유사성의 근거를 밝혀야 한다.

2) 해부 분석, 필요하다면 전문가의 증언을 사용하여 법원은 비슷한 특징이 저작권으로 보호되는지를 결정해야 한다. 이 사건과 같이 이용허락계약이 있을 경우에는 피고가 복제하도록 허락을 받은 특징이 무엇인지 결정해야 한다. 이용허락의 범위가 결정되면 보호받을 수 없는 아이디어는 보호될 수 있는 표현과 분리되어야 한다. 그 표현에 대해서 법원은 그 제품의 일반 소비자의 눈을 통해 관련된 특별한 매체환경에서 제한된 이론을 적용해야 한다.

3) 비슷한 부분을 해부하고 가능한 표현의 범위를 고려한 후 법원은 원고 저작권의 범위를 한정해야 한다.－즉, 저작물이 넓게 혹은 좁게 보호되느냐 여부를 결정해야 한다. 보호정도에 따라 법원은 전체로 보아서 불법복제를 뒷받침하기에 충분할만큼 비슷한지를 결정하기 위하여 저작물의 주관적인 비교를 위한 알맞은 기준을 세워야 한다.

B. 애플은 자신의 저작물에서 윈도우 2.03판, 3.0판과 NewWave에서 발견된 특징과 유사한 특징들의 목록을 제출함으로써 유사성의 근거를 밝혔다.

아이디어와 표현은 특히 새로운 매체에서 구분하기가 쉽지 않다. 아이디어와 표현이 구분이 안 되거나 합체되었을 때에는 표현은 거의 똑같은 복제에 대해서만 보호될 수 있다. 필수장면("Scenes a faire")[40]이론도 관련이 있다. 비디오게임의 비슷한 특징이 아이디어를 처리하는데 실제상 불가피한 방법이거나 적어도 하나의 표준이라면 아이디어처럼 다루어지고 저작권으로 보호되지 않는다.[41] 나아가 비디오게임의 기술적인 요구에 바탕을 둔 아

40) Black's Law Dictionary는 다음과 같이 풀이하고 있다.
"In copyright law, standard or general themes that are common to a wide variety of works and are therefore not copyrightable."

이디어의 불가피한 표현은 거의 똑같은 복제에 대해서만 보호될 수 있다. 이 사건에서 겹치는 창의 사용은 창이라는 아이디어에 들어 있다. 프로그램 제작자가 하나 이상의 창을 동시에 보여주는데 있어서 타일 모습과 겹치는 모습, 2가지 방법밖에 없다. 따라서 단순히 겹치는 창을 썼다는 이유만으로 보호받을 수 있는 실질적인 유사성의 근거가 될 수 없다.

독창성은 저작권의 범위를 제한하는 또 하나의 원칙이다. 애플은 아이콘의 사용은 Xerox Star와 IBM Pictureworld 연구보고서에서 빌려왔다는 것을 인정하지만 file folder와 page icon디자인은 독창성이 있다고 주장하고 있다. 독창적이라 하더라도 이 특별한 아이콘은 너무 보잘 것 없어서 결과에 합리적인 영향을 미치지 않는다.

보호받을 수 없는 요소에 대한 표현의 유사성을 바탕으로 침해를 주장할 수 없다. 저작물을 전체로 판단하기 전에 보호받을 수 없는 요소들을 밝혀서 걸러내야 한다. 마이크로소프트와 HP는 이용허락계약에 의해서 애플이 불법복제되었다고 주장하는 거의 모든 특징들을 사용할 자격이 있다. 남아 있는 특징들 중에서 지방법원은 윈도우 2.03판과 3.0판에서는 보호받을 수 있는 표현의 비슷함은 발견하지 못했고 NewWave에서는 소수만을 발견하였다. 그러므로 애플이 마이크로소프트를 상대로 한 침해주장은 이러한 모든 특징들의 독특한 선택과 배열을 베꼈다는 것에 바탕을 두어야 한다.

지방법원은 윈도우와 NewWave에 있어서 비슷한 부분을 밝히고, 이용허락을 받은 요소를 판단했으며, 아이디어를 표현으로부터 구분하고, 허락을 받지 않은 표현을 해부하여 보호받을 수 없는 요소를 제거함으로써 애플의 저작권범위를 결정하였다. 거의 모든 비슷한 부분들이 이용허락을 받았거나 기본 아이디어와 그의 명백한 표현으로부터 나온 것이라고 판단한 후 저작물을 전체로 보아서 거의 같을 때에만 불법복제가 일어날 수 있다고 결론지은 것에 잘못은 없다.

---

41) Frybarger v. International Business Machines Corp., 연방 제9항소법원 812 F. 2d 525(9th Cir. 1987) 참조.

Lotus Development Corp. v. Borland Intern., Inc.

연방 제1항소법원
49 F. 3d 807(1st Cir. 1995)

사 안

로터스 1-2-3(Lotus 1-2-3)은 사용자가 컴퓨터에서 계산기능을 수행할 수 있게 해주는 스프레드시트(spreadsheet) 프로그램에서 50개 이상의 메뉴와 서브메뉴로 배열된 490개의 명령어를 가지고 있다. 사용자가 메크로("macros")라 부르는 것을 쓸 수 있는 기능도 가지고 있다. 볼랜드(Borland)는 1987년에 콰트로(Quattro)프로그램을 처음 배포하였다. 볼랜드의 목적은 로터스 1-2-3을 포함하여 기존의 프로그램보다 기능이 뛰어난 스프레드시트 프로그램을 개발하는 것이었다. 볼랜드는 콰트로와 콰트로 프로 1.0판에서 로터스 1-2-3의 모든 메뉴계층(menu tree)을 거의 똑같이 베꼈다는 것을 다투지 않고 있다. 볼랜드는 로터스의 컴퓨터 코드를 베낀 것은 아니고 로터스 메뉴명령체계의 말과 구조만을 베꼈다. 볼랜드는 자신의 프로그램을 로터스 1-2-3과 같이 사용할 수 있도록 하여 이미 로터스 1-2-3에 익숙해져 있는 사용자들이 새로운 명령어를 배우거나 로터스 매크로를 다시 만들지 않고 볼랜드 프로그램을 쓸 수 있도록 하기 위하여 그와 같이 하였다. 볼랜드는 LEI("Lotus Emulation Interface")를 제공함으로써 볼랜드 사용자들이 화면에서 로터스의 메뉴명령어를 볼 수 있고 비록 화면의 모습이 조금 다르고 로터스 1-2-3에는 없는 많은 볼랜드 선택들이 있지만 마치 로터스를 쓰는 것처럼 콰트로와 콰트로 프로에서 작업할 수 있게 하였다. 로터스는 볼랜드를 상대로 저작권침해금지소송을 걸었다. 연방지방법원은 볼랜드가 로터스의 저작권을 침해하였다고 판결하였다. 지방법원의 판결 후 볼랜드는 LEI를 제거하였다.

판결요지

판사 STAHL :

이 사건 항소심의 쟁점은 볼랜드가 로터스의 메뉴명령체계를 콰트로 프로그램에서 베낀 것과 그러한 복제에 대한 볼랜드의 항변에 관련되어 있다. 볼랜드는 로터스의 메뉴명령체계의 명령어와 배열을 베낀 사실은 다투지 않으나 보호받을 수 없는 로터스 1-2-3의 메뉴를 적법하게 베꼈다고 주장하고 있다. 즉 로터스의 메뉴명령체계는 저작권법에 의해 보호되지 않는 체제, 조작방법, 절차 또는 공정[42]에 해당하기 때문에 저작권으로 보호될 수 없다고 주장하고 있다.

우리는 조작방법이란 사람이 자동차, 식품가공기, 컴퓨터 등 어떤 것을 조작하는 방법을 의미한다고 생각한다. 그러므로 어떤 것을 조작하는 방법을 설명한 글의 저작권은 조작방법 그 자체에까지 미치지 않는다. 우리는 로터스의 메뉴명령체계가 저작권으로 보호받을 수 없는 조작방법이라고 본다. 로터스의 메뉴명령체계는 사용자들이 로터스 1-2-3을 운영하고 조작하는 방법을 제공해준다. 예를 들면 서류를 복사하고 싶으면 "복사"명령을 사용하고 인쇄하고 싶으면 "인쇄"명령을 사용한다. 메뉴명령체계가 없으면 사용자들이 로터스 1-2-3의 기능에 접근하거나 운영하거나 이용할 수 없을 것이다. 메뉴명령체계는 로터스 1-2-3의 기능을 설명해주고 보여주고 있을 뿐만 아니라 또한 프로그램이 운영되고 조작되는 방법으로서 작동된다. 메뉴명령체계는 로터스의 화면 표시와도 다르다. 왜냐하면 사용자가 로터스 1-2-3을 조작하기 위하여 화면의 표현적인 내용을 사용할 필요가 없다. 즉 화면의 모습은 프로그램을 조작하는 것과 거의 관련이 없다. 또한 메뉴명령체계는 바탕에 있는 컴퓨터 코드와도 다르다. 왜냐하면 볼랜드가 로터스 1-2-3과 똑같은 기능을 제공하기 위하여 로터스의 컴퓨터 코드를 베낄 필요도 없고 또 실제 베끼지도 않았다. 그러므로 로터스 1-2-3의 컴퓨터 코드는 저작권으로 보호받을 수 없는 조작방법은 아니다.[43]

---

42) 17 U.S.C.§ 102(b).

43) 컴퓨터프로그램은 미국저작권법상 어문저작물로 보호된다. 17 U.S.C. § 102. (a)(1).

로터스 개발자들이 명령어의 선택과 배열에 있어서 표현적인 선택을 하였다 할지라도 그것은 조작방법의 일부분이기 때문에 그 표현이 저작권으로 보호될 수 없다. 특정한 말이 어떤 것을 조작하는데 있어서 필수라면 그것은 조작방법의 일부분이므로 저작권으로 보호될 수 없다. 우리의 기본 의문은 메뉴명령체계가 어떤 표현을 담고 있느냐 여부가 아니라 조작방법인지 여부이다. 로터스 개발자들이 로터스 메뉴명령체계를 달리 디자인할 수 있었을 것이라는 사실은 조작방법인지 여부에 관한 문제와 관련해서 본질과 거리가 멀다. 명령어의 이름을 정하고 배열하는데 표현적인 선택이 있었다 하더라도 그것이 저작권으로 보호받을 수 없는 메뉴명령체계를 저작권의 보호대상으로 바꾸지는 못한다.

로터스는 사람들이 배우고 쓰기 위해 메뉴명령체계를 만들었다. 따라서 그것은 베이커 판결[44]과 저작권법 §102(b)에서 저작권보호를 금지한 대상이다. 여러 가지 점에서 로터스의 메뉴명령체계는 VCR을 조작하기 위하여 사용하는 단추들과 비슷하다. 비디오테이프를 보기 위해 조작하는 VCR의 "녹음, 재생, 되감기, 빨리 감기, 멈춤, 중지/꺼내기" 단추는 그것 자체로 VCR을 조작하는 방법이고 추상적인 조작방법의 표현은 아니다. 로터스 1-2-3프로그램에서 화면에 있는 "인쇄"명령을 음영처리하거나 글자 "P"를 치는 것은 VCR의 "재생" 단추를 누르는 것과 비슷하다.

그러므로 로터스의 메뉴명령체계는 저작권으로 보호받을 수 없는 대상이며 볼랜드가 그것을 베낌으로써 로터스의 저작권을 침해하지 않았다.(BOUDIN 판사의 동조의견 생략)

MiTek Holdings, Inc. v. Arce Engineering Co., Inc.

연방 제11항소법원
89 F. 3d 1548(11th Cir. 1996)

어문저작물은 컴퓨터 데이타베이스, 컴퓨터프로그램을 포함하는데 아이디어 그 자체와 구분되는 아이디어에 대한 프로그램 제작자의 표현이 보호된다. 원래의 컴퓨터코드(원시 및 목적 코드)는 보통 저작권으로 보호된다. 판결문 주 5), 11) 참조.

44) Baker v. Selden 연방대법원 101 U.S. 99(1879).

사 안

원고 마이텍(MiTek)은 ACES Layout 1, 2, 3판으로 알려진 ACES 나무 트러스(wood truss) 설계 프로그램의 저작권을 등록하였다. 피고 Arce는 트러스 프로(TrussPro)로 알려진 설계프로그램의 제작자이다. 나무 트러스는 지붕을 받치는 보통 삼각형모양의 나무들보이다. 설계 프로그램에 의해 컴퓨터를 사용하여 특정한 규격과 건축물에 맞는 나무 트러스를 손쉽게 만들 수 있게 되었다. Arce가 트러스프로의 판매를 시작하자 마이텍은 Arce를 상대로 저작권의 침해를 주장하면서 침해금지가처분소송을 걸었다. 플로리다 남부 연방지방법원은 Arce승소판결을 내렸다.

판결요지

판사 BIRTH :

A. 알타이 판결의 추상화-여과-비교테스트에 의한 추상화의 실패 여부

마이텍은 지방법원이 추상화-여과-비교테스트를 이해하지 못했을 뿐만 아니라 그것을 올바르게 적용하는데도 실패하였다고 주장한다. 즉 저작권으로 보호되는 특징들 목록을 제출했다 해서 지방법원이 추상화나 비슷한 형식의 분석을 거치지 않고 막바로 여과테스트의 단계로 간 것은 잘못이라고 주장한다. 그러나 저작권침해를 입증하는 책임은 저작권자에게 있다. 그러므로 만약 저작권자가 보호될 수 있다고 믿는 특징들을 법원에 냈다면 법원은 그 이상 그러한 특징들을 추상화할 필요가 없다.

B. ACES Menu and Submenu Command Tree Structure는 저작권으로 보호받을 수 없는 작동절차(Process)

마이텍은 지방법원이 ACES프로그램의 메뉴와 하위메뉴 명령 체계(menu and submenu command tree structure)를 추상화하는데 실패하고 그것이 작동절차로서 저작권의 보호를 받을 수 없다고 결론내린 것은 잘못이라고 주장한다. 지방법원은 위 명령 체계를 포함하여 ACES설계프로그램이 따르는 방법은 저작권으로 보호받을 수 없는 작동절차라고 판시하였다. 마이텍

은 지방법원이 추상화를 하였더라면 보호받을 수 있는 실질적인 표현을 발견할 수 있었을 것이라고 주장하고 있다. Lotus사건[45]에서 법원은 Lotus의 메뉴명령체계가 저작권으로 보호받을 수 없는 조작방법이라고 판시한 바 있다. 우리는 ACES프로그램의 위 명령체계가 저작권법 §102(b)에 의해 저작권으로 보호받을 수 없다는 지방법원의 결론을 지지한다.

C. 설계자가 손으로 트러스 설계도를 그리는 방법과 ACES 프로그램구조의 유사성

마이텍은 자신의 프로그램은 마우스가 사용되고 다른 색깔로 벽을 그리며 숫자정보를 입력하기 위하여 화면에서 a pop-up key pad가 사용되기 때문에 설계자가 그리는 방법을 모방하지는 않았다고 주장하고 있다. 그러나 단계적인 절차에 들어 있는 논리는 매우 제한된 방법으로만 표현될 수 있다는 점에서 프로그램의 독창성이 인정되지 않는다. 논리적인 연결로부터 조금만 벗어나면 그 결과는 쓸모없게 된다. ACES프로그램의 모습은 본래 CAD(computer-aided-design) 프로그램을 위한 산업상의 표준을 바탕으로 하고 있다. 그러므로 ACES프로그램구조가 저작권으로 보호받을 수 없다고 판시한 지방법원의 판결에 잘못은 없다.

D. 편집저작물로서 ACES프로그램에 대한 저작권보호여부

우리는 사용자 인터페이스(interface)－여기서는 그 자체로 시청각 저작물인 화면배치－가 편집저작물로서 저작권의 보호를 받을 수 있다는 것을 인정한다. 그러나 이러한 보호를 받기 위해서는 편집저작물은 독창성이 있고 표현적이어야 한다. 이 법원은 컴퓨터 프로그램의 비문언 요소에 대한 편집저작권 침해주장을 분석하는데 사용되어야 하는 기준을 확립하지 못하였다. 우리는 연방 제9항소법원의 “구체적인 표현의 도용”,[46] 또는 “사실상의 동일성”[47] 기준을 적용하고자 한다.[48] 사실상의 동일성기준을 적용하여

45) Lotus Development Corp. v. Borland Intern., Inc. 연방 제1항소법원 49 F. 3d 807 (1st Cir. 1995).

46) Apple Computer, Inc. v. Microsoft Corp. 연방 제9항소법원 35 F. 3d 1435(9th Cir. 1994).

47) Harper House, Inc. v. Thomas Nelson, Inc., 연방 제9항소법원 889 F. 2d 197(9th Cir. 1989).

TrussPro프로그램의 화면배치가 ACES프로그램과 실질적으로 다르지 않을지라도 상당히 다르다는 이유로 사실상 같지 않다고 판시한 지방법원을 지지한다. 따라서 마이텍의 편집저작권침해주장은 이유없다.

E. ACES프로그램의 저작권으로 보호되는 요소에 대한 최소한의 복제

마이텍은 피고 Arce의 프로그램이 ACES프로그램의 저작권으로 보호되는 요소를 복제한 것은 극히 적다는 이유로 청구를 기각한 지방법원의 결론이 잘못되었다고 주장한다. 침해를 인정하기 위해서 법원은 Arce프로그램이 ACES프로그램의 실질적인 요소를 도용했는지를 결정해야 한다. 지방법원이 ACES프로그램의 독창적인 요소로서 도용된 부분이 실질적인 유사성과 침해를 뒷받침할 만큼 전체 프로그램에서 중요하지 않다고 판시한 것을 지지한다. 복제된 특징의 중요성을 입증하는 책임은 저작권자에게 있고 이 사건에서 마이텍은 그 입증에 실패하였다.

F. 트러스 프로그램이 ACES프로그램의 저작권을 침해하지 않았다고 판시한 지방법원의 판결을 인용한다.

라. 문학작품과 아이디어

Nichols v. Universal Pictures Corporation
연방 제2항소법원 45 F. 2d 119(2d Cir. 1930)

사 안

원고는 희곡 에이비스("Abie's Irish Rose")의 저작자이다. 피고는 영화각본 코헨스("The Cohens and The Kellys")를 펴냈는데 원고는 이 영화각본이 원고의 저작권을 침해하였다고 주장하였다. 에이비스는 뉴욕에 사는

48) 두 기준은 알타이 판결의 추상화-여과-비교테스트의 실질적인 유사함의 기준보다 더 강한 유사성을 의미하고 있다.

유대인가족들의 이야기인데 홀아비인 아버지는 아들의 며느리는 반드시 유대인이어야 한다는 완고한 생각을 가지고 있었다. 그런데 아들은 천주교신자인 아일랜드 여자와 비밀리에 결혼을 한 후 이를 숨기고 아버지에게는 유대인여자라고 소개하였다. 이에 속은 아버지는 이들의 결혼을 허락하고 유대인 율법에 따라 결혼식을 준비하였다. 캘리포니아에 살고 있는 여자의 아버지는 역시 홀아비로서 유대인만큼이나 자신의 종교에 대해 완고한 사람인데 자기 딸이 천주교신자인 아일랜드 남자와 결혼하는 것으로 알고 결혼식에 초대받았다. 그러나 그는 결혼식이 진행될 때 도착하는 바람에 결혼을 막지 못하였다. 두 아버지는 자기 자식들이 이교도들과 결혼한다는 사실을 알고 격분하였고 결혼을 취소시키려고 하였다. 1년 뒤 젊은 부부는 아들과 딸 쌍둥이를 낳았는데 그들의 아버지는 자식을 낳았다는 사실만 알았을 뿐 남녀쌍둥이인 줄은 모르고 있었다. 크리스마스를 맞아 손자를 볼 생각으로 각기 손자 및 손녀의 선물을 들고 젊은 부부의 집으로 찾아가다 만난 아버지들은 손자냐 손녀냐를 두고 서로 다투다가 남녀 쌍둥이들이 태어나 각기 할아버지의 이름을 가지고 있다는 사실을 알고 서로 화해하는 것으로 끝난다.

코헨스는 가난한 동네에 사는 유대인가족과 아일랜드가족들의 이야기인데 두 집안은 서로 앙숙처럼 지내고 있었다. 그런데 두 집안의 아이들이 서로 사랑에 빠져 비밀리에 결혼을 했다. 유대인가족은 변호사를 통해 대고모로부터 많은 재산을 상속받았다는 것을 알고 호화로운 대저택으로 이사갔다. 얼마 후 유대인의 딸은 아이를 낳았고 아이를 보는 것이 금지되었던 아일랜드가족은 그 아이를 보러 유대인의 집에 갔다가 크게 싸운 끝에 그 딸과 아이를 데리고 가난한 집으로 돌아왔다. 유대인의 딸과 결혼하려고 했던 변호사는 그것이 불가능하게 되자 유대인아버지에게 상속재산은 원래 망인과 친척관계였던 위 아일랜드사람 소유라는 사실을 밝혔다. 비밀을 숨기고 상속재산을 나누어 갖자는 변호사의 제의를 뿌리치고 유대인아버지는 아일랜드인의 집으로 가서 그 사실을 솔직히 밝히고 재산을 넘겨주려고 하였다. 그러자 아일랜드인은 재산을 동등하게 나누어 가지기로 하면서 서로 화해하였다. 유대인아버지는 그의 손자에게 관심을 보이기는 하였으나 그것은 화해하는데 작은 동기에 지나지 않았다.

판결요지

판사 L.HAND :

어떤 작품에서도, 특히 연극에서는 사건이 점점 제거되면서 다수의 일반 형식이 똑같이 적용된다. 마지막 남은 것은 아마도 희곡이 무엇에 관한 것인가 하는 가장 일반적인 말이거나 때때로 제목만 남을 수도 있다.[49] 그러나 이러한 일련의 추상화 과정속에서 더 이상 보호되지 않는 지점이 있다. 그렇지 않다면 극작가는 저작권이 미치지 않는, 표현이 아닌 그의 아이디어를 사용하지 못하게 할 수 있기 때문이다.

희곡에 관한 논쟁은 주로 등장인물들과 사건의 연속에 집중되며 이것들이 실체이다. 등장인물들이 덜 개발될수록 그것들이 저작권으로 보호될 가능성은 줄어든다. 그것은 등장인물들을 너무 불분명하게 만든 저작자가 감수해야 할 벌이다. 이 사건에서 피고는 사건과 등장인물에서 법이 허용한 것만을 이용하였을 뿐이다. 이야기는 매우 다르다. 하나는 자식을 다른 종교를 가진 사람과는 결혼시키지 않으려는 종교 열정에 관한 것이고 민족의 차이는 주 제재인 종교에 곁가지로 붙어 있을 뿐이다. 할아버지로서 자부심과 애정을 통해서 불화는 수그러진다. 다른 하나는 종교 열정은 아예 없고 종교는 드러나지도 않는다. 부모들이 민족이 다르기 때문에 서로 싫어하는 부분도 있지만 유대인 여자와의 결혼을 아일랜드가족이 반대하지 않았다. 주로는 유대인이 부자가 되었기 때문에 기존의 적대감정이 더욱 커졌다. 그들은 유대인의 정직함과 아일랜드인의 관대함을 통하여 서로 화해를 하였다. 두 작품에 공통되는 것은 유대인 아버지와 아일랜드 아버지의 다툼, 그들 자식들의 결혼, 손자의 출생 그리고 화해뿐이다. 원고의 희곡이 완전히

---

49) 추상화테스트(the abstraction test)와 관련하여 이 구절이 자주 인용되는데 원문은 다음과 같다. "Upon any work, and especially upon a play, a great number of patterns of increasing generality will fit equally well, as more and more of the incident is left out. The last may perhaps be no more than the most general statement of what the play is about, and at times might consist only of its title."

독창적이라고 인정하더라도 그러한 배경을 독점할 수 없다. 그것은 원고 아이디어의 일부분일 뿐이다. 두 작품에 모두 등장하는 인물로 연인들과 아버지들 4명이 있다. 연인들은 서로 사랑하고 애를 낳았는데 이는 그들에 대해서 말할 수 있는 거의 전부이다. 누구나 실마리를 어디서 얻었든 자신의 희곡에 그러한 연인들을 등장시킬 수 있다. 원고의 유대인은 피고의 유대인과 매우 다르다. 그의 강박관념은 종교 때문이고 민족 적대감도 종교에 바탕을 두고 있다. 그는 다징하고 따뜻하며 가부장직이다. 딸에 대한 사랑을 한빈 보여주었을 뿐이고 손자에 대해서도 겉으로만 이해관계를 가지고 있는 피고 유대인에게는 이러한 것들이 없다. 아일랜드아버지는 더욱 다르다. 종교열정과 가부장적인 자부심에 대한 원고 희곡의 상징은 피고 각본에 나오는 등장인물의 특징과 거의 다르다. 그가 손자를 데리러 간 것도 혈통의 자부심에서라기보다는 아이 보기를 금지하는 것을 인정하지 않겠다는 굳은 결심에서 나왔다. 아일랜드가족과 유대인가족 사이의 갈등, 그 자식들의 결혼에 바탕을 둔 희극은 로미오와 줄리엣의 줄거리만큼이나 저작권으로 보호될 수 없다.

지방법원의 판결을 인용한다.

마. 역사적 사실, 연구

Hoehling v. Universal City Studios, Inc.
연방 제2항소법원 618 F. 2d 972(2d Cir. 1980)

사 안

이 소송은 히틀러시대에 만들어진 거대한 비행선 힌덴부르크의 건조 성공, 마지막 비행, 비극적인 파괴에 관한 세 가지의 다른 이야기와 관계되어 있다. 마지막이자 가장 고급스런 이 비행선은 부유한 승객들을 독일에서 미국으로 날랐고 뉴저지 해군기지의 상공에서 폭발, 해체되었다. 36명의 승객과 승무원들이 죽었고 52명은 살아 남았다. 두 나라의 공식조사결과 비극의 정확한 원인은 밝혀지지 않았으나 정전기가 비행선을 가득 채운 폭발성이 강한 수소가스에 불을 붙였을 가능성이 있었다. 조사관들은 처음부터 파괴활동의 가능성을 배제하였다. 그 뒤 힌덴부르크와 그의 운명에 관한 신문잡지의 글과 역사, 문학방면의 글들이 이어졌다. 조사위원회의 몇 주간에 걸친 증인조사는 작가지망생들에게 풍부한 자료를 제공해주었다. 나아가 두 나라의 조사위원회는 사고에 관하여 알려진 모든 것들을 담은 보고서를 펴냈다. 그 뒤에도 신문과 잡지들은 물론 승객 두 사람을 포함한 여러 사람들이 힌덴부르크 이야기를 남겼다.

항소인(Hoehling)은 1962년 꼼꼼한 조사를 바탕으로 "누가 힌덴부르크를 파괴하였는가?"라는 책을 썼다. 그는 조사위원회의 보고서를 연구하였고 이전에 나온 기사와 책들을 참조하였으며 생존자들과 힌덴부르크 정보를 가지고 있는 사람들과 대담하였다. 그의 책은 객관성을 갖추고 보고서형식으로 쓴 사실적인 글이었다. 책에서 그는 힌덴부르크의 승무원중 정비공인 스펠이 파괴요원이었을 가능성이 가장 높다고 결론지었다. 항소인에 따르면 스펠은 동기와 전문기술, 폭발장치를 숨겨놓을 기회를 가지고 있었다. 스펠은 나찌의 무적신화를 깨려고 노력한 공산주의자인 여자친구를 위해 힌덴부르크를 부쉈을 수 있다는 것이다.

10년 후 피항소인 무니는 책 "힌덴부르크"를 발행하였다. 그는 비극을 둘러싼 실제 사건속에 많은 내용의 상징을 짜 넣음으로써 그의 책은 역사서라기보다는 문학으로 분류될 수 있을 것이다. 그는 힌덴부르크의 건조와 파괴되지 않는다는 나찌의 주장을 전한 후 독자들에게 스펠의 계획을 알려주면서 운명의 비행을 뒤쫓는다. 이 책은 비행선의 폭발로 끝을 맺는다. 이 사건에서 무니는 항소인의 책을 참조했고 몇몇 내용은 그 책에 의존했다고 인정하고 있다. 또한 무니는 이전에 발행된 자료뿐만 아니라 힌덴부르크와 관련된 국립문서보관소와 뉴욕타임즈의 자료를 조사하였다고 주장하고 있다. 그리고 그는 독일에 가서 스펠의 출생지를 방문하고 생존자들과 대담하였다. 무니가 책의 줄거리를 쓴 후 그의 출판업자는 피항소인 유니버설에게 영화제작권을 팔았다. 대본작가 기딩은 가상의 등장인물들과 그 밖의 줄거리들을 만들어 냈다. 기딩의 대본에서는 비행선이 폭풍에 의해서 도착이 늦어졌고 폭탄을 없애려는 필사의 노력이 실패하여 결국 파괴되었다.

항소인은 영화를 개봉하려는 유니버설의 계획을 알고 유니버설과 무니를 상대로 저작권침해금지소송을 걸었다. 뉴욕 남부 연방지방법원은 비슷한 부분은 저작권으로 보호되지 못한다는 이유로 원고의 청구를 기각하였다.

판결요지

판사 IRVING R. KAUFMAN :

항소인의 기본 주장은 무니와 유니버설이 책의 본질적인 줄거리, 즉 여자친구의 영향을 받은 스펠이 폭탄을 설치하여 힌덴부르크를 파괴하였다는 내용을 베꼈다는 것이다. 피항소인들은 그들의 줄거리가 항소인의 것과 실질적으로 비슷하지 않으며 항소인의 줄거리는 아이디어로서 저작권으로 보호받지 못한다고 주장하고 있다. 항소인은 아이디어 자체는 저작권의 대상이 아니지만 아이디어의 표현은 저작권으로 보호된다고 반박하고 있다.

꾸며낸 이야기를 다루는 저작물에서 아이디어와 그 표현의 구분은 특히 어렵지만 이 사건처럼 아이디어가 역사 사건의 해석인 경우에는 그러한 해석은 저작권으로 보호될 수 없다는 것이 우리의 판례이다. 저작권자에게 주어지는 보호는 사실을 쓴 것이든 가설의 설명이든 역사에까지 확대되지 않는다. 이 원칙의 근거는 역사가 공공재산에 속할 때 지식의 목적이 가장 잘 달성될 수 있고 각 세대는 과거의 발견과 통찰력을 자유롭게 얻을 수 있다는 것이다. 따라서 역사와 관련된 글은 저작권의 범위가 좁고 이미 공유영역에 있는 특정 사실과 이론에 대한 작가의 독창적인 표현에만 미친다. 다른 사람의 표현을 모두 도용하지 않는 한 역사저작물의 저작권침해는 거의 받아들여지지 않는다. 역사의 쟁점이나 사건을 다루려고 하는 작가가 움츠러들지 않도록 하기 위하여 이론이나 줄거리에서 역사 문제를 이용하려는 후대의 작가에게는 넓은 자유가 허용되어야 한다.

이 사건에서 스펠이 힌덴부르크를 파괴하였다는 가설은 모두 역사적인 사실의 해석에 기초하고 있다. 그 사실들은 스펠의 삶, 여자친구의 반나찌 관련, 폭발장소, 스펠의 근무장소, 잔해 중 건전지의 발견, 게쉬타포의 조사에서 스펠에 관련된 소문들을 포함하고 있다. 그러한 역사 해석은 항소인이 시작했는지와 관계없이 저작권으로 보호되지 않으며 작가들이 자유롭게 이용할 수 있다. 개인 조사로 확인된 많은 사실을 피항소인들이 도용했다는 항소인의 주장에도 똑 같이 적용된다. 이 법원의 판례들은 사실 정보는 공유영역에 있음을 명백히 하고 있다. 각 피항소인은 항소인의 책에 들어 있는 사실들을 이용할 권리가 있고 옳든 틀리든 간에 그러한 정보를 자신의 어문저작물에서 이용할 수 있다.

그러므로 불법복제에 관한 항소인의 모든 주장은 저작권으로 보호될 수 없는 내용이다. 물론 다른 사람의 저작물을 그대로 베끼는 것은 논픽션의 영역에서도 저작권침해가 될 수 있다. 따라서 원고의 청구를 기각함에 있어서 법원은 작품들이 실질적으로 같지 않다는 사실을 확인해야 한다. 이 사건에서 세 작가가 힌덴부르크의 이야기를 다르게 이야기하고 있음이 분명하다. 지방법원의 판결을 인용한다.

Nash v. CBS, Inc.

연방 제7항소법원
899 F. 2d 1537(7th Cir. 1990)

사 안

공공의 적 1호인 딜린저(John Dillinger)는 1934년 시카고의 한 극장에서 두 여자와 함께 나오다가 연방수사국(FBI)요원들의 총을 맞고 죽었다. 내쉬(Nash)는 딜린저가 극장에서 죽지 않았다고 믿었다. 그는 책 “딜린저 : 죽었나 살았나?(1970)”와 “딜린저 기록(1983)”에서 딜린저는 함정을 미리 알고 자기를 닮은 건달을 보냈다고 주장했다. 내쉬는 딜린저의 신체 특징과 시체가 다르다고 지적했다. 딜린저의 폭력단과 연방수사국의 추적에 관련된 많은 사람들과 대담한 후 내쉬는 서부지역으로 딜린저를 쫓아갔다. 내쉬는 딜린저가 적어도 1979년까지 살았다고 믿었다.

그런데 1984년 CBS 방송사는 사립탐정 릭과 에이제이의 시몬 형제를 주인공으로 한 수사극 "시몬과 시몬"에서 "딜린저 흔적"을 방영하였다. 은퇴한 연방수사국 요원인 베커는 딜린저의 삶과 1934년의 사망사건에 관하여 손자에게 이야기하면서 그날 밤 총에 맞은 사람이 정말 딜린저인지는 의문이고 앞으로 그를 뒤쫓겠다고 다짐하였다. 딸 애디가 손자와 함께 집을 떠난 후 누군가 베커의 집에 침입하여 한 때 딜린저의 소유였던 총을 훔쳐 그 총으로 베커를 죽였다. 애디는 베커가 연방수사국을 위하여 일하고 있었던 것으로 의심하고 경찰이 베커의 죽음을 주거침입에 따른 보통의 살인사건으로 보는 것을 걱정하여 시몬 형제를 고용하였다. 그 후 애디는 아버지의 대여금고를 옮기기 위해 은행으로 갔다. 그녀가 금고실에 있는 동안 복면남자가 은행에 가스총을 쏘면서 들어와 베커의 대여금고를 훔쳤다. 시몬 형제는 그 직후 은행에 도착하여 베커의 집에서 훔친 총으로 드러난 도둑의 총을 주웠다. 경찰조사결과 총에서 딜린저의 지문이 나왔다. 시몬 형제는 딜린저가 살아있을 지도 모른다는 기사가 난 신문을 사서 보았다. 에이제이는 "20세기 악당들"라는 책을 읽고 릭에게 딜린저가 살아 있음을 뒷받침하는 증거가 있고 딜린저와 시체 사이에 몇 가지 신체 차이가 있다고 이야기하였다. 내쉬는 그의 책들에서 똑같은 차이를 인용하였다. 시몬 형제는 킨네만이라는 사람으로부터 딜린저 사건에 관하여 상상 이상의 진실이 있다며 만나자는 전화를 받는다. 시몬 형제는 약속장소에서 총격전 끝에 킨네만을 붙잡았고 그는 자신을 향한 내부조사를 막기 위해 베커를 죽였고 은행에서 총에 딜린저의 가짜지문을 남겼다고 털어놓았다. 그럼에도 릭은 딜린저는 살아 있고 아마 오리건에 살고 있을지 모른다고 우긴다.

내쉬는 "딜린저 흔적"이 딜린저가 죽지 않고 살아서 서부해안지역에서 새로운 삶을 살고 있다는 내용이 들어 있는 자신의 책에 대한 저작권을 침해하였다며 소송을 걸었다. CBS는 내쉬의 책에 접근하였고 책의 사실 내용을 베꼈다고 인정하였다. 일리노이 북부 연방지방법원은 "딜린저 흔적"이 저작권으로 보호되는 요소를 베끼지 않았다는 이유로 원고의 청구를 기각하였다.

판결요지

판사 EASTERBOOK :

이 사건의 쟁점은 저작권이 보호하는 요소를 베꼈는지 여부와 공정이용의 범위를 넘을 정도로 많이 베꼈는가 이다. TV수사극이 내쉬의 저작물로부터 딜린저가 죽지 않고 서부해안지역에 살았다는 아이디어를 가져왔고 주검이 딜린저가 아니라는 사실을 보여주기 위해 사용했던 여러 가지 재료들을 이용하였다. CBS는 내쉬의 책들 중 하나를 극의 소품으로 쓰기도 하였다.

그러나 내쉬는 그의 책들을 소설이라고 말하지 않는다. 딜린저가 죽지 않았다고 처음 결론을 내린 사람이 역사에 관해 우선권을 갖지 않는다. 만약 딜린저가 죽지 않았다면 그 사실은 누구나 이용할 수 있다. 내쉬의 저작권은 그의 표현, 즉 그의 낱말과 대담내용의 배치와 같은 사실의 배열에 있고 있는 그대로의 사실에 있는 것은 아니다. "딜린저 흔적"은 내쉬의 책에 있는 어떤 내용도 쓰지 않았다. 또한 내쉬가 쓴 내용을 따르지 않고 그 대신에 새로운 설명과 사건의 전개를 만들었다. 딜린저와 주검의 신체 차이, 옮긴 지문, 딜린저와 다른 폭력배들의 사진 등은 내쉬가 이야기하듯이 모두 사실이다. 법원은 역사적인 사실은 저작권법이 보호하지 않은 아이디어와 발견 가운데에 있다고 판결해왔다. "시몬과 시몬"의 제작자는 내쉬가 사실과 아이디어의 원천으로서 다른 사람들의 연구물을 이용해온 것과 마찬가지로 내쉬의 연구를 이용하였다.

"딜린저 흔적"은 내쉬의 역사해석을 이용하였고 그의 표현을 이용하지 않았으므로 지방법원의 판결을 인용한다.

제3장
저작물(WORKS OF AUTHORSHIP)

현재 알려져 있거나 앞으로 개발될 유형의 표현매체로서, 직접 또는 기계나 장치에 의하여 저작물을 지각, 복제 또는 기타 전달할 수 있는 것에 고정된 저작자의 원저작물은 법의 규정에 따라 저작권 보호를 받는다. 저작자의 독창성을 표현하는 새로운 기술이나 방법을 포함시키기 위해 법은 저작물의 개념을 의도적으로 정의하지 않고 있다. 저작권법은 저작물의 8가지 종류를 예시하여 열거하고 있다.[1)]

1. 어문저작물(Literary Works)

"어문저작물"이란 시청각저작물 이외에, 그 저작물이 들어 있는 서적, 정기간행물, 원고, 음반, 필름, 테이프, 디스크 또는 카드와 같은 물체의 종류에 관계없이 문자, 숫자 또는 기타 문자 또는 숫자 기호나 부호로 표현된 저작물을 뜻한다.[2)] 컴퓨터프로그램[3)]도 어문저작물의 일종으로 보호된다. "컴퓨터프로그램"은 일정한 결과를 이끌어내기 위하여 직접 또는 간접으로 컴퓨터에서 사용되는 일련의 지시나 명령집합을 말한다.

1) 17 U.S.C.§ 102(a).
2) 17 U.S.C.§ 101("Literary works").
3) 17 U.S.C.§ 101("computer program").

Apple Computer, Inc. v. Franklin Computer Corp.

연방 제3항소법원

714 F. 2d 1240(3d Cir. 1983)

사 안

애플은 애플Ⅱ 컴퓨터와 150개가 넘는 컴퓨터프로그램을 제작, 판매해왔다. 피고 프랭클린은 개인용컴퓨터 에이스 100을 만들어 팔았는데 에이스 100은 애플 컴퓨터와 호환성이 있어서 애플Ⅱ에서 사용되기 위해 개발된 주변기기와 프로그램을 에이스 100에서도 쓸 수 있었다. 그러한 호환성을 얻기 위해서 프랭클린은 애플의 운영프로그램을 베꼈다. 컴퓨터프로그램은 롬(ROM : Read Only Memory)이라는 내부영구기억장치에 저장될 수 있는데 목적 코드로 된 컴퓨터프로그램은 롬에 저장된다. 컴퓨터프로그램은 디스켓 또는 플로피 디스크에도 저장될 수 있다. 컴퓨터프로그램은 운영프로그램 또는 응용프로그램으로 나눌 수 있는데 이 사건의 14가지 프로그램이 운영프로그램이라는 점은 당사자 사이에 다툼이 없다. 애플은 저작권침해 등을 이유로 프랭클린을 제소하였는데 프랭클린은 애플의 운영프로그램은 저작권의 보호대상이 아니라고 주장하였다. 펜실베니아 동부 연방지방법원은 컴퓨터프로그램이 저작권으로 보호되는지에 대해 의문이 있다는 이유로 애플의 청구를 기각하였다.

판결요지

판사 SLOVITER :

A. 목적 코드에 표현된 컴퓨터프로그램의 저작권보호여부

비록 저작권법 §102(a)가 컴퓨터프로그램을 저작물로 열거하지 않았다 하더라도 입법과정은 컴퓨터프로그램을 어문저작물로 보았음을 알려주고 있다. §101에 컴퓨터프로그램에 대한 정의가 규정되어 있고 §117이 복제를

금지하는 일반 조항의 예외를 규정함으로써 명백히 컴퓨터프로그램이 저작권의 보호를 받을 수 있음을 나타내주고 있다. 지방법원은 목적 코드로 된 컴퓨터프로그램이 어문저작물로 분류될 수 있는가에 대하여 의문을 나타냈으나 어문저작물의 범위는 문학에 국한되지 않는다. §101의 어문저작물 정의는 문자뿐만 아니라 숫자나 다른 숫자적 기호나 부호도 포함하여 어문저작물의 일반 의미를 넓히고 있다. 그러므로 목적코드든 원시코드든 컴퓨터프로그램은 어문저작물이며 불법 복세로부터 보호된나.

B. 롬에 들어 있는 컴퓨터프로그램의 저작권보호여부

Williams사건[4]에서 피고는 롬은 실용적인 물건이고 기계의 일부분이기 때문에 저작권의 보호를 받을 수 없다고 주장하였으나 고정 요건은 롬장치에 표현이 구현된 것으로 충족된다고 판시하였다. 그러므로 롬에 목적 코드의 형태로 들어 있는 컴퓨터프로그램은 적절한 저작권의 대상이다.

C. 컴퓨터운영프로그램의 저작권보호여부

프랭클린은 운영프로그램 그 자체가 저작권법 §102(b)의 규정과 베이커 판결[5]에 의하여 저작권의 보호를 받지 못한다고 주장하고 있다. 즉, 운영프로그램이 방법 또는 공정이므로 저작권의 보호대상이 아니라고 주장하고 있다. 그러나 애플은 운영기능을 수행하도록 컴퓨터에 명령하는 방법에 대해 저작권을 주장하고 있는 것이 아니라 명령어들 그 자체에 대해서 저작권을 주장하고 있으므로 프랭클린의 주장은 잘못된 것이다. 또한 프랭클린의 주장은 응용프로그램이 적절한 저작권의 보호대상이라는 주장과 일치하지 않고 있다. 응용프로그램의 명령어보다 운영프로그램의 명령어에 대해 저작권의 보호를 낮출 이유가 없다. 단지 운영프로그램이 롬에 들어 있다는 사실로 인하여 그 프로그램이 기계가 되거나 기계의 일부분이 되지는 않는다. 또한 운영프로그램은 롬에 영구히 들어 있을 필요도 없으며 디스켓이나 마그네틱 테이프와 같은 다른 매체에도 저장할 수 있다. 프랭클린은 또한 운영시스템은 완전히 실용적인 것이고 애플은 그 운영시스템에 구체화된

4) Williams Electronics, Inc. v. Artic International, Inc. 연방 제3항소법원 685 F. 2d 870(3d Cir. 1982).

5) Baker v. Selden, 연방대법원 101 U.S. 99(1879).

기술의 사용을 금지시키려고 하고 있다고 주장하고 있다. 그러나 저작물이 실용적으로 사용된다면 저작권의 보호를 받을 수 없다는 주장은 메이저 판결[6)]에서 배척되었다. 저작권의 대상이 되는 물건이 산업상으로 사용된다고 해서 저작권등록이 금지되거나 무효가 되지는 않는다.

지방법원의 판결을 파기한다.

Oracle America, Inc. v. Google, Inc.

연방항소법원
750 F.3d 1339(Fed. Cir. 2014)

판사 O'Malley :

이 사건 저작권 분쟁은 37개 패키지의 컴퓨터 원시코드와 관련되어 있다. 당사자들은 종종 이러한 컴퓨터 프로그램들을 개별 또는 전체로 "application programming interfaces" 또는 API 패키지라고 말한다. 오라클의 전 회사는 자바 프로그램 언어로 API 패키지들을 만들었고, 오라클은 다양한 조건으로 다른 사람들이 쓰도록 허락하였다. 많은 소프트웨어 개발자들은 데스크탑과 노트북(랩탑) 컴퓨터, 태블릿, 스마트폰, 다른 기기들 용으로 애플리케이션(보통 "앱스"라고 말한다)을 만들기 위해 자바 언어와 오라클 API 패키지들을 이용한다.

오라클은 구글의 안드로이드 모바일 운영체제가 오라클의 특허와 저작권을 침해했다고 주장하면서 구글을 상대로 캘리포니아 북부 연방지방법원에 소송을 걸었다. 배심은 특허침해를 인정하지 않았고, 이 사건에서 특허주장은 항소심의 대상이 아니다. 저작권주장에 대해 당사자들은 배심이 침해, 공정이용, 그리고 복제가 사소한지 여부를 결정하고, 지방법원 판사가 저작권보호여부와 구글의 형평법상 항변을 결정하기로 합의하였다. 배심은 구글이 37개 자바 패키지와 "rangeCheck"이라고 부르는 특정한 컴퓨터 루틴에 대한 오라클의 저작권을 침해하였다고 인정하였다. 그러나 8개의 역컴파일

6) Mazer v. Stein, 연방대법원 347 U.S. 201(1954).

된(decompiled) 보안 파일은 비침해 평결을 내렸다. 배심은 구글의 공정이용 항변에 대해서는 평의에 이르지 못했다.

배심 평결이후 지방법원은 (1) 구글이 8개 파일을 베낀 것을 인정했고, (2) 합리적인 배심은 사소한 복제에 해당되지 않는다고 인정할 것이라고 보았다.

그 직후 지방법원은 저작권보호여부에 관한 판결을 하였고, 선언 코드와 구조, 순서, 조직을 포함한 37개 API 패키지의 복제된 부분들은 저작권으로 보호받지 못한다고 인징하였다. 따라서 지방법원은 rangeCheck 코드와 8개의 역컴파일된 파일들을 빼고, 오라클의 저작권침해청구를 최종 기각하였다. 오라클은 패소부분에 항소하였고, 구글도 rangeCheck 코드와 8개의 역컴파일된 파일들에 관한 오라클 승소판결 부분에 항소하였다.

우리는 선언 코드와 API 패키지들의 구조, 순서, 그리고 조직은 저작권 보호대상이라고 판단하기 때문에, 지방법원의 저작권판결을 취소한다. 배심은 공정이용에 관하여 평의에 이르지 못했기 때문에, 우리는 이 판결에 따라 구글의 공정이용 항변을 추가로 검토하도록 되돌려 보낸다. 구글의 항소와 관련하여, 우리는 (1) 구글이 안드로이드에서 베낀 8개의 역컴파일된 자바 파일들에 관하여 오라클의 청구를 인용하고, (2) rangeCheck 기능과 관련한 구글의 신청을 기각한 지방법원의 판결을 인용한다.

배　경

A. 기술

선 마이크로시스템즈(이하 "선")는 컴퓨터 프로그래밍을 위한 자바 플랫폼을 개발하였고 1996년에 공개하였다.[7] 목적은 프로그래머들이 다른 운영체제나 기기들을 위해 그들 컴퓨터 프로그램의 다른 버전을 만들기 쉽게 해주는 것이었다. 소프트웨어 개발자는 자바 플랫폼과 가상기계를 이용하여 다른 유형의 컴퓨터 하드웨어에서 프로그램을 재작성하지 않고도 구동될 수 있는 프로그램을 만들 수 있다. 자바를 이용한 소프트웨어 개발자는 "한 번 만들어서 어디서나 구동(write once, run anywhere)"할 수 있다.

7) 오라클은 2010년에 선을 합병하였다.

자바 가상 기계는 전체 자바 플랫폼에서 중심 역할을 한다. 명령이나 지시를 만들기 위해 사용하는 구문규칙들(syntax rules)과 함께 단어들, 기호들, 다른 단위들(units)을 포함하는 자바 프로그래밍 언어 자체는 자바 프로그래머가 원시코드를 만든 언어이다. 원시코드는 사람이 읽을 수 있는 언어로 된 프로그램버전이다. 지시가 실행되기 위해서는 지시는 특정 컴퓨터 기기가 이해할 수 있는 0과 1로 된 이진수 기계 언어(목적코드)로 변환되어야 한다. 자바 시스템에서, 원시 코드는 자바 가상 기계로 이진수 기계 코드로 바뀌기 전에 중간 형태인 '바이트코드'로 변환된다. 자바 플랫폼은 "Java development kit(JDK), 자바 컴파일러, 도구와 유틸리티, runtime program, 클래스 라이브러리(API 패키지), 그리고 자바 가상 기계"로 이루어진다.

선은 컴퓨터 기능을 수행하기 위해 수많은 자바 프로그램을 만들었고 이러한 프로그램들을 "패키지들"이라고 부르는 집단으로 조직하였다. 항소심의 쟁점대상인 APIs가 되는 이 패키지들은 프로그래머들이 기능을 수행하는 코드를 처음부터 새로 만들기 보다는 자신들 프로그램에서 어떤 기능을 설정하기 위해 미리 작성된 코드를 쓸 수 있게 해준다. 선은 특정 작동(기능)을 위한 코드를 "메소드(method)"라고 불렀다. 클래스(class)는 특정한 메소드들과 변수들, 그리고 메소드들이 작동하는 다른 요소들로 이루어져 있다. 이용자들을 위한 클래스들을 조직하기 위하여, 선은 클래스들(일부 관련된 인터페이스들과 함께)을 패키지들로 분류하였다. 오라클이 API를 모은 것은 도서관과 같다. 각 패키지는 도서관의 책꽂이와 같고 각 클래스는 책꽂이의 책과 같으며 각 메소드는 책속에 있는 실행방법에 관한 장과 같다.

최초 자바 표준플랫폼(Java Standard Edition Platform : "자바 SE")은 미리 작성된 프로그램의 8개 패키지를 포함하고 있었다. 지방법원은 이 패키지들 중 3개－java.lang, java.io, java.util－가 핵심 패키지라고 인정하였다. 자바 언어를 쓰는 프로그래머들이 언어를 유용하게 이용하기 위해 써야 하는 것들이었다. 2008년까지 자바 플랫폼은 166개 API 패키지로 분류되는 600개 이상의 클래스와 6,000개 이상의 메소드를 갖고 있었다. 항소심에서 다툼이 되는 대상은 37개 API 패키지들이고 그 중 3개는 지방법원이 확인한 핵심 패키지다. 이 패키지들은 클래스, 서브클래스, 메소드, 그리고 인터페이스를 포함하여 수천개의 개별 요소들을 포함하고 있다.

모든 패키지는 당사자들이 (1) 선언 코드(declaring code); (2) 실행 코드(implementing code)라고 부르는 2가지 형태의 원시 코드로 이루어져 있다. 선언코드는 미리 작성된 기능을 확인하고 때때로 "선언" 또는 "헤더(header)"라고 부른다. 지방법원은 "중요한 점은 이 코드의 헤더라인이 메소드부를 도입하고 정확하게 입력, 이름. 그리고 다른 기능을 특정한다는 것이다."라고 설명하였다. 프로그래머가 선언코드에서 사용한 표현은 컴퓨터에게 연관된 실행 코드를 실행하도록 명령한다. 실행코드는 선언된 기능을 수행하기 위한 단계별 지시를 컴퓨터에 보낸다.[8)]

오라클은 자바 SE와 API 패키지의 이용자들에게 3가지 다른 종류의 이용허락을 하고 있다. 첫째, 일반 공중 이용허락은 무료이고 이용자는 패키지-선언 및 실행 코드-를 이용할 수 있지만, 공중에 혁신내용을 다시 기부해야 한다. 이것은 "공개 소스"이용허락이라고 불린다. 두 번째 방법은 특정 이용허락으로서 이용허락받은 자(licensee)는 선언 코드와 오라클 API 패키지의 구조를 쓸 수 있으나 자신의 실행 코드는 만들어야 한다. 세 번째 방법은 상업 이용허락인데, 상업 제품에서 모든 자바 코드를 이용하고 그 코드를 비밀로 간직하고자 하는 사업을 위한 것이다. 오라클은 수수료를 받고 상업 이용허락을 한다. 자바의 "한 번 만들어서 어디서나 구동"한다는 철학을 지키기 위해, 특정 이용허락과 상업 이용허락은 이용허락을 받은 자의 프로그램이 자바 플랫폼과 호환성을 보증하는 시험을 통과하도록 요구한다.

또한 사실심리에서 선이 모바일 기기용으로 자바 마이크로 버전(the

---

8) 옮긴이 주) 지방법원 판결문에는 다음과 같이 예시되어 있다.

package java.lang;	// *Declares package java.lang*
public class Math {	// *Declares class Math*
public static int max (int x, int y) {	// *Declares method max*
if (x > y) return x ;	// *Implementation, returns x or*
else return y ;	// *Implementation, returns y*
}	// *Closes method*
}	// *Closes class*

Java Micro Edition; Java ME)을 이용허락하였다는 증언이 있었다. 오라클은 저가폰과 스마트폰용으로 자바 마이크로 버전의 이용을 허락하였다. 선/오라클은 자바를 이용한 자신들의 스마트폰 플랫폼 개발에 성공하지 못했다.

B. 구글의 소송대상 제품 : 안드로이드

소송대상인 안드로이드는 모바일 기기를 위해 설계된 소프트웨어 플랫폼이고 그 시장에서 자바와 경쟁하고 있다. 구글은 스마트폰 플랫폼 개발 계획에 따라 안드로이드사를 2005년에 인수하였다. 같은 해 하반기에 구글과 선은 모바일 기기들을 위해 모든 자바 플랫폼을 채택, 이용하기 위한 이용허락에 대해 논의하기 시작하였다. 몇 개월 동안 협상했으나 합의에 이르지 못했다. 당사자들 주장의 요점은 자바 가상 기계와 호환되거나 다른 자바 프로그램과 상호 운용가능하도록 하는 프로그램의 구현을 구글이 거부하였다는 것이다. 선/오라클은 그러한 입장은 "한 번 만들어서 어디서나 구동" 철학에 어긋난다고 보았기 때문에, 자바 API 패키지의 이용을 구글에게 허락하지 않았다.

구글은 자신의 가상 기계－달빅 Virtual machine("Dalvik VM")－를 설계하고 모바일 기기의 핵심이 되는 자바 API의 기능을 위한 자신들의 계획을 실행하기 위해 구글의 프로그램 언어를 쓰기로 결정했다. 구글은 안드로이드 플랫폼을 만들었고 168개 패키지를 포함하는 것으로 발전했다. 그 중 37개 패키지가 항소에서 쟁점이 되는 자바 API 패키지이다.

문제가 되는 37개 패키지와 관련하여 "구글은 새로운 안드로이드 시스템에서 자바 응용프로그래머들이 자바에서 이용되는 것과 같은 이름으로 불리는 동일한 37개 세트의 기능을 바란다고 믿었다." 이러한 결과를 얻기 위해서, 구글은 37개 자바 API패키지에서 원시 코드를 그대로 베껴서, 그 코드를 안드로이드 소프트웨어에 끼워 넣었다. 그러면서 구글은 37개 패키지의 메소드, 클래스, 인터페이스, 패키지의 모든 이름의 조직된 분류-이름 조직 체계 전체-를 정교하게 베꼈다. 당사자들과 지방법원은 이러한 분류 표현을 37개 패키지의 "구조, 연속, 그리고 조직(structure, sequence, and organization)" 또는 "SSO"라고 불렀다. 그러나 구글이 (1) 9줄의 코드로 구성된 rangeCheck 기능과 (2) 8개의 역컴파일된 보안 파일들을 제외하고 자신의 실행 코드를 만들었다는 점은 다툼이 없다.

rangeCheck에 대해 지방법원은 이를 작성한 선의 엔지니어가 나중에 구글에서 일했고, rangeCheck기능이 들어 있는 그가 창작한 2개 파일들-Timsort.java와 ComparableTimsort-이 안드로이드 플랫폼에 포함되었다고 인정하였다. 9줄의 rangeCheck 기능은 직접 안드로이드로 복제되었다. 8개의 역컴파일된 파일들에 대해서 지방법원은 시험 파일로 복제되어 이용되었고 안드로이드나 다른 기기에서 발견되지 않는다고 인정하였다.

C. 사실심리와 이후 결정들 (생략)

이 유

Ⅰ. 오라클의 항소

자바 프로그래밍 언어는 공개되어 있고 누구나 자유롭게 쓸 수 있다는 것은 다툼이 없다. API 패키지중 3개와 관련하여 아래에서 논의하는 제한된 범위를 제외하고, 구글이 자바 언어로 자신의 API 패키지를 만들 수 있었다는 것도 다툼이 없다. 구글은 그와 같이 하지 않았다. 대신에 구글이 선언코드의 7,000줄을 베꼈고 오라클 37개 자바 API 패키지의 구조, 순서, 그리고 조직을 모두 베꼈다는 것도 다툼이 없다. 자바 플랫폼의 이러한 요소들이 저작권의 보호를 받는지가 핵심이다. 지방법원은 보호대상이 아니라는 결론이었고, 오라클은 항소심에서 그 결론을 다투고 있다. 오라클은 또한 지방법원이 구글의 공정이용 항변을 법률문제로 기각했어야 한다고 주장한다.

그러나 구글은 지방법원의 다음과 같은 결론이 옳다고 주장한다. (1) 자바 메소드 선언을 만들고 자바와 호환되는 방법은 하나뿐이었다. (2) 37개 자바 API 패키지의 조직과 구조는 §102(b)에 의해 저작권의 보호대상이 아닌 "명령 구조"이다. 구글은 또한 만약 우리가 지방법원의 저작권보호여부에 관한 판결을 취소한다면, 지방법원에 공정이용항변의 재심리를 지시하여야 한다고 주장한다.

A. 저작권보호

저작권법은 “어문저작물”을 포함하여, “유형의 표현매체에 고정된 독창적인 저작물”을 보호하고 있다. 17 U.S.C.§102(a). 컴퓨터프로그램은 저작권법에서 “일정한 결과를 산출하기 위해 컴퓨터에서 직접 또는 간접으로 사용되는 일련의 지시나 명령”으로 정의되었고, 17 U.S.C. §101, “어문저작물”로 보호될 수 있다. 아타리 판결(Atari Games Corp. v. Nintendo of Am., Inc., 975 F.2d 832, 838(Fed. Cir. 1992)). 입법연혁에 따르면 “어문저작물”은 “아이디어 자체와 구분되는 프로그래머의 독창적인 아이디어가 표현되어 있는 범위에서 컴퓨터프로그램”을 포함한다고 설명된다.

법에 따라 저작권으로 보호되기 위해서는 “독창성”이 있어야 한다. 17 U.S.C. §102(a). 그러나 이 독창성 요건은 특별히 엄격하지 않다. 파이스트 판결(Feist Publ’ns, Inc. v. Rural Tel. Serv. Co., 499 U.S. 340, 358(1991)). “저작권에서 사용되는 용어로서 독창성이 있다는 것은 저작자가 저작물을 독창적으로 창작하였고(다른 저작물에서 베꼈다는 뜻과 반대로), 적어도 최소한도의 창작성을 갖고 있다.”는 것을 의미한다. 345.

저작권보호는 아이디어의 표현에만 미치고 바탕에 있는 아이디어 자체로 확대되지 않는다. Mazer v. Stein, 347 U.S. 201, 217(1954)(“특허와 달리, 저작권은 공개된 기술에 독점적인 권리를 주지 않는다; 보호는 아이디어 그 자체가 아니라 아이디어의 표현에게만 주어진다.”). 이 구분-보통 아이디어/표현 이분법이라 부른다-은 저작권법 §102(b)에 명시되어 있다.

아이디어/표현 이분법은 연방대법원의 베이커 판결(Baker v. Selden, 101 U.S. 99, 101(1879))에서 찾을 수 있다.(베이커 판결 내용 설명 생략)

법원은 보통 이 사건 항소와 관련된 §102(b)로 편입된 몇 가지 원리들의 출처로 베이커판결을 인용한다. 그 원리들은 (1) 저작권보호는 표현에만 미치고 아이디어, 체계, 절차에는 미치지 않는다; (2) “기능에 반드시 필요한 컴퓨터프로그램의 요소들은 보호될 수 없다.” 알타이 판결(Computer Assocs. Int'l v. Altai, 982 F.2d 693, 704-05(2d Cir. 1992)).

저작권보호가 컴퓨터프로그램의 문자 및 비문자 요소 모두에게 미칠 수 있다는 것은 확립되어 있다. 컴퓨터프로그램의 문자 요소들은 원시 코드와 목적 코드이다. 법원은 원시 코드를 "사람이 읽을 수 있는 글자로 쓴 프로그램 명령"으로 정의하였다. 렉스마크 판결(Lexmark Int'l, Inc. v. Static Cotrol Components, Inc., 387 F.3d 522,533(6th Cir. 2004)). 목적 코드는 "컴퓨터가 직접 지시를 받는 0과 1로 구성된 이진수 언어"를 말한다. 원시 및 목적 코드는 "프로그램 저작권으로 일관되게 보호되어 왔다." 알타이 판결, 982 F.2d 702("컴퓨터프로그램의 문자 요소, 즉 그 원시 및 목적 코드는 저작권보호대상이라는 것은 확립되어 있다."). 구글은 지금 이 전제를 다투지 않고 있다.

컴퓨터프로그램의 비문자 성분은 프로그램의 순서, 구조, 조직 뿐만 아니라 프로그램 이용자 인터페이스를 포함하고 있다. 프로그램의 비문자 요소들이 보호되는 지는 문제되는 성분이 아이디어의 표현인가 또는 아이디어 그 자체인가에 달려 있다.

이 사건에서 오라클은 (1) API 패키지의 문자 요소들 - 원시 선언 코드의 7,000줄과 (2) 비문자 요소들 - 37개 자바 API 패키지 각각의 구조, 순서, 그리고 조직에 대해 저작권보호를 주장하고 있다.

컴퓨터프로그램의 문자 및 비문자 사이의 구분은 문자 및 비문자 복제 사이의 구분과는 별개다. "문자" 복제는 독창성있는 표현을 그대로 베낀 것이다. "비문자" 복제는 단어 대 단어 보다는 바꿔서 표현하거나, 또는 느슨하게 바꿔서 표현된 것이다. 로터스 판결(Lotus Dev. Corp. v. Borland Int'l, 49 F.3d 807, 814(1st Cir. 1995)). 구글은 이 사건에서 선언코드를 글자 그대로 베꼈다고 인정하였다. 오라클은 "마치 장의 제목들과 주제 문장들이 소설의 구조를 표현하는 것처럼, 선언코드 줄은 각 API 패키지의 구조를 담고 있다"고 설명한다. 오라클은 구글이 패키지의 선언코드를 베꼈을 때, 선/오라클이 패키지에서 채용한 패키지의 순서와 조직(즉 모든 경로와 사다리를 가진 3차원 구조)을 베꼈다고 설명한다. 오라클은 또한 API 패키지들의 비문자 요소들 – 구글이 제작한 실행코드로 자연스럽게 연결되는 구조, 순서, 그리고 조직 – 은 저작권의 보호대상이라고 주장한다. 그러나 오라클은 모든 SSO가 문자 그대로 복제되었다고 주장하지는 않고, 구글이 선언코드를 문자 그대로 베꼈고 그리고 나서 자신의 실행 코드를 작성함으로써 나머지 SSO를 바꿔 표현했다고 주장하고 있다. 그러므로 전체 SSO에 대해 비문자 복제를 주장하고 있다.

이 지점에서 자바 API 패키지의 선언코드와 구조 및 조직이 독창적이라는 점에는 다툼이 없다. 지방법원은 구체적으로 API 패키지들은 창작성이 있는 독창적이라고 인정했고, 구글은 항소심에서 독창성 요건이 충족되었다고 인정하고 있다. 그러나 지방법원은 선언코드나 SSO가 저작권법으로 보호받지 못한다고 보았다.

당사자들이 오라클의 API 패키지들이 §102(a)의 독창성 요건을 충족한 것에 동의하였지만, §102(b)의 올바른 해석과 적용에 관해서는 의견이 일치하지 않는다. 구글은 §102(a)는 독창성 있는 저작물을 저작권으로 보호하지만, 만약 기능 성분을 가지고 있다면 §102(b)가 저작권보호를 박탈하고 있다고 주장한다. 그러나 반대로 의회는 §102(b)는 "저작권 보호의 범위를 넓히거나 줄이지 않고, 표현과 아이디어 사이의 기본 이분법을 바꾸지 않았다."고 강조하였다. 파이스트, 499 U.S. 356. "§102(b)의 표현이 조작 방법에 들어 있다는 이유만으로 아이디어의 특정한 표현에 주는 보호가 사라지지 않는다." 마이텔 판결(Mitel, Inc. v. Iqtel, Inc., 124 F.3d 1366, 1372(10th Cir. 1997)). §102(a)와 §102(b)는 종합하여 검토되어야 하며 어떤 표현은 더 엄격한 심사를 받게 된다. 저작권보호가능성을 평가하기 위해, 지방법원은 저작물의 명백한 표현 측면을 찾아서 보호되는 표현을 "보호되지 않는 아이디어, 사실, 공정, 그리고 조작 방법"으로부터 분리해야 한다. 아타리, 975 F.2d 839.

항소법원들은 무엇이 보호되는 표현이고 보호되지 않는 표현인지 사이에 경계를 긋는 시도를 할 때, 채택되어야 하는 심사를 고민했고 그에 관해 의견이 똑같지 않다. 웰란 판결(Whelan Assocs., Inc. v. Jaslow Dental Lab., Inc., 797 F.2d 1222, 1236(3d Cir. 1986)(목적 또는 기능에 필요하지 않는 것은 모두 표현이다))과 로터스, 49 F.3d 815(조작방법은 이용자가 무엇을 조작하는 수단이고 조작하기 위해 이용되는 단어들은 보호되지 않는 표현이다)를 비교. 컴퓨터프로그램의 비문자 요소들이 보호되는 표현인가를 평가할 때, 제9항소법원은 제2항소법원이 체계화한 "추상화-여과-비교"심사를 지지하였고 일부 다른 항소법원들도 채택하였다. 세가 판결(Sega Enters. Ltd. v. Accolade, Inc., 977 F.2d 1510, 1525(9th Cir. 1992)). 이 심사는 기능을 수행하는 것은 저작권으로 보호되지 않는다는 생각을 거부한다. 마이텔, 124 F.3d 1372(로터스 법원의 공식을 배척하고, 비록 어떤 요소가 조작 방법으로 분류된다고 하더라도, 그 요소는 저작권보호 대상인 표현을 포함하고 있을 수 있다는 결론).

그래서 이 심사는 명백한 접근법을 의도적으로 피하고 어떤 표현이 보호될 수 있고 침해되었는지를 결정하기 위해 문제되는 특정 프로그램의 좀 더 섬세한 평가를 요구하고 있다. 제2항소법원은 이 심사는 3단계를 갖고 있다고 설명하고 있다. 추상화 단계에서, 법원은 "먼저 침해된 프로그램의 구조를 이루는 성분들로 분해한다." 여과단계에서 법원은 아이디어와 "그 아이디어에 반드시 따르는 표현"을 포함하여 "모든 비보호 성분을 걸러낸다." 마지막 단계에서 법원은 남은 창작 표현과 침해하는 프로그램을 비교한다.[9]

두 번째 단계에서 법원은 먼저 표현이 프로그래머나 저작자에게 독창적인지를 평가하여야 한다. 아타리, 975 F.2d 839. 그리고 나서 법원은 추상화 수준의 특정한 편입이 효율성의 고려에 따른 것인지, 프로그램 그 자체와 무관한 요소들에 의해 요구되거나, 또는 공유영역에서 가져온 것인지를 판단해야 한다. 그 과정에서 독창성, 합체, 필수장면(scenes a faire) 이론과 같은 전통의 저작권 원리가 참작되어야 한다. 마이텔, 124 F.3d 1372("비록 표현의 핵심이 저작권으로 보호받을 자격이 있다 하더라도, 공유영역에 있거나, 독창성이 없거나, 합체와 필수장면 이론으로 제약받는 표현은 보호대상에서 빼는 엄격한 여과 분석 과정을 통과하여야 한다.").

오라클은 저작권보호가능성에 관련된 지방법원의 모든 결론이 잘못이라고 주장한다. 오라클은 자바 API 패키지는 표현이며 같은 기능을 얻기 위해 수많은 방식으로 작성되고 조직될 수 있기 때문에 저작권법에 따라 보

9) 중요한 것은 이러한 모든 분석은 저작권자가 비문자 측면이 침해되었다고 주장하는 경우에만 적용된다. "별개의, 쉽게 개념화되는 부분을 문자로 복제한 것이 인정될 경우-오라클의 선언코드처럼- 법원은 완벽한 추상화-여과-비교 분석을 수행할 필요가 없다." 그리고 법원은 표준 저작권 원리를 참조하여 저작권보호 분석을 여과단계에 집중할 수도 있다. 마이텔, 124 F.3d 1372-73.

호받을 자격이 있다고 주장한다. 특히 오라클은 지방법원의 다음과 같은 결론 및 판단이 잘못이라고 주장한다. (1) 아이디어와 표현이 합체되었기 때문에 선언코드의 각 줄이 저작권으로 보호될 수 없다; (2) 선언코드는 짧은 구를 사용했기 때문에 저작권으로 보호될 수 없다; (3) SSO의 모든 면이 17 U.S.C. §102(b)에 따라 "조작 방법"으로 보호받지 못한다; (4) 저작권보호가능성 분석에서 구글의 "호환성" 관심에 의존하였다. 아래와 같은 이유로 우리는 위 쟁점에 대해 오라클의 주장에 동의한다.

1. 원시 선언 코드(Declaring Source Code)

a. 합체

합체이론에 따르면 만약 저작물에 포함된 아이디어가 오직 하나의 방법으로만 표현될 수 있다면 법원은 저작권으로 보호하지 않을 것이다. 사타바 판결, 812 주) 5. 컴퓨터프로그램에서 "이것은 코드의 특정한 부분이 비록 저작권으로 보호된다고 하더라도, 주어진 일을 수행하는 오직 하나의 필수 수단일 때, 이를 나중에 이용하는 것은 침해가 아니라는 것을 의미한다." 알타이, 982 F.2d 708. 그러나 우리는 제9항소법원의 법리를 적용하면서 "컴퓨터프로그램 표현의 독특한 배열은 대안이 되는 표현을 이용할 수 있는 한 공정(process)으로 합체되지 않는다."고 인정해왔다.

예를 들면 아타리 판결에서 닌텐도는 비디오 게임기가 불법 게임 카트리지의 구동을 막기 위해 10NES프로그램을 설계했다. 닌텐도는 "임의의 프로그래밍 지시들을 골랐고 NES를 푸는 열쇠로 작동하도록 순전히 임의의 데이터 흐름을 만들기 위해 독특한 순서로 그들은 배열하였다." 닌텐도는 "NES 게임기를 푸는 데이터의 흐름을 만드는 엄청나게 많은 다른 방법을 보여주는" 전문가 증언을 세웠기 때문에, 우리는 닌텐도의 특정한 코드의 선택이 공정에 합체되지 않는다고 결론지었다.

지방법원은 메소드 선언을 아이디어로 확인하고 실행이 표현이라고 인정하였다. 법원은 자바의 규칙에 따라 프로그래머는 "같은 기능을 특정하는 메소드를 선언하기 위해" 동일한 "선언 또는 메소드 표제 줄"을 이용해야 한다고 설명하였다. 지방법원은 각각의 자바 패키지의 선언코드를 만드는 방법은 한 가지뿐이라고 인정했기 때문에, "합체이론에 따라 독점적인 저작권 주장은 금지된다"고 결론지었다. 따라서 법원은 동일한 선언을 이용하는 것이 저작권침해가 될 수 없다고 판결하였다.

항소심에서 오라클은 지방법원이 (1) 합체이론을 잘못 적용하였고, (2) 원저작자가 이용가능한 선택권에 대한 분석을 하지 않았다고 주장한다. 우리는 2가지 점에서 오라클의 주장에 동의한다. 첫째, 원시 선언 코드를 만드는데 한 가지 방법, 또는 제한된 방법만 있지 않다면, 합체가 원시 선언 코드 줄의 저작권보호를 금지할 수 없다는데 동의한다. 사타바 판결, 주) 5("합체이론에 따라, 법원은 만약 저작물의 기초가 되는 아이디어가 한 가지 방법으로만 표현될 수 있다면, 기초가 되는 아이디어에 독점을 부여하지 않도록 하기 위해, 저작물을 보호하지 않을 것이다."). 증거에 따르면 오라클은 구글이 복제한 7,000줄의 선택과 배열에 관하여 무제한의 선택을 할 수 있었다. 지방법원의 "java.lang. Math.max"의 예를 이용하여, 오라클은 개발자는 "Math.maximum" 또는 "Arith.larger"를 포함하여 어떤 식으로든 이름지을 수 있었다고 설명한다. 이것은 오라클이 패키지를 창작하기 위해 미리 정해진 이름과 구절 가운데에서 선택한 것이 아니었다.[10] 나아가 지방법원이 인정하듯이, "안드로이드 메소드와 클래스 이름은 자바에서의 이름과 달라질 수 있고 여전히 작동하고 있다." "대체 표현이 가능하기 때문에," 합체는 발생하지 않는다. 아타리, 975 F.2d 840.

우리는 지방법원이 합체 분석에서 복제 당시 구글이 이용할 수 있는 선택에 초점을 맞춘 것은 잘못이라고 본다. 저작권보호가능성과 보호될 수 있는 행위의 범위는 침해시가 아닌 창작시에 평가되어야 한다는 것은 확립되어 있다. 그러므로 초점은 선/오라클이 API 패키지를 창작했을 때 이용가능한 선택에 맞춰진다. 물론 일단 선/오라클이 "java.lang.Math.max"를 창

---

10) 자바 플랫폼의 개발에 참여했던 선의 전 임원들인 Scott McNealy와 Brian Sutphin은 법원에 제출한 법정조언자 서면에서, 자바 패키지를 설계하면서 창작적인 선택을 한 자세한 사례를 보여주고 있다. 그들은 "java.text"패키지는 "사람의 일반 언어와는 관계없는 방식으로 글자, 날짜, 숫자, 메시지를 다루기 위해 25개 클래스, 2개 인터페이스, 수백개의 매소드를 가지고 있다"고 설명한다. 자바의 창작자들은 먼저 java.text 패키지를 포함할 것인지, 패키지의 길이는 어떻게 할지, 어떤 요소를 포함시킬지, 패키지를 어떻게 조직할지, 다른 패키지들과는 어떻게 연관시킬지를 결정해야 했다.

작한 이상, 특정 패키지를 이용하려는 개발자들은 그 이름을 불러야 한다. 그러나 구글이 같은 결과를 얻기 위해 실행 코드와 함께 자신의 선언코드를 만드는데 아무런 지장이 없다는 것은 지방법원이 인정하였다. 그러한 상황에서 선택된 표현이 쉽게 표현된 아이디어로 합체되지 않는다.[11)]

합체이론이 올바르게 해석될 때, 지방법원이 핵심 패키지로 확인한 3개 패키지를 침해행위의 범위에서 제외하는 것도 가능한 것 같다. 만약 이 패키지들이 창작되었을 때, 자바 제작자들이 자바 언어로는 메소드와 클래스를 표현하는 제한된 방법만을 갖고 있었다면 가능할 것이다. 그 경우에 아이디어는 아마 3개 패키지의 표현으로 합체되었을 것이다. 그러나 구글은 지방법원에서 이러한 방법으로 합체 주장을 하지 않았고 여기서도 마찬가지다. 구글은 저작권보호가능성 분석 목적을 위해 패키지들 사이를 구분하려고 하지 않았고 패키지에 대한 침해 평결에 이의하지 않았다. 이러한 이유로 우리는 지방법원의 합체 분석을 배척한다.

b. 짧은 구절(Short Phrases)

지방법원은 또한 오라클의 선언코드가 저작권으로 보호될 수 없는 짧은 구절로 이루어졌다고 보았다. 특히 법원은 "안드로이드 메소드와 클래스 이름은 자바의 이름과는 다를 수 있고 여전히 작동하지만, 저작권보호는 이름이나 짧은 구절에는 미치지 않는다."고 결론내렸다.

지방법원이 "단어나 이름, 제목, 슬로건과 같은 짧은 구"는 저작권보호대상이 아니라고 본 것은 옳다. 그러나 문제는 짧은 구절을 갖고 있는지가 아니라, 그러한 구절이 창작성이 있는가 라는 점이다. Soc'y of Holy Transfiguration Monastery, Inc. v. Gregory, 689 F.3d 29, 52(1st Cir. 2012)(모든 짧은 구절이 자동적으로 저작권으로 보호되지 않는다고 간주되는 것은 아니라고 판시). 님머, 저작권법(§2.01[B](2013)("짧은 구절도 충분한 창작성을 보여준다면 저작권 보호를 요구할 수 있다."). 그리고 문제가 된 선언 코

11) 지방법원은 오라클 자바 API 패키지의 구조, 순서, 조직에 관하여 합체를 인정하지 않았다. 법원은 API 패키지가 조직될 수 있는 수많은 방법이 있다고 인정했기 때문에 그럴 수도 없었다. 법원은 SSO가 독창성이 있고, "자바 언어 규칙상 구글이 동일한 집단으로 모을 필요가 없다."고 인정하였다. 그럼에도 불구하고 법원은 SSO가 저작권으로 보호될 수 없는 "조작 방법"이라고 판단하였다.

드의 개별 줄들을 짧은 구절로 분해함으로써, 지방법원은 요소들의 독창적인 조합이 저작권으로 보호될 수 있다는 것을 인정하지 않았다. Softel, Inc. v. Dragon Med. & Scientific Commc'ns, 118 F.3d 955, 964(2d Cir. 1997)(파이스트 판결에서 "연방대법원은 보호될 수 없는 요소들의 편집은 그 구성 요소들이 저작권 보호를 받지 못한다 하더라도 저작권보호를 받을 수 있다는 것을 명확히 함").

비슷하게 찰스 디킨스의 "두 도시 이야기"의 시작은 짧은 구절의 연속이다. 그러나 누구도 디킨스 작품의 이 부분이 더 짧은 구성 부분으로 쪼개질 수 있다는 이유로 저작권보호를 받을 가치가 없다고 주장할 수 없다. 문제는 짧은 구절이나 일련의 짧은 구절을 작품으로부터 뽑아낼 수 있느냐가 아니라, 이용되거나 함께 이어지는 방식이 창작성을 보여주느냐이다.

비록 지방법원이 코드의 개별 줄에 초점을 맞춘 것은 뚜렷하지만, 오라클은 특정한 짧은 구나 단어에 대해 저작권보호를 청구하지 않는다. 대신에 문제가 된 선언 코드 부분은 7,000줄이고, 구글의 "자바 전문가"는 한 개의 메소드 선언에 조차 창작성과 예술성이 있을 수 있다고 인정했다. 오라클이 API 패키지들을 장착하고 관련된 선언코드를 만들었 때 매소드 선언의 "선택과 배열에 창작성"을 발휘하였기 때문에, 패키지들은 저작권의 보호를 받을 자격이 있는 보호되는 표현을 갖고 있다. 아타리, 975 F.2d 840; 17 U.S.C. §§ 101, 103("저작물이 전체로서 독창적인 저작물이 되는 방식으로 선택, 조합, 또는 배열된" 저작물이라고 정의되는 "편집물"의 저작권보호를 인정). 따라서 우리는 지방법원이 선언코드가 저작권으로 보호될 수 없다고 인정하기 위해 짧은 구절 이론을 적용하는 잘못을 저질렀다고 본다.

C. 필수장면(Scenes a Faire)

합체이론과 관련이 있는 표준 이론은 어떤 창작 표현이 저작권으로 보호되는 것을 금지하기 위해 적용된다. "만약 저작물의 표현 요소들이 한 주제에 관해 표준이고, 상투적이며, 흔하다면, 또는 공통의 주제나 배경에 필수로 따르는 것이라면, 그 요소들은 보호받을 수 없다." 마이텔, 124 F.3d 1374. 이 이론에 따르면, "어떤 평범한 표현이 주어진 아이디어를 다루는데 불가피하고 자연스럽게 연관될 때, 그 표현들은 아이디어처럼 취급되고 저작권으로 보호되지 않는다." 컴퓨터프로그램의 경우, "필수장면 이론은 '특정 컴퓨터프로그램이 구동되는 컴퓨터의 기계 특성' 또는 '컴퓨터 산업내에서 널리 받아들여지는 프로그래밍 관행'과 같은 외부 요인들에 의해 지배되는 프로그램 요소들은 보호받지 못한다."

지방법원은 구글의 필수장면 이론 주장을 배척하였다. 지방법원은 주석에서 구글이 클래스내에서 메소드의 모음 또는 선택된 코드가 "필수장면 이론에 따라 허용될 정도로 예상되고 관행이라는" 주장을 뒷받침하는 증거를 제시하지 못했다고 인정하였다. "기록상 모든 클래스들과 그 내용들이 그러한 클래스들의 전형이라고 말할 수 없다."고 판단하였다.

항소심에서 구글은 다른 참고인들처럼, 필수장면 이론 개념을 짧게 말하면서, 프로그래머들이 자바 API 패키지 집단을 쓰는 것에 익숙하고 편하기 때문에, 그 집단은 평범해서 플랫폼을 만드는 필수 표현이라고 주장한다. 그들은 패키지가 달성하려고 하는 아이디어와 연합되어 있어서 표현보다는 아이디어로 다루어져야 한다고 주장한다.

구글의 필수장면 이론에 따른 주장은 받아들일 수 없다. 몇 가지 이유가 있다. 첫째, 합체이론처럼 제9항소법원에서는 필수장면 이론은 침해 분석의 구성물이다. "문자든 또는 비문자든, 공통의 아이디어가 판에 박은 형태로 표현된다는 사실로부터 표현의 유사성이 나올 때, 유사성이(침해가) 인정되지 않을 것이다." 그래서 바탕에 있는 아이디어의 표현에 반드시 따르는 표현의 복제만이 면책된다.

둘째, 구글은 집단으로 조합하고 37개 자바 패키지를 위해 선택된 코드가 외부 요인에 의해 요구되었거나 평범하거나 표현된 아이디어에 필수의 특징을 전제하고 있다는 주장을 뒷받침하는데 충분한 주장입증을 하지 못했다는 지방법원의 결론을 다투지 않았다. 구글은 그러한 증명을 했다는 사실을 가리키는 기록상 근거를 제시하지 않았고 지방법원의 그러한 결론이 잘못이라고 주장하지 않았다. 구글은 핵심 패키지에 관하여 이러한 주장조차 하지 않았다.

마지막으로 지방법원에서 인용하고 있는 이론과 항소심에서 참고인들의 그에 관한 언급은 이론의 기본을 오해하고 있다. 합체이론처럼, 필수장면

이론의 초점은 창작자를 둘러싼 상황이지 복제자의 상황이 아니다. 마이텔, 124 F.3d 1375(지방법원이 "시장의 힘과 효율성 고려와 같은 외부 요인이 Iqtel의 명령 코드 복제행위를 정당화하는지"를 검토하는 범위에서 잘못을 인정). 법원의 비슷한 초점은 선의 클래스, 메소드, 코드 선택을 지배하는 외부 요인들에 맞춰야 하고 구글이 그러한 집단과 그 코드를 베끼기로 한 당시에 마주쳤던 것에 초점을 맞춰서는 안된다. "필수장면 이론은 표현의 창작이 저작자의 창작성과 무관한 고려에 의해 자연스럽게 흘러나오는 표현을 확인하고 침해로부터 보호를 거부한다." 지방법원은 구글이 이러한 증명에 실패했다고 인정하였고, 구글은 기록상 이와 다른 근거를 인용하지 못했다.

이러한 이유로 지방법원이 필수장면 이론이 문제가 되는 자바 API 패키지의 선언 코드, 또는 SSO의 저작권보호가능성에 영향을 미치지 않는다고 결론내린 것은 정당하다.

2. API 패키지의 구조, 순서, 그리고 조직

지방법원은 자바 API 패키지의 SSO가 창작적이고 독창성이 있다고 인정했으나, 그럼에도 불구하고 "체계 또는 조작 방법이고 … 그래서 17 U.S.C. §102(b)에 의해 저작권으로 보호될 수 없다."고 판단하였다. 이러한 결론에 이르면서 지방법원은 제1항소법원 판결에 들어 있는 내용에 의존하였다. 로터스, 49 F.3d 807(1st Cir. 1995).

로터스 판결에서 피고가 "이용자들이 컴퓨터에서 회계 기능을 수행할 수 있도록 해주는" 로터스 1-2-3에서 메뉴 명령 체계와 인터페이스를 베꼈다는 사실은 다툼이 없었다. 메뉴 명령 체계는 – "복사", "인쇄", "정지"와 같은 – 일련의 명령들이 50개 이상의 메뉴와 서브메뉴로 배열된 것을 말한다. 비록 피고가 로터스의 원시 코드를 베끼지 않았지만, 메뉴 명령 체계를 경쟁 프로그램에서 베꼈다. 법원에서 쟁점은 "컴퓨터프로그램 메뉴 명령 체계가 저작권으로 보호될 수 있는 대상인지"였다.

로터스 개발자들이 메뉴 용어들을 골라서 배열하는 선택에 표현성이 있다는 지방법원의 판단을 인정했지만, 제1항소법원은 명령 체계가 §102(b)의 "조작 방법"이기 때문에 저작권으로 보호될 수 없다고 보았다. 법원은 "조작 방법"을 "자동차든, 음식 조리기든, 컴퓨터든, 사람이 무언가를 조작하는 수단"이라고 정의하였다. 로터스의 메뉴 명령 체계가 "이용자들에게 로터스 1-2-3을 통제하고 조작하는 수단"을 제공하고 있기 때문에, 보호될 수 없다고 여겨졌다. 예를 들면, 만약 이용자들이 자료 복사를 원한다면, 그들은 "복사" 명령을 이용할 것이고 그 명령 용어는 컴퓨터에게 할 일을 알려줄 것이다. 로터스 판결에 따르면, "로터스 개발자들이 메뉴 명령 체계를 다르게 설계할 수도 있었다는 사실은 그 것이 조작 방법인지의 문제와 무관하다." 법원은 "만약 특정한 단어들이 무엇을 조작하는데 필수라면, 그들은 '조작 방법'의 일부이고, 그래서 저작권으로 보호될 수 없다."고 덧붙였다.

항소심에서 오라클은 지방법원이 로터스 판결에 따른 것은 사실관계가 다르고 제9항소법원의 법리와 맞지 않기 때문에 잘못이라고 주장한다. 우리는 동의한다. 첫째, 로터스 판결의 피고는 원시 코드를 베끼지 않았지만, 구글은 오라클의 원시 선언 코드를 그대로 베꼈다고 인정한다. 둘째, 로터스 법원은 쟁점이 된 명령(복사, 인쇄 등)은 창작성이 없다고 보았지만, 이 사건에서 선언코드와 API 패키지의 구조 및 조직이 창작적이고 독창적이라는 점에 다툼이 없다. 마지막으로 로터스 법원이 문제의 명령들이 시스템 "조작에 필수"라고 인정하였지만, 아마 3개의 핵심 패키지를 빼고 구글은 자바 언어로 프로그램을 만들기 위해 자바 API 패키지의 구조, 순서, 그리고 조직을 베낄 필요가 없었다.

그러나 더 중요하게, 제9항소법원은 로터스 판결의 "조작 방법" 논증을 채택하지 않았고, 우리는 그것이 구속성있는 선례와 일치하지 않는다고 결론내린다. 특히 우리는 컴퓨터프로그램의 구조, 순서, 그리고 조직이 아이디어 그 자체보다는 아이디어의 표현으로서의 자격이 있을 경우 저작권보호를 받을 수 있다고 인정한 제9항소법원의 판례와 로터스 판결이 일치하지 않는다고 본다. 그리고 로터스 법원이 "조작 방법의 일부인 표현은 저작권으로 보호될 수 없다."고 판결했지만, 이 법원은 제9항소법원의 법리를 적용하여 저작권은 "공정 또는 방법의 표현"을 보호한다고 인정함으로써 정확하게 반대의 결론에 이른다. 아타리, 975 F.2d 839.

나아가 우리는 로터스 판결이 세우고 지방법원이 채용한 엄격한 규칙-즉,

기능을 수행하는 요소는 결코 저작권으로 보호될 수 없다-은 제9항소법원이 추상화-여과-비교 분석을 지지한 것과 맞지 않는다고 본다. 제10항소법원이 제2항소법원의 추상화-여과-비교 심사를 지지하고 로터스 판결의 "조작 방법" 분석을 배척하였듯이, "비록 저작물의 한 요소가 조작 방법으로 분류된다 하더라도, 그 요소는 저작권의 보호 대상인 표현을 담고 있을 수 있다." 마이텔, 124 F.3d 1372. 특히 법원은 §102(b)는 "아이디어의 특정한 표현이 추상화의 높은 수준에서 조작 방법속에 들어 있다는 이유만으로 그 표현에 부여된 보호가 사라지지 않는다."고 했다.

다른 법원들은 "작동 방법"으로 분류될 수 있는 프로그램의 성분들이 저작권으로 보호될 수 있다는데 동의하고 있다. 예를 들면, 제3연방법원은 운영 체계가 컴퓨터의 "조작 방법"이기 때문에 운영 체계프로그램이 바로 저작권으로 보호될 수 없다는 피고의 주장을 거부하고 있다. Apple Computer, Inc. v. Franklin Computer Corp., 714 F.2d 1240, 1250-52(3th Cir. 1983). 법원은 "컴퓨터에게 운영 기능을 수행하도록 지시하는 방법"과 "지시들 자체"를 구분하였고 지시들은 저작권으로 보호될 수 있다고 판단하였다. 법원은 "공정의 실행에서 궁극적으로 사용되는 프로그램의 단어들은 그들의 저작권보호가능성에 결코 영향을 미쳐서는 안된다."라고 적었다. 법원은 "아이디어가 다양한 형태로 표현될 수 있는가"에 초점을 맞추었고 "만약 애플의 운영 체계프로그램과 같은 기능을 수행하는 다른 프로그램이 작성되거나 창작될 수 있다면, 그 프로그램은 아이디어의 표현이고 따라서 저작권으로 보호받을 수 있다."고 지적하였다. 특히 다른 항소법원은 제1항소법원의 "조작 방법" 분석을 채택한 적이 없다.

법원들은 저작물을 "체계(system)"로 분류하는 것이 그 체계의 특정한 표현을 저작권 보호에서 제외하지 않는다고 인정했다. Toro Co. v. R & R Prods. Co., 787 F.2d 1208, 1212(8th Cir. 1986)("항소인의 부품에 수자를 붙이는 체계는 그것이 시스템이기 때문에 저작권으로 보호될 수 없다는 지방법원의 결정을 배척하고, §102(b)가 그 시스템의 "특정 표현"에 대한 보호를 제외하지 않는다고 판시). Am. Dental Ass'n v. Delta Dental Plans Ass'n, 126 F.3d 977,980(7th Cir. 1997)("사전은 새로운 소설들이 단어들을 이용하여 작성된다는 이유로 시스템이라고 부를 수 없다. 워드 프로세싱 소프트웨어도 문장을 만드는 명령 구조를 가지고 있다고 해서 시스템은 아니다.").

이 사건에서 지방법원은 SSO가 "분류법을 닮았다"고 인정했지만, "그럼에도 불구하고 명령 구조, 시스템 또는 조작 방법-미리 지정된 기능을 수행하기 위해 6,000개가 넘는 명령의 기다란 계층"이라고 인정했다. 달리 말하면, 지방법원의 결론은 비록 SSO가 표현적이지만 또한 기능이기 때문에 저작권으로 보호될 수 없다는 것이다. 지방법원 접근법의 문제는 컴퓨터프로그램들은 정의상 기능적이고, 모두 임무를 완수하기 위해 설계되었다는 것이다. 컴퓨터프로그램의 법적 정의는 그들이 "어떤 결과를 산출하기 위해" 기능한다고 인정하고 있다. 17 U.S.C. §101. 만약 우리가 컴퓨터프로그램이 단지 미리 지정된 기능을 수행하기 때문에 저작권으로 보호될 수 없다는 지방법원의 제안을 받아들인다면, 어떤 컴퓨터프로그램도 보호될 수 없을 것이다. 그 결과는 컴퓨터프로그램을 저작권으로 보호하고자 하는 의회의 명백한 의도 뿐만 아니라, 유용한 또는 기능적인 용도에도 불구하고 컴퓨터프로그램을 저작권으로 보호하는 제9항소법원의 판례법과도 모순된다. 비록 지방법원이 "모든 컴퓨터 프로그램의 구조, 순서, 조직을 베낄 수 있다고 판단하지 않는다"는 경고를 하였지만, 그 조작 방법 분석이 다른 결론을 이끌어 낼 수 있는지를 알기 어렵다.

제9항소법원이 명확한 쟁점을 다룬 것 같지는 않지만, 우리는 컴퓨터에서 원하는 작동을 수행하기 위해 컴퓨터에 지시하는 명령들은 저작권보호를 받을 자격이 있는 표현을 담고 있을 수 있다고 결론내린다. 우리는 제9항소법원의 법리에 따르면 독창성있는 저작물-기능을 수행하는 것도- 저작자가 바탕에 있는 아이디어를 표현하는 다수의 방법을 갖고 있는 한, 저작권 보호를 받을 수 있다는 오라클의 주장에 동의한다. §102(b)는 구글이 제안하는 것처럼, 컴퓨터 프로그램의 기능 요소들에 대하여 자동으로 저작권 보호를 거부하지 않는다. §102(b)는 아이디어/표현 이분법을 성문화하였고, 입법역사는 §102(b)는 프로그래머가 채택한 표현이 컴퓨터프로그램에서 저작권으로 보호받을 수 있는 요소임을 명확히 하려고 했다는 것을 확인해준다.

그러므로 비록 컴퓨터에게 작동을 수행하도록 지시하는 요소라 하더라도 법원은 보호를 받을 수 있는 표현을 갖고 있는지를 결정해야 한다.

항소심에서 오라클은 컴퓨터프로그램의 기능을 조직하는 아이디어 또는 추상적으로 "패키지-클래스-매소드" 조직 구조에 대해 저작권을 주장하지 않고 있다. 대신에 오라클은 각 37개 자바 API 패키지를 이름짓고 조직하는 특정한 방식에만 저작권 보호를 주장하고 있다. 예를 들면 오라클은 "인터넷 연결을 시작하는 프로그램의 아이디어에 대해 저작권을 주장할 수 없다고 인정"하고 있지만, "그렇게 하기 위해 사용된 정확한 코드 배열은, 적어도 같은 기능을 달성하는 다른 언어를 이용할 수 있는 한 저작권으로 보호받을 수 있다"고 주장한다. 그래서 오라클은 마치 영어 작가의 저작권을 침해하지 않고 영어를 이용할 수 있는 것처럼 구글과 다른 이들이 자바 언어를 쓸 수 있다고 인정한다. 그래서 침해의 두려움없이 다른 저작자가 선택한 같은 문법규칙을 이용할 수 있는 것처럼, 구글은 "패키지-클래스-매소드"구조를 쓸 수 있다. 그 지점을 넘어서 오라클은 구글이 다른 저작자들처럼 패키지의 실질-산문의 세부와 배열-을 충실하게 하기 위해 오라클이 선택한 정확한 표현법 또는 정확한 구조를 이용하는 것이 허용되지 않는다고 주장한다.

지방법원이 인정하듯이, 구글은 안드로이드의 구조를 다르게 만들 수 있었고 복제한 기능을 표현하고 실행하기 위해 다른 방식을 선택할 수도 있었다.[12] 특히 법원은 "같은 기능성은 자바에서 이용된 똑같은 명령 구조를

---

12) 법정조언자 McNealy와 Sutphin은 "다른 프로그램 환경을 간략하게 조사하면 다른 플랫폼 개발자들은 전혀 다른 창작적인 선택으로 같은 기능을 제공한다."고 설명한다. 예를 들면 자바에서 시간대를 설정한 개발자는 java.text.package의 "DateFormat" 클래스내에 "SetTimeZone"이라고 부를 것이다. 반면에 애플의 iOS 플랫폼은 "모든 클래스가 Foundation framework"내에 있는 "NSTimeZone 클래스에서 시간대를 설정하도록" 하고 있다. (framework은 개념상 자바의 패키지와 비슷한 구조에 대한 애플의 용어법이다.). 마이크로소프트는 "모두 다른 구조와 이름 체계, 선택"으로 같은 기능을 제공하고 있다("윈도우즈 폰 개발 플랫폼에서 마이크로소프트는 '시스템즈'(패키지 또는 framework의 마이크로소프트식 명칭)라는 이름 공간에 있는 'TimeZoneInfo' 클래스에서 시간대 프로그램을 저장하고 있다."). 이것 역시 지방법원에 제출된 증거와 일치한다.

베끼지 않고도 안드로이드에서도 제공될 수 있었다."고 인정하였다. 또한 법원은 구글이 안드로이드에서 "다양한 클래스와 패키지 사이에서 다르게 집단을 구성하여 다양한 메소드를 배열함으로써" 같은 기능을 제공할 수 있었다고 설명하였다. 나아가 증거에 의하면, 구글은 자신의 API 패키지를 처음부터 설계하였고, 그래서 만약 원했다면 자신의 상응하는 37개 API 패키지를 설계할 수도 있었을 것이다.

SSO가 독창성이 있고 창작적이며 선언코드는 수많은 방식으로 작성되고 조직될 수 있었으며 여전히 같은 기능을 수행할 수 있었다는 지방법원의 사실인정에 의하면, 우리는 §102(b)때문에 패키지가 단지 같은 기능을 수행하고 있다는 이유만으로 저작권보호가 금지되지 않는다고 결론내린다.

3. 구글의 호환성 주장은 저작권보호가능성과 무관

오라클은 또한 지방법원이 저작권분석에서 호환성을 거론한 것은 잘못이라고 주장한다. 관련성이 있다면 API 패키지가 저작권보호를 받을 수 있는지의 문제가 아니라 공정 이용에만 관련이 있다고 주장한다. 우리는 동의한다.

자바 API 패키지의 SSO를 "조작 방법"으로 분류하면서, 지방법원은 "명령구조의 복제는 호환성을 위해 필요하다."고 설명하였다. 법원은 "적어도 안드로이드에서 [안드로이드 이전의 자바] 코드가 구동되기 위해서, 구글은 같은 분류법과 같은 기능 특성을 가진 같은 이름을 사용하는 java.package.Class. method() 명령체계를 제공하여야 했다."고 인정하였다. 그리고 법원은 "구글이 일정 정도 호환성을 얻기 위해 필요한 부분을 베꼈을 뿐이고, 자신 스스로의 구현을 제공하기 위해 주의를 기울였다."고 인정하였다. 이 결론에 이르면서 법원은 주로 2건의 항소법원 판결에 의존하였다. 세가 판결, 소니 판결(Sony Computer Entertainment, Inc. v. Connectix, Corp., 203 F.3d 596(9th Cir. 2000)).

세가 판결과 소니 판결은 공정 이용 사건으로 저작권보호가능성은 스쳐 지나가듯이 다루어졌다. 예를 들면 세가 판결에서, 세가는 비디오 게임기와 그 게임기와 호환되기 위해 필요한 숨겨진 기능 프로그램 요소들을 갖고 있는 게임 카트리지를 제작했다. 피고 아코레이드는 (1) 호환을 위해 필요한 것들을 찾기 위해 비디오 게임 프로그램을 역분석하고, (2) 세가 게임기에서 구동되는 자신의 게임을 제작하였다. 역분석 과정의 일부로, 아코레이드는 세가 게임기로부터 목적 코드를 중간 복사하였다. 법원은 컴퓨터 코드의 중간 복사가 세가의 저작권을 침해하였다고 인정했지만, "목적 코드의 분해가 저작권으로 보호되지 않는 코드 부분에 접근하는 유일한 수단이라면 그 분해는 법률상 저작물의 공정이용이고, 복제자는 그러한 접근을 하는 정당한 이유를 갖고 있다."고 결론내렸다. 법원은 복제는 보호되지 않은 프로그램 부분을 조사하기 위해 필요하다는 아코레이드의 주장에 동의하였다. 그리고 아코레이드는 세가 게임기와 호환되는 카트리지를 만드는데 타당한 이익을 갖고 있기 때문에, 법원은 아코레이드의 중간 복제가 공정 이용이라고 인정하였다.

마찬가지로 소니 판결에서 제9항소법원은 피고의 역분석과 저작권으로 보호되는 소니의 소프트웨어 프로그램의 중간 복제는 "소니 소프트웨어의 보호되지 않는 요소들에 접근하기 위한 목적상 공정 이용"이라고 인정하였다. 법원은 소니의 소프트웨어 프로그램이 보호되지 않는 기능 요소들을 담고 있었고 피고는 그러한 요소들을 역분석을 통해서만 접근할 수 있었다고 설명하였다. 피고는 그 정보를 이용하여 소니 플레이스테이션 게임기용으로 설계된 게임을 소비자가 구동할 수 있도록 해주는 소프트웨어 프로그램을 만들었다. 피고의 소프트웨어 프로그램은 소니의 저작물을 전혀 포함하지 않았다.

지방법원은 소니 판결과 세가 판결이 이 사건과 비슷하다고 보았다. 지방법원에 따르면 두 판결들이 "호환성을 얻기 위해 복사할 필요가 있는 절차는 §102(b)에 따라 저작권으로 보호될 수 없는 기능 측면이라고 판결하였다." 그러나 지방법원이 저작권보호가능성과 관련하여 세가 판결과 소니 판결을 든 것은 잘못이다.

두 판결들은 저작권보호가능성이 아니라 공정이용에 초점을 맞추고 있다. 예를 들면 세가 판결에서 유일한 의문은 아코레이드의 중간 복제가 공정이용에 해당하는지 였다. 법원은 기능 요소들을 갖고 있는 세가의 소프트웨어 코드가 그와 분리되어 저작권보호를 받을 수 있는 창작적인 표현도 담고 있는지의 문제를 다루지 않았다. 마찬가지로 소니 판결에서 법원은 소니의 컴퓨터 프로그램이 기능 요소들을 갖고 있다고 판단했지만, 표현 요소들도 갖고 있는지를 다루지 않았다. 세가 및 소니 사건에서 피고들은 저작물의 기능적인 면을 이해하기 위해 중간 복제를 하였고 그리고 나서 새로운 제품을 창작하였기 때문에 사실이 다르다. 이 사건은 오라클의 자바 패키지에 들어 있는 보호되지 않는 기능적인 요소들에 접근하기 위해 구글이 역분석한 사건이 아니다. 전(前) 미국 저작권청장이 참고서면에서 지적하였듯이, "만약 구글이 원작의 아이디어와 기능을 알아내기 위해 프로그래밍 패키지를 역분석하고, 스스로 고유의 구조와 문자 코드를 창작했다면, 오라클은 저작권으로 구제받을 수 없었을 것이다." 대신에 구글은 문제가 된 선언 코드와 37개 자바 API 패키지의 전체 SSO를 베꼈다.

우리는 소니 및 세가 판결이 저작권보호에 대하여 "호환성 예외"를 만들었다는 구글의 제안에 동의하지 않는다. 비록 두 판결들이 그 사건의 소프트웨어 프로그램이 보호되지 않는 기능 요소를 갖고 있다고 인정했다 하더라도, 일부 요소들이 보호되지 않는다는 결정은 프로그램 모두가 저작권으로 보호되지 않는다고 말하는 것은 아니다.

위에서 보았듯이, 법원은 소프트웨어 프로그램이 바탕에 있는 기능으로부터 분리될 수 있는 창작 표현을 갖고 있는지를 결정하기 위해 프로그램을 조사해야 한다. 그러기 위해서 법원은 아이디어 뿐만 아니라 "그 아이디어에 반드시 따르는 효율성의 고려에 의해 좌우되거나 프로그램 자체의 외부 요인들이 요구하는" 요소들을 걸러낸다. 알타이, 982 F.2d 707.

제2항소법원은 프로그래머가 설계를 하는데 "특정 프로그램이 구동되는 컴퓨터의 기계 특성"과 "프로그램이 연계되어 작동되기로 되어 있는 다른 프로그램의 호환성 요건"을 포함한 "외부 고려사항"에 의해 가끔 제약을 받는다고 판시하였다. 알타이, 982 F.2d 709-10(님머, 저작권해설 3권 §13.01 13-66-71쪽(1991)). 마찬가지로 제9항소법원은 (1) 컴퓨터프로그램은 "호환성 요건과 산업계의 요구와 같은 외부 요인들에 의해 좌우되는 많은 논리, 구조, 그리고 시각 화면 표시의 요소들을 포함하고" 있고, (2) "어떤 상황에서는 프로그래머가 쓰는 정확한 명령들이 저작권의 목적상 창작적이라기보

다는 기능으로 여겨진다" 세가, 977 F.2d 1524.

저작권보호가능성은 컴퓨터프로그램이 창작될 당시 원고가 이용가능한 선택에 초점이 맞춰지기 때문에, 관련된 호환성 조사는 원고의 선택이 기존의 다른 프로그램과 함께 작동되는 것을 보장할 필요성에 의해 좌우되었는지는 묻는다. 피고가 나중에 자신의 프로그램을 원고의 프로그램과 호환되게 만들려고 했는지 여부는 원고가 창작한 소프트웨어가 외부 요인들에 의해 좌우되는 설계상의 제한을 갖고 있는지와 무관하다. 달리 말하면, 저작권 보호를 주장하는 당사자의 호환성 필요와 프로그래밍선택에 초점이 있고, 피고가 원고의 프로그램과 호환성을 얻기 위해 선택한 것에 초점이 있지 않다. 이러한 접근법과 일치되게, 법원은 원고가 저작권으로 보호될 수 있는 저작물을 창작한 이상, "완전한 호환성을 얻으려는" 피고의 욕구는 "특정한 아이디어와 표현이 합체되었는지의 쟁점으로 들어가지 않는 상업 및 경쟁 목적이다."라고 인정하였다. Apple Computer, 714 F.2d 1253.

선례에 따라 우리는 안드로이드 소프트웨어를 위한 구글의 욕구에 초점을 맞춘 지방법원의 호환성 분석은 잘못이라고 결론짓는다. 구글의 소프트웨어가 자바 플랫폼의 일부와 호환가능한지는(구글이 인정하듯이, 비록 자바가상기계와는 아니지만) 오라클의 소프트웨어가 저작권으로 보호될 수 있는지 라는 첫 문제와 무관하다. 저작권보호가능성 맥락에서 적용되는 것은 구글이 아닌 오라클의 호환성과 다른 필요성이고, 오라클이 문제의 자바 API 패키지를 창작했을 때 다른 기존 프로그램의 호환성 요건을 맞추기 위해 그렇게 했다는 증거는 없다.

구글은 항소심에서 "자바 클래스와 메소드의 이름과 선언들을 이용한 것은 자바 언어로 작성된 기존 프로그램들과 일정 정도의 호환성을 얻기 위해 유일하고도 본질적인 수단이었다."라고 주장하고 있다. 구글이 자바 플랫폼, 또는 특히 자사 가상 기계와 호환되지 않도록 안드로이드를 설계했다는 기록상 증거를 볼 때, 구글의 호환성 주장은 어지럽다. 구글이 자바로 작성된 앱이 안드로이드에서 구동될 수 있도록 패키지를 베껴야 했다는 지방법원의 사실인정을 되풀이하여 인용하고 있지만, 구글은 그러한 앱이 있다거나, 안드로이드 플랫폼에서 구동될 수 있는 안드로이드 이전의 또는 이후의 자바 앱을 가리키는 증거를 기록에서 가리키지 못하고 있다. 구글이 얻으려고 하는 호환성은 오라클의 자바 플랫폼이나 그 플랫폼에 핵심이 되는 자바 가상기계와의 호환성이 아니다. 구글은 소프트웨어 개발자들이 문제의 자바 API 패키지를 이용하는데 훈련되어 있고 경험이 있다는 사실을 활용하려고 했다. 지방법원은 37개 자바 API 패키지에 관하여 "구글은 자바 앱 프로그래머들이 37개 세트의 기능들을 새로운 안드로이드 시스템에서 자바에서 쓰는 같은 이름으로 부를 수 있기를 바란다고 믿었다."고 인정하면서 동의하였다. 구글의 관심은 "개발자들의 기반으로 자바를 활용함으로써" 개발과정을 촉진하는 것이었다. 비록 이 경쟁 목적이 공정 이용 조사와 관련되어 있을지라도, 우리는 오라클의 선언코드와 API 패키지의 조직에 대한 오라클의 저작권보호가능성과는 무관하다고 본다.

마지막으로 자바 API 패키지들이 산업 표준이 되었기 때문에 그들을 복사할 권리가 있다는 구글의 제안은 설득력이 없다고 본다. 구글은 저작물이 인기가 있을 때 보호받지 못한다는 제안을 뒷받침하는 근거를 들지 않았고, 우리도 찾지 못했다. 사실상 제9항소법원은 나중에 산업 표준이 된 저작물이 저작권으로 보호될 수 없다는 주장을 배척하였다. Practice Mgmt. Info. Corp. v. Am. Med. Ass'n, 121 F.3d 516, 520 주 8(9th Cir. 1997)(지방법원은 원고의 의료 코드 체계가 저작권의 보호를 받는다고 인정했고, 체계가 산업 표준이 되었다 할지라도, 원고의 저작권은 경쟁자들이 비교되거나 더 나은 코드 체계를 만들어 연방정부나 개인들에게 그것을 채택하도록 영향력을 행사하는 것을 막지 않는다고 판시. 저작권은 단지 현존하는 체계를 모두 복제하는 것을 금지한다.). 구글은 자신의 API 패키지들을 자유롭게 개발할 수 있었고 프로그래머들이 그것들을 채택하도록 "영향력을 행사할" 수 있었다. 대신에, 구글은 자바 API 패키지를 이용하는데 익숙한 기존의 프로그래머 공동체를 활용하기 위해 오라클의 선언코드와 SSO를 베끼기로 결정하였다. 그 욕구는 저작권보호가능성과 아무런 관련이 없다. 이러한 이유로 우리는 구글의 산업표준 주장은 오라클 저작물의 저작권보호가능성과 전혀 관련이 없다고 본다.

B. 공정이용

배심은 구글의 공정이용항변을 결정하지 못했고 지방법원은 구글이 베낀 코드와 구조가 저작권보호를 받지 못한다는 결론에 따라 새로운 심리를 개시하지 않았다. 항소심에서 오라클은 다음과 같이 주장한다. (1) 공정이용을 결정하기 위한 환송은 의미없다, (2) 이 법원은 법률 문제로, 이미 오라클이 경쟁하고 있는 시장에서 구글이 오라클 저작물을 상업상 이용한 행위는 공정이용이 아니라고 인정하여야 한다.

공정이용은 저작권침해에 대한 적극 항변이고 지직권법 §107에 성문화되었다. 공정이용이론은 "저작권법에서 가장 까다롭다"고 알려져 있다. 그것은 "법원으로 하여금 저작권법이 장려하려고 하는 그 창작성을 억누를 때, 때때로 저작권법의 엄격한 적용을 피하도록" 허용함과 동시에 요구한다. 캠벨 판결(Campbell v. Acuff-Rose Music, Inc., 510 U.S. 569, 577(1994)).

"§107은 사례별로 특정한 이용이 공정한지를 결정하도록 요구하고 있고, 법은 4가지 비배타적인 요소들을 고려하도록 하고 있다." 하퍼 판결(Harper & Row Publishers, Inc. v. Nation Enters., 471 U.S. 539, 549(1985)). 연방대법원은 법의 모든 요소들이 검토되어야 하고, 그 결과는 과학과 유용한 기술의 발전을 촉진하는 저작권의 목적에 비추어 함께 평가되어야 한다고 설명하였다. 캠벨, 510 U.S. 578, 575.

"공정이용은 법과 사실이 혼합된 문제이다." 하퍼, 471 U.S. 560. 제9항소법원은 그러한 사실의 적용을 새롭게 검토한다. 사실에 관한 쟁점이 없고 당사자들이 그러한 사실로부터 나온 최종 결론만을 다투고 있는 경우에, 우리는 배심 기능을 침범하지 않고 결론을 이끌어낼 수 있을 것이다.

물론 중요한 사실상의 쟁점이 있고 그러한 사실을 배심이 확정하지 않은 경우에, 항소법원이 먼저 사실 인정을 하지 않는다는 것도 맞다. 이 사건에서 배심이나 지방법원이 구글의 API 패키지 이용이 §107의 의미상 "공정이용"인지의 문제를 평가하는데 있어서 우리가 참조할 수 있는 사실을 인정하지 않았다는 것은 다툼이 없다.

공정이용의 첫째 요소는 "이용이 상업 성격 또는 비영리 교육 목적인지를 포함한 이용의 목적과 성격"이다. 17 U.S.C. §107(1). 이 요소는 2가지 쟁점과 관련되어 있다. (1) "새로운 작품이 변형되었는지 및 그 정도." 캠벨, 510 U.S. 579. (2) 이용이 상업 목적에 봉사하는지.

만약 "추가 목적 또는 다른 성격에 따라 새로운 표현, 의미 또는 메시지로 원작을 바꾸는 새로운 것을 추가"한다면 "변형적"인 이용이 된다. 중요한 문제는 "새로운 저작물이 단지 원래의 창작물을 대체했는지 … 또는 새로운 것을 추가했는지"이다. 이 문제는 "이용이 비평, 논평, 뉴스 보도 인지를 보는 §107의 전문에 있는 예시가 가르쳐줄 수 있다." "연방대법원은 논평하고 비평하는 다른 작품들처럼 패러디작품도 성질상 공정 이용 예외에 분명히 해당될 만큼 충분히 변형적이다."고 인정하였다. 법원은 원저작물의 목적과 구분되는 목적으로 이용했을 때, 새로운 저작물을 "변형적"이라고 설명했다. "피고가 원고의 저작물을 변경하거나 다른 맥락에서 이용하여 원고의 저작물이 새로운 창작물로 변형된 경우에만 변형된 이용으로 간주된다." Perfect 10, Inc. v. Amazon.com, Inc., 508 F.3d 1146, 1165(9th Cir. 2007).

이용자가 "원작의 표현적인 내용이나 메시지를 바꾸지 않을"때는 변형에 해당하지 않는다. 이용이 "저작권자와 같은 본래의 목적을 위한 것인 경우 … 공정이용은 매우 어려워진다."

첫째 요소의 분석은 또한 이용의 상업 성격을 조사하도록 요구하고 있다. 저작물의 상업 이용은 공정이용에 불리하게 평가되는 경향이 있다. "새로운 저작물이 더 변형될수록, 공정이용의 인정에 불리하게 평가될 수 있는 상업성과 같은 다른 요소들의 중요성은 떨어진다." 캠벨, 510 U.S. 579.

두 번째 요소 – 저작물의 성격 – 는 일부 저작물이 저작권보호의 핵심에 더 가까워서 복제되었을 때 공정이용이 인정되기가 더 어렵다는 인식이다. 이 요소는 저작물이 정보를 제공하는지 또는 창작적인지에 달려 있다. 하퍼, 471 U.S. 563("법은 보통 소설이나 공상 저작물보다는 사실 저작물을 배포할 필요성을 더 크게 인식하고 있다."). 그러나 컴퓨터프로그램이 기능 및 표현 성분을 함께 가지고 있기 때문에 기능 성분이 (효율성이나 다른 외부 요인들의 고려에 의해 좌우되기 때문에) 보호되지 않는 경우에, 그러한 요소들은 "전통의 어문저작물보다는 더 낮은 보호를 받게 된다." 세가, 977 F.2d 1526. 그래서 저작물의 성격이 순수하게 기능 요소로 존재하고 그러한 기능을 수행하기 위해 표현 요소를 베낄 필요가 있다면, 두 번째 요소의 검토 결과는 이용이 공정하다고 인정하게 된다.

세 번째 요소는 법원에게 "저작물이 전체로서 이용된 부분의 양과 실질"을 조사하도록 요구하고 있다. 이 요소의 분석은 침해물이 아닌 저작물의 맥락에서 검토된다. "핸드(Learned Hand) 판사가 말했듯이, 어떤 표절자도 그의 작품에서 얼마나 표절하지 않았는지를 밝힘으로써 잘못을 용서받을 수 없다." 대조적으로 "침해물의 실질 부분이 그대로 복제되었다는 사실은 원작자에게나 다른 사람의 표현을 판매하여 이익을 얻으려는 표절자에게나 복제된 자료의 질적인 가치를 드러내는 증거이다." 제9항소법원은 "대량의 복사 자체가 공정이용을 배제하지는 않지만, 저작물의 전체 복사는 공정이용의 인정에 걸림돌이 된다."고 인정하였다. "만약 2차 이용자가 의도한 이용에 필요한 만큼만 베꼈다면, 이 요소는 그에게 불리하게 평가되지 않을 것이다."

네 번째이자 마지막 요소는 "저작물의 잠재 시장이나 가치에 미치는 이용의 영향"에 초점을 맞추고 있다. 이 요소는 공정이용이 "복사된 저작물의 시장성을 실질적으로 손상하지 않는 복제로 한정된다."는 생각을 반영하고 있다. 법원은 "침해자의 특정한 행동으로 야기된 시장 손실의 정도 뿐만 아니라, 피고가 참여한 종류의 무제한의 그리고 널리 퍼진 행위가 원작의 잠재 시장에 실질적으로 부정적인 충격을 일으킬 수 있는지를 살펴"본다. 캠벨, 510 U.S. 590.

오라클은 이러한 요소들 모두가 구글의 이용－구글은 고의로 위법하게 자신의 상업 목적을 좇기 위해 창작물을 베꼈고, 글자 그대로, 그리고 오라클의 시장에 손해를 가하면서 베꼈다－이 공정이용에 해당되지 않는다는 그의 입장을 뒷받침하고 있다고 주장한다.

구글은 비록 API 패키지 부분을 베꼈고, 순수하게 상업 목적으로 베꼈다고 인정하였지만, 합리적인 배심원은 여전히 다음과 같이 인정할 수 있다고 주장한다. (1) 구글의 이용은 변형적이고; (2) 자바의 API 패키지들은 보호가 약하고; (3) 구글의 이용은 산업 표준이 된 언어를 쓰는데 필요하였고; (4) 오라클에 대한 시장 충격은 실질적이지 않았다.

모든 것을 고려하여, 우리는 항소심 기능의 한계를 존중하여 공정이용 문제의 새로운 심리를 위해 되돌려 보낸다. 첫째, 비록 구글의 API 패키지 이용이 상업적이라는 점은 다툼없지만, 당사자들은 그 이용이 "변형적"인지에 관하여 동의하지 않고 있다. 구글은 자신의 실행코드를 만들었고, 고유의 가상 기계를 창작하였으며, 패키지들을 스마트폰 플랫폼으로 편입하였기 때문에 변형적이라고 주장한다. 이 부분에 대해 오라클은 구글의 이용은 (1) 안드로이드의 같은 코드는 프로그래머들이 정확하게 같은 방식으로 사전에 프로그램된 같은 기능을 불러 올 수 있게 하며, (2) 구글이 선언코드와 패키지를 이용한 것은 자바와 구별되는 다른 기능을 수행하지 않기 때문에 변형적이지 않다고 주장한다. 올바른 법리적용에 따라 변형적이라고 여겨질 수 있는 행위를 구글은 부풀리고 있지만, 우리는 올바른 법리 해석으로도 구글의 이용이 변형적인지의 문제에 관하여 실질적인 사실관계에 다툼이 없다고 말할 수 없다. 그래서 우리는 이 문제를 항소심에서 해결할 수 없다.

다음으로 우리는 지방법원이 패키지의 기능 측면과 오라클의 API 패키지들이 저작권보호를 받을 수 있는지를 결정할 때 상업적인 "호환성"을 얻기 위한 구글의 경쟁 욕구에 부당하게 초점을 맞춘 것이 잘못이지만, 우리는 이러한 요소들이 공정이용 분석에도 관련될 수 있다고 판시하였다. 지방법원이 이러한 요소들이 오라클의 저작권주장을 배척하기에 충분하다는 결론에 이른 것은 잘못이지만, 합리적인 배심원들은 그것들이 둘째와 셋째 요소에 따라 구글의 공정이용 항변과 관련이 있다고 판단할 수 있다. 우리는 만약 자바 언어로 프로그램을 작성하려고 한다면 누구나 복제할 필요가 있을 것 같은 핵심 패키지와 관련하여 특히 이것이 진실이라고 본다. 그리고 패키지들의 다른 것들도 비슷하게 자바 언어로 된 프로그램의 본질적인 구성물이었을 수 있다. 지금까지 그러한 유형의 여과 분석이 행해지지 않았다.

마지막으로 시장 충격에 대해 지방법원은 "선과 오라클은 자바 기술을 써서 자신의 스마트폰 플랫폼 개발에 성공하지 못했다"고 인정했다. 그러나 오라클은 구글이 API 패키지들을 베꼈을 때, 오라클은 모바일과 스마트폰 시장에서 이용허락을 하고 있었고 안드로이드의 배포는 그러한 상업 기회뿐만 아니라 자바 스마트폰 기기를 위한 잠재 시장에 실질적으로 피해를 주었다고 주장한다. 이 요소와 관련하여 사실상의 중요한 쟁점이 있기 때문에 환송이 필요하다.

결국 우리는 구글의 적극 항변인 공정이용을 평가하는 기초가 되기에 충분한 사실을 기록에 담고 있는 사건이 아니라는 결론이다.

Ⅱ. 구글의 항소

구글은 9줄의 rangeChcek 코드와 8개의 역컴파일된 파일들에 대해 오라클의 저작권침해 주장을 인정한 지방법원의 판결 부분에 대해 항소했다. 구체적으로 구글은 다음 지방법원의 판결에 대해 항소했다. (1) 구글이 안드로이드로 베낀 8개의 역컴파일된 자바 파일들에 관한 침해 인정; (2) rangeCheck에 관한 구글의 법률 문제 판결 신청 기각.

오라클은 8개의 역컴파일된 파일들이 "네트워크 파일들에 접근을 제어하는 보안 기능을 갖고 있고," rangeCheck은 "자바와 안드로이드가 작동하는 동안 자주 요청되는 중요한 분류(sorting) 기능을 쉽게 해 준다"고 설명하고 있다. 구글은 8개의 역컴파일된 자바 코드 파일들과 rangeCheck이라고 부르는 9줄의 코드를 안드로이드에 베꼈다고 인정하였다. 구글의 항변은 복제가 사소하다는 것뿐이었다. 따라서 지방법원은 배심에게 "rangeCheck 및 다른 비슷한 파일들과 관련한 침해 쟁점에 관하여, 구글은 9줄의 코드와 주석이 저작물로부터 따온 것임을 인정했지만 양이 무시할 정도로 사소하여 제외되어야 한다고 주장한다."고 설명하였다.

배심이 rangeCheck을 구성하고 있는 9줄의 코드에 대한 오라클의 저작권을 구글이 침해하였다고 인정했지만, 8개의 역컴파일된 보안 파일들에 대해서는 비침해평결을 하였다. 그러나 구글이 역컴파일된 파일을 사용한 것은 중요하다는 증언이 있었기－반대되는 증언은 없었다－때문에, 지방법원은 "합리적인 배심은 이 복사가 사소하다고 인정하지 않을 것"이라고 결론지었다. 그래서 법원은 역컴파일된 보안 파일들의 침해에 관한 오라클의 법률문제 판결 신청을 인용하였다.

항소심에서 구글은 rangeCheck과 역컴파일된 보안 파일들의 복사는 사소하므로 오라클의 저작권을 침해하지 않았다는 주장을 유지하고 있다. 구글에 따르면 지방법원은 "구글이 8개의 역컴파일된 테스트 파일을 이용한 것은 사소하다는 배심의 평결을 실질적인 증거가 뒷받침하고 있기 때문에" 오라클의 법률 문제 판결 신청을 기각했어야 한다. 구글은 추가로 "지방법원의 증거를 보면 9줄의 rangeCheck 코드가 질이나 양으로 자바 플랫폼에서 중요하지 않다는 것이 드러났기" 때문에 법원은 rangeCheck과 관련하여 자신의 법률문제신청을 인용했어야 한다고 주장한다.

오라클은 제9항소법원이 저작권침해에 대해 사소하다는 항변을 인정하지 않았고, 설령 인정했다 하더라도 우리가 구글의 복제가 중요하다는 이유로 침해 판결을 인용해야 한다고 답변하고 있다. 우리는 후자의 오라클 주장에 동의하기 때문에, 전자를 다룰 필요가 없다. 다만 저작권 침해에 대해 하찮다는 항변이 있는지 또는 복제의 실질성이 공정이용항변의 일부분으로 가장 잘 다루어지는지의 문제에 관하여 제9항소법원의 선례가 상충되고 있다. Norse v. Henry Holt & Co., 991 F.2d 563, 566(9th Cir. 1993)("작은 이용조차도 때때로 소송대상이 될 수 있고" "복사가 소송대상이 될 정도로 실질적인지의 문제는 공정이용 이론을 통하여 가장 잘 해결될 수 있다"고 설시), Newton v. Diamond, 388 F.3d 1189, 1192-93(9th Cir. 2003)("저작물의 무단 이용이 소송대상이 되기 위해서는, 그 이용이 침해를 구성할만큼 충분히 중요해야 한다. 이것은 복사한 사실을 인정한 경우에도 복사행위가 실질적이지 않으면 그 사실로부터 법률상 결론이 나오지 않는다는 것을 의미한다.")

그러나 제9항소법원이 저작권침해에 대하여 독립하여 사소하다는 항변을 인정했다고 가정해도, 우리는 다음과 같이 결론내린다. (1) 배심은 구글이 rangeCheck 파일을 베낀 것은 사소한 정도 이상이라고 합리적으로 인정하였고, (2) 지방법원은 역컴파일된 보안 파일에 관하여 법률문제로서 항변이 성립되지 않는다는 올바른 결론을 내렸다.

첫째, 지방법원의 심리에서 증언은 rangeCheck과 역컴파일된 보안 파일이 오라클과 구글에게 중요했다는 것을 밝혀주었다. 오라클의 전문가, 미첼 박사는 안드로이드 기기가 전원을 공급받을 때 2,600회 rangeCheck 기능을 호출한다고 증언하였다. 구글은 8개의 역컴파일된 파일들이 안드로이드 플랫폼을 시험하기 위해서만 사용되기 때문에 중요하지 않다고 주장하지만,

미첼 박사는 "복사된 파일들을 시험파일로 사용하는 것도 중요한 사용"이라고 증언하였고 지방법원은 특히 "반대되는 증언이 없었다"라고 인정하였다. 이 증언을 볼 때, 합리적인 배심은 구글의 복사가 사소한 것이라고 인정할 수 없을 것이다.

구글은 9줄의 rangeCheck 코드가 "전체 자바 플랫폼의 수백만줄의 코드는 말할 것도 없고, 166개 자바 패키지들에서 280만줄 코드의 아주 적은 양에 해당한다."고 강조하고 있다. 법원이 침해를 인정하기 전에 최소한도 이상의 코드 줄들이 복제되어야 한다고 주장하는 범위에서, 그 주장은 부당하다. 그리고 rangeCheck과 역컴파일된 보안 파일들이 질적으로 중요하고 구글은 모두 베꼈다는 증언을 볼 때, 지방법원의 잘못은 없다. 따라서 우리는 구글의 항소가 문제삼고 있는 판결 부분을 모두 인용한다.

Ⅲ. 구글의 정책에 기초한 주장(생략)

결 론

위와 같은 이유로, 우리는 선언코드와 37개 자바 API 패키지의 구조, 순서, 조직은 저작권의 보호를 받는다고 결론내린다. 그러므로 우리는 지방법원의 저작권 결정을 취소한다. 배심이 공정 이용에 관하여 결정하지 못했기 때문에, 우리는 이 판결에 일치되는 추가 절차를 위해 구글의 공정이용 항변 부분을 되돌려 보낸다.

구글의 항소에 대해 우리는 지방법원의 다음 판결을 인용한다. (1) 구글이 안드로이드로 베낀 8개의 역컴파일된 자바 파일들에 관하여 오라클의 법률 문제 판결 신청 인용; (2) rangeCheck 기능에 대하여 구글의 법률 문제 판결 신청 기각. 따라서 우리는 일부 인용하고 일부 취소하며 추가 절차를 위해 환송한다.[13]

---

13) 옮긴이 주) 연방대법원은 2015. 6. 29. 구글의 상고허가신청을 기각하였고, 연방지방법원의 배심은 2016. 5. 구글의 공정이용항변을 인정하였다.

2. 회화, 그래픽 및 조각 저작물 (Pictorial, Graphic and Sculptural Works)

"회화, 그래픽 및 조각 저작물"이란 미술, 시각미술, 응용미술, 사진, 인쇄 및 미술 복제물, 지도, 지구의, 도면, 도표, 모형 및 건축설계도를 포함하는 기술적인 제도의 평면 및 입체 저작물을 포함한다. 공예저작물도 그 모양이 기계 또는 실용 측면이 관련되지 않는 한 포함된다. 실용품의 디자인은, 회화, 그래픽 및 조각의 특성을 가지고 있고 그것이 그 물품의 실용적인 면과 따로 구별될 수 있고 또한 독립하여 존재할 수 있는 범위에 한해서만 회화, 그래픽 및 조각 저작물로 본다.[14] "실용품"이란 단순히 그 물품의 겉모습을 나타내거나 정보를 전달함에 그치지 않고, 본래 실용 기능을 가지는 물품을 뜻한다. 보통 실용품의 일부분인 물품도 실용품으로 간주된다.[15]

실용품의 디자인에 대한 저작권의 보호범위를 결정함에 있어서 다음과 같은 세 가지 경제적인 고려사항이 있었다. 첫째, 가위나 클립과 같은 실용품의 경우에, 모양은 기능에 의해서 요구된다. 만약 어느 제조업자에게 그러한 실용품의 디자인에 대한 저작권을 준다면 다른 사람들은 같은 물건을 전혀 만들지 못하게 된다. 둘째, 소비자는 때때로 난로와 같은 실용품은 단일한 모양을 선호한다. 사람들은 단순히 일상 생활용품을 똑같은 방법으로 보기를 기대하고 바란다. 그러한 모양에 대해 제작자에게 독점을 부여하는 것은 또한 반경쟁적이다. 셋째, 기하학 모양이 관련되어 있는 경우, 원, 정사각형, 직사각형, 타원과 같이 제한된 기본 모양만이 있다. 그러한 모양은 명백히 공공영역에 있으며 따라서 그러한 특별한 모양의 사용에 독점을 부여하는 것은 그것이 미적으로 실용품에 잘 통합되어 있다 하더라도 불공정하다.[16]

1976년 저작권법 제정 당시 의회보고서는 자동차, 비행기, 숙녀복, 음식조리

---

14) 17 U.S.C.§ 101("Pictorial, graphic, and sculptural works").

15) 17 U.S.C.§ 101("useful article").

16) Esquire, Inc. v. Ringer. 연방 D.C. 항소법원 591 F. 2d 796(D.C. Cir. 1978), 판결문 주 15.

기, TV세트 또는 다른 산업제품이 실용 측면으로부터 "물리 또는 관념상(physically or conceptually)" 분리되어 확인될 수 있지 않는 한 그 디자인은 저작권으로 보호될 수 없다고 하였다.[17] 여기서 물리 또는 관념상 분리되는 것이 무엇을 의미하는지 또 구체적으로 어떻게 적용될 수 있는지를 둘러싸고 판례들이 엇갈리고 있다.

Mazer v. Stein

연방대법원
347 U. S. 201(1954)

사 안

이 사건은 반유리도자기로 만든 남자와 여자가 춤추는 모습의 작은 조각상에 대한 저작권이 관련되어 있다. 피상고인은 위 조각상을 전등의 받침으로 혹은 조각상 그 자체로 판매해왔다. 상고인은 허락없이 위 조상을 복제하여 전등에 붙여 팔았다. 이 사건의 쟁점은 조각상이 전등의 받침형태로 만들어 판매되도록 고안되었고 그 고안이 이행되었을 경우 그 조각상이 저작권으로 보호될 수 있는가이다. 원심은 위 조각상의 저작권을 인정하였다.

판결요지

연방대법관 리드(REED) :

상고인(Mazer)은 대량생산을 위해 만들어진 미술저작물에 대한 저작권이 유효한 지에 의문을 나타내고 있으며 미술가가 제작자 또는 제작자를 위한 디자이너가 되었을 경우 그는 디자인특허의 제한을 받는다고 주장하고 있

17) H.R.Rep. No. 1476, 94th Cong., 2d Sess 55(1976). Carol Barnhart Inc. v. Economy Cover Corp. 연방 제2항소법원 773 F. 2d 411(1985) 판결문 주 3. 실용품의 디자인에 대한 1976년 저작권법 입법과정은 위 판결 415쪽 이하에 자세히 나와 있다.

다. 디자인특허를 입법한 것은 제조물품에 들어 있거나 복제된 미술품에 대한 보호를 거부한 것으로 해석되어야 한다고 주장하고 있다. 상고인은 이 사건 저작권으로 등록된 조각상과 매우 구분하기 어려운 제조물품, 전등받침, 조각에 대한 디자인 특허들을 법원에 제출하였다. 상고인은 저작자 또는 발명가에게 특허와 저작권 사이의 선택권을 주는 특허법과 저작권법의 중복이 허용되어서는 안 된다고 강조하고 있다.

우리는 상고인이 산업상의 용도로 사용되는 조각상은 오직 특허로만 보호될 수 있다는 입장을 갖고 있는 것으로 전제한다. 우리는 조각상이 전등에 걸맞든 아니든, 특허로 보호될 수 있다는 가능성이 미술저작물로서 저작권의 보호를 배제하는 것은 아니라고 본다. 저작권법이나 기타 누구도 특허로 보호받을 수 있다는 이유로 저작권으로 보호받을 수 없다고 말하지 않는다.

특허와 달리 저작권은 공개된 예술에 대한 배타적인 권리를 부여하지 않으며 아이디어가 아닌 아이디어의 표현만을 보호한다. 저작권은 새로움 또는 발명보다는 독창성을 보호한다. 그러므로 피상고인들은 다른 사람들이 사람모양의 조각상을 탁자 전등으로 사용하는 것을 금지시킬 수 없으며 그들의 조각상 그 자체 혹은 그 조각상이 다른 물질에 통합되어 사용하는 것만을 금지할 수 있다. 미술보호의 이분법은 아름다움과 실용성이 아니라 저작권에는 예술, 디자인특허에는 독창성이 있고 장식적인 디자인의 발명으로 나누어진다.

저작권으로 보호될 수 있는 물품을 산업상으로 이용하거나 이용하려고 하는 것이 저작권의 등록을 금지하거나 무효로 한다는 주장을 뒷받침하는 내용을 저작권법에서 찾지 못했다. 또한 제조물품의 한 요소로 공개된 미술품에 대하여 나중에 저작권으로 등록하는 것이 저작권의 오용이라고 생각하지 않는다. 이것은 조각상을 먼저 저작권으로 등록하고 나중에 산업물품에 이용하는 것과 다르지 않다. 특허와 저작권을 부여할 권한을 의회에 준 헌법조항에 숨은 경제 철학은 이익을 얻기 위한 개인 노력을 장려하는 것이 과학과 실용예술에서 저작자와 발명가들의 재능을 통하여 공공복지를 증진시키는 가장 좋은 길이라는 확신이다. 원심판결을 인용한다.

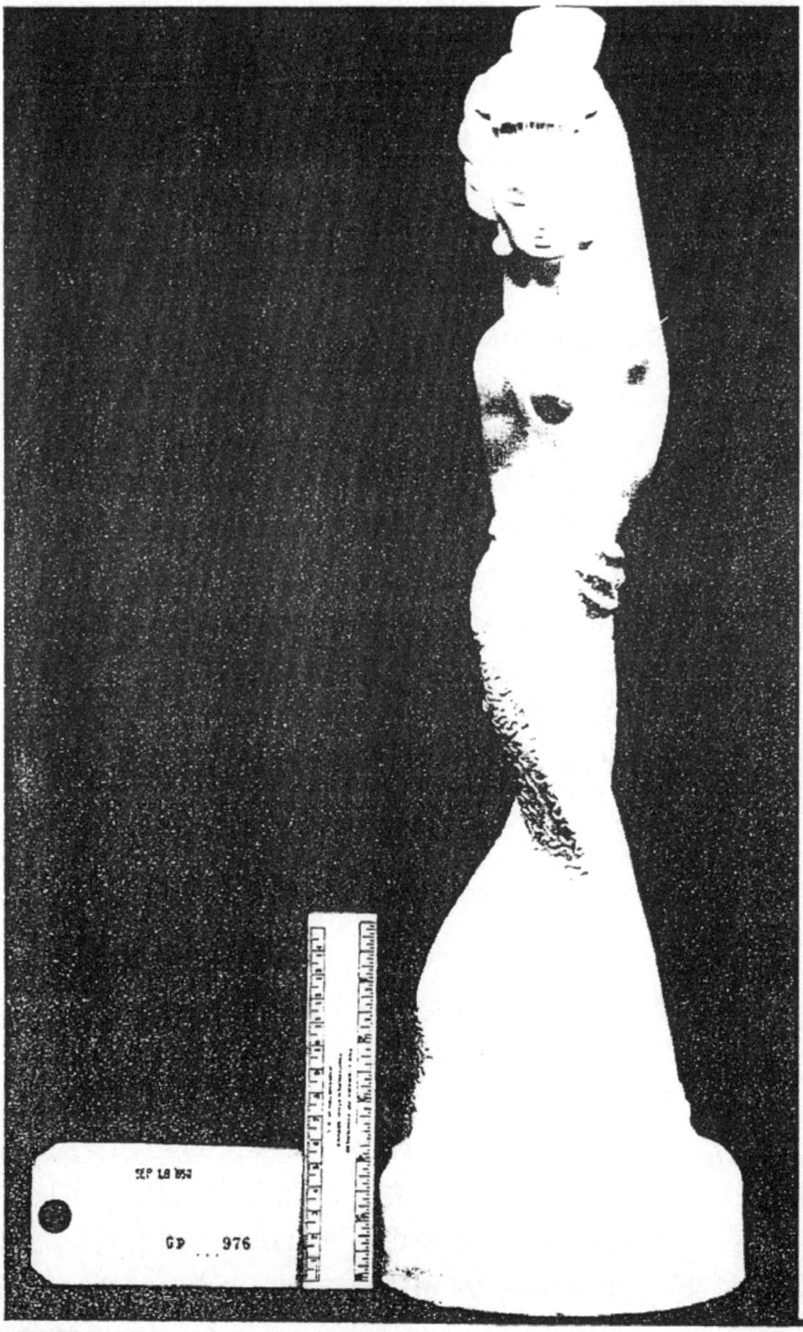
GP 976

Norris Industries, Inc. v. International Tel. & Tel. Corp.

연방 제11항소법원
696 F. 2d 918(11th Cir. 1982)

사 안

원고 노리스(Norris)는 1975년에 자동차 바퀴덮개에 대한 저작권등록을 신청하였는데 저작권청은 처음에는 등록을 거부하였으나 노리스가 조명기구의 저작권을 인정한 에스콰이어 사건의 1심 판결을 근거로 다시 신청하자 위 판결취지에 따라 저작권등록을 받아들였다. 노리스는 1977년 바퀴덮개의 두 번째 디자인에 대해 저작권등록을 신청하였으나 심의도중에 에스콰이어 사건의 항소심[18]이 1심 판결을 취소하자 분리할 수 있는 저작권요소가 없는 실용품이라는 이유로 등록을 거부하였다. 노리스는 국제전화사를 상대로 저작권침해금지소송을 걸었고 저작권청은 피고로 소송참가하였다. 플로리다 북부 연방지방법원은 등록되었거나 등록되지 않은 노리스의 저작권은 무효라고 판결하였다.

판결요지

판사 RONEY :

이 사건의 쟁점은 1) 바퀴덮개가 실용물인가 또는 장식물인가, 2) 실용물이라 하더라도 저작권의 보호를 받을 수 있는, 분리할 수 있는 미술적인 요소가 있는가 이다.

노리스는 첫째, 바퀴덮개는 실용물이 아닌 장식물로 자동차바퀴를 아름답게 꾸미고 장식하기 위한 것이라고 주장하고 있다. 지방법원은 저작권청이 저작권등록을 거부하면서 결정한 바대로 바퀴덮개는 바퀴용 너트, 브레이크, 바퀴, 차축이 망가지거나 부식되는 것을 막기 위해 사용되는 실용품이

18) Esquire, Inc. v. Ringer 연방 D.C. 항소법원 591 F. 2d 796(D.C. Cir. 1978).

라고 판시하고 있다. 바퀴덮개는 실용품인 자동차의 일부분으로 설계된 것이라고 덧붙이고 있다.

우리는 바퀴덮개가 저작권법상 실용품이라고 본 것은 옳다고 본다. 실용측면과 분리될 수 있고 독립하여 존재할 수 있는 실용품의 어떤 특징은 미술저작물로 보호될 수 있다. 지방법원은 바퀴덮개의 장식 측면과 실용 측면은 분리될 수 없다고 보았다. 저작권청과 지방법원이 관찰한 대로 바퀴살의 모양은 바퀴덮개의 분리될 수 없는 요소이다. 바퀴살은 바퀴테두리와 축에 붙어 있는데 바퀴살이 제거되면 그 모양은 없어진다. 노리스는 비록 물리적으로 분리될 수 없다 하더라도 바퀴살에 의해 만들어진 심미적인 모양은 관념상 분리가능하다고 주장하고 있다. 그러나 실용품의 기능 부분이 예술적으로 만들어졌다 하더라도 실용품으로부터 물리적으로 분리되지 않는 한 보통 저작권의 보호가 거부되었다. 이 사건의 바퀴덮개는 불필요한 장식 디자인이 아닌 실용품의 기능적인 구성요소이다. 바퀴덮개가 물리 또는 관념상 분리가능한 미술저작물을 가지고 있지 않은 실용품으로서 저작권의 보호를 받을 수 없다는 지방법원의 판결에 잘못은 없다.

Kieselstein-Cord v. Accessories by Pearl, Inc.
연방 제2항소법원
632 F. 2d 989(2d Cir. 1980)

사 안

항소인(Kieselstein-Cord)은 오로지 수공예로만 패션액세사리를 만들어 판매한다. 이 사건에서는 "윈체스터"와 "바케로"라는 버클 2개가 문제다. 이 버클들은 허리띠에 달려 판매되기도 하고 작은 윈체스터 버클을 단 짧은 벨트는 목주위나 신체의 다른 곳에 차기도 한다. 피항소인은 바케로를 베껴 그 모조품을 팔고 윈체스터를 복제한 사실을 인정하고 있다. 그러므로 뉴욕 남부 연방지방법원에서 유일한 법률 쟁점은 버클이 저작권법으로 보호될 수 있는가와 만약 그렇다면 그것이 적절한가였다. 지방법원은 버클의 미술 특징들이 분리가능하지 않고 독립하여 존재하지 않는다는 이유로 버클의 저작권은 무효라고 판결하였다.

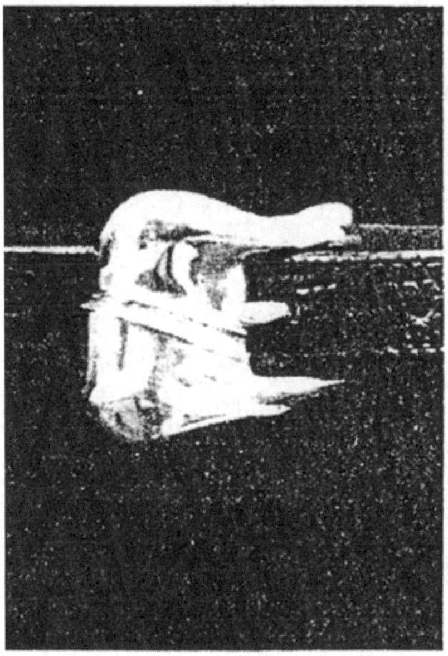

Winchester

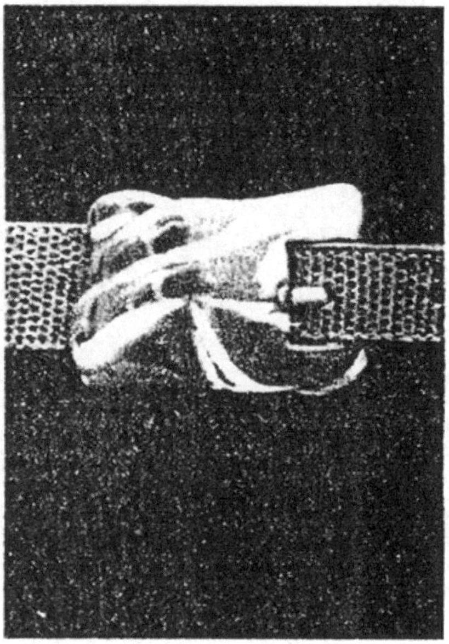

Vaquero

판결요지

판사 OAKES :

피항소인의 주장 및 지방법원판결의 요지는 항소인의 버클은 실용 측면으로부터 독립하여 존재할 수 있고 분리되어 특정될 수 있는 회화, 도면 및 조각 특징을 가지고 있지 않은 실용품이므로 저작권으로 보호될 수 없다는 것이다. 어떤 선례나 법도 응용미술에 대한 저작권보호의 범위에 관한 문제를 푸는 답을 내놓고 있지 못하다. 입법연혁에 따르면 분리가능성은 물리적으로 또는 관념적으로 일어날 수 있기 때문에 특히 어려운 문제이다.

우리는 버클을 허리가 아닌 다른 몸부위에 장식품으로 쓰는 사람들처럼 항소인의 벨트 버클에서 관념상 분리될 수 있는 조각 요소를 발견할 수 있다. 윈체스터와 바케로 버클에 있는 본래의 장식 측면은 실용 기능과 관념상 분리될 수 있다. 이러한 결론은 저작권의 대상인 응용미술과 저작권의 대상이 아닌 산업디자인 사이를 구분하려는 의회의 의도에 어긋나지 않는다.

지방법원의 판결을 취소하고 환송한다.(WEINSTEIN판사의 반대의견 생략)

Carol Barnhart Inc. v. Economy Cover Corp.

연방 제2항소법원
773 F. 2d 411(2d Cir. 1985)

사 안

항소인(Carol Barnhart Inc.)은 전시용 모형을 백화점, 도매상, 소매상 등에 판매해왔다. 항소인은 1982년에 목, 팔과 등이 없는 실물크기의 상반신 토르소 4개를 만들었다. 각기 2개의 남녀 토르소는 하나는 셔츠와 스웨터를 전시하기 위해 맨몸으로, 다른 하나는 스웨터와 재킷을 전시하기 위해 셔츠를 입은 모습으로 만들어졌다. 피항소인(Economy)은 위 토르소를 복제하여 팔았다. 항소인은 저작권침해금지소송을 걸었고 뉴욕 동부 연방지방법원은 위 토르소는 실용품으로서 그 형태로부터 물리 또는 관념상 분리하여 존재할 수 있는 미적인 특징이 없으므로 저작권으로 보호받을 수 없다고 판결하였다.

판결요지

판사 MANSFIELD :

4개의 토르소는 명백히 실용품이므로 저작권보호여부를 결정하는 데 있어서 핵심 쟁점은 그것들이 실용 차원으로부터 물리 또는 관념상 분리될

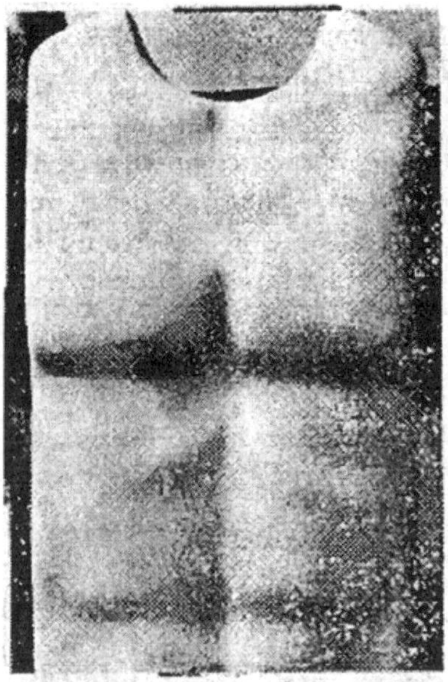

Figure 1

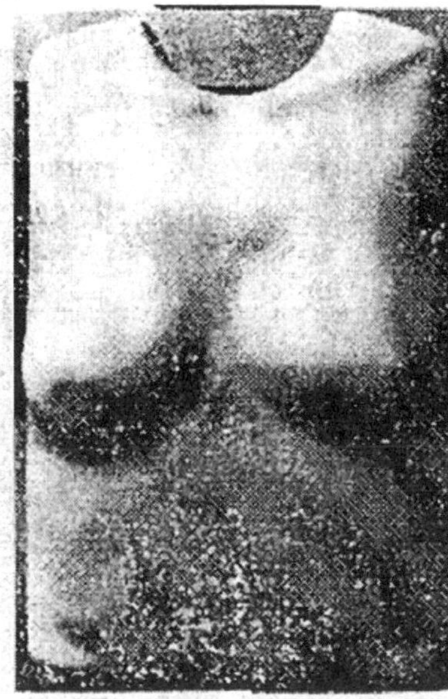

Figure 2

Figure 3

Figure 4

수 있는 미술 혹은 미적인 특징을 갖고 있느냐이다. 입법연혁에 따르면 저작권의 범위는 실용적인 면을 가지고 있는 물품을 포함시키기 위해 조금씩 확장되어 왔다. 반면에 의회는 실용품으로부터 분리되어 특정될 수 없는 미술 또는 심미적인 특징을 가지고 있는 응용미술이나 산업디자인은 미적으로 만족스럽고 가치 있다 하더라도 명백히 저작권의 보호를 거부해왔다. 이러한 원칙을 적용하여 우리는 토르소의 미적인 그리고 미술 특징이 실용품으로서 토르소의 사용으로부터 분리할 수 없으므로 저작권의 보호를 받을 수 없다고 본다. 미적으로 만족스러운 특징들을 가지고 있고 그 특징들을 전체로 보아 관념상 실용 기능과 독립하여 존재하는 것으로 여겨질 수 없다.

우리는 이 사건이 Kieselstein-Cord사건의 판결에 따라야 한다고 보지 않는다. 위 사건에서 버클의 장식 부분이 실용 기능에 의해서 요구되지 않는다. 미술적이고 미적인 특징들이 실용품에 덧붙여진 것으로 또는 추가된 것으로 인식될 수 있었다. 독특한 미술 디자인은 전체로 보아 실용 기능의 수행에 필요하지 않다. 반면에 토르소는 미술의 또는 미적인 특징으로 주장되는 특징－실물크기의 가슴과 넓은 어깨 등－은 실용 특징, 즉 옷의 전시와 반드시 얽혀있다. 토르소가 실용 기능을 수행하기 위해서는 반드시 가슴의 윤곽과 넓은 어깨를 가지고 있어야 하지만 위 사건의 벨트버클은 버클을 독특하게 보이게 하는 어떤 형태의 장식이 없어도 만족스럽게 그 기능을 수행할 수 있다. 지방법원판결을 인용한다.(NEWMAN판사의 반대의견 생략)

Brandir Intern., Inc. v. Cascade Pacific Lumber Co.

연방 제2항소법원
834 F. 2d 1142(2d Cir. 1987)

사 안

항소인(Brandir)은 1979년부터 자전거보관대 리본 랙(RIBBON Rack)을 제작 판매해왔다. 리본 랙의 원래디자인은 물결모양의 철사조각품으로부터 나온 것인데 진공청소기 호스를 이용하여 자전거걸이에 적합하도록 만들었다. 항소인은 피항소인(Cascade)이 비슷한 제품을 파는 것을 발견하고 저작권청에 저작권등록을 신청하였으나 실용품의 모양과 구분되어 저작권으로 보호받을 만한 회화, 도면 또는 조각저작물로서 독립하여 존재할 수 있는 요소가 없다는 이유로 등록이 거부되었다. 항소인은 피항소인과 저작권청을 상대로 저작권침해금지소송을 걸었다. 뉴욕 남부 연방지방법원은 항소인의 청구를 기각하였다.

판결요지

판사 OAKES :

1976년 저작권법을 통과시키면서 의회는 보호받는 응용미술저작물과 저작권의 대상이 아닌 산업디자인 사이를 구분하려고 하였다. 그러나 법원과 학자들이 인식해 온 바대로 의회가 만든, 저작권으로 보호받는 미술과 보호받지 못하는 디자인 사이를 구분하는 경계는 분명하지도 새롭지도 않다.

데니콜라(Denicola)교수는 산업디자인의 주된 특징은 비미적인, 실용 관심의 반영이므로 저작권의 보호여부는 결국 기능상의 고려로 배제되지 않는 예술 표현을 반영하고 있는 정도에 달려 있다고 말하고 있다. 데니콜라의 방식을 관념적인 분리가능성의 언어로 말하자면 만약 디자인요소가 미적인 고려와 기능 고려의 합체를 반영하고 있다면 미적인 면은 실용 요소와 관념상 분리될 수 있다고 말할 수 없다. 거꾸로 만약 디자인요소가 기능적인 영향으로부터 독립된 디자이너의 미적 판단을 반영하고 있는 것으로 특정될 수 있다면 관념상 분리가능성은 존재한다.

우리는 데니콜라교수의 접근방법이 관념적인 분리가능성을 평가하기 위한 가장 좋은 방법이라고 믿고 몇 가지 이유로 여기서 채택한다. 첫째, 이 방법이 선례와 일치한다. 예를 들면 Kieselstein-Cord사건에서 벨트버클은 버클의 기능과 독립된, 순수하게 미적인 선택을 반영하고 있다. 반면에 Carol Barnhart사건에서는 토르소의 독특한 특징은 기능적인 관심이 영향을 끼쳤음을 분명하게 보여주고 있다. 비록 토르소가 미술 특징을 가지고 있다

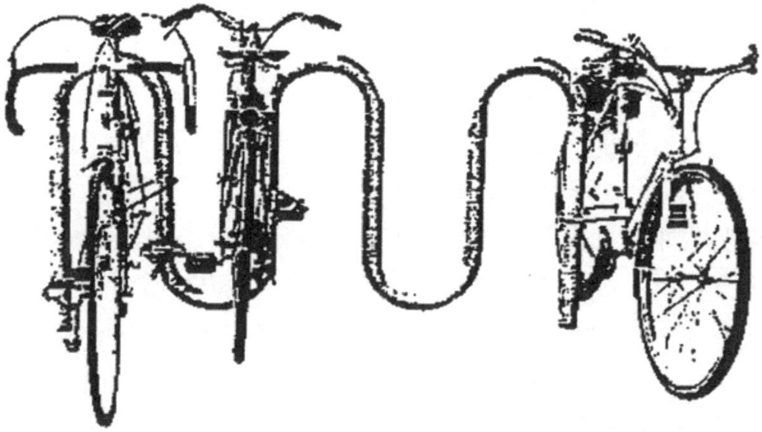

고 하더라도 디자이너가 이런 특징을 마네킹으로서 토르소의 실용성을 높이기 위해서 넣었음은 분명하다. 둘째, 디자인과정에 영향을 미친 실용적인 관심을 강조하는 것은 데니콜라가 말한대로 추상예술에 대한 사실상의 차별을 줄이는데 도움이 된다. 셋째, 아마도 가장 중요한 것으로 데니콜라의 방법이 실무상 적용하기에 어렵지 않다는 점이다. 미적인 요소가 기능상 고려에 의해 중요하게 영향을 받았는지 여부를 결정함에 있어서 당사자들은 디자인과정과 물품의 성질에 관련된 증거를 내야 할 것이다.

데니콜라의 방법을 이 사건 리본 랙에 적용하면 저작권으로 보호받을 수 없음을 알 수 있다. 자전거보관대의 형태는 실용적인 관심에 의해 많은 영향을 받았고 어떤 미적인 요소가 실용 요소로부터 관념상 분리될 수 있다고 말할 수 없다. 그것은 설령 리본 랙을 착안하게 한 원래의 조각저작물이 저작권으로 보호받을 수 있다고 하더라도 마찬가지이다. 미술저작물이 나중에 단지 기능적인 용도로 이용되었다는 이유만으로 저작물의 지위를 잃는 것은 아니라는 항소인의 주장은 옳다. 만약 항소인이 단지 기존의 조각물 중 하나를 자전거보관대로 채택하였다면 실용 목적에 적용하거나 상업적으로 이용했다고 해서 저작물의 지위를 잃지는 않을 것이다. 이전 조각품과 비교해보면 리본 랙이 일부 미술저작물로부터 유래된 반면에 최종 형태는 본질적으로 산업디자인이다. 디자이너가 리본 랙을 만들면서 실용 목적을 받아들이고 또 드높이기 위해서 원래의 미적인 요소를 고쳤다. 바뀐 디자인 특징은 자전거를 세워두기 쉽게 고리를 넓게 하고 보관대를 땅에 고정시키기 위한 수직 형태, 모든 종류의 자전거와 모터자전거에 알맞도록 한 것 등인데 이는 안전하고 튼튼하며 관리가 필요없는 자전거주차대를 만들기 위해 더한 특징들이다. 굽어 있는 모습은 기존의 주차대보다 두 배 더 주차할 수 있는 공간을 허용하고 있다.

리본 랙이 미적인 특성만으로 칭찬받을만한 가치가 있는 반면에 그럼에도 불구하고 여전히 산업디자인의 제품으로 남아 있다. 형태와 기능은 섞여 있어서 나눌 수 없다. 눈으로 보아 상큼한 조화와 균형은 기능적인 관심에 따라 만들어진 디자인의 변화를 보여준다. 그러므로 제품의 실용적인 면으로부터 독립하여 존재할 수 있고 분리되어 특정될 수 있는 미적인 요소는 리본 랙에 남아 있지 않다. 저작권에 관한 지방법원 판결을 인용한다.(WINTER 판사의 반대 의견 생략)

Pivot Point Int'l, Inc. v. Charlene Products., Inc.
연방 제7항소법원
372 F.3d 913 (7th Cir. 2004)

요 약

원고(PIVOT POINT INTERNATIONAL, INC.)는 피고 샤를린(CHARLENE PRODUCTS, INC)과 대표자 피고 야우(Peter Yau)(이하 "피고들")를 상대로 저작권침해금지소송을 제기하였다. 1심 법원은 복제 대상인 마네킹머리는 저작권법상 저작권으로 보호되지 않는다는 이유로 피고승소판결을 하였다. 우리는 다음과 같은 이유로 1심 법원의 판결을 파기하고 환송한다.

사 안

A. 사실관계

원고는 미용 산업의 교육기술과 도구를 개발하여 판매해왔고, 1965년에 국제적으로 유명한 헤어 디자이너 패시지(Leo Passage)가 설립하였다. 원고는 마네킹 머리와 머리에 씌우는 얼굴형태의 "slip-ons"을 디자인하고 개발하는 일을 하였다. 1980년대 중반 패시지는 패션쇼무대의 모델 표정("hungry look")을 본 뜬 마네킹을 개발하려고 했다. 그는 그러한 마네킹이 미용업계에 관여하고 있는 미용사들에게 고급품으로 팔릴 수 있을 거라고 믿었다. 그는 헤를렌(Horst Heerlein)이라는 이름의 독일인 예술가와 함께 여성 머리 형태의 조각품을 만들었다. 패시지는 그의 기획의도를 헤를렌과 이야기하였고 헤를렌은 마라라는 이름의 석고 조각을 창작했다.

마라의 왁스주형은 홍콩에 있는 원고의 제조업체에게 보내졌다. 제조업체는 PVC로 마라를 똑같이 복제하여 제작하였다. 마라의 조각과 그 조각을 바탕으로 마네킹을 개발하는 과정은 대략 18개월이 걸렸다. 1998년 2월 원고가 처음 PVC 마라를 검사했을 때 마네킹의 머리카락이 나는 부분(hair-line)이 이마의 높은 위치에 새겨져 있는 것을 발견했다. 제조업체는 낮은 위치에 머리카락이 나는 부분을 추가하고 머리카락을 심어 첫 번째 헤어라인부분을 덮는 방법으로 하자를 고쳤다. 마라의 초기 PVC제품과 1988년 5

월에 운송된 마네킹은 2개의 헤어라인을 가지고 있었다.

원고가 마네킹 제품을 처음 받을 무렵 머리카락이 없고 화장이 되어 있지 않은 여성의 머리형태인 마라의 디자인에 대한 저작권등록을 하였다.

헤를렌은 마라조각에 관한 모든 권리를 원고에게 양도하였다. 원고는 마네킹에 원고의 이름으로 저작권표시를 하였다.

원고는 새로운 마네킹으로 큰 성공을 거두었다. 소비자의 요구에 맞춰 다른 형태와 길이의 두상, 다른 피부와 다양한 화장을 한 마라 마네킹을 팔기 시작하였다. 그러나 마네킹의 얼굴특징은 전혀 바뀌지 않았다. 원고는 소비자들이 구별하기 쉽게 머리털과 피부색에 따라 마네킹의 이름을 바꿨다. 예를 들면 야크 털을 가진 마라 마네킹은 소냐, 금발 머리를 가진 마라 마네킹은 카린이라 불렸다.

야우[19]가 설립한 미용제품판매회사인 샤를린은 1989년 상품전시회에서 리자 마네킹을 전시하였는데 원고의 마라와 모습이 무척 비슷하였다. 매우 비슷한 얼굴 특징에 더하여 리자는 초기 마라 마네킹에 있었던 2중 헤어라인을 가지고 있었다. 1989. 9. 24. 원고는 피고들에게 저작권침해사실을 알렸다. 피고들이 리자 마네킹의 수입과 판매의 중단을 거부하자 원고가 이 소송을 걸었다.

[1심 법원 판단]

1심 법원은 근본쟁점은 "사람을 닮은 마네킹이 저작권으로 보호될 수 있는가"이라고 하였다. 1심 법원은 비록 조각품이 저작권으로 보호된다 하더라도 조각은 다음과 같은 저작권법 §101의 규정에 의해 제한을 받는다고 설명하였다.

1심 법원에 따르면 마라가 조각이라는 점은 의문이 없으나 실용 목적으로 사용된다. "미용학원의 학생들은 마라의 머리카락을 손질하고 미라의 눈과 입술, 빰에 화장을 하는 기술을 실습할 것이다. 당사자들은 어떤 기능이 주된 것인지 다투고 있다." 그러고 나서 1심 법원은 마라의 미술 및 실용 측면이 저작권보호목적상 분리될 수 있는지를 분석하고 있다. "법의 분리가능성 요건은 실용적인 가치와 분리되고 실용성과 무관하게 존재하는 디자

19) 야우는 1985년 샤를린을 설립하기 직전에 원고 회사에서 일했다.

인에 대해 저작권의 보호를 부여하고 있다." 1심 법원은 이들 사이의 경계를 구분하는 것이 특히 어렵다고 보고 있다.

1심 법원은 비록 마라가 예술품으로 전시된 조각처럼 인식될 수 있다 하더라도 만약 원고가 저작권으로 보호하고자 하는 특징이 제거된다면 동일하게 실용적일 수 없기 때문에 마라는 저작권으로 보호될 수 없다고 판단하였다.

판결요지

판사 RIPPLE :

A. 저작권보호 여부

이 사건에서 중심 쟁점은 마라 마네킹이 저작권의 보호를 받느냐 이다. 이 쟁점은 법률 해석의 문제를 보여준다. 그러므로 우리는 법 규정을 분석하는 것으로 시작한다. 저작권법 §101의 두 규정이 문제의 중심에 있다. 첫째는 회화, 그래픽, 조각 저작물이다.

「'회화, 그래픽 및 조각저작물'은, 평면 및 입체 저작물에 해당하는 순수미술, 그래픽미술 그리고 응용미술과 사진, 판화 및 미술 복제물, 지도, 지구의, 도면, 도표, 모형 및 설계도를 포함한 제도를 포함한다. 이 저작물들은 그들의 기계적이거나 실용적인 측면에서가 아니라 적어도 그들의 형태에 있어서 예술적 솜씨를 가지고 있어야 한다. 이 조에서 정의된 바대로 실용품의 디자인은, 회화, 그래픽 및 조각의 특성을 가지고 그 물품의 실용적인 면과 따로 구별될 수 있고, 그와 독립하여 존재할 수 있는 범위에 한해서만 회화, 그래픽 및 조각저작물로 본다.」

추가로 "'실용품'이란 단순히 그 물품의 겉모습을 나타내거나 정보를 전달함에 그치지 아니하고, 본래 실용 기능을 가지는 물품을 말한다. 통상 실용품의 부품인 물품은 '실용품'으로 본다."라고 규정하고 있다.

회화, 그래픽, 조각 저작물의 정의에 따라 실용품만이 위와 같은 제한을 받는다. 만약 물품이 §101에 정의된 대로 실용적이지 않다면 그 때는 회화, 그래픽, 조각저작물로서 저작권의 보호를 받는다(다른 요건을 충족하였다고 가정할 때).

1) 실용성

원고는 마라마네킹의 본래 성격이 패션모델의 용모를 그린 것이기 때문에 §101의 “실용품”이 아니라고 주장했다. 그 것의 가치는 예를 들면 클레오파트라를 묘사하는 것처럼 패션모델의 상반신 용모를 일반인이 상상하는 모습과 가깝게 어떻게 잘 그리느냐에 있다. 원고는 마네킹이 실용품이 아니라는 주장의 근거로 비록 동물과 물고기의 마네킹에 관한 것이지만 연방 제4항소법원의 Superior Form Builders, Inc. v. Dan Chase Taxidermy Supply Co., Inc. 74F.3d488(1996)과 연방 제2항소법원의 Hart v. Dan Chase Taxidermy Supply Co., 86F.3d320(1996) 판결을 들고 있다.

따라서 원고의 견해로는 마라 마네킹은 동물과 물고기의 마네킹과 비슷한 기능을 하고 있기 때문에 실용품이 아니고 저작권의 보호를 받아야 한다는 것이다.

피고들은 다른 견해를 제시하고 있다. Superior Form Builders와 Hart판결의 동물마네킹과 달리 마라 마네킹은 패션모델의 이미지를 묘사하는 것과는 다른 실용적인 기능을 가지고 있다고 주장하고 있다. 마라는 판매되었고 화장기술을 실습하기 위해 사용되었고 따라서 §101의 실용품이라고 주장한다.

우리는 1심 법원이 마라가 실용품이라는 판단이 옳다는 전제에서 실용성에도 불구하고 저작권보호를 받을 수 있는지 보기로 한다.

2) 분리가능성

법조문으로 되돌아가서 실용품은 디자인이 회화, 그래픽 및 조각의 특성을 가지고 그 물품의 실용적인 면과 따로 구별될 수 있고, 그와 독립하여 존재할 수 있는 범위에 한해서만 회화, 그래픽 및 조각저작물이 된다. 1976년 개정법이 추가한 이 문구는 저작권의 보호를 받는 창작적인 저작물과 보호를 받지 못하는 산업디자인을 구분하기 위한 것이다. 비록 의회의 목표가 분명하다 하더라도 법원이 이 규정을 적용하는 데는 상당한 어려움이 있었다. 한 학자(Paul Goldstein)는 “저작권법의 내용 중 보호되는 회화, 그래픽, 조각저작물과 보호받지 못하는 산업디자인의 실용적인 요소 사이의 구분처럼 어려운 것은 없다."고 지적하고 있다.

디자인이 분리되어 확인될 수 있는 지를 결정하는 하나의 확실한 방법은 미술 부분이 산업디자인으로부터 물리적으로 분리되는 지에 달려 있다. 3차원의 물품이 의문의 대상일 때 물리적 분리가능성은 미술 부분이 산업디자인으로부터 분리될 수 있는 지를 확인하는 유용한 도구라는 것은 의심할 여지가 없다. 그러나 데니콜라(Denicola)교수가 지적하듯이 그러한 접근은 2차원 물품이 문제일 때는 별 도움이 안 된다. 참으로 법규정이 문구상으로 2차원 물품에 적용되는 것으로 의도되었기 때문에 물리적 분리가능성 분석은 저작권보호여부를 결정하기 위한 오직 하나의 분석방법일 수 없다는 것은 분명하다. 저작권으로 보호하고자 하는 부분과 그 부분이 결합되어 있는 실용 디자인이 관념상 분리가능할 때 저작권법의 보호를 받을 수 있다는 점은 당사자와 법원, 학자들 사이에서 다툼이 없는 것 같다. 어려움은 법문이 분명히 예상하고 있는 그러한 논리를 받아들이는 게 아니라 그것의 적용에 있다. 원고가 언급하듯이 실용품의 미술 측면과 실용 측면이 관념상 분리되는 경우를 결정하기 위해 다음과 같은 분석이 제안되어 왔다. 1) 미술 특징이 주된 것이고 실용 특징이 보조적인 경우. Kieselste-in-Cord v. Accessories by Pearl, Inc 2) 실용품이 단지 미술적인 품질 때문에 여전히 몇몇 의미있는 공동체에서 판매되고 있는 경우. Nimmer on Copyright. 3) 물품이 소유자의 마음속에서 실용 기능이 일으키는 관념으로부터 분리되는 관념을 자극하는 경우. Carol Barnhart Inc v, Economy Cover Corp. 4) 미술 디자인이 기능상의 고려에 따라 의미있는 영향을 받지 않은 경우. Brandir International, Inc. v. Cascade Pacific Lumber Co. 5) 미술 특징이 전통적으로 인식되는 미술품으로서 홀로 설 수 있고 실용품은 미술 특징 없이도 동일하게 실용적인 경우. Goldstein. 6) 미술 특징이 실용적이지 않은 경우. William F. Party.

연방 제2항소법원의 경험이 가장 최근에 같은 문제를 마주친 연방 제4항소법원에도 반영되어 있다. Superior Form Builders 판결에서 법원은 동물 마네킹이 저작권보호대상인지를 검토했다. 제4항소법원은 마네킹이 §101에 정의된 실용품인지 검토했고 실용품이 아니라고 결정했다.

「마네킹은 동물모습의 창작적인 형태와 표현을 제공하고 있다. 비록 피부로 덮여 있지만 마네킹은 눈에 잘 보인다. 동물 머리의 각도, 신체부분의 배치와 모습은 거의 마네킹이 묘사한 것이다. 이러한 마네킹의 표현적인 면은 피부로 덮여 있다 하더라도 사라지는 것은 아니다. 그러므로 마네킹의 실용적인 면은 단지 동물의 외양을 묘사하기 위해서만 존재한다.－마네킹이 묘사한 동물 신체 표현은 저작권법에서 보호될 수 있다. 그러므로 우리는 형태의 실용성은 동물 겉모습의 묘사이기 때문에 이 사건에서 1심 법원의 판결에 동의한다. 마네킹 형태는 실용품이 아니다.」

법원은 또한 만약 마네킹이 실용적이라면 실용 측면과 미술 측면이 분리될 수 있는지를 검토하였다.

「이 사건에서 마네킹이 실용 기능을 수행한다는 주장에 대해서 우리는 기능이 조각 특징으로부터 관념상 분리된다고 믿는다.」

그러므로 특별히 관념적 분리가능성에 관한 판단기준들 중 하나를 채택하지 않고 연방 제4항소법원은 동물형태의 디자인에 들어 있는 미적인 요소는 저작권으로 보호될 수 있다고 판결하였다. 마네킹위에 피부가 덮여 있어서 마네킹이 피부를 표현하는 실용성을 갖고 있다는 사실 때문에 디자인의 미적인 요소가 없어지지는 않는다.

마지막으로 언급할만한 연방 제2항소법원의 사건이 있다. Mattel, Inc. v. Goldberger Doll Manufacturing Co., 365F.3d133(2d Cir. 2004)사건에서 법원은 인형얼굴에서 특별한 특징들을 표현한 것은 저작권의 보호대상이 아니라는 주장을 배척했다. 이 판결은 골드버거 인형제작회사가 "로켓 2000" 인형을 만들면서 바비 인형의 얼굴 특징들을 베낀 것이 저작권침해에 해당하는 지를 다루었다. 1심 법원은 저작권보호는 바비인형의 눈과 코, 입에까지 확대되지 않는다고 판단했다. 제2항소법원은 원심판결을 취소했다. 비록 관념적인 분리가능성이라는 말을 하지는 않았지만 법원의 이유설시는 시사적이다. 법원은 다음과 같이 말하고 있다.

「이 사건에서 표준적이고 공통되는 특징은 보호되지 않는다는 명제는 저작권법에 맞지 않는다. 복제로부터 보호받기 위해서는 저작물이 특별히 새롭거나 색다를 필요는 없다. 단지 저자에 의해 독립하여 창작되고 최소한의 창작성을 가지고 있으면 된다. 치켜든 코, 곡선의 입술, 넓게 펴진 눈을 만드는 방법은 셀 수없이 많다. 비록 기록상 많은 인형이 치켜든 코, 곡선 입술, 넓게 펴진 눈을 가지고 있다는 사실이 드러났다 하더라도 그러한 인형이 독립되어 창작되었다면 저작권보호를 받지 못하는 것은 아니다.」

추가로 법원은 바비가 받는 저작권보호의 범위를 기재하고 있다.

「저작권은 아이디어는 보호하지 않는다. 저자가 아이디어를 특별히 표현한 것만이 보호를 받는다. 그러므로 비록 경쟁자가 마텔의 인형에서 아이디어를 얻었다 하더라도 경쟁자가 마텔의 특정한 표현을 베끼지 않았다면 치켜든 코, 곡선입술, 넓은 면적의 눈을 가진 인형얼굴에 대한 마텔의 저작권은 다른 경쟁자가 이들 특성을 가진 인형을 제작하는 것을 금지하지 못할 것이다.」

C. 적용

이러한 사건들은 목적물이 다르고 법원이 저작권보호여부를 평가하는 방법도 다르다. 그러나 각 법원은 저작권으로 보호되는 응용미술과 보호되지 않는 산업디자인을 구분하려는 의회의 명시된 의도를 이행하려고 했다. (Kieselstein-Cord v. Accessories by Pearl, Inc판결, Carol Barnhart Inc v, Economy Cover Corp판결, Brandir International, Inc. v. Cascade Pacific Lumber Co.판결 내용 설명 부분 생략)

그러므로 물품의 심미 측면이 실용 기능과 독립하여 존재하는 것으로 관념화될 때 관념상의 분리가능성은 존재한다. 이 독립성은 디자인이 기능적인 영향과 독립하여 디자이너의 심미적인 판단을 반영한 것으로 확인되는지에 따라 알게 된다. 만약 디자이너의 독립되고 심미적인 판단을 반영한 것이라면 관념적인 분리가능성은 존재한다. 거꾸로 실용품의 디자인이 심미적인 선택만큼이나 실용성 때문에 불가피하게 정해진 것이라면 실용 및 심미 요소는 관념상으로 분리될 수 없다.

이 기준을 마라 마네킹에 적용하면 우리는 마라의 얼굴은 저작권의 보호대상이라고 결론내려야 한다. 머리부분과 화장모델의 실용 기능에 봉사하고 있는 마라의 특별한 얼굴 특징, 즉 눈의 모양, 치켜든 코, 마른 뺨, 턱의 구조와 독립하여 사람의 얼굴을 관념화하기가 반드시 어려운 것은 아니다. 마라 마네킹에 묘사된 것과 다른 얼굴을 상상할 수 있을 뿐만 아니라 패션쇼 무대의 "배고픈 표정(hungry look)"을 묘사하는 다른 얼굴모양을 상상할 수 있다. 마텔이 치켜든 코, 곡선 입술, 넓은 면적의 눈이라는 특정한 표현에 대해 보호를 받을 수 있는 것처럼 여기서도 "배고픈 표정"의 표현은 보호받을 수 있다.

마라는 헤를렌의 심미적인 판단의 산물이기 때문에 머리장식과 화장을 위한 연습용으로 쓰는 것과 독립하여 존재하는 것으로 관념화될 수 있다. 패시지가 마라 조각을 만드는 일로 헤를렌을 만났을 때 패시지는 특별한 치수나 크기를 말하지 않았다. 헤를렌의 미적인 판단이 기능상의 고려에 의해 제한되었다는 증거는 없다. 예를 들면 패시지는 조각품의 눈이 표준 크기의 속눈썹을 달 수 있는 크기여야 하고 눈썹은 화장하기 쉬운 곡선으로 그려져야 한다거나 조각 전체가 원고의 포장시스템에 맞는 부피를 넘어서는 안된다는 등의 요구를 하지 않았다. 그러한 고려가 있었다면 마라가 순수하게 심미적인 노력의 산물이라는 결정에 불리하게 작용했을 것이다. 대조적으로 패시지는 자신의 "배고픈 표정" 아이디어를 논의하기 위해 헤를렌을 만난 이후 헤를렌에게 디자인하는 모든 권한을 넘겼다. 결과적으로 이것은 순전히 기능상의 이유로 디자인에 포함된 어떤 특징들(정확한 해부학 디자인과 조각된 셔츠와 옷깃)이 있었던 Carol Barnhart사건의 상황과 다르다. 나아가 가게에서 옷을 전시하기 위해 쓰는 옷걸이 이상이라고 볼 수 없는 머리, 팔, 등이 없는 합성수지 토르소와 달리 마라 조각의 창작적인 면은 인정되고 칭찬받았다. 그러므로 마라는 기능상의 고려에 얽매이지 않고 창작 과정의 산물이기 때문에 그의 조각 특징은 실용 측면으로부터 분리되어 확인될 수 있고 독립하여 존재한다. 그러므로 관념상의 분리가능성 요건을 충족하였고 저작권의 보호대상이다.

D. 결론

마라 마네킹은 저작권 보호대상이다. 원심판결을 취소한다.(판사 KANNE의 반대의견 생략)

3. 음악저작물(Musical Works)

음악저작물은 가사를 포함하며 최소한의 독창성과 창작성을 보여주어야 한다. 2차적 저작권의 일종인 편곡물도 편곡자가 독창성의 요건을 충족시키는 한 저작권으로 보호될 수 있다.

4. 녹음물(Sound Recordings)

"녹음물"이란, 일련의 음악, 구두 또는 기타 음을 고정한 결과 생긴 저작물을 의미한다. 다만, 디스크, 테이프 또는 기타 음반과 같이, 물체의 종류에 관계없이, 영화나 기타 시청각저작물에 들어있는 음은 포함하지 아니한다.[20)]

녹음물이 공연을 녹음한 경우에 녹음물에 들어 있는 것은 음악, 어문 또는 연극저작물일 수 있다. 따라서 녹음물은 그 안에 들어 있는 저작물과는 구별되어야 한다. 녹음물은 성질상 몇몇의 저작자가 함께 만든 2차적 저작물일 가능성이 있는데 다른 약정사항이 없는 한 공연자와 음반제작자가 독창성을 함께 발휘할 경우 양자가 공동으로 저작권을 소유하게 될 것이다.

5. 연극저작물(Dramatic Works)

연극저작물과 비연극의(non-dramatic) 어문 혹은 음악저작물의 구분은 공연권과 전시권의 예외가 비연극의 어문 혹은 음악저작물에만 적용되고 녹음물을 위한 강제허락은 비연극적 음악저작물에만 적용된다는 점에서 중요하다.

6. 무언극과 안무저작물(Pantomimes and Choreographic Works)

음악 및 연극 저작물과 마찬가지로 무언극과 안무저작물에 대한 정의는 없다. 안무저작물에 관하여 입법보고서는 사교춤스텝(social dance steps)과 단

20) 17 U.S.C.§ 101("Sound recordings").

순한 정형스텝(simple routines)은 포함되지 않는다고 한다. 저작권청은 안무 저작물을 다음과 같이 정의하고 있다.

"안무는 춤의 움직임과 형식을 조합하고 배열한 것으로 대개는 음악에 수반되도록 되어 있다. 춤은 어떤 율동 그리고 공간과의 관련속에서 신체움직임의 정적, 동적인 연속이다. 안무저작물이 저작권으로 보호받기 위해서 이야기가 수반될 필요는 없다."

안무의 내용에 관하여는 다음과 같이 설명하고 있다.

"사교춤스텝과 단순한 정형스텝은 포함되지 않으므로 기본의 월츠스텝, 허슬스텝 그리고 고전발레의 부차적인 위치는 저작권의 대상이 아니다. 그러나 저작권으로 등록될 수 있는 안무저작물에 사교춤스텝과 단순한 정형스텝을 섞는 것을 제한하지 않는다. 사교춤스텝과 민속춤스텝 그리고 개별적인 발레스텝은 말이 작가의 기본 재료인 것과 마찬가지로 안무가의 기본 재료로 사용될 수 있다."

Horgan v. Macmillan, Inc.

연방 제2항소법원
789 F. 2d 157(2d Cir. 1986)

사 안

원고(Horgan)는 발란친(George Balanchine)의 유언집행자이고 피고 맥밀런(Macmillan, Inc.)은 출판사, 피고 스위처(Ellen Switzer)는 책 "호두까기 인형 : 이야기와 발레"의 저자, 피고 카라스(Steven Caras)와 코스타스(Costas)는 사진작가들이다. 1983년에 사망한 발란친은 뉴욕시발레단의 감독 겸 수석안무가로서 발레분야의 대가로 인정받았다. 그는 1954년에 차이코프스키의 호두까기인형을 안무하였고 그 후 30년동안 크리스마스 때마다 뉴욕시발레단에 의해서 공연되었는데 이 발레는 상업적으로 가장 성공을 거둔 발레라고 한다. 발란친은 1981. 10. 호두까기인형의 안무를 저작권으로 등록하면서 발레를 녹화한 비디오테이프를 제출하였다. 원고는 1985년초 맥밀런이 뉴욕시발레단과 발란친의 발레 호두까기인형에 관한 책을 펴내려고 한다는 사실을 알게 되었다. 책의 중심부분에는 카라스와 코스타스가 발레의 장면을 이야기와 춤의 순서대로 찍은 60개의 칼라사진이 들어 있다. 스위처와 카라스, 코스타스는 발레단의 연습과 공연에 가서 발레의 이야기를 듣고 무용수들과 대담하였으며 사진을 찍었다. 스위처는 자유기고가이고, 카라스와 코스타스는 뉴욕시발레단의 공식 사진작가로 간주되었다.

원고는 변호사를 통해 사용허락을 받지 않고 무용사진을 실은 책의 출간을 금지해 달라는 편지를 보냈으나 맥밀란은 이용허락을 받을 필요가 없으며 책내용은 저작권의 침해에 해당되지 않는다는 답장을 보냈다. 원고는 책의 출판에 대하여 저작권침해금지청구를 하였다. 뉴욕 남부 연방지방법원은 안무는 발레에 있어서 춤의 흐름과 관계가 있기 때문에 책은 발란친의 안무 저작권을 침해하지 않았다는 이유로 원고의 청구를 기각하였다. 사진은 특정 순간에 다양한 자세의 무용수를 찍은 것이고 그 바탕에 있는 안무내용을 이용한 것은 아니며 그 사진들로 무대공연을 다시 만들 수 없다고 판시하였다.

판결요지

판사 FEINBERG :

항소심의 주요 쟁점은 발레를 찍은 사진이 발레의 무용에 관한 저작권을 침해할 수 있는 가이다. 항소인은 이 사건 책이 호두까기인형의 핵심을 묘사한 것이기 때문에 발란친 저작물의 복제이며 그렇지 않다면 2차적 저작권을 침해한 것이라고 주장하고 있다. 피항소인들은 책의 사진들은 춤의 핵심인 동작의 흐름을 찍은 것이 아니므로 안무 요소와 실질적으로 비슷할 수 없다고 반박하고 있다. 각 사진들은 순간 장면을 포착한 것이고 60개의 칼라사진을 합쳐도 무용 그 자체를 만들 수 없으며 사진들로부터 무용극을 만들 수 있는 세세한 동작의 내용을 얻을 수 없다고 주장하고 있다. 또한 발란친이 발레에 기여한 독창성은 사진들속에서는 거의 나타나지 않는다고 한다. 발레는 공유영역에 있는, 따라서 저작권의 대상이 아닌 그 이전에 존재하는 많은 자료에 바탕을 두고 있으며 책은 본래 공유영역의 자료와 뉴욕시발레단의 특별한 비안무적인 면, 즉 의상과 무대장치로 구성되어 있다고 주장하고 있다. 무용은 발레의 통합된 전체로부터 눈으로 구분될 수 없다는 것이다.

그러나 저작권침해를 결정하는 기준은 원작이 복제본으로부터 재현될 수 있느냐 여부가 아니라 복제본이 원작에 실질적으로 비슷하느냐 여부이다. 침해물이 이 사건과 같이 다른 매체인 경우 침해물로부터 원작의 재현은 어려운 일이지만 그것은 침해에 대한 항변이 아니다. 원작의 적은 양도 그것이 질적으로 중요하다면 원작모두가 재현될 수 없다 할지라도 침해가 되기에 충분하다.

나아가 지방법원은 사진으로 전달될 수 있는 무용의 내용에 관하여 너무 제한된 견해를 취하고 있다. 춤의 연속동작에서 순간포착사진은 많은 것을 전달한다. 예를 들면 책에 있는 "Sugar Canes"의 사진은 무용수들이 공중에서 무대와 평행으로 다리를 쭉 펴고 있는 모습을 찍은 것이다. 독자들은 본능적으로 중력의 법칙에 따라 무용수들이 직전에 무대에서 뛰어올랐고 사진속의 모습에 뒤이어 내려온다는 것을 이해한다. 최근에 발레공연을 본 사람들은 이 사진으로부터 더 많은 내용을 느낄 것이다. 그러므로 하나의 순간은 베토벤 교향곡의 한 화음보다 더 많은 것을 전달한다. 책속의 모든 사진들은 침해에 해당하기에 불충분한 양이거나 혹은 침해에 해당할 수도 있을 것이다. 사진들은 베낀 것이기는 하지만 공정이용으로 보호될 수도 있다. 그러나 이것은 지방법원이 원고의 청구를 기각하는 근거는 아니다. 지방법원은 사진들이 안무저작물을 침해할 수 없다고 판단한 것은 잘못이다. 지방법원은 잘못된 기준을 적용하였으므로 파기환송이 적절하다. 재심리에서는 발란친 저작권의 유효성, 발레와 사진들속에서 발란친 안무내용의 독창성, 의상과 무대장치없이 사진속에서 식별할 수 있는 안무내용의 범위, 뉴욕시발레단과 발란친, 공식 사진작가들로서 피고 카라스와 코스타스의 권리의 상호관계 등이 결정되어야 할 문제들이다.

7. 영화와 기타 시청각저작물 (Motion Pictures and Other Audiovisual Works)

"영화"는 연속으로 보여질 때 움직이는 모습을 나타내는 일련의 관련 영상으로 이루어진 시청각저작물로서 소리도 포함될 수 있다.[21]

"시청각저작물"은 일련의 관련 영상으로 이루어진 저작물로서 저작물이 들어 있는 필름이나 테이프와 같은 물체의 종류에 관계없이, 본래 영사기, 뷰어 또는 전자기기와 같은 기계 혹은 장치를 사용하여 보도록 만들어진 것으로 소리도 포함될 수 있다.[22]

Stern Electronics, Inc. v. Kaufman
연방 제2항소법원 669 F. 2d 852 (2d Cir. 1982)

사 안

일본회사 고노미(Konomi)는 전자오락게임 "스크램블(Scramble)"을 만들어 시청각저작물로 등록하였다. 원고(Stern)는 고노미로부터 이용허락을 받아 1981년부터 스크램블을 팔기 시작하였다. 스크램블과 같은 비디오게임은 게임자가 동작을 조종하는 것이 화면에 나타나도록 만들어진 프로그램이다. 스크램블에서는 장애물이 나타나는 6가지의 다른 화면속에서 우주선이 움직이는 것을 볼 수 있다. 각 화면속에서 게임자는 항해를 하면서 점수를 얻는데 점점 더 어려움에 처하게 된다. 게임자는 우주선의 높이와 속도를 조절하고 적의 미사일과 비행기를 부수기 위해 폭탄과 레이저를 언제 쏠지를 결정한다. 연료를 얻기 위해 연료저장소를 폭파하고 땅에서 쏜 미사일을 피

21) 17 U.S.C.§ 101("Motion pictures").
22) 17 U.S.C.§ 101("Audiovisual works").

하며 우주선이 산악지대에 부딪치는 것을 피해야 한다. 화면은 컬러이며 전쟁음악이 전투장면에 나온다.

항소인(Omni Video Game, Inc와 Kaufman 등)은 영상과 소리가 거의 동일한 같은 이름의 비디오게임 "스크램블"을 팔았다. 원고의 저작권침해금지소송에 대하여 뉴욕 동부 연방지방법원은 원고승소판결을 했다.

판결요지

판사 NEWMAN :

고노미는 본래의 프로그램에 기초하여 스크램블을 모방하는 위험에 대비하여 보호를 확실히 하기 위하여 어문저작물 대신 스크램블의 영상과 소리를 시청각저작물로 등록하였다. 항소인 Omni는 게임의 영상과 소리를 결정하는, 기록된 컴퓨터프로그램만이 저작권으로 보호될 수 있다고 주장하고 있다. 시청각저작물은 유형 매체에 표현이 고정되어 있지 않고 독창적이지도 않기 때문에 영상이나 소리는 저작권으로 보호될 수 없다고 주장하고 있다. 이 주장은 게임 중 화면에 나타나는 영상의 연속이 게임자에 따라 다르다는 사실로부터 나온다. 만약 시청각저작물의 내용이 게임자의 참여에 의해 영향을 받지 않는다면 작성된 컴퓨터프로그램 뿐만 아니라 시청각내용 그 자체도 저작권의 보호를 받을 수 있다는 것은 의문의 여지가 없다.

우리는 게임자의 참여가 시청각저작물을 저작권으로 보호하는데 장애가 되지 않는다는 지방법원 판결을 지지한다. 영상이나 소리가 게임자의 게임기술에 따라 다르게 나타난다 하더라도 많은 영상과 그것의 연속되는 모습은 각 게임마다 바뀌지 않고 남아 있다. 예를 들면 우주선, 상대방 우주선, 지상미사일기지, 연료저장소와 지형지물의 모양, 크기, 색깔과 같은 겉모습뿐만 아니라 그것들이 나타나는 차례는 변하지 않는다. 또한 게임자가 적의 우주선이나 시설의 파괴에 성공하거나 미사일이나 레이저를 피하지 못할 때마다 들리는 소리는 같다. 항소인이 주장한 바대로 몇몇 영상이나 소리는 게임자의 우주선이 중간에 파괴되었을 경우에는 나타나지 않는다. 그러나 영상과 소리는 게임자가 우주선을 성공적으로 항해할 때마다 나타나도록 고정되어 있다. 영상과 소리의 실질적인 부분이 반복되어 나타나는 것은 시청각저작물로서 저작권의 보호대상이 된다.

항소인은 게임자의 참여 때문에 모든 게임이 독창적인 저작물이라고 주장하고 있으나 매게임에 있어서 수많은 영상과 소리가 똑같은 차례로 반복되기 때문에 이 주장은 이유없다. 항소인은 시청각저작물의 모든 특징들이 이전에 창작된 컴퓨터프로그램에 의해서 결정되기 때문에 독창성이 없다고 주장하고 있다. 그러나 밑바탕에 있는 작성된 프로그램이 독립하여 존재하고 그 자체가 저작권의 보호대상이라 할지라도 시청각화면의 눈에 보이는, 귀로 듣는 특징들은 저작권으로 보호되기에 충분할 만큼 분명히 독창성을 갖춘 변형물이다. 시청각저작물과 컴퓨터프로그램이 둘 다 같은 게임의 구성요소를 이루고 있기 때문에 저작권으로 보호될 수 없는 것은 아니다. 오디오 테이프가 음악작품 뿐만 아니라 녹음물을 담고 있을 때에도 마찬가지이다.

우리는 보이는 대로 또 소리나는 대로 게임을 전체로 평가했을 때 반복되는 영상의 연속은 시청각표현물로서 저작권으로 보호될 수 있다고 결론짓는다.

Atari Games Corp. v. Oman
연방 D.C. 항소법원 979 F. 2d 242(D.C. Cir 1992)

사 안

원고 아타리는 전자오락게임 "벽돌깨기(BREAKOUT)"에 대해 시청각저작물로 저작권등록을 신청하였으나 저작권청은 등록을 거부하였다. 벽돌깨기는 단순한 초기 전자오락게임이다. 화면은 위쪽에 게임을 하는 두 사람의 점수를 보여준다. 게임자는 벽을 향해서 공을 치기 위해 네모난 모양의 막대기를 움직인다. 벽은 네 가지의 색깔을 가진 직사각형이 8줄로 배열되어 있다. 정사각형의 푸른 공이 직사각형 하나를 치면 그 직사각형은 사라진다. 공의 속도와 공을 치는 막대기의 크기는 게임도중에 변한다. 공의 움직임은 물리법칙에 따르지는 않는다. 공이 튀는 각도는 막대기의 어느 부분에 부딪치느냐에 따라 달라진다. 저작권청장은 벽과 공, 막대기는 그 자체로 저작권으로 보호되지 못하는 간단한 기하학 모양과 색깔을 대표하며 화면은 개별로나 전체로 시청각저작물로서의 충분한 창작성이 모자라다는 이유로 등록을 거부하였다. 연방 D.C.지방법원은 원고패소판결을 했다.

판결요지

판사 RUTH BADER GINSBERG :

유일한 쟁점은 벽돌깨기가 최소한의 창작성을 필요로 하는 저작물로서의 자격이 있느냐에 관련되어 있다. 우리는 각 화면의 개별 미술 요소들이 저작권으로 보호될 수 없다는 저작권청장의 주장을 인정할 수 있다. 그렇다 하더라도 만약 개별 화면들이나 각 화면의 다른 화면과의 관계, 수반되는 소리효과에 의해서 창작성의 요건을 충족시킬 수 있다면 벽돌깨기는 저작권으로 보호될 수 있다. 시청각저작물은 파이스트 판결[23]에서 논의된 사실의 편집물과 비슷하다. 둘 다 자체로는 저작권보호대상이 아닐 수 있는 요소들의 선택과 배치에 관련되어 있으나 저작자의 선택과 배열은 저작권의 보호를 받기 위해 필요한 최소한도의 창작성을 보여줄 수 있다.

저작권청장의 등록거부와 관련하여 첫 번째 문제는 게임의 전체 흐름보다는 개별 화면에 초점을 맞추었다는 것이다. 비디오게임의 특징은 보고 듣는 그대로 게임의 전체 효과와 영상의 연속가운데 발견되는 표현에 있다. 우리는 저작권청이 개별 화면의 자세한 부분을 관찰하면서 게임의 연속되는 면을 소홀히 하지 않았나 하는 느낌을 가지고 있다. 벽돌깨기에 있어서 공이 움직이는 것은 공이 막대기의 어느 부분을 치느냐에 따라 달라진다. 그것의 궤도는 물리법칙을 따르지 않는다. 아타리는 개별 화면에서 미술 요소들을 고르고 배열함으로써 이러한 움직임을 만들어냈다. 정사각형

23) Feist Publications, Inc. v. Rural Telephone Service Co., 연방대법원 499 U.S. 340 (1991).

공과 신축하는 직사각형 막대기의 협동은 오래된 또는 전통적인 것은 아니다. 대부분의 벽돌벽 색깔이 아닌 색깔의 선택, 점수의 배치와 모양, 속도변화, 소리의 사용도 마찬가지이다. 파이스트 판결에서 연방대법원이 밝힌 단일하고 명확한 지침을 따르는 것이 우리와 마찬가지로 저작권청의 의무이다. 지방법원의 판결을 파기한다.

8. 건축저작물(Architectural Works)

"건축저작물"은 건물, 건축도면 또는 제도(製圖) 등 유형적 표현매체에 구현된 건물의 디자인을 말한다.[24] 건축저작물은 종합 형태뿐만 아니라 디자인 내에 공간과 요소의 배열 및 배합을 포함하지만, 개개의 표준 부분은 포함하지 아니한다.

24) 17 U.S.C.§ 101("architectural work").

제4장
발행과 표시
(PUBLICATION AND NOTICE)

1. 발 행

발행이란 매매, 기타 소유권의 이전 또는 임대(rental), 리스(lease)나 대여(lending)에 의하여 저작물의 복제물이나 음반을 공중에게 배포하는 것을 의미한다. 추가로 배포하거나 공연 또는 공개 전시할 목적으로 사람들에게 복제물이나 음반을 배포하려고 제공하는 것은 발행이 된다. 저작물의 공연이나 공개전시는 그 자체로 발행이 되지 않는다.[1]

1909년 법과는 달리 1976년 저작권법은 발행을 연방저작권법의 보호를 위한 요건으로 규정하지 않았다. 따라서 저작권의 보호는 저작자가 창작하였을 때, 즉 창작성이 있는 표현을 유형 매체에 고정하였을 때 시작된다.

2. 표 시

1909년 저작권법에서는 저작물의 표시가 배포된 모든 저작물에 필수로 요구되었고 표시를 붙이지 않는 저작물은 공유영역에 속해 저작권의 보호를 받을 수 없었다. 그러나 1988년의 베른협약개정법은 표시요건을 폐지하였다.

저작물임을 직접 또는 기계나 장치에 의하여 시각적으로 인식할 수 있도록 공개 배포한 복제물에 저작권 표시를 부착할 수 있는데[2] 저작물의 표시는 다

1) 17 U.S.C.§ 101.

2) 17 U.S.C.§ 401(a).

음의 세 가지 요소로 구성된다.[3)]

1) ⓒ표(원 안의 C자)나 "Copyright"라는 단어 또는 "Copr."라는 약자

2) 저작물의 최초발행연도. 이전에 발행된 자료를 수록한 편집물이나 2차적 저작물은 편집물이나 2차적 저작물의 최초발행연도로 충분하다. 본문을 수반하고 있는 회화, 그래픽 또는 조각저작물이 인사장, 우편엽서, 문방구류, 보석류, 인형, 장난감 또는 기타 실용품에 복제된 경우에는 그 발행연도를 생략할 수 있다.

3) 저작권자의 성명 또는 그 성명을 알아볼 수 있는 약자나 일반적으로 널리 알려진 저작권자의 별명

음반의 경우에는 ⓒ 대신 ⓟ를 기재하도록 하고 있다.[4)]

1988년의 법개정에 따라 1989. 3. 1.부터는 표시가 요구되지 않으나 저작물의 표시는 실제 손해액이나 법정손해액을 줄이기 위해 제기하는 선의의 침해항변을 무력화시키는 효력을 갖고 있다.[5)]

---

3) 17 U.S.C.§ 401(b).

4) 17 U.S.C.§ 402(b).

5) 17 U.S.C.§ 401과 § 402(d).

제5장
저작권의 소유
(OWNERSHIP OF COPYRIGHT)

저작권법에 따라 보호되는 저작물의 저작권은 그 저작물을 창작한 저작자에게 속한다. 공동저작물의 저작자는 그 저작물의 공동저작자가 된다.[1)]

1. 업무상 저작물(Works Made for Hire)

업무상 저작물의 경우에는 사용자 또는 저작물을 작성하게 한 자를 본법상 저작자로 보며, 당사자가 서명한 문서에 의하여 명백히 달리 합의하지 아니하는 한, 저작권을 구성하는 모든 권리를 소유한다.[2)3)]

업무상 저작물은 (1) 근로자가 직무의 범위 내에서 작성한 저작물 또는 (2) 집합저작물에의 기여분, 녹음물로서 영화 기타 시청각저작물의 일부, 번역, 보조 저작물, 편집물, 교과용 도서, 시험, 시험의 해답자료 또는 지도로서 사용되도록 특별히 주문이나 위탁을 받은 것으로서, 당사자들이 서명한 문서에 의하여 그 저작물을 업무상 저작물로 간주한다고 명시하여 합의하는 경우의 저작물을 말한다. 여기에서 "보조 저작물"이란 서문, 발문, 삽화, 지도, 도면, 도

---

1) 17 U.S.C.§ 201(a).

2) 17 U.S.C.§ 201(b).

3) 한국저작권법상 업무상저작물은 법인・단체 그 밖의 사용자(이하 "법인등"이라 한다)의 기획하에 법인등의 업무에 종사하는 자가 업무상 작성하는 저작물을 말한다. 제2조 31호. 법인등의 명의로 공표되는 업무상저작물의 저작자는 계약 또는 근무규칙 등에 다른 정함이 없는 때에는 그 법인등이 된다. 다만, 컴퓨터프로그램저작물의 경우 공표될 것을 요하지 아니한다. 제9조.

표, 편집후기, 편곡물, 시험의 해답자료, 문헌목록, 부록, 색인과 같이 다른 저작자의 저작물을 소개, 완성, 예시, 설명, 개정, 논평 또는 그 저작물의 이용을 도우려는 목적으로 그 저작물에 2차적으로 부속된 것으로, 발행을 위하여 준비된 저작물을 말한다. “교과용 도서”란 발행하여 체계적인 교육활동에 쓸 목적으로 작성된 문자, 그래픽 또는 도면저작물을 말한다.[4]

업무상 저작물은 저작인격권이 인정된 시각예술에서 제외되므로 업무상 창작된 시각예술품은 저작인격권의 보호를 받지 못한다.[5]

Community for Creative Non-Violence v. Reid

연방대법원
490 U.S. 730(1989)

사 안

상고인(Community for Creative Non-Violence)은 1985년 가을 집없는 사람들의 곤경을 그린 전시물을 만들어 워싱턴 D.C.에서 매년 열리는 크리스마스 평화의 가장행렬에 참여하기로 결정하였다. 상고인의 회원인 스나이더(Mitch Snyder)와 다른 회원들은 전시물의 모습에 대한 아이디어를 떠올렸고 제목을 “제3세계 미국(Third World America)”으로 결정하였다. 스나이더는 조각품을 만들기 위해 피고 리드(Reid)를 소개받았고 두 사람은 가격과 재질을 논의한 끝에 위 조각품을 15,000불에 만들기로 합의하였다. 당사자들은 서류에 서명하지 않았고 저작권도 말하지 않았다. 제작과정에서 스나이더는 리드를 데리고 다니면서 상고인의 워싱턴보호소에서 살고 있는 가족들과 거리에서 살고 있는 집없는 사람들을 보여주었다. 스나이더의 의견에 따라 집없는 사람들이 그들의 몸을 따뜻하게 하기 위하여 앉거나 서 있기보다는 증기가 나오는 쇠살대에 몸을 기대고 있는 모습으로 조각되었

4) 17 U.S.C.§ 101(“works made for hire”).
5) 17 U.S.C.§ 101(“work of visulal arts”).

다. 상고인은 리드가 완성한 조각상에 쇠살대와 주춧대를 붙여 전시하였다. 조각상은 한 달간의 전시를 마치고 보수를 하기 위하여 리드의 작업실로 옮겨졌다. 스나이더는 집없는 사람들을 위해 모금을 하려고 조각상을 가지고 몇몇 도시를 돌아다닐 계획을 세웠으나 리드는 조각상이 순회여행을 할 만큼 튼튼하지 못하다는 이유로 이를 거절하면서 추가 비용을 들여 튼튼하게 만들어야 한다고 주장하였다. 그러나 스나이더는 리드의 제안을 거절하면서 조각상을 돌려달라고 요구하였다. 리드는 반환요구를 거절하고 조각상에 대해 자신의 이름으로 저작권등록을 하였다. 상고인과 스나이더는 조각상의 반환과 저작권자의 확인을 구하며 리드를 상대로 소송을 걸었다. 연방지방법원은 업무상 저작물로서 상고인이 저작권자라는 이유로 조각상의 반환을 명하였다. 연방 D.C.항소법원은 조각상은 업무상 저작물이 아니며 리드가 저작권자라는 이유로 지방법원의 판결을 파기하였다. 항소법원은 조각상이 상고인과 리드의 공동저작물인지 여부에 대한 심리가 필요하다고 덧붙였다.

판결요지

연방대법관 마샬(MARSHALL) :

조각물은 업무상 저작물의 정의규정 중 (2)항의 9개 범주에 속하는 특별히 주문이나 위탁을 받은 저작물은 아니다. 따라서 이 사건을 결정하는 쟁점은 "제3세계 미국"이 (1)항의 "근로자가 직무의 범위 내에서 작성한 저작물"이냐 하는 것이다.

저작물이 저작권법상 업무상 저작물인지를 결정하기 위해서는 법원은 먼저 보통법상 대리인의 법리를 이용하여 저작물을 근로자 또는 독립 계약자가 만들었는지를 확인해야 한다. 고용된 당사자가 보통법상 대리인의 법리에 따른 피고용인이었는지를 결정하기 위해서는 작품을 만든 수단과 방법을 통제할 수 있는 고용주의 권한을 고려하여야 한다. 다음과 같은 요소들이 이에 관련되어 있다. 필요한 기술, 수단과 도구의 공급원, 일하는 장소, 당사자들 관계의 지속기간, 고용주가 피고용인에게 추가업무를 맡길 권리를 가졌는지, 언제 그리고 얼마나 오래 일할 것인가에 관한 피고용인의 재량범위, 보수지급방법, 보조자를 고용하고 보수를 지급할 때 피고용인의 역할, 작업이 고용인의 정규업무의 일부분인지, 고용인이 영업중인지, 피고용인 보험규정, 피고용인의 세금처리.

이러한 요소 중 어느 것도 결정적이지 않다.

이 사건을 이러한 요소에 비추어 볼 때 우리는 리드가 상고인의 피고용인이 아니라 독립계약자라는 연방항소법원의 결론을 지지한다. 상고인의 구성원들이 리드에게 그들의 특정목적에 맞는 조각품을 만들도록 하기 위하여 리드의 작업을 충분히 지도한 것은 사실이다. 그러나 작품의 자세한 부분에 대하여 고용주가 행한 감독의 정도가 결정적인 것은 아니다. 리드는 숙련된 직업조각가이며 그가 소유한 도구를 썼고 볼티모어에 있는 자신의 작업실에서 일하였기 때문에 워싱턴에 있는 상고인이 그의 작업을 날마다 감독할 수 없었다. 리드는 2개월도 채 되지 않은 기간 동안 일하였고 그 기간 동안과 그 이후에 추가업무를 맡길 권리를 상고인이 가지고 있지 않았다. 조각완성일자를 제외하고는 언제 그리고 얼마동안 일할 것인가는 모두 리드가 결정하였다. 상고인은 리드에게 특정한 작업의 완성에 따른 대가로 15,000불을 지급하였는데 이는 독립 계약자가 종종 보수를 지급받는 방법이다. 리드는 보조자를 고용하고 보수를 지급하는데 모든 재량권을 가지고 있었다. 조각품을 만드는 것은 상고인의 정규업무는 아니다. 상고인이 세금을 내지 않았고 근로자연금을 제공하지 않았으며 실업보험이나 근로자보상기금에 기여한 바도 없다.

리드는 독립계약자이기 때문에 "제3세계 미국"이 업무상 저작물인지 여부는 업무상 저작물의 정의규정 (2)항의 요건을 충족하느냐에 달려 있다. 상고인은 위 조각품이 (2)항에 해당되지 않는다는 것을 인정하고 있다. 그러나 항소법원이 명백히 한 바와 같이 만약 당사자가 공동저작물을 만들 의도로 조각품을 준비하였다는 사실이 인정되면 상고인과 리드는 공동저작자가 될 수 있다. 그러므로 항소법원판결을 인용한다.

Aymes v. Bonelli

연방 제2항소법원
980 F. 2d 857(2d Cir. 1992)

사 안

1980년 피고 아일랜드의 사장인 피고 보넬리는 원고 에임즈를 컴퓨터 프로그래머로 고용하였고 에임즈는 “CSALIB”라 불리는 컴퓨터프로그램을 만들었다. 보넬리와 에임즈 사이에 CSALIB의 저작권이나 저작권의 양도에 관한 서면합의는 없었다. 에임즈는 대부분의 작업을 아일랜드의 사무실에서 하였고 보조자 없이 혼자 일하였으며 CSALIB을 만드는데 많은 자율적인 권한을 가지고 있었다. 비록 에임즈가 절반 정도는 정규시간동안 일했다 하더라도 항상 시간당 보수가 지급된 것은 아니었으며 때때로 청구서 형태로 보수가 청구되기도 하였다. 에임즈는 건강 또는 기타 보험혜택을 아일랜드로부터 받지 않았으며 아일랜드가 에임즈에 대한 고용주 세금을 내거나 연방 혹은 주의 세금을 에임즈의 보수로부터 공제하지 않았다는 사실은 다툼이 없다.

에임즈가 아일랜드를 그만둔 후 CSALIB에 대해 저작권등록을 하고 아일랜드와 보넬리를 상대로 저작권침해금지소송을 걸었다. 뉴욕 남부 연방지방법원은 컴퓨터프로그램이 업무상 저작물이라는 이유로 원고의 저작권침해주장을 받아들이지 않았다.

판결요지

판사 ALTIMARI :

1. 리드[6] 심사는 사건과 관계가 있을 수도 혹은 없을 수도 있는 여러 가지 고려사항을 나열하고 있기 때문에 쉽게 잘못 적용될 수 있다. 몇 가지

6) Community for Creative Non-Violence v. Reid 연방대법원 490 U.S. 730(1989).

사항은 종종 당사자가 독립계약자인지 혹은 근로자인지를 결정하는데 있어서 의미가 없거나 거의 중요하지 않다. 사실상 모든 사건에서 중요한 요소는 다음과 같다. (1) 창작방법과 수단을 통제하는 고용주의 권한, (2) 필요한 기술, (3) 피고용인 보험규정, (4) 피고용인의 세금처리, (5) 고용주가 피고용인에게 추가업무를 맡길 권리를 가졌는지 여부. 이러한 요소들은 대개 고용관계의 성질을 보여줄 가능성이 높은 것들로 비중있게 다루어져야 할 것이다. 이 사건에서 지방법원은 에임즈가 근로자라고 결정함에 있어서 리드판결이 제시한 각 요소들을 같은 비중으로 다루고 있다.

a. 통제권

기록상 아일랜드와 보넬리가 CSALIB을 만드는 방식을 통제할 권한을 가지고 있는 것은 분명하다. 에임즈는 완전히 혼자 일하지 않았으며 CSALIB을 만드는데 있어서 보넬리로부터 중요한 정보를 받았고 보넬리가 설정한 제한범위내에서 일하였다. 그러므로 이 요소는 에임즈가 근로자임을 인정하는데 유리한 것이다.

b. 기술수준

프로그래머로서 에임즈의 능력에는 보통사람 이상의 기술이 요구되었지만 독특한 전문지식이나 창작적인 천재성이 요구되지는 않았다고 본 지방법원의 판단에 동의하지 않는다. 프로그램을 제작하는데 있어서 에임즈가 대학원생일 때 숙련된 기술과 다른 회사에서 일할 때 쌓은 경험이 요구되었다. 에임즈가 젊고 전문 컴퓨터프로그래머로서 경험이 모자라다는 사실을 바탕으로 한 지방법원의 판단은 잘못이며 법원은 업무를 수행하는데 필요한 기술을 검토해야 한다. 에임즈는 분명히 숙련된 기술자이므로 이 요소는 그에게 유리하게 평가된다.

c / d. 고용보험혜택과 세금처리

에임즈가 건강, 실업, 생명보험혜택을 받지 못했고 아일랜드가 사회보장세금을 지불하지 않았으며 연방 혹은 주 소득세를 공제하지 않았다는 사실은 다툼이 없다. 아일랜드가 에임즈에게 각종 고용혜택을 주지 않았고 세금을 내지 않은 것은 에임즈를 독립계약자로 간주하였음을 나타내주고 있다. 아일랜드는 고용관련보험과 세금면에서 부담을 줄이기 위해 에임즈를 독립

계약자라고 주장하고 지금에 와서는 저작권책임을 피하기 위하여 그 지위를 부정할 수는 없다. 이 두 가지 요소들은 다툼이 없기 때문에 더욱 비중 있게 평가되어야 한다.

e. 다른 업무를 맡길 권한

지방법원은 보넬리가 CSALIB를 만드는 것 이외에 에임즈에게 다른 일을 맡길 권한을 가지고 있었고 실제 다른 업무를 맡겼다고 판시하고 있다. 그러나 추가업무는 에임즈 프로그램에 문제가 생겼을 때 해결이 요청되는 고장수리업무일 수 있다는 점에서 이 요소의 비중은 크지 않다.

f. 나머지 요소들

나머지 요소들은 이 사건에서 상대적으로 중요하지 않거나 무시해도 될 만한 것들이다. "보수지급방법"은 매우 중요한 요소이지만 에임즈는 시간당 보수를 받기도 하고 어떤 때에는 특정 업무를 완성하고 일정 금액을 받기도 해서 양쪽 모두의 입장을 뒷받침하는 데 사용될 수 있기 때문에 이 사건을 결정하는 요소가 될 수 없다. "업무가 아일랜드의 정규 업무였는지"는 업무상 저작물에 관한 청구를 판단하는데 보통 거의 쓸모가 없다. 왜냐하면 대부분의 회사들이 관리자, 회계사, 비서 그리고 컴퓨터 프로그래머와 같은 수많은 보조인력들을 채용하고 있기 때문이다. "아일랜드가 영업중인지 여부", "언제 그리고 얼마나 일할 것인가에 관한 재량권", "관계의 지속기간", "작업장소", "장비의 공급자", "보조자를 채용할 권한" 등은 의미가 없거나 양쪽 모두에게 유리하게 해석될 수 있는 것들이어서 이 사건에서 결정적인 요소가 될 수 없다.

2. 독립계약자였다는 에임즈의 주장을 뒷받침하는 요소, 즉 그의 기술과 고용혜택, 세금관련 요소들은 에임즈가 근로자였다는 아일랜드의 주장을 뒷받침하는 요소, 즉 CSALIB을 만든 수단을 관리하였고 추가업무를 맡겼다는 요소보다 더 중요하게 평가되어야 한다. 결국 리드 법리를 적용할 때 우리는 에임즈가 CSALIB을 만들 때 독립계약자였음을 인정하게 된다. 지방법원 판결을 취소하고 환송한다.

2. 공동저작물(Joint Works)

"공동저작물"이란, 2인 이상의 저작자가 자신들의 기여분이 전체와 분리될 수 없거나 서로 의존하는 일부분으로 합체될 것이라는 의도를 가지고 작성한 저작물을 의미한다.7) 달리 합의되지 않는 한 공동저작자는 전체 저작물에 대하여 동등하고 분리되지 않는 권리를 갖는다. 이익이 생기면 다른 공동저작자에게 나눠줄 의무는 지지만 각 공동저작자는 바라는 바에 따라 저작물을 이용하거나 이용허락할 권리를 갖는다.

공동저작물이 되기 위해서 각 저작자의 기여내용이 독립하여 저작권의 보호대상이 되어야 하는 가와 당사자의 진정한 의사가 무엇인지가 문제된다.

Childress v. Taylor

연방 제2항소법원
945 F. 2d 500(2d Cir. 1991)

사 안

40년 이상 동안 배우로 활동한 피고 테일러는 희극배우 마블리(Jackie "Moms" Mabley)의 삶을 바탕으로 연극을 만드는데 관심을 갖고 자료를 모으고 그녀의 친구들, 가족들과 대담, 그녀의 농담 수집, 도서관의 자료를 검토하였다. 1985년 테일러는 "Moms" Mabley에 관한 대본을 쓰기 위하여 극작가 차일드리스와 만나서 승낙을 받고 모든 연구 자료를 넘겨주었으며 나중에 차일드리스의 요청에 따라 더 연구하기로 하였다. 차일드리스가 연극대본을 썼으나 테일러는 자료를 준 것 이외에 사실관계를 정리하고 연극에 담아야 할 중요한 요소들을 선택하는데 관여하였으며 일반 장면이나 등장인물을 포함시킬지를 함께 상의하였다. 그러나 차일드리스가 대본의 실제

7) 17 U.S.C.§ 101("joint work").

구조나 대사에 대해서는 책임을 지고 만들었다. 차일드리스는 대본을 마무리한 후 자신의 이름으로 저작권등록을 하였고 테일러는 연극을 만들었다. 두 사람 사이의 관계를 정리한 계약을 체결하려고 하였으나 실패하자 테일러는 차일드리스를 배제하고 연극을 만들기로 결정하고 콜드웰을 고용하여 마블리에 대한 대본을 쓰게 하였다. 테일러는 콜드웰에게 차일드리스의 대본 복사본을 주었고 변경사항에 대해 조언하였다. 콜드웰이 쓴 대본을 바탕으로 연극이 제작되었고 이 연극과 관련하여 차일드리스에 대한 언급은 없었다. 차일드리스는 저작권침해를 주장하며 테일러를 상대로 소송을 걸었고 테일러는 공동저작자로서 연극에 대한 권리를 공유한다고 주장하였다. 뉴욕 남부 연방지방법원은 테일러는 차일드리스 대본의 공동저작자가 아니며 콜드웰의 대본은 차일드리스 대본과 실질적으로 비슷하여 저작권을 침해하였다고 판결하였다.

판결요지

판사 JON O. NEWMAN :

공동저작권의 인정여부를 결정할 때 창작과정의 진실된 협력자가 공동저작권을 갖는 것을 보장하는 한편으로 단지 다른 사람의 도움을 받았다는 이유만으로 단독저작자의 배타적인 권리가 거부되는 위험을 막아야 한다.

공동저작물의 정의조항에서 나오는 실질 쟁점은 각 공동저작자의 기여내용이 저작권으로 보호되어야 하느냐 또는 단지 공동노력이 결합된 결과만이 저작권으로 보호되면 되느냐 이다. 판례와 저작권청은 각 기여내용이 저작권의 보호대상이어야 한다는 입장이다. 저작권으로 보호되지 않는 내용은 계약을 통해 보호하고 모든 공동저작자는 저작권으로 보호될 수 있는 내용을 기여해야 한다고 보는 것이 저작권법의 정신에 더 맞아 보인다.

공동저작물이 작성될 때 각 부분이 통합된 단위로 흡수 혹은 조합된다는 의사가 있는지 여부가 시금석역할을 한다. 작가-편집자 혹은 작가-연구보조자의 관계를 진정한 공동저작자의 관계와 구분하는 것은 자신들을 공동저작자로 여기는 각 당사자들의 의사가 부족하다는 것이다. 비록 공동저작자가 그들 관계의 법률상 결과를 이해할 것을 요구하지는 않지만 그들 관계의 특별한 특징은 이해되어야 한다. 계약상의 합의가 없는 경우에 각자가 공동저작자임을 의도했는지 여부가 유용한 기준이 된다. 저작자표시가 모든 사건에서 결정적인 것은 아니라 해도 하나의 근거가 될 수 있다.

공동저작자는 저작물에 대해 동등하고 분리되지 않은 권리를 가지고 있다. 이러한 권리의 동등한 공유는 모든 당사자들이 공동저작자가 됨을 충분히 의도했을 때 이루어져야 한다. 저작물의 창작을 도와주는 관계에 있을 때에는 로열티의 분배나 저작권의 일부 양도와 관련하여 당사자간의 협상을 통해 계약에서 자세히 정할 수 있을 것이다.

우리는 테일러의 기여가 독립하여 저작권으로 보호되는지 여부에 대해서는 결정할 필요가 없고 저작권으로 보호된다 하더라도 차일드리스가 공동저작권의 성립에 필요한 공동저작의사를 가지고 있었다는 것을 보여주는 증거는 없다. 테일러가 기여한 내용이 연극의 출연배우나 감독, 제작자가 한 유용한 조언 이상으로 발전되었다고 볼 증거도 없다. 극작가는 그렇게 쉽게 공동저작자가 되지 않는다. 지방법원은 차일드리스가 공동저작권을 협상하려는 테일러의 시도를 거부하였다는 것을 적절히 지적하였다. 저작당시 의도가 공동저작권 인정의 표준이긴 하나 그 이후의 행위도 이전의 마음상태를 나타내는 표시가 된다. 테일러의 공동저작권주장을 올바르게 거부한 지방법원판결을 인용한다.

Erickson v. Trinity Theatre, Inc.

연방 제7항소법원
13 F. 3d 1061(7th Cir. 1994)

사 안

원고 에릭슨(Erickson)은 피고 트리니티 극단(Trinity Theatre)의 설립자 가운데 한 사람으로 다음 3개의 연극대본을 썼다. 셰익스피어 소동, 타임머신, 초원의 목소리. "셰익스피어 소동"은 세익스피어와 동시대 작가들의 무대장면들을 편집한 것이다. 연극배우인 오스본은 에릭슨이 1988년에 "셰익스피어 소동"을 편집하였으나 어떤 장면이 포함될 것인가에 대한 많은 결정은 연습 중에 이루어졌다고 증언하였다. 그러나 합의가 이루어지지 않았을 경우에는 최종결정은 에릭슨이 했다. 에릭슨은 그가 배우로서 대본을 위해 제안하였다고만 생각했다.

타임머신은 인디언들의 민속설화를 바탕으로 한 5막의 연극이다. 에릭슨은 1984년 다른 두 연극배우들(린과 클린저)과 함께 연극을 만들기 시작하였다. 배우들은 원래 대본에는 없는 멜로드라마와 즉흥 장면들을 개발하는데 관여하였다. 에릭슨은 연습할 때 내용을 적었고 대본에 넣었다. 에릭슨의 승인없이는 아무 것도 대본에 들어갈 수 없었다.

1990년 에릭슨은 일리노이의 역사이야기를 기초로 한 연극 "초원의 목소리"를 썼다. 타임머신과 마찬가지로 대본작성은 많은 연극배우들이 관여한 창작 과정으로 연극배우들이 대화에 관한 아이디어를 제공하기는 했으나 마지막에 어떤 내용을 대본에 넣을지는 에릭슨이 정하였다.

1988. 7.에 에릭슨은 트리니티와 셰익스피어 소동, 타임머신의 공연에 대해 로열티를 주기로 하는 내용의 2년 이용허락계약을 체결하였고 이 계약이 "초원의 목소리"를 명시하여 포함하지는 않았으나 "초원의 목소리"의 공연도 로열티를 주기로 합의하였다. 트리니티는 계약기간이 끝난 뒤에도 1990. 11.까지 로열티를 계속 지급하였다.

에릭슨은 1991. 1. 트리니티를 그만둔 후 연극공연의 중단을 요구하였으나 트리니티가 이를 거절하자 저작권침해금지소송을 걸었다. 일리노이 동부 연방지방법원은 연극공연과 비디오테이프의 사용을 금지하였다.

판결요지

판사 RIPPLE :

1. 트리니티는 지방법원이 공동저작권을 입증하기 위한 근거로 공동작업을 인정하지 않았다고 주장하고 있다. 공동저작자는 각 저작자의 기여분

이 다르다 할지라도 저작물에 분리되지 않는 이해관계를 갖는다. 기여가 상대적으로 적은 저작자라 하더라도 공동저작자의 지위가 주어지면 많은 혜택을 받게 된다.

저작권법은 공동저작물을 둘 이상의 저작자가 자신들의 기여분이 단일한 전체와 분리될 수 없거나 서로 의존하는 일부분으로 합체될 것이라는 의도를 가지고 만든 저작물이라고 정의하고 있다. 그러나 법이나 입법연혁은 "분리될 수 없는", "서로 의존하는"의 뜻을 정의하지 않고 있다. 입법연혁은 분리될 수 없는 부분의 예로 하나의 소설에 두 사람의 기여나 하나의 그림에 두 미술가의 기여 등을 들고 있고 서로 의존하는 부분의 예로 노래의 가사와 곡조를 들고 있다. 그러나 공동작업을 했으나 공동저작물을 창작할 상호의사가 있었는지에 대해 다툼이 있는 이 사건과 같은 경우에 공동저작물로 인정할 지가 분명하지 않다. 법은 공동저작물을 창작할 의도가 있어야 한다고 규정하고 있기 때문에 공동작업을 했다는 이유만으로는 공동저작물을 인정하는 근거가 될 수 없다. 이런 점에서 우리는 차일드리스 판결의 판시내용에 동의한다. 몇몇 사람이 함께 작업을 했다는 이유만으로 당사자들이 각 기여내용을 하나의 저작물로 합체하기로 의도하였다는 요건을 충족하지 않는다.

2. 두 명 이상이 하나의 저작물을 창작할 의도로 협력했다 하더라도 각 기여자가 저작자로 간주될 수 있을 경우에만 공동저작물이 될 수 있다. 법원은 공동저작자라고 주장하는 저작자들의 기여내용을 평가할 때 두 가지 기준을 적용해왔다. 즉 님머(Nimmer)교수의 최소한의 기준과 골드스타인(Goldstein)교수의 저작권의 보호가능성기준이 그것이다. 최소한의 기준은 공동노력이 합쳐진 산물만이 저작권으로 보호되어야 한다는 것이며 저작권 보호가능성기준은 각 저작자가 기여한 내용이 각기 저작권으로 보호되어야 한다는 것이다.

님머교수의 기준은 그 자체로 저작권으로 보호되지 않는 아이디어나 개념이 공동저작물의 경우에는 보호를 받을 수 있게 되며 또한 아이디어의 기여라는 것은 극히 모호하여 실제 사건을 해결하는데 거의 도움이 안 된다. 이 사건의 경우 연극배우들이 기여한 내용을 비평가나 조언자의 그것과 어떻게 구분할 수 있는 지 알 수 없다.

골드스타인교수에 따르면 공동으로 기여하였다 해서 공동저작물이 되지 않으며 기여한 내용이 그 자체로 저작권의 대상이 될 수 있는 독창적인 표현을 나타내지 않는 한 공동저작권을 얻을 수 없다고 한다. 나아가 당사자들은 저작물이 창작될 때 공동저작자가 될 의도를 가지고 있어야 한다. 우리는 저작권법규정이 저작권보호가능성기준을 뒷받침하고 있다는데 동의한다. 그리고 이 기준은 다른 사람의 아이디어나 제안을 받아들이는 것이 단독저작권을 위태롭게 할 수도 있는 님머교수의 기준과는 달리 제한을 받지 않고 아이디어를 교환하도록 함으로써 문학과 예술의 창작성을 높일 수 있다. 또한 저작권으로 보호되지 않는 아이디어의 제공은 공동저작권에서 배제된다. 이 기준은 당사자들이 저작물에 기여한 정도가 공동저작자로 보호받을 수 있는 지를 판단할 수 있게 해 준다. 보호되지 않는 아이디어의 제공자는 그의 권리를 업무상 저작물규정과 저작물의 양도와 같은 계약에 의해서 보호할 수 있다.

3. 트리니티가 이 사건 연극이 공동저작물이라는 것을 입증하기 위해서는 첫째, 저작물이 창작될 때 당사자들이 공동저작자가 될 의사를 가지고 있었다는 것과 저작물에 대한 기여가 독립하여 저작권으로 보호될 수 있다는 것을 밝혀야 한다.

"셰익스피어 소동"은 트리니티 배우들이 에릭슨의 창작물을 바탕으로 즉흥연기를 하기 전에 거의 완성된 저작물에 기초하고 있다. 배우 오스본이 맥베드의 한 대사와 도입부를 넣도록 제안한 사실이 그를 공동저작자로 만들지 않는다. 제안이 포함될 것인 지와 어느 부분으로 들어갈 것인 지는 모두 에릭슨이 결정하였다고 그도 인정하고 있다. 에릭슨과 트리니티는 이용허락계약에서 보는 바와 같이 연극배우들을 "셰익스피어 소동"의 공동저작자로 보지 않았다. "초원의 목소리"에서와 마찬가지로 에릭슨은 연극의 이야기를 제공하였고 배우들의 어떤 제안들이 대본에 들어갈 것인가를 결정하였다. 배우들이 자신들을 공동저작자로 보지 않았으며 에릭슨이 그들을 대본의 공동저작자로 여겼다는 증거도 없다. 트리니티는 "셰익스피어 소동"과 초원의 목소리"에서 공동저작의사요건을 입증하지 못하였으므로 공동저작자라 볼 수 없다.

타임머신의 경우는 문제가 있다. 배우 린은 적어도 두 장면은 협동작업을 통해 개발되었다고 증언하고 있으며 창작된 대사는 자신 및 에릭슨의 것으로 간주했다. 에릭슨도 초기에 대본이 두 사람의 작품이라고 하였으므로 공동저작물로 창작할 의도가 있었다고 볼 증거가 있다. 타임머신과 관련하여 트리니티는 공동저작권을 형성하기 위한 필요한 의도가 있었다는 증거를 제시하였다.

연극이 공동저작물이 되기 위해서는 트리니티는 배우들이 기여한 내용이 독립하여 저작권으로 보호될 수 있음을 밝혀야 한다. 그러나 트리니티는 위 연극들에 대해 이 요건을 입증하지 못하였다. 배우들은 자신들이 기여한 특정부분을 가려내지 못하였다. 아이디어나 개선, 제안 그 자체는 저작권의 대상이 아니다. 결국 트리니티는 저작권보호가능성기준의 두 가지 요소들을 입증하지 못하였으므로 세 연극에 대한 공동저작권을 주장할 수 없다. 지방법원판결을 인용한다.

Thomson v. Larson

연방 제2항소법원
147 F. 3d 195(2d Cir. 1998)

사 안

1989년 라슨(Jonathan Larson)은 푸치니의 오페라 라보엠에 바탕을 둔 뮤지컬 렌트(Rent)를 만들기 시작했다. 1992년 여름 뉴욕극단의 예술감독 니콜라는 위 대본을 좋게 평가하고 연극의 구조와 내용을 개선하기 위해 극작가나 작가와 함께 일할 것을 여러 차례 제안하였으나 라슨은 렌트의 유일한 저작자로 남고 싶다는 이유로 한결같이 거절했다. 라슨은 1996년초로 예정된 연극 개막을 준비하면서 뮤지컬의 이야기를 정리하는데 도움을 받기 위해 뉴욕대학의 극작분야 교수인 톰슨(Thomson)을 고용하자는 뉴욕

극단의 제안을 받아들였다. 톰슨은 극작과 연출과정을 도와주고 필요한 연구를 하기로 하는 내용으로 뉴욕극단과 계약을 체결하였으나 최종작품의 소유권이나 저작권관계에 대해서는 계약서상 말이 없었다. 라슨과 톰슨은 1995년 여름과 가을에 대본을 놓고 매우 열심히 일하였다. 라슨은 대본상의 모든 변화내용을 바로 그의 컴퓨터에 입력하였고 톰슨은 특정한 대사나 구조상 또는 줄거리에서 그의 제안내용을 써놓지 않았다. 전문가들은 새로 만들어진 대본이 근본에서 변형되었다고 평가하였다. 1995. 11. 라슨은 뉴욕극단과 렌트를 계속 개정하기로 하는 계약을 맺었는데 이 계약서는 라슨을 렌트의 저작자로 확인하였고 톰슨은 언급하지 않았다. 1996. 1. 마지막 연습이 끝난 직후 라슨은 갑자기 죽었고 그 후 몇 주 동안 톰슨 등 4명은 대본을 손질하기 위해 함께 일하였다. 렌트의 개막은 대성공을 거두었고 톰슨과 라슨 유족간에 로열티분배에 관한 합의가 이루어지지 않자 톰슨은 자신이 공동저작자임을 확인하고 로열티의 16%의 지급을 구하며 라슨 유족을 상대로 소송을 걸었다. 뉴욕 남부 연방지방법원은 톰슨의 청구를 모두 기각하였다.

판결요지

판사 CALABRESI :

톰슨은 항소심에서 지방법원이 인정한 사실관계에 대해서는 크게 다투지 않고 지방법원이 공동저작권에 관한 차일드리스 기준을 올바르게 적용했는지 여부와 공동저작자가 아니라면 저작물에 기여한 부분에 저작권법상 권리가 있는지 여부에 초점을 맞추고 있다.

1. 공동저작권주장

차일드리스 판결에서 법원은 당사자들이 공동저작권에 관한 합의서를 남기지 않았을 경우에 저작물에 기여한 자가 공동저작자로 인정될 수 있는지에 대한 기준을 세웠다. 공동저작권을 주장하는 사람은 각 공동저작자가 ① 독립하여 저작권의 보호대상이 되는 내용을 저작물에 기여하였다는 것과 ② 공동저작자가 된다는 것을 충분히 의도하였다는 점을 입증할 책임이 있다.

1) 독립적인 저작권보호물의 기여

차일드리스 판결은 공동작업만으로는 공동저작권이 성립되지 않고 각 공동저작자의 기여내용이 독자적으로 저작권으로 보호될 수 있어야 한다고 판시하였다. 지방법원은 톰슨이 렌트의 대본에 최소한도 이상으로 저작권으로 보호될 수 있는 기여를 하였다고 결론내렸다.

2) 당사자의 의사

차일드리스 판결은 공동저작자가 되기로 하는 상호 의사가 있어야 한다고 하였다. 그러나 차일드리스나 그 이후 판결은 공동저작자가 되기 위해 필요한 의사가 무엇인지에 대해서는 뚜렷하게 정의하지 않았다. 공동작업자가 저작물에 대한 저작자표시, 결정권, 계약을 맺을 권리 등의 면에서 자신을 어떻게 간주하였는 지와 같은 사실관계가 참작되어야 함을 암시하였다. 차일드리스 판결은 한 사람은 주저작자이고 오직 하나의 쟁점이 그가 단독저작자인가 혹은 다른 사람과 함께 공동저작자인가 일 때 "의사"요건은 특히 중요하다고 강조하였다.

저작자임을 나타내는 중요한 지표는 저작물을 어떻게 바꾸고 무엇이 들어가야 하는지를 결정하는 권한이다. 지방법원은 라슨이 늘 렌트에 무엇을 넣을지에 대해 혼자 결정하는 권한을 가지려고 하였고 가지고 있었다고 판시하였다. 라슨과 뉴욕극단간의 11월 계약은 라슨이 렌트의 모든 수정에 대해 마지막 승인권을 가지고 있었고 그러한 변경사항은 라슨의 재산이 됨을 명시하여 표현하고 있다.

모든 대본들은 "라슨의 렌트"라고 적혀 있다. 라슨이 저자/작곡가, 같은 문서에 톰슨이 극작가로 적힌 안내책자도 있으나 그것이 공동저작자가 되려는 라슨의 의사를 담고 있다고 보기 어렵다.

당사자끼리의 계약이 공동저작자에 관한 당사자의 의사를 반영한 것과 마찬가지로 제3자와의 계약도 당사자의 의사를 나타낼 수 있다. 라슨과 뉴욕극단의 11월 계약은 라슨을 저작자로 쓰고 톰슨은 말하지 않았다. 라슨이 톰슨의 동의 없이, 톰슨을 거론하지 않고 자유롭게 계약을 맺었다는 것은 라슨의 뜻은 자신을 단독저작자로 여겼음을 나타내주고 있다.

그 밖에도 라슨은 단독작품으로 만들기 위해 대본개발에 작가의 도움을 받자는 제안을 거절해왔으며 공동저작권의 개념을 충분히 이해하고 있었음에도 자신을 톰슨과 함께 공동저작자로 여긴 증거는 없다.

3) 그러므로 라슨이 톰슨과 함께 자신을 공동저작자로 간주하지 않았다고 판시한 지방법원의 판결에 잘못은 없다.

2. 톰슨이 주장하는 저작권법상의 권리

대부분의 극작가들은 회사의 직원으로 일하며 그들이 만든 대본은 업무상 저작물로 보통 극작가들이 대본에 대해 저작권을 보유하지 않는다. 그러나 이 사건에서는 라슨과 톰슨 사이에 어떤 계약서도 없으며 대본이 업무상 저작물도 아니다. 톰슨은 만약 렌트의 공동저작자가 아니라면 자신이 기여한 내용을 나누어 그 부분에 대하여 단독저작자로서 모든 권리를 행사해야 하며 그 부분에 대한 저작권침해를 청구할 수 있어야 한다고 주장한다. 라슨의 유족들은 차일드리스 판결의 취지에 따라 편집자 또는 저작자를 도와주기 위해 고용된 다른 사람들이 기여한 부분은 공동저작권으로 인정하는 상호 의사가 없는 한 저작자에게 속해야 한다고 주장한다. 만약 단독저작자가 다른 사람들이 기여한 부분의 저작자가 될 수 없다면 톰슨이 제공한 내용은 명시 혹은 묵시적으로 렌트에서 사용할 수 있도록 라슨에게 이용허락된 것이라고 주장한다. 차일드리스 판결은 당사자간에 합의가 없고 저작권으로 보호받을 수 있는 내용을 기여한 사람이 공동저작자가 되지 못한 경우에 그 기여한 부분에 대한 권리를 갖는 지에 대하여 판단하지 않았다. 그러나 톰슨은 지방법원에서 주장하지 않았고 따라서 항소심에서 이러한 주장을 처음 하는 것은 옳지 않으므로 우리가 이에 대하여는 판단하지 않는다. 지방법원의 판결을 인용한다.

Weissmann v. Freeman

연방 제2항소법원
868 F. 2d 1313(2d Cir. 1989)

사 안

당사자들은 핵의학 분야에서 업적을 남긴 사람들이다. 당사자들의 관계는 항소인 와이즈만(Weissmann)이 몬테피오르 병원의 4년차 수련의이고 피항소인 프리만(Freeman)이 그 병원의 핵의학 과장일 때부터 시작되었다. 1970년대 후반 방사성의약품 IDA(iminodiacetic acid)의 파생물을 생산하는 회사에서 식품의약국의 승인을 얻기 위해 임상자료를 만들 과학자들이 필요하였다. 선택된 과학자 중의 한 사람이 프리만박사였고 와이즈만은 프리만박사의 지도로 초기 연구를 수행하였다. 두 사람이 처음 쓴 논문은 1979년에 발표되었고 그 이후 몇 년간 이어진 논문들이 프리만과 와이즈만 그리고 다른 과학자들의 이름으로 발표되었다. 이 사건에서 침해되었다고 주장되는 저작물의 초판은 1980년 쓰였고 그 이후 두 사람의 공동노력에 의해 계속 개정, 증보되었다. 와이즈만박사는 1985년에 논문(이하 “이 사건 논문”)을 작성하였는데 이 논문은 두 사람이 함께 작성한 이전의 논문들로부터 베낀 내용을 포함하고 있지만 사진들의 선택과 배열, 최신 자료의 소개, 새로운 내용의 추가, 기존 자료의 재배열과 같이 새로 추가한 내용도 들어 있다. 1987년 프리만은 강의자료를 만들기 위해 이 사건 논문에서 와이즈만의 이름을 빼고 자신의 이름으로 바꾼 후 50부를 복사하였다. 강의가 이루어지기 전에 복사본 하나를 입수한 와이즈만은 단독저작권을 주장하면서 사용해서는 안 된다고 요구하였다. 이 논문은 강의자료에서 삭제되었고 프리만은 이 사건 논문을 사용하지 않고 강의를 마쳤다. 그 후 와이즈만은 저작권침해금지소송을 걸었다. 뉴욕 남부 연방지방법원은 ① 프리만은 공동저작자이므로 와이즈만이 논문 저작권의 공동소유자이며, ② 이 사건 논문의 새로운 내용이 너무 적어 2차적 저작물로 보호될 수 없고, ③ 침해되었다고 주장하는 내용에 대해 프리만이 공동저작자가 아니고 이 사건 논문의 새로운 내용이 2차적 저작물로 보호될 수 있다 하더라도 프리만이 의도했던 이 사건 논문의 사용은 공정이용에 해당된다는 이유로 청구기각판결을 했다.

판결요지

판사 CARDAMONE :

A. 공동저작권

지방법원은 프리만이 이 사건 논문을 만드는데 관여한 바 없다고 인정했음에도 논문 자체에 대한 특별한 검토없이 이 사건 논문을 공동저작물로 보았다. 지방법원의 판단은 원저작물의 공동저작권은 자동적으로 공동저작자들을 2차적 저작물의 공동소유자로 만든다는 잘못된 견해에 바탕을 두고 있다. 그러나 이러한 견해는 원저작물과는 별개로 2차적 저작물을 독립하여 보호하려는 저작권법의 취지를 무시해버리게 된다. 2차적 저작물의 공동저작자가 되기 위해서는 각 저작자는 첫째, 저작물의 창작에 기여해야 하고 둘째, 그 기여가 이루어질 때 공동저작물로 만들려는 의사가 있어야 한다. 저작권법 §103(b)는 2차적 저작물에 대해서도 독립하여 보호하고 있기 때문에 원저작물에 대한 기여의사와 실질적인 기여가 2차적 저작물에 대한 저작권의 증거가 될 수 있다.

와이즈만과 프리만이 이 사건 논문의 원저작물을 준비하고 발행하는데 함께 협력하였지만 와이즈만은 새롭고 더 나은 방법이 있다고 믿었고 자신의 연구결과를 혼자서 쓰기로 결정하였다. 프리만은 이 사건 논문에 포함된 새로운 내용을 만드는데 참여하지 않았기 때문에 이 사건 논문에 들어 있는 원래의 공동저작자료에 대하여 공동저작자로서 가지고 있는 권리를 넘어서 이 사건 논문을 사용할 권리는 없다. 공동저작자 한 사람 개인이 2차적 저작물을 창작하기 위하여 공동저작물을 수정할 권리를 가졌다 하더라도 다른 공동저작자는 그의 관여없이 새로 창작된 저작물에 저작권을 갖지 못한다.

와이즈만이 이 사건 논문을 자신의 개인 저작물로 생각하였다는 것은 다툼의 여지가 없다. 와이즈만이 이 사건 논문의 저자로 자신만을 쓴 것은 공동저작물로 생각하지 않았음을 보여주며 프리만도 처음에는 이의를 제기하지 않았다. 와이즈만은 종전과는 달리 검토를 받기 위해 이 사건 논문을 프리만에게 보여주지 않았고 그의 논평도 받지 않았다.

결국 비록 이 사건 논문이 이전에 만들었던 공동저작물로부터 유래하였지만 프리만은 위 논문의 창작에 아무 역할도 하지 않았다. 프리만의 원저작물에 대한 공동저작의사는 이 사건 논문의 공동저작권과 관계없다. 이 사건 논문을 포함하여 IDA에 관한 두 사람의 이어지는 논문들은 계속 발전되는 하나의 공동저작물이기 때문에 이 사건 논문도 공동저작물이라고 본 지방법원의 결론은 §103 (b)가 원저작물과 별개로 2차적 저작물을 저작권으로 보호한 취지를 무시하였다.

B. 2차적 저작물

이 사건 논문이 저작권법상 2차적 저작물로 보호될 수 있는가이다. 지방법원은 이 사건 논문과 그의 선행 논문들은 꽤 오랜 기간 동안 발전되어 온 것이며 와이즈만이 더한 내용은 보잘것없어 창작성을 거의 보여주지 못하고 있다고 판시하였다. 우리의 견해로는 이 사건 논문에 포함시킬 대상, 내용의 선택과 배열은 저작권의 보호를 받기에 충분한 창작적 산물이다. 지방법원은 와이즈만이 추가한 새로운 내용을 자세히 살펴보지 않았다. 관련 서류를 검토한 결과 사진의 선택과 배열, 최신 자료의 소개, 새로운 내용의 추가, 기존 자료의 재배열, 추가 자료의 선택과 설명, "선천성 장애"에 관한 항목의 추가 등 6가지 내용을 더하였다. 지방법원은 위와 같은 추가 및 개정내용의 많은 부분이 기존 저작물을 그대로 베낀 것이어서 이 사건 논문이 새롭지도 않고 저작권으로 보호될 수 있는 것도 아니라고 보았다. 이러한 결론은 기존 자료의 재배열뿐만 아니라 기존 저작물로부터 대상과 내용의 선택을 명시하여 보호하는 입법취지를 아예 무시하게 된다. 나아가 두 사람의 기존저작물을 견주면 많은 차이가 있으며 이 사건 논문은 IDA를 새롭고 독창적인 방식으로 다루고 있음을 알 수 있다. 그러므로 우리는 와이즈만이 기존의 공동저작물을 개정하고 새로운 내용을 더한 것이 2차적 저작물로 보호받기에 충분할 만큼 §103(b)와 판례에서 정한 요건을 갖추었다고 본다.

C. 공정이용

프리만의 이 사건 논문 사용이 저작권법상 공정이용에 해당하는 지를 판단하기 위해서 §107의 4가지 요소를 차례로 본다.

1) 이용의 목적과 성격

지방법원은 프리만이 강연료로 250달러만 받았고 그 밖의 이익을 얻으려고 하지 않았기 때문에 첫 번째 요소는 프리만에게 유리하게 평가된다고 보았다. 그러나 프리만은 와이즈만의 논문을 사용하려고 함으로써 학계에서 인정과 저술명예를 얻으려고 했다. 학계와 관련해서 이익을 수입만으로 평가하는 것은 잘못이다. 그보다 가치있는 것은 인정이다. 왜냐 하면 인정을 받는 것은 때때로 업적평가에 영향을 미치기 때문이다. 나아가 프리만의 이용목적이 와이즈만과 같은 경우, 즉 전문 토론회의 강연자료집으로 이용된 경우 그러한 이용은 공정이용의 주장을 크게 약화시킨다. 그러므로 이 요소는 프리만에게 불리하게 평가된다.

2) 저작물의 성격

지방법원은 소설이나 허구의 작품에 비해서 사실 저작물은 널리 퍼트릴 필요성이 더 크며 이 사건 논문이 과학 저작물이라는 이유로 두 번째 요소가 프리만에게 매우 유리하게 평가된다고 보았다. 이 사건 논문의 과학적인 성격은 프리만에게 유리하게 작용하지만 저작자의 노력을 보상함으로써 그들의 재능을 펼치도록 장려하는 것이 공공복지를 향상시키는 가장 분명한 방법이라는 것을 고려해 볼 때 두 번째 요소는 어느 쪽에도 확실하게 기울지 않는다.

3) 이용의 양과 실질

세 번째 요소와 관련하여 저작물의 모든 내용을 복제했다면 일반적으로 공정이용이 될 수 없다. 지방법원은 기존저작물에 와이즈만이 조금 추가한 내용을 프리만이 베낀 행위는 그 행위가 하찮은 위반이라고 결론지었다. 이 사건 저작물은 제목을 바꾸고 저자를 바꾼 것 외에 전체가 그대로 복사되었다. 이러한 이용은 명백히 불합리하며 사소하지도 않다.

4) 저작물의 가치나 시장에 미치는 영향

네 번째 요소는 공정이용을 판단하는데 있어서 가장 중요하다. 지방법원은 프리만의 사용은 이 사건 논문의 시장가치를 떨어뜨리지 않을 것이라고 판단하였다. 그러나 이 사건과 관련된 핵의학 전문가들과 같은 작은 집단의 학계에서는 과학 업적의 인정이 전문가로서의 활동에 결정적이다. 프리만이 와이즈만과 똑같은 목적으로 이 사건 논문을 이용하려고 한 것은 와이즈만이 노력한 대가를 얻기 힘들게 할 뿐만 아니라 핵의학 분야에서 연구와 발표를 이어가려는 의욕을 꺾게 된다. 지방법원은 학계의 승진과 종신재직의 현실보다는 판매와 그 수입만으로 판단한 잘못이 있다.

이와 같은 모든 요소들을 학자의 과학 연구와 발표의 면에서 고려해 볼 때 공정이용을 주장하는 프리만에 불리하게 기운다.

D. 위와 같은 이유로 우리는 이 사건 논문이 개인이 저술하여 저작권의 보호를 받을 수 있는 2차적 저작물이고 이를 사용한 프리만의 행위가 공정이용에 해당되지 않는다고 판단한다. 지방법원판결을 파기한다.(PIERCE판사의 별개의견, LUMBARD판사의 반대의견 생략)

3. 집합저작물(Collective Work)

집합저작물은 정기간행물, 선집 또는 백과사전과 같이, 그 자체가 별개의 독립된 저작물인 다수의 기여분이 집합된 전체에 조합되어 이루어진 저작물을 의미한다.[8)]

집합저작물의 각 기여분에 대한 저작권은 집합저작물 전체의 저작권과 구별되며, 처음부터 기여분의 저작자에게 속한다. 집합저작물의 저작권자는, 저작권 또는 저작권을 이루는 권리의 명시적인 이전이 없는 때에는 이러한 특정 집합저작물, 그 개정판 및 그 후 일련의 동일한 집합저작물의 일부로서의 기여분을 복제 및 배포할 수 있는 권리만을 취득한 것으로 추정한다.[9)] 집합저작권과 관련해서는 집합저작권의 범위와 기여분에 대한 개별 저작권과의 관계에 관하여 다툼이 있다.

Tasini v. The New York Times Company, Inc.

연방 제2항소법원

206 F. 3d 161(2d Cir. 1999)

---

8) 17 U.S.C.§ 101("collective work"). 한국저작권법은 집합저작물에 관한 별도의 규정이 없으며 편집저작물의 일종으로 다룬다.

9) 17 U.S.C.§ 201(c).

사 안

타시니(Tasini) 등 6명의 원고 겸 항소인들은 잡지에 글을 쓰는 자유기고가이다. 피항소인 신문 및 잡지 발행인(이하 "발행인")들은 직원들이 쓴 글 뿐만 아니라 자유기고가들이 쓴 글을 실은 정기간행물을 발행해오고 있다. 이 사건에 관련된 자유기고가들의 글에 대해서 피항소인들은 보통 마감날짜, 글자수, 주제와 원고료를 협의하지만 저작권을 명시하여 이전받으려고 하지는 않았다. 피항소인 미드(Mead Data Central Corp.)는 수백 개의 신문과 잡지에 실려 있는 글들을 갖고 있는 대용량의 데이터베이스 넥시스(NEXIS)를 소유, 운영하고 있다. 계약에 따라 발행인들은 간행물내용을 디지털 형태로 미드에 제공해왔다. 넥시스 이용자들은 검색엔진을 이용하여 글을 찾아보거나 혹은 주제별로 여러 글들을 함께 볼 수 있다. 피항소인 마이크로 필름(University Micro-films International)은 CD-ROM 데이터베이스를 만들어 판매하고 있다. 계약에 따라 마이크로 필름은 뉴욕타임즈에 실린 글들을 담은 뉴욕타임즈 온디스크(NY Times OnDisc)와 잡지글 온디스크(General Periodicals OnDisc) CD-ROM을 만들어 판매하였다. 저작자들 주장의 요지는 발행인들이 자신들이 쓴 글을 데이터베이스에 제공했을 때 글에 대한 각자의 저작권이 침해되었다는 것이다. 피항소인들은 원고들이 각자 쓴 글의 저작권을 갖고 있음을 다투지 않고 발행인들은 자신들이 만든 편집물에 저작권을 가지고 있으며 저작권법 §201(c)에 의해 그 편집물의 개정판에 개별 글들을 복제하고 배포할 수 있는 특권이 주어져 있다고 주장하고 있다. 그러므로 이 사건의 핵심쟁점은 이 사건 데이터베이스를 원고들의 글이 실려 있는 개별 간행물의 개정판(a revision)으로 볼 수 있느냐이다. 뉴욕 남부 연방지방법원은 데이터베이스에 글을 담아 이용할 수 있게 한 것은 개별 간행물의 개정판에 해당되며 피항소인들의 이용허락계약은 §201(c)에 의해 보호된다는 이유로 원고의 청구를 기각하였다.

판결요지

WINTER :

첫째, §201(c)의 "집합저작물"의 "개정"부분에 대한 가장 자연스런 해석은 §201(c)는 정기간행물의 특정 호에 대한 나중의 편집-가령 신문의 마지막 편집-만을 보호한다는 것이다. 만약 피항소인의 주장대로 데이터베이스의 내용이 단지 특정한 집합저작물의 개정판이라면 나중에 발행되는 일련의 동일한 집합저작물의 일부로서 개별 저작물의 복제 및 배포를 허용한 규정은 불필요하게 될 것이다.

둘째, §201(c) 후문에서 규정한 집합저작권자의 권리는 저작권이 개별 기여분의 저자에게 속한다는 일반원칙에 대한 예외이다. "집합저작물의 개정"을 피항소인이 주장하는 대로 넓게 해석하는 것은 원칙을 집어 삼키는 예외를 만들 수 있다. §201(c) 후문은 발행인들이 저자가 쓴 글의 복사본을 직접 일반인에게 파는 것을 허용한 것은 아니다. 우리는 "개정판" 규정이 발행인들로 하여금 넥시스를 통하여 간접적으로 똑같은 목적을 이루도록 허용한다고 보지 않는다. §201(c)가 허용하는 이용이 피항소인이 주장하는 만큼 넓고 또 이전할 수 있는 것이라면 저작자가 보유한 배타적인 권리가 더 이상 의미가 있을지 의문이다.

이 사건 데이터베이스는 개정판으로 볼 수 있을 만큼 특별한 특징을 가지고 있지 않으며 사용자가 쉽게 접근할 수 있는 것은 저자소유의 개별 글들이다. 또한 마이크로 필름의 데이터베이스는 넥시스와 매우 비슷하게 작동하므로 발행인들이 마이크로 필름에 저작물의 데이터베이스 수록을 허락한 것도 §201(c)에 의해 허용되지 않는다.

우리가 판단한 오직 하나의 쟁점은 저작권이 이전되지 않은 경우 집합저작물의 저작자가 집합저작물에 들어 있는 개별 저작물에 대해 권리가 없음에도 다시 이용허락할 수 있는지 였음을 강조하고자 한다. 지방법원의 판결을 취소한다.

4. 저작권의 이전과 이용허락

저작권은 양도 또는 법률의 규정에 의하여 그 전부 또는 일부를 이전할 수 있으며, 유증하거나 상속법의 규정에 따라 개인 재산으로 이전할 수 있다. 제106조에 명시된 권리를 포함하여 저작권을 구성하는 권리들은 나누어 별개로 양도하거나 소유할 수 있다. 특정한 배타적 권리의 소유자는, 그 권리의 범위 안에서 본 법의 규정에 의하여 저작권자에게 부여된 모든 보호와 구제를 받을 수 있다.[10] 저작권의 이전은 그 효력이 시간 또는 장소로 제한되느냐를 묻지 않고, 저작권 또는 저작권을 이루는 어느 배타적인 권리의 양도, 저당, 배타적 이용허락 또는 기타 이전, 양여 또는 담보제공을 의미한다. 다만, 비배타적 이용허락은 포함하지 않는다.[11]

양도의 범위나 이용허락의 한계를 둘러싸고 당사자간에 다툼이 생기기 쉽다. 특히 이용허락당시 쉽게 예상할 수 없었던 새로운 전달매체(VCR, DVD, 데이터베이스 등)가 개발되면 이용허락의 범위가 문제된다. 판례는 계약문언의 해석에 따라 미래기술에 의한 무제한의 이용을 허락하였느냐를 판단하고 있다.

저작권 또는 저작권을 구성하는 배타적 권리의 소유는 저작물이 들어 있는 유체물의 소유권과는 다르다. 저작물이 처음 고정된 복제물이나 음반을 포함한 유체물의 소유권을 이전하는 것은 그 자체로서 유체물에 들어 있는 저작물의 권리를 이전하는 것이 아니며, 합의가 없으면 저작권 또는 저작권을 구성하는 배타적 권리의 이전으로 유체물의 소유권이 이전되지 않는다.[12]

저작권의 이전은 법률의 규정에 의한 경우를 제외하고, 양도증서 또는 이전각서를 쓰고, 양도한 저작권의 소유자 또는 그로부터 정당하게 권한을 받은 대리인이 이에 서명하지 아니하는 한 효력이 생기지 아니한다.[13]

---

10) 17 U.S.C.§ 201(d).

11) 17 U.S.C.§ 101("transfer of copyright ownership").

12) 17 U.S.C.§ 202.

13) 17 U.S.C.§ 204.

S.O.S., Inc v. Payday, Inc.

연방 제9항소법원
886 F. 2d 1081(9th Cir. 1989)

사 안

원고(S.O.S., Inc)는 종업원의 관리에 관한 컴퓨터 하드웨어와 소프트웨어를 공급하는 회사이고 피고(Payday, Inc.)는 오락산업계에 종업원의 관리에 관련된 서비스를 제공하는 회사이다. 원고는 1983년에 피고와 컴퓨터설비를 제공하고 프로그램의 이용을 허락하는 계약을 맺었다. 계약서에는 저작권이나 영업비밀에 관한 용어가 없었고 당사자들은 저작권이나 사용권을 가리키는 말의 뜻을 논의하지 않았다. 종업원 임금대장 프로그램은 원고의 직원인 코야마와 추(Chu)가 거의 모두 만들었다. 원고가 제공한 장치는 피고의 새로운 고객들을 위해서는 적절하였지만 피고의 모든 업무를 위한 것은 아니었다. 원고는 피고를 위해 계속 프로그램을 발전시켜갔다. 1985년 코야마와 추는 독립된 서비스회사를 차리기 위해 원고를 그만두었으나 원고를 위한 서비스는 계속 제공하면서 손상에 대비하여 프로그램의 정기 복사가 허용되었다. 프로그램을 달라는 피고의 요청을 원고가 거부하자 코야마와 추는 원고 컴퓨터에서 가져 온 원고의 임금대장 프로그램과 다른 여러 프로그램을 피고의 컴퓨터에 넣은 후 다른 컴퓨터언어(BITS BASIC)로 변환하였다. 프로그램복제사실을 의심한 원고는 저작권침해금지소송을 걸었다. 캘리포니아 중부 연방지방법원은 피고 승소판결을 했다.

판결요지

판사 FLETCHER :

지방법원은 피고가 계약에 따라 프로그램의 이용허락을 받았으므로 원고의 저작권을 침해하지 않았다고 판시하였다. 그러나 이용허락을 받은 자(a licensee)가 이용허락의 범위를 넘어 사용한 경우에는 저작자의 권리를 침해한다. 저작권이용허락은 허가되지 않은 사용의 금지를 전제로 한다. 원고와 피고의 계약서에는 "프로그램은 원고의 재산이고 피고는 사용할 권리가 있으나 원고가 모든 저작권을 보유한다."고 되어 있다. 사용할 권리가 저작권의 사용을 의미하지 않는다는 것은 전체 계약서 문맥상 뚜렷하다. 계약서는 저작권이나 저작자의 배타적인 권리를 명백하게 말하지 않고 있다. 피고는 고객들을 위하여 임금대장의 정보를 처리하는 데 필요한 것을 얻는 데만 관심을 가졌다. 피고가 프로그램을 돌리는 데 필요한 디스크 드라이버나 다른 기기를 빌리고 장치는 제3자의 사무실에 두기로 하는 규정은 어느 당사자도 피고가 고객들의 정보를 처리하여 그 결과를 얻는 것 외에 원시 코드 그 자체에 접근하는 것을 예상하지 않았음을 보여준다. 계약서의 문언은 원고가 모든 권리를 갖고 있다고 규정하고 있고 이 규정이 저작권뿐만 아니라 프로그램의 복제품에 대한 권리를 포함하는 것은 분명하다. 피고는 제한된 사용권한을 행사하기 위하여 소프트웨어의 복제품 하나를 가지고 있을 수 있으나 그 복제품을 소유할 수는 없다.

우리는 피고가 원고의 허락을 받지 않고 프로그램을 베껴서 개정판을 만든 행위는 이용허락의 범위를 넘었다고 본다. 이러한 행위가 원고의 저작권을 침해했는지에 대해서는 지방법원이 재심리를 통해 결정하여야 할 것이다.

Boosey & Hawkes Music Publishers, Ltd. v. Walt Disney Co.

연방 제2항소법원
145 F. 3d 481(2d Cir. 1998)

사 안

원고 부시(Boosey)는 스트라빈스키로부터 "봄의 제전"의 저작권을 양수받은 영국회사로서 피고 월트 디즈니가 위 곡이 들어 있는 영화 판타지아의 비디오카세트와 레이저디스크를 외국에 배포하는 것은 자신의 권리를 침해하였다며 소송을 걸었다. 스트라빈스키는 1939년 영화에서 위 곡의 사용을 허락하였으나 1947년에 스트라빈스키의 저작권을 취득한 부시는 위 이용허락이 비디오카세트와 레이저디스크의 배포를 허용하는 것은 아니라고 주장하고 있다.

디즈니는 1940년 스트라빈스키의 곡을 포함한 여러 고전음악을 이용하여 판타지아를 만들어 배포하였고 40년 이상 1939년의 이용허락계약에 의하여 영화에서 위 곡을 썼다. 1991년 디즈니는 판타지아를 비디오카세트와 레이저디스크로 만들어 미국 및 외국에 팔았다. 뉴욕 남부 연방지방법원은 이용허락계약은 디즈니에게 비디오테이프와 레이저디스크에 녹화할 권리를 주었다고 판단하였다.

판결요지

판사 LEVAL :

1939년 계약에 따라 디즈니가 "봄의 제전"을 판타지아의 비디오테이프와 레이저디스크에서 사용할 수 있는가가 문제이다. 원고는 장래의 기술을 명시한 규정이 없고 스트라빈스키가 계약이 허용한 권리를 제외한 모든 권리를 갖고 있는 상황에서 스트라빈스키의 음악을 영화에서 쓰도록 하는 이용허락이 비디오테이프와 레이저디스크에 담은 영화를 배포하는 것을 허용하지 않고 있다고 주장한다. 이용허락계약이 체결된 이후에 개발된 기술로 가능해진 새로운 판매방법을 통하여 이용허락을 받은 저작물을 이용할 수 있는가－종종 새로운 사용문제(new-use problems)라고 부른다.－에 관한 분쟁은 영화가 출현한 이후 법원을 괴롭히는 문제가 되고 있다. 1939년의 합의는 "영화에서" 쓸 목적으로 "어떤 방법, 매체, 형태로 음악을 기록할" 권리를 양도하였다. 이 문구는 비디오테이프와 레이저디스크에 영화를 담아 배포하는 것을 포함할 만큼 넓다. 만약 새로운 사용에 대한 이용허락이 계약 무렵 새로운 배포매체에 대한 예측이 가능하냐에 달려 있다면 디즈니는 장편영화를 집에서 볼 수 있는 초기형태의 시장이 1939년에 있었다는 증거를 냈다. 우리는 법원이나 학자들이 새로운 기술이 가져오는 장래의 발전된 시장을 망라하는 광범위한 이용허락계약의 가능성에 대하여 완전히 일치하지 않고 있음을 알고 있다. Bartsch판결[14]은 계약문구가 새로운 사용을 포함할 만큼 광범위하다면 계약 무렵 전혀 알려지지 않은 새로운 매체가 아닌 한, 예외의 설정은 양도인에게 있다고 판단하였다. 반면에 이용허락계약은 명백한 계약문언의 의미에 속하는 이용만을 포함하며 모호한 경계선에 있는 사용은 배제한다고 보는 견해도 있다.[15] 이 견해에 따르면 1939년의 이용허락은 1939년 당시에 이해하듯이 극장에서 상영되는 영화의 이용만을 포함하고 그 이후에 개발된 비디오테이프와 레이저디스크와 같은 영화의 배포방법은 포함하지 않을 것이다.

우리는 새로운 사용의 해석은 계약해석의 원칙에 따라야 한다고 본다. 계약서에서 하나의 뜻이 합리적으로 나온다면 그로부터 혜택을 받은 당사자는 그 뜻에 의존할 수 있어야 한다. 계약문구로부터 합리적으로 나오는 의미로부터 벗어나거나 예외를 주장하는 당사자는 제한이나 예외를 표현하는 말을 계약에 담아야 하는 부담을 져야 한다. 디즈니 이용허락계약서의 문구를 비디오테이프와 레이저디스크에 의한 영화의 판매를 배제하기 보다는 포함하는 것으로 해석하는 것이 더 합리성이 있다. 그러므로 계약에 이미 들어 있는 내용을 되풀이하는 용어를 추가하는 책임이 디즈니에게 있다기 보다는, 만약 스트라빈스키가 나중에 개발된 영화기술로부터 생기는 새로운 시장을 제외하기를 원했다면, 그러한 제한을 계약에 집어넣으려고 했다면 그 책임은 스트라빈스키에 있다. 지방법원이 이용허락계약의 기본용어는 비디오테이프와 레이저디스크에 판타지아를 담아 배포할 권리를 포함하고 있다고 본 것에 잘못은 없다.

---

14) Bartsch v. Metro-Goldwyn-Mayer, Inc., 연방 제2항소법원 391 F. 2d 150(2d Cir. 1968).

15) Cohen v. Paramount Pictures Corp., 연방 제9항소법원 845 F. 2d 851(9th Cir. 1988). Rey v. Lafferty, 연방 제1항소법원 990 F. 2d 1379(1st Cir. 1993) 참조.

Rey v. Lafferty

연방 제1항소법원
990 F. 2d 1379(1st Cir. 1993)

사 안

익살맞은 원숭이를 묘사한 어린이용 책 "호기심 많은 조지"의 저작권자인 원고 레이(Margret Rey)는 1979년 래퍼티(Lafferty Harwood & Partners)에 위 책의 내용을 104가지 에피소드로 이루어진 TV시청용 만화로 만들어 방송하는 것을 허락하였다. 만화제작이 완성된 후 1983년에 레이와 래퍼티는 부산품 계약을 맺어 레이의 사전허락하에 래퍼티는 위 만화에 관한 책과 영화, 테이프, 음반, 비디오를 만들 권리를 보유하였다. 래퍼티는 자회사를 통해 소니에 위 TV시리즈물을 비디오테이프로 만들도록 하였다. 1991년 레이는 래퍼티를 상대로 부산품계약가 끝난 후, 소니 비디오의 계속되는 무단생산은 저작권, 상표권 등을 침해하였다며 소송을 걸었다. 매사추세츠 연방지방법원은 소니 비디오는 레이의 저작권을 침해하였다고 판결하였다.

판결요지

판사 CRY :

래퍼티는 TV시청용 만화를 제작하도록 허락한 계약은 비디오도 제작할 수 있는 권한을 포함하고 있다고 주장하고 있다. 지방법원은 계약상 TV시청에 관한 규정은 계약체결당시 존재하지 않았던 비디오기술은 포함하지 않는다고 보았다.

a) 새로운 사용과 저작권법

우리는 1979년 계약체결 당시 이 사건에 관련된 비디오기술은 없었다는 지방법원의 사실인정을 받아들인다. 계약체결당시 당사자들은 비디오카세트 형태로 "호기심 많은 조지" 만화를 TV로 보는 것을 특별히 생각하지 않았음이 추론된다. 그러한 특정한 의사가 없었음은 이용허락을 받은 저작물을 예측하지 못했던 방식으로 사용하는 새로운 기술의 발전으로 인하여 "새로운 사용"의 문제를 낳는다. 보통 법원은 "새로운 사용"에 관한 당사자의 상호 의사가 계약의 문구나 주변상황, 거래관습에 의해 파악될 수 있다면 그러한 의사를 확인할 수 있는 표시를 찾으려고 해왔다. 그러나 의사를 나타내 주는 믿을 만한 표시가 없는 경우 법원은 정책적인 고려에서 이 문제를 풀기 위해 몇 가지 해석방법에 의존해왔다. 선호된 방법론으로 법원은 당사자의 다른 의사를 나타내 주는 표시가 없는 경우 이용허락을 받은 자는 계약에서 정한 매체안에 포함된다고 합리적으로 말할 수 있는 어떤 사용도 할 수 있다고 판단할 수 있다. 이 해석론에 따르면 법원은 적어도 계약을 할 때 당사자들은 불특정한 "새로운 사용"의 가능성을 예측할 수 있다고 추정할 것이다. 다른 해석방법론으로는 규정된 매체(예를 들면 영화)에 대한 권리의 이용허락은 용어의 명확한 핵심 의미안에 속하는 사용만을 포함하고 불분명한 경계선에 놓여 있는 사용(예를 들면 TV에서 영화의 방영)은 배제한다고 가정한다. 이 방법론은 이용허락을 받은 자가 새로운 매체에서 뜻밖의 횡재를 하는 것을 막으려고 하며 또한 계약체결당시 이용허락을 받은 자가 불평등한 교섭력을 이용하려고 하는 상황에서 적절하다. 또한 특정한 "새로운 사용"이 완전히 예측불가능하고 계약체결당시 당사자들 사이에 협상의 한 부분이 될 수 없었을 경우에 알맞다. 이 방법론은 기술 발전이 예측가능하고 대등한 교섭력을 가진 당사자들 사이의 계약일 경우에는 맞지 않을 것이다.

b) "새로운 사용"으로서 비디오기술

이러한 해석론들은 TV에 관한 권리를 새로운 비디오형태로 확대하는 것과 관련하여 다른 결과를 낳았다. Rooney사건[16]에서 법원은 원고들의 영화를 "현재나 미래의 어떠한 방법이나 수단" 그리고 "현재 알려진 혹은 알려지지 않은 방법"에 의해 상영할 수 있는 일반 이용허락을 영화배급업자에

16) Rooney v. Columbia Pictures Industries, Inc., 538 F. Supp. 211(S.D.N.Y.), aff'd, 714 F. 2d 117(2d Cir. 1982). Platinum Record Co. v. Lucasfilm, Ltd., 566 F. Supp. 226(D.N.J. 1983). 참조.

게 준 계약은 나중에 개발된 비디오기술에 의한 영화의 배급권도 포함하고 있다고 판결하였다. 반면에 Cohen[17]사건에서는 계약상 TV로 영화를 상영할 권리를 주었으나 그 경우를 빼고는 이용허락자에게 저작물의 모든 권리와 사용을 유보한 광범위한 제한규정이 있는 경우 비디오카세트형태로 영화를 파는 권리는 포함되지 않는다고 판결하였다.

비록 비디오카세트를 TV수상기를 통해 볼 수 있다 하더라도 비디오카세트를 트는 것이 TV에 의한 전시에 해당되지 않는다. TV는 신호를 소비자의 가정으로 보내기 위해 중계소와 케이블을 필요로 한다. 소비자의 선택은 채널에서 볼 수 있는 것에 제한되며 프로그램이 끝나면 다시 볼 수 없다. 반면에 비디오카세트는 TV에서와 같은 제한을 받지 않으며 중계소의 관여도 필요없다. 전통의 TV수상기가 TV신호를 받아 비디오카세트의 내용을 화면에 나타내기 위해 사용된다는 사실 외에 TV와 비디오카세트가 가지고 있는 공통점은 거의 없다.

c) 비디오권리와 이용허락계약

우리는 TV시청을 위하여 104개의 에피소드에 대한 권리를 준 것이 비디오카세트형태로 배포하는 권리를 포함하지 않는다고 본다. 첫째, Rooney나 Lucasfilm사건과 달리 계약서에는 아직 개발되지 않은 기술에 관한 권리의 일반적인 양도규정이 없고 장래의 상영방법에 대한 뚜렷한 언급도 없다. 비록 Cohen사건처럼 특정한 제한문구는 없지만 그러한 제한은 당사자들의 상황과 TV시청용 권리가 부여된 조항의 일반 취지로부터 합리적으로 추론할 수 있다고 믿는다. 둘째, TV시청과 비디오카세트시청은 함께 존재하는 말이 아니다. TV신호를 받기 위한 표준 TV세트는 비디오카세트를 보기 위해 반드시 필요하지 않다. 비디오카세트를 화면에 보여주는 수상기만이 필요하다. 계약문언이 새로운 사용을 허용하기에 충분할 만큼 넓지 않다고 본 지방법원의 판단을 뒤집을 만한 당사자들 사이의 상호의사를 보여주는 자료는 없다. 마지막으로 이용허락계약에 익숙한 전문투자회사인 래퍼티가 이 사건 계약서를 만들었다는 증거는 지방법원의 판단이 옳다는 것을 뒷받

17) Cohen v. Paramount Pictures Corp., 연방 제9항소법원 845 F. 2d 851(9th Cir. 1988).

침한다. 나이가 많은 레이는 계약서 작성에 참여하지 않은 것 같고 교섭과정에서 변호사의 도움을 받지 않은 것으로 보인다. 이러한 상황에서는 계약서의 모호함은 계약서작성자에게 불리하게 해석되는 전통이 있다. 따라서 이 사건 소니 비디오카세트판매는 계약내용에 포함되지 않으므로 래퍼티는 레이에게 이용료를 지급하여야 한다는 지방법원판결을 인용한다.

Jacobsen v Katzer
연방항소법원 535 F. 3d 1373(FC Cir. 2008)

판사 HOCHBERG :

우리는 저작물을 공중이 자유롭게 사용할 수 있도록 허용하고 앞으로의 배포와 수정을 통제하는 "오픈 소스" 저작권 이용허락을 집행하는 저작권자의 권한을 살펴본다. 항소인 제이콥슨은 컴퓨터프로그램 코드의 저작권을 갖고 있다. 그는 이 사건 이용허락(Artistic License, 또는 public license)에 따라 무료로 웹사이트에서 내려받을 수 있게 하였다. 피항소인 캐쳐(Katzer/Kamind)는 모형 열차 산업과 취미생활자를 위한 상업 소프트웨어 제품을 만들었다. 제이콥슨은 캐쳐가 그의 웹사이트에서 저작물을 복사하여 이용허락 조건에 따르지 않고 캐쳐의 소프트웨어 패키지에 넣었다고 주장하였다. 제이콥슨은 저작권침해소송을 걸었고 금지명령을 신청하였다.

지방법원은 이 사건 오픈 소스 이용허락이 범위 제한 없는, 일부러 넓은 비배타적인 이용허락으로 만들어졌기 때문에 저작권침해가 없다고 판단했다. 지방법원은 다음과 같이 설시하였다.

원고는 피고가 소프트웨어를 수정함으로써 이용허락의 범위를 넘었고 저작권을 침해하였다고 주장했다. 그러나 JMRI 프로젝트 이용허락에는 이용자가 파일을 그대로 복사할 수 있거나, 더 크고 상업목적으로 배포하는 소프트웨어의 일부에 넣어 어떤 방식으로든 코드를 고칠 수 있다고 되어 있다. 이용허락은 분명히 이용자나 공중에게 "관례대로 이용하거나 배포할 권리와 합리적으로 조절할 권리"를 주고 있다. 그러므로 비배타적인 이용허락의 범위는 의도적으로 넓다. 이용자가 눈에 띄는 저작권표시를 하는 조건은 이용허락의 범위를 제한하지 않는다. 피고의 이용허락 조건 위반은 비배타적인 이용허락의 위반이지, 저작권 침해 책임이 아니다.

이를 바탕으로 지방법원은 금지명령 신청을 기각하였다. 우리는 취소하고 되돌려 보낸다.

Ⅰ.

제이콥슨은 JMRI(Java Model Railroad Interface)라고 불리는 오픈 소스 소프트웨어 집단을 운영하고 있다. 많은 참여자들의 공동 작업으로 JMRI는 모형열차광들이 모형 열차를 조종하기 위한 데코더 칩을 그들의 컴퓨터에 프로그램하기 위해 쓰는 데코더프로(DecoderPro)라는 이름의 컴퓨터 프로그램 앱을 만들었다. 데코더프로 파일은 SourceForge라는 이름의 오픈 소스 웹사이트에서 무료로 이용하거나 내려받을 수 있다. 제이콥슨은 SourceForge의 JMRI 사이트를 운영하고 있다. 내려받을 수 있는 파일들은 저작권 표시를 갖고 있고 이용자가 이용허락조건을 명확하게 설정한 "복제(COPYING)" 파일을 참조하도록 하고 있다.

캐쳐는 칩을 프로그램하기 위해서 사용되는 소프트웨어 경쟁 제품인 데코더 커맨더(Decoder Commander)를 제공하고 있다. 데코더 커맨더를 만드는 동안, 캐쳐의 직원이 데코더프로 정의(definition) 파일들을 내려받았고 이 파일들의 일부를 데코더 커맨더 소프트웨어의 일부로 썼다는 주장이 있었다. 데코더프로 파일을 쓴 데코더 커맨더 소프트웨어파일은 이용허락조건에 맞지 않았다. 특히 데코더 커맨더 소프트웨어는 다음 내용이 없었다. (1) 저작자 이름, (2) JMRI 저작권 표시, (3) 복제 파일의 참조, (4) 정의 파일들의 원출처로 SourceForge나 JMRI 확인, (5) 파일이나 컴퓨터 코드가 원 소스 코드와 어떻게 달라졌는지 설명. 데코더 커맨더 소프트웨어는 원 JMRI 파일들을 알리거나 어디서 표준 버전을 얻었는지의 정보를 주지 않고 데코더 프로 파일들의 많은 파일 이름도 바꿨다.

제이콥슨은 금지명령을 신청하면서 이용허락조건의 위반은 저작권침해에 해당되고 연방제9항소법원의 법에 따르면 저작권침해사건에서는 회복할 수 없는 손해가 추정된다고 주장하였다. 지방법원은 이 사건 이용허락을 살펴보고 나서 피고들의 이용허락내용 위반은 비배타적인 이용허락의 위반이지 저작권침해가 아니라고 판결했다. 지방법원은 제이콥슨은 이용허락 위반에 따라, 저작권침해청구보다는 계약위반에 대해서만 청구할 수 있다고 보았다. 계약위반은 회복할 수 없는 손해가 추정되지 않기 때문에 지방법원은 금지명령 신청을 기각하였다.

Ⅱ.

A.

오픈 소스 이용허락이라고도 불리는 공중이용허락은 공동작업을 하고 저작물을 공중에 기부하기를 바라는 예술가, 저작자, 교육자, 소프트웨어 개발자, 과학자들이 이용한다. 몇 가지 종류의 공중이용허락은 저작물의 창작자가 저작권을 보호하고 통제하는 수단으로 삼기 위해 만들어진다. 참고인 크리에이티브 커먼스(Creative Commons)는 저작물을 공중이 무료로 이용하도록 하거나 일부 권리를 유보하고 저작물 이용을 허락하는 자유저작권이용허락을 제공하고 있다.

오픈 소스 이용허락은 몇 십년전만 하더라도 거의 생각할 수 없었던 방식과 속도로 기술과 과학을 발전시키는데 공동 창작에서 널리 쓰는 방법이 되었다. 예를 들면 MIT는 1800개 강좌의 공개강좌 프로젝트를 위해 크리에이티브 커먼스를 이용하다. 다른 공중 이용허락으로 GNU/Linux 운영시스템, Perl 프로그램언어, 아파치 웹 서버 프로그램, 파이어폭스 웹브라우저, 웹 기반 공동 백과사전 위키피디아가 있다. 많은 크리이이티브 커먼스 이용허락에 따라 1억개 가량의 저작물이 이용된다.

오픈소스 소프트웨어 프로젝트는 전 세계 컴퓨터 개발자들이 컴퓨터 코드를 보고 수정하고 개선할 수 있도록 한다. 그러한 공동 작업을 통해 저작권자가 독립하여 작업하는 것보다 더 빠르고 더 적은 비용으로 소프트웨어 프로그램을 만들고 개선될 수 있다. 이 공동작업을 위해 저작권자는 뒤따르는 이용자들을 보호하고 코드를 계속 이용할 수 있도록 하는 조건으로, 소프트웨어 코드의 복제, 수정, 배포를 허용한다. 이용자들이 이용허락내용과 성명표시정보를 복사하고 계속 표시하도록 요구함으로써, 저작권자는 재배포된 컴퓨터 코드의 수령자들이 저작권자의 신원을 알 뿐만 아니라 원 저작권자가 준 이용허락의 범위를 알 수 있도록 보장할 수 있다. 이 사건의 이용허락도 컴퓨터 코드의 어떤 부분이 저작권자가 창작한 원래 코드이고 다른 공동작업자가 어떤 부분을 새로 더하거나 바꾸었는지를 뒤따르는 이용자들이 알 수 있도록 요구하고 있다.

본래 저작권자는 돈을 받고 저작물을 판다. 그러나 오픈 소스 이용허락에서 돈을 받지 않는다고 해서 경제적인 고려가 없다는 의미로 추정되어서는 안된다. 전통의 이용허락 수수료를 넘어서 공중 이용허락에 따라 저작물을 창작하고 배포하는 데는 경제 혜택을 포함하여 실질의 이익이 있다. 예를 들면 프로그램 창작자는 무료로 어떤 구성물을 제공함으로써 프로그램의 시장 점유율을 얻을 수 있다. 비슷하게 프로그래머나 회사는 오픈 소스 프로젝트를 착수하면서 국내 및 해외에서 명성을 높일 수 있다. 저작권자도 모르는 전문가가 무료로 빠르게 제품을 개선해줄 수 있다.

B.

당사자들은 제이콥슨이 웹사이트를 통해 나눠준 저작물의 저작권자임을 다투지 않는다. 캐쳐도 데코더프로의 일부가 데코더 커맨드 소프트웨어의 일부로 복제, 수정, 배포되었다는 사실을 인정하고 있다. 따라서 제이콥슨은 일단 저작권침해사실을 입증하였다. 캐쳐는 저작물 이용 허락을 받았기 때문에 저작권침해책임이 없다고 주장하고 있다. 그래서 법원은 캐쳐의 이용이 이용허락의 범위 밖인지를 판단해야 한다. 이 사건 저작물은 누구든지 내려받을 수 있고 저작권 표시와 이용허락내용이 들어 있는 복제 파일이 붙어 있다. 이용허락은 다음과 같은 조건으로 이용자에게 소프트웨어의 복제, 수정, 배포할 권리를 주고 있다.

이용자가 각 변경된 파일에 언제 어떻게 파일을 바꾸었다는 눈에 띄는 통지를 넣고, 적어도 다음 사항 중 하나를 이행하는 조건

a) 유스넷(Usenet)이나 같은 매체에 수정내용을 올리는 것과 같이 수정내용을 공유영역에 두거나 자유롭게 이용할 수 있도록 하거나, 수정내용을 ftp.uu.net와 같은 주요 보관 사이트에 올려놓거나 저작권자가 표준 버전에 수정내용을 포함하도록 허용.

b) 수정된 패키지는 이용자의 회사 또는 조직내에서만 이용한다.

c) 비표준 실행문의 이름을 지어서 그 이름이 표준 실행문과 충돌하지 않도록 하고, 각 비표준 실행문이 표준 버전과 어떻게 다른지 뚜렷하게 문서로 매뉴얼에 넣어 제공하여야 한다.

d) 다른 배포방법은 저작권자와 합의한다.

항소심에서 주장의 핵심은 이 사건 이용허락이 저작권 이용허락의 조건인가, 아니면 단순한 약정(covenants)인가이다. 저작물을 이용하는 비배타적인 이용허락을 준 저작권자는 보통 이용허락받은 자를 상대로 저작권침해로 제소하는 권리를 포기하고 계약위반으로만 제소할 수 있다. Sun Microsystems, Inc., v. Microsoft Corp., 188 F.3d 1115, 1121 (9th Cir. 1999); Graham v. James, 144 F.3d 229, 236 (2d Cir. 1998). 그러나 만약 이용허락의 범위가 제한되어 있고 그 범위밖의 행위라면, 저작권자는 저작권침해로 제소할 수 있다. S.O.S., Inc. v. Payday, Inc., 886 F.2d 1081, 1087 (9th Cir.1989); 님머 저작권법, § 1015[A] (1999).

그래서 만약 위배된 이용허락의 내용이 약정과 조건에 모두 해당할 경우, 이용허락의 범위를 제한하게 되고 저작권법의 규제를 받는다. 반대로 만약 단순한 약정이라면 계약법이 적용된다. 지방법원은 이 사건 이용허락의 제한이 독립한 약정인지, 조건인지를 명확히 하지 않았다. 그러나 이용허락의 제한을 조건보다는 약정으로 다루었음이 분명하다.

제이콥슨은 이용허락의 내용이 이용허락의 범위를 정하고 있고 그 제한을 벗어난 어떤 이용도 저작권침해라고 주장한다. 캐쳐는 이 내용은 이용허락의 범위를 제한하지 않고 있고 단지 저작물 이용방법을 정한 약정이며, 그의 위반행위는 손해배상이나 금지명령의 대상이 아니라고 주장한다. 캐쳐의 주장은 컴퓨터코드를 무료로 공중에 제공했기 때문에 제이콥슨의 저작권으로는 경제적인 권리가 발생하지 않는다는 가정을 바탕으로 하고 있다. 이러한 가정으로 캐쳐는 저작권법은 비경제 권리를 위한 청구원인을 인정하지 않는다고 주장한다.

Ⅲ.

이 사건 이용허락은 겉으로 보아 조건을 만든 것으로 보인다. “이 서면의 목적은 패키지를 복제하는 조건을 말하기 위해서다.” 또한 조건이 충족되면 복제, 수정, 배포할 권리를 준다고 말함으로써 전통적인 조건이라는 용어를 쓰고 있다. 캘리포니아 계약법에 따르면 "~한다면(provided that)"은 전형적으로 조건을 나타낸다.

이 사건 이용허락에 설정된 조건은 저작권자가 저작물의 후속 이용자들로부터 혜택을 받기 위해서 매우 중요하다. 저작물을 수정하거나 배포하는 후속 이용자들이 원래 소스 파일을 참조하도록 요구함으로써, 후속 이용자들은 제이콥슨의 웹사이트로 가게 된다. 그래서 후속 이용자들이 뒤따른 배포로부터 원래 프로젝트를 알게 되면, SourceForge 프로젝트를 개선하고 확장하는 공동 작업을 알게 되고 그 작업에 동참할 수 있다.

지방법원은 이 사건 이용허락을 해석하면서 어떤 방법으로든 이용자의 저작물 수정을 허용했다고 해석했고, "~한다면"의 제한이 그 허용을 제한하지 않았다고 보았다. 지방법원은 저작물을 수정하고 배포하는 권리를 규제하는 이용허락의 명시적인 제한을 인정하지 않았다. 저작권자는 만약 다른 조건을 협상하려고 한다면 저작권자와 직접 접촉하여 결정해야 한다는 내용을 분명히 말하였다. 이 제한은 경제 이익을 포함하여 오픈소스 이용허락의 공동작업 목적을 이루기 위해 분명히 필요하다. 또한 지방법원은 원작과 다른 모든 수정내용은 새로운 이름으로, 원작과 어떻게 다른지를 보여주는 별도의 설명과 함께 분명히 밝히라는 요건과 같은 다른 제한은 판단하지 않았다.

오픈소스 이용허락을 하는 저작권자는 저작물의 수정과 배포를 통제할 권리를 갖고 있다. 수수료를 받기 보다는 변경내용을 공개하고 설명하는 오픈 소스 요건에 맞추라는 방식으로 대가를 바라는 선택은 똑같은 법률보호를 받아야 한다. 손해배상액의 산정은 어렵기 때문에, 이러한 형식의 이용제한은 금지명령을 통해 집행되지 않으면 의미없게 될 것이다.

이 사건에서 JMRI의 저작물을 내려받은 이용자는 이용허락의 제한된 내용을 따르면 수정하거나 배포할 수 있다. 저작권자는 수정할 권리를 줄 수 있지만, 다른 수정을 막을 권리를 갖고 있다. 이 사건 이용허락은 다른 많은 저작권이용허락처럼 배포된 복제물이 저작권 표시와 "복제 파일"을 갖고 있도록 요구한다.

저작권 표시가 없고 원 컴퓨터 파일에서 변경한 내용을 추적하는 요건을 이행하지 않고 저작물을 수정하거나 배포하는 행위는 이 사건 이용허락의 범위를 넘는다. 만약 이용자가 "복제 파일"에 언급된 이러한 조건에 동의하지 않는다면, 저작권자와 달리 합의하여야 한다고 되어 있다. 캐쳐는 이러한 합의를 하지 않았다. 이 사건 이용허락의 뚜렷한 문언은 공중 이용허락을 주는데 쟁점이 되는 경제 권리를 보호하기 위해 조건을 만들었다. 이러한 조건들은 내려받은 소프트웨어 패키지에 들어 있는 컴퓨터 프로그램과 피일을 수정하고 배포하는 권리를 규제하고 있다. 저작권 표시와 수정 내용을 밝히라는 요건은 오픈 소스 프로젝트에 관심을 갖게 하고 뒤 따른 이용자들에게 정보를 준다. 그것은 법이 집행해야 할 저작권자의 중요한 경제 목표이다. 저작권자는 통제된 정보를 퍼트려서 오픈 소스 프로젝트에 창의적인 공동작업자를 모은다. 후속 이용자들이 만든 변경을 저작권자와 다른 사람들이 볼 수 있도록 공개함으로써, 저작권자는 소프트웨어 이용자를 알 수 있고 앞으로 소프트웨어 개발에 쓸 수 있는 다른 지식을 얻을 수 있다.

Ⅳ.

캐쳐가 이 사건 이용허락 조건을 따르지 않았다는 사실을 인정하는 것 같지만, 지방법원은 캐쳐가 그 조건을 위반했다는 사실을 증명함으로써 본안의 승소가능성이 있는지에 관한 사실인정을 하지 않았다. 지방법원의 판결을 취소하고 이 의견에 맞는 추가 절차를 위해 환송한다.

제6장 보호기간(DURATION)

1978. 1. 1. 이후에 창작된 저작물에 대한 저작권은 창작된 날로부터 존속하며 저작자의 생존기간 및 저작자가 사망한 후 70년간 존속한다.[1] 업무상 저작물은 처음 발행된 해로부터 95년 또는 창작된 해로부터 120년 중에서 먼저 끝나는 기간 동안 존속한다.[2] 1978. 1. 1.전에 창작되었고 저작권으로 보호되는 저작물에 대한 저작권은 1978. 1. 1.부터 위와 같은 기간 동안 존속한다.[3]

---

1) 17 U.S.C.§ 302(a).

2) 17 U.S.C.§ 302(c).

3) 17 U.S.C.§ 303(a).

제 7 장
저작권과 그 제한
(THE EXCLUSIVE RIGHTS AND THEIR LIMITATIONS)

§106은 저작권자가 갖는 6가지 종류의 배타적인 권리들을 나열하고 있다. 이 권리들은 §107 내지 §122의 규정내용에 따른 제한을 받는다.

1. 복제 및 2차적 저작물의 작성권 (The Reproduction and Adaptaion Right)

저작권자는 복제물이나 음반으로 저작물을 복제하거나[1] 저작물을 기초로 2차적 저작물을 작성하는[2] 권리를 갖는다.

복제권 및 2차적 저작물 작성권에 대한 제한으로 도서관과 기록보관소의 복제,[3] 방송사 등의 전송목적 순간복제,[4] 실용품에서 회화, 그래픽, 조각저작물의 복제,[5] 음반의 복제와 강제허락,[6] 컴퓨터 프로그램의 복제와 개작,[7] 건축저작물의 복제와 개작,[8] 시각장애인 및 그 밖의 장애인을 위한 복제[9] 등에

1) 17 U.S.C.§ 106(1).
2) 17 U.S.C.§ 106(2).
3) 17 U.S.C.§ 108.
4) 17 U.S.C.§ 112.
5) 17 U.S.C.§ 113.
6) 17 U.S.C.§ 115.
7) 17 U.S.C.§ 117.
8) 17 U.S.C.§ 120.
9) 17 U.S.C.§ 121.

관하여 그 범위와 한계를 상세히 규정하고 있다.

Mirage Editions, Inc. v. Albuquerque A.R.T. Co.
연방 제9항소법원
F. 2d 1341(9th Cir. 1988)

사 안

나겔(Patrick Nagel)의 미술작품에 대한 저작권을 보유하고 있는 원고 미라지(Mirage)와 뒤마(Dumas)로부터 이용허락을 받아 알프레드사는 나겔의 작품과 해설을 실은 책 "나겔의 미술"을 발행하였다. 항소인 앨버버키(Albuquerque A.R.T. Co.)는 위 책에서 그림들을 오려낸 후 개별적으로 세라믹 타일에 붙여 박은 후 타일을 팔았다. 미라지와 뒤마, 알프레드사는 항소인이 나겔의 미술작품과 책에 대한 저작권을 침해했다는 이유로 소송을 걸었다. 캘리포니아 중부 연방지방법원은 저작권침해책임을 인정하고 책에서 그림을 오려내어 타일에 붙이는 것을 금지하고 타일의 판매와 광고를 금지시켰다.

판결요지

판사 BRUNETTI :

항소인은 ① 타일은 2차적 저작물이 아니며, ② 최초 판매이론에 따라 저작권침해가 아니라고 주장하고 있다. 항소인의 행위는 나겔 미술책의 다른 판을 만든 것이고 2차적 저작물을 준비한 것과 마찬가지이다. 저작권자의 동의를 받지 않고 기존의 개별 미술작품을 붙임으로써 항소인은 2차적 저작물을 준비했고 피항소인의 저작권을 침해하였다. 저작권법은 2차적 저작물을 번역물, 편곡물, 극화물, 소설화물, 영화화물, 녹음물, 미술복제물, 축약물, 요약물 또는 기타 어느 저작물을 개작, 변형 또는 각색한 형태와 같이, 기존의 하나 이상의 저작물을 기초로 하여 작성된 저작물을 의미한다고 정의하고 있다.[10] 항소인은 미술품을 복제하지 않았으므로 타일은 2차적 저작물이 아니라는 항소인의 주장은 옳지 않다. 항소인은 "기타 어느 저작물을 개작, 변형 또는 각색한 형태와 같이"라는 문구를 무시하고 있다. 항소인이 책에서 개별 그림을 오려내어 타일에 붙인 것을 복제에 해당된다고 할 수는 없을 것이다. 그러나 항소인은 그림을 타일 제작과정에서 이용함으로써 개별 그림들을 분명히 개작 혹은 변형하였다.

최초판매이론에 의하여 항소인은 나겔의 책을 사서 그 책의 소유권을 양도할 수 있다. 그러나 양도할 권리는 항소인이 산 특정책에만 적용된다. 저작권보유자가 2차적 저작물을 만들 독점권을 특정하여 양도하지 않고 단지 항소인에게 책만 팔았으므로 그 권리를 양도하지 않았다. 2차적 저작물에 대한 권리는 손상되지 않고 저작권자에게 남아 있다. 항소인이 만든 타일은 2차적 저작물에 해당하고 2차적 저작물을 만들 독점적인 권리는 저작권자에게 속하므로 최초판매이론은 저작권침해주장에 장애가 되지 않는다.

지방법원의 판결을 인용한다.

Lee v. A.R.T. Co.

연방 제7항소법원
125 F. 3d 580(7th Cir. 1997)

사 안

피고(A.R.T. Company)는 원고(Lee)가 창작한 그림이 들어 있는 카드와 작은 석판화들을 산 후 그 그림을 타일 위에 붙여 팔았다. 원고는 위 타일은 2차적 저작물로서 자신의 저작권을 침해하였다며 소송을 걸었다. 일리노이 북부 연방지방법원은 원고의 청구를 기각하였다.

판결요지

10) 17 U.S.C.§ 101("derivative work").

판사 EASTERBROOK :

피고의 타일이 2차적 저작물이냐 여부가 이 사건의 쟁점이다. 지방법원은 독창성은 2차적 저작물의 본질 요소인데 원고의 미술작품을 붙인 피고의 타일은 전체로 보아 작품에 대한 변경이 저작권을 인정하기에 충분할 만큼 독창적이지 않으므로 2차적 저작물이 아니라고 판단하였다.

원고는 타일이 2차적 저작물임을 밝히기 위해서는 피고가 그의 작품을 2차적 저작물의 정의규정에 있는 방법들 중 하나의 방법으로 변경하였음을 입증하여야 한다. 피고가 원고의 그림을 사서 만든 타일은 미술복제품이 아니다. 또한 타일은 “기타 어느 저작물을 개작, 변형 또는 각색한 형태”가 아니다. 원고의 미술작품은 개작되거나 각색된 것은 아니다. 또한 세라믹판에 붙이는 과정에서 변경되지 않았고 그것이 원고의 작업실을 떠났을 때와 똑같은 모습을 지니고 있다. 만약 그림을 타일에 붙이는 일이 변형이라면 그림의 틀이나 사진틀을 바꾸는 것도 똑같이 2차적 저작물을 만드는 일이 될 것이다. 만약 원고의 주장이 옳다면 카드 위에 메모하거나, 술잔받침으로 쓰거나, 반으로 자르거나, 표장을 붙이는 것과 같은 작품의 작은 변경도 작가의 허락을 받아야 할 것이다. 만약 2차적 저작물에 관한 원고의 주장이 옳다면 미술가가 바라지 않는, 작품의 어떤 변경도 금지시킬 수 있는 극히 광범위한 일종의 저작인격권을 인정하게 된다.

우리는 Mirage Editions판결을 따르지 않으며 지방법원의 판결을 인용한다.

Lewis Galoob Toys, Inc. v. Nintendo of America, Inc.
연방 제9항소법원
964 F. 2d 965(9th Cir. 1992)

사 안

닌텐도 오락기구는 닌텐도가 판매하는 가정용 비디오 게임기구이다. 기구를 사용하기 위해서는 게임자는 닌텐도가 만든 비디오게임이 들어 있는 카트리지를 끼운 후 버튼을 누르고 조종기를 움직여서 게임을 진행한다. 게임은 저작권법상 시청각저작물로 보호된다. 게임 지니는 원고(Lewis Galoob Toys, Inc.)가 만든 장치로서 닌텐도 게임에 나오는 선수의 목숨을 연장시킬 수 있고 움직이는 속도를 증가시킬 수 있으며 장애물을 넘을 수 있는 기능을 추가하였다. 게임 지니는 닌텐도 오락기구와 카트리지 사이에서 보내지는 신호를 바꾸는 방식으로 작동하며 카트리지에 저장되어 있는 게임의 자료는 변경되지 않는다. 원고는 저작권을 침해하지 않았다는 확인판결과 금지명령의 취소를 구하고 닌텐도는 저작권침해금지를 청구하였다. 캘리포니아 북부 연방지방법원은 원고승소판결을 했다.

판결요지

판사 FARRIS :

A. 2차적 저작물

닌텐도는 지방법원이 게임 지니가 만들어낸 시청각물이 2차적 저작물이 아니라고 판단한 것은 잘못이라고 주장하고 있다. 2차적 저작물은 조금 구체적이거나 영구한 형태로 저작물을 담아야 한다. 법에서 열거한 2차적 저작물의 예[11]는 모두 기존의 저작물들을 물리적으로 합체시킨 것들이다.

독립 저작물이 창작되지 않았다는 지방법원의 판단은 기록에 의해 뒷받침된다. 게임 지니는 닌텐도 게임 카트리지에서 나오는 시청각 표현을 향상시킨 것뿐이며 바뀐 내용은 구체적이고 영구한 형태로 저작물의 일정부분을 담고 있는 것도 아니다. 게임 지니는 2차적 저작물이 될 수 없다.

게임 지니는 그 자체는 쓸모가 없으며 닌텐도 게임의 내용을 향상시켰을 뿐 복제하거나 개작한 것은 아니다. 또한 구체적이고 영구한 형태로 닌텐도 게임내용을 담고 있거나 만들지 않으며 게임카트리지 수요를 대체하지 않는다. 그러한 기술개발은 저작권법상 저작권을 침해하는 2차적 저작물을 구성하지 않는다.

11) 17 U.S.C.§ 101("derivative work").

B. 공정이용

지방법원은 게임 지니가 만든 시청각화면이 2차적 저작물이라 하더라도 그 화면은 닌텐도의 화면을 공정이용하였으므로 원고는 저작권법위반의 책임이 없다고 판단하였다. 개인이 가정에서 즐기기 위해 게임 지니를 쓰는 것은 비상업, 비영리 행위로 분류되어야 하므로 2차적 저작물을 창작하기 위해 게임 지니를 쓰는 행위는 공정한 것으로 추정된다. 지방법원은 전체로 보아 이용된 저작물의 양은 공정이용의 추정을 뒤집지 못한다고 보았다. 소니 판결[12)]은 저작물을 배포한 자는 그 저작물을 어떻게 이용할 것인 지를 통제할 수 없음을 인정하였다. 소비자들은 저작물을 좀더 편리한 시간에 볼 수 있도록 VTR을 이용할 수 있다. 소비자들은 마찬가지로 좀더 재미있게 게임을 즐기고 닌텐도의 게임내용을 발전시키기 위해 게임 지니를 쓸 수 있다.

게임 지니는 비상업 목적으로 사용되기 때문에 장래의 피해가능성은 추정되지 않으며 닌텐도는 장래의 피해가능성이 존재한다는 사실을 우세한 증거로 밝혀야 한다. 닌텐도는 지금까지 게임의 수정판을 발매했거나 발매를 고려하지 않았고 그러한 시장의 합리적인 존재가능성을 보여주지 못하였다는 지방법원의 결론은 기록에 의해 뒷받침된다.

게임 지니의 사용자는 닌텐도의 화면을 공정하게 이용하였다는 지방법원의 판단은 옳다.

2. 배포권(The Distribution Right)

저작자는 저작권이 있는 저작물의 복제물이나 음반을 판매, 소유권의 이전 또는 임대, 리스나 대여에 의하여 공중에게 배포하는 권한을 갖는다.[13)] 그러나 법에 따라 적법하게 만든 특정 복제물이나 음반의 소유자 또는 그로부터 권한을 부여받은 자는 저작권자의 허락없이 그 복제물이나 음반을 팔거나 처분할 권한이 있는데[14)] 이를 보통 최초판매원칙(the first sale doctrine)이라

12) Sony Corp. of America v. Universal Studios, Inc., 연방대법원 464 U.S. 417(1984).
13) 17 U.S.C.§ 106(2).
14) 17 U.S.C.§ 109(a).

한다. 그러나 최초판매원칙의 예외로 특정 음반이나 컴퓨터프로그램의 복제물을 소유한 자는 저작권자의 허락없이 직접 또는 간접의 상업 이익을 목적으로 그 음반이나 컴퓨터프로그램을 임대, 리스, 대여할 수 없는 제한이 있다.[15)]

저작권자의 허락없이 미국 이외의 지역에서 취득한 저작물의 복제물 또는 음반을 미국으로 수입하는 행위는 배포권의 침해라고 규정하고 있는데[16)] 해외에서 적법하게 판매된 저작물을 역수입한 경우에도 미국내 배포권을 침해한 것이냐, 아니면 최초판매원칙이 적용되느냐에 관하여 논란이 있다.

Quality King Distributers, Inc. v. L'anza Research Intern., Inc.

연방대법원
523 U.S. 135(1998)

사 안

피상고인 란자(L'anza)는 샴푸와 컨디셔너 기타 모발관리제품을 제조, 판매하는 캘리포니아 회사로 위 상품에 붙인 표지에 저작권을 갖고 있다. 란자는 미국내에서 판매권한을 위임받은 이발소, 미용실, 전문모발 관리점과 같은 제한된 곳에서만 물품을 팔았고 판매를 늘리기 위해 광고를 많이 하였으며 판매상들을 특별히 훈련시키기도 하였다. 란자는 상품을 외국시장에서 판매하기도 하였는데 광고나 판매촉진활동을 하지 않았기 때문에 값이 미국 내 값보다 35%에서 40%가량 낮았다. 그런데 외국에 판매된 상품이 란자의 허락없이 미국에 역수입되었고 판매권한을 위임받지 않은 판매상들이 상고인(Quality)으로부터 할인된 가격에 이 상품들을 사서 팔았다. 허가받지 않은 판매사실을 확인한 후 란자는 상고인과 다른 피고들을 상대로 복제권 및 배포권 침해금지소송을 걸었다. 캘리포니아 중부 연방지방법원은

15) 17 U.S.C.§ 109(b).
16) 17 U.S.C.§ 602(a).

상고인의 최초판매원칙에 바탕을 둔 항변을 배척하였고 연방 제9항소법원은 지방법원의 판결을 인용하였다.

판결요지

연방대법관 스티븐스(STEVENS) :

§106의 전문은 배포권을 포함하여 모든 독점권은 §§107부터 121까지의 규정에 따라 제한됨을 명확하게 밝히고 있다. 이러한 제한 중의 하나는 §106(3)의 규정에도 불구하고 적법하게 만든 복제품의 소유자가 그 복제품을 파는 행위를 허용하고 있는 §109(a)이다. 적법하게 만든 저작물이 처음 판매된 후 국내나 해외의 전매자로부터 그 저작물을 산 자는 명백히 그 물건의 소유자이다. §109(a)는 그러한 소유자가 저작권자의 허락없이 그 물건을 팔 수 있음을 분명히 밝히고 있다. §602(a)는 단순히 불법수입은 §106의 배타적 권리의 침해라고 규정하고 있고 그 권리는 적법한 소유자가 다시 파는 행위를 포함하고 있지 않으므로 §602(a)의 문언은 란자의 제품을 수입하여 미국에서 다시 판 국내 혹은 해외 소유자에게는 적용되지 않는다.

란자는 §602(a)의 권리는 §106의 권리와 다르므로 §109(a)의 제한을 받지 않으며 그렇지 않다면 §602는 불필요한 규정이라고 주장한다. §602(a)가 규정되기 전에도 저작권법은 이미 불법 혹은 허락받지 않은 복제품의 수입을 금지하고 있었기 때문에 §602(a)가 저작권자가 판매한 적법한 복제품의 수입을 규제하지 않는다면 위 규정은 쓸모없다고 주장하고 있다.

그러나 위 주장에는 몇 가지 같은 문제가 있다. 첫째, §602(a)가 비록 불법복제품에만 적용된다 하더라도 적어도 저작권자에게 수입자에 대한 사적인 구제방법을 제공하고 있다. 둘째, §109(a)는 저작권법상 적법하게 만든 복제품의 소유자에게만 적용되므로 수치인, 이용허락을 받은 자, 수탁자, 불법점유자는 최초판매항변을 할 수 없다. 셋째, §602(a)는 미국 이외의 국가에서 적법하게 만든 복제품에 대해서 적용된다. 같은 저작물이 미국과 외국에서 발행될 때 외국의 발행인은 미국에서 자신이 발행한 저작물을 판매할 수 없도록 합의하는 경우가 많다. 그 경우 그러한 계약에 위반하여 외국에서 발행된 저작물을 미국에서 판매하는 것은 금지된다. 이러한 시장배정계약이 없는 경우에도 미국에서 발행된 저작물만이 §109(a)가 규정한 "이 법에 따라 적법하게 만들어진" 것이 되며 최초판매원칙은 미국에서 저작물을 파려는 외국발행인에게는 적용되지 않을 것이다.

더 중요한 것은 §106의 권리들은 최초판매원칙의 제한을 받을 뿐만 아니라 §§107부터 121까지 모든 규정의 제한을 받는다는 사실이다. 만약 §602(a)가 §106(3)의 배포권에 관한 제한을 받지 않는 분리된 권리를 규정한 것이라면 수입업자들은 §107의 공정이용항변을 이용할 수 없을 것이다. 란자의 법해석에 따르면 한 배급업자가 미국 저작권법에 따라 보호되는 미국 소설의 발췌내용을 인용한 책비평 기사를 담고 있는 영국 신문을 수입하는 것은 불법이 될 수 있다. 공정이용항변이 정기간행물의 발행인뿐만 아니라 학문 저작물의 발행인들에게 중요하다는 점을 감안하면 의회가 미국 저작권법이 보호하는 내용을 복제한 어떤 복제품의 수입도 아예 금지하려고 했다고 믿기 어렵다. 저작권법은 판매를 돕기 위해 저작권으로 보호되는 저작물을 사용한 독창적인 상업제품보다는 창작활동에 대한 보상을 통해 독창성이 있는 작품을 보호하려는 데에 그 목적이 있다. 그러므로 외국출판물의 수입업자에 대하여 공정이용항변을 부정하는 영향을 고려하는 것이 적절하다. 그러한 출판물에 적용될 경우 란자의 법해석은 다른 상쇄할만한 이득없이 아이디어에 대한 접근만을 금지하게 될 것이다.

당사자들은 회색시장이나 병행수입의 관행에 대한 정부의 제한이 바람직가를 놓고 오랫동안 다투어 왔다. 그러나 이 주장들은 저작권법의 의미를 해석하는 우리의 의무와 무관하다. 항소법원의 판결을 취소한다.

Kirtsaeng v. John Wiley & Sons, Inc.

연방대법원 568 U.S.____(2013)

연방대법관 브레이어(BREYER) :

저작권법 제106조는 "이 법에 따른 저작권자"에게 "공중에게 팔거나 그 밖에 소유권을 이전하여 저작물의 … 복제본을 배포"할 권리를 포함한 "배타적인 권리들"을 주고 있다. 17 U.S.C §106(3). 그러나 이 권리들은 이어지는 법의 몇 가지 조항에 설정된 다양한 제한을 받는다. "배타적인 권리들의 제한"이라는 제목의 이 조항들에는 예를 들면 공정이용 원칙(§107), 도서관의 보관 목적 복제의 일부 허용(§108), 그리고 이 사건에서 다투고 있는 최초 판매 원칙(§109)이 들어 있다.

§109(a)는 다음과 같이 최초 판매 원칙을 두고 있다.

"§106(3) 조항에도 불구하고 이 법에 따라 적법하게 만든 특정 복제물이나 음반의 소유자는 … 저작권자의 허락없이 그 복제물 또는 음반을 팔거나 그 밖에 처분할 수 있다."

그래서 §106(3)이 저작권자의 허락없이 저작권으로 보호되는 소설 복제물의 배포를 금지한다 하더라도, §109(a)는 일단 그 소설 복제물이 적법하게 팔린(또는 소유권이 달리 적법하게 넘어가거나) 이상, 그 복제물의 매수인과 이어지는 소유자는 바라는 대로 자유롭게 그 복제물을 처분할 수 있다. 저작권 용어로 말하면, 최초 판매는 저작권자의 §106(3)에 따른 배타적인 배포권을 소멸시킨다.

그러나 만약 소설의 복제물이 저작권자의 허락을 받아 해외에서 처음 인쇄되어 팔렸으면 어떻게 되는가? "최초 판매" 원칙이 여전히 적용되는가? 국내에서 만든 복제물을 샀을 때처럼 그 매수인이 그 복제물을 미국으로 자유롭게 가져와서 바라는 대로 처분할 수 있는가?

수입조항 – §602(a)(1) – 은 다음과 같이 규정하고 있다.

이 법에 따른 저작권자의 허락을 받지 않고, 미국 밖의 지역에서 얻은 저작물의 … 복제물을 미국으로 수입하는 행위는 §106에 따른 … 배타적인 배포권의 침해이다.

그래서 §602(a)(1)은 허락없이 복제물을 수입하는 행위는 저작권자의 배타적인 배포권을 침해한다고 명백히 밝히고 있다. 그러나 §602(a)(1)은 §106(3)의 배타적인 배포권을 뚜렷하게 가리키고 있다. §106은 문구상 §109(a)의 최초판매 제한을 포함하여 §§107부터 122까지에 들어 있는 많은 원칙이 적용된다. §602(a)(1)이 복제물의 수입을 금지하는지를 살펴 볼 때 특히 "최초 판매" 원칙이 적용되는가?

퀄리티 킹(Quality King Distributors, Inc. v. L'anza Research Int'l, Inc., 523 U. S. 135, 145 (1998))판결에서 우리는 §106(3)의 독점 배포권과 관련된 §602(a)(1)은 특히 §109의 최초 판매 원칙을 포함하여 저작권 제한 조항의 적용을 받는다고 판결했다. 그래서 §602(a)(1)에도 불구하고 외국에서 복제물을 산 자는 미국으로 그 복제물을 수입해서, 마치 미국내에서 그 복제물을 샀을 때처럼 자유롭게 처분할 수 있는 것 같다.

그러나 퀄리티 킹 판결은 외국에서 샀더라도, 미국에서 처음 제조한(그리고 외국에 보내서 판) 복제물의 사례를 다루었다. 이 사건 복제물은 외국에서 제조되었다.

우리는 "최초 판매" 원칙이 외국에서 적법하게 제조된, 저작권으로 보호되는 저작물의 복제물을 산 자나 다른 적법한 소유자를 보호하는데 적용될 수 있는지를 묻는다. 그 매수인은 저작권자로부터 허락을 받지 않고 그 복제물을 미국으로 가져올 수 있는가(그리고 팔거나 처분할 수 있는가)? 예를 들면 중고책방에서 외국에서 인쇄된 책을 산 사람이 이어서 저작권자의 허락없이 다시 팔 수 있는가?

이 질문에 대한 대답으로 우리는 할 수 있다고 본다. 우리는 "최초 판매" 원칙이 외국에서 적법하게 만든 저작물의 복제물에도 적용된다고 판결한다.

Ⅰ.

A.

피상고인 윌리(John Wiley & Sons)는 학술서적을 펴낸다. 윌리는 이 사건의 목적상 우리가 미국 저작권자라고 말할 수 있을 정도로 저자로부터 외국과 국내의 저작권을 양도받거나, 이용허락할 권리를 얻었다. 윌리는 가끔 그가 소유한 외국 자회사인 윌리 아시아에게 윌리의 영어판 서적을 외국에서 발행, 인쇄, 판매할 권리를 넘긴다. 윌리 아시아가 발행한 책에는 미국 이외의 특정한 나라나 지역에서만 판매된다고 되어 있다.

윌리 아시아가 펴낸 책에는 다음과 같은 말이 들어 있다.

"저작권 © 2008 John Wiley & Sons(아시아). 이 책은 유럽, 아시아, 아프리카, 그리고 중동에서만 판매가 허용되고, 이 지역 밖으로는 수출되지 않는다. 발행인의 허락을 받지 않고 이 책을 다른 지역으로 수출하거나 수입하는 행위는 불법이며 발행인의 권리 침해이다. 발행인은 자신의 권리를 행사하기 위해 법률 조치를 취할 수 있다.”

외국과 미국 책에는 모두 다음과 같이 적혀 있다.

“미국의 1976년 저작권법에 따라 허용되는 경우를 제외하고 이 책의 어떤 부분도 형태나 수단을 가리지 않고 복제되거나, 정보검색 시스템에 저장되거나, 전송되어서는 안 된다.”

그 결과 윌리 책은 2가지의 똑같은 형태로 다음과 같은 윌리의 허락을 받아 출간되고 팔린다. (1) 미국 판은 미국에서 인쇄되고 팔린다. 그리고 (2) 외국 판은 외국에서 인쇄되고 팔린다. 그리고 윌리는 후자의 책을 (허락 없이는) 미국으로 가져와서는 안된다는 것을 분명히 밝히고 있다.

태국 국민인 상고인(Kirtsaeng)은 1997년 코넬 대학에서 수학을 공부하기 위해 미국으로 왔다. 미국에서 공부하는 동안 그는 태국에 있는 친구들과 가족에게 태국 서점에서 외국에서 출간된 영어 전공교재들을 사달라고 부탁했다. 그들은 싼 값에 책을 사서 우편으로 미국에 있는 상고인에게 보냈다. 상고인은 책을 팔아서 가족과 친구들에게 구입비를 돌려주고 이익은 챙겼다.

B.

2008년 윌리는 상고인을 상대로 저작권 침해소송을 걸었다. 윌리는 상고인이 허락을 받지 않고 교재들을 수입하고 판매한 행위는 윌리의 배포권을 침해하고 §602의 수입금지조항을 위반하였다고 주장하였다. 상고인은 그가 얻은 책들은 “적법하게 제조되었고” 정당하게 취득하였다고 답변하였다. 그래서 그는 §109(a)의 “최초 판매”원칙에 따라 저작권자의 추가 허락이 없어도 다시 팔거나 달리 처분할 수 있다고 주장한다.

지방법원은 (저작권의 허락에 따라 외국에서 제조되었다 할지라도) 최초 판매원칙은 “외국에서 제조된 물건”에는 적용되지 않기 때문에 상고인은 그 원칙을 주장할 수 없다고 판결했다. 배심은 상고인이 윌리의 책 8권을 허락없이 수입하고 팔면서 고의로 윌리의 미국 저작권을 침해했다고 판단했다. 그리고 법정 손해액을 60만 불(권당 75,000불)로 결정하였다.

제2항소법원은 지방법원 판결을 인용했으나 의견은 나뉘었다. 항소법원은

최초 판매 원칙이 "이 법에 따라 적법하게 제조된… 특정 복제물의 소유자"에게만 적용된다고 밝혔다. 다수의견은 이 말은 외국에서 제조된 미국 저작물의 복제물에는 최초판매원칙이 적용되지 않는다는 뜻이라고 보았다. 반대의견은 "이 법에 따라 적법하게 제조된"이라는 말은 "만든 장소"를 말하는 것이 아니라 미국 저작권법에 따라 "특정한 복제물이 적법하게 제조되었느냐에 초점"이 있고, "특정 복제물 제조의 적법성은 미국 저작권법에 따라서 판단되어야 한다"고 생각하였다.

우리는 항소법원들이 다른 견해를 갖고 있는 이 문제를 검토하기 위해 상고인의 이송명령신청(상고허가신청)을 받아들였다.(항소법원 판례들 인용 생략)

Ⅱ.

우리는 "이 법에 따라 적법하게 만든"이라는 말이 §109(a) "최초 판매"원칙의 지역범위를 제한하는지 결정해야 한다.(이하 하급법원 판결 및 당사자 주장 소개 생략)

§109(a)의 법문, 맥락, 최초판매 원칙의 보통법 역사를 종합해 볼 때, 지역과 관계없다는 해석이 맞다고 본다. 또한 우리는 지역에 한정하는 해석으로 발행하는 보통의 학문, 예술, 상업, 그리고 소비자의 활동을 위협하는 저작권과 관련된 실제 피해를 의회가 의도했을지는 의문이다. 우리는 결국 상고인의 지역과 무관한 해석이 더 나은 법해석이라고 결론짓는다.

A. (문언 해석 부분 생략)

B.

입법연혁이나 현행법의 맥락을 보면 의회가 §109(a)를 입법했을 때 지역을 생각하지 않았다는 것을 알 수 있다. 입법연혁에서 §109(a)를 그 직전의 법문과 비교해보자. 그 직전의 법조문은 다음과 같다.

"이 법으로 적법하게 취득한 저작물의 양도가 금지되거나 제한되지 않는다."(1909년 저작권법, §41)

이전 조항은 지역을 말하지 않고 있다(윌리도 이를 다투지 않는다). 그래서 우리는 의회가 법조문을 바꾸면서 묵시적으로 이전에는 없던 지역 제한을 도입했는지를 묻는다. 법문을 비교하면 그렇지 않았음을 알 수 있다. 이전 조문은 최초 판매 원칙이 "적법하게 취득한 복제물의 양도"를 보호하고 있다고 말한다. 현행 조문은 "이 법에 따라 적법하게 만든 특정 복제물이나 음반의 소유자는 그 복제물이나 음반을 팔거나 처분할 수 있다"고 말한다. 바뀐 법조문 내용이 어떻게 다른가?

이전 법조문은 복제물의 소유자가 아니라 적법하게 복제물을 얻은 소지자를 말하고 있다. 현행 법조문은 적법하게 만든 복제물의 소유자에게만 적용된다. 이 변경으로 누가 떨어져 나갔나? 저작물을 적법하게 얻었지만 소유하지 않는 사람은 누군가? 한 가지 예는 1970년대와 그 이전에 영화제작사나 배급업자로부터 가끔 영화를 빌린 극장 소유자이다.(인용 근거 생략)

극장 소유자들은 복제물을 "적법하게" 취득했기 때문에 이전 조문은 그들이 그 복제물을 팔 수 있다, 즉 그들에게 최초 판매를 허용하는 것으로 해석될 수 있었다. 극장 소유자들은 복제물을 빌렸고 소유자는 아니었기 때문에 법조문의 변경은 그들이 수탁자나 다른 임차인들처럼 최초 판매 원칙을 이용할 수 없다고 분명히 밝혔다.

이러한 입법목적은 이 사건 다섯 낱말을 갖고 있는 새로운 현행 법조문을 완벽하게 설명해준다. 이제 §109는 복제물의 임차인은 최초 판매 원칙의 보호를 받지 못하지만 복제물의 소유자는 적법하게 만들었음을 전제로 최초 판매 원칙의 보호를 받는다는 것을 분명히 했다. 또한 새로운 법문은 음반을 §115에 규정된 강제허락을 통해 소유했을 때, 그 음반은 이 법에 따라 적법하게 만들었다고 본다.

현행법의 다른 조문도 지역과 무관한 해석을 뒷받침하고 있다. 법은 이전 법에 있었고 미국 밖에서 인쇄한 복제물의 수입을 제한하는 "제조 조항"을 없앴다.(인용 자료 생략)

미국에서 만든 복제물과 외국에서 만든 복제물을 똑같이 대우하기 위해 이 조항을 없앴다.

그러나 "평등 대우"원칙은 지역을 나누어 미국이 아닌 외국에서 인쇄된 복제물과 관련하여 미국에서 배포(판매, 재판매, 증여, 그 밖의 다른 배포)를 영원히 통제하는 권리를 미국 저작권자(외국 국적일 수도 있다)에게 주었다고 최초 판매 조항을 해석하는 것과는 잘 들어맞지 않는다. 그리고 의회가 제조조항을 없애고 달리 아무런 조항을 두지 않으면서 반대되는 정책 목표를 위해 이러한 불평등한 대우를 했다고는 특히 믿기 어렵다. Golan v. Holder, 565 U. S. ___, ___ (2012) (30) (의회는 외국 저작물을 미국 저작권보호로부터 아예 배제하는 체계에서 외국이든 국내든 거의 모든 저작물에 같은 법률을 적용하는 저작권법체계로 바꾸었다).

마지막으로 우리는 보통 "이 법에 따라 적법하게 만든"이란 낱말이 관련되지만 다른 조항에 나타났을 때 같은 뜻을 가진다고 추정한다. 다음 사례를 보자.

(1) §109(c)는 저작권자의 배타적인 전시권에도 불구하고(§106(5)), "이 법에 따라 적법하게 만든" 특정한 복제물 소유자는 추가 허락없이도 공개 전시할 수 있다고 한다. 이 법조문을 지역으로 나누어 해석한다면 그림, 포스터, 스티커와 같은 저작물을 캐나다, 유럽, 아시아에서 산 사람은 저작권자의 추가 허락없이는 미국에서 전시할 수 없음을 의미하게 된다.

(2) §109(e), (3) §110(1) 예시 생략

(4) §106은 도입문장에서 "이 법에 따른 저작권자"에게 저작권법의 기본이 되는 배타적인 권리를 인정하고 있다. 앞의 세 낱말("이 법에 따른")은 지역 해석으로 설명할 수 없다.

윌리는 위에서부터 3번째까지 해석을 받아들이지만, 의회의 의도는 결과를 제한하는 것이었다고 주장한다. 그리고 위 4번째 사례의 낱말들은 맥락상 달리 해석되어야 한다고 주장한다. 아래 II-D에서 설명하는 4번째 사례는 제쳐두고, 우리는 의회가 다른 해석을 의도하지 않았을 거라는 점을 설명한다.

C.

법률 해석 기준에 따르면 지역과 무관한 해석으로 기운다. "법률이 이전에 보통법이 적용되는 사안을 다룰 때," 우리는 "의회가 보통법의 실질을 유지한다"고 추정해야 한다.(판례 인용 생략)

"최초 판매" 원칙은 훌륭한 역사를 가진 보통법 원칙이다. 17세기초에 코크 경은 동산 양도의 제한을 거부하는 보통법을 다음과 같이 설명했다.

"만약 말이나 다른 동산을 소유한 사람이 동산에 관한 모든 권리를 주거

나 팔 때, 수증자나 양수인이 똑같이 양도하지 못한다는 것을 조건으로 붙인다면, 그의 모든 권리가 그를 떠났고, 회복할 가능성이 없으며, 영업과 거래, 사람들 사이의 흥정과 계약에 어긋나기 때문에 그 조건은 무효다. 그리고 그에게 주어진 모든 권리로부터 그를 배제해야 한다는 것이 우리의 이성이다."(코크, 영국법의 원리 §360 223 (1628))

저작권자가 이미 판 동산의 재판매나 다른 처분을 통제할 수 있도록 하는 법은 마찬가지로 "영업과 거래, 그리고 흥정과 계약"에 어긋난다.

코크는 상품을 다시 팔거나 처분할 때 서로 자유롭게 겨룰 수 있도록 매수인을 내버려두는 중요성을 강조하였다. 미국법도 재판매의 자유를 포함하여 경쟁이 소비자에게 이로울 수 있다고 생각해왔다.

또한 최초 판매 원칙은 쉽게 옮겨 다니고 찾아다니기 어려운 상품에 대한 제한을 법원이 집행하는 사법절차의 짐으로부터 벗어나게 해준다. 그리고 그러한 시도에 들어 있는 차별 집행을 피할 수 있게 해준다. 그래서 적어도 한 세기동안 최초 판매원칙이 미국 저작권법에서 중요한 역할을 해왔다.(Bobbs-Merrill Co. v. Straus, 210 U. S. 339 (1908))

보통법 원칙은 지역을 구분하지 않는다. 우리는 이 법원이 최초 판매 원칙을 처음 적용한 Bobbs-Merrill 판결, 또는 의회가 1년 뒤 입법한 §109(a) 이전 조항에서도 근거를 찾을 수 없다. 송무차관이 인정하듯이, Bobbs-Merrill 판결을 바로 적용하면 최초 판매 원칙을 외국에서 정당하게 만든 복제물에도 적용할 수 있다. 그리고 우리는 이 사건에 그 원칙을 바로 적용하지 못하는 언어, 맥락, 목적, 역사상 근거를 찾을 수 없다.

D.

도서관, 중고책 판매업자, 기술회사, 소매업자, 그리고 미술관 협회는 지역 해석이 헌법이 규정한 저작권의 기본 목적, 특히 "과학과 유용한 기술의 발전을 꾀하는" 목적을 증진하지 못할 것이라고 지적하고 있다.

미국 도서관 협회는 도서관은 외국에서 발행된 최소한 2억권의 책(많은 책이 저작권협약을 맺은 180개 나라에서 처음 발행되었고 미국 저작권법 §104에 따라 보호를 받을 수 있다)을 갖고 있다고 주장한다. 또한 미국에서 처음 발행되었지만 값싼 비용 때문에 외국에서 인쇄된 것도 많으며, 지역 해석을 하면 도서관들은 이러한 책들을 빌려주거나 달리 배포하기 전에 허락을 얻어야 할지 모른다(또는 적어도 많은 불확실성을 낳는다)고 말한다.

미국 도서관 협회는 도서관들이 수백만권의 책을 배포할 때 허락을 얻는 방법이 무엇인지 묻고 있다. 그들이 수십년 전에 썼을 지도 모르는 외국 책의 저작권자를 어떻게 찾을 수 있는가? 그들은 저작권자의 현재 주소를 알지 못할지도 모른다. 주소를 찾을 수 있다 해도, 저작권자를 찾아서 접촉하고 협상하는 비용은 매우 높을 것이다. 도서관들이 외국에서 인쇄된 수백만권의 책들을 빌려주거나 배포하거나 전시하는 행위를 그만두어야 하는가?

중고책 판매업자들은 벤자민 프랭클린과 토마스 제퍼슨이 개인의 영리목적으로 외국책 도서관을 만들었을 때부터, 미국 독자들은 외국에서 발행되고 인쇄된 헌 책을 샀다고 말해 주고 있다. 판매업자들은 최초 판매 원칙이 적용된다는 전제 아래 수세기 동안 운영해왔다고 말한다. 그러나 지역 해석에 따르면 파리에 있는 세익스피어서점에서 미국 친구를 위해 수십권의 외국 책을 산 여행객은 저작권법을 어기게 될지 모른다. 중고책 판매업자는 어떤 외국의 저작권자가 중고 소설책을 파는 독자들을 어떻게 생각하는지를 쉽게 예측할 수 없다. 그리고 그들은 지역 해석이 중고 책 사업의 많은 부분에 피해를 입힐 거라고 믿고 있다.

기술 회사들은 "자동차, 전자레인지, 계산기, 휴대전화. 태블릿, 개인 컴퓨터"가 저작권으로 보호되는 소프트웨어 프로그램을 갖고 있다고 말한다. 이 물건들 중 많은 제품은 미국 저작권자의 허락을 받고 외국에서 만들어졌고 그 허락에 따라 미국으로 수입되어 팔린다. 지역 해석에 따르면 저작권으로 보호되는 자동차 소프트웨어의 저작권자가 허락하지 않으면 자동차를 다시 팔 수 없게 될 것이다. 외국 자동차 제조사들이 소프트웨어 공급자들로부터 이러한 종류의 허락을 때맞춰 받는다고 믿어야 할 이유가 없다. 이러한 질문에 대해 윌리도 다르게 말하지 않았다. 그 허락없이는 외국차량 소유자는 중고차를 팔 수 없다.

소매업자들은 2011년에 2.3조불 어치의 외국 제품이 수입되었다고 한다. 미국 소매업자들은 많은 제품들이 외국에서 처음 판매된 뒤 산다. 그리고 청소기와 건강 및 미용 제품부터 아침식사용 곡물까지 많은 제품들은 제품의 이용을 위해 저작권으로 보호되는 "포장지, 상품 표지, 부속물, 설명서"를 가지고 있거나 달고 있다. "책, 음반, 영화, 잡지처럼" 전통적으로 저작권으로 더 보호되는 물건들이 미국에서 판매되는 금액은 2,200억불이 넘는다고 한다. 지역 해석을 하면 많은 업자들이 침해 소송의 위협에 시달리고 영업에 지장을 받게 될 것이다.

미술관 책임자들은 외국에서 만든 작품을 전시하는 행위를 살펴보라고 요청한다. 지역 해석을 하면 저작권자가 이미 외국 미술관에 작품을 팔거나 기부했다고 하더라도, 미술관은 작품을 전시하기 전에 저작권자로부터 허락을 얻어야 한다. 만약 미술작가가 저작권을 갖고 있다면, 만약 미술작가를 찾을 수 없다면, 만약 상속인들이 누가 저작권을 갖는지 다투고 있다면 미술관이 어떻게 해야 하냐고 묻는다.

이러한 사례들과 위에서 말한 내용은 코크 경이 "영업과 거래, 그리고 흥정과 계약"을 보호하기 위해 최초 판매 원칙이 필요하다고 생각한 이유를 설명하는데 도움이 된다.

윌리나 다른 법정조언자들은 지역 해석이 적어도 원칙상 이러한 끔찍한 일을 일으킬 수 있다는 점을 부인하지 않는다. 윌리는 연방법원이 30여년전에 먼저 지역 해석을 채택하였다고 지적하였다. 그리고 그러한 문제들은 일어나지 않았다고 덧붙였다. 왜 안 일어났는가? 윌리는 문제와 위협이 순전히 이론일 뿐이고 현실을 반영하지 못했기 때문이라고 한다.

우리는 그렇게 낙관할 수 없다. 첫째, 법은 윌리에게 유리한 쪽으로 처리되지 않았다. 연방 제2항소법원은 순수한 지역 해석을 채택한 첫 항소법원이다. 연방 제3항소법원은 비지역해석으로 기울었다. 연방 제9항소법원은 문제를 줄이기 위해 비지역 해석과 함께 수정된 지역 해석을 하였다. 다른 법원들은 지역 해석의 유효성에 의문을 갖고 채택하기를 머뭇거려 왔다.

둘째, 최초 판매 원칙은 오랫동안 책판매업자, 도서관, 미술관, 소매업자들의 실무에 깊이 뿌리박혀 있다. 예를 들면 미술관이 외국 미술관에게 피카소의 그림을 보내기 전에 저작권자의 상속인들에게 확인하라고 요청하는 관행은 없다. 미술관들이 법률가의 자문을 받아 지역 해석이 요구하는 복잡한 허락 확인 절차를 시작하기 전에 그런 관행의 엄청난 변화가 필요할 것이다. 그리고 이 법원이 지역 해석을 채택하면 그 변화를 요구할 것이다.

마지막으로 지금까지 피해가 크지 않았다는 사실은 저작권자들이 지금까지 지역을 나누어 재판매권리를 주장하지 않았다는 점을 보여줄 뿐이다. 만약 법이 그들에게 유리하게 정리된다면 그들은 달리 결정할 것이다. 불확실성을 만들고 선택하여 집행을 하고, 그리고 만약 널리 집행되지 않는다면, 저작권법 자체가 경시되는 결과가 된다.

그래서 우리는 상고인과 그의 법정조언자들이 설명한 실무상의 문제들이 특히 계속 늘어나는 미국과 외국 사이 교역의 중요성에 비추어 볼 때, 중요하지 않다고 뭉개기에는 너무 크고, 광범위하다고 믿는다. 세계은행, 상품과 서비스의 수입(1980년 11%에 비해 2011년에 미국 국내총생산의 18%를 수입). 언어, 맥락, 그리고 해석기준과 함께 저작권과 관련된 결과는 §109(a)의 지역 해석이 잘못되었음을 강력하게 뒷받침하고 있다.

Ⅲ.

윌리와 반대의견은 지역 해석을 뒷받침하기 위해 몇 가지 중요한 주장을 하고 있다. 첫째, 퀄리티 킹 판결이 지역 해석을 강력하게 지지하고 있다고 말한다. 그 사건에서 우리는 미국저작권자가 미국에서 만든 저작권보호표시가 붙은 두발관리제품의 최초 판매와 수출을 허락했고, 수입업자가 저작권자의 허락없이 그 제품을 다시 미국으로 수입하려고 할 경우, 법의 수입조항, 지금의 §602(a)(1)이 그 제품의 무단 수입을 금지하는지 살펴보았다.

우리는 수입조항이 저작권자의 허락없이 미국으로 다시 제품을 보내는 행위를 막지 않는다고 판결했다. 그 조항은 다음과 같다.

"미국 밖에서 취득한 복제물이나 음반을 이 법에 따른 저작권자의 허락없이 미국으로 수입하는 행위는 §106에 따른 복제물과 음반을 배포할 배타적인 권리의 침해이다."(§602(a)(1))

우리는 이 조항으로 수입이 "§106에 따른 … 배포권"의 침해라고 판단하였다. 우리는 §109(a)의 최초 판매 원칙이 §106의 배포권 범위를 제한한다고 밝혔다. 우리는 그 사건 제품이 적어도 한 번 팔린 적이 있다는 사실을 전제로 하였다. 그리고 우리는 이어서 저작권으로 보호되는 제품표시의 수입이 §602(a)(1)을 어기지 않았다고 판결했다. 이 결론에 이르면서 우리는 저작권법은 저작권자가 책에 경고글을 적는 방식으로 저작물의 소유권을 넘긴 후에 후속 양도를 제한하는 행위를 허용하는 권리를 만들지 않았다는 Bobbs-Merrill 판결내용을 지지하였다.

또한 우리는 이 해석이 §602(a)(1)을 쓸모없게 만든다는 주장을 받아들이지 않는 이유를 설명하였다. 그 주장은 1976년 저작권법개정이 불법 복제물의 수입을 금지하는 불법 복제 금지 조항을 계속 유지하였다고 지적하였다. 그래서 그들은 첫 판매 뒤에 적법하게 만든 복제물의 수입을 허용하는 것은 §602(a)(1)이 금지할 대상이 없어지게 되므로, §602(a)(1)이 적법하게 만든 복제물의 수입을 금지해야 한다고 말했다.

우리는 이 주장이 강력하다고 믿지 않는다. 퀄리티 킹 판결의 해석에 따르면, §602(a)(1)은 여전히 (허락받지 않고, §602(a)(3)의 예외를 빼고) 외국에서 적법하게 만든 복제물의 수입을 금지하고 있다. 예를 들면 (1) 외국 발행인이 미국 발행인으로부터 이용허락을 받아 외국에서 책을 인쇄하였으나 적법하게 팔기 전에, 미국으로 보내려고 할 경우; (2) 외국 인쇄업자 또는 다른 제조사(§109(a)의 목적상 소유자가 아니고, 합법 판매 전에)가 미국으로 저작권으로 보호되는 복제물을 보내려고 할 경우; (3) "책 인쇄업자가 복제물을 도매상에게 보내거나" 도매상(소유자가 아님)이 미국으로 보낼 경우; (4) 배급을 위해 영화필름을 빌려준 외국의 영화 배급사나 이용허락을 받은 자, 수탁자가 영화 필름을 미국으로 보내려고 할 경우 금지된다. 이러한 사례들은 §602(a)(1)이 의미를 갖고 있다는 점을 보여준다. 반대의견도 역시 §109(a)의 효과를 매우 떨어뜨리면서 §106(3)을 해석하고 있고, 비슷하거나 더 큰 정도로 그 조항의 범위를 제한하고 있다.

퀄리티 킹 판결에서 우리는 비슷한 이유로 불필요한 주장을 배척하였다. 우리는 저작자가 미국 발행인에게 미국내 독점 배포권을 주고 영국 발행인에게 영국내 독점 배포권을 주었을 경우, §109(a)의 의미상 "미국판 발행인이 만든 복제물만이 이 법에 따라 적법하게 만든 것으로 추정된다"고 말했다. 윌리는 이제 퀄리티 킹 판결의 위 판시내용이 (허락을 받고) 외국에서 발행된 책은 "이 법에 따라 적법하게 만든"의 범위 밖이어야 함을 의미하고 있고, 우리가 결과적으로 이미 위 법조문에 대해 지역 해석을 하였다고 주장한다.

그러나 우리는 퀄리티 킹의 판시내용에 윌리의 주장을 뒷받침하는 무게를 둘 수 없다. 퀄리티 킹 판결에서 "이 법에 따라 적법하게 만든"이라는 문구는 쟁점이 아니었다. 이 사건의 쟁점이 그 때 모두 논의되지 않았다. 우리는 이 사건에서 말하는 고려사항을 검토하지 않았다. 우리는 그 사건에서 최초 판매 원칙을 전제하고 있음을 말하지 않았다. 가장 중요하게는 위 판시내용이 곁가지였다. 반대 주장을 반박하는 내용에 들어 있었다. 그리고 그 점에서조차 불필요한 부스러기였다. 법원이 한 번 토마토를 채소라고 불렀다고 해서 그 뒤부터는 영원히 토마토가 과일이라는 사실을 부인해야 하는가?

그러나 방론이 틀리다는 더 완벽한 주장이 있을 때, 우리는 반드시 방론을 따르지 않아도 된다고 판시해왔다. Central Va. Community College v. Katz, 546 U. S. 356, 363 (2006) ("우리는 이 사건의 쟁점이 충분히 논의되지 않은 선례의 방론을 따를 의무가 없다"). Humphrey's Executor v. United States, 295 U. S. 602, 627-628 (1935) (선례구속원칙에 따라 방론이 구속력은 없지만 충분히 설득력이 있다면 따라야 된다는 것을 거부). 그리고 퀄리티 킹의 관련 판시내용이 판결에서 차지하는 부분이 작기 때문에, 우리는 위 판결의 선례구속에 관한 견해가 이 사건의 문제에 적용된다고 믿는다.

둘째, 윌리와 반대의견은 (입법연혁을 고려한 사람들에게) 법의 입법연혁이 그들의 해석을 뒷받침한다고 주장한다. 1960년대에 책, 음반, 영화산업의 대표자들이 저작권청장과 만나 저작권법 개정을 논의하고 외국에서 발행된 저작물이 미국으로 수입되는 등 국제 시장을 나누는 어려움을 호소하였다.

당시 저작권청장은 이러한 사례가 매우 골칫거리라고 인정했다. 그래서 저작권청은 "정당하게 만든 외국 복제물을 미국에서 배포하기 위해 수입하는 문제와 만약 미국에서 판매된다면 미국에서 복제물을 판매하는 배타적인 권리를 가진 저작권자의 권리를 침해하는 문제를 다룬" 개정안을 발표했다. §106을 적시하지 않고 그 개정안은 간단하게 허락받지 않은 수입을 금지하였다.(개정안 내용 생략)

개정안을 논의하면서 최초 판매 원칙에 미치는 영향에 관한 우려가 나타났다. 예를 들면 미국 저작자협회를 대표한 카프(Irwin Karp)는 다음과 같이 물었다. “만약 독일 업자가 독일 발행인으로부터 복제물을 적법하게 산다면, 적법하게 취득한 복제물의 양도를 제한하는 문제에 부딪치지 않는가?” 저작권청 관계자는 답변하였다. “이것은 상황별로 다르다고 본다. 예를 들면 만약 책 발행인이[책을 팔지 않고] 도매상[소유자가 아님]에서 넘겼다면, 처분을 제한하는 권리가 사라지는 거래는 아니다.”

저작권청은 나중에 개정안을 철회하고, §106을 분명히 가리키는 지금의 §602(a)(1)과 비슷한 조항으로 바꾸었다. 새 개정안의 보고서에서는 최초 판매 원칙(§109(a)), 또는 다섯 낱말 즉 “이 법에 따라 적법하게 만든”을 전혀 말하지 않고 있다. 그리고 그 보고서나 1960년대 개정안 첨부자료는 이 사건의 문제에 답하지 않고 있다.

그러나 법이 제정되기 10년 전에 열렸던 의회 회의에서 §602와 관련하여 산업계 대표자들의 말을 분석하기 보다는 §109(a)를 가장 잘 해석하기 위해서는, 우리는 의회가 새 법을 통과시키고 10년 뒤에 쓴 §109(a) 관련 의회 보고서에 더 큰 무게를 두려고 한다.(보고서 인용 내용 생략)

이 입법연혁은 최초 판매 원칙의 중요성을 다시 한 번 말하고 있다. 우리가 설명한대로 “이 법에 따라 적법하게 만든”을 지역과 무관하게 설명하고 있다. 그리고 지역은 전혀 말하지 않고 있다. §109(a)의 이전 조항도 마찬가지다. 이것은 반대의견과 달리 최초 판매 원칙에만 관련된 입법자료가 부족하다고 해서 의회가 1976년 법을 개정하면서 급격히 지역에 따른 변화를 만들지 않았다는 우리의 입장을 뒷받침하고 있다. 우리는 입법연혁을 종합해 볼 때 지역과 무관한 해석을 지지하고 있다고 믿는다.

셋째, 윌리와 반대의견은 비지역 해석으로 발행인(다른 저작권자도)이 외국시장과 국내 시장을 나누기가 어렵고 아마 불가능할 것이라고 주장한다. 우리는 그럴 것으로 인정한다. 발행인은 지역이 다른 시장에서 같은 책에 값을 달리 매기기가 더 어려울 것이다. 그러나 우리는 이러한 사실이 윌리에게 도움이 되는지는 모르겠다. 왜냐하면 저작권법에서 발행인이 특히 그러한 권리를 갖고 있다는 기본 원리를 찾을 수 없기 때문이다.

헌법은 의회가 저작자에서 제한된 기간동안 저작물의 배타적인 권리를 확보할 수 있는 권한을 줌으로써 미국저작권법의 성격을 밝혔다. 헌법 기초자 역시 저작자에게 경쟁을 배제하는 한정된 권리를 줄 필요성을 논의하였다. 그러나 헌법의 문구는 어디에도 제한된 독점권이 시장을 나누는 권리나 같은 책에 대해 다른 소비자들에게 다른 값을 매기는, 즉 수익을 늘리거나 극대화하는 권리를 포함하고 있다고 말하지 않고 있다. 우리가 알기로 헌법 기초자들이 그렇게 제안하지도 않았다. 우리는 시장 분할을 허용하는 저작권법의 해석을 법리상 선호하는 근거를 발견하지 못했다.

의회는 (최초 판매 원칙을 통해서) 국내 시장을 나누려는 저작권자의 능력을 제한하는 저작권법을 제정하였다. 그리고 그 제한은 시장 분할을 금지하는 독점금지법과도 맞다. Palmer v. BRG of Ga., Inc., 498 U. S. 46, 49–50 (1990) ("경쟁을 최소화하기 위해 경쟁자들 사이에 지역을 분할하는 합의는 위법이다") 저작권자가 국제 시장을 나누기 위해 보통의 상업상 권리 이상을 가져야 하는지 여부는 의회가 결정할 문제다. 우리는 의회가 내린 결정을 확인하는 이상의 일을 하지 않는다.

넷째, 반대의견과 윌리는 우리 결론이 미국저작권법을 전례없이 "국제 소진" 체계로 만든다고 주장한다. 그러나 그들은 1976년 의회의 의도를 전혀 가리키지 않고 있다. 반대의견은 미국이 그런 체계의 채택을 분명히 반대했다고 하지만, 송무차관은 이 사건에서 같은 입장이 아니다. 구두변론에서 송무차관은 윌리의 법해석 결과(후속 처분을 계속 통제)는 커트쟁의 해석 결과(시장 분할 제한)보다 더 나쁘다고 말했다.

또한 반대의견이 좋아하는 소진 체계는 "한 나라에서 제품을 판매하는 행위"는 그 제품을 다른 곳에서 배포하는 행위를 통제하는 지적재산권자의 권리를 소멸시키지 않는다고 본다. 그러나 퀄리티 킹 판결에서 외국에서 처음 판매되었다 해도 §109(a)는 미국 법원에서의 항변이라는 우리의 판단은 이미 반대의견의 위 원칙을 이미 상당히 허물어뜨렸다.

Ⅳ.

위와 같은 이유로 우리는 "이 법에 따라 적법하게 만든"을 지역과 무관하게 해석하는 커트쟁의 주장을 지지하는 견해가 더 설득력이 있다고 본다.

항소법원의 판결을 취소하고 이 의견에 맞는 추가 절차를 위해 환송한다.

[연방대법관 케이건, 알리토 동조의견 생략]

[연방대법관 긴즈버그, 케네디, 스칼리아 반대의견 생략]

3. 공연(Performance) · 전시(Display)권

저작자는 어문, 음악, 연극 및 안무저작물, 무언극 그리고 영화 및 기타 시청각저작물을 공개 공연할 권리가 있다.[17] 녹음물의 경우에는 디지털 음의 송신에 의하여 저작물을 공개 공연할 수 있다.[18] 여기서 "공연"이란 직접 또는 어떤 장치나 공정에 의하여 그 저작물을 낭송, 표현, 연주하거나, 무용으로 표현하거나 상연하는 것을 말하며 영화나 다른 시청각저작물의 경우에는 연속하여 그 영상을 보여 주거나 그에 따르는 음을 들을 수 있도록 하는 것을 의미한다.[19] 비영리 목적의 각종 공연이 저작권침해로부터 면제되는 범위와 한계는 §110에 상세히 규정되어 있다. 케이블TV의 2차 전송과 강제허락,[20] 비영리 방송과 강제허락,[21] 위성방송과 강제허락[22]도 자세히 규정하고 있다.

또한 저작자는 어문, 음악, 연극 및 안무저작물과 무언극 및 회화, 그래픽 또는 조각저작물, 영화나 기타 시청각저작물의 개별 영상의 경우에는 저작물을 공개 전시할 권리가 있다.[23] "전시"란 직접 또는 필름, 슬라이드, 텔레비전 영상 또는 기타 다른 장치나 공정에 의하여 그 복제물을 보여 주는 것을 의미하며, 영화나 기타 시청각저작물은 개별 영상을 비연속적으로 보여 주는 것을 의미한다.[24]

"공개적으로" 저작물을 공연하거나 전시한다는 것은 (1) 공중에 개방된 장

17) 17 U.S.C.§ 106(4).
18) 17 U.S.C.§ 106(6).
19) 17 U.S.C.§ 101("perform").
20) 17 U.S.C.§ 111.
21) 17 U.S.C.§ 118.
22) 17 U.S.C.§ 119.
23) 17 U.S.C.§ 106(5).
24) 17 U.S.C.§ 101("display").

소 또는 통상의 가족 및 그 지인의 범위를 벗어난 상당수의 사람들이 모인 곳에서 그 저작물을 공연 또는 전시하거나, (2) 저작물의 공연이나 전시행위를 접할 수 있는 공중의 구성원이 같은 장소냐 다른 장소냐 그리고 같은 시각에 또는 다른 시각에 그 공연이나 전시행위를 접하느냐에 관계없이, 어떠한 장치나 공정에 의하여 (1)호에서 정한 장소에 또는 공중에게 그 공연이나 전시행위를 전송하거나 달리 전달하는 것을 말한다.25)

공연이나 전시를 "전송"하는 행위란, 영상이나 음을 보낸 장소 이외의 곳에서 그 영상이나 음을 수신할 수 있도록 어떠한 장치나 공정에 의하여 그 공연이나 전시를 전달하는 것을 말한다.26)

Columbia Pictures Industries, Inc. v. Redd Horne, Inc. 연방 제3항소법원 749 F. 2d 154(3d Cir. 1984)

사 안

맥스웰 비디오[Maxwell's Video Showcase, Ltd(이하 "맥스웰")]는 펜실베니아 에리에 2개의 가게를 운영하고 있는데 각 가게는 상품진열실과 공개실로 나누어져 있다. 상품진열실에는 판매 또는 대여를 위한 비디오장비와 비디오카세트 등이 진열되어 있다. 공개실에서는 손님들이 2명에서 4명이 들어갈 수 있는 작은 칸막이방에서 비디오를 볼 수 있다. 두 가게에는 모두 85개의 칸막이방이 있는데 각 방에는 컬러텔레비전과 의자가 갖추어져 있다. 손님은 영화제목이 나열되어 있는 목록에서 원하는 영화를 선택하면 맥스웰의 직원이 그 영화카세트를 계산대부근에 있는 재생기에 넣은 후 영화를 칸막이방으로 전송한다. 요금은 손님의 숫자와 시간대에 따라 조금씩 다르다. 맥스웰의 가게는 시설과 서비스를 이용하려는 모든 사람들에게

25) 17 U.S.C.§ 101("publicly").

26) 17 U.S.C.§ 101("transmit").

열려 있으며 라디오와 신문에서 광고되기도 하였다. 원고 콜럼비아 등 영화사는 맥스웰과 그 사장 로버트 제니(Robert Zeny), 맥스웰의 광고회사인 레드 혼(Redd Horne, Inc.)과 그 사장인 글렌 제니(Glenn W. Zeny)를 상대로 저작권침해를 이유로 영화상영을 금지하는 소송을 걸었다. 펜실베니아 서부 연방지방법원은 원고들 승소판결을 했고 피고들은 항소를 제기하였다.

판결요지

판사 RE :

피고들은 항소심에서 3가지 문제를 제기하였다. ① 맥스웰의 행위가 원고들의 저작권을 침해하는지, ② 만약 그렇다면 다른 피고들의 행위가 맥스웰과 함께 공동침해자로서 책임을 지기에 충분한지, ③ 피고들이 제기한 반독점청구의 기각이 적절한지.

A. 원고들의 저작권침해

피고들은 원고들의 영화가 들어 있는 비디오카세트를 원고들 또는 그들의 적법한 배급업자로부터 구입하였다. 원고들은 비디오카세트를 피고들 가게의 칸막이방에서 상영하는 행위는 불법 공연에 해당하므로 원고들의 저작권을 침해하였다고 주장하고 있다. 기술 발전이 저작권법상 새로운 원칙을 필요로 할 때 이를 만드는 것은 법원이 아닌 의회가 맡아야 할 역할이다. 피고들은 단지 비디오 기술이 최근에 개발되었고 혁신적으로 사용되었다는 이유만으로 저작권침해책임에서 면제되는 것은 아니다. 비록 이 사건이 최신기술의 새로운 응용과 관련되어 있다 하더라도 현재의 법체계내에서 쉽게 분석되고 해결될 수 있다. 이 사건에서 기본 문제는 피고들의 행위가 원고들의 영화를 공연한 행위인지이다. 비디오카세트를 트는 것은 영화의 영상을 연속적하여 보여주고 그에 따르는 소리를 들을 수 있게 하는 것임은 분명하다. 그러므로 맥스웰의 행위가 §101에 정의된 바와 같은 공연[27]에 해당한다.

남은 문제는 이 공연이 공개되었느냐 이다. 맥스웰이 제공한 서비스는 본

27) 17 U.S.C.§ 101(“perform”).

래 영화관과 같다. 단지 카세트를 사적으로 본다는 이유만으로 맥스웰의 가게가 의심할 여지없이 공중에 개방되었다는 본질이 바뀌지 않는다. 여기서 §101에 정의된 "공중에 개방된 장소"[28]란 가게를 말하며 가게안에 있는 개별 칸막이방을 말하는 것은 아니다. 맥스웰의 행위가 공연에 해당한다는 것은 정의규정(2)항에 의해 충분히 뒷받침된다. 일반인들에게 공연을 전송하는 것은 호텔객실과 맥스웰의 시청각방과 같은 사사로운 공간이라 하더라도 공연에 해당한다. 비록 맥스웰은 영화 카세트를 하나만 가지고 있었지만 다른 사람들에게 반복해서 영화를 보여주었다. 이것은 공연에 해당한다.

B. 최초판매원칙

최초판매원칙에 따라 일단 저작물이 들어 있는 제품을 판 다음에는 저작권자는 그 제품의 양도행위를 통제하지 못한다. 그러나 §106의 권리들은 분리구별되는 것이고 서로 나누어질 수 있으므로 하나의 권리를 주었다고 해서 다른 배타적인 권리들을 포기하는 것은 아니다. 원고들이 영화비디오카세트를 팔았다 해서 공연권과 같은 §106의 다른 권리들을 포기하는 결과가 되지 않는다. 기록상 비디오카세트를 공개하는 것은 집에서 쓰기 위해 테이프를 빌려주는 것과 매우 다르다. 맥스웰은 비디오를 보여주면서 테이프를 팔지 않았고 테이프가 가게 밖으로 나가지도 않았다. 맥스웰은 늘 테이프를 점유하고 있었고 테이프사용을 통제하였다. 비디오를 상영하면서 받는 요금은 극장입장료와 다르지 않다. 결국 맥스웰의 비디오상영은 공연에 해당되며 저작권의 침해이다.

C. 공동피고들의 책임

피고 겸 항소인 로버트 제니, 글렌 제니, 레드 혼은 자신들을 공동침해자로 인정한 지방법원의 판결을 다투고 있다. 침해행위를 알면서 다른 사람의 침해행위를 일으키거나 실질적으로 기여한 사람은 기여침해자로서 책임이 있다는 법리는 확립되어 있다. 침해행위를 알면서 이에 참여한 회사 직원이나 이사는 개인 또는 회사와 함께 공동으로 책임이 있다. 로버트 제니는 맥스웰의 사장이자 단독주주로서 침해행위를 시작하고 참여하였으며 침해행위를 중지하라는 원고들의 여러 차례 요구를 무시하였다. 따라서 그가 공동

28) 17 U.S.C.§ 101("publicly").

침해자로서 책임이 있다는 것은 명백하다.

로버트의 형제인 글렌 제니는 맥스웰의 직원이나 주주가 아니며 맥스웰에 직접 이해관계를 가지고 있지는 않다. 그러나 그는 맥스웰을 위해 협상을 하고 레드 혼의 용지로 편지를 쓰기도 하였는데 몇몇 편지에는 맥스웰을 언급하지 않고 "우리 회사" 또는 "우리 개념"라고 썼다. 이 편지들은 로버트와 글렌 형제가 사업의 주역이라는 인상을 준다. 글렌 역시 침해행위를 알면서 참여하였고 원고들의 침해중지요구를 무시하였다. 레드 혼은 맥스웰을 위해 모든 광고 및 선전활동을 하였으며 재정, 회계 및 관리서비스를 제공하였다. 이러한 모든 서비스, 특히 광고서비스는 침해행위의 본질이며 기여한 바 크다. 나아가 글렌이 침해행위에 실질적으로 참여한 것은 그의 고용주인 레드 혼에게도 책임이 있다. 글렌과 레드 혼이 알면서 실질적으로 참여하였으므로 공동침해자로서 책임을 인정하기에 충분하다. 지방법원의 판결을 인용한다.

Columbia Pictures Industries, Inc. v. Professional Real Estate Investors, Inc.

연방 제9항소법원
866 F. 2d 278(9th Cir. 1989)

사 안

라만차(La Mancha)호텔 손님들은 영화디스크를 호텔내 가게에서 빌려 객실내 비치된 대형화면의 텔레비전과 비디오디스크재생기를 이용하여 영화를 본다. 이것을 알게 된 콜럼비아와 다른 6개 영화사들은 저작권침해를 주장하면서 피고(Professional Real Estate Investors, Inc.)와 라만차호텔의 경영자를 상대로 손님들에게 비디오디스크의 대여를 금지하는 소송을 걸었다. 캘리포니아 중부 연방지방법원은 영화가 저작권법의 의미상 공개 공연되지 않았다고 판시하면서 원고의 청구를 기각하였다.

판결요지

판사 O'SCANNLAIN :

항소심의 쟁점은 호텔이 저작권법 §106(4)의 규정대로 저작물을 공개 공연하였느냐이다. 저작권법은 "공개적으로" 저작물을 공연 혹은 전시하는 것을 (1)항의 공개장소조항과 (2)항의 전송조항의 두 가지로 나누어 정의하고 있다. 콜럼비아는 호텔이 손님들에게 비디오디스크를 빌려주고 호텔에서 제공한 장치로 방안에서 보게 한 것은 저작권법상 공개 공연에 해당한다고 주장하고 있다.

A. 공개장소조항이 적용되는가?

콜럼비아는 호텔방이 일반인들에게 대여될 수 있으며 공중에 열려 있기 때문에 객실에서 보는 영화는 공개 공연되었다고 주장하고 있다. 저작권법의 문구나 입법연혁에 비추어 볼 때 호텔객실은 법의 목적상 공개된 곳이 아니라는 결론에 이르게 된다. 콜럼비아는 Redd Horne사건[29]과 Aveco사건[30]을 근거로 들고 있으나 이 사건 호텔은 숙박시설을 제공하면서 원하는 손님들에게 객실내에서 볼 수 있도록 비디오디스크를 빌려주는 부대 서비스를 포함한 호텔서비스를 제공하는 곳이므로 두 사건에서 영화방의 운영방식과 다르다. 호텔은 공중에 개방된 반면에 객실이 일단 손님에게 대여되면 공중에 개방되지 않는다. 호텔 손님은 많은 사람들이 모이는 장소에서 비디오디스크를 보지 않았으며 그들 자신의 집과 크게 다르지 않은, 상당한 정도의 사생활이 보장되는 객실안에서만 보았다. 우리는 지인들의 모임이 일반적으로 사사로운 것으로 여겨지는 한, 객실안에서 비디오디스크영화를 보는 것이 "공중에 개방된 장소"에서 일어난 일이라고 보지 않는다.

B. 전송조항이 적용되는가?

콜럼비아는 또한 이 사건 호텔의 숙박시설대여가 전송조항에서의 "공연"

---

29) Columbia Pictures Industries, Inc. v. Redd Horne, Inc., 연방 제3항소법원 749 F. 2d 154(3d Cir. 1984).

30) Columbia Pictures Industries, Inc. v. Aveco, Inc., 연방 제3항소법원 800 F. 2d 59 (3d Cir. 1986).

이라는 결과를 낳았다고 주장하고 있다. 즉 "공중에" 영화를 "달리 전달" 하였다는 것이다. 우리는 호텔이 객실내 공연시설에 의해 전송조항상 "달리 전달"하였다고 보지 않는다. 비록 "전달"의 의미가 법에 정의되지 않았지만 전송조항의 취지는 저작권자의 허락없이 한 곳에서 다른 곳으로 전송 또는 다른 형태의 방송을 금지하는 것이다. "달리 전달"한다는 문구는 영상이나 소리를 보낸 장소 이외의 곳에서 받을 수 있게 하는 공정과 관련되어 있다. 따라서 전송조항은 어떤 종류의 신호를 장치나 공정을 통하여 보낸 장소 이외의 다른 곳에서 받을 수 있도록 보내는 행위를 공연이라고 정의하고 있다고 보아야 한다.

이 사건 호텔이 비디오디스크 재생기, 텔레비전 화면, 객실을 제공하고 비디오디스크를 손님들이 이용할 수 있게 하였다 하더라도 법이 예측한 어떤 형태의 전송이 있었다고 볼 수 없다. 만약 전송과 수신이 있었다면 모두 객실안에서 이루어졌고 보낸 장소를 넘어 다른 곳에서 받은 것은 아니다. 우리는 "달리 전달"한다는 문구가 라만차에서의 비디오디스크이용행위까지 포함할 만큼 넓게 해석될 수 있다고 보지 않는다.

C. 결론

라만차가 객실내 비디오디스크재생기를 제공하고 손님들에게 비디오디스크를 빌려준 행위는 §106(4)의 공연권을 침해하지 않았으므로 지방법원판결을 인용한다.

ABC v. Aereo, Inc.

연방대법원 573 U.S.____(2014)

연방대법관 브레이어(BREYER) :

1976년 개정저작권법은 저작권자에게 "저작물을 공개적으로 공연할 배타적인 권리"를 주었다. 17 U.S.C. §106(4). 법의 전송조항은 그 권리에 다음 권리를 포함하는 것으로 정의하였다.

"어떤 장치나 공정에 의해 공연을 수신할 수 있는 공중이 같은 장소 또는 다른 장소에서 그리고 같은 시간 또는 다른 시간에 수신하든지 간에 저작물의 공연을 공중에게 전송하거나 달리 전달하는 권리" §101.

우리는 피상고인 에어리오가 회원들에게 TV 프로그램이 방송되는 동시에 인터넷으로 그 프로그램을 보도록 하는 복잡한 기술의 서비스를 제공함으로써 위 공연권을 침해했는지를 결정해야 한다.

Ⅰ.

A.

에어리오는 월회비를 받고 회원들에게 인터넷으로 TV 프로그램이 방송되는 거의 동시에 인터넷으로 볼 수 있도록 하고 있다. 이러한 프로그램들 대부분은 저작물이다. 에어리오는 그 프로그램의 저작권이 없고 저작권자들로부터 그 프로그램을 공연하는 이용허락을 받지 않았다.

에어리오의 장치는 중앙저장소에 설치된 서버, 변환기, 수천개의 동전크기 안테나로 이루어져 있다. 장치는 대략 다음과 같이 작동된다. 첫째, 회원이 현재 방송되고 있는 프로그램을 보려고 할 때, 에어리오의 웹사이트에 들어와서 프로그램 목록에서 보려고 하는 프로그램을 고른다.

둘째, 에어리오 서버 중 하나가 선택된 프로그램이 방송되는 동안 회원 혼자 이용하는 안테나를 선택한다. 서버는 안테나를 조정하여 프로그램의 방송신호를 받아서 에어리오의 변환기가 수신한 신호를 인터넷으로 보낼 수 있게 바꾼다.

셋째, 서버는 변환된 자료를 바로 회원에게 보내기보다는 에어리오의 하드 드라이버의 회원 전용 폴더에 저장한다. 달리 말하면 에어리오의 장치는 회원이 선택한 프로그램의 회원 전용 복사물－즉, 개인 복사물－을 만든다.

넷째, 몇 초간의 프로그램이 저장되면 에어리오의 서버는 회원에게 인터넷으로 저장된 프로그램의 복사본을 보여주기 시작한다. 회원은 에어리오에게 프로그램을 나중에 보여주도록 요청할 수도 있지만 이러한 서비스는 이 사건의 대상이 아니다. 회원은 개인 컴퓨터, 태블릿, 휴대전화, 인터넷으로 연결된 TV, 또는 다른 인터넷연결 장치의 화면에서 프로그램을 볼 수 있다. 보여주기(streaming)는 방송 직후부터 회원이 프로그램을 모두 볼 때까지 계속된다. 컴퓨터사전(2008) 494("보여주기"를 "소리와 영상의 흐름을 지속적으로 보내서 인터넷이용자가 전송되는 대로 접근할 수 있도록 하는 과정"으로 정의).

에어리오는 각 회원에게 보여주는 자료는 그에게 배정된 특정한 안테나가 수신한 방송신호로 만들어진 그의 개인 복사물임을 강조하고 있다. 에어리오의 장치는 회원 폴더에 저장된 자료를 다른 회원에게 보내지 않는다. 2명의 회원이 같은 프로그램을 보려고 할 때 에어리오 장치는 2개의 다른 안테나를 작동시켜 별도의 폴더에 2개의 프로그램 복사물을 저장한다. 그리고 회원들 개인 복사물을 각기 별도로 전송하여 회원들에게 프로그램을 보여준다.

B.

상고인들은 에어리오 장치가 회원들에게 보여준 많은 프로그램의 저작권을 갖고 있는 TV 프로그램 제작자, 공급자, 판매자, 방송사들이다. 상고인들은 에어리오를 상대로 연방지방법원에 저작권 침해금지 소송을 걸었다. 그들은 에어리오가 전송조항이 정의하듯이 저작물을 공개 공연할 권리를 침해하였다고 주장하면서 금지명령을 청구하였다.

지방법원은 금지명령을 기각하였다. 874 F.Supp. 2d 373(SDNY 2012). 연방제2항소법원의 다수의견은 선례에 따라 인용하였다. WNET, thirteen v. Aereo, Inc., 712 F.3d 676(2013)(Network LP, LLLP v. CSC Holdings, Inc., 536 F.3d 121(2008)인용). 2항소법원은 에어리오가 "공중에게" 전송하지 않았기 때문에 전송조항의 의미상 공개 공연하지 않았다고 보았다. 대신에 에어리오가 회원에게 프로그램을 보여줄 때마다, 그 회원만 이용할 수 있는 사적인 전송을 했다고 인정하였다. 2항소법원은 전원부재판을 거부했지만 2명의 판사는 반대하였다. 우리는 이송명령을 하였다.

Ⅱ.

우리는 이 사건에서 2가지 문제에 답해야 한다. 첫째, 위에서 설명한 방법으로 작동되는 에어리오가 "공연"하는가? 그리고 둘째, 만약 그렇다면 에어리오는 "공개적으로" 했는가? 우리는 이 문제를 차례로 다룬다.

에어리오가 "공연"했는가? 달리 말하면 회원이 에어리오 장치를 이용하여 프로그램을 보았을 때 공연을 전송했는가, 또는 에어리오가 회원에게만 전송했는가? 에어리오는 공연하지 않았다고 한다. 단지 집안의 안테나와 DVR의 작동을 닮은 장치를 제공했을 뿐이라고 한다. 피상고인 서면 41. 가정의 안테나와 DVR처럼 에어리오의 장치는 단지 회원의 지시에 따랐을 뿐이다. 그래서 에어리오의 장치를 이용하여 TV 프로그램을 스스로 보았을 때 공연한 자는 회원이라고 한다.

법문만을 보았을 때 공연하거나 전송한 때와 단지 다른 사람에게 그렇게 하도록 허용하는 장비를 제공했을 때를 명확히 가리키지 않는다. 그러나 목적에 비추어 해석할 때 법은 오류가 없다. 에어리오와 같은 활동에 관여한 실체가 공연한다.

A.

입법역사를 보면 1976년에 저작권법을 개정한 의회의 원래 목적 중 하나가 지역 안테나 텔레비전(community antenna television : CATV, 이하 "지역 TV") 장치(현재의 케이블 TV의 전신) 제공자가 저작권법의 적용범위밖이라는 이 법원의 판결을 뒤집은 것임이 분명하다. Fortnightly Corp. v. United Artists Television, Inc., 392 U.S. 390(1968) 판결에서, 법원은 대부분 저작권의 보호대상인 지역 텔레비전 방송을 두 도시의 이용자들에게 보내는 지역 TV 시스템을 살펴보았다. 지역 TV 공급자는 도시 근교 언덕에 안테나를 설치하고 안테나로 받은 신호를 이용자들의 가정 TV 세트로 보내기 위해 고주파 전송용 동축케이블을 썼다. 시스템은 이용자들에게 전송효과를 높이고 세기를 강화하기 위해 신호를 증폭시키고 조절하였다. 이용자는 "쉽게 TV세트의 손잡이를 돌려 원하는 프로그램을 고를 수 있었다." 392. 지역 TV 공급자는 "수신되는 프로그램을 편집하지 않았고 자신의 프로그램을 만들지 않았다."

지역 TV 공급자가 저작권자의 배타적인 공연권을 침해했는지에 관하여 법원은 공급자는 공연하지 않았다고 판결하였다. 17 U.S.C. §1(c)(1964년 법)(저작권자에게 비연극적 어문저작물을 영리 목적으로 공연할 권리를 줌), §1(d)(저작권자에게 연극저작물을 공연할 배타적인 권리를 줌). 법원은 "방송사가 공연한다. 시청자는 공연하지 않는다."는 경계를 그었다. 392 U.S., 398. 그리고 지역 TV 공급자는 "시청자쪽에 속한다." 399.

법원은 지역 TV 공급자는 다음과 같이 방송사들과 다르다고 말하였다. "방송사는 시청될 프로그램을 고른다; 지역 TV 시스템은 수신하는 프로그램이 무엇이든 편집없이 단지 전달한다. 방송사는 프로그램을 공중에게 전파한다; 지역 TV 시스템은 공중에게 보내는 프로그램을 수신하고 사적인 채널로 별도의 시청자들에게 전달한다." 400.

지역 TV의 장치가 제공하는 기본 기능이 시청자들이 보통 설치하는 장치로 제공하는 것과는 거의 차이가 없기 때문에 지역 TV 공급자들은 시청자와 더 비슷하다. 399. 법원은 "본래 지역 TV 시스템은 시청자의 TV세트에 효율적으로 연결하는 좋은 위치의 안테나를 제공함으로써 시청자의 방송신호수신능력을 높여줄 뿐이다."라고 판시하였다.

시청자들이 "증폭장비"를 사용한다고 해서 공연자가 되지 않고 지역 TV 공급자들도 같은 장비를 시청자들에게 제공한 것 때문에 달리 다루어져서는 안된다. 398-400.

Teleprompter Corp. v. Columbia Broadcasting System, Inc., 415 U.S. 394(1974) 판결에서 법원은 방송되는 TV 프로그램을 수백마일 떨어진 가입자의 집으로 보내는 지역 TV 공급자의 저작권책임을 살펴보았다. 법원은 시청자가 그러한 먼 거리의 신호에 다다를 수 있는 증폭장치를 살 수는 없다는 점을 인정했지만, 그럼에도 불구하고 지역 TV 공급자가 방송사보다는 시청자와 더 비슷하다고 보았다. 408-409. "방송국과 최종 시청자 사이의 거리에 관계없이, 동시 시청을 위한 TV 방송 신호의 수신과 전달은 본래 시청자 기능이다." 408.

법원은 또한 지역 TV 시스템이 무엇을 전송할 것인지를 선택하는 조치를 취하였다고 인정하였다. 그러나 그 사실때문에 지역 TV 시스템이 방송사로 바뀌지 않았다. 방송사는 무엇을 방송할 것인지를 선택하는데 많은 창작성을 발휘한다고 법원은 판시하였다. 반면에 지역 TV 공급자는 어떤 방송을 재전송할지를 처음에는 선택하지만, 그 이후에는 "편집하지 않고 수신한 프로그램이 무엇이든 보내기만 한다."

B.

1976년에 의회는 Fortnightly 판결과 Teleprompter 판결을 뒤집기 위해

저작권법의 많은 부분을 고쳤다. 의회 보고서 94-1476, 86-87(1976년 개정법은 Fortnightly 및 Teleprompter 판결에서 법원이 한 좁은 해석을 완전히 번복하였다.). 의회는 저작물을 공연하는 것과 관련하여 방송사와 시청자 사이를 가르는 법원의 경계선을 없애는 새로운 문구를 만들었다. 개정법은 시청각 저작물을 공연하는 것이 "영상을 보여주거나 수반되는 소리를 들을 수 있도록 하는 것"을 뜻한다고 정리하였다. §101("시청각저작물"을 "본래 기계를 이용하여 수반되는 음과 함께 보게 되는 연관된 이어진 영상으로 구성된 저작물"로 정의). 이 새로운 법문에 따르면 방송사와 TV 프로그램의 시청자는 프로그램의 영상을 보여주고 프로그램의 소리를 들을 수 있도록 하기 때문에 "공연한다." 의회보고서 63(방송망은 가수의 노래실연을 전송할 때 공연하고 … 개인이 수신기를 틀어 공연을 통신할 때 공연한다).

의회는 또한 공연을 공중에게 전송할 때 공개 공연한다고 구체적으로 밝힌 전송조항을 만들었다. §101. Fortnightly 및 Teleprompter 판결의 지역 TV 처럼 케이블 시스템은 의회가 적용하려고 하는 활동의 핵심이다. 의회보고서 63(케이블 TV 시스템은 방송을 이용자들에게 재전송할 때 공연한다). 공연의 개념은 최초의 실연 또는 보여주기 뿐만 아니라 공중에게 전송되거나 전달되는 추가 행위에도 적용된다). 그래서 그 조항은 지역 TV 시스템처럼 작동하여 단지 시청자가 TV 방송 신호를 더 잘 받게 된다고 하더라도, 그 자체로 공연이라는 점을 분명히 했다.

의회는 나아가 케이블 회사의 저작물 공연을 규제하기 위해 새로운 조항을 만들었다. §111은 케이블회사가 강제이용료를 내고 방송을 재전송할 수 있는 조건을 설정하는 복잡하고 매우 상세한 강제허락체계를 만들었다. 의회보고서 88(§111은 원래 케이블 TV 시스템의 운영 및 저작물의 재전송 책임의 조건에 대한 것이다).

의회는 케이블 시스템의 운영을 저작권법의 적용대상에 넣는다는 비슷한 목적을 이루기 위해 3가지 변화를 만들어냈다.

C.

이러한 입법과정은 에어리오가 단지 장비 제공자가 아님을 밝혀준다. 회원들이 아니라 에어리오가 "공연(또는 전송)한다." 에어리오의 작동과정은 의회가 법을 고쳐서 적용하고자 했던 지역 TV 회사와 실제 내용상 비슷하다. 에어리오는 많은 회원이 저작권으로 보호되는 TV 프로그램을 방송과 거의 동시에 보도록 하는 서비스를 판다. 이 서비스를 제공하면서 에어리오는 이용자의 집에서 떨어진 저장소에 보관된 자체 장비를 쓴다. 이 기술로 에어리오는 "공중에게 제공된 프로그램을 수신하고 사적인 채널로 다른 시청자들에게 전달하고 있다." Fortnightly, 392 U.S., 400. 수신하는 프로그램이 무엇이든지 모두 보내고 공중파 프로그램 모두를 제공하고 있다. 392, 400.

에어리오의 장비는 "시청자 기능"을 수행하고, 시청자가 방송사의 프로그램을 더 잘 수신하도록 해 줄 수 있다. 시청자가 집에서 쓸 수 있는 장비와 비슷할 수도 있다. 그러나 이는 Fortnightly 및 Teleprompter 판결의 장비도 마찬가지였고 의회가 고려한 사정도 마찬가지였다.

우리가 인정하고 에어리오 및 반대의견이 강조하는 것은 에어리오 시스템과 Fortnightly 및 Teleprompter 판결의 케이블 시스템 사이에 있는 하나의 특정한 차이이다. 두 사건의 시스템들은 계속 전송했다; TV 세트에 연속으로 프로그램을 보냈다. 반면에 에어리오 시스템은 회원이 프로그램을 보고 싶다고 지시할 때까지 움직이지 않는다. 회원의 요청에 자동 반응하는 그 순간에만 에어리오 시스템은 안테나를 움직여 요청된 프로그램을 전송하기 시작한다. 반대의견은 이것이 결정적인 차이라고 말한다. 그것은 에어리오가 아닌 회원들이 공연되는 저작물을 선택한다는 것을 뜻한다. 그러한 이유로 에어리오가 아니라 회원들이 공연을 전송한다. 그래서 에어리오는 "이용자들에게 도서관 카드를 제공하는 복사점"과 같다고 한다. 복사점은 이용자가 그 도서관에서 찾은 저작물을 복제하기 위해 복사점의 인쇄기를 쓸 때마다 직접 책임을 지지 않는다. §106(1). 마찬가지로 에어리오는 이용자들이 저작권으로 보호되는 TV 프로그램을 화면에 전송하기 위해 장비를 쓸 때마다 직접 책임을 져서는 안 된다.

그러나 우리의 견해로는 반대의견의 복사점 논거는 어떤 형태로든 너무 사소한 것을 지나치게 중요시하고 있다. 1976년 개정법이 목표로 한 케이블 회사와 에어리오가 매우 비슷하다는 점을 생각할 때, 에어리오와 전통의 케이블 회사 사이에 이러한 오직 하나의 기술 차이는 이 사건을 결정할 만큼 중요하지 않다. Fortnightly 및 Teleprompter 사건에서 케이블 시스템의 이용자들도 어떤 프로그램을 화면에 띄울지 선택했다. 우리가 Fortnightly 판결에서 말했듯이 그 이용자는 "TV의 손잡이를 돌려서 보려는 프로그램을 고를 수 있었다." 392. 에어리오의 회원도 마찬가지다. 물론 Fortnightly 사건에서는 TV 신호는 화면뒤에 숨어서 이용자가 손잡이를 돌리면 언제든지 나타날 준비가 되어 있었다. 이 사건에서는 오늘날의 "손잡이 돌림"－즉 웹사이트 클릭－이 인터넷상에서 신호를 잡아서 에어리오의 회원에게 보내는 기계를 작동시킬 때까지 공간을 떠다닌다. 그러나 이 차이는 이용자에게 별다른 의미가 없다. 우리는 이용자나 방송사에게는 보이지 않는 이러한 하나의 차이가 어떻게 모든 실제 목적상 케이블 시스템과 같은 시스템을 "이용자에게 도서관 카드를 주는 복사점"으로 바꾸는지 알지 못한다.

다른 유형의 서비스나 기술 제공자들이 관련된 사건에서 이용자가 제공자의 장비를 돌리고 보내는 자료를 고르는데 관여하는 행위가 저작권법의 의미상 제공자가 공연하는 것으로 이어질 수는 있다. 그러나 저작권법의 개정당시 의회의 기본 목적에 비추어볼 때, 에어리오와 케이블 회사 사이에 비슷함이 너무 많아서 우리는 이 차이가 이 사건에서 중요하지 않다는 확신을 하게 된다. 우리는 에어리오가 단순히 장비 공급자가 아니고 에어리오가 "공연한다"고 결론짓는다.

Ⅲ.

다음으로 우리는 에어리오가 전송조항의 의미상 상고인들의 저작물을 "공개적으로" 공연했는지를 본다. 조항에 따르면 "저작물의 공연을 공중에게 전송할 때" 공개적으로 공연한다. §101. 에어리오는 다음과 같이 이 요건에 들어맞지 않는다고 주장한다. 첫째, 회사가 "전송하는" "공연"은 전송하는 행위가 만든 공연이다. 둘째, 오직 한 사람의 회원만이 공연을 수신할 수 있기 때문에, 에어리오는 공개가 아닌 사적으로 전송했다. 에어리오의 첫째 주장이 옳다고 가정하더라도 두 번째 주장은 그렇지 않다.

에어리오의 첫째 주장을 본다. 에어리오가 어떤 공연을 전송했는가? 법에 따르면 "공연의 전송은 어떤 장치나 공정에 의해 영상이나 소리가 송신한 장소를 넘어서 도달되도록 전달하는 것이다." 그리고 시청각저작물의 "공연"은 "영상을 연속으로 또는 들어 있는 소리를 함께 들을 수 있도록 보여주는 것"을 뜻한다.

상고인들은 에어리오가 그들 저작물의 이전 공연을 전송한다고 말한다. 그래서 에어리오가 이전 방송을 재전송했을 때, 그 방송(그 자체로 공연)이 에어리오가 전송한 공연이다. 에어리오는 위에서 설명한 바와 같이 그들이 전송한 공연은 전송행위가 만든 새로운 공연이라고 말한다. 그 공연은 에어리오가 회원의 화면에 방송프로그램의 소리와 영상을 나타내 줄 때 존재한다.

우리는 일단 에어리오의 첫째 주장이 옳다고 가정한다. 그래서 시청각저작물의 전송은 동시에 보고 듣는 저작물의 영상과 소리를 통신하는 것을 의미하게 된다. United States v. American Soc. of Composers, Authors and Publishers, 627 F.3d 64,73(CA2 2010)(저작물의 내려받기는 전송된 자료를 "동시에 인식"할 수 없기 때문에 공연이 아니라고 판결). 에어리오 회원이 보려는 프로그램을 골랐을 때, 에어리오는 인터넷으로 그 회원에게 프로그램을 보여준다. 그럼으로써 에어리오는 "장치나 공정"에 의해 저작물의 영상과 소리를 회원에게 "전달"한다. §101. 그리고 그 영상과 소리는 회원의 컴퓨터(또는 다른 인터넷연결 기기)에서 실시간으로 보고 들을 수 있다. 그래서 우리가 추정하는 정의에 따르면 에어리오는 회원이 프로그램을 볼 때마다 공연을 전송한다.

그러나 에어리오가 "공중에게" 공연을 전송하는 전송조항의 다른 요건은 어떻게 되는가? 우리가 말한 바와 같이 에어리오 회원은 그에게 배정된 안테나로 TV 방송 신호를 잡는다. 에어리오의 장치는 수신된 신호로부터 선택된 프로그램의 개인 복제물을 만든다. 복제물의 내용을 그 회원에게 보여주고 다른 사람에게는 보여주지 않는다. 오직 한 회원만이 에어리오의 전송을 보고 들을 수 있다. 오직 한 회원에게만 전송된다는 사실 때문에 에어리오는 "공중에게" 공연을 전송하지 않는다고 한다.

법의 입법목적상 이러한 차이로 에어리오 장치가 공개적으로 공연하는 케이블 시스템과 다르지 않다. 의회의 규제 목적에 비추어 보면, 이러한 기술 차이가 중요해야 할 이유가 있는가? 기술 차이는 에어리오가 시청자의 화면에 TV 프로그램을 전달하기 전까지의 방식에 관련되어 있다. 기술 차이때문에 에어리오의 상업 목적과 케이블 회사의 그것이 달라지지 않는다. 기술 차이가 에어리오 회원이 시청하는 경험을 의미있게 바꾸지 않는다. TV 쇼를 보려는 회원이 화면에 나오는 영상과 소리가 대규모 회원들의 안테나 또는 작은 지정된 안테나를 통하는지, 실시간으로 오는지 또는 몇 초 후에 오는지, 직접 또는 개인 복제물을 만든 후에 전송되는지에 관심을 가져야 할 이유가 있는가? 그리고 만약 에어리오가 옳다면, 현대 TV 시스템은 왜 오래된 기술을 새로운 기술로 바꾸어 저작권의 제한을 받지 않고 상업적이고 소비자 지향의 똑같은 활동을 계속할 수 없는가? 의회는 케이블 회사의 행위처럼 이용허락을 받지 않은 에어리오의 행위로부터 저작권자를 보호하였을 것이다.

의회의 의도는 전송조항의 문언에 잘 나타나 있다. 에어리오의 주장은 "공연을 전송하는 것"은 한 번의 전송을 뜻한다는 전제를 바탕으로 하고 있다. 그러나 조항은 여럿의, 별개의 전송을 통한 공연의 전송을 담고 있다. 그것은 여러 조치를 통해 무언가를 전송 또는 전달할 수 있기 때문이다. 그래서 친구에게 메시지를 보내면서 별개의 같은 이메일을 친구들에게 각각 보내든, 한 개의 이메일을 한 번에 모두에게 보내든지에 관계없이 전송할 수 있다. 선출된 공직자들도 개인 전화로 하거나 공공 광장에서 전달하는지에 관계없이 유권자들에게 생각, 구호, 의사를 전달할 수 있다.

단수 명사("공연")가 "전송한다"는 단어를 뒤따르고 있다는 사실이 반대를 뜻하지 않는다. 같은 노래를 1대 1로 부르거나 모두가 모인 자리에서 부르거나 가족앞에서 노래를 부를 수 있다. 똑같은 원리로 전송이 같은 저작물을 하나의 전송 또는 몇 차례의 전송으로 공연을 전송할 수 있다.

전송조항은 "공연을 수신할 수 있는 공중의 구성원들이 … 같은 시간 또는 다른 시간에 수신하는지를 묻지 않고" 공중에 공연을 전송할 수 있다고 규정하고 있기 때문에 이 해석이 허용되어야 한다. §101. "공연을 … 전송한다"는 말이 하나의 통신행위로 제한된다면, 공중의 구성원들은 "다른 시간"

에 전달된 공연을 받을 수 없을 것이다. 그러므로 전송조항의 목적과 문맥에 비추어, 우리는 같은 영상과 소리를 동시에 여러 사람들에게 통신할 때, 통신의 회수와 무관하게 공중에게 공연을 전송한다고 결론짓는다.

우리는 에어리오가 프로그램의 개인 복제물을 전송한다는 사실로 어떻게 달라지는지 알지 못한다. 법은 “장치나 공정에 의한” 전송에 적용된다. 그리고 이용자가 특정 복제물을 이용하여 TV 프로그램을 재전송하는 것은 공연을 전송하는 “공정”이다. 저작물의 복사물은 저작물이 고정된 유체물이다. 그리고 그로부터 저작물이 인식되고, 복제되고, 또는 달리 통신된다. “그래서 에어리오가 같은 또는 다른 복사물로부터 전송하는지에 관계없이 같은 저작물을 공연한다. 같은 영상을 보여주고 같은 소리를 들을 수 있게 해준다. 그러므로 에어리오가 같은 TV 프로그램을 다수의 회원들에게 보여줄 때, 그들 모두에게 공연”을 전송한다.

나아가 에어리오가 TV 프로그램을 전송하는 회원들은 “공중”의 일부다. 에어리오는 같은 영상과 소리를 서로 관계가 없고 알지 못하는 많은 사람들에게 동시에 전달한다. 비록 법이 “공중”을 정의하지 않았지만, “보통 가족과 사회적인 친지의 범위를 넘는 여럿이 모여 있는 자리”에서 공연할 때 공개적으로 공연한다고 명시하고 있기 때문에 이것은 중요하다. 법은 “공중”이 가족과 친구의 범위를 넘은 많은 수의 사람들로 이루어진다는 것을 시사하고 있다.

에어리오의 회원들이 저작물의 저작권자 또는 소유자로서 공연을 수신했다는 점은 기록에도 없고 에어리오도 주장하지 않는다. 이것은 사람들을 상대로 공연했을 때 그들이 공중을 구성하는 지는 종종 저작물에 대한 그들의 관계에 달려있기 때문에 관련이 있다. 예를 들면 주차원이 차를 운전사에게 돌려주었을 때 우리는 주차 서비스가 자동차를 공중에게 제공한다고 말하지 않을 것이다. 우리는 주차서비스가 자동차를 소유자에게 제공한다고 말할 것이다. 반면에 우리는 자동차판매상이 차와 무관했던 사람들에게 차를 팔기 때문에 차를 공중에게 제공한다고 말할 것이다. 비슷하게 소유자인 개인들에게 공연을 전송하는 것은 공중에게 공연하지 않는다. 반면에 저작물에 대해 아무런 관계가 없는 많은 유료 회원들에게 전송하는 에어리오와 같은 경우는 공연한다.

마지막으로 에어리오의 회원들이 같은 프로그램을 다른 시간과 장소에서 수신한다. 그러나 전송조항이 "공연을 수신할 수 있는 공중의 구성원들이 같거나 다른 장소 또는 같거나 다른 시간에 수신하든지 간에" 공개적으로 공연한다고 명백하게 규정하고 있기 때문에, 이 사실은 에어리오에게 도움이 되지 않는다. 달리 말하면 "공중"은 공간으로나 시간상으로나 함께 있을 필요가 없다. 이러한 이유로 우리는 에어리오가 상고인들의 저작물을 전송조항의 의미상 공중에게 전송하였다고 판단한다.

Ⅳ.

에어리오와 많은 법정조언자들은 전송조항을 에어리오의 행위에 적용한다면 의회가 적용대상으로 삼지 않았던 새로운 기술을 포함한 기술에 저작권책임을 지우게 될 것이라고 주장한다. 그러나 우리는 오늘의 제한된 판결이 그러한 효과를 낳을 것이라고 믿지 않는다. 우리는 의회가 전송조항을 케이블 회사 및 동등한 사업에 넓게 적용하려고 한 반면 다른 종류의 기술의 발전이나 이용을 통제하거나 억누르려고 하지 않았다는 것에 동의한다.

전송조항을 만들었던 케이블 방송 전송의 역사에 따라 에어리오가 공연한다는 우리의 결론에 이르게 되었지만, 그것이 다른 맥락에서 다른 종류의 제공자들도 공연하는지를 결정하지 않는다. 인식할 수 있는 영상과 소리를 동시에 통신할 때에만 공연을 전송한다. 피상고인 서면 31(만약 공급자가 DVD의 복사물을 우편으로 소비자에게 팔 때, DVD의 배포는 단지 수신인이 스스로 저작물을 공연할 수 있도록 해준다－이 방식은 배포자가 공개적으로 저작물을 공연하는 장치나 공정이 아니다).

나아가 우리는 "공중"을 저작권으로 보호되는 TV 프로그램을 보기 위해 돈을 내는 공중의 구성원이 되는 사람들에게 적용하는 것으로 해석하였다. 우리는 관련된 제품의 소유자나 점유자로서 행동하는 사람들에게로 넓히지 않는다고 말했다. 그리고 우리는 서비스 이용자가 내용물의 먼 거리 저장과 같은 저작물의 전송 이외의 서비스를 위해 돈을 낼 때 공연권이 침해되었는지를 다루지 않았다. 법무부 서면 31(클라우드 저장 서비스는 소비자들에게 이미 적법하게 얻은 복제물을 다시 이용하게 해주는 더 편리한 수단을 제공하고 있기 때문에 달리 보고 있음). 또한 만약 가족과 친지 범위 외에 많은 사람들에게 보내지 않는다면 공중에게 전송하지 않는다.

법원은 종종 법의 기본 목적에 비추어 법의 일반 언어를 적용한다. 마지막으로 공정 이용 이론은 조항의 부적절하거나 불공정한 적용을 막는데 도움이 될 것이다. Sony Corp. of America v. Universal City Studios, Inc., 464 U.S. 417(1984) 참조.

우리는 지금 저작권법의 전송조항이나 다른 조항이 아직 법원에 오지 않은 기술에 어떻게 적용될 것인지를 정확하게 말할 수 없다. 우리는 "클라우드 서비스, 먼 거리 저장 DVRs, 그리고 다른 새로운 쟁점에 관련된 문제는 법원에 오지 않았고 의회가 길을 뚜렷하게 정하지 않은 사안들은 정확한 문제가 제기된 사건을 기다려야 한다"는 법무차관의 의견에 동의한다. 법무부 서면 34. 그리고 우리는 상업 행위자나 다른 이해관계가 있는 단체가 그러한 기술의 개발 및 이용과 저작권법 사이의 관계에 관심이 있는 범위에서 자유롭게 의회의 조치를 구할 수 있다는 것을 덧붙여둔다. DMCA 17 U.S.C. §512.

***

요약하면 에어리오의 자세한 운영실태를 검토한 결과, 우리는 Fortnightly 및 Teleprompter 판결의 지역 TV 시스템과 매우 비슷하다고 본다. 그리고 1976년 개정법이 저작권법의 적용범위에 넣은 것들이다. 차이도 있지만 그러한 차이는 에어리오가 제공하는 서비스의 성격과 무관하다. 우리는 이러한 차이때문에 에어리오의 행위를 법의 적용범위에서 빼는 것은 틀리지 않다고 본다.

이러한 이유로 우리는 전송조항이 정의하는 바와 같이, 에어리오가 상고인들의 저작물을 "공개적으로" "공연한다"고 결론짓는다. 그러므로 우리는 반대되는 항소법원의 판결을 취소하고 이 판결에 맞는 추가절차를 위해 되돌려보낸다.

[대법관 스칼리아 반대의견 생략]

4. 저작인격권(The Moral Right)

가. 시각 예술가들의 권리에 관한 법

미국 저작권법에는 저작인격권에 대한 일반 규정은 없다.[31] 다만 미국이 베른협약에 가입한 이후 시각 예술가들의 권리에 관한 법(The Visual Artists Rights Act of 1990)을 만들어 시각 예술가들에게 성명표시권과 동일성유지권(rights of attribution and integrity)을 부여하였다.

시각 예술가들은 §107의 제한 아래 §106의 권리들과 별개로 다음과 같은 권리를 가진다.

① 당해 저작물의 저작자임을 주장할 권리와 그의 이름이 그가 창작하지 않았던 시각예술저작물의 저작자로서 사용되는 것을 금지할 권리[32]

② 저작물이 왜곡, 훼절 또는 기타 변경되어 그의 명예나 명성이 손상되는 경우에는, 그의 이름이 시각 예술저작물의 저작자로서 사용되는 것을 금지할 권리[33]

③ §113(d)의 경우를 제외하고

명예나 명성을 손상하는 저작물의 고의적 왜곡, 훼절 또는 기타 변경을 금지할 권리와 인정받은 저작물의 파괴를 금지할 권리[34] 그리고 저작물의 고의 왜곡, 훼절 또는 기타 변경과 인정받은 저작물의 파괴는 권리 침해가 된다. §113(d)는 시각예술저작물이 건물에 구체화되거나 그것의 일부를 구성하고 있어서 건물로부터 분리할 경우 저작물의 파괴, 왜곡, 훼절 또는 기타 변경을 일으킬 때 저작인격권이 적용되지 않는 예외를 규정하고 있다.

시간의 경과나 재료의 고유한 성질의 결과로 만들어진 시각 예술저작물의 변경은 위 ③항의 왜곡, 훼절 또는 기타 변경에 해당되지 않는다. 또한 저작물의 배치 및 빛을 포함하여 저작물의 보존이나 공개전시의 결과 일어난 시

31) 한국저작권법은 저작인격권으로 공표권, 성명표시권, 동일성유지권을 인정하고 있다. 제11조-제13조.

32) 17 U.S.C.§ 106A (a)(1).

33) 17 U.S.C.§ 106A (a)(2).

34) 17 U.S.C.§ 106A (a)(3).

각 예술저작물의 변경은, 중대한 과실에 의하지 않는 한 위 ③항의 파괴, 왜곡, 훼절 또는 기타 변경에 해당하지 아니한다.

시각 예술가의 저작인격권은 일신 전속이므로 양도할 수 없으나 문서에 의하여 위 권리들을 포기할 수 있다. 위 권리들은 저작자의 생존시에만 유효하다.

나. 시각 예술저작물[35)]

저작인격권이 부여되는 시각 예술저작물은 1개만 존재하는 회화, 소묘, 판화 또는 조각 또는 저작자가 서명하고 일련번호가 부여되는 200개 이하의 한정된 복제물, 조각의 경우에는, 저작자가 일련번호를 붙이고 저작자의 서명 또는 다른 저작자 확인표시가 있는 200개 이하의 반복 주조, 조각 또는 제작된 조각물을 말한다. 전시 목적만을 위하여 제작된 정지된 사진영상의 경우에는 저작자가 서명한 한 개의 작품 또는 저작자가 서명하고 연속되는 번호가 부여되는 200개 이하의 한정된 복제물을 말한다. 그러나 포스터나 지도, 지구의, 도면, 기술적 제도, 도해, 응용미술, 영화 또는 다른 시청각저작물, 책, 잡지, 신문, 간행물, 데이터베이스, 전자정보서비스, 전자출판, 기타 비슷한 출판물 등은 포함되지 않는다. 상업제품과 광고, 선전, 포장물질, 업무상 저작물도 제외된다.

5. 디지털시대의 저작권보호와 제한

디지털기술의 발달에 따라 변화된 환경 속에서 저작권을 보호해야 할 필요성과 WIPO(World Intellectual Property Organization)의 두 조약, 즉 The WIPO Copyright Treaty와 The WIPO Performance and Phonogram Treaty를 이행하기 위하여 1998년 디지털 저작권법[The Digital Millenium Copyright Act(DMCA)]을 제정하였다. 위 두 조약은 가맹국들에게 디지털방식으로 전송되는 저작물을 보호하기 위한 조치를 취하도록 요구하였다. DMCA는 저작권보호의 필요성과 표현의 자유를 위축시키고 연구 활동 및 디지털기술 발전을 저해할 것이라는 상반된 논쟁속에서 만들어져 저작권을 보호하

35) 17 U.S.C.§ 101(“work of visual art”).

되 많은 예외를 인정한 타협의 산물이다(자세한 내용은 제10, 11장 참조).

저작권자가 저작물에 대한 접근을 통제하거나 저작권 침해행위를 막기 위해 취한 기술 장치나 수단을 없애거나 해체하는 것을 금지하고 있는데 도서관이나 교육기관과 같은 비영리 기관이나 역분석, 연구 등의 경우에는 예외를 인정하고 있다.[36] 또한 저작자 및 저작권의 관리에 필요한 정보를 담은 저작권관리정보(copyright management information, CMI)를 제거, 변경하거나 허위정보를 배포하는 것을 금지하고 있다.[37]

36) 17 U.S.C.§ 1201.
37) 17 U.S.C.§ 1202.

제8장 저작권침해와 구제 (INFRINGEMENT AND REMEDIES)

1. 침 해

가. 요 건

저작권침해를 주장하기 위해서는 저작권의 보유, 저작물의 독창성, 피고 저작물 복제, 두 작품간의 실질적인 유사성을 입증하여야 한다.

나. 침해의 정황증거

불법복제행위를 부인하는 경우에는 통상 직접 증거를 찾기 어렵다. 따라서 불법 복제하였다는 사실을 밝히기 위해 침해자가 저작물에 접근했는지와 두 작품 사이에 실질적인 유사성이 있는지의 증거가 제시된다. 접근의 정도가 약할 경우에는 실질적 유사성의 정도가 강하게 요구되고 접근의 정도가 강할 경우에는 상대적으로 실질적인 유사성의 정도가 약해도 침해의 책임이 인정될 수 있다.

(1) 접 근(Access)

접근사실을 입증하기 위해서는 원고는 피고가 저작물을 보거나 베낄 합리적인 기회가 있었다는 사실을 입증하여야 할 것이다. 유명하고 널리 배포된 저작물의 접근은 피고가 저작물을 보거나 복제할 많은 기회가 있었을 때 추론될 수 있다. 복잡한 작품이 실질적으로 거의 같을 때 접근은 추정될 수 있으나, 작품이 흔하거나 평범하고 공유영역에 있는 내용을 닮은 것이라면 비슷하다는 사실만으로는 충분하지 않고 접근의 증거가 필요하다.

Selle v. Gibb

연방 제7항소법원
741 F. 2d 896(7th Cir. 1984)

사 안

원고 셀(Ronald H. Selle)은 1975년 가을 "Let It End"를 작곡하였고 저작권을 취득하였다. 그는 시카고지역에서 그의 작은 악단과 함께 2, 3번 노래를 불렀고 노래테이프와 주요선율을 11개의 음반회사에 보냈다. 8개의 회사들은 셀에게 그것들을 다시 되돌려보냈고 3개 회사들은 응답하지 않았다. 이 정도가 셀의 음악이 공개되어 알려진 범위이다.

인기있는 팝그룹 비지스와 제작진은 1977년 1월 파리근교 녹음실에서 이 사건 노래 "How Deep Is Your Love"를 포함한 6개의 신곡을 작곡하였다. 작곡과정을 녹음한 작업테이프는 실제 창작과정을 담고 있다. 비지스의 멤버인 깁 3형제(모리스, 로비, 배리) 중 특히 배리가 주선율을 창작하고 키보드 연주가인 위버는 형제들이 부르는 노래의 선율을 연주하였다. 비록 작업테이프는 창작의 초기과정을 담고 있진 않지만 아이디어, 음정, 가사, 선율의 강약 등이 점차 조합되는 과정을 보여주고 있다.

셀은 1978년 5월 처음으로 비지스의 노래를 알게 되었고 비록 노래말은 다르지만 곡은 자신의 것이라고 느꼈다. 그는 또한 위 노래가 들어 있는 영화 "토요일 밤의 열기"도 보았다. 그 후 셀은 깁 형제들과 영화제작 및 배급사인 파라마운트 영화사, "How Deep Is Your Love"의 카세트를 만들고 배포한 폴리그램 배급사를 상대로 저작권침해금지소송을 걸었다. 일리노이 북부 연방지방법원은 비록 두 노래가 실질적으로 비슷하지만 원고가 피고들이 원고의 노래에 접근하였다는 점을 입증하지 못했고 독립 창작이라는 피고들의 증거를 반박하거나 뒤집지 못했다는 이유로 원고패소판결을 내렸다.

판결요지

판사 CUDAHY :

A. 원고는 접근의 직접 증거가 없다 하더라도 두 작품이 너무 비슷하여 그러한 유사성만으로 접근이 추론될 수 있을 때 저작권침해는 입증될 수 있다고 주장하고 있다.

항소심에서 오직 하나의 쟁점은 복제의 입증이다. 복제의 입증은 저작권침해사건에서 중요하다. 두 작품이 아무리 비슷하더라도 만약 피고가 베끼지 않았다면 침해는 없다. 그러나 복제행위를 입증하는 직접 증거는 드물기 때문에 가장 중요한 정황증거는 접근을 입증하는 것이다. 원고는 작품이 피고에게 직접 전달되었다든지 혹은 피고와의 가까운 관계를 밝힘으로써 접근의 직접 증거를 제시할 수 있을 것이다. 반면에 작품이 대중에게 널리 알려졌을 때 합리적인 접근가능성을 입증할 수 있다.

만약 원고가 접근의 직접 증거를 가지고 있지 않다면 실질적인 유사성이 너무 두드러져 독립 창작이나 우연함, 이전의 일반 자료일 가능성들이 배제된다는 점을 입증함으로써 접근사실이 정황상 추론될 수 있다. 원고의 주장은 이 이론에 바탕을 두고 있으나 접근을 입증하는 것은 유사성 그 자체만은 아니다. 두드러진 유사성은 접근을 보여주는 정황증거 중 하나에 지나지 않고 따로 고려되어서는 안 된다. 그것은 접근에 관련된 다른 정황증거들과 함께 고려되어야 한다. 두 작품이 모든 면에서 같지만 만약 침해자가 독립 창작했거나 두 작품이 모두 공유영역에 있는 공유의 자료로부터 베낀 것이라면 침해는 존재하지 않는다. 그러므로 비록 두드러진 유사성의 증거가 접근사실의 추론을 허용할 수 있으나 원고는 여전히 접근의 추론이 합리적이라는 점을 밝힐 증거를 보여주어야 한다.

가장 큰 어려운 점은 원고가 그의 작품과 피고 사이의 직접 관련은 입증할 수 없지만 원고의 작품이 널리 보급되어 피고가 그것에 접근했다는 사실을 추론하는 것이 불합리하지 않을 경우에 발생한다. 노래가 전국 방송을 통해서 전파되고 상당량의 테이프가 팔렸다면 현저한 유사성의 증거와 함께 잠재의식복제이론(theory of subconscious copying)에 의해 침해가 인

정될 수 있다.[1)]

이 사건에서는 셀의 노래는 대중에게 널리 보급되지 않았으며 피고들이나 그 직원들이 원고가 두세 번 공개적으로 노래 부를 때 시카고에 있었다는 증거도 없다. 또한 공개 배포된 셀노래의 복제품은 별로 없다. 지방법원 판사는 원고가 접근증거를 제시하지 못한 점을 들면서 접근의 추론은 단지 추측이나 억측, 희박한 접근가능성만을 바탕으로 이루어질 수 없다고 판시하였다.

B. 원고는 이 사건에서 두 곡이 두드러지게 유사하다는 전문가 증인, 파슨 박사(Dr. Parsons)의 증언에만 의존하고 있다. 두드러진 유사성은 단순히 두 작품에 나타나는 같은 음표의 수에 관한 것은 아니다. 두 작품의 유사성정도를 분석하는데 중요한 요소는 비슷하다고 주장되는 부분의 독특함이다. 만약 침해당한 저작물이 정상의 미터법구조로부터 예기치 않게 벗어나 있거나 실수로 보이는 요소를 포함하고 있는데 침해한 작품이 그 예기치 않은 요소나 실수를 반복하고 있을 경우에는 두 작품간에 어떤 연관관계가 더 있을 것이다. 만약 비슷한 부분이 특별히 복잡할 경우 연관관계가 있을 가능성이 높다. 이러한 몇몇 개념들은 문학저작권을 분석할 때 이용되는 것이지만 음악을 분석할 때에도 똑같이 적용될 수 있을 것이다. 판례에서 형성된 "두드러진 유사성"의 정의는 "원고는 그러한 유사성이 우연의 일치, 독립 창작 또는 이전의 공유자원이 아닌 복제에 의해서만 설명될 수 있는 종류라는 점을 입증하여야 한다."고 말하고 있다. 결국 유사성은 두 작품이 공유영역의 자원으로부터 베끼지 않았거나 또는 피고가 독립하여 창작할 수 없을 만큼 충분하게 독특하고 복잡한 문맥속에서 드러나야 한다.

비록 파슨 박사는 "두드러진 유사성"이라는 마법의 방식을 이용했지만 독립 창작의 가능성은 배제해버렸다. 그는 유사성이 복제의 결과라고만 말하지 않았다. 특히 접근의 직접증거가 거의 없는 이 사건과 같은 경우에 "두드러진 유사성"의 증명이 접근사실을 합리적으로 추론할 수 있기 위해

1) ABKCO Music, Inc. v. Harrisongs Music, Ltd. 연방 제2항소법원 722 F. 2d 988(2d Cir. 1983), Cholvin v. B. & F. Music Co. 연방 제7항소법원 253 F. 2d 102(7th Cir. 1958) 참조.

서는 원고는 유사성이 베꼈다는 것 외에 달리 설명될 수 없는 종류의 것이라는 점을 입증하여야 한다. 나아가 독립 창작이 불가능하다는 전문가의 결론을 보강하기 위하여 두 곡의 복잡함이나 독특함을 보여주는 증언이나 다른 증거가 있어야 한다. 모든 노래들이 짧고 기본 선율에 기초하여 만들어지거나 이를 되풀이하는 대중가요의 경우에는 그러한 증언이 특히 필요해 보인다. 증거에 의하면 원, 피고의 곡의 주선율과 다른 곡들, 예를 들면 "Footstep", "From Me To You", 베토벤 교향곡 5번, "Funny Talk", "Play Down", "I'd Like To Leave If I May"의 일부를 같은 악기로 연주했을 때 적어도 표면상으로는 비슷한 점이 있다. 원고는 원, 피고의 곡을 다른 대중음악과 비교한 이 증거에 관하여 전문가증인으로부터 어떤 증언도 이끌어내지 못했다. 공유자원의 가능성을 최소화하는 절차를 거치는 것을 포함하여 두드러진 유사성을 입증하는 책임은 원고에게 있다. 원고는 전문가증인이 확인한 유사성이 비록 비법적인 의미에서 두드러진 것이라 하더라도 우연의 일치, 독립 창작 또는 비지스나 다른 사람들이 창작한 이전의 곡들에 들어 있는 공유자원의 이용가능성을 배제하는 종류임을 밝히지 못했다. 요약하면 접근의 증거가 주로 억측이나 추측에 의존하여야 할 때 두드러진 유사성의 증거가 베꼈다는 사실을 입증할 만큼 충분하지 않다.

그러므로 원고는 비지스가 그의 노래에 접근하였다는 사실을 합리적으로 추론할 근거를 밝히지 못했을 뿐만 아니라 두 곡 사이의 두드러진 유사성을 입증할 책임도 다하지 못했기 때문에 지방법원의 판결을 인용한다.

Repp v. Webber

연방 제2항소법원
132 F. 3d 882(2d Cir. 1997)

사 안

이 사건에는 원고 렙(Ray Repp)과 K&R 음악(이하 K&R)이 웨버(Andrew

Lloyd Webber) 및 그의 이용허락을 받은 자들을 상대로 웨버가 작곡한 "Phantom Song"이 렙이 작곡한 "Till You"를 표절했음을 이유로 한 저작권침해금지청구와 "Till You"가 웨버가 작곡한 "Close Every Door"를 표절하였음을 이유로 한 웨버의 저작권침해금지 반소청구가 들어 있다.

A. 렙과 "Till You"

원고 렙은 30년 이상 종교음악의 전문 작곡가 겸 연주가로 활동해왔는데 종교민속음악의 유력한 작곡가 겸 연주가로 인정받아 왔다. 그는 1978년 "Till You"를 작곡하여 저작권으로 등록하였다. 이 곡은 카세트와 음반 형태의 앨범 "Benedicamus"에 담아 1978년 이후부터 배포되었다. 또한 25,000개의 악보 복사본을 책속에 넣어 출간되고 배포되었다고 한다. 렙은 "Till You"를 담고 있는 음반과 카세트 18,000개를 주문하였고 거의 모두 팔리거나 배포되었다고 주장하고 있다. 렙은 라디오방송국에서 "Till You"를 얼마나 자주 방송하였는지를 입증하지 못했지만 1978년 이후 미국과 많은 외국의 회의장, 교회, 대학교, 극장에서 열린 200회 이상의 음악회에서 연주하였다. 그는 10만명 이상의 사람들이 그가 "Till You"를 연주하는 것을 들었고 이 음악에 접근한 피고 웨버는 "Phantom Song"을 작곡하면서 고의든 아니든 그의 곡을 표절하였다고 주장하고 있다.

B. 웨버와 "Phantom Song", "Close Every Door"

웨버는 세계적으로 성공을 거둔 뛰어난 작곡가이다. 웨버는 1984년말 "Phantom Song"을 완성하였는데 이 곡은 뮤지컬 "오페라의 유령"의 중요부분이며 미국에서 저작권으로 등록되었다.

"Close Every Door"는 1968년 런던에서 처음 공연된 합창곡 "요셉"의 중심이 되는 곡이다. MCA 음반사(이하 "MCA")은 "Close Every Door"를 포함한 "요셉"의 음반을 1974년에 발매하였으며 23,000개가 넘는 음반이 판매되었다. 1969년부터 1978년 사이에 적어도 40,000개의 악보가 팔렸으며 1968년부터 1978년 사이에 "요셉"은 여러 극단이 널리 공연하였고 라디오에서 방송되었다. 웨버는 "Close Every Door"가 렙과 직접 이해관계가 있는 종교라디오 프로그램에서 방송되었으므로 뮤지컬에 대한 렙의 관심과 더불어 이 곡이 널리 퍼진 것은 접근의 중요한 증거가 된다고 주장하고 있다. 그는 "Till You"가 "Close Every Door"를 베꼈다는 것을 입증하는 현저하면서도 중요한 유사성이 있다고 주장하고 있다.

C. 당사자들의 주장

웨버는 1983년말 영국에 있는 자신의 집에서 "Phantom Song"을 작곡하기 시작했다고 주장하고 있다. 그는 이 곡을 함께 일하던 성악가 사라 브라이트만의 발성범위를 드러내기 위해 만들었는데 그가 피아노로 연주하고 그녀가 노래를 부르면서 선율과 화음을 고쳤다고 한다. 1984년 10월 브라이트만은 런던의 한 스튜디오에서 "Phantom Song"을 녹음하였다. 웨버와 브라이트만은 이 소송 전에는 렙이나 그의 음악을 전혀 들어보지 못했다고 주장하고 있다. 비록 렙은 1979년에 앨범 "Benedicamus"를 받았던 가수 벨린을 통하여 웨버와의 연관성을 주장하고 있으나 벨린은 웨버의 동생과 아는 사이이고 웨버와는 1986년에 잠깐 만났을 뿐인 것으로 보인다. 웨버는 자신의 주장을 뒷받침하기 위해 뉴욕대학의 음악교수인 페라라박사의 진술서와 보고서를 냈다. 페라라박사는 "Phantom Song"은 "Till You"보다 앞서 발표된 웨버의 다른 곡들, "Benjamin Calypso", "Pilate's Dream"과 공유영역에 있는 바하나 그리그 등의 곡에서 유래하였다고 판단하였다. 또한 "Phantom Song"과 "Till You" 사이보다는 "Till You"와 "Close Every Door" 사이에 더 많은 유사성이 있다고 보았다. 피고들은 "Till You"와 비슷한 "Phantom Song"의 어떤 내용도 웨버가 독립 창작하였다고 주장하고 있다.

원고는 히치콕교수와 맥교수의 진술서와 보고서를 냈다. 뉴욕 시립대 음악교수인 히치콕교수는 두 곡의 전체적인 구조, 리듬과 박자, 선율과 화음, 이 요소들의 상호작용 등을 모두 조사한 후 두 곡의 기본리듬과 박자의 특성이 같다고 결론지었다. 비록 두 곡이 다른 화음계로 작곡되었다 할지라도 상당한 일치와 리듬의 동일성을 드러내고 있다고 보았다. 히치콕교수에 따르면 두 곡을 비교하는데 고려되어야 할 가장 기본이고 주요한 것은 선율인데 두 곡의 선율 사이에는 두드러진 유사성이 있다고 한다. 그는 "Phantom Song"과 "Till You" 사이에는 비슷한 점들이 예외적으로 많아서 그것들을 하찮거나 우연하다고 볼 수 없으며 "Phantom Song"이 "Till

You"를 바탕으로 하고 있다고 결론내릴 수밖에 없다고 한다.

맥교수 역시 두 곡이 두드러지게 비슷하기 때문에 독자 창작이 불가능하다고 보았다.

D. 지방법원의 판결

원고청구기각판결을 한 지방법원은 먼저 웨버가 "Phantom Song"을 만들기 전에 "Till You"에 접근했다는 사실을 원고들이 입증하지 못했다는 피고들의 주장에 동의했다. 또한 접근의 입증책임을 다하기 위해 침해된 곡이 널리 퍼졌다는 사실을 증명하지 못했다고 판단하였다. 이러한 결론을 내림에 있어서 지방법원은 원고들 증거의 여러 가지 결함, 즉 "Till You"가 앨범이나 테이프, 카세트형태로 대중에게 배포된 수량에 대한 서류증거의 부족, 앨범 "Benedicamus"의 배포수량, 시간, 장소를 설명하지 못했으며, "Till You"가 렙의 음악 중 특별한 곡으로 광고되었다는 사실을 밝히지 못했고, 웨버가 교회음악을 좋아하고 렙의 음악이 교회와 다른 곳에서 널리 연주되었음에도 불구하고 웨버가 "Till You"가 연주되는 곳에 방문한 사실을 입증하지 못한 점을 지적하였다. 지방법원은 "Till You"가 "Phantom Song"과 매우 비슷하기 때문에 독립 창작의 가능성은 배제되며 직접 증거가 없어도 접근의 추론이 허용된다는 원고의 주장을 받아들이지 않았다. 두 곡이 몇몇 공통되는 음표를 가지고 있는 반면 박자나 스타일이 다르며 원고측 증인 히치콕교수도 두 곡이 화음과 음조, 음계가 다르다고 인정했다. 이러한 상황에서 법원은 접근의 증거가 없는데 두 곡이 복제행위를 인정할만큼 두드러진 유사성을 갖고 있지 않다고 판단하였다. 지방법원은 "Phantom Song"을 영국의 집에서 함께 만들었다는 웨버와 브라이트만의 진술을 믿으면서 독립 창작의 항변을 받아들였다.

지방법원은 피고의 반소청구를 기각하였다. 렙은 "Close Every Door"를 베끼지 않았으며 1982년에 처음으로 "요셉"의 공연을 보았다고 증언하였다. 렙을 위하여 증언한 맥교수는 두 곡의 리듬과 음계가 다르며 분위기에 차이가 있다는 이유로 두 곡은 분명히 다르다고 결론지었다. 지방법원은 렙이 "Close Every Door"에 접근하였다는 웨버의 주장을 인정하지 않았다. "요셉"은 "Till You"가 만들어진 2년 후에 1980년에야 상업적인 큰 성공을 거두었으며 그 이전에는 판매와 배포의 증거가 빈약하여 접근의 추론을 뒷받침할 수 없다고 판단하였다. 실질적인 유사성의 문제에 있어서는 맥교수의 증언과 결론을 신뢰하여 웨버의 주장을 받아들이지 않았다.

판결요지

판사 MINER :

A. 본소 청구

저작권의 침해는 유효한 저작권의 보유자가 불법 복제행위를 입증함으로써 성립된다. 실제의 복제행위가 직접 증거 혹은 간접 증거에 의해서 먼저 밝혀져야 한다. 간접증거는 저작물에 대한 접근, 복제의 가능성을 보여주는 두 작품 사이의 유사성, 전문가증언이 포함된다. 침해를 주장하는 당사자가 보호되는 요소와 관련된 두 작품 사이의 실질적인 유사성을 밝혀야 하는 것은 실제의 복제행위가 성립된 이후이다. 음악의 표절사건에서는 원고는 피고가 음악애호가의 귀를 즐겁게 하는 요소를 원고의 곡으로부터 훔쳤고 원고의 저작권의 보호대상인 어떤 것을 표절했다는 것을 입증해야 한다. 우리는 베낀 사실을 보여주는 두드러진 유사성이 있을 경우 접근의 증명은 추론된다고 판시해왔다. 즉, 두 작품이 독립 창작의 가능성을 배제할만큼 두드러지게 비슷하다면 복제사실은 접근의 증거없이 증명될 수 있다.[2)]

우리는 원고들이 제출한 증거가 원고들에게 유리하게 평가될 수 있다고 생각한다. 접근을 입증할 수 있는 증거는 거의 없는 반면에 “Phantom Song”이 “Till You”와 현저하게 유사해서 독립 창작의 가능성을 배제하고 직접 증거없이도 접근의 추론을 허용하는 상당한 증거가 있다. 높은 자격을 갖춘 두 명의 전문가인 히치콕과 맥교수는 음악학 분석을 바탕으로 명확한 의견을 내고 있다. 히치콕교수는 두드러진 유사성에 대한 의문은 없으며 “Phantom Song”이 “Till You”를 기초로 하고 있다고 결론지었다. 맥교수도 두 작품이 현저하게 비슷하여 독자 창작은 불가능하다고 보았다. 피고들을 위한 페라라교수의 의견을 포함하여 전문가들의 의견으로 두드러진 유

2) Lipton v. Nature Co. 연방 제2항소법원 71 F. 3d 464(2d Cir. 1995).

사성의 쟁점은 사실관계에 관한 진정한 쟁점이 되었다. 강력한 상반되는 증거가 있는 경우에는 법원이 사실인정을 하지 않는다. 또한 지방법원은 피고 웨버가 독립 창작하였음을 인정하였으나 오직 이해당사자들의 증언만을 받아들였다. 그러나 맥교수는 두 작품의 유사성이 두드러져 독자 창작의 가능성이 배제된다고 판단하였다. 우리는 독립 창작이 적극 항변이고 침해의 증명을 뒤집기 위해 사용될 수 있다고 판시해왔다. 원고들은 두드러진 유사성을 통해 접근을 증명하였으므로 독립 창작의 증거가 그 증명을 뒤집기에 충분한가 여부는 배심원이 결정해야 할 문제이다.

B. 반소청구(생략)

C. 결 론

원고들의 청구를 기각한 지방법원의 판결을 파기, 환송하고 피고들의 반소청구를 기각한 판결은 인용한다.

(2) 실질적 유사성(Substantial Similarity)

저작권침해에 있어서 실질적인 유사성은 저작권으로 보호되는 표현의 실질적인 유사성을 밝혀야 한다. 저작권으로 보호되지 않는 아이디어가 비슷하다거나 공유영역에 속하는 내용이 비슷하다는 것과는 구별되어야 한다.

Sid & Marty Krofft Television Productions, Inc. v. McDonald's Corp.

연방 제9항소법원
562 F. 2d 1157(9th Cir. 1977)

사 안

원고는 NBC TV의 요청을 받고 TV쇼 "퍼픈스터프(H.R.Pufnstuf)"를 제작하였고 이 쇼는 1968년부터 NBC에서 방송되기 시작하였다. 이 연속물에는 환상적인 의상을 입은 등장인물들과 움직이는 나무들과 말하는 책들이 살고 있는 환상의 섬 “Living Island”에 사는 지미가 등장한다. 이 TV 프로그램은 선풍적인 인기를 얻었고 퍼픈스터프 관련 제품의 생산과 광고수요를 불러일으켰다. 1970년초 광고대행사인 피고 니덤(Needham, Harper & Steers, Inc.)의 이사는 원고 회사의 사장이자 쇼의 제작자인 크로프트를 만나 퍼픈스터프의 등장인물을 이용하여 피고 맥도날드의 광고 제작 계획을 말하였다. 몇 차례 접촉끝에 크로프트는 광고제작을 거절하였다. 그러나 피고 니덤은 위 TV 프로그램의 내용을 바탕으로 맥도날드 광고를 만들었고 1971년 1월부터 방송되었다. 맥도날드 광고가 방송되기 전에 원고는 장난감, 게임, 도시락통 그리고 만화의 제작자에게 퍼픈스터프의 등장인물들과 내용의 사용을 허락하였다. 또한 켈로그의 광고 등에도 사용되었다. 그러나 장난감과 게임을 포함한 맥도날드의 광고 이후에는 원고는 새로운 이용허락계약을 맺지 못했고 기존의 계약을 연장하지도 못하였다.

원고는 1971년 가을 소송을 걸었고 맥도날드의 광고는 퍼픈스터프의 저작권과 관련된 다양한 제품의 저작권을 침해하였다고 주장하였다. 캘리포니아 중부 연방지방법원은 원고 승소판결을 했다.

판결요지

판사 JAMES M. CARTER :

A. 침해의 입증

저작권침해소송에서 원고는 저작권의 소유와 피고에 의한 불법복제를 입증하여야 한다. 불법복제는 저작물에 대한 접근과 저작물과 침해물 사이의 실질적인 유사성이라는 상황증거에 의해서 밝힐 수 있다. 그런데 실질적인 유사성에 있어서 일반 아이디어의 유사성과 그러한 아이디어의 표현의 유사성이 있어야 한다.

아이디어가 실질적으로 비슷하느냐 여부에 관한 결정은 단순할 때도 있다. 예를 들어 나체석고상의 경우 아이디어는 사람의 나체상을 석고로 만든 것이다. 말의 석고상이나 나체화는 이 아이디어를 담고 있지 않으므로 침해가 될 수 없다. 우리는 이것을 외부심사라 부른다. 사실인정자의 반응에 따르지 않고 목록으로 만들거나 분석될 수 있는 특정한 표준에 의존하기 때문에 외부적이다. 그러한 표준은 미술품의 종류, 사용된 재료, 주제, 주제를 위한 배경을 포함하고 있다. 이것은 외부심사이기 때문에 해부 분석과 전문가증언이 적절하다. 나아가 이 의문은 법률문제로 결정될 때도 있다.

표현의 형태에 실질적인 유사성이 있는 가를 결정하는 것은 더 민감하고 복잡할 수밖에 없다. 만약 아이디어가 실질적으로 비슷하다면 사실인정자는 침해를 구성하기 위해 아이디어의 표현이 실질적으로 비슷한 지를 판단해야 한다. 표현이 실질적으로 유사하는지를 판단하는데 적용되는 심사는 일반 합리적인 사람의 반응에 의존하는 내부심사라고 부를 수 있다. 이것은 외부심사의 특징인 외부 표준이나 분석에 의존하지 않기 때문에 내부적이다. Stonesifer사건[3]에서 언급되었듯이 "이 사건 두 작품은 흠잡듯이 혹은 지나치게 세밀한 조사가 아닌 보통의 합리적인 독자나 관객의 관찰이나 인상에 따라 고려되고 평가되어야 한다.[4] 따라서 해부 분석이나 전문가증언은 적절하지 않다. 같은 유형의 이중테스트는 Arnstein사건[5]에서 판시된 바 있다.

B. 심사의 적용

이 사건에서 이들 심사 사이의 구분이 중요하다. 피고들은 원고들의 TV 쇼 퍼픈스터프의 아이디어를 베꼈다는 사실은 다투지 않고 이 아이디어의 표현이 너무 달라서 침해에 해당되지 않는다고 주장하고 있다. 그들은 퍼픈스터프의 등장인물, 배경, 줄거리의 구성부분들을 분석하고 이 부분들과 맥도날드 광고 사이의 다른 점을 지적함으로써 이러한 결론에 이르고 있다.

이 방식은 Arnstein사건과 위에서 말한 아이디어-표현 이분법을 무시하고 있다. 피고들은 그들이 사용한 표현이 원고들의 것과 실질적으로 비슷한

3) Twentieth Century-Fox Film Corp. v. Stonesifer 연방 제9항소법원 140 F. 2d 579, 582(9th Cir. 1944).

4) 판결원문은 다음과 같다.
"The two works involved in this appeal should be considered and tested, not hypercritically or with meticulous scrutiny, but by the observations and impressions of the average reasonable reader and spectator"

5) Arnstein v. Porter 연방 제2항소법원 154 F. 2d 464(2d Cir. 1946).

지를 판단하는데 다른 사유들을 열거함으로써 외부심사를 적용하려고 하고 있다. 그러나 그 외부심사는 부적절하며 여기에는 내부심사가 사용되어야 한다.

표현에 관한 내부심사는 사실인정자의 판단에 맡겨야 하기 때문에 법원은 이를 쉽게 뒤집어서는 안 된다. 사실판단으로서 표절의 쟁점에 관한 결론은 "명백한 잘못"의 기준이 적용된다. 표현을 베꼈는지에 대해 주관적인 심사가 적용되었을 때 법원은 명백한 잘못을 발견할 가능성은 낮다. 이 사건은 원, 피고들의 작품이 둘 다 어린이들을 대상으로 하고 있기 때문에 좀 더 내부 판단을 필요로 하고 있다. 이것은 어린이들의 마음과 상상력에 미치는 각 작품의 영향이라는 특별한 사실상의 쟁점을 일으키고 있다. 보통의 평범한 관찰자 심사를 적용하는 과정에 어린이들이 배제되지 않으며 충실한 청중이다.

퍼픈스터프는 토요일 아침에 가장 인기있는 어린이 프로그램이 되었고 이러한 성공이 몇몇 어린이용 상품의 제작자로 하여금 퍼픈스터프의 등장인물을 이용하게 하였다. 맥도날드가 광고에서 어린이들에 대한 이러한 독특한 매력을 이용하려고 한 것은 놀랄 일이 아니다. 피고들이 독창적이고 입증되지 않은 방식을 쓰기 보다는 퍼픈스터프의 형식을 이용하려고 한 것은 어린이들의 주관적이고 예측할 수 없는 반응을 알았기 때문이다.

피고들은 등장인물들의 옷과 색깔, 장식도구 등이 다르다고 말하고 있다. 우리는 어린이는 말할 것도 없이 퍼픈스터프와 맥도날드 광고를 보는 보통의 합리적인 사람이 등장인물들이 다른 장식띠를 하고 있다는 것을 알아차릴 거라고 믿지 않는다. 침해에 해당되기 위해서 복사나 밀접한 동일성이 필요하지 않다. "침해는 문자 그대로의 정확한 복제에 제한되지 않으며 표절을 숨기기 위해 조금의 변화와 함께 개작, 모방, 변형, 복제되는 여러 방식을 포함한다."[6] 피고들의 광고가 원고들의 TV쇼와 실질적으로 유사하다는 것은 명백하다. 피고들은 TV쇼의 "전체 구상과 느낌"을 이용하였다. 의인화된 나무들과 동물들, 다른 꾸며낸 창조물들이 살고 있는 환상의 섬

6) Universal Pictures Co., Inc. v. Harold Lloyd Corp. 연방 제9항소법원 162 F. 2d 354 (9th Cir. 1947).

“Living Island”, 사람의 얼굴과 특징을 가지고 있는, 말하는 나무들로 이루어진 숲이 같고 등장인물들도 역시 비슷하다. 이러한 유사함이 단순히 아이디어가 아닌 표현의 영역에 속함은 명백하다. 기본 아이디어의 사용이 불가피하게 그러한 유사함을 낳는 것도 아니다. 배심원의 판단이 명백하게 잘못되지 않았다는 것에는 의문이 없다.

C. 아이디어와 표현의 일치

피고들은 이 사건 쇼와 광고가 연극저작물이기보다는 물체들(things)이기 때문에 분리분석이 적절하며 완전 복사나 밀접한 동일성이 필요하다고 주장하고 있다. 피고들이 물건의 예로 조상, 인형, 그림, 보석을 들고 있으나 우리는 연극저작물로부터 물건을 구분하는 피고들의 의도가 무엇인지 전혀 알 수 없다. 그러나 피고들은 밀접한 동일성은 작품이 물건이기 때문이 아니라 아이디어와 표현이 구분될 수 없기 때문에 어떤 경우에는 필요할 수도 있다는 사실을 인식하지 못하고 있다. 표현이 아이디어를 넘어 새롭거나 추가 내용을 보여주지 못할 때 아이디어와 표현은 일치한다.

물건이 관련된 사건에서 필요한 유사성의 특별한 기준은 없다. 이 사건은 아이디어와 표현이 분리될 수 없는 사건은 아니다. 퍼픈스터프에 들어 있는 표현은 단순한 아이디어와 아주 다르다. 등장인물들은 개개의 특성과 상호간에 혹은 주위 환경과 교감하는 특별한 방식을 개발해 왔다. 또한 주위 배경도 독특한 특징들을 가지고 있다. 하나의 유사성이 그 자체로는 사소하다 할지라도 전체에 미치는 영향과 효과가 실질적인 도용에 해당될 수 있다. 특히 관련상품생산과 관련하여 퍼픈스터프 연속물의 가치는 맥도날드 광고가 등장한 후 꽤 줄어들었다. 침해는 객관적으로 판정되어서는 안 되겠지만 이것은 침해를 보여주는 또 하나의 표시이다.

D. 접근

실질적인 유사성에 더하여 원고는 침해를 입증하기 위해서는 접근을 밝혀야 한다. 접근은 피고가 원고의 작품을 베끼거나 볼 기회를 가졌다는 사실을 밝힘으로써 입증할 수 있다. 이 사건에서 피고들이 원고의 작품에 접근하였다는 점에는 다툼이 없다. 피고들은 맥도날드 광고를 준비하면서 이용허락을 받기 위하여 원고들과 협상을 하기도 하였다.

만약 유사성이 없다면 접근의 증거만으로는 복제를 입증하는데 충분하지 않다. 그러나 명확하고 확실한 접근의 증거가 나왔을 경우 실질적인 유사성을 밝히기 위해 필요한 증거의 양은 접근이 단지 우세한 증거에 의해서만 밝혀졌을 때 보다 적을 수 있다. 님머(Nimmer)교수는 매우 높은 정도의 유사성은 접근의 증거가 필요없게 되기 때문에, 논리상 접근의 증거가 제시되었을 때 유사성의 정도는 그러한 증거가 없을 때 요구되는 것보다 다소 적을 수 있다고 보고 있다. 우리는 원, 피고의 접근 정도가 실질적인 유사성을 증명하는 증거의 기준을 낮추는 것을 정당화하고 있다고 믿는다.

E. 결론

지방법원의 판결을 인용한다.

Shaw v. Lindheim
연방 제9항소법원 919 F. 2d 1353(9th Cir. 1990)

사 안

유명한 작가 겸 제작자인 원고 쇼(Shaw)는 1978. 2. NBC TV의 드라마 제작국 간부인 피고 린드하임(Lindheim)과 조건부 계약을 맺어 TV 연속물로 창작한 각본 “The Equalizer”를 만드는 권한을 NBC에 주었다. 쇼는 1978. 7. 27. 각본을 린드하임에게 주었고 린드하임은 이를 읽어보았다. NBC는 제작을 거부하였기 때문에 각본에 관한 모든 권리는 쇼에게 반환되었다. 린드하임은 1979년 NBC를 떠나 유니버셜 TV를 위해 일하였다. 1981년 린드하임은 “The Equalizer”라는 제목으로 TV 연속물 각본을 썼다. 린드하임은 쇼의 각본에서 제목을 베꼈다고 인정하였다. 린드하임의 TV극은 1985년에 CBS에서 방영되었다. 쇼는 1987. 11. 19. 린드하임과 제작회사들을 상대로 저작권침해금지소송을 걸었고 캘리포니아 중부 연방지방법원은 두 각본 사이에 실질적인 유사성이 없다는 이유로 원고의 청구를 기각하였다.

판결요지

판사 ALARCON :

피고들은 쇼가 원래의 Equalizer각본에 대한 저작권을 갖고 있고 그 각본에 접근하였다는 사실을 인정하고 있다. 따라서 남은 하나의 쟁점은 피고의 각본이 원고의 것과 실질적으로 비슷하느냐 하는 것이었다.

A. 크로프트 판결[7]의 틀

크로프트 판결은 원고가 외부심사에 의해 일반 아이디어가 실질적으로 유사하고 내부심사로 그러한 아이디어의 보호받을만한 표현이 실질적으로 비슷하다는 것을 증명한 경우에만 침해가 인정된다고 판시하였다.

1. 크로프트 심사의 범위

크로프트판결 이후 어문저작물에 이 심사를 적용한 후속판결은 외부심사의 표준으로 줄거리, 주제, 대화, 분위기, 배경, 속도, 사건의 연속을 열거하였다. 이것은 어문저작물에서 구체적으로 고려되는 거의 모든 요소들을 포함하고 있기 때문에 책, 대본, 희곡, 영화에 적용되는 외부심사는 더 이상 아이디어의 유사성만을 위한 것으로 볼 수 없다. 외부심사에 포함된 표준은 창작성의 객관적인 표현을 모두 포함하고 있기 때문에 두 심사는 크로프트 판결의 아이디어와 표현의 구분에서 벗어나 표현의 객관적인 그리고 주관적인 분석으로 설명되는 것이 더 바람직할 것이다. 내부심사는 두 작품이 비슷한지에 관한 단순한 주관적인 판단이 되어버렸기 때문에 내부심사아래에서 법률 판단은 사실상 분석이 필요치 않다.

2. 지방법원의 크로프트 판결 적용

지방법원은 폭 넓은 분석끝에 합리적인 마음은 원, 피고의 대본이 주제, 줄거리, 사건의 연속, 등장인물, 대화, 배경, 분위기, 속도의 객관적인 특징들에서 실질적으로 비슷하다고 결론내릴 것이라고 보았다. 그럼에도 불구하고 법원은 내부심사에 의해 합리적인 배심원은 두 대본이 실질적으로 비슷한, "전체 구상과 느낌"을 가지고 있지 않다고 결정할 것이라는 주관적인

---

7) Sid & Marty Krofft Television Productions, Inc. v. McDonald's Corp. 연방 제9항소법원 562 F. 2d 1157(9th Cir. 1977).

판단을 내렸다.

3. 크로프트 판결과 약식판결

어문저작물의 객관적인 유사성을 판단하기 위한 별개의 기준들을 세움으로써 이 법원은 아이디어와 표현이 합체된 경우와 아이디어가 시인, 극작가, 작가가 쓴 표현과 구분되는 경우 사이의 차이를 암묵적으로 인정해왔다. 보석으로 만든 벌 모양,[8] 공룡인형형태,[9] 가라테비디오게임[10]을 이용하는 경우 높은 정도의 유사성은 불가피하게 요구된다. 그 결과 그러한 저작물에 부여되는 저작권의 보호범위는 좁을 수밖에 없다. 반대로 책, 대본, 희곡, 영화의 작가에게는 기존의 아이디어를 바탕으로 사용할 수 있는 새로운 또는 창작 표현은 무한정하게 있다. 여러 가지의 다양한 표현과 아이디어와 구분되는 어문저작물의 표현을 분석하기 위해 외부심사에 의한 객관적인 표준이 있을 때 내부심사는 약식판결의 유일한 근거가 될 수 없다. 일단 법원이 외부심사의 각 요소를 분석하여 객관적인 표현의 유사성에 관하여 심리할만한 의문이 있다고 본 이상 남은 것은 두 작품의 "구상과 느낌"에 관한 주관적인 평가이다. 이것은 판사가 할 일은 아니다. 주관적인 평가는 법률 결론이 아니다.

아이디어와 표현이 합체된 경우 법원이 유사성에 관한 판단을 하는 것은 적절하다. 반면에 문학작품의 비교는 보통 독자나 관찰자로 하여금 두 단계의 과정을 거치게 한다. 첫 번째 단계는 구체적인 유사성의 객관적인 비교이고 두 번째 단계는 파악와 논증, 이해의 주관적인 과정이다. 우리들 각자는 추론하고 상상하고 정서적으로 반응하는 정도가 조금씩 다르기 때문에 아이디어의 표현이 객관적으로 비슷한 문학작품의 주관적인 비교는 배심원에게 맡겨야 한다. 이러한 이유로 문학작품에 적용되는 외부테스트에서 표현의 8가지 객관적인 요소들에 관하여 실질적인 유사성이 있으면 배심재판을 열어야 할 진정한 쟁점이 발생한다.

---

8) Herbert Rosenthal Jewelry Corp. v. Kalpakian 연방 제9항소법원 446 F. 2d 738(9th Cir. 1971).

9) Aliotti v. R. Dakin & Co. 연방 제9항소법원 831 F. 2d 898(9th Cir. 1987).

10) Data East USA, Inc. v. Epyx, Inc. 연방 제9항소법원 862 F. 2d 204(9th Cir. 1988).

B. 외부심사

1. 접근의 역할

비록 접근은 지방법원의 약식판결에서 쟁점은 아니었지만 우리는 실질적인 유사성을 판단하면서 피고들이 쇼의 대본에 접근하였음을 고려하여야 한다. 크로프트판결도 피고들의 접근정도가 실질적인 유사성을 밝히기 위한 입증의 기준을 낮추는 것을 정당화한다는 점에 의존하고 있다. 그러므로 피고들이 쇼의 대본에 접근하였음을 인정한 것은 쇼에게 유리하게 평가되어야 한다.

2. 실질적인 유사성에 있어서 같은 제목의 효과

두 작품이 같은 제목을 달고 있다는 사실도 또한 쇼에게 유리하게 평가된다. 제목은 저작권으로 보호되지 않으며 제목을 베낀 것이 저작권침해행위는 아니지만 원고작품의 실질적인 내용이 표절되었는지를 판단하는데 중요한 요소 중의 하나다. 복제본이 원저작물과 같은 제목을 썼을 경우 저작물의 제목은 고려대상이 되어야 한다.

3. 외부심사의 적용

외부심사를 적용하는 법원은 줄거리, 주제, 대화, 분위기, 배경, 속도, 등장인물, 사건의 연속 사이에 특정한 유사성을 찾기 위하여 두 작품의 개별특징들을 비교하여야 한다. 이 심사는 저작권으로 보호되지 않는 기본 아이디어에 초점을 맞추는 것이 아니라 전체 사건의 연속을 만들고 주요 등장인물들 사이의 관계를 만드는 실제의 구체적인 요소들에 초점을 맞춘다. 두 대본을 비교한 결과 외부심사 아래에서 보호되는 표현에 다음과 같은 객관적인 유사성이 드러난다.

a) 주제

두 작품의 주제는 불평등을 평등하게 하는 남자, 체제 밖에서 활동하는 외로운 남자 the Equalizer를 중심으로 돌아간다. 이것은 그 자체로는 보호되지 않는 아이디어이다. 그러나 주제의 비슷함은 기본 아이디어를 넘어 확대된다. 각 대본에서 the Equalizer는 전통의 경찰조직이 제공할 수 없는 도움을 필요로 하는 의뢰인을 찾아 나서고 각 주인공은 자신의 역할을 불평등을 평등하게 하거나 흔들어 놓는 것으로 묘사한다. 피고들은 줄거리의 차이를 지적하면서 그들의 Equalizer는 이전의 비밀 정부요원의 활동에 만족하지 못하였고 멀어진 아내와 자식과의 관계를 새롭게 하기 위한 동기를 가지고 있었다고 주장하고 있다. 그러나 이러한 내용이 비록 다르다 할지라도 부차적인 것이며 중심 주제의 비슷함이 거의 줄어들지 않는다. 어느 표절자도 그가 표절하지 않은 것이 얼마나 많은 지를 보여줌으로서 잘못을 변명할 수 없다. 두 작품 주제의 유사성은 보호받을 표현의 요소에 까지 확장된다.

b) 줄거리 / 사건의 연속

쇼는 두 대본에 실질적으로 같은 순서로 나타나는 26가지의 뚜렷하게 비슷하다는 사건들의 목록을 냈다. 그러나 두 대본을 읽은 후 이 목록을 조사해본 결과 대본에 흩어져 있는 비슷한 것들을 모았음이 드러났다. 이 목록은 거의 기본 줄거리로부터 자연스럽게 나타나는 공통되는 장면들이다(필수장면 이론). 그러나 두 작품의 많은 사건들이 실질적으로 비슷하다는 사실은 변함이 없다. 두 작품은 선거에 나가는 후보자를 갈취하는 범죄조직을 다루고 있다. 그 조직은 그들의 조직활동을 알아차린 Equalizer의 의뢰인을 죽이려고 한다. 범죄 조직원들은 Equalizer가 의뢰인을 처음 만나는 것을 방해하고 추격하며 두 사람에게 총을 쏘지만 Equalizer가 의뢰인을 구출한다. 두 작품에는 초대받지 않은 Equalizer가 턱시도를 입고 파티에 나타난다. 또한 Equalizer는 선거연설 후 후보자를 만난다. 범죄음모를 방해한 후 여자의뢰인을 위험에서 구출한다. 두 작품에서 Equalizer의 활동은 후보자가 선거출마를 그만두는 것으로 끝난다. 비록 이러한 줄거리 내용들이 매우 특이하지는 않다고 할지라도 두 대본에 이러한 비슷한 사건들이 모두 들어있다는 사실은 보호되는 표현의 유사성에 관한 배심 재판의 필요성을 불러일으킨다.

c) 분위기, 배경과 속도

두 작품은 사건 전개가 빠르고 Equalizer의 승리에 의해 밝아지는 불길하고 냉소적인 분위기를 가지고 있으며 대도시를 배경으로 하고 있다. 그러나 이러한 유사성은 액션물에 공통적인 것으로 여기서는 크게 중요하지 않다.

d) 등장인물들과 대화

두 작품의 대화와 등장인물들은 두드러지게 비슷하다. 두 작품에는 옷을 잘 차려 입고 부유하며 값비싼 음식을 좋아하는 비슷한 주인공이 있다. 가장 두드러진 유사성은 그들이 가진 자신감과 어떤 어려운 상황에서도 좋은 결과에 대한 흔들리지 않은 믿음이다. 비록 제임스 본드도 Equalizer와 같은 태도를 가지고 있을지 몰라도 두 주인공의 전체적인 유사성은 Equalizer의 주제상 반드시 필요하지 않으며 문학상의 우연이라고 볼 수 없다. 우리는 피고들이 주인공과 다른 등장인물들을 베낀 것은 보호받는 표현의 요소에까지 확대되었다고 본다.

4. 결 론

쇼는 어문저작물에 적용되는 외부심사를 충족시켰고 따라서 보호되는 표현의 실질적인 유사성에 관한 배심 재판을 받을 쟁점을 제기하였다. 비록 베낀 부분이 전체 작품에서 상대적으로 적다 할지라도 만약 질적으로 중요하다면 사실인정자는 적절하게 실질적인 유사성을 인정할 수 있다. 지방법원의 판결을 파기한다.

Computer Associates International, Inc. v. Altai, Inc.

연방 제2항소법원
982 F. 2d 693(2d Cir. 1992)

사 안

원고(Computer Associates Intern., Inc.)는 스케줄러(CA-SCHEDULAR)라는 컴퓨터 프로그램을 만들어 팔았다. 스케줄러는 IBM 주컴퓨터가 여러 임무를 수행하는 것을 통제하기 위하여 만들어졌다. 어댑터(ADAPTER)라는 부속 프로그램을 가지고 있었는데 어댑터는 따로 이용되지는 않고 스케줄러 프로그램에 통합된 구성요소로서 함께 판매되고 사용되었다. IBM 컴퓨터(The IBM System 370 family of computers)는 컴퓨터의 크기에 따라 세가지 운영체계－DOS / VSE, MVS, or CMS－중 하나를 포함하도록 설계되었다. 하나의 운영체계를 위해 만들어진 프로그램은 다른 운영체계에서는 작동되지 않는다. 어댑터의 기능은 한 프로그램의 언어를 컴퓨터의 운영체계가 이해할 수 있는 특별한 언어로 번역하는 것이다. 컴퓨터사용자가 같은 소프트웨어를 쓰면서 다수의 운영체계를 사용하거나 변경할 수 있도록 해주는 어댑터 같은 프로그램은 사용자가 시간과 돈을 아낄 수 있으므로 매우 바람직한 프로그램이다.

피고 알타이(Altai)는 지크(ZEKE)라는 이름의 프로그램을 만들어 판매해 왔다. 지크 원판은 VSE 운영체계에서 이용되도록 만들어졌으나 알타이는 소비자들의 요구에 따라 MVS 운영체계에서도 작동되도록 지크를 다시 만들기로 결정하였다. 알타이의 직원인 윌리암스는 MVS판 지크를 만들기 위해 오랜 친구이자 원고의 직원으로 컴퓨터 프로그래머인 아르니(Arney)를 채용하였다. 아르니는 원고를 떠나면서 어댑터의 VSE판과 MVS판의 원시코드[11]를 가지고 나왔다. 아르니는 어댑터의 원시코드를 이용하여 오스카(OSCAR) 3.4를 만들었다. 아르니는 대략 오스카 부호의 30%를 원고의 어댑터 프로그램에서 베꼈다.

원고는 1988년 알타이를 상대로 저작권 및 영업비밀침해금지소송을 걸었다. 소송이 제기된 후 아르니가 저작권침해사실을 시인하자 윌리암스는 저작권침해부분을 삭제하고 적법하게 쓸 수 있는 부분을 보존하기 위하여 오스카 3.4를 고치기로 결정하였다. 이 수정작업에는 아르니는 배제되었고 오스카 3.4를 만드는데 전혀 관여하지 않은 다른 프로그래머들이 투입되었다. 그 결과 오스카 3.5가 만들어졌다.

뉴욕 동부 연방지방법원은 오스카 3.4는 원고의 저작권을 침해하였으나 오스카 3.5는 어댑터라고 부르는 스케줄러의 구성부분과 실질적으로 비슷하지 않다는 이유로 오스카 3.5에 관련된 저작권침해주장을 받아들이지 않았다.

---

11) 원시 코드(sourse code)는 COBUL, FORTRAN, BASIC, EDL과 같은 컴퓨터언어들 중의 하나로 쓰여진 것을 말한다. 반면에 목적 코드(object code)는 컴퓨터가 직접 지시를 받을 수 있도록 0과 1로 이루어진 이진법언어를 말한다.

판결요지

판사 WALKER :

알티이는 오스카 3.4가 원고의 저작권을 침해하였다는 주장은 다투지 않으므로 오스카 3.5를 개발하는데 있어서 저작권을 침해하였는지와 알타이가 오스카 3.4와 오스카 3.5를 개발할 때 원고의 영업비밀을 도용하였는지를 판단한다.

A. 컴퓨터프로그램의 비문언 요소에 대한 저작권보호

컴퓨터프로그램의 문언 요소(원시 코드 및 목적 코드)는 저작권의 보호대상이다. 알타이는 오스카 3.5에는 어댑터의 원시코드가 남아 있지 않으므로 수정된 프로그램의 문언 요소는 어댑터의 문언 요소와 더 이상 비슷하지 않다고 주장한다. 원고는 오스카 코드를 고쳤음에도 불구하고 어댑터 프로그램의 구조와 실질적으로 비슷하다고 주장한다.

1) 아이디어 · 표현 이분법

저작권은 아이디어를 보호하지 않고 그 표현만을 보호한다는 것이 저작권법의 기본 원칙이다. 컴퓨터프로그램도 예외가 아니다. 본래 실용적인 성질을 가지고 있는 컴퓨터프로그램은 아이디어를 표현으로부터 분리하는 일이 까다롭다. 베이커 판결[12]의 회계부와 컴퓨터프로그램은 둘 다 어떤 결과를 가져오는 기술내용 또는 지시이라는 점에서 대략 비슷하다. 전자는 사람이 과정을 진행하지만 후자는 전자적인 방법으로 진행된다. 두 경우에도 공정 그 자체는 저작권으로 보호되지 않는다. 베이커 판결의 판시내용과 마찬가지로 컴퓨터프로그램의 기능에 반드시 따르는 요소들 역시 보호되지 않는다. 베이커 판결은 표현으로부터 아이디어나 공정을 분리하는 방법이나 보호되는 표현과 저작물의 기본개념에 부수되어 반드시 사용되어야 하는 표현을 구분하는 방법을 거의 제시하지 않고 있다.

2) 컴퓨터프로그램구조의 실질적 유사성 테스트 : 추상화-여과-비교

실질적인 유사성을 확인하기 위하여 법원은 먼저 침해당했다고 하는 프로그램의 구조를 구성부분으로 나눈다. 통합되어 있는 아이디어, 아이디어

12) Baker v. Selden, 연방대법원 101 U.S. 99(1879).

에 반드시 수반하는 표현, 공유영역으로부터 가져온 요소 등을 조사한 후 보호받지 못하는 요소들을 모두 뽑아낼 수 있게 된다. 마지막 단계는 남아 있는 창작 표현의 핵심 부분들을 침해 프로그램의 보호되는 요소와 비교한다. 비교한 결과에 의해 각 프로그램들 가운데 저작권으로 보호되는 요소들이 침해를 뒷받침할 만큼 실질적으로 비슷한지를 결정한다.

1단계 : 추상화(Abstraction)

추상화테스트[13]는 원래 소설, 극본과 같은 어문저작물과 관련하여 적용되었지만 컴퓨터프로그램에도 적용될 수 있다. 컴퓨터프로그램에 적용될 때 추상화테스트는 실질적인 유사성을 조사하는 첫 번째 단계가 된다. 법원은 역분석과 같은 방식으로 침해당했다는 프로그램의 구조를 분석하고 추상화의 단계를 분리한다. 이 과정은 컴퓨터 코드로 시작해서 프로그램의 궁극적인 기능으로 끝난다. 추상화의 가장 낮은 단계에서는 컴퓨터프로그램은 모듈체계로 조직된 개별 지시들의 일체로 생각될 수 있다. 더 높은 추상화의 단계에서는 가장 낮은 단계의 모듈에 들어 있는 지시들은 관념상 그러한 모듈의 기능들로 대체될 수 있다. 점점 더 높은 추상화의 단계로 가면 결국 프로그램의 궁극적인 기능만이 남게 된다. 추상화의 낮은 단계에서는 프로그램의 구조는 매우 복잡하겠지만 가장 높은 단계에서는 구조는 사소하다.

2단계 : 여과(Filtration)

프로그램의 추상화수준이 발견되면 실질적 유사성의 질문은 개념으로부터 구체적인 것으로 옮겨간다. 특별한 아이디어가 포함되어 있는가 또는 그 아이디어에 반드시 따르는 효율성의 고려에 따라 지배되거나, 프로그램 외 요인에 따라 요구되거나, 공유영역으로부터 가져온 것이어서 보호받을 수 없는 표현인가를 결정해야 한다.

(a) 효율성에 의해서 지배되는 요소들

아이디어에 반드시 따르는 표현에 대하여 저작권의 보호를 거부한 베이커 판결은 합체이론의 토대가 된 것으로 보인다. 이 이론은 아이디어를 표현하는 방법이 오직 하나밖에 없을 때 아이디어와 표현은 분리될 수 없으

13) 추상화테스트는 Nichols v. Universal Pictures Corporation, 연방 제2항소법원 45 F. 2d 119 (2d Cir. 1930)에서 처음 설명되었다.

며 그 표현은 저작권으로 보호될 수 없다는 것이다. 컴퓨터 프로그래머는 가장 효율적인 방법으로 사용자의 요구를 충족시키는 프로그램을 만들려고 한다는 사실을 생각해 볼 때 컴퓨터프로그램에 합체이론을 적용하지 않을 수 없다. 일단의 모듈이 효율적일수록 그것들은 프로그램의 특정한 부분에 구체화된 아이디어나 공정에 가까울 수 있다. 합체이론이 프로그램구조의 일정부분에 저작권의 보호를 배제하는지를 결정할 때 법원은 일단의 모듈을 쓰는 것이 프로그램의 특정한 공정을 효율적으로 이행하기 위해 필요한 것인지를 물어야 한다. 만약 필요하다면 프로그래머가 특정한 모듈을 고르거나 일단의 모듈을 선택하는 것에 의해 나타나는 표현은 그것의 바탕을 이루는 아이디어와 합체되어 보호될 수 없다. 이 사건에서 합체이론은 컴퓨터프로그램에 들어있는 보호받을 수 없는 표현을 없애는 효과가 있다.

(b) 외부요인에 의하여 지배되는 요소들

필수장면(The scenes a faire) 이론은 합체이론과 마찬가지로 컴퓨터프로그램에 비슷하게 적용된다. 프로그래머의 설계 선택의 자유는 다음과 같은 외부 고려사항에 의해서 제한된다. ① 특정 프로그램이 구동되는 컴퓨터의 기계 특성, ② 함께 작동하도록 되어 있는 다른 프로그램들의 호환 조건, ③ 컴퓨터제작자의 디자인 표준, ④ 이용하는 산업계의 요구, ⑤ 컴퓨터산업계에서 널리 받아들여진 프로그램 제작 관행

법원은 침해당했다는 프로그램의 구조 내용가운데 외부요인으로 지배되는 요소들을 조사해야 한다.

(c) 공유영역으로부터 가져온 요소들

공유영역에서 발견되는 요소들은 누구나 자유롭게 이용할 수 있으므로 침해당했다는 프로그램에서 도려내야 한다.

3단계 : 비교(Comparison)

컴퓨터프로그램의 비문언 구성요소에 대한 실질적인 유사성 테스트를 위한 세 번째이자 마지막 단계는 비교이다. 법원이 침해당했다는 프로그램의 모든 요소가운데 아이디어, 효율성 또는 외부 요인에 의해 지배되거나 공유영역으로부터 가져온 것들을 도려내면 보호받을 수 있는 표현만이 남게 된다. 여기서 법원은 피고가 보호되는 표현의 어떤 부분을 베꼈는가와 원고의

프로그램전반과 관련하여 베낀 부분의 상대적인 중요성을 평가해야 한다.

3) 정책 고려

원고는 이러한 접근방법에 대해 미래의 컴퓨터프로그램 연구와 발전에 부정적인 영향을 끼칠 것이라고 주장하고 있다. 만약 프로그램의 저작권이 넓게 보호되지 않는다면 프로그래머들이 프로그램을 설계하고 향상시키기 위해 필요한 시간과 에너지, 돈을 쓰지 않을 거라고 주장한다. 그러나 저작권법의 목적은 단지 부지런한 사람들에게 독점을 부여하는 데 있는 것이 아니라 보호되지 않는 아이디어와 공정들의 자유로운 사용과 개발을 허용하는 방식으로 예술의 창작성을 보상함으로써 공공복지를 향상시키는 데 있다. 파이스트 판결[14]은 저작권의 기본 목적은 저작자의 노력을 보상하려는 데에 있지 않다며 이른바 "이마의 땀" 이론을 버렸다. 컴퓨터프로그램을 만드는데 많은 노력과 비용이 들어간다는 사실에도 불구하고 그 과정이 항상 보호받을 수 있는 표현을 낳는 것은 아니다. 또한 우리가 승인한 테스트가 원고가 예측하듯이 컴퓨터산업계에 끔찍한 결과를 가져온다고 생각하지 않는다. 반대로 폭넓게 저작권을 보호하면 첫 개발자가 프로그램의 기본 기술에 다른 사람의 접근을 금지할 수 있다는 비판이 있어 왔다.

저작권법은 프로그램의 원시코드와 목적코드에 대한 공중의 접근을 막기에는 상대적으로 약한 방법이다. 그것은 컴퓨터 프로그램이 문언 표현인 동시에 또한 기능성과 실용성이 강한 구성요소를 가진 혼합된 성질 때문이다.

B. 지방법원 판결

지방법원은 컴퓨터 코드와 관련하여 오스카 3.5에는 어댑터와 같은 코드는 거의 남아 있지 않다고 판단하였다. 두 프로그램의 Parameter lists와 macros 사이에는 어댑터의 보호되는 요소와 아주 조금 비슷하고 다른 것들은 공유영역에 속하거나 프로그램의 기능상의 필요에 따라 요구된다고 결론지었다. 비슷한 부분은 침해를 인정할 만큼 전체적인 프로그램에서 차지하는 비중이 크지 않다. 따라서 오스카 3.5에 대한 원고의 저작권침해주장을 받아들이지 않은 지방법원의 판결을 인용한다.

---

14) Feist Publications, Inc. v. Rural Telephone Service Co. 연방대법원 499 U.S. 340 (1991).

Atari Games Corp. v. Nintendo of America Inc.[15)]
연방항소법원
975 F. 2d 832(Fed. Cir. 1992)

사 안

닌텐도의 가정용 비디오 게임기(이하 "게임기")는 모니터와 콘솔(console), 조종기를 포함하고 있다. 사용자는 게임기를 위한 다양한 게임프로그램이 들어 있는 카트리지(cartridges)를 콘솔에 넣는다. 게임프로그램에 따라 콘솔은 모니터 혹은 TV에 나오는 화면을 조종한다. 닌텐도는 게임기가 공인되지 않은 게임통을 구동하지 못하도록 하기 위하여 10NES프로그램을 만들었다. 게임기 콘솔과 공인된 게임 카트리지는 10NES프로그램이 들어 있는 마이크로프로세서 또는 칩을 가지고 있어서 게임기에서 게임을 작동할 수 있다. 1987년에 닌텐도의 이용허락을 받아 아타리(Atari)는 게임기에서 자신의 비디오게임을 작동시킬 수 있게 되었다. 그러나 계약조항은 아타리가 10NES프로그램을 포함한 닌텐도의 기술 접근을 엄격하게 금지시켰다. 아타리의 대리인은 현재 소송이 걸려 있다는 거짓이유를 들어 저작권청에 10NES프로그램의 복제본을 요청하였다. 아타리는 저작권청으로부터 10NES 프로그램의 원시 코드를 받아서 목적 코드를 풀어낸 후 게임기의 통제장치를 풀기 위해 자신의 프로그램－래빗 프로그램(the Rabbit program)－을 개발했다.

아타리는 닌텐도를 상대로 독점금지와 특허권침해 등을 이유로, 닌텐도는 아타리를 상대로 저작권과 특허권의 침해 등을 이유로 소송을 걸었다. 두 사건이 병합된 후 캘리포니아 북부 연방지방법원은 래빗 프로그램이 기능상 10NES프로그램과 구분할 수 없는 신호를 일으켜 아타리로 하여금 이용허락계약조건의 제한을 받지 않고 게임기 소유자에게 접근할 수 있게 하였

15) 비슷한 판결로는 Sega Enterprises Ltd. v. Accolade, Inc. 연방 제9항소법원 977 F. 2d 1510(9th Cir. 1992).

다고 판시하면서 닌텐도승소판결을 했다.

판결요지

판사 RADER :

A. 개관

아타리는 10NES에 대한 닌텐도의 저작권을 다투지 않으므로 닌텐도는 아타리가 10NES프로그램의 보호받는 표현을 베꼈다는 것만을 입증하면 된다. 닌텐도는 아타리가 10NES를 똑같이 베꼈거나 또는 아타리가 10NES에 접근하였고 래빗 프로그램이 10NES의 아이디어 및 표현에 실질적으로 비슷하다는 것을 밝힘으로써 복제사실을 입증할 수 있다. 당사자들은 아타리가 10NES에 접근한 사실을 다투지 않고 있으므로 닌텐도는 보호받는 표현에서 래빗 프로그램과 10NES의 실질적인 유사성을 입증해야 한다.

B. 보호받는 표현

닌텐도는 게임기를 풀기 위한 임의의 자료 흐름을 만들기 위해 프로그램 명령들을 임의로 골랐고 이들을 독특한 순서로 배열하였다. 10NES프로그램의 디자인은 외부요인에 의해 지배되지도 않았고 공유영역으로부터 가져온 것도 아니다. 컴퓨터프로그램에서 자료의 흐름을 일으키는 표현의 독특한 배열은 다른 표현을 쓸 수 있는 한 공정으로 합체되지 않는다. 이 사건에서 닌텐도는 전문가증언을 통해 게임기의 콘솔을 푸는 자료의 흐름을 만드는 데 수많은 다른 방법들이 있음을 보여주고 있다. 닌텐도는 독립하여 10NES를 개발했고 명령들을 선택하고 배열하는데 있어서 창작성을 발휘했다.

C. 역분석

저작권청으로부터 코드의 복사본을 얻은 후 아타리는 그 복사본의 사진을 찍었고 칩들을 분해하였으며 분해된 칩으로부터 10NES의 목적 코드를 베꼈다. 지방법원은 이러한 중간복제가 닌텐도의 저작권을 침해하였다고 판단하였다. 저작권법 §107은 비평, 주석, 뉴스보도, 교육, 연구 등의 목적으로 저작물을 복제하는 것은 공정이용으로 저작권의 침해가 되지 않는다고 규정하고 있다. 그러므로 컴퓨터프로그램의 보호되지 않는 아이디어를 알아보기 위한 목적 코드의 역분석은 공정이용에 해당한다. 그러나 공정이용을 위한 컴퓨터프로그램의 복제는 저작물의 보호되지 않는 요소를 이해하기 위해 필요한 범위를 넘어서는 안 된다. 공정이용항변을 하기 위해서는 반드시 적법한 복제물을 가지고 있어야 한다. 아타리는 저작권청으로부터 불법적으로 10NES의 코드를 받았으므로 10NES 원시코드의 복제는 공정이용에 해당되지 않는다. 아타리는 보호되는 표현을 상업상 이용하거나 도용하는 수단으로 역분석을 이용할 수 없다.

D. 실질적인 유사성

지방법원은 래빗 프로그램이 본래의 기능수행을 위해 필요하지 않은 10NES프로그램의 요소들을 담고 있다고 지적하였다. 닌텐도는 나중에 10NES 프로그램을 고쳐서 몇 가지 명령들을 삭제하였는데도 불구하고 래빗 프로그램은 삭제된 명령들을 여전히 가지고 있다. 이러한 불필요한 명령들은 래빗 프로그램이 10NES와 실질적으로 비슷하다는 것을 강하게 암시하고 있다. 아타리는 닌텐도의 10NES 코드 중 아이디어나 공정을 자유롭게 베낄 수 있는 반면에 10NES의 기능을 수행하는 데 있어서 불필요하고 또 아예 무관한 명령까지 베낀 것은 래빗 프로그램이 독립 창작된 것이 아니라 10NES을 베꼈다는 것을 강하게 뒷받침하고 있다.

E. 지방법원이 닌텐도의 청구를 받아들인 것에 잘못은 없다.

다. 기여책임(Contributory Liability)과 대위책임(Vicarious Liability)

기여책임과 대위책임은 제3자의 행위에 공동으로 저작권 침해 책임을 지는 것을 말한다. 제3자의 저작권 침해행위와 관련한 공동책임에 대해 법률 규정은 없지만 법원은 일정한 경우 직접 침해자가 아닌 제3자에게 기여 혹은 대위책임을 인정해왔다.

침해행위를 알면서 다른 사람의 침해행위를 유도하거나 일으키고 또는 그 행위에 실질적으로 기여한 자는 기여책임을 질 수 있다. 그리고 침해행위를 감독할 권한과 능력(the right and ability to supervise)을 가지고 있고 그 침해행위에 직접, 경제적 이해관계(a direct financial interest)가 있을 경우에는 대위책임이 인정될 수 있다. 기여책임과 달리 침해행위를 알고 있었는지는 대위책임의 요건은 아니다.

Shapiro, Bernstein & Co. v. H.L.Green Co.

연방 제2항소법원
316 F. 2d 304(2d Cir. 1963)

사 안

원고들 겸 항소인들은 몇 개의 곡과 음반의 저작권 보유자들이다. 피고 제일런(Jalen Amusement Co.)은 음반을 불법 복제하여 피고 그린(H.L.Green Co.)의 23개 판매점에서 팔았다. 제일런은 피고 그린과 계약을 맺고 영업권자(concessionaire)로서 13년간 음반판매점을 운영해 왔다. 계약에 따르면 제일런과 그의 직원들은 그린이 정한 모든 규칙과 규정을 지켜야 하며 그린은 잘못 행동한다고 믿는 어떤 직원들도 해고할 수 있는 절대 재량권을 가지고 있었다. 그린은 음반판매부분과 관련된 어떤 청구에 대해서도 책임을 지지 않기로 하였으며 음반판매수입의 10~12%를 수수료로 받기로 약정하였다. 제일런이 모든 음반을 주문하고 구입하였으며 음반판매를 관리, 감독하였다. 음반판매금액은 매일 그린의 금전출납원이 관리하였으며 그린은 정기적으로 수수료와 제일런 직원들의 봉급을 공제하고 나머지를 제일런에게 지급하였다. 제일런 직원들이 내는 세금은 그린이 원천 징수하여 제일런에게 지급하였다. 음반을 사는 손님들이 받는 영수증은 그린명의로 발행되었으며 판매점내에서 제일런의 이름은 찾아볼 수 없었다. 원고들은 피고 제일런을 상대로 불법복제를 이유로, 피고 그린을 상대로 불법복제품의 판매에 참여하고 기여하였다는 이유로 소송을 걸었다. 뉴욕 남부 연방지방법원은 피고 제일런에 대한 청구에 대해서는 원고승소판결을 했고, 피고 그린에 대한 청구는 그린이 음반판매에 적극 가담하지 않았으며 불법 음반이라는 사실을 알지 못하였다는 이유로 기각하였다.

판결요지

판사 KAUFMAN :

사용자책임이론(respondeat superior)이 피용자가 고용의 범위내에서 저지른 저작권침해행위에 적용되는 것은 명백하다. 이 사건과 관련이 깊은 두 가지 종류의 선례는 임차부동산에서 저작권침해행위를 저지른 임차인에게 고정된 임차료를 받고 빌려준 임대인사건과 저작권자의 허락없이 음악을 연주함으로써 손님을 끌어오고 영업이익을 올리는 악단을 고용하거나 그 악단에게 홀을 빌려준 무도장 또는 음악당의 보유자 혹은 관리자 사건이다. 만약 임대인이 임차인의 저작권 침해행위를 알지 못한 채 부동산을 빌려주었고 임차인을 감독하지 않았으며 침해행위에 기여한 바 없고 정해진 임차료 외에 침해행위로부터 다른 이득을 얻지 않았다면 임대인은 임차인의 불법행위에 책임이 없다고 보았다. 그러나 악단이나 관현악단이 저작권자의 허락없이 음악을 연주하는 저작권침해행위에 대해 무도장보유자의 책임을 인정한 사례는 많다. 악단지휘자가 직원이든 독립계약자든, 무도장 또는 음악당 소유자가 연주되는 음악을 알든 모르든, 음악의 선택에 관여를 했건 안했건 책임이 인정되었다.

우리는 무도장사건들에서 이끌어낼 수 있는 원칙이 타당하며 이 사건에 적용될 수 있다고 믿는다. 무도장사건과 이 사건은 임대인－임차인 사례보다는 사용자－피용자 사례에 더 가깝다. 그린은 13년 동안 제일런에게 판매점내 음반판매장의 운영을 허락해왔다. 그린은 음반판매 직원들의 행위에 모든 감독권한을 가지고 있었다. 그린은 수입의 일정부분을 받음으로써 제일런의 음반판매성공에 뚜렷한 금전상 이해관계를 가지고 있었다. 해적판이든 합법 음반이든 모든 판매대금의 10%～12%는 그린의 금고로 들어갔다. 그러므로 우리는 제일런과의 관계뿐만 아니라 음반판매부분의 상업상 성공에 강한 관심을 가지고 있었기 때문에 그린이 해적판 음반의 판매에 책임이 있다고 결론짓는다.

저작권법에서 무과실책임(strict liability)원칙을 적용하는 것이 가혹하다는 불평이 있었지만 법원은 몰랐거나 고의가 없었다는 항변을 잇따라 배척했다. 그 근거로 "만약 단지 조사를 하지 않은 것 때문에 손해배상책임이 면제된다면 저작권보호는 거의 가치가 없을 것이다." "저작권자와는 달리 부지런히 조사하여 저작권침해책임에서 자신을 보호할 기회를 가지고 있거나 책임면제합의나 보험을 통해 침해에 대해 자신을 보호할 수 있는 능력이 있는 선의의 침해자가 책임을 져야 한다."는 등이 제시되었다.

똑같은 이유로 이 사건에서 대위책임의 인정이 부당하게 모질거나 불공평하지 않다. 그린은 제일런의 행위를 주의깊게 단속할 권한을 가지고 있었다. 우리의 판결은 그렇게 단속하기를 권장하는 것이며 그 권한이 효과적으로 행사될 수 있고 행사되어야 하는 경우에 책임을 지우려는 것이다. 그린의 부담은 저작물의 출판인, 인쇄인 그리고 판매인에게 일반적으로 부과되는 것과 다르지 않다. 이 사건기록은 해적음반이 겉으로도 의심스러웠음을 보여준다. 통상의 거래형태와 다르게 음반에 제작자의 이름이 없었다. 우리가 만약 달리 판결한다면 대규모 백화점들이 가짜 판매공간을 만들어 저작권침해의 가능성으로부터 자신을 보호하고 침해의 과실을 얻으면서 책임을 지지 않는 결과를 가져올 수도 있다. 비록 지속적인 감시체계가 너무 짐스럽다 하더라도 그린은 덜 힘든 방법으로 자신을 보호할 수 있는 위치에 있다. 실제로 제일런과의 계약에서 책임면제조항을 넣음으로써 그렇게 하였다. 제일런의 파산위험을 저작권보유자보다는 그린이 부담하게 함으로써 저작권법의 목적은 더 달성될 수 있다. 그린에 대한 지방법원의 판결을 파기한다.

Fonovisa, Inc. v. Cherry Auction, Inc.

연방 제9항소법원
76 F. 3d 259(9th Cir. 1996)

사 안

원고 겸 항소인 포노비사(Fonovisa)는 라틴 / 히스패닉 음반의 저작권과 상표권을 가지고 있는 캘리포니아 회사이다. 피고 체리 옥션은 프레스노에서 손님들이 판매상들로부터 여러 물건을 사는 벼룩시장을 운영해왔다. 판매상들은 판매장소를 쓰는 대가로 매일 임차료를 시장운영자에게 냈다. 체리 옥션은 주차장을 제공하였고 광고를 하였으며 이유나 시간에 관계없이 어떤 판매상도 내쫓을 수 있는 권한을 가지고 있었다. 나아가 체리 옥션은 시장에 들어오는 고객들로부터 입장료를 받았다. 또한 체리 옥션과 운영자들은 시장 판매상들이 포노비사의 저작권과 상표권을 침해하여 해적판을 팔았다는 사실을 알고 있었다. 1991년 프레스노의 경찰서에서 시장을 급습하여 38,000개 이상의 불법복제 음반을 압수하였다. 다음해에 판매상들이 여전히 해적판을 팔고 있다는 것을 안 경찰서에서는 체리 옥션에게 불법복제품이 계속 팔리고 있다는 사실을 통보하고 판매상들의 정보를 요청하는 편지를 보냈다. 1993년에는 원고가 직접 조사관을 체리 옥션에 보내 해적판 판매여부를 알아보기도 하였다. 원고는 피고 체리 옥션 및 그 운영자들을 상대로 저작권 및 상표권 침해를 이유로 소송을 걸었으나 캘리포니아 동부 연방지방법원은 원고의 청구를 기각하였다.

판결요지

판사 SCHROEDER :

저작권법은 직접 침해자를 제외한 다른 사람의 책임을 명시적으로 규정하고 있지 않지만 법원은 특별한 상황에서는 대위 또는 기여책임이 인정될 수 있다는 것을 오랫동안 인정해왔다.

A. 저작권의 대위침해

대위책임의 개념은 연방 제2항소법원에서 사용자책임의 이론으로부터 개발되었다. 불법복제음반의 판매에서 대위책임을 인정한 획기적인 사건은 Shapiro사건[16]이다. Shapiro법원은 피고가 침해행위를 알지 못했어도 책임을 인정하였다. 그 후 Gershwin사건[17]에서 더욱 분명하게 정리되었다. 즉,

---

16) Shapiro, Bernstein & Co. v. H.L.Green Co. 연방 제2항소법원 316 F. 2d 304(2d Cir. 1963).

사용자-피용자 관계가 없다 할지라도 만약 침해행위를 감독할 권한과 능력을 가지고 있고 또한 그 행위에 직접적인 경제적 이해관계가 있을 경우에는 대위책임이 인정될 수 있다는 것이다.

지방법원은 체리 옥션이 판매상의 판매를 감독하지도 않았고 그 판매로부터 이익을 얻지 않았다고 판시하였다. 체리 옥션은 임차인에게 임대부동산의 독점 점유권을 준 임대인과 같은 지위에 있다고 본 것이다. 그러나 그러한 판단은 이 사건의 사실관계와 어울리지 않는다. 원고 주장에 따르면 판매상들은 체리 옥션이 관리, 감독하는 지역안에 조그만 점포를 점유하고 있다. 체리 옥션은 어떤 이유로도 판매상들을 내보내는 권리를 가지고 있고 그러한 권리를 통하여 판매상들의 행위를 통제할 능력을 가지고 있다. 또한 벼룩시장을 선전하였고 고객들의 접근을 통제하였다. 통제의 면에서 이 사건은 Shapiro와 Gershwin사건의 사실관계와 매우 비슷하다. 따라서 지방법원이 원고가 통제 주장을 충분히 하지 못했다는 이유로 대위책임을 인정하지 않은 것은 잘못이다.

다음 경제적인 이익의 쟁점을 본다. 체리 옥션은 Shapiro사건에서처럼 수수료가 특정침해물품의 판매에 직접 연결되어 있어야 한다는 이유로 경제적인 이익의 요건이 충족되지 않았다고 주장하고 있다. 그러나 포노비사가 주장하는 사실관계에 따르면 피고들은 입장료, 노점에서 음식 등의 판매, 주차료로부터 실질적인 금전상의 이익을 얻었으며 이것들은 모두 싼 가격에 해적판을 사려는 고객들로부터 나온 것이다. 이 사건 벼룩시장에서 불법복제음반을 판 것은 무도장사건에서 허락없이 음악을 연주한 것과 마찬가지로 고객들을 끌어들였다. 원고는 직접 경제적 이해관계를 충분히 밝혔다.

B. 저작권의 기여침해

기여책임은 불법행위법에서 유래한 것으로 다른 사람의 침해행위에 직접 기여한 사람은 책임이 있다는 개념에서 나온 것이다. Gershwin판결은 "침해행위를 알면서 다른 사람의 침해행위를 유도하고 일으키고 실질적으로 기여한 사람은 기여책임자로서 책임이 인정될 수 있다고 판시하였다. 이 사

17) Gershwin Publishing Corp. v. Columbia Artists Management, Inc. 연방 제2항소법원 443 F. 2d 159(2d Cir. 1971).

건에서 피고들이 침해행위를 알고 있었다는 점은 의문이 없다. 쟁점은 체리 옥션이 침해행위에 실질적으로 기여하였느냐이다. 침해행위가 시장이 제공한 지원서비스없이 대규모로 발생했다고 보기는 어렵다. 이 서비스는 장소, 편의시설, 주차장, 광고, 고객의 제공을 포함하고 있다. 체리 옥션은 불법복제음반판매를 위한 환경과 시장을 적극 제공하려고 하였다. 판매에 참여한 이러한 행위를 수동적이라고 말할 수는 없다. 우리는 알려진 침해행위를 위한 장소와 시설을 제공한 행위는 기여책임을 인정하기에 충분하다고 본다. 지방법원의 판결을 파기 환송한다.

2. 구 제

가. 금지처분 등

법원은 저작권 침해를 방지 또는 억제하기 위하여 합리적이라고 인정되는 조건에 따라 임시 및 확정 처분(temporary and final injunctions)을 할 수 있다.[18)]

법원은 소송이 계류중에 언제든지, 합리적이라고 인정되는 조건에 따라 저작권자의 배타적 권리를 침해하여 제작 또는 사용되었다고 주장되는 모든 복제물이나 음반 그리고 이러한 복제물이나 음반의 복제 수단인 모든 플레이트(plates), 주형(molds), 모형(matrices), 원형(masters), 테이프, 필름 원판(film negatives) 또는 기타 물건의 압수를 명할 수 있다.[19)] 또한 법원은 최종판결이나 명령의 일부로서, 저작권자의 배타적 권리를 침해하여 제작 또는 사용되었다고 인정되는 모든 복제물이나 음반 그리고 이러한 복제물이나 음반의 복제 수단인 플레이트, 주형, 모형, 원형, 테이프, 필름 원판 또는 기타 물건의 파괴 또는 기타 합리적인 처분을 명할 수 있다.[20)]

나. 손해와 수익

저작권 침해자는 저작권자의 실제 손해와 침해자가 얻은 이익 또는 법정손

---

18) 17 U.S.C.§ 502.

19) 17 U.S.C.§ 503(a).

20) 17 U.S.C.§ 503(b).

해배상금을 지급하여야 한다.[21] 저작권자는 최종판결 전까지 언제든지 둘 중 하나를 선택하여 청구할 수 있다. 저작권자는 침해로 인하여 입은 실제 손해와 이러한 침해행위로부터 발생한 것으로서, 실제손해액의 계산에서 참작하지 아니한 침해자의 이익을 배상받을 수 있다. 침해자의 이익을 산정할 때에는, 저작권자는 침해자가 얻은 총수입의 증거만을 제출하고, 침해자는 공제받을 수 있는 비용과 저작물 이외의 요인으로부터 발생한 수익부분을 증명하여야 한다.[22]

Stevens Linen Associates v. Mastercraft Corp.

연방 제2항소법원
656 F. 2d 11(2d Cir. 1981)

사 안

원고 스티븐스(Stevens)와 피고(Mastercraft)는 직물을 만들어 판매하는 경쟁자들이다. 1976년 여름 스티븐스의 직원이 체스터타운(Chestertown)이라는 새 직물디자인을 만들었다. 이 직물은 1976. 7.에 처음으로 공개되었고 가을에 처음으로 판매되었으며 저작권의 등록도 그 무렵 이루어졌다. 스티븐스는 체스터타운을 북 캐롤라니아에서 열린 가구시장에 전시하였다. 피고의 디자이너는 위 전시장에 참가한 후 리오(Rio Grande)와 그랜드(Grand Canyon)이라 불리는 두 가지의 직물을 만들었다. 스티븐스는 피고의 두 가지 직물이 체스터타운의 저작권을 침해하였다고 주장하면서 소송을 걸었다. 뉴욕 남부 연방지방법원은 저작권침해사실을 인정하고 피고에게 침해직물의 판매를 금지하는 결정을 내렸다. 그러나 지방법원은 스티븐스가 입은 손해는 너무 불확실하여 결정할 수 없다는 이유로 손해배상청구를 기각하였다.

21) 17 U.S.C.§ 504(a).
22) 17 U.S.C.§ 504(b).

판결요지

판사 LUMBARD :

1. 스티븐스는 지방법원에서 침해로 인한 손해산정과 관련하여 몇 가지 산출방법을 뒷받침하기 위한 증거를 제출하였다.

첫째, 피고는 253,867야드의 리오와 그랜드를 판 사실을 인정하였다. 스티븐스는 침해가 없었다면 피고가 판매한 양만큼 체스터타운을 판매할 수 있었을 것이기 때문에 피고가 판매한 양에 해당하는 이익을 잃는 손해를 입었다고 주장하였다. 스티븐스는 피고의 판매기간중에 충분한 생산능력을 가지고 있었다는 증언을 제시하였다.

둘째, 스티븐스는 체스터타운의 구입자 중 22명이 피고의 리오와 그랜드도 샀다는 증거를 냈다. 22명은 피고의 두 직물을 모두 95,422야드 구입하였다. 스티븐스는 최소한 피고가 판매한 위 직물에 대한 이익상당의 손해를 입었다고 주장하였다. 또한 스티븐스는 체스터타운의 견본을 주었던 구입자들에게 피고는 두 직물 14,234야드를 판매하였다는 증거와 체스터타운을 사려고 했던 고객들에게 97,258야드를 팔았다는 증거를 냈다.

셋째, 스티븐스는 체스터타운의 판매예측에 관해서 부사장과 디자인실장의 증언을 제시하였다. 1977년부터 1978년까지 체스터타운의 판매가 3배 늘어난 사실을 바탕으로 1979년에도 판매가 3배(약 270,000야드까지), 1980년에는 약 12% 늘어나고 1981년에는 판매가 줄어들기 시작하며 모두 약 10년간 팔릴 것으로 예측하였다. 스티븐스는 실제 체스터타운의 판매 증거를 냈다. 피고가 두 직물을 팔기 시작한 1979년에는 예측했던 3배가 아닌 4%만이 늘어났고 1980년 상반기에는 체스터타운의 판매가 64% 줄어들었다.

마지막으로 스티븐스는 이 사건 기간동안 전체판매량과 체스터타운의 판매량을 비교하였다. 피고가 두 직물을 팔기 시작하기 전인 1978년에는 체스터타운의 판매는 216% 늘어난 반면에 스티븐스의 전체 판매량은 37%, 체스터타운을 제외한 판매량은 30% 늘어났다. 피고가 두 직물을 팔기 시작하고 체스터타운의 판매가 약 4%에 그친 1979년에는 스티븐스의 전체 판매량은 28%, 체스터타운을 제외한 판매량은 30% 늘어났다. 1980년에는 6개월동안 체스터타운의 판매량은 64% 줄어들었으나 전체 판매량은 16%만이 줄어들었고 체스터타운을 뺀 판매량은 12%만이 줄어들었다.

스티븐스는 금지명령이후 피고가 두 직물을 판매한 증거를 내면서 이 부분도 손해배상에 포함되어야 한다고 주장하였다.

손해배상과 관련하여 피고는 체스터타운은 야드당 5.4불, 자신들의 두 직물은 대략 야드당 3.5불에 판매되었다고 지적하였다. 피고의 사장은 이러한 가격차이 때문에 스티븐스가 이 사건 기간동안 피고가 판매한 분량을 모두 팔았을 거라고 믿지 않는다고 증언하였다. 그는 또한 더 싸고 비슷한 직물이 시장에 있다는 것도 지적하였다.

지방법원은 피고의 두 직물이 스티븐스의 체스터타운에 대한 저작권을 침해하였다고 판단하였다. 손해배상에 대해서는 스티븐스는 법정손해액 대신에 실제 손해와 침해자의 이익을 손해배상으로 청구하였다. 법원은 피고가 두 직물의 판매와 관련하여 손해를 입었으므로 배상해야 할 이익이 없다고 보았다. 스티븐스의 실제 손해와 관련해서는 침해행위가 원고의 판매에 영향을 미쳤다고 가정하는 것이 합리적이지만 손해가 너무 불확실하다는 이유로 청구를 기각하였다.

2. 우리는 지방법원이 스티븐스의 손해배상청구를 기각한 것은 잘못이라고 믿는다.

침해물건의 판매로 인한 판매상실을 평가함에 있어서 법원은 일정 정도의 추산을 하지 않을 수 없다. 침해당한 제품과 침해한 제품 사이의 가격차이를 고려해 볼 때 스티븐스가 피고의 판매량을 모두 팔았을 거라는 가정하에 손해를 산정하는 것을 거부한 지방법원의 판단은 옳다. 또한 스티븐스의 부사장과 디자인실장이 증언한 체스터타운의 판매예측을 인정하지 않은 지방법원의 판단은 적절하다. 이 증언은 서류상의 근거가 전혀 없으며 증인들은 예측의 근거나 그 예측의 신빙성을 판단한 자료를 전혀 제시하지 않았다.

그럼에도 지방법원은 ① 스티븐스가 원, 피고의 직물을 모두 구입한 고객에게 판매함으로써 얻을 수 있는 이익, 또는 ② 체스터타운과 스티븐스의 다른 모든 직물들의 판매 사이의 차이를 바탕으로 한 이익 중 더 많은 액수에 대한 손해배상을 명했어야 했다. ①의 경우 우리는 22명의 구입자가 침해 직물이 없었다면 스티븐스로부터 모두 구입했으리라고 확신할 수는 없다. 비록 스티븐스가 피고가 판매한 양을 모두 팔지 못했을 지라도 우리는 일단 스티븐스가 손해를 입었고 그의 고객이 침해당한 그리고 침해한 제품을 모두 구입한 사실을 입증한 이상, 침해가 없었다면 22명이 피고로부터 구입한 양을 모두 스티븐스로부터 구입하지는 않았을 거라는 점을 입증하여야 하는 책임은 피고에게 넘어간다.

②의 경우 스티븐스가 침해직물과 판매경쟁한 기간 동안 체스터타운의 실제 판매와 다른 직물제품들의 평균 판매 사이의 차이를 바탕으로 한 잃어버린 이익을 회복할 수 있어야 한다고 믿는다. 침해직물과 경쟁하면서 체스터타운의 판매가 분명히 영향을 받았고 손해조사의 목적은 침해가 없었더라면 아마도 어느 정도의 판매가 이루어졌을 거라는 점을 결정하는 것이기 때문에 이러한 비교는 적절하다고 믿는다. 그러므로 지방법원은 스티븐스에게 1979년 체스터타운의 4% 판매증가와 다른 직물의 30% 판매증가의 차이, 1980년 상반기 체스터타운의 64% 판매감소와 다른 직물들의 12% 감소의 차이를 바탕으로 산정한 일실수익을 배상하도록 할 수 있을 것이다.

그러므로 우리는 손해배상액을 결정하기 위해 지방법원의 판결을 파기한다. ①의 방법에서는 침해직물도 구입한 고객에게 체스터타운을 추가로 판매함으로 인한 이익에서 스티븐스가 판매하지 못하였을 거라고 피고가 입증한 것으로부터의 이익을 뺀 액수가 배상금으로 지급될 것이다. ②의 경우에는 이 사건 기간 동안 체스터타운의 판매와 다른 직물제품들의 평균 판매의 차이를 바탕으로 계산한 상실이익이 배상금이 될 것이다. 이 두 가지 방법으로 손해배상액을 산정한 후 지방법원은 더 많은 금액의 지급을 명하여야 한다.

마지막으로 지방법원은 금지명령이후에 피고의 청구서를 기초로 산정된 배상액의 추가 지급을 검토하여야 한다. 피고가 금지명령이전의 거래라는 사실을 입증하지 못하는 범위내에서 그 판매로부터 피고가 얻은 수입은 모두 스티븐스에게 지급되어야 한다.

Cream Records, Inc. v. Jos. Schlitz Brewing Co.

연방 제9항소법원
754 F. 2d 826(9th Cir. 1985)

사 안

항소인(Cream)은 맥주를 광고하기 위하여 광고회사(Benton과 Bowles)가 만든 TV광고에 나오는 음악이 항소인의 리듬 앤 블루스 "The Theme from Shaft"의 저작권을 침해하였다고 주장하면서 쉴리츠(Jos. Schlitz Brewing Co.)와 광고회사를 상대로 소송을 걸었다. 배심은 저작권침해를 인정하였고 지방법원은 17,000불의 손해배상금을 지급하도록 명하였다.

판결요지

1. 손 해

쉴리츠는 항소인에게 광고에서 음악을 쓰기 위하여 1년간의 이용허락을 요청하였다. 항소인은 이용료로 10만 불을 요구하였다. 쉴리츠가 이용허락을 받지 못한 후 다른 회사가 항소인에게 이용허락을 요청하였으나 쉴리츠의 광고가 방송되자 이를 철회하였다. 광고에서 유명한 노래를 쓰는 것은 같은 목적을 가진 다른 광고업자들에게는 노래의 가치가 떨어진다는 증언이 있었다.

지방법원은 항소인에게 이용료수입의 상실로 12,000불을 지급하도록 하였다. 법원은 1년 동안 노래 전체를 쓰는 이용료는 80,000불 정도인 점, 노래의 일부분만이 실제 쉴리츠의 광고에서 사용된 점, 그 부분의 사용에 대한 합리적인 가치는 전체 곡을 사용하는 것의 15%라는 점을 그 이유로 들었다.

법원에 낸 오직 하나의 증거는 쉴리츠의 광고에서 항소인의 곡을 불법 사용함으로써 항소인이 같은 목적으로 음악을 이용 허락할 기회를 잃어버렸다는 것이다. 쉘리츠나 항소인이 전곡이 아닌 일부분만을 이용 허락받거나 허락하려고 시도했던 증거는 없으며 광고에서 사용된 부분으로 제한되는 이용허락이 가치가 떨어진다거나 또는 일부분의 사용이 항소인이 다른 사람들에게 이용허락할 기회에 미치는 나쁜 영향이 적다는 증거는 없다. 피고의 불법 이용이 같은 목적을 위한 저작물의 가치를 파괴하였기 때문에 원고는 그 가치를 손해배상으로 지급받을 권리가 있다.

2. 이 익

저작권자는 침해로 입은 실제 손해와 이러한 침해행위로부터 발생한 이익으로서 실제손해액의 계산에서 참작하지 아니한 침해자의 이익을 배상받을 수 있다. 침해자의 이익을 산정하기 위해서 저작권자는 침해자의 총수입의 증거서류만을 제출하고 침해자는 공제받을 수 있는 비용과 저작권으로 보호되는 저작물 이외의 요인으로부터 발생한 수익부분을 증명하여야 한다.[23]

가. 쉘리츠

항소인은 침해광고가 방영되었던 기간 동안 맥주판매에 대한 쉘리츠의 이익이 4,876백만 불이라는 증거를 냈다. 항소인은 침해로 인한 쉘리츠의 이익으로 66,800불의 배상을 구하였다. 침해광고의 비용은 그 해 쉘리츠 광고예산의 13.7%이고 침해음악은 광고의 10%를 책임지고 있으므로 맥주이익의 1.37%가 침해로 인한 것이라고 주장하였다.

지방법원은 침해가 적어 침해물이 광고의 가치에 실질적으로 기여했다고 볼 수 없다고 판단하였다. 그러면서 광고는 성공했고 광고로 맥주를 팔렸으며 음악이 광고의 일부분인 사실을 인정하였다. 침해로 인한 피고의 이익은 적다고 보면서 전체 이익은 5백만 불이고 그 중 1,000분의 1인 5,000불을 손해액수에 더하였다.

항소인은 맥주의 판매에 따른 쉘리츠의 전체 이익을 입증하였으므로 침해와 관계없는 이익은 쉘리츠가 입증하여야 한다고 주장하고 있다. 법원이 인정한 금액은 완전히 자의적이며 기록상 이를 뒷받침하는 증거도 없다고 주장하고 있다.

침해자의 이익이 모두 침해로 생긴 것이 아니고 합리적인 분할이 타당하

23) 17 U.S.C.§ 504(b).

다는 증거가 있는 이 사건과 같은 경우 그러한 분배를 하는 것은 법원의 의무이다. 원고들이 그들의 손해배상액을 정확하게 입증하지 못한 경우 정말로 추측에 불과할 지라도 우리는 가끔 우리가 할 수 있는 최선의 계산을 하여야 한다. 침해물로 생긴 이익과 관련하여 "요구되는 것은… 오직 합리적인 추산이다." 항소인의 계산은 결국 법원의 그것만큼 확실치 않다. 항소인이 구하는 금액과 법원이 인정한 금액 사이의 차이는 계산방법의 차이뿐만 아니라 광고가 저작권을 침해한 범위와 광고의 효과에 미치는 저작물의 중요성에 대한 의견불일치때문인 것으로 보인다. 이것들은 지방법원이 결정해야 할 일이다. 지방법원의 사실인정은 비록 항소인에게는 불리하다 할지라도 배심 평결과 충돌하지는 않는다.

나. 광고회사

항소인은 TV광고로 인한 광고회사의 모든 이익을 청구하고 있다. 지방법원은 쉴리츠에 대한 배상액속에 포함되어 있다는 이유로 이를 전혀 인정하지 않았다. 그러나 광고회사의 이익이 그와 계약한 회사의 이익속에 포함되어 있다고 가정하는 것은 전혀 옳지 않다. §504(b)에 의해 쉴리츠는 이익을 계산할 때 광고회사에 지급한 돈을 빼는 것이 허용되기 때문에 광고회사의 이익은 쉴리츠에 대한 배상금에 포함되지 않는다. 항소인의 음악을 불법 사용한 결과 광고회사가 부당한 이득을 얻는 것을 막기 위해 지방법원은 침해음악의 사용으로 인한 광고회사의 이익을 합리적으로 추산함으로써 광고회사에 대한 별도의 배상액을 산정하여야 할 것이다.

판시내용과 일치하지 않는 지방법원의 판결을 파기한다.

다. 법정손해액(Statutory Damages)

실제손해액과 이익에 갈음하여 법정손해액을 청구할 경우에는 저작물 1개에 관한 소송에 연관된 모든 침해행위로서 침해자가 단독으로 책임을 지거나 2인 이상이 공동으로 혹은 각기 책임을 지는 행위에 대하여 750달러 이상 30,000달러 이하의 금액 중 법원이 정당하다고 인정하는 손해액을 배상받을 수 있다. 이 경우 편집저작물의 모든 부분들 또는 제2차적 저작물은 하나의 저작물로 본다.[24)]

법원은 침해행위가 고의인 경우 법정손해액을 150,000달러까지 올릴 수 있다. 침해자가 자신의 행위가 저작권 침해에 해당된다는 사실을 알지 못했고 저작권침해 사실을 믿을 만한 이유를 가지고 있지 않을 때 법원은 법정손해액을 200달러까지 낮출 수 있다. 그 외에도 법원은 침해자가 비영리 교육기관, 도서관, 문서보관소, 공공방송국이고 이들이 공정이용에 해당한다고 믿거나 믿을 만한 상당한 이유가 있을 때에는 손해배상액을 줄여야 한다.[25)]

라. 형사책임

상업 이익이나 개인의 금전 이익을 얻기 위해 고의로 저작권을 침해한 자와 1,000달러 이상에 해당되는 하나 또는 그 이상의 저작물이 들어 있는 하나 또는 그 이상의 복제품이나 음반을 180일 동안 전자적인 방법을 포함하여 고의로 복제 혹은 배포한 자는 형사처벌을 받는다. 저작물의 복제 혹은 배포의 증거는 그 자체만으로는 침해의 고의를 입증하는데 충분하지 않다.[26)]

---

24) 17 U.S.C.§ 504(c)(1).

25) 17 U.S.C.§ 504(c)(2).

26) 17 U.S.C.§ 506(a).

제9장 저작권침해에 대한 항변 (DEFENSES TO COPYRIGHT INFRINGEMENT)

1. 공정이용(Fair Use)

가. 의 의

(1) 저작권법 §107은 공정이용에 대해 다음과 같이 규정하고 있다.

비평, 논평, 시사보도, 교육(학급용으로 다수 복제하는 경우를 포함), 학문 또는 연구 등과 같은 목적을 위하여 저작물의 복제물이나 복제음반을 이용하는 것을 포함하여 저작물의 공정이용은 저작권 침해가 되지 아니한다. 저작물의 이용이 공정이용인지를 결정하는데 다음의 사항을 참작하여야 하는데 아래 4가지 요소는 제한적되지 않으며 법원은 그 외에 다른 요소들도 참작할 수 있다.

① 상업적 성질의 것인지 또는 비영리 교육목적을 위한 것인지를 포함한, 이용의 목적 및 성격

② 저작물의 성격

③ 저작물 전체에서 이용된 부분이 차지하는 양과 질

④ 저작물의 잠재 시장이나 가치에 미치는 이용의 영향

위의 모든 사항을 참작하여 내린 공정이용의 결정이라면, 저작물이 발행되지 않았다는 사실 자체만으로는 그러한 결정에 방해가 되지 않는다.[1)]

---

1) 한국저작권법은 2011년에 공정이용 조항을 다음과 같이 신설하였다.
제35조의3(저작물의 공정한 이용) ① 제23조부터 제35조의2까지, 제101조의3부터 제101조의5까지의 경우 외에 저작물의 통상적인 이용 방법과 충돌하지 아니하고 저작자의 정당한 이익을 부당하게 해치지 아니하는 경우에는 저작물을 이용할 수 있다. <개정 2016. 3. 22.>

(2) 공정이용은 저작권침해소송에서 가장 중요한 항변이다. 저작물의 공정이용법리는 그 동안 판례에 의해서 인정되어 왔는데 1976년의 저작권법 개정때 도입되었다. 공정이용의 정의 규정은 따로 두지 않았으며 기존의 판례이론을 바꾸거나 적용범위를 좁히거나 넓히려고 한 것이 아니기 때문에 공정이용의 판단은 사건별로 구체적인 사실관계에 따라 법원이 판단한다.

전문에 열거된 비평, 논평, 시사보도, 교육, 학문 또는 연구는 경우에 따라 공정이용으로 볼 수 있는 예를 예시하여 나열한 것일 뿐 그 자체로 공정이용이 되는 것이 아니며 후문의 요소들을 참작하여 법원이 구체적인 사건별로 공정이용여부를 판단한다. 따라서 전문에 들어 있지 않은 패러디도 구체적인 사안에 따라 공정이용이 될 수 있다.

Harper & Row, Publishers, Inc. v. Nation Enterprises

연방대법원
471 U.S. 539(1985)

사 안

포드 전대통령은 1977. 2. 백악관을 떠난 직후 상고인 하퍼(Harper & Row, Publishers, Inc.) 및 리더스 다이제스트와 회고록을 출간하기로 합의하였다. 회고록은 워터게이트위기와 닉슨 전대통령 사면, 역사적인 기간에 대한 포드의 회상 등 중요한 비공개내용들을 담을 예정이었다. 회고록을 출간하는 것 외에 발췌본을 미리 공개하는 독점권도 주어졌다. 2년 뒤 회고록

---

② 저작물 이용 행위가 제1항에 해당하는지를 판단할 때에는 다음 각 호의 사항 등을 고려하여야 한다.<개정 2016. 3. 22.>

1. 이용의 목적 및 성격
2. 저작물의 종류 및 용도
3. 이용된 부분이 저작물 전체에서 차지하는 비중과 그 중요성
4. 저작물의 이용이 그 저작물의 현재 시장 또는 가치나 잠재적인 시장 또는 가치에 미치는 영향[본조신설 2011. 12. 2.]

이 거의 완성되어 갈 때 상고인들은 타임지와 계약을 맺고 닉슨의 사면과 관련된 포드의 이야기 중에서 7,500개의 낱말을 뽑아서 미리 공개하는 것을 허락하였다. 타임은 총 25,000불을 지불하기로 하고 12,500불은 미리, 그리고 나머지 12,500불은 발행시에 주기로 하였다. 포드의 이야기를 담은 타임지의 기사는 회고록이 나오기 약 1주일 전에 발행될 예정이었다. 독점게재가 중요한 고려사항이었으며 하퍼는 내용의 비밀을 지키기 위한 조치를 취하였다. 타임지의 기사가 나오기 2, 3주전에 확인되지 않은 사람이 포드 원고의 복사본을 정치비평 잡지인 네이션(Nation)의 편집자 나바스키(Victor Navasky)에게 비밀리에 가져다주었다. 나바스키는 원고를 가지고 있을 권한은 없고 빨리 되돌려주어야 한다는 것을 알고 최신 이야기라고 생각되는 내용을 급하게 추려 모았다. 포드의 책보다 먼저 나와야 할 필요가 있었기 때문에 나바스키는 독자의 논평이나 연구, 비평을 시도하지 않았다. 2,250개의 낱말로 된 기사가 공개되었고 그 결과 타임지는 상고인과의 계약을 취소하고 나머지 12,500불의 지급을 거부하였다. 상고인들은 네이션을 상대로 뉴욕 남부 연방지방법원에 저작권법 위반 등을 주장하면서 소송을 걸었다.

지방법원은 피상고인의 공정이용항변을 배척하면서 회고록은 네이션의 잡지가 출간될 당시에 저작권으로 보호되며 피상고인의 행위는 저작권침해라고 판단하였다. 연방 제2항소법원의 행위는 공정이용에 의해 허용된다고 판단하여 지방법원판결을 파기하였다. 항소법원의 다수의견은 포드의 회상이 저작권으로 보호되는 독창적인 표현이라고 인정하였으나 저작권은 사실이나 아이디어가 아닌 표현에 주어지는 것이라고 지적하면서 역사적인 사실, 비망록, 다른 공적인 서류, 인용된 제3자의 이야기 등 저작권으로 보호될 수 없는 내용들은 저작권침해여부를 판단함에 있어서 배제되어야 한다고 보았다. 항소법원은 저작권으로 보호되지 않는 내용들을 빼고 남은 300개의 낱말을 놓고 공정이용요건을 살펴본 후 시사보도를 위한 목적이고 회고록이 본래 사실적인 내용이며 도용된 300개의 낱말은 전체 2,250개의 낱말 중 차지하는 비중이 크지 않으며 시장에 미치는 효과가 매우 적다고 판단하였다. 항소법원은 특히 이 사건 회고록이 정치에서 의미있는 성질을 가지고 있으며 민주국가에 필요한 지식을 얻거나 출판행위를 위축시키는 것이 저작권법의 목적이 아니라는 확신에 따라 판결하였다.

판결요지

연방대법관 오코너(O'CONNOR) :

1. 이 사건에서 우리는 저작권법의 공정이용규정이 공인의 미발행원고로부터 인용문을 허락없이 이용한 행위를 어느 범위까지 허용할 것인가를 고려해야 한다. 저작권법은 특별한 보상을 줌으로써 저작자의 창작 활동을 장려하고 일정한 독점기간이 끝난 후 그의 창작품을 공중이 이용할 수 있게 하는 데에 그 목적이 있다. 이 원리는 픽션이나 논픽션에 똑같이 적용된다. 논픽션저작물의 창작은 사실만의 편집물이라 하더라도 독창성을 수반한다. 피상고인은 회고록내용의 발췌본을 글자 그대로 베낀 행위는 공정이용으로 용서되지 않는 한 저작권침해에 해당한다는 사실을 다투지 않고 있다.

공정이용은 전통적으로 저작권자가 아닌 사람이 저작권자의 동의를 받지 않고 합리적인 방법으로 저작물을 이용할 특권이라고 정의되었다. 저작물의 합리적인 이용에 대한 저작자의 동의는 과학과 실용기술의 발전을 촉진하기 위한 헌법정책에 필요한 예로 법원에 의해서 인정되어 왔다. 그러한 이용을 막는 것은 후속 작가들이 기존의 작품을 토대로 발전시키려는 노력을 금지시키고 따라서 헌법이 정한 목적의 달성에 장애가 되기 때문이다.

2. 공정이용이론은 저작자가 그의 저작물을 공개 발행하였을 때 합리적이고 관례적인 이용에 대한 저작자의 동의에 바탕을 두고 있기 때문에 전통적으로 발행되지 않은 저작물의 침해에 대한 항변으로 인식되지 않았다. 그러나 1976년에 개정된 저작권법은 법의 보호를 모든 저작물의 창작때부터로 넓혀서 보통법과 성문법의 보호를 나누는 경계선으로서의 발행요건을 없앴다. 저작권법 §106 3항의 공개배포권은 저작자의 최초발행권을 인정하였고 이 권리는 공정이용규정의 적용을 받는다. 그러나 공정이용이론은 개별 사건에 따라 적용되며 최초발행권은 저작자가 그의 작품을 발행할 것인지, 어떤 형태로 발행할 것인지에 대해 내리는 최초의 결정을 의미한다. 우리는 미발행 저작물이 공정이용의 항변을 배척하는데 반드시 결정적이지

않더라도 중요한 요소라고 본다.

3. 공정이용은 법과 사실이 혼합된 쟁점이다.

의회가 이용이 공정한지 여부를 판단하는데 특히 관계가 있다고 확인한 4가지 요소들을 차례로 살펴본다.

a. 이용목적

항소법원이 네이션의 이용목적은 시사보도라고 본 것은 옳다. §107의 전문에 열거된 시사보도는 법원이 어떤 상황에서 공정이용이라고 볼 수 있는 행위 중 하나의 예일 뿐이고 공정이용으로 바로 추정되지 않는다. §107의 전문에 언급된 사용이 특정한 사건에서 공정이용이 되느냐 여부는 후문에 규정된 요소들을 포함한 결정요소들의 적용여부에 달려 있다. 기사가 뉴스이고 생산적으로 이용되었다는 사실은 공정이용의 분석에 있어서 단지 하나의 요소에 지나지 않는다. 네이션은 저작권으로 보호되지 않는 정보를 보도하는 것을 넘어 유명한 사람의 표현을 허락없이 처음으로 공개하여 뉴스거리를 만들었고 침해행위의 가치를 적극 이용하였다.

잡지발행이 비영리가 아닌 상업적이었다는 사실은 공정이용의 인정에 불리한 요소이다. 영리 / 비영리구분의 핵심은 이용의 유일한 동기가 금전상 이득을 얻는 것인지 여부가 아니라 이용자가 관례에 따른 값을 치루지 않고 저작물질을 도용함으로써 이익을 얻었는지 여부에 있다. 이용목적과 성격을 평가함에 있어서 우리는 네이션이 앞으로 나올 책과 타임지 기사를 앞지르려는 의도를 무시할 수 없다. 네이션의 이용은 단지 우연한 결과가 아니라 저작권자가 가지고 있는 상업상 가치있는 최초발행권을 빼앗으려는 의도를 가지고 있다. 또한 피고 행위의 타당성도 이용의 성격과 관련이 있다. 공정이용은 선의와 공정한 취급을 전제로 한다. 지방법원은 네이션이 훔친 원고라는 사실을 알면서 이용하였다고 인정하였다. 공정이용은 진정한 학자와 개인의 영리를 위해 저작권을 침해하는 사기꾼을 구별한다.

b. 저작물의 성격

회고록은 발행되지 않은 역사적인 이야기 또는 자서전으로 특징지울 수 있을 것이다. 법은 픽션이나 공상 이야기보다는 사실적인 저작물을 보급할 필요를 더 인식해왔다. 그러나 네이션은 저작자의 개인적인 표현에 기초한 공인에 대한 주관적인 설명이나 묘사들을 뽑아냈다. 작품의 가장 표현적인 요소에 초점을 맞춘 그러한 이용은 사실을 퍼트리는데 필요한 정도를 넘어선 것이다.

저작물이 발행되지 않았다는 사실은 그것의 성격에 있어서 중요한 요소이다. 공정이용의 범위가 미발행저작물에 관하여는 좁다는 것은 이미 논한 바 있다. 최초발행권은 발행여부 뿐만 아니라 언제, 어디서 그리고 어떤 형태로 저작물을 처음 발행할 것인가에 관한 선택을 포괄하고 있다. 포드의 원고에서 저작권자의 기밀보호에 관한 이해관계는 반박될 수 없다. 또한 계약에 따르면 타임은 발행하기 7일 전에 작성된 기사를 제출하도록 되어 있는 반면에 네이션이 은밀하게 발행함으로써 저작권자는 기사에 대해 창작적인 혹은 질적인 관리를 할 기회를 갖지 못했다. 급하게 주어 맞추다 보니 부정확한 내용들이 매우 많다. 기밀보호와 창작적인 관리에 관한 저작권자의 이해관계를 명백히 침해한 사용은 공정하다고 보기 어렵다.

c. 이용된 부분의 양과 실질

절대의 기준으로 보면 실제로 인용된 낱말은 회고록의 실질적인 부분은 아니다. 그러나 지방법원은 네이션이 책의 핵심 내용을 베꼈다고 보았다. 타임지의 편집자는 사면의 장이 원고 내용 중 가장 흥미롭고 감동적인 부분이라고 설명하고 있다. 나바스키는 인용된 부분이 포드의 독특한 표현을 담고 있었기 때문에 그 부분을 정확하게 인용하였다. 침해한 작품의 실질적인 부분이 글자 그대로 베껴졌다는 사실은 저작자와 다른 사람의 표현을 판매함으로써 이익을 얻고자 하는 표절자 모두에게 복제된 내용의 질적인 가치를 보여주는 증거이다. 미발행 원고로부터 직접 베낀 것은 기사의 약 13%에 이른다. 네이션의 기사는 극적인 요소로 나타나는 인용된 발췌본을 중심으로 구성되어 있다. 발췌내용의 표현 가치와 침해기사에서 차지하는 중심 역할을 볼 때 우리는 잡지가 포드의 원래 말 중 빈약하고 참으로 극히 적은 양만을 이용하였다고 본 항소법원의 견해에 동의할 수 없다.

d. 시장에 대한 효과

마지막 요소는 가장 중요한 공정이용의 요소라는 것은 의심할 여지가 없다. 적절하게 적용될 때 공정이용은 원저작물의 시장성을 실질적으로 손상하지 않은 복제로 제한된다. 타임의 계약취소와 12,500불의 지급거절은 침해의 직접 결과이다. 항소법원은 기록상 타임의 불이행과 피상고인들이 포드의 표현을 허락없이 공개한 것 사이에 인과관계가 인정되지 않는다고 보았다. 우리는 이에 동의하지 않는다. 저작권침해소송에서 그와 같은 실제손해의 명확한 증거가 제시되는 경우는 매우 드물 것이다. 상고인들은 타임에게 1979. 4. 23.전에 발행되지 않은 원고의 어떤 부분도 공개를 허락하지 않을 것임을 보장하였다. 타임은 불이행의 근거로 발행되지 않은 원고로부터 글자 그대로 인용한 내용이 들어 있는 네이션의 기사를 들었다. 저작권자가 침해와 수익상실 사이의 인과관계를 상당한 개연성으로 입증한 이상 이 손해가 저작권침해가 없어도 발생하였을 것이라는 점을 밝히는 입증책임은 침해자에게 돌아간다. 상고인들은 피고가 반박하지 못한 실제손해를 입증했다.

더 중요한 것은 공정이용을 반박하기 위해서는 만약 침해자의 이용이 널리 퍼진다면 저작물을 위한 잠재 시장에 부정적인 영향을 끼칠 것이라는 점만 밝힐 필요가 있다는 것이다. 이에 관한 심리는 원저작물에 대한 피해뿐만 아니라 제2차적 저작물에 대한 시장의 피해를 고려하여야 한다. 네이션이 발췌한 내용은 닉슨의 사면에 관한 이야기에서 특집기사로 이용되었으며 이는 상고인들이 타임에게 허락한 바로 그 용도였다. 미발행원고로부터 인용문들을 도용함으로써 독자들이 네이션이 아닌 포드의 이야기로 알만큼 네이션의 기사가 믿을만하게 여겨졌다. 그러므로 이는 발췌본의 사전공개를 위한 시장에서 직접 경쟁하게 되었다. 공정이용이론이 저작권자의 동의없이 미발행원고로부터 사전공개를 위한 폭넓은 인용을 허락하는 것은 보통 연속물로 처음 연재하는 권리를 위한 시장에 실질 및 잠재 피해를 낳게 된다.

4. 결　론

항소법원이 네이션의 저작물 이용이 주제에 대한 공공의 관심때문에 용서된다고 본 것은 잘못이며 저작물의 미발행성격과 허가없는 발췌본의 사전공개가 연재권의 잠재 시장에 대한 충격을 지나친 잘못도 있다. 마지막으로 도용이 매우 적다고 본 것은 인용된 내용들이 원래의 표현에서 차지하는 질적인 중요성을 무시하였다. 어떤 저작권 침해자도 저작물에 대한 공공의 접근을 늘림으로써 공중에 혜택을 준다고 주장할 수 있다. 그러나 의회는 공인의 미발행된 저작물에 대해서 제한없는 접근을 허용하는 강제허락제도를 만들지 않았고 우리는 법률상 이를 부과하는 근거를 찾을 수 없다. 네이션이 미발행원고에서 글자 그대로 베낀 행위는 공정이용이 아니므로 항소법원의 판결을 파기한다.

Iowa State University Research Foundation, Inc. v. American Broadcasting Companies, Inc.

연방 제2항소법원
621 F. 2d 57(2d Cir. 1980)

사 안

1970~71년 학기에 아이오와 주립대학 학생인 도랜과 다른 학생은 지도교수의 감독아래 챔피언이라는 제목의 28분짜리 영화를 만들었다. 이 영화는 1972년 뮌헨올림픽에서 금메달을 따기로 예정되어 있던 동료학생인 레슬링 선수 게이블의 짧은 전기영화이다. 이 영화는 피항소인(Iowa State University Research Foundation)과 게이블가족의 자금지원을 받았으며 게이블이 훌륭한 레슬링선수가 되기까지의 과정을 담고 있다. 경기모습, 훈련과정, 게이블의 가정생활과 함께 게이블과 그의 가족, 코치들, 동료선수들의 말이 들어 있다. 아이오와는 챔피언에 대한 저작권을 얻었고 도랜에게 대학의 완전한 인식과 동의속에 첫 TV방송을 허락하는 권리를 준 것 외에 모든 권리를 보유하였다. 1972년 가을 도랜은 1972년 뮌헨올림픽 경기의 방송과 관련하여 ABC방송의 임시 비디오테이프 직원으로 취직하였다. 도랜은 방송제작자 올메이어가 게이블에 관한 올림픽방송의 배경화면으로 쓸 필름이 모자란다는 말을 듣고 챔피언의 복사본을 주었다. ABC는 챔피언의 일부를 비디오테이프로 복사하였다. 올메이어와 챔피언의 사용에 관한 타협

이 이루어지지 않자 도랜은 합의가 이루어지지 않았으므로 ABC는 챔피언을 사용할 권리가 없다고 믿었다. 그래서 도랜은 ABC의 올림픽방송에서 편집된 챔피언의 일부 내용을 보았을 때 충격을 받았다고 주장하였다. 도랜이 아이오와에게 ABC가 챔피언을 방송하였다고 알린 후 대학에서는 몇차례 ABC와 합의하려고 하였다. 그러나 ABC는 계속해서 챔피언의 내용을 사용되지 않았다고 부인하였다. 아이오와가 1975년 뉴욕 남부 연방지방법원에 이 사건 저작권침해소송을 제기한 후 증거조사절차를 거치면서 ABC는 챔피언의 내용을 3번 사용하였음을 인정하였다. 지방법원은 올메이어가 챔피언의 일부 내용을 비디오테이프로 복사한 것은 4번째 침해에 해당된다고 보았다. ABC는 공정이용항변을 했으나 지방법원은 이를 인정하지 않고 법정손해금의 지급을 명하였다.

판결요지

판사 IRVING R. KAUFMAN :

ABC는 지방법원이 공정이용항변을 배척한 것은 잘못이라고 주장하고 있다. ABC는 공정이용의 첫 번째 요건인 이용의 목적과 성격에 가장 크게 의존하고 있다. 대중의 관심을 끄는 사건에 관계된 중요한 공인의 삶을 알리는 바람직한 일을 했다고 주장하면서 대량 배포에 맞는, 역사적인 그리고 전기 작품의 개발을 장려하는 공공의 이익이 챔피언의 이용을 허용한다고 주장하고 있다. ABC는 시청자에게 알릴 목적으로 챔피언에 들어 있는 사실에 관한 어떠한 정보도 이용할 권리가 있다. 그러나 이는 실제 영화의 일부분을 사용함으로써 그 정보에 관한 아이오와의 표현을 그대로 베낄 수는 없다. 정보의 자유로운 흐름에 관한 공공의 이익은 사실에 관한 저작권이 인정되지 않는다는 법규정에 의해 보장된다. 공정이용법리가 중요한 공적인 내용을 가지고 있을 때마다 저작권을 무시하는 권한을 법원에 부여하면서 도용을 허락하는 것은 아니다. 우리는 다른 사람이 ABC의 저녁뉴스에 대해 공정이용이론의 적용을 주장할 때 항소인들이 그들 자신의 항변이론을 환영할 것이라고 생각하지 않는다. 챔피언이 일부 상업 이익을 위해 이용되었으므로 우리는 ABC의 이용목적이 공정이용의 인정에 적합하다고 판단할 수 없다.

ABC는 또한 챔피언을 중요한 TV용 시장이 없는 교육 영화로 규정하면서 저작물의 성격이 자신의 올림픽방송과는 본질이 다르다고 주장하고 있다. 그러나 계약상 도랜에게 TV방송권을 준 것은 아이오와가 단지 시민단체에게 교육목적으로 영화를 빌려주려고만 한 것이 아니라 TV방송도 예상했음을 암시하고 있다. 1972년 올림픽에 나온 선수들의 삶에 관한 ABC의 짧은 방송내용은 챔피언과 본래 똑같은 유형이다. 두 작품이 같은 기능을 가지고 있다면 공정이용의 범위는 제한된다.

3번째 요건과 관련하여 ABC는 영화의 짧은 부분만을 베꼈다고 강조한다. ABC는 챔피언의 내용 중 대략 8%를 방영하였다. ABC는 분명히 게이블의 이력을 이야기할 때 이 부분이 가장 핵심이거나 적어도 중요한 내용임을 알았다.

마지막으로 ABC는 방송 때문에 챔피언을 위한 시장에 부정적인 영향을 미치지 않았다고 주장하고 있다. 그러나 우리는 ABC가 올림픽과 관련하여 아이오와가 방송용으로 영화를 판매하는 중요한 잠재 시장을 없애 버렸다고 믿는다. 사실은 경기를 TV로 독점 중계하는 권리로 인하여 ABC가 그 시장을 독점하였다.

우리는 형평법상의 고려를 하더라도 공정이용항변을 받아들일 수 없다. ABC는 챔피언을 얻기 위하여 가치를 평가하는 과정에서 복사를 하였거나 또는 영화를 이용한 적이 없다고 계속해서 부인한 사실을 무시할 수 없다. 이러한 ABC의 행위는 이용의 공정성과 전혀 관계없다고 말할 수 없다는 지방법원의 판단에 동의한다. 지방법원의 판결을 인용한다.

Twin Peaks Productions, Inc. v. Publications International, Ltd.

연방 제2항소법원
996 F. 2d 1366(2d Cir. 1993)

사 안

"트윈 픽스(Twin Peaks)"는 1990년 4월 ABC방송에서 처음으로 방영되었다. 처음 8회의 방송분은 시청률이 매우 높았으며 언론에서 광범위하게 호평을 받았다. 프로그램의 제작자인 원고(Twin Peaks Productions, Inc.)는 저작권과 상표권을 가지고 있었다. 피고(항소인) 국제출판(Publications International, Ltd.)은 8회분의 방송내용을 토대로 1990. 10. 방송 안내 책(이하 "책"이라 함)을 출간하였다. 이 책은 7개의 장으로 이루어져 있는데 각기 프로그램의 인기, 등장인물들, 이야기 줄거리와 비평, 프로그램의 창작자, 제작자와 제작장소, 노래, 사소한 질문들과 주인공의 지혜를 보여주는 인용문들을 다루고 있다. 이 책은 피고 스콧이 썼으며 피고 펭귄(Penguin USA, Inc)이 배포하였다. 원고는 뉴욕 남부 연방지방법원에 저작권침해 등을 주장하면서 이 사건 소송을 제기하였다. 지방법원은 피고의 공정이용항변을 배척하고 책의 출판을 금지하고 손해배상과 변호사비용의 부담을 명하였다.

판결요지

판사 JON O. NEWMAN :

이 사건은 두 번째 저자의 작품이 원 저자의 잘 알려진 작품의 비평과 원 작품에 들어있는 보호되는 표현의 실질적인 부분을 담고 있을 때 저자들의 충돌하는 권리를 조정하는 문제를 갖고 있다. 저작권에 관한 주요한 쟁점은 픽션저작물의 줄거리를 자세히 요약한 책이 그 저작물의 공정이용에 해당하느냐 하는 것이다. 항소심에서 피고 국제출판은 저작권침해책임과 고의성의 인정, 손해배상액의 계산, 변호사비용의 부담에 관하여 다투고 있다. 원고는 실제 손해에 더하여 피고 국제출판의 이익도 반환되어야 한다고 주장하고 있다.

1. 저작권책임

A. 저작권침해의 증명

피고 국제출판은 지방법원이 피고 국제출판이 TV대본에 접근하였고 책과 대본 사이에 실질적인 유사성이 있으며 책이 대본의 2차적 저작물이라고 인정한 것은 잘못이라고 주장하고 있다.

(1) 접근

피고 국제출판은 TV대본에 접근하였다는 증거가 없기 때문에 저작권침해청구는 기각되어야 한다고 주장한다. 그러나 피고 국제출판은 방영된 프로그램에 접근하였고 방영된 프로그램은 대본에 있는 거의 모든 보호되는 표현을 담고 있다는 점에는 다툼이 없다. 저작물의 공연을 보고 저작물에 들어 있는 표현을 베낀 사람은 저작권을 침해한 것으로 인정된다. 우리는 피고 국제출판이 TV에 방영된 프로그램에 접근한 것이 TV대본에 있는 보호되는 내용에 접근한 것과 기능상 같다고 본다.

(2) 실질적 유사성

다음으로 피고 국제출판은 지방법원은 책이 대본을 베꼈다고 인정할 때 실질적인 유사성 대신에 문자 유사성 기준을 적용한 것은 잘못이라고 다투고 있다. 피고 국제출판은 유사성의 개념은 구조와 순서에서 전체의 유사성뿐만 아니라 부분적인 말의 유사성도 포함하고 있다는 점을 알지 못하고 있다. 이 사건의 경우 책에서 2개의 장은 대본으로부터 광범위하게 직접 인용하고 있다. 피고 국제출판은 89가지의 대사를 베꼈다고 인정하고 있다. 지방법원은 두 작품 사이에 89가지의 대사가 같아서 실질적으로 비슷하다고 인정할 권한이 있다. 지방법원이 문자의 유사성을 조사하는데 그친 반면에 우리는 기록상 광범위한 비문자 유사성을 통하여 실질적인 유사성을 발견할 수 있다는 점에 의문이 없다. 책의 3장은 8회분의 내용을 자세히 이야기한 것이고 모든 복잡한 줄거리와 등장인물들의 변화요소는 대본과 같은 순서로 책에서도 나타난다. 자세한 줄거리를 상세하게 이야기한 것이 3장의 46쪽에 달한다.

(3) 2차적 저작물 작성권의 침해

피고 국제출판은 나아가 지방법원은 책이 대본에 관한 권리뿐만 아니라 대본의 2차적 저작물 작성권을 침해하였다고 인정한 것은 잘못이라고 주장하고 있다. 책이 2차적 저작물이라는 판단은 저작권침해를 인정하는데 있어서 불필요한 것 같다. 왜냐 하면 개작권의 침해는 반드시 복제권이나 공연권의 침해를 수반하기 때문이다. 그럼에도 불구하고 우리는 책이 저작물을 토대로 한 2차적 저작물이라고 본 지방법원의 판단은 옳다고 본다. 책이 다른 매체로 바뀌면서 대본으로부터 가져온 실질적인 내용을 담고 있다.

B. 공정이용

책은 §107이 공정이용으로 보호되는 목적의 예로서 규정한 비독점적인 목적들 중 하나 또는 그 이상의 목적으로 이용된다는 항소인들의 주장에 동의한다. 책을 연구 또는 학문 작품으로 보는 것은 지나치겠지만 논평임은 분명하고 아마도 비평과 시사보도목적의 책이라고 주장할 수도 있을 것이다. 대중문화에 관한 책이지만 §107의 범위에서 벗어나지 않는다. 그러므로 문제는 결국 원작품의 보호되는 표현을 이용하면서 저작권법이 향상시키려 한 이익에 기여할 목적으로 논평했느냐 하는 것이다.

(1) 이용의 목적과 성격

공정이용분석에 있어서 "목적"은 절대 요건은 아니다. 문제는 단지 침해작품이 §107에 특정된 논평, 비평과 같은 목적중의 하나로 이용되느냐가 아니라 하찮은 혹은 실질적인 정도로 이용되느냐 하는 것이다. 법조문은 상업목적보다는 비영리 교육 목적으로 이용하는 것에 더 높은 가치를 두고 있음을 밝히고 있다. 그러나 우리는 저자가 책을 상업 목적으로 썼다는 이유로 다른 저자의 보호되는 표현을 이용하는 것이 공정이용에서 배제되지는 않는다고 생각한다.

피고 국제출판이 대본의 보호되는 표현을 이용한 것은 8회 방송한 내용들의 줄거리를 매우 자세히 요약한 것들로 이루어져 있다. 피고 국제출판이 줄거리를 자세히 묘사한 것은 단지 논평과 비평과 같은 변형 목적을 위해 기본 줄거리를 확인하는 정도를 넘고 있다. 피고 국제출판은 독자들을 위해 각 대본의 자세한 줄거리를 단지 정확하게 반복하였다. 그러한 자세한 요약이 공정이용의 판정에 유리한 목적인지는 요약이라 불리는 장르에 대한 몇 가지 고려가 필요하다. 현재의 저작권법은 비저작권자에게 요약을 할 권리를 주지는 않고 있다. 법은 2차적 저작물이 요약을 포함하고 있는 것으로 정의하고 있고 저작권자에게 저작물을 바탕으로 2차적 저작물을 준비할 권리를 주고 있다. 그러므로 저작물의 요약은 침해로 인정될 것이다. 요약이 원작을 변형하지 못하고 합법 목적에 필요한 정도를 넘어 자세히 쓰고 있을 때 첫 번째 요소는 공정이용항변에 유리하게 평가될 수 없다.

(2) 저작물의 성격

피고 국제출판은 TV프로그램에 대한 대중의 커다란 반응으로 인하여 대본의 모든 내용은 보도되고 분석될 수 있다고 주장하고 있는 것 같다. 그러나 두 번째 요소는 인기에 관계없이 창작성이 있는 픽션저작물에 유리하게 평가되어야 한다.

(3) 이용된 양과 실질

피고 국제출판은 비평 해설을 위해서는 가끔 원작품의 많은 부분을 표절해야 한다는 점에서 자신의 인용이 지나치지 않다고 주장하고 있다. 때때로 그것이 사실이라 해도 세 번째 요소가 복사의 양에 관계없이 비평가에게 유리하게 작용해야 함을 의미하지 않는다. 피고 국제출판이 인용한 내용은 저작물을 전체로 보았을 때 분명히 실질적인 양이다.

(4) 저작물의 잠재 시장이나 가치에 미치는 영향

이 요소를 평가하는데 있어서 법원은 저작물의 원래 시장뿐만 아니라 2차적 저작물을 위한 현재와 잠재 시장까지 고려하여야 한다. 이 요소가 피고에게 유리하게 평가된 사건들은 피고의 작품이 원고가 진입할 뜻이 없는 틈새시장을 채우고 있을 때이다. 저작권자들은 그들의 저작물에 대한 패러디나 논평을 거의 쓰지 않으며 반대되는 정치적인 관점에서 그들의 기초자료를 새롭게 분석한 글을 쓸 것 같지 않다. 반면에 보통 저작권자들은 계속해서 저작물을 판매하려고 할 것이고 책이나 영화와 같은 2차적 저작물을 준비하거나 이용허락하기를 원하고 있을 것이다. 이 사건 책은 저작물의 원래 시장을 방해하고 있고 2차적 저작물을 위한 합법 시장에 개입하고 있는 것은 분명하다. "트윈 픽스"를 보지 못한 사람이 마땅한 대안으로 책을 읽으려고 하고 다음 회의 방송분을 즐기기 위해 비디오테이프를 빌릴 필요가 없을 것이다. 2차적 저작물시장에서 원고는 이미 적어도 2권의 "트윈 픽스" 관련 책을 만들도록 허락하였고 인기가 줄어들기 전에 더 많은 책을 출간할 계획을 가지고 있었다. 물론 2차적 저작물 시장의 보호때문에 기존 저작물의 인기에 따라 상업적으로 성공을 거둔 논평, 비평 혹은 시사보도에 관한 책들의 출간을 금지할 수는 없다. "트윈 픽스"의 저작자가 "트윈 픽스" 현상으로 돈을 벌 수 있는, 활용가능한 모든 분야의 시장을 지킬 수는 없다. 그러나 저작물 그 자체 혹은 저작자가 이용허락할 권한을 가지고 있는 2차적 저작물의 시장을 해칠 정도로 줄거리를 자세히 쓴 책과 관련하여 네 번째 요소의 유리한 평가를 주장할 수 있을 것이다. 비록 책이 TV프로그램의 인기에 도움이 되어 저작권자에게 경제적인 이득을 줄 수 있다는 항소인들의 주장이 옳다고 하더라도 책은 원고가 적법한 이해관계를 가지고 있는 시장에서 경쟁하고 있어 네 번째 요소는 원고에 더 유리하다.

(5) 우리는 공정이용항변을 받아들이지 않은 지방법원의 판단이 옳다고 결론짓는다.

2. 손해배상

A. 법정손해

지방법원은 피고 국제출판이 8개의 저작권을 침해하였고 대본 하나 당 15,000불, 총 120,000불을 지급을 명하였다. 피고 국제출판은 각 대본이 따로따로 저작권대상이 아니라 §504(c)에서 하나의 저작물을 구성한다고 주장하고 있다. "트윈 픽스"의 8개 대본은 하나 또는 그 이상의 줄거리들이 하나의 방송분에서 다른 방송분으로 이어지는 TV프로그램의 한 유형이다. 8회의 방송분을 위한 8개 대본의 저자가 단지 줄거리를 1회의 방송분으로부터 그 다음 방송분으로 이어질 수 있고 결론을 드러내지 않고 시청자들의 관심을 유지한다는 이유만으로 법정손해배상금을 한번만 받는다고 제한될 수 없다. 줄거리를 자세히 베낌으로써 침해한 것은 별개로 쓰여지고 저작권으로 보호되는 대본들과 프로그램들에 있는 저작권들이다.

B. 고의

피고 국제출판은 저작권을 알고 있었고 경고를 받은 후에도 계속 출판을 하였다는 점은 인정하고 있으나 자신의 행위가 합법이라고 선의로 믿고 있었다고 주장한다. 판단기준은 단지 피고가 자신의 행위가 침해에 해당되는지를 알고 있었는지, 혹은 아마 그 가능성을 부주의하게 무시하였는지 여부이다. 우리는 저작권침해를 생각하지 못했다거나 공정이용의 범위내라고 생각했다는 피고 국제출판의 주장을 배척한 지방법원의 판단에 뚜렷한 잘못은 없다.

C. 이익의 분배

침해자의 이익이 모두 침해로 인한 것이 아니라면, 그리고 이익을 책의 침해부분과 비침해부분 사이에서 합리적으로 나눌 수 있다는 사실을 보여주는 증거가 있다면 그러한 분배를 하는 것은 법원의 의무이다. 그러나 합리적인 분배에 대한 입증책임은 피고 국제출판에 있다. 지방법원이 저작물의 가치있는 부분이 심하게 침해되었고 침해된 부분은 비침해부분과 섞여 있어서 나눌 수 없다고 본 것에 명백한 잘못은 없다.

3. 우리는 저작권책임에 관한 지방법원의 판결을 인용한다.

Wright v. Warner Books, Inc.

연방 제2항소법원
953 F. 2d 731(2d Cir. 1991)

사 안

이 사건은 사망한 작가 라이트(Richard Wright)의 전기 출간에서 발생하였다. 원고는 1961년에 죽은 남편의 발행 및 미발행 작품들의 저작권을 갖고 있다. 전기는 라이트의 지인인 피고 워커(Margaret Walker)가 썼고 1988년에 피고 워너 서적(Warner Books, Inc.)이 출판하였다. 워커는 전기를 1980년대 중반에 처음 완성하였으나 전기에 라이트의 작품을 이용하는 것을 원고가 동의하지 않았거나 다른 이유로 2차례 출판계획이 취소되었다. 원고의 동의를 받지 못하자 워커는 이전의 원고를 다시 쓰면서 라이트의 작품이용을 줄였다. 원고의 반대에도 불구하고 새로 쓴, 그리고 상당부분이 삭제된 책은 피고 워너 서적에 의해 1988년 11월에 출간되었다. 원고는 1989년 5월 이 소송을 제기하였다. 원고는 전기가 라이트의 작품과 1930년대에 워커에게 쓴 편지들, 번역가에게 쓴 라이트의 편지들, 잡지 글, 수필,

발행된 책들을 광범위하게 이용하고 있다고 주장하고 있다. 원고는 저작권 침해금지와 손해배상을 청구하였으나 뉴욕 남부 연방지방법원은 사실관계에 실질적인 다툼이 없다고 판단하면서 약식판결로 기각하였다.

판결요지

판사 MESKILL :

원고는 항소심에서 전기가 라이트의 출간된 책들을 이용한 것에 대해서는 다투지 않고 공개되지 않은 라이트와 워커 사이의 편지들, 출간되지 않는 잡지글을 이용한 것이 저작권침해에 해당된다고 주장하고 있다.

이 사건의 주요 쟁점은 피고들이 라이트의 출간되지 않은 편지와 글에서 창작 표현을 이용한 것이 법률문제로서 공정이용에 해당되느냐이다.

다른 어문저작물처럼 편지는 저작권의 보호대상이며 잡지의 글도 마찬가지이다. 그런데 두 가지의 법률상 예외가 저작권자의 권리를 제한하고 있다. 첫째, 기초적인 문제로서 저작권법의 §102는 아이디어 혹은 사실을 저작권으로 보호하지 않는다. 둘째, 법은 어떤 상황에서 독창적인 표현이 사용되는 것을 허용하고 있다. §107은 저작물의 공정이용은 그 저작물의 저작권을 침해하지 않는다고 규정하고 있다. 공정이용의 문제에 이르기 전에 우리는 전기가 사실 또는 표현을 베꼈는지를 판단하여야 한다.

A. 사실 혹은 표현?

원고가 저작권침해의 근거로 삼은 대부분의 문장들은 사실 혹은 아이디어다. 저작물은 10개의 잡지 글과 라이트가 워커에게 쓴 6개의 편지이다. 워커는 10개의 잡지 글 중 14부분을 바꿔 썼다. 이 부분들은 짧아서 2개를 뺀 나머지는 모두 한 문장에서 세 문장 길이이다. 가장 중요한 것은 잡지글에서 가져온 14개의 부분 중 3부분만이 표현을 넓게 해석했을 때 라이트의 창작 표현형식을 이용하고 있다. 우리는 항소의 목적상 바꿔 쓴 잡지 글 중 3부분을 전기가 사용한 것이 다툼의 여지가 있는 표현을 이용하였다고 다룬다.

전기가 6개의 편지를 이용한 것도 비슷하다. 전기는 편지에서 10부분의 간단한 구절을 베꼈고 그 중 5개의 짧은 부분을 바꿔 썼다. 바꿔 쓴 것은 라이트의 생활과 상호 관심사에 관련된 사실을 전달해 주고 있다. 10개의 인용된 부분 중 4부분은 라이트의 창작 특성을 보여주고 있으며 저작권의 보호기준에 들어맞는 것이다. 다른 6부분은 간결하게 라이트의 일상사를 이야기하고 있으며 워커와 라이트의 우정을 묘사하기 위해 이용되고 있다. 예를 들면 하나는 일찍 편지를 쓰지 못한 것에 대한 라이트의 후회를 설명하고 있고 다른 하나는 워커의 시를 이용하는 허락을 구하고 있으며 또 다른 것은 살인이야기에 관련하여 오려낸 기사를 요청하고 있다. 네 번째 것은 워커가 뉴욕을 방문하는데 얼마나 돈이 드는 지를 논의하고 있다. 이러한 예들은 편지에서 인용한 구절과 바꿔 쓴 부분들이 저작권의 보호대상이 아님을 보여주는 상징과 같은 것들이다. 우리는 잡지글과 편지들의 일부분이 적어도 경계선상의 표현을 담고 있다고 판단하기 때문에 전기가 사실만을 이용하였다는 지방법원의 의견에 동의하지 않는다. 사실/표현의 이분법을 넓게 해석하면 잡지글을 바꿔 쓴 3부분과 편지에서 인용한 4부분은 저작권으로 보호된다. 공정이용의 법리가 이 부분에 적용되지 않는다면 이것들의 이용은 침해에 해당된다.

B. 공정이용

1. 이용목적과 성격

우리는 전기에서 라이트의 편지들과 잡지 글을 이용한 목적과 성격은 피고들에게 유리하게 평가된다는 지방법원의 분석에 동의한다. 워커의 책은 학술적인 전기문이다. 만약 침해작품이 §107에 규정된 사용례(비평, 학술 또는 연구 등)에 해당된다면 첫 번째 요소는 피고에게 유리하다는 강한 추정이 생긴다.

원고는 편지들을 원고에게 주지 않거나 그것들을 이용하는 허락을 받지 않은 것에 악의가 있고 이는 책의 목적과 성격이 비평이나 학문과는 거리가 멀다는 것을 가리키고 있다고 주장하고 있다. 원고는 피고 행위의 적정성이 이용의 성격과 관계가 있다는 연방대법원의 견해를 우리에게 상기시켜주고 있다. 그러나 원고가 워커를 악의로 행동했다고 본 것은 잘못이다. Harper & Row사건[2)]과는 달리 워커는 훔친 것이 아니라 받았다. 편지의 수령인으로서 워커는 이를 보관할 권리가 있다. 워커는 실제로 전기가 출판되기 전에 원고에게 6개의 편지를 주었다. 지방법원이 올바로 본 바와 같이 이용허락을 받지 않았다는 사실은 워커의 이용이 공정이용에 해당되는 한 논점에서 벗어났다.

2. 저작물의 성격

지방법원은 비록 편지들이 간행되지 않았다 하더라도 두 번째 요소가 피고들에게 유리하게 평가된다고 판단하였다.

미간행 저작물은 두 번째 요소에 유리한 점이다. 작품이 출간되지 않았다는 사실은 그 성격에 있어서 중요한 요소이다. 저작자가 그의 표현을 처음으로 공개하는 것을 통제할 권리가 공개되기 전에 작품을 사용하는 것보다 우위에 있기 때문에 공정이용의 범위는 미간행 저작물과 관련해서는 더 좁다. 그런데 지방법원의 분석에는 3가지 문제가 있다. 첫째이자 가장 중요하게 법원은 편지들과 잡지 글의 미간행 상태에 대해 충분한 무게를 두지 않았다. 둘째, 이용된 몇몇 구절이 라이트의 표현적인 말을 담고 있다. 셋째, 법원의 논거가 두 번째 요소와 무관하다. 침해자가 베꼈거나 바꿔 썼거나, 사실 혹은 표현을 빌렸거나, 그의 사용이 저작자의 사적인 이해관계를 내포하고 있는지 여부는 두 번째 요소와 관계가 없다. 두 번째 요소는 오직 저작물의 성격에만 초점을 맞추고 있다. 우리는 두 번째 요소는 원고에게 유리하다고 믿는다.

3. 이용된 부분의 양과 실질

직접 인용한 내용과 바꿔 쓴 부분은 이용된 것으로 계산된다. 이 요소는 양적인 면과 질적인 면을 모두 가지고 있다. 그 결과 이 요소는 이용된 부분이 저작물의 상당한 비율에 이를 때 또는 이용된 부분의 본질이 저작물의 핵심일 때 저작자에게 유리하게 작용한다. 양적으로 지방법원은 워커가 단지 라이트/워커 편지 또는 잡지 글의 1%만을 사용하였다고 인정하였다. 질적으로 원고는 하나의 편지에서 인용한 구절과 하나의 잡지글에서 바꿔 쓴 부분을 지나치게 강조하고 있다. 편지의 55개 글자로 이루어진 구절은

---

2) Harper & Row, Publishers, Inc. v. Nation Enterprises 연방대법원 471 U.S. 539(1985).

작문법에 대한 라이트의 견해를 반영하고 있고 바꿔 쓴 부분은 작가로서의 성장에 대한 그의 의견을 표현한 것은 사실이다. 인용된 부분은 공을 들인 문체인 것은 사실이나 편지를 통해 교환된 요점에 가까운 표현 중에 유일하게 인용되었다. 비록 흥미로운 주제를 다루고 있다는 점은 인정되지만 잡지 글은 주의깊게 바꿔 썼고 다른 잡지 글을 대체하지 않는다. 이 구절들은 저작권의 보호대상이 되는 다른 5개와 함께 저작물의 핵심이었던 닉슨의 사면에 관한 결정을 이야기하는 포드의 회고록에서 취한 구절들과 엇비슷하지 않다. 나아가 Harper & Row사건과는 다르게 이 사건에서 편지글과 잡지 글이 도용될 수 있는 핵심 내용을 가지고 있는지 조차 불투명하다.

세 번째 요소가 침해물과 관련하여 검토되어야 하는 지에 대하여 혼돈이 있다. 우리는 §107이 침해물과 관련하여 세 번째 요소를 평가하라고 지시하지는 않고 있다는 점에 동의한다. 그러나 선례들은 이 부분을 세 번째 요소에 적용해 왔고 공정이용문제에 또 다른 일면을 제공해주기 때문에 우리 역시 침해물과 관련하여 보호되는 구절들의 양과 실질을 간략히 고려해 본다. 양적인 면에서 표현적인 부분은 전기의 아주 작은 부분, 즉 428쪽의 책 가운데 2쪽에 나와 있다. 이용된 표현은 워커의 분석에 도움을 주고 독특한 통찰력을 가진 사람으로서 신빙성을 높여주고 있다. 그러나 그것이 책을 읽을 만한 가치가 있는 것으로 만들지는 않고 있다. 세 번째 요소는 피고들에게 유리하다.

4. 시장에 대한 효과

마지막으로 우리는 네 번째 요소 역시 피고들에게 유리하다고 본 지방법원의 결론을 지지한다. 워커의 전기는 라이트의 편지나 잡지 글을 위한 잠재시장에 큰 위협을 가하지는 않고 있다. 라이트의 글에서 최소한의 내용만이 이용되었고 그것도 전기의 작은, 특별하지 않은 부분을 이루고 있다. 전기는 라이트의 편지들과 잡지 글을 대체하지 않고 있다. 이 글에 대한 시장침해는 일어날 것 같지 않다. 원고는 1969년에 출판사의 두 편집자와 라이트의 편지 모음을 출간하기로 합의하였다는 이유로 잠재적인 시장침해는 밝혀졌다고 주장하고 있다. 편지들을 출간하기로 합의하였다 하여 반드시 이 요소가 원고에게 유리하다는 결론에 이르지 않는다. 합의는 유효하지만

20년 동안 이루어진 게 거의 없다. 원고는 이 합의내용이 실행될 거라는 증거를 내지 못하고 있다. 진행된다 하더라도 우리는 손해가능성을 발견할 수 없다. 6개의 편지는 모든 편지 가운데 일부분이고 그것들을 일부 이용하였다 하더라도 그것들에 대한 수요를 대체하지는 않을 것이다.

4가지 요소 중 3가지가 피고들에게 유리한 것은 뚜렷하다. 워커의 라이트 전기는 학술 저작물이고 중요한 20세기 소설가에 대한 공공의 이해를 높이는데 이바지하고 있다. 뿐만 아니라 장래 편지나 잡지 글의 시장성을 손상시키지도 않고 있다. 전기가 출간되지 않은 작품을 이용하였다 하더라도 편지와 잡지글 중 7군데만을 이용하고 있다. 이 부분들은 짧고 중요하지 않으며 이러한 이용은 최소한의 것으로 저작권의 보호를 벗어난다. 지방법원의 판결을 인용한다.

American Geophysical Union v. Texaco Inc.
연방 제2항소법원 37 F. 3d 881(2d Cir. 1994)

사 안

원고 미국 지구물리학회(American Geophysical Union) 및 82개의 다른 과학기술잡지의 발행인들(이하 발행인들이라 함)은 피고 텍사코가 잡지의 글들을 허락없이 복사한 것은 저작권침해에 해당된다고 주장하면서 단체소송을 제기하였다. 텍사코는 위 행위가 공정이용에 해당된다고 주장하였다. 당사자들은 소송편의를 위해 텍사코의 한 연구원이 특정한 잡지글을 복사한 행위에 재판의 초점을 맞추기로 합의하고 텍사코 소속 과학자인 치커링(Donald H. Chickering, Ⅱ)가 한 복사행위를 임의로 선정하였다. 발행인들은 그의 서류철에서 화학 잡지(the Journal of Catalysis)에서 복사한 8개의 논문들을 골랐다.

전국적으로 400명에서 500명의 연구원들을 데리고 있는 텍사코는 석유산업계에서 영리목적으로 새로운 제품과 기술을 개발하기 위해 과학 연구를 수행하고 있다. 이를 위해 텍사코는 많은 과학기술잡지를 정기구독하고 있으며 이 잡지들로 채워지는 도서관을 운영하고 있다. 텍사코는 이 소송 원고들 중의 하나인 학술 출판(Academic Press, Inc)이 발행하는 월간 화학잡지를 구독하고 있는데 1988년 이래 3부를 구독하고 있다. 잡지는 길이 2쪽부터 20쪽에 이르는 논문, 주해, 편지글들로 채워져 있다. 글쓴이들은 글이 잡지에 실릴 경우 저작권을 양도하여야 한다는 통지를 받기 때문에 학술출판은 보통 개별 글의 저작권을 갖고 있다. 각 잡지는 저작권자의 동의없이는 복제될 수 없다는 일반 문구가 들어 있다. 텍사코의 화학연구원인 치커링은 그의 연구 분야에 관련된 여러 가지 과학 기술잡지에 실린 글을 보아야 했다. 텍사코는 도서관에 있는 관련 잡지를 치커링이 돌려볼 수 있도록 도와주었다. 서류철에서 발견된 8개의 글들은 치커링 혹은 그의 요청으로 텍사코의 직원이 복사한 것이다. 증거에 의하면 치커링은 통상 글들을 복사한 즉시 연구에 이용한 것은 아니며 필요할 때 나중에 참고할 생각으로 서류철에 넣어 두었다. 치커링은 6개의 글은 잡지가 회람할 때 알게 되었고 다른 2개의 글들은 다른 논문의 참고문헌을 보고 알게 되었다. 치커링이 복사된 글 중 5개는 이용할 기회가 없었던 것으로 밝혀졌다. 뉴욕 남부연방지방법원은 텍사코의 복사행위는 공정이용에 해당되지 않는다고 판단하였다.

판결요지

JON O. NEWMAN :

1. 당사자들은 마치 이 사건이 과학논문의 복사가 공정이용인가 혹은 더 좁게는 영리회사에 고용된 연구과학자가 논문을 복사한 행위가 공정이용에 해당되는 가와 같은 넓은 쟁점에 관련된 것인 양 접근하고 있다. 그러한 넓은 쟁점들이 우리 앞에 놓여 있는 것은 아니다. 공정이용은 구체적인 사건의 사실관계에 바탕을 두고 적용해야 하는 이론이다. 우리의 관심은 8개의 글을 복사한 행위가 공정하지 않다고 본 결정이 맞는가이다. 그러므로

당사자들이 강조한 많은 자세한 내용들은 이 특정한 사건을 해결하는 관련성은 제한된다.

2. 어떤 주장들은 다른 내용에 초점을 맞추고 있는 것처럼 보이기 때문에 우리는 먼저 침해되었다고 주장되고 있는 저작물을 확인하여야 한다. 발행인들은 보통 그들의 잡지에 대해 두 가지 다른 종류의 저작권을 갖고 있다. 글이 잡지에 실릴 경우에는 저자는 저작권을 양도하여야 한다는 요구조건 때문에 발행인은 대개 잡지에 들어 있는 낱낱의 글에 대해 저작권을 갖고 있다. 또한 잡지의 편집이 독창적인 저작물에 관련되어 있다면 발행인들은 집합저작물로서 각 잡지에 대해 다른 저작권을 갖는다. 이 사건은 당사자들의 합의에 따라 치커링의 서류철에서 발견된 8개의 글에 대한 학술출판의 저작권에 관련되어 있고 집합저작물에 관한 주장은 없다.

3. §107의 공정이용요소

A. 첫째 요소 : 이용의 목적과 성격

이 요소의 평가에 특히 관련되어 있는 것은 8개의 글에 대한 복사가 이루어진 정확한 상황이다. 치커링은 논문들을 참조할 필요가 있을 때마다 도서관에 가기보다 자신의 사무실에서 복사본을 읽는 것이 더 편하기 때문에 개인 편의를 위해 복사하였다고 말하고 있다. 중요한 것은 치커링은 5개의 복사논문을 이용할 기회가 전혀 없었고 8개의 논문의 복사본은 주로 앞으로 참조할 목적으로 만들었다.

논문 복사가 다른 목적에도 이용된다. 텍사코에 가장 유리한 것은 치커링이 잡지나 1년치 합본호만큼 많지 않은 몇 장의 종이를 가지고 화학물질에 노출되어 원본이 망가지는 위험없이 실험실에 갈 수 있도록 하는 목적이다. 만약 이러한 의도가 지배적이라면 첫 번째 요소는 텍사코에게 유리하게 평가되기에 충분하다. 예를 들면 만약 치커링이 도서관에 논문의 복사본을 사도록 요청하고 그것을 자신의 책장에 넣어 두고 어느 날 그것을 읽는 동안 실험실로 가져갈 표나 공식, 다른 것들을 복사하여 이용한 행위는 공정이용에 해당될 것이다. 이것은 허용되는 비영리 교실복사행위의 일부인 동시복사의 일종이다. 그러나 이것은 회람된 잡지에서 복사된 6개의 글에게 일어난 일이 아니다. 다른 2개의 논문에 관해서도 상황은 분명하지 않지만 실험실에 가는 도중에 읽는 중요한 부분의 동시복사라기 보다는 치커링 사무실의 책꽂이에 놓아둘 목적에서 복사한 것으로 보인다.

8개의 논문을 복사한 행위의 성격은 텍사코가 또 하나의 원본잡지를 사지 않고 치커링에게 개인 복사본을 갖고 있도록 하기 위한 기록보관이라고 볼 수 있을 것이다. 복사행위는 단지 원 창작품을 대체하고 있고 첫 번째 요소는 텍사코에게 불리하게 기운다.

텍사코는 첫 번째 요소에 대한 지방법원의 분석을 3가지 점에서 비판하고 있다. 지방법원은 텍사코의 복사행위는 단지 관련된 논문모두를 기계적으로 복사한 것이므로 변형적이지도 않고 연구는 상업 이윤을 얻기 위해서 행해졌기 때문에 비영리행위도 아니라고 보았다. 텍사코는 복사행위는 치커링의 연구를 도와주기 위해 이루어졌기 때문에 영리회사로서의 텍사코의 지위는 공정이용분석에 아무런 관련이 없다고 주장하고 있다.

둘째, 텍사코는 연방대법원이 공정이용이 되기 위해서는 변형 혹은 생산적인 이용이어야 한다는 견해를 거부하고 있는 것[3]으로 보이기 때문에 지방법원이 변형 이용인가 여부를 강조한 것은 부적절하다고 주장하고 있다.

마지막으로 텍사코의 복사행위는 널리 퍼진 것이고 오랫동안 합리적이고 관습적인 것으로 인정되어 왔으므로 첫 번째 요소는 자신들에게 유리하게 평가되어야 한다고 주장하고 있다.

1) 상업 이용

지방법원이 텍사코가 주로 상업 이윤을 얻기 위해 연구를 하는 영리회사라는 사실을 강조한 것은 부적절하다는 텍사코의 주장에 일반적으로 동의한다. 캠벨 판결[4]은 새로운 작품이 더 변형될수록 공정이용의 인정에 불리한 상업성과 같은 다른 요소들의 중요성은 줄어든다고 인정하였다. 텍사코가 이 사건의 복사행위로부터 직접 또는 즉시 상업 이익을 얻는 것은 아니었다. 텍사코의 수익이나 수입, 전체 상업 활동이 치커링을 위해 8개의 논문들을 복사한 행위에 연결되어 있지 않다. 그보다는 복사행위는 치커링의

---

3) Sony Corporation of America v. Universal City Studio, Inc 연방대법원 464 U.S. 417(1984).

4) Campbell v. Acuff-Rose Music, Inc 연방대법원 510 U.S. 569(1994).

연구를 도와줌으로써 텍사코의 영업수입을 올려줄 수 있는 새로운 제품이나 기술의 개발로 이끌 수 있다. 텍사코의 복사행위는 좀더 적절하게 중간이용이라고 부를 수 있다.

우리는 영리회사인 텍사코의 지위가 공정이용에 관계없다고 보지 않는다. 2차 이용이 상업 성격인지 비영리 교육목적인지 여부를 고려하도록 한 §107의 의미는 2차 이용자가 저작물을 사용하여 얻은 가치를 검토하여야 한다는 뜻이 들어 있다. 따라서 법원은 2차 이용이 상업 이윤을 얻기 위한 것일 경우, 즉 복사자가 저작물로부터 직접 혹은 독점적으로 분명한 금전 보상을 얻을 때에는 공정이용의 항변을 인정하지 않을 것이다. 거꾸로 2차 이용이 더 넓은 공공의 이익에 보탬이 되는 가치를 만들어 낼 때 법원은 공정이용으로 인정할 것이다. 2차 이용자가 개인적인 경제 보상을 더 많이 얻을수록 첫 번째 요소는 저작권자에게 더 유리할 것이고 공정이용으로 평가되기 어려울 것이다.

이 사건에서 텍사코의 상업 이윤과 복사행위의 관련성은 다소 엷다. 그러나 우리는 텍사코가 복사행위로부터 적어도 간접적인 경제 이익을 얻었기 때문에 텍사코사업의 영리 성격을 무시할 수 없다. 발행인들이 강조한 바대로 텍사코가 치커링을 위해 복사한 행위는 수익성있는 제품을 개발하려는 노력가운데 한 요소로 여겨질 수 있다. 텍사코가 원논문을 복사하는 권리를 얻기 위해 저작권자에게 일정한 값을 치루는 것을 회피하는 것이 옳다고 보는 이유가 분명치 않다.

2) 변형 이용

지방법원이 텍사코의 복사행위는 변형적이지 않다고 본 것은 적절하다. 변형 이용의 개념은 2차 이용이 가져 온 가치와 그러한 가치를 발생시키는 방법을 평가하기 때문에 법원이 첫 번째 요소를 검토하는 것에 관련되어 있다. 2차 이용이 단지 비변형 복제일 경우 2차 이용에 의해 발생된 가치가 원본의 가치와 다를 바 없게 된다. 반면에 2차 이용이 장래의 목적이나 다른 성격을 가진 새로운 것을 더할 경우 그 가치는 원본에 있는 것을 넘게 되고 과학과 기술을 발전시키려는 저작권의 목적을 이룰 수 있게 된다. 그러므로 §107의 전문에 예시된 비평과 논평과 같은 선호된 이용이 원본의 변형 이용에 관련되어 있다는 것은 놀랄 일이 아니다.

텍사코의 복사행위가 저작물질의 변형 이용이라고 보는 것은 맞지 않다. 복사는 낱낱의 논문을 이용하기 편리한 형태로 바꾸어 놓았다. 그러나 복사물의 유용한 형태로부터 어떤 독립되는 가치가 발생한다 하더라도 모든 복사행위가 첫 번째 요소에서 복사자에게 유리하게 평가되는 것은 아니다. 이 사건의 경우 주로 보관할 목적으로 복사를 하는 것은 좀더 유용한 형태가 가져오는 혜택에도 불구하고 첫 번째 요소는 복사자에게 불리하게 기운다.

3) 합리적이고 관습적인 행위

우리는 네 번째 요소를 판단함에 있어서 언급되는 복사이용허락제도가 나타나기 전에 이러한 주장이 갖는 유효성이 무엇이든 오늘날 이러한 주장은 설득력이 떨어진다.

우리는 주된 사용목적이 보관이어서 장래 참고할 목적으로 글들을 모음으로써 더 구독하거나 복사허락을 얻는 것과 같은 목적에 봉사하기 때문에 첫 번째 요소는 발행인들에게 유리하다는 지방법원의 판단에 동의한다.

B. 저작물의 성격

비록 8개의 논문을 쓰는데 중요한 창작적인 방법이 사용되었다 하더라도 그들의 내용을 보면 주로 사실적인 내용이 들어 있음을 금방 알 수 있다. 8개 논문의 분명한 사실적인 성격으로 인하여 논문들이 저작권으로 보호하려는 핵심 목적범위내에 있다고 보기는 어렵다. 그러므로 지방법원과 마찬가지로 우리는 두 번째 요소는 텍사코에 유리하다고 본다.

C. 이용된 부분의 양과 실질

지방법원은 텍사코가 8개 논문의 각기 전체 부분을 복사하였기 때문에 세 번째 요소는 발행인들에게 유리한 것이 명백하다고 판단하였다. 텍사코는 논문 모두를 복사하였다는 것 보다는 잡지의 일부분만을 복사하였다는 점을 고려하는 것이 적절하며 저작물전체를 복사하였다 하더라도 여전히 공정이용에 해당될 수 있다고 주장하고 있다. 그러나 화학 잡지에 있는 8개의 논문은 각기 따로 쓰여 졌고 독창적인 저작물에 해당되므로 각기 독립하여 저작권의 보호를 받는다. 따라서 우리는 지방법원과 마찬가지로 텍사코가 저작물 전체를 복사하였다고 본다.

D. 잠재적 시장과 가치에 미치는 영향

캠벨 판결이전에는 연방대법원은 네 번째 요소를 공정이용의 가장 중요한 요소라고 보았다. 그러나 캠벨 판결은 네 번째 요소를 논하면서 이 구절을 빠트렸다. 캠벨 판결은 네가지 요소가 모두 검토되어야 하고 결과는 저작권법의 목적에 비추어 함께 평가되어야 한다고 가르치고 있다.

네 번째 요소를 검토할 때 특히 잡지구입이나 정기구독의 형태로 잡지의 전통 시장은 있지만 잡지의 개별 글에 대한 전통시장이나 명백하게 정의된 가치가 없다는 점을 고려해야 한다. 대부분의 작가들처럼 잡지글의 글쓴이는 개인이 논문의 복사본을 파는 방식으로 저작권에 대한 직접 금전 보상을 얻으려고 하지는 않는다. 그보다는 다른 어문저작물의 창작자들처럼 보통 이용료를 주는 발행인에게 권리를 판다. 발행인들은 전통적으로 저자의 개별 글을 잡지형태로, 즉 많은 글을 잡지로 편집하여 제작, 판매해 왔다. 발행인들은 지금까지 개별 글의 복사본을 구하는 쉽거나 효과있는 방법을 제공해 오지 않았다.

1) 잡지, 지난 호의 추가 판매

우리는 8개의 개별 글을 복사하는 행위의 공정이용주장에 관심을 가지고 있기 때문에 네 번째 요소에 대한 분석은 텍사코의 복사행위가 이 개별 글에 대한 잠재 시장이나 가치에 미치는 영향에 초점을 맞추어야 한다. 일반적으로 개별저작물을 포함하고 있는 집합저작물에 대한 시장에 미치는 영향은 개별저작물의 시장이나 가치에 미치는 영향과 직접 관련되어 있기 때문에 특별한 개별 저작물이 들어 있는 집합저작물에 대한 시장에 미치는 영향을 검토하는 것은 2차 이용이 개별저작물의 잠재 시장이나 가치에 미치는 충격을 평가하는 유용한 수단으로 기능한다. 그러나 학술과 과학 논문의 독특한 영역에서는 개별 논문이 들어 있는 집합저작물의 시장에 미치는 영향이 개별 논문의 시장이나 가치에 미치는 영향에 관련되어 있는 지는 분명치 않다. 논문은 자발적으로 잡지사에 보내지고 발행인들은 저작권을 얻거나 논문을 출판할 권리를 얻기 위해 저자에게 돈을 지불하지 않는다. 기록상 발행인이 특정 논문을 새로운 집합저작물에 담아 출판하려고 하는 증거가 없기 때문에 텍사코의 행위가 잡지시장에 미치는 영향에 관련된 증거가 개별 글에 대한 시장이나 가치에 미치는 영향을 평가하는 효과적인 방법이라고 쉽게 결론내릴 수 없다.

그러나 첫째, 텍사코가 잡지를 돌려보는 관행에 관한 증거는 텍사코가 복사를 하지 않았다면 잡지를 빠르게 회람시키기 위해 더 많은 수의 잡지를 구독할 필요가 있을 것이라는 지방법원의 추론을 뒷받침한다. 둘째, 8개의 글을 복사한 주된 이유와 그 가치는 읽을 필요가 있을 때 바로 볼 수 있도록 치커링의 책꽂이에 놓아 둔 것이다. 그러므로 텍사코가 이러한 목적을 위해 연구자들에게 특정 논문들을 제공하여 그들의 사무실에 보관하도록 하기 위해서는 적어도 잡지를 더 사야 할 것이라고 판단한 것은 합리적이다.

2) 이용허락수입 및 요금

보통 저작권자는 저작물을 이용할 권리를 다른 사람에게 허락하고 이용료를 청구할 권한이 있고 이용료수입에 대한 잠재 영향은 네 번째 요소를 평가하는 적절한 소재이다. 그러나 이용료수입에 대한 잠재적인 영향이 모두 네 번째 요소에서 고려되지 않는다. 특히 법원은 전통에 따른 합리적인 또는 개발될 가능성이 있는 시장만을 고려함으로써 잠재적인 이용료수입의 개념을 제한하고 있다. 예를 들면 법원은 2차 이용이 저작권자가 전형적으로 또는 합리적으로 참여 혹은 얻어 왔던 시장이나 가치에 부정적인 영향을 미치지 않은 경우 네 번째 요소는 2차 이용자에게 유리하다고 판단해왔다. 그러므로 저작물의 잠재 시장이나 그 가치에 미치는 2차 이용의 영향을 평가할 때는 전통적이고 합리적인 또는 개발될 가능성이 있는 시장에서 얻을 수 있는 잠재하는 이용료수입에 대한 영향만을 고려하여야 한다. 비록 발행인들이 개별 논문을 직접 파는 시장을 아직 만들지 못했다 하더라도 주로 CCC(the Copyright Clearance Center Inc. 저작권료정산센터)를 통해 기관이용자들이 개별 논문을 복사할 권리를 얻기 위한 이용허락시장을 만들었다. 지방법원은 많은 주요 회사들이 복사허락을 위해 CCC제도에 가입하였다고 인정하였다. 텍사코 스스로도 CCC에 이용료를 지급하고 있다. 기관이용자들이 논문을 복사할 권리를 얻는 시장이 개발되기 전의 상황이 어떠했든지 간에 지금은 잡지 글의 잠재 시장이나 가치에 미치는 영향을 평가하는 데 있어서 이용료수입의 상실을 고려하는 것은 적절하다. 이것은 현재 복사이용허락이 가능한 화학 잡지의 글들을 복사하는 것과 관련해서 특히 적절하다.

의회는 두 가지 방법으로 잡지 글의 "잠재 시장이나 가치"의 일부분으로 복사 이용허락 수수료를 인정해야 한다는 것을 암시하였다. 첫째, 108조는 도서관이 저작물을 복사할 수 있는 조건을 좁게 제한하고 있다. 이 조항이 공정이용의 특권에 영향을 미치지는 않지만, 108(f)(4), 의회가 복사하는 도서관의 권리를 제한했다는 사실은 잡지 발행인들이 복사를 제한하는 권리를 갖고 있거나 최소한 복사를 하는 기관들에게 이용허락 수수료를 요구할 권리를 갖고 있다고 생각했음을 보여주고 있다. 둘째, 의회는 복사를 허락하는 효과적인 제도가 설립되어야 한다고 제안하면서 CCC의 개발을 촉구하였다. 만약 복사 수수료가 잡지 글의 잠재 시장의 일부분으로 인정되지 않는다면 의회가 그러한 제도설립을 권고한 이유를 이해하기 어렵다.

주로는 이용료수입을 잃게 되어, 그리고 작게는 구독료수입의 상실 때문에 우리는 발행인들이 텍사코의 복사행위로 인하여 저작권의 가치에 실질적인 손상을 입었다는 점을 입증하였다고 본 지방법원의 판단을 지지하며 따라서 네 번째 요소는 발행인들에게 유리하다.

E. 전체 평가

우리는 4가지 법률 요소 중 중요한 첫째, 넷째 요소를 포함한 3가지 요소가 발행인들에게 유리하다고 결론짓는다. 그러므로 텍사코가 화학 잡지에서 8개의 특정한 글을 복사한 행위는 공정이용에 해당되지 않는다고 본 지방법원의 결론에 동의한다. 우리의 결론은 기록에 나타난 보관목적의 복사행위에 국한된다.

4. 지방법원의 판결을 인용한다.

[JACOBS판사의 소수의견]

나는 첫째와 넷째 요소에 관하여 다수의견에 동의하지 않는다. 첫째 요소와 관련하여 치커링의 이용목적과 성격은 과학연구의 변형되고 생산적인 목적에 반드시 필요하다. 넷째 요소와 관련해서는 치커링의 이용이 저작물의 잠재 시장이나 그 가치에 미친 부정적인 영향은 착각이다.

A. 이용의 목적과 성격

나는 복사를 한 직접 목적은 치커링의 과학연구를 편하게 하기 위한 것이었다는 다수의견에 동의한다. 따라서 복사는 과학자의 연구에 필수다. 만약 침해물이 §107에 규정된 이용을 위한 것이라면 첫째 요소는 피고에게 유리하게 추정된다. 진행중인 과학연구를 위해 잡지 논문을 복사한 행위는 예시된 공정이용의 예에 바로 들어맞는다. 다수의견도 논문이 복사되어 유용한 형태로 바뀌었음을 인정하고 있다. 그러나 다수의견은 치커링이 복사된 논문 중 5개를 이용할 기회를 가지지 못했고 앞으로 참조할 목적으로 서류를 모으기 위해 복사하였다고 강조하고 있다. 다수의견은 이것을 주로 보관목적이라고 불렀고 연구 성격은 아니라고 보았다. 나는 연구란 다수의견이나 지방법원의 의견보다는 더 넓다고 본다.

치커링의 서류철을 보관용이라고 본 것은 잘못이다. 기록보관소는 보통 행정 절차를 통해 모은 많은 양의 서류를 가지고 있고 공공 혹은 기관의 참고자료로 이용된다. 반면에 치커링의 서류철은 개인 연구자의 기억과 호기심, 의문을 풀기 위한 참고자료로 필요한 글을 갖고 있다. 그것은 오랜 역사를 가진 과학 연구에서 변형 과정의 일부분이다. 모든 논문들은 치커링의 연구를 도와주기 위한 중간 단계로서 복사되었다. 나는 이 과정을 연구라 부르는 것이 과장이 아니라고 생각한다. 과학연구는 실험실에서 반복되는 실험 그 이상이다. 그것은 과학자들의 계획된 협력을 바탕으로 앞선 연구자들의 조사를 이용하거나 계속하는 역동의 과정이다. 과학잡지는 계속 변형되고 발전되어 가는 과정의 필수 도구이다.

합리성이 있고 관행에 따른 이용은 공정한 이용일 것이다. 나는 저작권자가 같은 저작물로 돈을 추가로 버는 방법을 개발했을 때 합리적이고 관습에 따른 이용이 불공정하게 된다는 점에 전혀 동의하지 않는다. 나는 CCC의 출현을 치커링의 이용이 원작품을 대체했는지에 관한 의문에 관련이 있다고 본다. 그러므로 나는 지방법원과 다수의견이 깊이 다루지 않았던 합리적이고 관습에 따른 이용에 관한 쟁점을 검토한다. 치커링의 행위는 단지 연구자들 사이에서 오랫동안 관행대로 해왔던 필사를 기계로 복사한 것뿐이다. 복사기를 이용하여 치커링은 공책이나 색인카드에 적는 노력과 시간을 절약하였고 자료나 표, 공식의 정확성을 높였다. 그러나 노트기록목적은 같다.

다수의견은 치커링이 8개 중 5개의 글을 서류철에 담아놓고 이용하지 않았다고 강조하고 있다. 바로 이용하지 않거나 아마도 다시 보지 않을 글을 적어 놓은 것은 이상한 일이 아니다. 기능상 적어 놓은 것과 복사본은 같은 방법으로 이용된다. 치커링이 글을 서류철에 보관해 놓은 행위는 그 글은 다시 팔지 않았다는 점에서 중요하다. 치커링이 한 행위는 그의 복사행위가 목적이나 성격에 있어서 상업성이 없다는 점을 뒷받침하고 있다.

다수의견은 논문을 복사본으로 만들면 독립된 가치가 많아진다고 인정하면서도 주로 보관할 목적이라는 이유로 이 변형과정을 공정이용에 불리하게 평가하였다. 그러나 보관목적은 보통 물질을 변경해서는 안되는, 기록하고 보관하는 과정의 한 단계일 뿐이다. 따라서 나는 사용의 성격과 목적에서 변형성이 충분하므로 이 요소는 명백히 텍사코에 유리하게 평가된다고 본다.

B. 잠재적 시장 또는 가치에 대한 영향

1) 구독과 판매

다수의견은 이 사건 복사행위가 널리 퍼지면 잡지의 시장성을 손상시킬 것이라는 증거가 없다고 정확하게 보았다. 치커링이 복사한 개별 논문들과 관련하여 발행인들이 개별논문의 가치나 전통적인 구독과 지난호의 판매시장에서 손해를 입었다고 볼 수 없다는 다수의견에 동의한다. 지방법원은 텍사코가 과학자들에게 개별 논문들을 주기 위해 필요한 잡지들을 구입하지 않을 것이라고 인정하였다. 그러므로 발행인은 과학자들이 잡지 글을 재미로 혹은 기억하기 위해 읽지 않는 한, 그들이 개인 용도로 필요한 부분을 뽑아서 복사할 수도 있다는 사실을 당연히 가정하여야 한다.

2) 이용허락수입과 요금

다수의견은 전통적이고 합리적인, 또는 개발될 가능성이 있는 시장에서 잠재적인 이용허락수입에 대한 영향은 법률상 인식될 수 있어야 한다고 말하고 있다. 완전히 동의하는 이 법리는 CCC가 있어도 공정이용과 거의 관련이 없다는 결론을 뒷받침하고 있다. 이 사건에서 유일한 시장 피해는 복사이용허락의 시장에서다. CCC체제는 전통적이지도 않고 합리성이 없으며 실제 시장으로 발전하기에는 많은 장애물이 있다. 나는 복사이용허락의 정상 시장은 없으며 출판사들 사이에 실제 합의가 없기 때문에 네 번째 요소는 텍사코에 매우 유리하다고 본다. a) 텍사코와 같은 기관이 사서 보는 수많은 잡지 중 30%만이 CCC이용허락제도의 대상이고, b) CCC회원들의 모든 잡지가 CCC에서 이용되지 않으며, c) CCC의 대상인 잡지들에 실려 있는 모든 글들이 저작권의 보호대상이 되는 것은 아니다.

나는 거래이용허락(Transactional Reporting Service 또는 the per-copy transactional license)와 포괄이용허락(Annual Authorization Service)를 나누어 살펴보겠다.

거래이용허락에서는 이용자는 논문을 복사할 때마다 저작권조사를 하여야한다. 발행인이 CCC의 회원인지 아닌지, 잡지가 CCC의 적용대상인지, 발행인이 논문에 대해 저작권을 갖고 있는지를 판단해야 한다. 정부의 후원을 받은 연구처럼 저작권의 대상이 아닌 논문들도 많기 때문이다. 전문가조차도 그러한 판단을 내리기가 어렵기 때문에 지적재산권 전문변호사가 필요할 것이다.

비용 때문에 이용자들은 포괄이용허락을 받으려고 할 것이다. 그러나 발행인들의 이용허락권리가 CCC를 통해서만 행사되지 않고 별개로 행사될 수 있다면 이용자는 수많은 발행인들과 개별적으로 이용허락요금을 협상할 수가 없다. 이용허락제도를 이용할 수 없는 출판잡지들도 많다. 또 CCC이용허락이 CCC의 회원이 아닌 발행인들이 발행한 글들을 복사하는 경우의 해결책이 될 수 없다.

나는 발행인들이 주로 CCC를 통해 기관사용자들이 개별논문을 복사할 권리를 허락받을 수 있는 시장을 만들었다는 다수의견에 동의하지 않는다. CCC도 현재의 이용허락제도가 시장의 수요에 잘 대응하지 못하고 있다고 인정하고 있다. CCC가 잘 기능하고 있다 하더라도 CCC의 포괄이용허락을 받은 사람이 비회원이 출판한 잡지의 글을 복사할 특권을 받은 것은 아니다. 비회원들을 위한 이용허락시장은 없으며 이용료를 낼 방법도 없다.

네 번째 요소는 결정적으로 텍사코에게 유리하다. 잡지의 구독, 판매와 관련하여 발행인의 수입 손실을 인정할 수 없으며 발행인들은 기관이용자에게 구독료 2배를 청구함으로써 추가수입을 얻었고 이용허락시장도 장애가 있어 현실화되지 않았기 때문이다.

C. 형평상 고려사항

과학논문의 저자들은 명성과 임명, 자료, 교수직을 얻기 위해 연구하고 글을 쓴다. 글을 발표함으로써 직접 금전 혜택을 바라지 않는다. CCC이용허락요금은 저작권자에게 이익이 되지만 이 추가 수입이 과학의 창작성을 북돋운다는 주장은 나오지 않았다. 저작권법은 창작성을 장려하기 위한 것이다. 우리는 주로 저자와 과학자들의 입장에서 창작동기를 고려하여야 한다. 법원은 가끔 교수승진과 종신교수직에 영향을 미치기 때문에 과학계에서 저자에게 가치있는 것은 인정을 받는 일이라고 인정해왔다. 이 점에서 진짜 중요한 것은 그들의 글을 동료들에게 널리 알리는 일이다. 과학자들은 잡지를 통하여 의견을 나누고 이를 이용하여 새로운 아이디어를 주장하고 퍼트리며, 그들의 명성과 명예를 올린다. 그것이 바로 그들이 이용료를 받으려고 하거나 기대하지 않는 이유이고 이용료가 그들의 창작성이나 출간욕구를 늘이거나 줄일 수 없는 이유이다. 공정이용에 관한 다수의견은 과학자들이 잡지 논문을 조사하고 이용하는데 돈과 시간, 노력이 더 들이고 이로 인하여 저자가 출판으로부터 얻는 유일한 보상을 줄일 것이다.

저작권이 준 독점이 저작권 보유자에게 최대한의 경제적 보상을 보장하기 위해 만들어졌다는 논리를 뒷받침하는 판례는 없다. 오히려 법의 목적은 저작물의 창작적인 이용을 허락하는 반면에 저작자에게 공정한 보상을 하고자 하는, 마주치는 이해관계를 조정하기 위한 것이다. 더 기본에서 보면 치커링의 복사행위는 논문의 저자들이 하는 것과 똑같은 창작행위의 한 부분이다. 이러한 이유로 나는 자신의 연구에 도움이 되는 잡지글을 복사한 치커링의 행위는 공정이용이라고 결론짓는다.

Princeton University Press v. Michigan Document Services, Inc.

연방 제6항소법원
99 F. 3d 1381(6th Cir. 1996)

사 안

피고 미시간 복사점(Michigan Document Services, Inc.)은 상업 복사점인데 학술저작물의 일부분을 복사하여 강의자료로 묶은 후 예습자료로 쓰기 위해 미시간대학교 학생들에게 팔았다. 복사점은 저작권자의 허락없이 복사했다. 강의자료는 상업 복사점에서 만들어왔다. 교수는 강의자료에 들어갈 자료를 복사점에 주면 복사점에서는 표지와 목차를 만들고 제본을 한 다음에 그 교수의 강의를 듣는 학생들에게 판다. 미시간대학에는 몇 군데의 복사점이 있다. 피고 스미스(James Smith)가 소유하고 있는 피고 미시간 복사점은 다른 복사점과 달리 저작권자의 허락을 얻지 않았고 이용료도 지불하지 않았다. 킹코 복사점이 허락없이 강의자료를 만들어 판매하는 행위가 저작권침해라는 판결[5]이 나온 후 많은 복사점들이 저작권자들의 허락을 받기 시작하였으나 스미스는 그렇지 않았다. 스미스는 변호사에게 자문을 구하고 스스로 도서관에서 공정이용이론을 공부해 본 결과 킹코 판결은 잘못이라고 결론내리고 강연이나 글, 광고를 통해 그 결론을 널리 알렸다. 스미스의 행동은 출판산업계의 관심을 끌었고 원고 프린스턴 대학 출판사 등은 스미스 및 미시간 복사점을 상대로 이 소송을 걸었다. 원고 출판사들은 저작물의 일부에 대한 복사요청을 처리하는 부서를 운영하고 있다. 원고들은 허락없이 6개의 책에서 발췌하여 복사한 내용에 대한 저작권을 침해하였다고 주장하고 있다.

이 사건의 주요 쟁점은 그러한 복사가 공정이용에 해당되느냐이다. 미시

5) Basic Books, Inc. v. Kinko's Graphics Corp. 뉴욕 남부 연방지방법원 758 F. Supp. 1522(S.D.N.Y. 1991).

간 동부 연방지방법원은 고의에 의한 저작권침해를 인정하였고 항소심 3명의 판사들은 지방법원의 판결을 파기하였으나 항소심법원의 다수 판사들이 전원부 재판의 필요성을 인정하여 항소심사건은 전원부 재판에 회부되었다.

판결요지

판사 DAVID A. NELSON :

1. 대법원은 공정이용 판단에서 가장 중요한 요소는 네 번째 요소라고 말하고 있다.[6] 만약 저작권을 침해하는 이용이 비상업 성격을 가지고 있다면 시장침해의 입증책임은 저작권자에게 있다. 반면에 침해이용이 상업적이라면 침해자가 시장침해가 없음을 입증하여야 한다. 이 사건에서 피고들은 이용이 비상업적이므로 입증책임은 출판사들에게 있다고 주장하고 있으나 우리는 동의하지 않는다. 학생들이 구입한 강의자료를 쓰는 것은 비상업 성격이다. 그러나 출판사들이 지적하고 있는 것은 저작권자가 요구한 이용료를 내지 않고 이익을 거두기 위하여 영리회사가 저작물을 복사하여 판 행위이다.

이 사건에서 피고들이 책에서 발췌한 내용을 이용한 것은 Harper & Row 사건[7]에서 네이션(Nation)이 저작물을 이용한 것과 마찬가지로 상업적이다. 불법강의자료를 구입한 학생들처럼 네이션 잡지의 구입자들도 잡지의 내용을 상업상 이용하지 않았으나 대법원은 발췌본을 이용한 행위는 상업성이 있다고 보았다. 이 사건과 마찬가지로 Harper & Row사건에서 문제된 이용도 저작권자에게 속한 독점권을 불공정하게 이용한 것으로 추정되었다.

만약 이 사건 이용에 상업성이 없다면, 그리고 원고 출판사들이 저작물의 잠재 시장이나 가치에 미치는 부정적인 영향을 밝히는 책임을 진다면 우리는 출판사들이 시장가치의 감소를 입증하는 책임을 다했다고 믿는다. 강의

6) 그러나 대법원이 네 번째 요소가 가장 중요하다는 생각을 버렸다는 견해로는 American Geophysical Union v. Texaco Inc. 연방 제2항소법원 37 F. 3d 881(2d Cir. 1994) 참조.

7) Harper & Row, Publishers, Inc. v. Nation Enterprises 연방대법원 471 U.S. 539(1985).

자료를 판매하면서 미시간 복사점과 겨루는 거의 모든 복사점은 저작물의 발췌본을 복사하여 파는 권리를 얻기 위해 수수료를 지불했다. 만약 다른 복사점이 피고들처럼 한다면 출판사들의 이용료 수입은 줄어들고 따라서 원고들이 출판한 학술저작물의 잠재 가치는 줄어들 것이다.

Harper & Row사건에서 문제된 이용이 포드 회고록판매를 줄였다는 증거가 없는 경우에도 법원은 발췌본의 이용허락시장에 손해를 입혔다고 판단하였다. 이 사건 저작물의 잠재적인 이용은 저작물의 일부를 강의자료에 넣기 위해 복사하는 이용허락을 포함하며 출판사들이 실제 그러한 복제를 허락할 가능성은 입증된 사실이다.

2. 비변형 이용의 상황에서는 다른 법률 요소들의 중요성은 줄어든다.

A. 이용목적과 성격에 관련하여 피고들은 만약 학생들이나 교수들이 이 사건 복사를 했다면 비영리 교육 행위로 평가될 것이라고 주장하고 있다. 그러나 피고들과 경쟁관계에 있는 거의 모든 복사점들은 이용허락수수료를 지불해왔고 이들도 교수들이나 학생들보다 더 비용을 절감하여 복사를 할 수 있다고 가정할 수 있다. 법원은 영리목적의 이용자가 비영리 또는 비상업 이용을 꾸미기 위해서 그들의 고객의 입장에 서려는 시도를 받아들이지 않았다.

문제의 이용이 원래의 저작물을 변형시킨 정도는 거의 판가름하기 어렵다. 만약 316쪽 중 95쪽을 복사하여 다른 글들과 섞어 편리하게 제본하였다 하더라도 95쪽을 그렇게 많이 변형한 것은 아니다. 이렇게 기계로 복사하는 변형은 캠벨 사건[8]에서 패러디스트가 이룩한 창작적인 변형과는 거의 닮지 않았다.

B. 두 번째 요소인 저작물의 성격은 다투어지지 않고 있다. 피고들은 강의자료로 쓰기 위해 복사한 발췌본은 창작적인 내용 또는 표현을 담고 있다는 것을 인정하고 있다.

C. 세 번째 요소와 관련하여 전체 저작물에서 발췌된 자료의 가치를 평가하자면 교수들이 발췌본이 예습에 필요할 만큼 충분히 중요하다고 생각한 사실로 미루어 보아 복사된 자료의 질적인 가치를 인정할 수 있다. 피고

8) Campbell v. Acuff-Rose Music, Inc 연방대법원 510 U.S. 569(1994).

들은 공정이용이라는 적극항변의 주장자로서 양과 질에 관한 입증책임을 다하지 못했다.

3. 우리는 관련 입법연혁을 살펴본다. 입법연혁을 살펴보는 데는 강력한 이유가 있다. 법적인 요소들은 뚜렷하지 않고 공정이용의 쟁점들은 오랫동안 특히 골치아픈 문제였다. 법원이 종종 공정이용문제를 해결하기 위하여 입법연혁을 살펴본 것은 놀랄 일이 아니다. 의회 위원들이 공정이용을 이해하는 자료로 삼은 교실지침[9]은 선집, 편집물, 집합물을 만들기 위해 불법적으로 복사하는 것을 명백히 금지하고 있다. 체계적이고 미리 계획된 점, 복사의 양, 글들을 선택한 점, 상업 동기의 면에서 미시간 복사점의 복사행위는 입법연혁에 지침을 포함시킨 의회의 구상에서 벗어났다. 1976년에 저작권법을 통과시킨 의회가 상업복사점이 저작권자가 요구하는 사용료를 내지 않고 저작물 중 30% 정도를 이용하는 것이 불공정하다고 생각했다 할지라도 지난 20년간의 기술과 강의실무의 변화로 오늘날 의회가 피고들의 입장을 더 동정하게 되었을 지도 모른다. 그러나 법이 이 점에서 바뀌어야 한다면 그것은 법원이 아닌 의회가 해야 할 일이라고 생각한다.

4. 피고들은 많은 학술저자들이 돈을 벌기 위해서 글을 쓰지 않았고 자신들의 글이 자유롭게 복사되기를 바란다는 주장에 무게를 두고 있다. 피고들은 이용허락을 받지 않은 복사가 일반 공공의 이익을 위한 예술 창작성을 자극할 것이라고 주장하고 있다. 그러나 이 주장은 만약 이용허락수입이 출판사들에게 중요하지 않다면 더 설득력이 있었을 것이다. 만약 출판사들이 수수료를 기대할 수 없다면 그들이 왜 거의 이익이 남지 않은 책들을 계속 출판하여야 하는가? 만약 출판사들이 학술 저작물을 출판할 경제 동기가 줄어들어 출판되는 학술 저작물이 줄어든다면 예술 창작성은 어떻게 자극될 것인가? 이 점에서 출판업계에 몸담고 있지 않은 많은 연구자들이 더 개방적인 복사방침을 좋아한다는 사실은 이 사건과 거의 관련이 없다.

5. 지방법원이 침해가 고의라고 본 결론은 문제가 있다.

---

9) 원 제목은 "비영리교육기관에서 교실에서 사용하는 책과 잡지를 복사하기 위한 지침에 관한 합의(Agreement on Guidelines for Classroom Copying in Not-for-Profit Educational Institutions With Respect to Books and Periodicals)"이다.

자신의 행동이 공정이용에 해당된다는 스미스가 가진 선의의 믿음을 원고들은 다투지 않고 그 믿음의 합리성만을 다투고 있다. 공정이용은 가장 다툼의 여지가 많은 법의 한 분야다. 의견불일치의 합리성과 가능성은 강력한 반대의견과 지금 파기된 항소부 의견이 보여주고 있다. 이러한 상황에서 공정이용에 해당된다는 피고들의 믿음이 고의침해를 증명할 만큼 불합리하다고 말할 수 없다.

6. 피고들이 저작물을 상업상 이용한 행위가 공정이용에 해당되지 않는다는 지방법원판결을 인용한다. 법정 손해액과 금지처분의 범위를 재검토하기 위해 지방법원에 환송한다.

[MERRITT판사의 반대의견]

피고들이 저작물을 상업적으로 이용한 것이 공정이용에 해당되지 않는다는 지방법원의 결론에는 동의하나 이 사건의 복사행위는 교실에서 이용하기 위한 복사를 허용하고 있는 저작권법의 분명한 규정에 따라 허용될 수 있다.

1. 나는 공정이용을 규정한 §107의 문구를 분석하고 설명하는 법원(다수의견)의 방법에 동의하지 않는다. 법은 비평과 논평, 시사보도, 연구를 위한 공정이용을 허용하고 있는데 교육만을 제외하고는 그 범위와 한계가 정의되어 있지 않다. 교육만은 정의규정이 있다. 저작물을 학급용으로 다수 복제하는 것을 규정하고 있다. 이 사건 교육 사용이 정확하게 특정 법규정, 즉 학급용 다수 복제에 들어맞을 때 네 번째 요소는 제한된다. 학생들을 위해서 제3자가 복사를 해주고 요금을 받는 것과 학생들이 이용료를 내고 복사기를 사용하여 직접 복사한 행위를 구분하는 법률규정은 없다. 이 법원은 복사점의 개입이 사건의 결과를 바꾸는 논리를 뒷받침하는 선례를 들지 못하고 있다. 법원은 복사물의 실제 사용자, 즉 학생보다는 복사점이 복사를 하면서 저작물을 사용한 것에 초점을 맞추는 잘못이 있다. 지방법원이나 다수의견은 만약 교수나 학생 개인이 복사했다면 공정이용이 되는 경우 왜 복사점이 비상업, 교육 목적을 위해 복사를 하면서 소비자들의 입장이 될 수 없는 지에 관한 합리성있는 논거를 대지 못하고 있다.

저작권자는 저작물의 모든 이용에 완벽한 통제권을 갖고 있지 않다. 공중은 저작물을 공정하게 이용할 권리가 있고 저작권자로부터 허락을 요청하거나 이용료를 내지 않고 그 권리를 행사할 수 있다.

2. "학급용 다수 복제"를 허용하는 법의 규정내용이 다소 불분명하다 하더라도 공정이용요소에 대한 법원의 분석은 근거가 없다. 공정이용이론에서 "학급용 다수 복제"의 단순한 의미에 의문을 나타낸 것은 없다.

복사점은 복사된 내용이 아닌 수량에 따라 돈을 받았다. 학생들은 자신들이 직접 복사할 경우 들이는 시간과 노력 대신 복사점에 값을 치렀다. Harper & Row사건에서 포드의 발췌본은 복사기로 원본으로부터 복사되지 않았고 학습목적으로 정치학수업에 나눠주지 않았다. 그것들은 학급용으로 다수 복제되지 않았고 가르칠 목적으로 복사되지 않았다. 그것들은 포드의 회고록에서 빼내 온 것이고 저작권자가 출판하기 전에 상업잡지인 네이션에 실렸다. 그 사건은 §107의 예외규정인 학급용 복제와는 관련이 없다.

이 사건에서 발췌된 복사본은 원저작물의 작은 부분이다. 지방법원은 발췌본은 말 그대로 가려서 뽑았고 원저작물을 대체하려고 만들지 않았다고 인정하였다. 따라서 세 번째 요소가 공정이용의 인정에 방해가 되는 것은 아니며 이와 다른 결론에 이른 법원의 판결은 잘못이다.

다수의견에는 학급용복사가 시장에 미치는 효과의 분석에 잘못이 있다. 법원이 복사행위를 상업성이 있다고 보면서 시장에 미치는 효과에 관한 입증책임을 피고에게 돌린 것은 잘못이다. 법원은 이 사건 이용이 §107의 학급용 복제에 정확히 부합한다는 사실을 인식하지 못하였기 때문에 입증책임을 옮긴 것이다. 원고들은 피고의 복사행위가 그들의 출판업에 조금이나마 경제적인 손해를 가했다는 점을 입증하는데 실패했다. 출판사들은 학생들이 발췌한 내용의 복사본을 사는 대신에 발췌된 내용이 들어 있는 책의 구입을 바랄 것이다. 복사된 발췌본은 전체 저작물의 작은 부분이고 교수들이 증언한 바와 같이 학생들에게 책 전체를 사도록 하기 보다는 발췌내용을 강의자료에서 빼버릴 것 같다. 원고들이 주장하는 이용은 수년동안 널리 퍼진 방법이고 출판사들은 그 기간 동안 원저작물시장에 중대한 손해를 가했다는 점을 입증할 수 없었다.

또한 이용료 손해의 추정, 즉 출판사들이 이용자가 책의 일부분을 복사할 때마다 그러한 이용료를 받을 권리를 가지고 있다는 사실을 전제하고 출판사들의 경제 손해를 측정한 것은 잘못이다. 출판사들은 그러한 이용료에 대한 권리가 없다. 만약 그렇다면 출판사들은 우리가 복사점들에게 복사 요금을 내도록 강제하는 것을 기대할 수 없다. 우리의 일은 단지 이 사건의 이용이 §107의 학급용 다수복제에 해당되는지 여부를 결정하는 것이다.

[RYAN판사의 반대의견]

저작권법 §107의 네가지 요소를 적용하면 이 사건 MDS의 복사행위는 공정이용에 해당하고 출판사들의 권리를 침해하지 않았다는 것은 분명하다. 나는 다수의견이 다음과 같은 세 가지 점에서 잘못을 저질렀다고 본다.

1) §107(4)의 "시장 영향"을 평가하는데 있어서 이용료의 손실에 초점을 맞춘 것.

2) 이용료가 저자가 새로운 책을 만들거나 출판사들이 새로운 책을 출판하는데 중요한 동기가 된다는 결론을 뒷받침하는 증거를 인정한 것.

3) 학급이용의 쟁점을 판단하기 위해 입법연혁, 특히 "교실지침"을 이용한 것.

1. 교수들은 저작물의 일부분이 교수들이 관심을 가지고 있는 이론과 사실, 역사 발전을 설명하기 위해 학생들이 공부할 필요가 있는 내용이라거나 혹은 선택된 부분이 수업에 중심 내용이 아니라고 판단할 수 있다. 그 경우 교수들은 교육목적상 학생들이 반드시 저작물전체를 살 필요가 없다고 볼 수 있다. 교수들은 일부 내용을 모두 빼버리기 보다는 학생들로 하여금 직접 복사하게 하거나 이 사건처럼 미시간 복사점과 같은 복사점에 복사를 맡길 수 있다. 미시간 복사점은 교수들과 학생들보다 적은 비용으로 복사를 더 잘 할 수 있을 것이다. 미시간 복사점이 만든 강의자료는 특정 과목에 이용하기 위해 학생들에게만 판매되고 일반 공중에게는 판매되지 않는다. 강의자료는 내용이 아닌 페이지 단위로 가격을 매기고 교수들은 미시간 복사점으로부터 수수료나 다른 경제적인 이익을 받지 않는다.

교수들의 지시에 따라 복사된 발췌본들은 17쪽에서 95쪽에 이르고 원래 책의 5%에서 30%의 분량이다. 교수들은 학생들이 책 전체를 살 필요가 있을 경우 발췌본을 복사하도록 하지는 않는다고 진술하고 있다.

2. 저작권법은 저작권자에게 독점권을 부여하는 동시에 그 권리의 예외로 공정이용원칙을 규정하고 있다. 저작권의 본래 목적은 저작자의 노력에 대한 보상이 아니라 과학과 실용기술의 향상을 촉진하는 것이다.

3.

A. 미시간 복사점이 저작물을 이용한 행위는 지정된 부분을 학생 개인이 복사하여 이용하는 것과 본질이 같다는 성격의 이해가 매우 중요하다. 여기에는 두 가지 차이점이 있는데 1) 학생은 수업시간에 그 자료를 이용했고, 2) 미시간 복사점은 영리목적으로 학생들을 위해 복사를 했다는 것이다. 결국 풀어야 할 쟁점은 학생에게는 공정이용이 되지만 만약 영리목적으로 다른 사람이 학생을 위해 복사를 한 경우 공정이용에 해당되지 않느냐이다.

§107의 첫 번째 요소인 "이용의 목적과 성격"은 이용이 저작권법의 목적을 증진하느냐 아니면 위축시키느냐를 결정하기 위해 살펴보아야 한다. 첫 번째 요소의 궁극적인 문제는 이용형태가 성질상 새로운 작품을 창작하는 동기를 지나치게 줄이지 않고 사회에 보탬이 되는지 여부이다.

ⅰ.

첫 번째 요소의 변형 특성에 관한 분석과 관련하여 학급용 다량 복제사건에서는 변형 측면을 말한 경우는 없다. 비록 강의자료의 변형적인 가치가 작다 하더라도 그것이 미시간 복사점이 학급용으로 발췌내용을 복사한 행위에 대해 불리하게 평가되는 것은 아니다.

ⅱ.

다음은 이용목적이 상업성인지 아니면 비영리 교육성인지가 문제된다. 내 판단으로는 당사자는 저작물의 시장가치를 평가하고 독자들을 끄는 내용을 뽑아서 복제함으로써 저작물의 실질로부터 이익을 얻을 때 저작물을 이용하여 이익을 얻는다.

기초 문제로서 누구의 강의자료 이용행위가 문제되는 지를 결정해야 한다. 다수의견은 미시간 복사점이 강의자료를 학생들에게 판 행위가 이용이지 교수들과 학생들이 강의자료를 사서 이용한 것은 공정이용분석과 관계가 없다는 출판사들의 입장을 받아들였다. 나는 법규정이나 판례에서 이러한 판단을 뒷받침하는 근거를 찾지 못했다.

복사점이 발췌본을 다량 복사한 행위를 복사본을 학급용으로 이용한 것과 완전히 분리된 다른 "이용"으로 본 다수의견을 뒷받침하는 법규정은 없다. 미시간 복사점이 교수들과 학생들과 별도로 저작물을 사용하지 않았다. 저작물은 페이지 수마다 몇 센트에 복사되었고 미시간 복사점은 §107의 규정에서 의회가 고려하지 않은 의미로 정보를 사용하지 않았다. §107의 규정을 저작권법의 문맥에서 보통 받아들여지는 의미로 해석한다면 이 사건 공정성을 평가하기 위한 이용은 보호되는 실체의 이용이지 그것을 복사하는 기계적인 과정은 아니다. 의회는 특히 교육(학급용 다량 복제를 포함)을 공정이용이 될 수 있는 한 예로 규정하였다. 미시간 복사점은 학급용으로만 복사를 하였다.

다수의견은 Harper & Row판결이 교수들과 학생들의 강의자료 이용을 무시하고 오직 미시간 복사점의 이용에만 초점을 맞추는 자신들의 판단을 뒷받침하고 있다고 주장하고 있다. 그러나 Harper & Row사건에는 이 사건과 다른 2가지 중요한 사실이 있다. 첫째, 회고록의 발췌본을 구독자에게 판 영리회사 네이션 잡지는 원본을 입수하여 복제할 부분을 고른 당사자이다. 그러므로 네이션 잡지는 복사를 지시하고 그 복사를 통해 이득을 얻었다. 그러나 이 사건에서는 교수가 원본을 입수하여 복사할 부분을 골랐고 복사를 지시하였으나 이익을 얻지는 않았다. 둘째, 네이션 잡지는 복사할 내용을 주의깊게 골랐고 기계 복사가 아닌 그 내용으로부터 이익을 얻었다. 반면에 이 사건에서 미시간 복사점은 내용을 보고 복사할 부분을 고르지 않았고 내용 때문에 이득을 얻은 것도 아니다. 오직 기계 복사와 제본행위만으로 이득을 얻은 것이다.

이러한 차이를 염두에 두고 나는 다수의견과는 다른 방법으로 첫 번째 요소의 "상업목적"을 판단하고자 한다. 사용은 만약 이용자가 저작물을 이용함으로써 이득을 얻었다면 §107의 의미상 상업성이 있다. 저작물을 이용한 이득은 기계를 쓰는 수고로부터 얻은 이익 이상을 필요로 한다. 저작물을 이용한 이득은 내용을 바탕으로 복사된 물질의 가치를 평가하고 고르고 파는데 적극적인 역할과 관련되어 있다. 미시간 복사점의 수익은 모두 기계적인 봉사를 제공하는 것과 관련되어 있다. 미시간 복사점은 복사된 부분의 가치를 평가하지 않았고 고르지도 않았다. 미시간 복사점은 복사한 발췌본의 길이나 내용을 조정하지 않았기 때문에 그 이윤동기는 저자의 합법 영역을 침범하려는 경향을 보여주지 않으며 저작권법이 의도한 창작의 장려와 충돌하지 않는다. 이용목적이 저자와 출판사들의 동기와 관련되어 있고 따라서 분석되어야 할 영리 혹은 비영리 이용자들은 교수들과 학생들이다. 교수들과 학생들의 발췌본 이용은 분명하며 그 이용은 비영리 성격이다.

나는 이 사건 강의자료의 이용은 §107 (1)에 규정된 "이용 목적과 성격"의 의미상 상업성이 없다고 보며 §107 (4)의 "시장침해"와 관련해서도 상업성이 없다고 굳게 믿고 있다.

되풀이 하자면 강의자료의 내용은 미시간 복사점이 아닌 교수들이 정했고 교수들의 그러한 행위의 목적과 성격은 명백히 비영리 교육적이다. 교수들은 이윤동기가 아닌 오직 학생들의 학습 경험을 풍부히 하기 위하여 내용을 가려서 뽑았다. 미시간 복사점은 복사부분을 선택하지도 않았다.

강의자료의 이용에 상업성이 없다고 인정하고 시장을 침해하지 않았다고 추정하며, 출판사들에게 미시간 복사점이 저작물의 가치를 손상하였다는 점을 입증하도록 하는 것이 저작권체계와 일치한다. 순전히 교육 동기를 가진 사람이 발췌부분을 모두 선정하였기 때문에 미시간 복사점의 복사행위가 저작물의 가치를 해치지 않았다고 추정하는 것이 맞다. 내용을 선택하여 경제 이윤을 얻고자 하는 사람이 저작물의 사용을 지휘하였을 경우에만 창작자가 얻고자 했고 새로운 저작물을 창작하려는 동기를 유지하는데 중요한 이익을 빼앗아 갔다고 추정하는 것이 타당하다.

교수의 지시로 만든 강의자료와 관련하여 발췌관행이 저자의 정당한 시장을 침해하고 발췌자에게만 이익이 돌아간다고 추정하는 것은 옳지 않다. 그러한 관행을 지시한 사람이 개인의 이해관계를 가지고 있지 않은 교육맥락에서 아이디어를 주고받으면서 공공이 이익을 얻게 된다고 추정하는 것이 좀 더 합리적이다. 교수들이 강의에 반드시 필요하지 않지만 학생들의 지식을 풍부하게 하거나 넓힐 수 있는 다양한 자료를 제공할 때 우리 사회는 혜택을 입는다.

강의자료에서 발췌내용을 이용하는 주요한 특징은 상업성이 없고 비영리 교육목적이다. 그러므로 첫째 요소는 공정이용의 인정에 유리하다.

B. 두 번째 요소인 저작물의 성격과 관련하여 이 사건 저작물이 단순한 자료의 편집이라기보다는 저작권이 보호하려는 창작적인 저작물에 가깝다는 다수의견에 동의한다. 그러나 두 번째 요소는 이 사건 저작물이 저작권에 의해서 보호되고 공정하게만 이용될 수 있다는 점을 확인하는 것에 그친다.

C. 나는 다수의견이 세 번째 요소, 즉 "이용된 부분의 양과 실질"을 잘못 이해하고 있다고 믿는다. 복제된 부분이 어느 정도 되어야 불공정한 지를 말해주는 확실한 원칙은 없다. 소니 사건에서 연방대법원은 저작물이 모두 복제되었어도 공정이용이라고 본 반면에 Harper & Row사건에서는 회고록에서 300자만이 복제되었어도 불공정하다고 판단하였다. 세 번째 요소는 이용된 물질의 양뿐만 아니라 질과 중요성에 달려 있다. 그러므로 우리는 강의자료가 저작물을 대신하는, 즉 원래의 책에 대한 수요를 대체하였는지를 알아보아야 한다. 강의자료의 6개 발췌내용들이 각기 원래의 책들을 대체할 만큼 실질적인 내용이라는 증거는 전혀 없다. 원 책의 30%를 복사하여 가장 긴 발췌내용조차 교수가 수업에 필요하다고 본 교육 내용이 아닌 책의 핵심 내용을 뽑았다고 인정할만한 증거는 없다. 복사된 발췌본이 없었다면 원래의 책을 사도록 하지는 않았을 것이라는 교수들의 진술을 놓고 볼 때 책에서 뽑은 부분들이 실질적인 내용이어서 강의자료가 책을 대체하고 있다고 볼 근거는 없다. 그러므로 세 번째 요소는 공정이용의 인정에 유리하다.

D. 나는 첫째 요소를 살펴보면서 강의자료의 이용성격이 비상업적이라고 판단하였으므로 네 번째 요소는 원고들이 시장손실을 입지 않았고 시장에 미치는 효과의 입증책임을 진다는 추정으로 시작한다. 원고들은 강의자료가 원저작물시장에 영향을 미쳤다는 점을 입증하지 못했다. 또한 그들은 출판된 모음집과 같은 제2차적 저작물을 위한 잠재 시장에 대한 손해가능성을 입증하지 못했다. 그들은 시장 영향을 미시간 복사점과 같은 복사점으로부터 받을 수 있는 이용료의 손실만을 밝히고 있다. 그러나 그것은 §107(4)가 의미하는 시장 영향이 아니다.

다수의견은 이용료－저작권자가 받을 권한이 있을 수도 있고 혹은 없을 수도 있다.－의 손실이 시장손해의 증거라는 논지를 뒷받침하기 위하여 Harper & Row사건과 캠벨 사건을 들고 있다. 그러나 Harper & Row사건과 이 사건 사이에는 미묘한 그러나 중요한 차이가 있다. Harper & Row 사건에서는 저작권자가 2차 저작물(타임 잡지 기사)을 알고 있었고 그 저작물의 창작을 도와주고 그로부터 이익을 얻으려는 의미있는 절차를 밟았다는 증거가 있다. 계획된 2차 저작물의 가치는 피고가 원저작물을 불법 이용함으로써 손상되었고 저작권자와 타임지의 계약은 깨졌다. 그래서 저작권자가 목표로 삼았던 2차 저작물시장에서 원저작물의 가치는 저작물의 불법이용으로 훼손당했다.

이 사건에서는 저작물의 가치손상에 관한 비슷한 증거가 없다. 첫째, 출판사들이 발췌본의 편집물과 같은 2차 저작물시장에 내놓을 책을 만들려고 했다는 증거가 없다. 둘째, 출판사들이 그와 같은 책을 만들려고 했다고 하더라도 출판사들의 2차 편집물의 가치가 피고가 만든 강의자료로 훼손되었다는 증거가 없다. 사실은 원고들은 미시간 복사점이 만든 자료를 팔기 위한 시장을 만들 수 없을 것이다. 출판사들은 복사점의 강의자료 때문에 특정 교수의 주문을 받아 만드는 복사물의 수입을 잃었다고 주장하지 않는다. 또 그들은 이 주문 시장에 뛰어들 준비가 되어 있다고 주장하지 않는다.

출판사들은 진짜 2차 저작물로서 편집물을 만들기 위한 잠재적으로 시장성이 있는 특정 자료와 복사점을 확인해주지 않았다. 그보다는 출판사들은 잠재적인 2차적 저작물을 특정하거나 그 저작물을 만드는 적극 역할을 거부하고 개별 교수들이 지정하고 특정 강의에서 쓸 목적으로 미시간 복사점이 만든 독특한 편집물에 대해 요금을 받으려고 하고 있다. 그러므로 피고가 강의자료를 만들어서 예측가능한 2차 저작물의 가치를 해쳤다는 점을 보여주는 사실은 없다. 이용료가 지급되지 않을 때 저작권자가 입는 경제손해－늘 존재할 손해－와 저작권자가 시장에 내 놓으려고 하는 원저작물 또는 2차 저작물의 가치에 대한 손해 사이에는 중요한 차이가 있다.

저작권자의 법률상 독점권은 저작권자가 스스로 시장에 내놓지 않거나 저작권자가 시장에서 판매하려고 하는 작품의 가치를 손상하지 않은 2차 저작물로부터 얻는 이익을 포함하지 않는다. 이러한 이익은 창작자에게는 창작동기로 작용하지 않기 때문에 독점 특권은 그 이익을 포함할 필요가 없다.

이 사건에서 원저작물시장의 손해를 가리키는 자료는 없다. 강의자료가 원래의 책을 대체하여 팔린다는 증거도 없다. 미시간 복사점은 강의자료의 판매 때문에 원래의 책판매가 줄어들지 않았다고 주장하고 있고 책이 필요할 때는 발췌내용을 복사하도록 하지 않았을 거라는 교수들의 진술서를 냈다. 만약 영향이 있다면 학생들이 발췌된 부분을 사용함으로써 대학원과정이나 다른 강좌에서 공부하면서 원래의 책에 대한 관심을 가질 가능성이 높아질 것이다. 출판사들은 원래의 책판매가 줄어들었다는 증거를 내지 못했다.

또한 저자나 출판사들이 이익을 얻으려고 기대했던 2차 시장에 대한 손해를 보여주는 자료도 없다. 출판사들이 개별 교수들의 특정되고 제한된, 그리고 자주 바뀌는 요청을 수용하기 위해 저작물을 주문생산하는 방식에 관심을 가지고 있다거나 혹은 그러한 사업을 추진할 능력이 있다는 사실을 밝히는 증거는 없다. 이 사건 강의자료를 만든 것이 잠재 시장에서 저작물의 가치에 손상을 주었다는 증거는 없다. 따라서 나는 시장에 미치는 영향에 대한 증거는 없고 네 번째 요소이자 가장 중요한 요소는 확실하게 공정이용의 인정에 유리하다고 결론짓는다.

E. 나는 복사점의 이용료가 저자나 출판사들에게 중요한 자극이 된다는 다수의견에 동의하지 않는다. 기록을 보면 100명 이상의 저자들은 특정한 분야에 기여하고 동료들이 저자의 아이디어나 이론을 평가하는 기회를 주며 저자의 전문적인 명성을 높이고 경력을 쌓는 것과 같은 전문적이고 개인적인 이유로 글을 쓴다고 진술하고 있다. 이들은 이용료를 받는 것과 같은 경제 보상을 받은 것이 글을 쓰는 원래의 목적은 아니라고 말하고 있다. 또한 이들은 이용료를 부과하지 않고 강의자료를 통해 책의 발췌본을 배포하는 것을 옹호하고 있다. 이용료를 받지 않고 강의자료에 발췌본을 포함한 것이 저자에게서 기록에 나타난 명성과 같은 보상을 빼앗지 않는다.

다수의견은 실제 창작자인 저자의 창작동기를 무시하고 저작권을 보유하고 있는 출판사들의 출판동기가 중요하다고 판단하고 있다. 출판사들에게 이용료수입이 이문이 별로 남지 않은 책을 출판할 것인 지를 결정하는데 중요하다는 것은 분명치 않다. 하찮은 이용허락수입이 출판여부에 대한 출판사들의 결정에 영향을 미친다는 자료는 없다. 현재 출판사들이 요구하는 페이지수에 따른 이용요금은 너무 작아서 이 요금이나 요금에 대한 기대가 출판여부를 결정하는데 영향을 미친다는 점은 거의 생각할 수 없다. MDS의 저작물이용이 새로운 작품에 대한 저자의 창작동기에 영향이 없고 오히려 글을 쓸 동기를 제공하여 과학과 예술의 발전에 이바지할 수 있을 것 같다.

F. 저작권법의 입법연혁에 관한 다수의견을 본다.

다수의견이 법조문이 어떻게 적용되는 지를 결정하면서 크게 의존하고 있는 교실지침은 법으로 제정되지 않았으며 위원회 보고서의 일부분일 뿐이다. 불확실한 법조문을 명확히 하는 경우를 제외하고 입법연혁을 고려하는 것은 부적절하고 옳지 않다는 확립된 원칙에도 불구하고 다수의견은 법규의 모호함을 특정하지 않고 입법연혁에 기대고 있다. 스칼리아 대법관이 말한 대로 입법연혁의 가장 큰 흠은 그것의 불법성이다. 우리는 법을 적용하지 입법자의 의도를 적용하지 않는다. 법의 권위있는 표현은 성문법이지 위원회보고서가 아니다. 우리가 확실히 아는 것은 연방상하원과 대통령은 헌법이 규정한 절차에 따라 §107의 조문을 입법하였고 교실지침의 기준을 법으로 제정하지 않았다는 것이다. §107의 조문이 대부분의 다른 법조문과 마찬가지로 명확함의 본보기는 아닐는지 모른다. 우리가 마주하고 있는 다른 많은 쟁점들과 마찬가지로 공정이용의 문제는 어렵고 골칫거리일 수 있다. 그러나 그러한 불편이 입법연혁에 기대는 것을 정당화시켜 주는 모호함을 대체하는 것은 아니다. 요컨대 §107의 네 가지 법률 요소가 명확함의 본보기가 아니며 이 사건에 적용이 골치 아프다 할지라도 네 가지 요소들은 모호하지 않다. 그러므로 우리는 입법연혁에 의존해서는 안 된다. 이 사건 기록상 증거와 저작권법의 명백한 규정, 판례에 비추어 볼 때 교수들이 선택한 발췌본을 강의자료로 만든 MDS의 행위는 저작물의 공정한 이용이라고 본다.

4. 이상과 같은 이유로 나는 미시간 복사점이 출판사들의 저작권을 침해하지 않았다고 결론짓는다.

[BOYCE F. MARTIN, JR판사의 반대의견 생략]

나. 신기술과 공정이용

새로운 기술이 개발되어 저작권이 침해될 가능성이 있을 때 저작권법을 어떻게 적용할 것인가에 대한 연방대법원의 견해를 보여준 판결로 소니 판결이 자주 인용된다. 이 사건은 연방지방법원과 연방항소법원의 결론이 다를 뿐만 아니라 연방대법원판결도 5대 4로 의견이 갈려 신기술개발과 저작권의 충돌이 해결하기 쉽지 않은 과제임을 잘 보여준다.

Sony Corporation of America v. Universal City Studio, Inc.

연방대법원
464 U. S. 417(1984)

사 안

상고인(겸 피고) 소니(Sony)는 가정용 비디오 테이프 녹화기(Betamax video tape recorders, 이하 VTR)를 제작, 판매한다. 피상고인(겸 원고)들(Universal City Studio, Inc와 Walt Disney Productions)은 공중파 방송으로 방영되는 영화와 시청가저자물 등 여러 TV프로그램들의 저작권을 갖고 있다. 일반인들은 상고인이 판매한 VTR을 이용하여 피상고인들의 프로그램을 포함하여 많은 프로그램을 녹화한다. 피상고인들은 1976년 캘리포니아 중부 연방지방법원에 상고인들을 상대로 저작권침해금지소송을 제기하였다. 피상고인들은 몇몇 사람들이 VTR을 이용하여 상업 TV에서 방영되는 피상고인들의 저작물을 복사하고 있으며 이 사람들은 피상고인들의 저작권을 침해하고 있다고 주장하였다. 피상고인들은 나아가 상고인들이 VTR

을 판매함으로써 소비자들이 저지른 저작권침해에 대해 책임이 있다고 주장하면서 손해배상과 상고인들의 수익에 대한 공평한 결산, VTR의 제작과 판매의 금지를 청구하였다. 지방법원은 원고들의 청구를 기각하였고 연방 제9항소법원은 지방법원의 판결을 뒤집었다.

판결요지

연방대법관 스티븐스(STEVENS) :

1. 이 사건의 쟁점은 상고인이 일반인들에게 복사장비를 파는 행위가 피상고인들의 저작권을 침해하느냐이다.

피상고인들과 소니는 수백명의 소유자들이 VTR을 사용하는 방식을 조사를 하였다. 조사결과가 다르기는 하지만 두 조사는 거의 모든 소유자들이 VTR을 이용하는 주요한 이유가 시간 이동, 즉 프로그램을 나중에 보기 위해 녹화하였다가 본 다음 지우기 위해서라는 사실을 보여주고 있다. 시간이동은 시청자가 집에 없거나 다른 일을 하고 있거나 다른 채널을 보고 있어서 보지 못했던 프로그램을 볼 수 있게 해준다. 또한 두 조사결과 많은 조사응답자들이 녹화테이프들을 모으고 있었다. 소니의 조사는 응답자의 80% 이상이 VTR을 갖기 전과 마찬가지로 정기적으로 TV를 보고 있음을 보여주고 있다. 피상고인들은 VTR 소유자들의 TV시청이 줄어들었다는 증거를 내지 못하고 있다. 소니는 특히 스포츠와 종교, 교육프로그램의 경우 저작권자의 이의없이도 복사할 수 있음을 보여주는 증거도 제시하고 있다. 예를 들어 소니의 조사결과에 따르면 VTR 사용례 중 7.3%는 스포츠경기를 녹화였고 야구, 미식축구, 농구, 아이스하키의 대리인들은 가정에서 이용하기 위하여 스포츠경기 녹화에 이의가 없다고 증언하고 있다.

2. 연방지방법원판결

지방법원의 오랜 심리는 VTR로 공중파 방송에서 방영되는 프로그램을 녹화하여 사적으로 가정에서 이용하는 행위에 관련된 것이다. 녹화한 테이프를 다른 사람에게 주거나 녹화한 테이프를 공개 상영하거나 유료 TV시스템에 테이프를 보내는 것과 관련된 쟁점은 없었다. 지방법원은 공중파 방송에서 방영되는 내용을 비상업적으로 가정에서 이용하기 위해 녹화한 행위는 저작물의 공정이용에 해당하며 저작권침해가 아니라고 판결하였다. 지방법원은 저작물전체가 녹화된다고 하더라도 원고들의 저작물 시장에 영향이 없다는 이유로 녹화행위를 공정이용으로 보았다.

지방법원은 설령 VTR을 가정에서 사용하는 것이 침해행위에 해당한다 하더라도 소니는 기여침해자로서 책임이 없다고 판단하였다. 소니는 저작물을 녹화하는 VTR 구입자와 직접 관계가 없다는 점을 지적하였다. 소니의 광고는 저작권침해의 가능성을 말하지 않지만 사용설명서는 불법복제행위는 저작권침해가 될 수 있음을 밝히고 있다. 지방법원은 소니가 VTR이 저작물을 녹화하는데 사용될 수 있다는 가능성을 알고 있었다는 점을 추정할 수 있으나 소니는 단지 침해행위를 포함한 다양한 기능에 이용될 수 있는 제품을 팔았을 뿐이라고 보았다. 지방법원은 다음과 같은 이유를 들었다. "타자기, 녹음기, 카메라, 복사기와 같은 주요 상업제품(a staple article of commerce)을 판매하는 것은 기술로는 침해행위에 기여한다. 이러한 종류의 기여가 책임의 충분한 근거가 된다면 책임이론은 선례나 법적인 통제범위를 넘어 버릴 수 있다. 만약 일상 제품의 제작자가 그 제품의 구입자가 때때로 법원에 의해 나중에 침해로 판단되는 목적으로 제품을 쓴다는 사실을 알고 있었다는 것이 추정될 때마다 그 제작자가 책임을 져야 한다면 상업의 발전은 참으로 지장을 받게 된다."

지방법원은 VTR은 여전히 저작권으로 보호되지 않는 자료와 저작자가 복사에 동의한 자료를 합법 녹화하는데 사용될 수 있다는 점이 피상고인들이 입을 수 있는 손해보다 더 중요하므로 제조 판매 금지명령은 모두 부적당하다고 판단하였다. 금지명령은 공중에게서 침해가 아닌 녹화용으로 VTR을 이용할 권리를 빼앗아 버릴 것이라고 보았다.

3. 연방항소법원판결

항소법원은 지방법원의 판결을 뒤집었다. 항소법원은 지방법원의 사실인정을 문제삼지 않고 법률문제로서 VTR의 가정내 이용은 생산적인 이용이 아니므로 공정이용이 아니라고 결론지었다. 원고들이 저작물의 잠재 시장에 대한 손해를 입증할 필요가 없고 VTR로 가능해진 대량복제의 효과가 쌓이면 원고들 저작물의 잠재 시장을 분명히 위축시킬 것 같다고 판단하였다.

기여책임에 관하여 항소법원은 먼저 녹음기나 복사기와 같은 주요 제품과 비슷하다고 인정하지 않았다. 그러한 물건들은 실질적인 혜택을 가져오며 저작권의 문제를 거의 일으키지 않지만 VTR은 원래 TV프로그램을 녹화할 목적으로 팔리고 실질적으로 모든 TV프로그램이 저작물이라는 점을 지적하였다. 항소법원은 비록 일부 저작권자가 그들의 권리를 주장하지 않는다 하더라도 VTR은 실질적인 비침해용으로는 알맞지 않다고 판단하였다.

또한 항소법원은 소니가 가정내 사용이 침해임을 알지 못했다는 지방법원의 판단을 받아들이지 않았다. 피고들의 선의는 단지 손해배상책임을 줄일 뿐이며 침해책임으로부터 면제되는 것은 아니라고 설명하고 있다. 저작물의 복제는 VTR의 가장 분명한 용도 혹은 중요한 용도이므로 소니는 침해행위 인식이 있다고 판단하였다.

구제의 점에 관하여 항소법원은 법정손해금이 적절하며 금지명령이 적절한 구제방법이 아니라는 지방법원의 결정은 재고되어야 한다고 판결하였다. 법률에 있는 강제이용허락에 따른 이용료의 계속 부과가 받아들일 수 있는 구제방법이 될 수 있음을 제안하고 있다.

4. 의회가 부여한 저작권의 독점특권은 제한이 없거나 원래 특별한 개인 혜택을 주기 위하여 만든 것은 아니다. 제한된 특권은 중요한 공공목적을 이루기 위한 수단이다. 특별한 보상을 줌으로써 저작자의 창작 활동을 장려하고 제한된 기간 동안의 독점 통제가 끝나면 그들의 천재적인 산출물을 공공이 접근하도록 허용하기 위하여 만들어졌다. 특허법과 마찬가지로 저작권법은 저작권자에 대한 보상을 2차 고려사항으로 보고 있다. 독점을 주는 미국의 이해관계와 원래의 목적은 공중이 저작자의 노력으로부터 받을 일반적인 혜택에 놓여 있다. 저작자에 대한 보상은 그의 창작물을 공중에 공개하는 것을 유도하기 위해서다. 헌법규정이 명백하게 밝혔듯이 저작자와 발명가에게 주는 제한적인 독점의 범위를 정하는 임무는 의회에 맡겨져 있다. 이 임무는 한편으로 저작물과 발명을 관리하면서 경제 이익을 얻을 수 있는 저작자 및 발명가의 이해관계와 다른 한편으로는 아이디어와

정보, 상업의 자유로운 흐름에 있는 사회적 이해관계사이의 어려운 균형을 맞추는 것에 관련되어 있기 때문에 특허법과 저작권법은 자주 개정되어 왔다.

처음부터 저작권법은 기술의 중요한 변천에 응하여 발전되어 왔다. 원래 저작권보호의 필요성을 일으킨 것은 새로운 형태의 복사장비, 즉 인쇄기의 개발이었다. 새로운 기술이 개발될 때마다 의회는 그 기술에 필요한 새로운 규칙을 만들어냈다. 법원은 명백한 법률 기준이 없을 경우에 저작권 보호를 넓히는 것을 꺼려왔다. 의회가 명확하게 규정하지 않은 이 사건과 같은 경우 우리는 저작권법이 만든 권리의 범위를 해석하는데 마땅히 신중해야 한다.

저작권이 저작물의 모든 이용을 완벽하게 통제할 권한을 저작자에게 주지 않았다. 개개인은 공정이용목적으로 저작물을 복사할 수 있다. 저작권자는 그러한 이용을 막는 독점권을 갖고 있지 않다.

5. 저작권법은 어떤 사람에게 다른 사람이 저지른 침해행위에 책임을 인정하는 명확한 규정을 가지고 있지 않다. 그러한 규정이 없다 해도 침해행위에 관여하지 않은 당사자에게 저작권침해의 책임을 인정할 수 없는 것은 아니다. 대위책임은 거의 모든 법영역에서 인정되고 기여침해의 개념은 단지 다른 사람의 행위에 책임을 인정하는 것이 정당한 경우에 관한 문제이다.

과거 기여책임이 인정되는 경우 기여책임자는 다른 사람의 저작물사용을 관리하고 저작권자의 허락을 받지 않고 그러한 사용을 허용하는 지위에 있었다. 그러나 이 사건은 그러한 범주에 들어가지 않는 것이 분명하다. 기록상 소니와 VTR 사용자 사이의 유일한 접촉은 VTR을 사고 팔 때 일어난다. 지방법원은 소니의 직원이 침해행위에 직접 관여하거나 저작물을 녹화한 구입자와 직접 접촉한 사실이 없다고 밝히고 있다. 또한 VTR 사용자가 소니의 광고로부터 영향을 받거나 권유를 받아 녹화했다는 증거가 없다고 보았다.

만약 상고인들에게 대위책임이 인정된다면 소비자들이 저작물을 불법 복사하기 위해 VTR을 사용한다는 사실을 추정적으로 알면서 VTR을 팔았다는 사실에 바탕을 두어야 한다. 그러한 논리에 따라 대위책임을 인정한 저작권선례는 없다. 가장 비슷한 이론은 특허판례들이 제공하였으며 특허법과 저작권법 사이의 역사상 연관 때문에 언급할 필요가 있다. 특허법은 침해와 기여침해의 개념을 분명하게 정의하고 있다. 나아가 실질적으로 비침해 사용에 적합한 주요 상품이나 상업제품의 판매는 기여침해에 해당되지 않는다고 명시하고 있다. 특허법상의 기여책임사건에서 법원은 항상 특허권자가 그의 독점권을 부여된 범위 이상으로 넓히는 행위를 허용하지 않는 것이 매우 중요하다고 인식해왔다. 비록 침해용도로 전용된다 하더라도 또한 다른 합법 용도로도 사용되는 제품의 판매로 판매인을 기여책임자로 인정하기는 충분치 않다. 그러한 이론은 상업의 발달을 가로막게 될 것이다.

우리는 특허법과 저작권법 사이에 많은 차이가 있다는 것을 알고 있다. 그러나 두 분야에서 기여침해이론은 독점의 적절한 보호는 법원으로 하여금 실제 복사나 그러한 복사를 가능케하는 행위들을 뛰어넘어서 판단하도록 요구한다는 인식에 바탕을 두고 있다. 주요 상품이론은 법률상 독점의 보호 효과－단순한 상징이 아닌－에 대한 저작권자의 적법한 요구와 실질적으로 관련없는 상업분야에 자유롭게 종사하는 다른 사람들의 권리 사이에 균형을 지켜야 한다. 따라서 복사기의 판매는 다른 상업제품의 판매와 마찬가지로 만약 그 제품이 적법하고 다툼이 없는 목적에 널리 사용된다면 기여침해를 구성하지 않는다.

6. 그러므로 쟁점은 VTR이 상업상 중요한 비침해용으로 사용되느냐 여부이다. 이 쟁점을 해결하기 위해서 우리는 기기의 모든 사용을 살펴보고 그것들이 침해에 해당되는지 여부를 결정할 필요는 없다. 그보다는 지방법원이 인정한 사실을 바탕으로 다수의 용도가 비침해용인지 여부만을 고려할 필요가 있다.

A. 허용된 시간이동

피상고인들은 각각 가치있는 저작권목록을 많이 갖고 있지만 전체 TV프로그램에서 차지하는 비중은 낮다. 정확한 백분율은 확인되지 않았지만 10% 이내이다. 만약 이들이 승소한다면 이 소송의 결과는 전체 프로그램 중 나머지 90%의 제작자와 시청자들에게 적지 않은 충격을 줄 것이다. 많은 제작자들이 제한없는 복사가 가져올 결과에 대한 피상고인들의 우려에 공감하고 있다는 것은 의문이 없다. 그럼에도 불구하고 지방법원의 사실인정은 시간이동이 전체 시청자수를 늘리고 많은 제작자들이 적어도 한시의 기간 동안 사적인 시간이동을 허용할 것이라고 분명히 하고 있다. 지방법원은 다음과 같이 판단하였다. "비록 저작물을 가정용으로 녹화하는 것이 침해에 해당된다 하더라도 VTR은 여전히 비저작물 혹은 저작권자가 복사에 동의한 방송물을 녹화하는데 적법하게 이용될 수 있다. 금지명령은 공중이 VTR을 이러한 비침해녹화를 위해 이용할 수 없게 만들 것이다." "피고들은 스포츠, 종교, 교육 그리고 다른 프로그램의 복사가능성에 관한 여러 증언을 제시하였다." 지방법원의 이러한 판단은 스포츠, 종교, 교육 그리고 다른 프로그램에 관한 증거가 상당한 양의 방송내용 복사가 지금 허용되고 있고 앞으로 복사를 허용할 상당한 가능성을 인정하기에 충분하다는 사실인정에 바탕을 두고 있다. 지방법원이 밝힌 종교와 스포츠관련자들의 증언 외에 기록상 2가지 점도 특별히 언급할 가치가 있다. 첫째는 LA에 있는 교육방송국 채널 58의 관리자인 존의 증언에 따르면 방송국의 안내서 1978년 봄판은 107개 프로그램 중 62개, 즉 58%의 프로그램에 대한 가정내 녹화를 제한하여 허용하였고 21개, 즉 20%의 프로그램에 대해서는 가정녹화를 모두 허용하였다. 두 번째는 "로저씨의 이웃"을 제작하고 저작권을 갖고 있는 회사 사장인 프레드의 증언이다. 이 프로그램은 공중파 TV방송국에서 방송되는데 시청자들 수는 하루에 300만 가구를 넘는다. 그는 비영리 용도로 가정녹화를 하는 것에 전혀 이의가 없으며 어린이들의 프로그램을 녹화해서 알맞은 시간에 보여줄 수 있게 하는 것이 가족들에 대한 진정한 서비스라는 의견을 밝혔다.

만약 스포츠와 종교방송, "로저씨의 이웃"과 같은 교육프로그램을 녹화하는 수백만의 VTR소유자들이 있다면, 그리고 프로그램의 소유자들이 그러한 관행을 환영한다면, 복사장비를 공급하는 사업은 단지 몇몇 개인이 그 장비를 피상고인들의 저작물을 불법 복사하는데 이용한다는 이유만으로 제약되어서는 안 된다. 피상고인들은 모든 저작권자들을 대표하지 않는다. 그러나 기여책임을 인정하면 시간이동을 통해서만 TV를 볼 수 있는 시청자들에게 접근하는 프로그램 제작자들의 이익을 불가피하게 해치게 될 것이다. 물론 다른 저작권자들이 시간이동의 관행을 환영한다는 사실로 인하여 피상고인들이 그들의 프로그램을 복사할 권한을 준 것으로 간주되어야 한다는 것을 뜻하지는 않는다. 제3자의 행위는 피상고인들 저작권의 직접침해소송에서는 전혀 관계가 없을 것이다. 그러나 복사장비의 판매인에 대한 기여책임소송에서는 저작권자는 그가 구하는 구제방법이 그의 프로그램에만 영향을 미치지 않는 한, 또는 소송결과의 이해관계에서 사실상 거의 모든 저작권자들을 대변하지 않는 한 승소할 수 없을 것이다. 이 사건에서 기록상 전국의 그리고 지방의 많은 TV프로그램들의 중요한 제작자들이 가정에서 개인이 사용할 목적으로 한 시간이동의 관행을 통해 시청자들을 늘리는데 이의가 없다는 사실은 분명하다. 시청자들을 늘리는 장비를 판 사람은 이 사건에서처럼 침해행위에 직접 관여한 바 없다면 기여침해자가 될 수 없다.

B. 허용되지 않은 시간이동

허용되지 않는 저작물의 이용도 반드시 침해가 되는 것은 아니다. 허락을 받지 않은 저작권의 이용은 저작권법이 규정한 특정한 배타적인 권리들 중 하나와 상충되지 않는 한 침해가 되지 않는다. 또한 저작물을 공정이용한 경우 침해가 되지 않는다. 공정이용의 판단에서 고려하여야 할 첫째 요소는 행위의 상업 혹은 비영리 성격이다. 만약 VTR이 상업 또는 영리 목적으로 복사를 하기 위해 사용된다면 그러한 사용은 불공정하다고 추정될 것이다. 그러나 이 사건에서는 지방법원이 사적인 가정용 시간이동은 상업이 없고 비영리 이용이라고 인정하였으므로 반대로 추정하는 것이 맞다. 나아가 TV에 방영되는 시청각저작물의 성격과 시간이동은 단지 시청자들이 원래 수수료를 내지 않고 볼 수 있었던 프로그램을 보게 해준다는 점을 생각해 볼 때 저작물모두가 녹화되었다는 사실이 공정이용의 인정에 방해가 되지 않는다.

다음으로 시장에 미치는 효과를 볼 때 저작물의 가치나 잠재 시장에 미치는 효과가 밝혀지지 않은 이용은 저작자의 창작동기를 보호하기 위하여 금지될 필요가 없다. 그러한 비상업 이용을 막는 것은 단지 다른 긍정적인 이익없이 아이디어에 접근만을 막게 될 것이다. 그러므로 비록 저작물의 상업 이용이 저작권자의 독점권을 부당하게 도용하는 것이라 할지라도 비상업 이용은 다른 문제이다. 저작물의 비상업 이용을 문제삼기 위해서는 특정한 이용이 해롭다거나 또는 만약 비상업 이용이 널리 퍼진다면 저작물의 잠재 시장에 부정적인 영향을 끼친다는 점을 입증하여야 한다. 실제의 현실손해가 입증될 필요는 없는데 그것은 예상되는 손해에 대한 저작권자의 구제방법을 불허하는 결과가 될 수 있기 때문이다. 장래의 손해에 대하여도 확실한 입증이 필요한 것은 아니다. 어느 정도 의미있는 장래의 손해가 있을 가능성이 있다는 점을 우월한 증거로 밝힐 필요가 있다. 만약 상업 이득을 위한 이용이라면 그러한 가능성은 추정될 수 있을 것이다. 그러나 비상업 이용이라면 그 가능성은 입증되어야 한다.

이 사건에서 피상고인들은 가정용 시간이동에 관하여 그러한 입증에 실패하였다. 지방법원은 피상고인들의 증거를 다음과 같이 설명하고 있다. “원고들의 전문가들은 테이프를 자료로 모으지 않는 한 시간이동이 큰 손해를 가져오는 것은 아니라고 인정하였다. 그들은 VTR의 사용으로 보이지 않은 경계가 허물어지고 저작권자가 그의 프로그램 이용을 통제하지 못할 것이라고 걱정하고 있다. 손해에 대한 원고들 예측은 거의 모두 시청자들의 시청태도와 계산이 상당히 부정확한 시청률 추측에 달려 있다.” 피상고인들은 지금까지 그들의 저작권에 대한 실제손해는 발생하지 않았다는 점을 인정하였기 때문에 지방법원이 과거의 손해를 말할 필요는 없다.

시간이동으로 인한 잠재적인 장래의 손해에 관하여 지방법원은 좀더 자세히 증거를 분석하였다. VTR 테이프를 보는 사람들은 시청자수 계산에 포함되지 않을 것이고 따라서 시청률과 수입은 줄어들 것이라는 피상고인들의 주장에 대해서는 현재의 측정기술이 VTR 시청자들을 반영하고 있다는 이유로 받아들이지 않았다. VTR 테이프를 보는 사람이 늘어나면서 TV 프로그램과 영화를 시청하는 사람들이 줄어들 것이라는 피상고인들의 예측에 대해 그러한 가정을 인정할 사실상의 근거가 없다는 이유로 배척하였다. 시간이동은 재방송 시청자들을 줄어들 것이라는 피상고인들의 우려를 배척하고 그 대신 현재의 시장관행을 볼 때 오히려 손해보다는 피상고인들을 도와 줄 것이라고 판단하였다.[10] 극장이나 프로그램의 대여업이 그 프로그램의 시간이동녹화 때문에 어려움을 겪을 것이라는 피상고인들의 주장도 이유없다고 보았다.[11]

지방법원은 검토를 마친 후 몇 가지 다른 방법으로 전체 결론을 몇 차례 말하고 있다. "시간이동으로 인한 손해는 추측에 지나지 않고 기껏해야 사소하다." "시간이동으로 인한 시청자들의 이익은 이미 말한 바 있다. VTR이 더 많은 사람들에게 프로그램을 보게 함으로써 원고들, 방송사 그리고 광고인도 이익을 얻을 수 있다." "손해를 입을 가능성은 밝혀지지 않았고 원고들은 지금까지 실제 손해가 없었음을 인정하였다." "오늘날 원고들의 TV프로그램 제작은 과거보다 수익성이 높으며 5주동안의 재판과정에서 VTR이 원고들의 재정상태에 변화를 주었다는 점을 보여주는 확실한 증거는 없었다."

지방법원의 결론은 시간이동이 TV프로그램에 대한 공공의 접근을 넓힌다는 점에서 공공의 이익에 이바지하고 있다는 사실로 뒷받침된다. 우리가 이러한 요소들을 "형평법상의 합리성 원칙"에 따라 평가한다면, 이 기록이 가정내 시간이동은 공정이용이라는 지방법원의 결론을 폭넓게 뒷받침하고 있다고 결론내려야 한다. 항소법원이 현재의 저작권법은 그러한 행위를 금지하고 있다고 본 것은 잘못이다.[12]

---

10) TV 프로그램을 보는 시청자들이 많을수록 원고들은 재방송에 대해 더 높은 가격을 요구할 수 있다. 프로그램을 보지 않은 사람들만이 재방송을 본다는 점을 보여주는 조사결과는 없다. 어떤 경우에든 만약 시청률이 VTR녹화를 반영한다면 시청자수는 늘어날 것이고 이것은 원고들에게 손해라기 보다는 오히려 원고들을 도와주게 된다. 판결문 주) 38.

11) 시간이동은 프로그램을 시청하고 지우기 때문에 나중에 극장에서 상영될 때에는 프로그램은 테이프에 남아있지 않을 것이다. 나중에 극장에서 영화가 상영될 때 공공의 관심이 이미 TV에서 방영된 것보다 VTR녹화에 의해서 더 줄어들 것이라는 점을 보여주는 증거는 없다. 판결문 주) 39.

12) 항소법원은 공정이용의 범주는 생산적인 이용이라는 요구조건에 따라 엄격하게 제한된다고 전제하고 있다. 항소법원은 TV 프로그램을 복사하는 것은 단지 개인 일정 때문에 보지 못했던 정보나 프로그램을 볼 수 있게 해주는 것이라고 판단하였다. 공정이용을 이와 같이 이해하는 것은 잘못이다. 의회는 공정이용평가에서 민감한 이해관계의 균형이 필요하다고 가르치고 있다. 생산 혹은 비생산 이용 사이의 구분은 그

요약하자면 기록과 지방법원이 인정한 사실에 따르면 2가지 결론을 내릴 수 있다. 첫째, 저작물의 TV방영을 허락한 저작권자들 중 많은 수는 개인 시청자들이 시간이동목적으로 방송내용을 녹화하는 것에 반대하지 않을 가능성이 높다는 점을 소니는 증명하였다. 둘째, 피상고인들은 시간이동이 그들의 저작물의 가치나 잠재 시장에 적지 않은 손해를 입힐 가능성이 있다는 점을 증명하지 못했다. 따라서 VTR은 실질적으로 비침해 용도로 사용될 수 있다. 소니가 공중에게 그러한 기기를 파는 행위는 피상고인들의 저작권에 대한 기여침해에 해당되지 않는다.

7. 헌법이 과학과 실용 기술을 발전시키는 권한을 의회에 주었을 때 저작권의 적용범위를 결정하는 것은 오직 의회만이 할 수 있다. 의회는 과거에 종종 다른 발명품을 조사해 온 것처럼 이 새로운 기술을 잘 살펴볼 수 있을 것이다. 그러나 아직 마련되지 않은 법을 적용하는 것은 우리의 임무가 아니다. 저작권법을 이 사건의 사실관계에 적용할 때 항소법원의 판결은 파기되어야 한다.

[연방대법관 BLACKMAN외 3인의 소수의견요지]

공정이용의 인정문제에 있어서 순전히 소비 이용은 공정이용원칙에 의해 보호되지 않은 행위다. VTR녹화가 저작물의 비생산 이용이고 그 경우 새로운 기술의 개발로 인한 실제 손해나 있음직한 손해의 입증은 불가능하므로 저작권자는 저작물의 가치나 시장에 대한 손해의 잠재성만을 입증하면 된다. 만약 저작권자가 손해가 그 이용으로부터 발생한다는 합리적인 가능

균형을 판단하는데 도움을 주지만 그것이 완전히 결정적인 것은 아니다. 강의안을 준비하기 위해 복사하는 교사는 생산적임이 분명하다. 그러나 그의 전공에 대한 이해를 넓히기 위해 복사하는 교사도 마찬가지이다. 유권자들이 보고 있는 것을 이해하기 위해 복사하는 의원, 어떻게 투표할 것인가를 결정하기 위해 뉴스프로그램을 복사하는 유권자도 마찬가지이다. 맹인의 편의를 위해 저작물을 복사하는 것은 하원위원회의 보고서에서 공정이용의 한 예로 확인되었다. 병원에서 환자가 보지 못했던 프로그램을 볼 수 있도록 VTR을 이용하는 것은 환자 심리의 안정에 기여하는 것 외에 다른 생산적인 목적은 없다. 사실상 TV 프로그램을 보는 시청자들의 수를 늘리는 시간이동은 비슷한 혜택을 가져온다. 법규정은 생산 그리고 비생산적인 시간이동 사이의 이분법을 확인하지 않았으나 복사의 경제 결과를 고려하도록 요구하고 있다. 판결문 주) 40.

성을 입증한다면 침해는 인정될 수 있다. 시간이동은 저작물의 잠재 시장에 실질적으로 나쁜 영향을 미치므로 공정이용으로 볼 수 없다. 또한 기여책임에 관하여는 만약 제품의 중요한 용도가 비침해용이라면 제조자와 판매자는 제품의 침해 이용에 기여책임을 질 수 없다. 그러나 만약 사실상 거의 모든 용도가 침해용이라면 기여책임은 인정될 것이다. 저작권을 침해하는 VTR녹화와 합법 녹화가 어느 정도 행해지는지 여부는 사실상의 문제이며 이 사건 기록상 이 부분에 대한 조사가 이루어 지지 않았으므로 이 부분에 대한 재심리를 위해 파기한다.

Metro-Goldwyn-Mayer Studios Inc. v. Grokster, LTD

연방대법원
545 U.S. 913(2005)

연방대법관 수터(SOUTER) :

문제는 합법 및 불법 사용이 함께 가능하게 해주는 제품의 배포자가 그 제품을 사용하여 제3자가 저작권침해행위를 할 때 어떤 상황에서 그 행위에 대해 책임을 지는가이다. 우리는 침해를 부추기는 다른 적극 조치 또는 명백한 표현에 의해 저작권을 침해하는 이용을 촉진하는 목적을 가진 것으로 입증된 도구를 배포하는 사람은 제3자의 침해행위에 책임이 있다고 판단한다.

Ⅰ. A. (사실관계)

피상고인 겸 피고 그록스터(Grokster, LTD)와 스트림캐스트(StreamCast Networks, Inc), 1심의 피고들은 컴퓨터이용자들이 피투피 네트워크(peer-to-peer networks, 중앙서버를 통하지 않고 이용자들의 컴퓨터가 서로 직접 통신하기 때문에 그렇게 불린다.)를 통하여 전자파일을 공유할 수 있도록 한 소프트웨어를 무료로 배포했다. 다른 형태의 정보네트워크에 비해 피투피 네트워크는 인기가 높고 이용이 점점 늘어나고 있다. 이용자들 사이에 정보나 파일의 교환을 중개하는 중앙컴퓨터 서버가 필요치 않기 때문에 중앙서버의 높은 전송용량이 필요치 않고 값비싼 서버의 저장공간이 없어도 된다. 파일(특히 인기있는 것)의 복사는 많은 이용자들의 컴퓨터에서 가능하기 때문에 파일 요청이나 수신이 다른 형태의 네트워크상에서보다 빠르다. 파일 교환이 서버를 통하지 않기 때문에 서버의 작은 고장이 네트워크 전체를 불통시키는 위험없이 네트워크에 이어진 어떤 컴퓨터 사이에서도 전송이 이루어질 수 있다. 안전, 비용, 효율 면에서의 이러한 장점 때문에 대학, 정부기관, 기업, 도서관들이 전자파일을 저장하고 나눠주기 위해 피투피 네트워크를 이용한다. 피투피 네트워크의 다른 이용자들은 그록스터와 스트림캐스트의 소프트웨어를 받아서 이용하는 사람들이다. 비록 네트워크는 모든 종류의 디지털 파일을 공유하기 위해서 사용될 수 있지만 개인이용자들은 주로 허락없이 음악과 비디오 파일을 공유하기 위해 이용한다. 원고 저작권자들(MGM, 영화제작사와 음반사, 작곡가, 음악출판사)은 그록스터와 스트림캐스트가 이용자들이 소프트웨어를 이용하여 저작물을 불법 복제하고 배포할 수 있다는 사실을 알면서도 고의로 소프트웨어를 배포하였다고 주장하면서 손해배상청구와 저작권침해금지청구 소송을 걸었다.

증거조사과정에서 소프트웨어가 작동하는 방법과 피고 회사들의 영업목표, 이용자들이 널리 이용하고 있는 사실이 밝혀졌다. 그록스터의 원조 소프트웨어는 다른 사람이 개발한 프로토콜로 그록스터가 이용허락받은 이른바 패스트트랙(FastTrack)기술을 썼다. 스트림캐스트는 모피어스(Morpheus)라 불리는 소프트웨어가 뉴텔라(Gnutella)기술[13]에 의존했다는 점을 빼고 매우 비슷한 제품을 배포했다. 각 소프트웨어를 받아서 설치한 이용자는 패스트트랙 또는 뉴텔라와 호환이 가능한 소프트웨어를 쓰는 다른 사람들의 컴퓨터에 직접 파일을 요청하는 프로토콜을 갖게 된다. 그록스터 소프트웨어가 만든 패스트트랙 네트워크상에서 이용자의 요청은 그 소프트웨어로 이용가능한 파일의 임시 목록을 모을 수 있고 슈퍼노드(Supernode)가 지정된 이용자들의 컴퓨터로 전해진다. 슈퍼노드(또는 indexing computer)는 자신의 목록을 검색하고 검색요청을 다른 컴퓨터에 보내기도 한다. 만약 파

13) 뉴텔라가 아닌 네오넷(Neonet)이라 불리는 기술에 의존한 모피어스의 후속 버전이 배포되었지만 이러한 기술발전은 이 사건의 분쟁대상이 아니다.

일을 찾으면 파일을 요청한 컴퓨터에 파일의 위치를 알려주고 요청한 이용자는 파일을 갖고 있는 컴퓨터로부터 직접 내려 받을 수 있다. 복사된 파일은 요청한 이용자 컴퓨터의 지정된 공유폴더에 저장되어 그 폴더에 있는 다른 파일과 함께 다른 이용자들이 다운받을 수 있는 상태가 된다.

모피어스가 개설한 뉴텔라 네트워크에서는 과정은 대부분 비슷하나 뉴텔라 프로토콜의 몇몇 버전들은 슈퍼노드가 없다. 이들 버전들은 프로토콜을 이용하는 컴퓨터들이 서로 직접 통신한다. 이용자가 모피어스 소프트웨어에 검색요청을 입력하면 그 요청은 이어진 다른 컴퓨터로 전달되고 차례로 연결된 다른 컴퓨터로 이어서 전달된다. 검색결과는 요청 컴퓨터에 전달되고 이용자는 희망 파일을 직접 내려 받는다. 이와 같이 그록스터와 스트림캐스트는 검색요청내용을 받거나 소프트웨어 이용자들 사이의 파일전달을 중개하는 서버를 쓰지 않는다. 통신내용을 각 방향으로 보내는 중앙지점이 존재하지 않는다.

비록 그록스터와 스트림캐스트가 언제 특정 파일이 복사되는지를 모른다 할지라도 그들 소프트웨어를 이용한 많은 검색요청은 소프트웨어가 도달하는 네트워크상에서 무엇이 이용가능한지를 보여주고 있다. 상고인들은 시스템검색을 하는 통계전문가를 고용하였고 그의 연구는 패스트트랙 시스템에서 다운로드될 수 있는 파일의 거의 90%가 저작권으로 보호되는 저작물임을 보여주었다.[14] 그록스터와 스트림캐스트는 방법론상의 문제를 지적하고 저작물의 무료복사도 저작권자가 허용할 수 있다면서 이 수치에 대해 다투고 있다. 그들은 또한 소프트웨어의 숨어있는 비침해 이용은 실제 자주 일어나지 않는다 하더라도 마찬가지로 중요하다고 주장했다. 예를 들면 몇몇 음악연주가들은 그들의 저작물을 피투피 네트워크를 통해 무료로 배포함으로써 새로운 팬들을 만났고, 세익스피어 같은 보호되지 않는 콘텐츠를 배포한 사람들은 파일을 나누어 주기 위해 피투피 네트워크를 이용해왔다. 패스트트랙과 뉴텔라 네트워크에서 이용가능한 콘텐츠를 보여주기 위해 당사자들이 낸 통계 증거로는 이용자들이 어떤 파일을 내려받았는지, 보호되지 않

14) 냅스터사건의 원고들은 냅스터 파일공유 네트워크상에서 이용가능한 파일의 87%가 저작권으로 보호되는 파일이라는 증거를 제시했다.

는 자료의 복사본을 얻기 위해서 소프트웨어가 얼마나 자주 이용되었는지는 알 수 없다. 그러나 상고인들의 증거는 이용자들이 내려받는 거의 모든 행위를 침해행위로 생각할 근거를 제공하고 있다. 문제의 소프트웨어는 1억개가 넘는 복사본이 다운로드된 것으로 알려져 있고 달마다 수십억개의 파일이 패스트트랙과 뉴텔라 네트워크를 통해서 공유되었기 때문에 저작권침해의 예상범위는 엄청나다.

그록스터와 스트림캐스트는 대부분의 다운로드에서 침해행위가 일어나고 있다는 사실을 인정했다. 또한 비록 분산된 패스트트랙과 뉴텔라 네트워크가 어떤 파일이 언제 복사되었는지를 밝히지 못했다 하더라도 이용자들이 주로 저작권으로 보호되는 파일을 내려받기 위해서 그들의 소프트웨어를 썼다는 사실을 다투지 않았다. 나아가 이용자들이 다운받은 영화보기에 관한 질문을 회사에 이메일로 보내고 회사가 답변한 사실에서 보듯이 피고들은 때때로 이용자들의 침해행위에 대해서 직접 알고 있었다. 그리고 상고인들은 피고들에게 그들의 소프트웨어를 이용하여 내려받을 수 있는 8백만개의 저작물파일을 통지하였다.

그러나 그록스터와 스트림캐스트가 침해 이용에 관한 정보를 단지 수동으로만 받은 것은 아니다. 그록스터와 스트림캐스트는 무료 소프트웨어를 배포한 순간부터 저작물을 내려받기 위해 사용한다는 목적을 분명하게 밝혔고 침해행위를 장려하기 위한 적극 조치를 취하였다는 증거는 기록상 풍부하다. 유명한 파일 공유서비스인 냅스터(Napster)가 저작권자들로부터 저작권침해를 용이하게 했다는 이유로 소송을 당한 이후에 스트림캐스트는 냅스터 프로그램과 호환되도록 설계된 오픈냅(OpenNap) 소프트웨어 프로그램을 나눠주었고 냅스터이용자들이 냅스터와 오픈냅 이용자 컴퓨터로부터 파일을 내려받을 수 있도록 하였다. 오픈냅 프로그램은 냅스터의 5천만 이용자들에게 영향을 미치기 위해 설계되었다.

스트림캐스트는 오픈냅 프로그램을 내려받는 이용자의 수와 그들이 내려받은 음악파일의 수를 주시하였다. 또한 모피어스 소프트웨어의 복사본을 배포하고 사용을 권장하기 위해 오픈냅 네트워크를 활용하였다. 스트림캐스트는 만약 냅스터가 법원의 결정이나 다른 방법으로 폐쇄된다면 냅스터이용자 대부분을 끌어오기를 바랐고 차기 냅스터가 되려는 계획을 세웠다는 사실을 회사내부 서류는 보여주고 있다. 예를 들면 스트림캐스트가 개발하여 광고주들에게 보낸 프로그램세트에는 냅스터 이용자들을 끌어들일 가능성에 관한 언론기사들이 들어 있었다. 그리고 스스로를 냅스터와 비슷한 회사로 광고주들에게 소개하였다. 냅스터와 호환가능한 소프트웨어 이용자들에게 오픈냅의 사용을 촉구하는 배너광고를 보냈다. 회사 임원이 보낸 내부 이메일은 "우리는 이 네트워크를 개설하여 냅스터가 무료 서비스를 그만둘 때 … 또는 만약 법원이 그 전에 서비스 폐쇄를 명령한다면 활발하게 대안을 찾아 나설 3천2백만명의 냅스터이용자들을 끌어들이게 될 것이다"라고 말하고 있다.

그래서 스트림캐스트는 자신의 서비스를 냅스터의 가장 좋은 대안으로 판매하려는 홍보자료를 개발했다. 한 광고는 "냅스터는 곧 이용수수료를 받을 것이라고 발표했다. 당신이 이를 피하기 위해 무엇을 할 것인가?"라고 말하고 있다. 다른 광고는 스트림캐스트의 소프트웨어를 냅스터에 대한 첫 번째 대안이라고 선전하면서 다음과 같이 묻고 있다. "냅스터의 전원이 꺼졌을 때 … 이용자들은 어디로 갈 것인가?" 스트림캐스트는 심지어 소프트웨어의 불법 이용을 과시하려는 계획을 가지고 있었다. 오픈냅 네트워크를 열었을 때 회사의 기술담당임원은 "목표는 법적 분쟁이 발생하고 소송을 당하는 것이다. 그것이 뉴스거리가 되는 가장 좋은 방법이다."라고 단언했다.

그록스터가 냅스터이용자들의 시장을 장악하려고 했다는 증거는 드물지만 드러나 있다. 그록스터는 Swapter라고 불리는 오픈냅 시스템을 열었는데 디지털코드를 웹사이트에 넣고 검색엔진을 사용하여 "냅스터"나 "무료파일공유"를 찾는 컴퓨터이용자들을 그록스터 웹사이트로 안내해서 그록스터 소프트웨어를 내려받을 수 있도록 했다. 그리고 그록스터의 이름은 명백히 냅스터의 파생물이다.

스트림캐스트의 경영진은 네트워크에서 이용가능한 음악가들의 음악을 점검하였고 네트워크상에서 다른 파일공유네트워크보다 훨씬 더 많은 저작권 보호 음악이 이용가능하도록 하는 것을 목표로 삼았다는 사실을 드러내주는 내부 통신도 있다. 물론 요점은 모피어스를 통해 이용가능한 파일종류의 예로 음악을 예시한 홍보자료에서처럼 저작권을 침해하려는 마음을 가진 이용자들을 끌어들이는 것이었다. 모피어스는 사실 이용자들이 특히 인기순위 1위부터 40위까지의 대중가요(당연히 저작권으로 보호됨)를 검색할 수 있도록 하였다. 그록스터도 비슷하게 이용자들에게 특히 인기있는 저작물을 제공하는 능력을 널리 알리는 소식지를 보냈다.

이러한 홍보와 판매에 관한 증거에 더하여 그록스터와 스트림개스트가 채택한 영업방식을 활성화하려는 의도는 주된 목적이 저작물을 내려받기 위한 소프트웨어의 사용에 있다는 사실을 확인해 주고 있다. 그록스터와 스트림캐스트는 소프트웨어를 무료로 받은 이용자로부터는 수익을 얻지 못했다. 그 대신 두 회사는 광고를 유치하여 수익을 올렸고 그록스터와 모피어스의 이용자들이 프로그램을 쓰는 동안 광고를 내보냈다. 프로그램의 이용자가 증가하면서 광고가치는 높아졌다. 무료 세익스피어(저작권으로 보호되지 않은 것)에 대한 수요도 있었지만 저작물에 대한 무료 이용이 실질적인 기능이다. 예를 들면 인기 순위 40위까지의 음악이나 모피어스 마우스의 최신 음악을 찾는 이용자들이 데카메론을 찾으려는 사람들보다 훨씬 더 많다는 사실은 확실하다. 그리고 그록스터와 스트림캐스트는 이용자들의 요구를 수익으로 전환하였다.

마지막으로 저작물의 다운로드를 막거나 파일공유를 제지하려고 노력했다는 증거는 없다. 비록 그록스터가 저작권자로부터 침해금지통지를 받았을 때 이용자들에게 침해내용을 경고하는 이메일을 보냈다 할지라도 결코 저작물을 공유하는 소프트웨어의 사용을 중단시키지 않았다. 스트림캐스트는 침해 감시를 도와주겠다는 다른 회사의 제안을 거절했을 뿐만 아니라 그러한 감시를 하고 있다고 생각되는 인터넷프로토콜을 끊기도 하였다.

B. (1, 2심 법원의 판단)

1심법원은 판단범위를 그록스터와 스트림캐스트가 현재 버전을 배포한 행위에 관한 책임으로 제한했다. 그들 소프트웨어의 과거 버전이나 다른 과거 행위로부터 발생하는 손해배상책임여부는 판단하지 않았다. 1심 법원은 저작물파일을 내려받기 위해 그록스터와 모피어스의 소프트웨어를 이용한 사람들이 직접 원고들의 저작권을 침해했다고(이 사실은 항소심에서 다투지 않았다) 인정했으나 현재 버전의 소프트웨어를 배포한 행위에 대한 책임에 관하여 그록스터와 스트림캐스트 승소판결을 내렸다. 소프트웨어의 이용으로 인하여 배포자가 특정한 침해행위를 실제 알고 있었다고 볼 수 없기 때문에 소프트웨어의 배포행위로 침해책임을 지지 않는다고 판단했다.

항소법원도 1심 판결을 인용했다.[15] 피고가 직접 침해행위를 알고 있고 침해행위에 실질적으로 기여했을 때 기여책임이 있다고 보았다. 그러나 항소법원은 소니 판결이 실질적으로 비침해이용에 사용될 수 있는 상업제품을 배포한 행위는 배포자가 특정 침해행위를 실제로 알고 있지 않는 한 기여책임이 없다고 판단한 것으로 해석했다. 연방 제9항소법원의 견해에 따르면 소프트웨어가 실질적으로 비침해이용에 사용될 수 있다는 사실은 그록스터와 스트림캐스트가 책임이 없다는 것을 의미했다. 왜냐하면 소프트웨어의 분산 구조로 인하여 그록스터와 스트림캐스트가 침해 인식이 없었기 때문이다. 또한 항소법원은 침해파일을 찾아서 내려받고 저장한 것은 이용자들이고 그 과정에서 피고들은 소프트웨어를 제공한 것 이상 관여하지 않았기 때문에 그록스터와 스트림캐스트가 실질적으로 이용자들의 침해행위에 기여하지 않았다고 판단했다.

제9항소법원은 그록스터와 스트림캐스트가 대위책임이 있는 지를 살펴보았다. 법원은 피고들이 소프트웨어의 이용을 감시하거나 통제하지 않았고 이용을 감독할 능력이나 권리가 없으며 침해를 단속할 독자적인 의무가 없기 때문에 책임이 없다고 판단했다. 우리는 상고를 허가했다.

Ⅱ. A.

상고인들과 많은 법정조언자가 항소법원의 판단이 저작권보호를 통해 창작 행위를 지원하는 것과 저작권침해의 책임을 제한함으로써 새로운 정보통신기술의 혁신을 추구하는 것 사이의 건전한 균형을 무너뜨렸다고 비판하는 것은 잘못이다. 예술을 더 많이 보호하면 기술 혁신은 더 많이 좌절될 것이다. 저작권법의 이행은 타협을 성사시키는 일이다.

2가지 가치 사이의 긴장이 이 사건의 주제이다. 복사본이 원본과 같고 복사가 쉬우며 젊은이를 비롯한 많은 사람들이 저작물을 내려받기 위해 파일

15) 380 F.3d 1154(9th Cir. 2004).

공유 소프트웨어를 사용하고 있기 때문에 저작물의 디지털유통은 전례없이 저작권자를 위협하고 있다. 이러한 광범위한 소프트웨어의 사용은 대중을 직접 저작권정책에 관한 논쟁으로 끌어들인다. 또한 그록스터나 냅스터와 같은 소프트웨어를 이용하여 쉽게 노래나 영화를 복사하는 것은 저작권보호에 대한 경멸을 부추긴다는 지적이 있다. 이러한 두려움은 침해자 뿐만 아니라 불법 사용가능성 때문에 소프트웨어의 배포자에 대해 책임을 부과하는 것이 유익한 기술의 발전을 제한할 수 있다는 다른 걱정과 부딪치게 된다.

그러나 매일 스트림캐스트와 그록스터의 소프트웨어를 이용하여 일어나는 저작권침해행위를 고려할 때 이 사건에서 간접책임을 물어야 한다는 주장은 강력하다. 폭넓게 공유되는 서비스나 프로토콜이 침해목적으로 사용될 때 모든 직접 침해자들에 대한 효과적인 저작권 행사는 불가능할 것이다. 오직 하나의 실용적인 방법은 복사도구를 배포한 자를 상대로 기여책임 또는 대위책임의 이론으로 2차 책임을 묻는 것이다. 고의로 침해행위를 유도하거나 권유함으로써 침해행위에 기여책임을 지게 되고, 침해행위를 제한하거나 중단할 권리를 행사하지 않는 반면 직접 침해행위로부터 수익을 얻을 때 대위책임을 진다. 비록 저작권법은 명시하여 어떤 사람에게 다른 사람의 침해행위에 대해 책임을 묻고 있지는 않는다 하더라도 2차 책임의 이론은 보통법 원리로부터 나와 확립되어 있다.

B.

2차 책임 법리를 받아들였음에도 불구하고 연방대법원은 최근에 한 사건에서만 2차 저작권침해 사건을 다루었다. 원고들이 그 선례를 언급하면서 주장하고 있기 때문에 그 판결을 보는 것이 적절하다. 소니 사건에서 이 법원은 2차 침해책임은 상업제품의 배포로부터 발생할 수 있다는 주장을 판단했다. 그 사건에서 당시 신제품은 우리가 오늘날 비디오카세트 레코더 또는 VCR이라고 알고 있는 것이다. 저작권자들은 제조업체인 소니를 VCR소유자들이 방송프로그램을 녹화했을 때 발행하는 침해행위에 기여책임이 있다고 주장했다. 왜냐하면 침해행위에 이용되는 수단을 제공했고 침해행위가 발생할 것이라는 사실을 알고 있는 것으로 추정되기 때문이다. VCR은 주로 "시간이동" 또는 나중에 편리한 시간에 프로그램을 보려고 녹화하기 위해 사용되었다. 법원은 그 행위는 공정이용에 해당되고 침해행위는 아니라고 보았다. 소니가 저작권법을 위반한 녹화를 부추길 의도를 드러내거나 불법 녹화로부터 수익을 얻으려고 적극 조치를 취했다는 증거는 없었다. 비록 소니의 광고가 소비자들에게 좋아하는 쇼를 녹화하거나 녹화한 프로그램 자료실을 만들라고 권유한 사실이 있다 하더라도 이러한 사용이 반드시 침해행위는 아니었다.

나아가 침해행위를 촉진하려는 의도를 보여주는 증거가 없는 상황에서 책임을 물을 수 있는 유일한 근거는 몇몇 소비자들이 VCR을 침해행위에 이용할 것이라는 인식을 가지고 판매한 행위가 기여침해에 해당한다는 이론이었다. 그러나 VCR은 상업적으로 의미있는 비침해이용에 사용될 수 있기 때문에 우리는 제조업체가 판매행위만으로는 잘못이 없다고 판단하였다.

이 분석은 특허법의 전통적인 주요상업제품이론[16]을 반영한 것이다. 이 이론은 배포자가 타인의 특허권을 침해하기 위해 사용할 의도로 상업제품을 판매한 것으로 추정되고 따라서 그 침해행위에 책임이 있는 경우를 확인하기 위해 만들어졌다. 요약하면 제품이 단지 침해행위에만 사용될 때 불법 사용을 정당화하는 공공의 이익은 없고 침해의 고의를 추정하거나 전가하는 것은 불공정하지 않다. 거꾸로 이론은 불법 이용뿐만 아니라 실질적인 합법 이용에 제공되는 제품을 판매하는 모호한 행위는 면책하고, 제품이 잘못 이용될 수 있다는 단순한 인식보다 더 중대한 잘못이 있을 경우로 책임을 제한하고 있다. 혁신과 활발한 상업거래가 숨 쉴 수 있는 여지를 남겨두고 있다.

이 사건에서 당사자와 많은 법정조언자는 문제를 해결하는 열쇠가 소니 판결, 특히 상업적으로 의미있는 비침해이용에 제공되는 제품이 무엇인지에 있다고 생각하고 있다. 원고들은 그록스터와 스트림캐스트의 현재 활동을

16) (역자 주) 어떤 물건이 특허권을 침해하는 용도로만 쓰이는 경우에는 그 물건의 사용으로 침해의사가 추정되지만 어떤 물건이 상당부분 합법 용도로 쓰이는 주요물품인 경우 특허권을 침해하는 용도로도 쓰일 수 있고 제조자가 이를 알고 있어도 특허권침해의 책임이 없다는 이론.

면책시키는 것은 혁신 기술의 가치를 너무 중시하고, 네트워크상에서 이용 가능한 자료의 90%가 저작권으로 보호된다는 점을 고려할 때 소프트웨어의 이용자들이 침해한 저작권을 너무 가볍게 보았다고 주장한다. 나머지 10%가 비침해 이용이라고 가정할 때 상고인들은 이것을 실질적인 비침해 이용으로 보아서는 안 되며 법원은 주로 침해용으로 이용되는 제품에는 소니판결을 적용하지 않아야 한다고 주장한다. 그록스터와 스트림캐스트는 소프트웨어가 공유영역의 자료를 복사하는데 쓰일 수 있다는 증거를 인용하면서 답변하였고 실제 (무료)복사를 권장하는 저작권자이 있다고 하였다. 비록 오늘날 그들의 소프트웨어가 주로 침해행위에 이용되지만 비침해 이용도 중요하고 점점 늘어나고 있다고 주장한다.

우리는 항소법원이 소니판결을 잘못 적용했다는 원고들의 주장에 동의한다. 소니판결은 실질적으로 합법 이용에 제공되는 제품의 제작이나 배포만으로 침해를 일으킬 의도를 추정하거나 씌우는 것에 기초한 2차 책임을 금지하였다. 연방 제9항소법원은 제품이 실질적으로 합법 사용에 제공될 여지가 있을 때 제조업체는 결코 제3자의 침해 이용에 기여책임을 질 수 없다는 의미로 소니판결을 이해하고 있다. 항소법원은 소니법리를 넓게 해석하여 제품의 제작이나 배포와 별개로 침해 이용을 일으키려는 실제 의도가 증거에 의해 드러났어도 배포자가 침해행위에 기여할 때 특정한 침해행위를 알지 못했고 침해를 알고서 적절하게 행동했다면 책임이 없다고 보고 있다.

항소법원은 스트림캐스트와 그록스터 소프트웨어가 실질적으로 합법 사용에 제공될 수 있고 중앙서버가 없으므로 그들이 특정한 불법 이용을 알고 있었다는 증거가 없기 때문에 소니판결에 따라 회사는 책임이 없다고 결론내렸다. 그러나 이러한 해석은 잘못이다. 소니판결은 2차 책임 이론을 바꾼 것이 아니며 우리는 상고인들의 유인 주장에 대해 두 회사들에게 승소판결을 한 것이 잘못이라고 판단하고 있다. 우리는 불법 이용이 발생할 것이라는 인식을 가지고 판매했다는 사실에만 의존하여 책임을 물을 때 저작권보호와 상업거래 사이의 균형을 더 자세히 설명하기 위해 소니판결을 재검토하지 않는다. 연방 제9항소법원 판결은 소니판결을 잘못 이해하였고 앞으로 필요할 때 소니판결을 더 검토할 여지를 남기는 것으로 충분하다.

C.

소니판결은 배포된 제품의 특성이나 이용으로부터 법률문제로서 유책의도의 인정을 제한하고 있다. 그러나 소니판결은 의도에 관한 증거가 있다면 그 증거를 무시할 것을 요구하고 있지 않으며 보통법의 과실 책임 법리를 배제하려는 뜻은 없었다. 제품의 특성이나 저작권을 침해하는데 이용될 수도 있다는 정도의 인식을 넘어서 침해를 부추기는 말이나 행동이 증거에 의해 밝혀진다면 소니의 주요 제품 법리는 책임인정을 거부하지 않을 것이다.

불법 목적을 밝히는 직접 증거에 관한 고전적인 사례는 다른 사람에게 침해행위를 하도록 권유하거나 광고로 침해행위를 유혹 또는 설득할 때 발생한다. 보통법상 침해행위를 기대했을 뿐만 아니라 광고로 침해행위를 야기한 저작권이나 특허 사건의 피고는 모든 법분야에서 인정된 원칙에 따라 침해에 대해 책임이 인정되었다.

초기 판례에서 발전된 침해유도에 관한 법리는 오늘날에도 다르지 않다. 침해이용을 광고하거나 방법을 알려주는 것과 같이 직접 침해를 부추기는 능동적인 조치에 관한 증거는 제품이 침해에 이용될 것이라는 적극적인 고의를 증명하고 있다. 그리고 침해가 권장되었다는 입증으로 피고가 일부 합법 사용에 적합한 상업제품을 팔았을 때 책임이 부정되지 않는다.

소니판결이 저작권책임면제를 위한 모델로 특허법의 주요 제품이론을 채택한 것과 같은 이유로 유인이론(the inducement rule)도 저작권법에 적용가능하다. 우리는 여기서 이 이론을 채택하여 침해행위를 부추기는 명확한 표현이나 적극 조치를 취하는 행위가 입증되어 저작권 침해 이용을 촉진할 목적을 가진 도구를 배포한 자는 제3자의 침해행위에 대해 책임이 있다고 본다.

우리는 물론 정상의 상업활동을 제한하거나 합법 이용과 불법 이용 가능성을 가지고 있는 기술의 발전을 방해하지 않을 필요성을 유념하고 있다. 따라서 소니판결에서 VCR이 저작권 침해에 이용될 수 있다는 사실을 제작자가 알고 있었음에도 불구하고 고의로 침해행위를 유도한 것으로 보지 않은 것처럼, 단지 잠재적으로 침해에 이용될 수 있거나 또는 실제 침해이용을 알았다는 사실만으로는 제조사가 책임을 지기에 충분하지 않다. 또한 제품의 배포에 따르는 일반적인 행위, 즉 소비자들에게 기술 도움이나 제품업데이트를 제공하는 행위는 그 자체로는 책임이 인정되지 않는다. 대신에 유인법리는 의도적인, 책임질만한 표현과 행위를 전제로 책임을 지우므로 정당한 상업활동을 방해하거나 적법한 이용가능성을 갖는 기술혁신을 막지 않는다.

Ⅲ. A.

유인이론에 따라 원고들이 승소하기 위해서 필요한 것은 스트림캐스트와 그록스터가 소프트웨어의 이용자들에게 침해를 유도하는 내용을 전달했다는 증거를 충분히 제시했는가 여부이다. 유인의 전형적인 사례는 광고나 교사행위를 통해 침해행위를 격려할 목적으로 만든 메시지를 보내는 것이다. MGM은 이 사건에서 그러한 메시지가 있다고 주장하고 있다. 스트림캐스트가 광범위한 침해를 용이하게 했다는 이유로 법원에서 공격을 받고 있던 냅스터의 이용자들을 끌어들이려고 만든 오픈냅 프로그램을 받아들이도록 촉구하는 광고를 이용자의 컴퓨터 화면에 띄운 사실은 다툼이 없다. 스트림캐스트의 오픈냅 프로그램을 받아들인 이용자들에게는 냅스터시장에서 저작권으로 보호되는 음악파일을 내려받을 수 있게 해주는 것과 똑 같은 서비스를 제공하는 소프트웨어가 공급되었다. 그록스터는 인기있는 음악에 접근할 수 있는 소프트웨어의 능력을 널리 알리는 글로 이어지는 링크를 포함하고 있는 전자 소식지를 퍼트렸다. 냅스터 검색 또는 무료 파일 공유 검색 결과 그록스터와 이어지는 링크를 발견한 이용자들은 그록스터가 냅스터와 똑같은 파일공유기술을 제공하고 있다고 이해할 것이며 그록스터의 Swaptor소프트웨어라는 이름의 소프트웨어를 제공받은 사람들도 마찬가지일 것이다. 두 회사는 저작물을 찾아서 이용하는 것을 도와달라는 요청에 적극 응답함으로써 분명한 메시지를 보냈다.

물론 스트림캐스트 사례에서 냅스터이용자들을 목표로 한 광고문(냅스터가 중단되었을 때 이용자들은 어디로 갔는가?)과 내부 통신문에서 불법 목적을 명백히 드러낸 자료가 증거로 추가된다. 기록상 메시지가 전달되었는지는 뚜렷하지 않다. 유인이론에서 메시지의 기능은 피고 자신의 진술로 불법 목적을 드러내 보호(면책)를 주장할 수 없다는 사실을 증명하는 것이다(그리고 메시지를 듣거나 읽은 사람들 사이에서 발견되는 실제 침해자를 지적하게 된다). 메시지를 보냈다는 사실의 입증은 침해행위를 일으키기 위한 고의를 가진 적극 조치가 취해졌고 배포된 프로그램을 이용하여 침해행위가 일어났다는 사실을 보여주는 뚜렷한(비록 절대의 방법은 아니라 할지라도) 방법이다. 그록스터와 스트림캐스트가 소니판결에서의 (VCR)제조자 및 배포자와 달리 불법 사용에 적합한 소프트웨어를 이용하여 저작권침해행위를 일으킬 의도를 가지고 행동했다는 사실을 증명하는 다른 증거는 기록상 많이 있다.

고의에 관한 증거의 3가지 특징은 특히 두드러진다. 첫째, 두 회사는 냅스터이용자들을 포함한 시장에서 저작권침해 수요를 만족시키는 것을 목표로 삼았다는 것을 보여주었다. 스트림캐스트의 내부 서류는 계속 냅스터를 언급하고 있고, 냅스터와 호환되는 오픈냅 프로그램을 통해 모피어스 소프트웨어를 배포했으며, 오픈냅 프로그램을 냅스터 이용자들에게 광고했고 모피어스 소프트웨어는 냅스터와 같은 기능을 가지고 있다. 그록스터의 이름은 냅스터로부터 유래하였고 초기에 오픈냅 프로그램을 제공하였으며 소프트웨어의 기능은 냅스터와 호환되었고 냅스터에 대한 질문을 자신의 웹사이트로 돌리려고 시도하였다. 압도적으로 많은 저작권침해파일을 복사하고 배포하는 방법을 잃어버린 냅스터이용자들에게 그록스터와 스트림캐스트가 서비스를 제공하려는 노력은 침해를 일으키는 측면에서 주요한(결정적이지 않더라도) 의도를 가리킨다.

둘째, 불법 목적의 증거에는 어느 회사도 그들의 소프트웨어를 이용한 침해행위를 줄이기 위한 필터링 도구나 다른 체계를 개발하려고 시도하지 않았다는 원고들의 의미있는 입증이 추가된다. 연방 제9항소법원은 그들이 이용자들의 행위를 감시할 독립 의무가 없기 때문에 그러한 도구를 개발하지 않은 것은 쟁점과 관계가 없다고 보았지만, 우리는 그것이 그록스터와 스트림캐스트가 이용자들의 침해행위를 고의로 부추겼다는 사실을 뒷받침하고 있다고 생각한다.[17]

셋째, 불법 목적을 보여주는 직접 증거는 더 있다. 스트림캐스트와 그록스터가 그들의 소프트웨어를 쓰는 컴퓨터 화면에 광고를 하고 광고공간을 팔아서 돈을 벌었다. 기록에 나타나듯이 소프트웨어를 더 많이 사용할수록 더 많은 광고를 보냈고 더 많은 광고수입을 얻었다. 소프트웨어의 이용빈도가 수입을 결정했기 때문에 회사의 상업 이익은 대량의 이용과 침해행위에 달려 있었다.[18] 이 증거만으로 불법 의도를 추론하는 것이 정당화되지는 아니지만 기록을 전체로 검토할 때 그 의미는 분명하다. 불법 목적은 명백하다.

B.

침해를 일으키고 침해이용에 적합한 제품을 배포한 고의에 더하여 유인이론은 제품, 즉 이 사건에서 소프트웨어를 받은 사람이 실제 침해행위를 했다는 증거가 필요하다. 사실관계가 보여주듯이 엄청난 규모의 침해 관련 증거가 있고 원고들이 이 점에 관하여 적절하게 입증했다는 점은 큰 다툼이 없다. 비록 손해배상청구의 근거로서 침해이용의 정확한 계산이 논란이 된다 할지라도 적어도 원고들이 손해배상청구와 금지청구를 하기에 적절한 증거가 있다는 점에 의문이 없다.

요약하면 이 사건은 소니판결과 매우 다르고 스트림캐스트와 그록스터에 유리하게 판단하기 위해 소니판결에 의존하는 것은 잘못이다. 소니판결은 몇몇 이용자들이 불법 사용을 할 수도 있다는 것을 알면서 합법 또는 불법 사용될 수 있는 제품을 판 행위만을 기초로 한 책임문제를 다루었다. 소니판결은 제품이 실질적으로 적법하게 사용될 수 있을 때 과실을 인정하거나 타인의 불법 행위에 대해 결과적인 2차 책임을 인정하는 것을 금지함으로써 저작권보호와 기술혁신 사이에 균형을 지켰다.

이 사건에서 원고들의 증거는 제품배포에 책임을 물을 수 있는 별개의

---

17) 물론, 제품이 실질적으로 비침해 이용에 사용될 수 있다면, 의도를 보여주는 다른 증거가 없는 경우에 법원은 단순히 침해를 막기 위한 적극 조치를 취하지 않았다는 것에 기초하여 기여책임을 묻지 않을 것이다. 그러한 판단이 소니판결의 안전항(safe harbor, 책임면제)에 더 가깝다.

18) 특정 소비자에게 저작권침해를 권장하는 행위는 그 침해행위에 대해 2차 책임을 발생시킬 수 있다. 유인이론은 이것을 넘어 증거에 의해 배포자가 저작권침해에 이용되기를 의도했고 침해행위를 권장했다는 점이 입증된다면 제품의 배포 자체가 책임을 발생시킬 수 있다.

근거를 가장 분명하게 보여주고 있다. 배포를 넘어 배포자의 말과 행동은 제3자의 저작권침해행위를 일으키고 그로부터 이익을 얻으려는 목적을 보여주고 있다. 만약 침해를 유도한 책임이 결국 인정된다면 과실을 추정하거나 귀속하는 것에 바탕을 두지 않고 불법적인 목적을 보여주는 말과 행동으로부터 불법적인 의도를 추론함으로써 인정될 것이다. 유인의 모든 요소에 관하여 원고들에 유리한 실질적인 증거가 있으므로 그록스터와 스트림캐스트 승소판결은 잘못이다. 항소법원의 판결을 취소한다.(긴즈버그외 2인 대법관, 브레이어외 2인 대법관의 별개의견 생략)

Authors Guild v. Google, Inc.

연방 제2항소법원
804 F.3d 202(2d Cir. 2015)

판사 LEVAL :

이 사건 저작권 분쟁은 공정이용의 경계를 시험하고 있다. 출판된 책의 저자인 원고들은 구글을 상대로 뉴욕 남부 연방지방법원에 저작권침해금지소송을 걸었다. 그들은 구글승소판결에 항소하였다. 저작권자의 허락없이 진행되는 도서관 사업과 구글 책 사업을 통해서, 구글은 주요 도서관들이 디지털 복제목적으로 보낸 원고들의 책을 포함하여 수천만권의 책들을 디지털복제하였다. 구글은 디지털복사본으로 스캔하였고 이용가능한 검색기능을 만들어 공개하였다. 인터넷 이용자는 이 기능을 이용하여 무료로 책의 특정한 단어나 용어를 검색할 수 있고 검색어가 들어 있는 토막글(snippets)을 볼 수 있다. 그 밖에 구글은 저작권법을 위반하지 않는다는 합의하에 사업에 참여한 도서관들이 보낸 자신들 책의 디지털 복사본을 내려받고 보유하도록 하였다. 원고들은 이러한 구글의 행위가 저작권 침해에 해당된다고 주장하였다. 원고들은 금지명령과 손해배상을 청구하였다.

구글은 이 행위는 17 U.S.C. § 107상의 “공정이용”에 해당하므로 침해가 아니라고 항변하였다. 지방법원은 동의하였다. 지법 판결, 954 F.Supp. 2d 282,294(S.D.N.Y. 2013). 원고들은 항소하였다.

원고들은 지방법원 판결이 다음과 같이 몇 가지 점에서 잘못되었다고 주장한다. (1) 구글이 모든 책을 디지털로 복제하고 이용자들이 검색기능을 통하여 토막글을 읽을 수 있도록 한 것은 변형 이용이 아니며, 캠벨 판결(Campbell v. Acuff-Rose Music, Inc.,13 510 U.S. 569, 578-585 (1994)), 원고들 책의 대체물을 제공하고 있다. (2) 구글이 무료로, 광고없이 공중이 검색 및 토막글 기능을 쓸 수 있도록 하였다 하더라도, 책사업이 기여하고 있는 세계적인 인터넷 검색 시장의 지배력으로부터 수익을 이끌어내고 상업 이익을 얻으려는 동기를 볼 때, 공정이용은 인정되지 않는다. (3) 비록 구글의 복사와 공개가 원고들의 책에 대한 권리를 침해하지 않는다 하더라도, 원고들이 검색시장에서 이용허락을 하여 얻을 수 있는 수익 또는 다른 혜택을 빼앗아 감으로써 원고들의 2차적 저작물 작성권을 침해하고 있다. (4) 구글이 디지털 복사물을 저장하는 행위는 해커들이 원고들의 책을 인터넷상에 공짜로 또는 값싸게 이용할 수 있도록 하여 원고들 저작물의 가치를 떨어뜨릴 위험이 있다. (5) 구글이 사업에 참여한 도서관들에게 디지털 복사물을 배포하는 행위는 변형 이용이 아니고, 원고들은 도서관들이 허용하는 이용을 통한 저작권수익을 잃어버릴 위험이 있다.

우리는 이러한 주장들을 배척하고 지방법원이 구글의 공정이용항변을 받아들인 것이 옳다고 결론짓는다.

구글이 검색기능을 제공하기 위해 디지털 복사한 것은 변형 이용이고, 원작이나 2차적 저작물에 대한 원고들의 저작권 이익을 실질적으로 대체하지 않고, 공중이 원고들 책에 대한 정보를 이용하도록 함으로써 공공의 지식을 늘리고 있다. 그것은 현재의 조건에서 구글의 토막글 기능에 대해서도 마찬가지이다. 구글이 제공하는 것과 실질적으로 같은 기능을 하는 유료 또는 무료 이용허락 시장에 접근하는 원고들의 기회를 구글이 빼앗았다는 원고들의 주장은 성립하지 않는다. 저작자의 2차적 저작물 작성권은 저작물에 대해 (구글이 제공하는 것과 같은 종류의) 정보를 주는 배타적인 권리를 포함하지 않기 때문이다. 이러한 상황에서 구글의 수익 동기로 공정이용을 배척하는 것은 옳지 않다. 이 시점에서 또한 기록상으로 구글의 프로그램이 해커들의 습격으로 저작권 가치를 잃어버릴 비합리적인 위험에 원고들을 노출시키지 않는다. 마지막으로 구글이 참여 도서관들에게 디지털 복사물을 주고 저작권을 침해하지 않는 이용을 하도록 한 것은 침해에 해당되지 않고, 도서관들이 침해적인 방법으로 복사본을 이용할 것이라는 추측에 따른 가능성만으로는 구글이 기여침해자가 되지 않는다. 원고들은 사실에 관한 실질의 쟁점을 드러내지 못했다.

우리는 지방법원 판결을 인용한다.

배 경

1. 원고들

원고 짐 보튼, 베티 마일즈, 조셉 굴든은 자신들이 쓴 책의 저작자이다. 이들은 책의 저작권 또는 적법한 권리를 갖고 있다.[19] 구글은 그들의 책을 허락없이 스캔했고 구글의 웹사이트에서 인터넷이용자들은 검색과 토막글보기를 통해 책들을 볼 수 있었다.[20]

2. 구글 책과 구글도서관 사업

2004년에 시작된 구글의 도서관 사업은 구글과 세계의 많은 주요 도서관 사이의 상호계약을 포함하고 있다.[21] 이 합의에 따르면 참여도서관들은 사업에 포함시킬 책을 골라서 구글에 보낸다. 구글은 책을 디지털로 스캔하고, 기계가 읽을 수 있는 본문을 뽑고, 기계가 읽을 수 있는 본문을 목록으로 만든다. 구글은 이미지와 본문 변환 기술을 발전시키면서 기계가 읽을

19) 출판 저자들의 모임은 the Authors Guild도 원고 및 항소인으로 그 회원들을 위해 청구하고 있다. 그러나 다른 사건에서 이 법원은 저작권법상 the Authors Guild는 회원들을 위해 청구할 당사자적격이 없다고 판단하였다. Authors Guild, Inc. v. Hathitrust, 755 F.3d 87, 94 (2d Cir. 2014). the Authors Guild의 당사자부적격에도 불구하고 3명의 개인 저자 및 원고들은 적격이 있기 때문에 그들의 청구와 항소는 타당하다.

20) 구글은 현재 토막글보기에서 책을 제외해달라는 요청을 존중하고 있다. 일부 원고들의 책은 토막글보기에서 제외된 것으로 보인다.

21) 이 소송이 제기될 때 도서관사업에 참여하고 있는 도서관들은 미시간 대학, 캘리포니아 대학, 하버드 대학, 스탠포드 대학, 옥스포드 대학, 컬럼비아 대학, 프린스턴 대학, 겐트 대학, 게이오 대학, 호주 국립 도서관, 뉴욕 공공 도서관 등이다.

수 있는 본문의 정확성을 높이기 위해 책을 스캔한 원본을 보유한다.

2004년 이래로 구글은 저작권으로 보호되는 책과 공유영역에 있는 책을 포함하여 2천만권 이상의 책을 스캔하고 기계가 읽을 수 있도록 하고 목록을 만들었다. 거의 모든 책들은 논픽션이고 절판되었다. 그 과정에서 구글이 만든 디지털정보는 구글 자신의 비밀정보를 보호하기 위해 쓰는 보안시스템으로 보호하는 서버에 모두 저장되어 있다.

수천만권의 책을 스캔하여 만든 디지털 도서관에서 검색엔진기능을 쓸 수 있게 되었다. 구글 책 웹사이트에 접속한 사람은 검색어나 검색용어를 입력할 수 있고, 그 용어가 나타나는 데이터베이스에 있는 책들의 목록과 그 용어가 나타나는 횟수를 확인할 수 있다. 책을 짧게 설명하는 "책 개요"는 가장 자주 나타나는 낱말과 용어의 목록을 포함하여 기본 정보를 추가로 준다. 때때로 온라인으로 책을 사기 위한 링크를 제공하고 책을 볼 수 있는 도서관들을 알려준다. 검색 도구를 쓰면 연구자는 수백만권의 책 중에서 선택한 용어를 쓴 책과 쓰지 않은 책을 확인할 수 있다. 구글은 즉석에서 제공되는 이 확인 정보는 평생 검색해도 얻을 수 없을 것이라고 한다.

검색기능을 이용하는 이용자에게 광고는 나타나지 않는다. 구글은 책을 사기 위해 구글의 링크를 이용한다고 해서 수수료를 받지 않는다. 검색엔진을 이용하여 "본문 조사(text mining)"나 "데이터 조사(data mining)"로 알려진 새로운 형태의 연구를 할 수 있다. 구글의 "이용률(ngrams)"조사 도구는 수세기간에 걸쳐 낱말과 용어의 이용빈도에 관하여 인터넷 이용자에게 통계 정보를 제공하기 위해 구글 도서관에 의지한다. 이 도구를 활용하여 이용자는 다른 시기와 다른 언어 지역에서 참조와 이용의 빈도가 늘어났는지 줄어들었는지를 보여줌으로써 특정 주제에 대한 관심의 변화를 알 수 있다. 또한 연구자들은 "낱말 빈도, 문법 형식, 주제와 관련된 표시"를 조사하고 어떻게 작명법과 언어 사용, 문학 형태가 시간을 흐르면서 변해왔는지의 정보를 이끌어내기 위해 구글이 스캔한 수백만권의 책들을 활용할 수 있다. 지법 판결, 954 F. Supp. 2d, 287. 지방법원은 "미국을 단수로 쓰는 것(the United States is)과 복수로 쓰는 것(the United States are)의 빈도와 시간이 지나면서 어떻게 변해왔는지를" 추적하는 것을 예로 들었다.

또한 구글 책의 검색 기능은 이용자가 본문을 일부 볼 수 있도록 해준다. 검색자가 고른 낱말이나 용어가 책에 나타나는 횟수를 알려주는 것 외에 검색기능은 그것이 들어 있는 최대 3개의 토막글을 보여줄 것이다. 토막글은 보통 한 쪽의 1/8쯤 되는 수평으로 나눈 부분이다. 구글 책 데이터베이스에 있는 일반적인 책의 한 쪽은 8개의 겹치지 않는 수평 부분으로 나누어지고 각 수평부분이 토막글이 된다. (그래서 한 쪽에 24줄을 가진 책은 각 토막글이 3줄로 이루어진다.) 책안에 들어 있는 특정 낱말이나 용어를 검색하면 검색을 한 컴퓨터 수에 관계없이 똑같이 3개의 토막글을 보여준다. 한 쪽에서 첫 번째로 이용된 것만이 화면에 뜬다. 그래서 만약 토막글이 이용자가 찾는 2개 (또는 그 이상의) 낱말을 갖고 있다면 구글의 프로그램은 어느 쪽 용어 검색이든 그 특정 토막글을 보여주는 것으로 고정된다. 2번째 검색은 첫 번째 토막글이 이미 나타났기 때문에 낱말을 담고 있는 다른 토막글을 보여주기 위해 이동하기보다는 이미 첫 번째 검색으로 나타난 토막글을 다시 보여준다. 구글 프로그램은 검색자가 다른 컴퓨터에서 검색어를 입력하거나 같은 검색 용어 입력을 반복함으로써 토막글 수를 늘리는 것을 허용하지 않는다. 검색자는 다른 용어를 추가로 입력함으로써 책에서 3개 이상의 토막글을 볼 수 있다. 그러나 구글은 “차단(blacklisting)”이라고 부르는 절차를 통해, 한 면에 있는 하나의 토막글과 10쪽마다 한 쪽은 영원히 공개되지 않도록 하였다.

구글은 백과사전, 요리책, 단편시집과 같이 하나의 토막글로 검색자의 필요를 충족시킬 것 같은 유형의 책에 대해서는 토막글 보기를 완전히 막았다. 마지막으로 2005년 이후 구글은 권리자가 온라인으로 서면을 제출하여 요청하면 토막글보기에서 제외하였다.

참여 도서관과의 계약에 따라 구글은 도서관에서 스캔을 위해 제출한 책들(다른 도서관들이 제출한 책은 제외)의 복제물－디지털 이미지와 기계가 읽을 수 있는 형태본－을 내려받을 수 있게 하였다. 이는 참여도서관이 GRIN (the Google Return Interface)에 접속할 수 있도록 허용하여 가능해졌다. 구글과 도서관들 사이의 계약은 비록 모든 면에서 같지는 않지만, 도서관들이 내려받은 디지털 복제물을 이용하는데 저작권법을 준수하고 공중에게 디지털 복제물을 배포하지 않도록 주의한다는 내용이 들어 있다. Grin을 통해서 참여도서관들은 적어도 2.7백만 디지털 복제본을 내려받았다.

3. 1심 절차(생략)

이 유

1. 공정이용법리

저작권법의 목적은 창작자가 저작물의 복제를 배타적으로 통제할 수 있도록 하고, 공공이 누릴 수 있는 유익하고 지적으로 풍부한 저작물을 창작하기 위한 경제 유인을 제공함으로써 공공의 지식과 이해를 넓히는 것이다. 이 목적은 "저작자에게 제한된 기간 동안… 그들의 저술에 대해 배타적인 권리를 보장함으로써… 과학의 발전을 도모하기 위한" 권한을 의회에 준 헌법에 명백히 반영되어 있다. 그래서 저작자는 의심할 여지없이 저작권의 중요한 수혜자이지만, 궁극적으로 원래의 수혜자는 저작권을 보상함으로써 발전시키고자 하는 지식에 접하는 공중이다.

1710년에 영국에서 저작권이 태어난 이후 거의 300년 동안, 법원은 어떤 상황에서는 저작자에게 저작물 복제의 절대 통제권을 주는 것이 공공의 지식을 넓히기 보다는 제한하는 경향이 있을 수 있다고 인정해왔다. 엘렌보로우 경은 "나는 모든 사람들이 자신의 저작권을 향유하는 것을 보장하여야 한다고 생각하지만, 과학에 족쇄를 채워서는 안 된다."고 말했다. 그래서 법원은 마침내 공정이용이라고 이름 붙여진 이론을 발전시켰는데, 어떤 상황에서는 "과학과 유용한 기술의 발전을 도모하려는 저작권법의 목적을" 증진하기 위해 허락받지 않는 복제를 허용하고 있다. 캠벨 판결, 510 U.S. 569, 575. 비록 보통법에서 발전되었지만, 공정이용은 1976년 저작권법 개정으로 §107이 채택됨으로써 성문법으로 편입되었다.(이하 §107 전문 생략)

이용의 "목적과 성격", 저작물의 "성질"을 검토한다는 법문은 어떤 형태의 "목적과 성격" 또는 "성질"이 공정이용을 인정하는데 유리 또는 불리한지를 말하지 않는다. 실제 연방대법원이 캠벨 판결에서 설명하였듯이, 의회 보고서는 개정법을 통과시키면서 의회가 공정이용 정책을 결정할 의도를 갖고 있지 않았다고 밝혔다. 제정목적은 보통법 절차를 통해 법원이 발전시킨 저작권법의 중요한 부분을 성문법으로 인정한다는 것이었다. "의회는 당시의 공정이용법리를 입법하였고 어떤 식으로든 이를 바꾸거나 좁히거나 확대하지 않았고 법원이 계속해서 공정이용을 적용한 보통법의 전통을 이어가기를 원했다." 캠벨 판결, 510 U.S., 577. 나아가 공정이용을 적용해온 오래된 보통법 역사에도 불구하고, 1994년의 캠벨 판결이 비로소 공정이용 인정을 위한 기준을 설명하였다.

캠벨 판결은 §107의 모든 요소를 검토하면서 공정이용의 요건을 폭 넓게 분석하였다. 법원은 법문의 전문에 열거된 사용 목적들이 "예시일 뿐, 제한되지 않으며 법원과 의회가 통상 공정한 이용이라고 인정해온 복제의 종류에 관하여 일반 기준을 제공"하였다고 밝혔다. 510 U.S., 577-578. 법은 사건별 분석을 요구했고 분명한 기준으로 단순화되지 않았다. 577. §107의 4개 요소는 "서로가 따로 다루어지지 않는다. 모두 조사해서 그 결과가 저작권법의 목적에 비추어 함께 평가된다." 578. 그래서 각 요소는 중요한 문제 – 공공의 이익을 위해 창작하는 저작자를 우대하는 한편 공공의 지식을 늘리려는 저작권법의 전체 목적에 가장 잘 이바지하기 위해 원작자의 배타적인 권리를 제한하는 경계를 두는 문제 – 를 다면으로 평가하기 위해 존재한다.

동시에 연방대법원은 4가지 요소중의 일부가 다른 것들보다 더 중요하다고 밝혔다. 법원은 하퍼 판결(Harper & Row Publishers, Inc. v. Nation Enterprises)에서 원작의 저작권 가치나 그 시장에 미치는 피해를 평가하는 4번째 요소가 의심할 여지없이 가장 중요한 공정이용의 평가요소라고 보았다. 이것은 저작권이 저작자가 저작물을 상품화하여 배타적인 권리로부터 이익을 얻도록 하는 상업 권리라는 사실과 일치한다.

캠벨 판결에서 법원은 이용의 목적과 성격이라는 첫째 요소의 중요성을 강조하였다. 이용자가 저작물을 더 새롭고 변형되는 목적으로 이용할수록, 공공의 지식을 풍부하게 하는 저작권법의 목적에 더 맞고, 이용행위가 저작물의 시장활용기회를 줄이면서 원작의 대체물이나 2차적 저작물이 될 가능성은 줄어든다. 510 U.S., 591. (이용이 변형적일 때, "시장 대체는 적어도

확실치 않고 시장 피해는 쉽게 추론되지 않는다"고 판시)

이러한 배경에서 우리는 이 사건 다툼이 벌어지고 있는 쟁점과 관련하여 캠벨 판결과 후속 판례법이 밝힌 바에 따라 법률 요건을 살펴보기로 한다.

2. 검색과 토막글 보기 기능

A. 첫째 요소

(1) 변형 목적

이용의 목적과 성격인 첫째 요소에 관한 캠벨 판결의 설명은 새로운 저작물이 스토리 대법관의 말과 같이 "단지 원 창작물을 대체한 것인지 아니면 다른 목적으로 새로운 것을 더했는지 … 달리 말하면 새로운 저작물이 변형되었는지 그리고 어느 정도 변형되었는지"에 초점을 맞추고 있다. 510 U.S., 578-579. 변형적인 이용이 "공정이용의 인정에 반드시 필요한 것은 아니"라고 인정하지만, 판결은 "과학과 기술을 발전시키려는 저작권의 목적이 보통 변형적인 저작물의 창작에 의해 촉진되고 그러한 저작물이 저작권의 제한속에서 숨 쉴 공간을 보장하는 공정이용 이론의 가운데에 놓여 있다." 579. 달리 말하면 변형 이용은 원작과는 다르고 새로운 것을 전달하거나 원작의 유용성을 넓히는 것이어서, 공공 지식에 기여하는 저작권의 전체 목적에 봉사하기 때문에 공정이용 인정에 유리할 수 있다.

"변형적"이라는 낱말은 문자로는 공정이용을 이해하는 충분한 열쇠가 될 수 없다. 그것은 원작에 가해진 어떤 변화나 모든 변화가 반드시 공정이용으로 인정된다는 것을 뜻하지 않는다. 캠벨 판결에서 연방대법원의 논의는 변형 이용이 공정이용이 인정되는 경우를 평가하는 중요한 지침을 주었다. 그 사건에서 피고는 원작의 패러디이고 그 패러디는 공정이용의 전통 범주라고 항변하였다. 패러디가 풍자보다 더 강하고 명백한 공정이용항변이라는 이유를 설명하면서, 법원은 다음과 같이 말하였다.

기존의 자료로부터 인용하기 위해 패러디스트가 요구하는 핵심은 기존 저작자의 저작물을 비평하기 위해 그 저작자의 저작물을 이용하는 것이다. 반대로 만약 비평이 원작 구성물의 실질이나 형식을 비판하는 관련성이 없다면, 침해자가 단지 주의를 끌기 위해 또는 새로운 것을 만들어내는 힘든 일을 피하기 위해서 이용한다면, 다른 저작물로부터 빌려오는 것이 공정하다는 주장이 (사라지지는 않더라도) 취약해진다… 패러디는 강조하기 위해 원작을 흉내 낼 필요가 있고, 그래서 원작의 창작적인 상상력을 이용한다고 주장한다. 반면에 풍자는 자신의 두 발로 설 수 있기 때문에 빌리는 행위의 정당성이 필요하다. 580-581.

말하자면 다른 사람의 저작물을 공정하게 이용하려는 자는 이용의 정당성을 갖춰야 한다. 이용자는 원저자의 표현이 이용자의 다른 의사를 잘 전달할 것이라는 이유로 원저작물을 자유롭게 이용할 수 없다. 원작을 비평하거나 원작에 관하여 비판하는 것이 다른 저작물을 복제하는 정당성으로 가장 잘 인정된다. 원작과 관련이 없는 요점을 드러낼 목적으로 다른 저작물을 이용하는 행위는 공정한 이용일 수는 있으나 이용자는 정당성을 밝힐 필요가 있을 것이다. 연방대법원이 설시한 이 부분의 이유는 아래에서 자세하게 논의한 바와 같이, 구글이 원작에 관하여 다른 방법으로는 이용할 수 없는 정보를 제공하고 있어서, 변형 목적으로 다른 저작물을 복제한 것이므로 공정이용이라는 구글의 주장을 평가하는데 중요하다.

복제가 변형적인가에 지나치게 단순하게 의존함으로써 발생할 수 있는 복잡성은 "변형하다"는 낱말이 "2차적 저작물"을 정의하는데 역시 중요한 역할을 한다는 것이다. 원작자는 2차적 저작물 작성행위를 금지하는 권리를 갖고 있다. §106은 "(2) 저작물을 바탕으로 2차적 저작물을 작성하는" 저작권자의 배타적인 권리를 명시하고 있다. 법은 2차적 저작물이 무엇인지 설명하기 보다는 예로 들면서 정의하고 있다. 법은 "번역물, 편곡물, 극화물, 소설화물, 영화화물, 녹음물, 미술복제물, 축약물, 요약물"을 열거하고 "저작물을… 변형한 형태"를 추가하고 있다. 17 U.S.C. §101. 우리는 하티트러스트 판결(Authors Guild, Inc. v. HathiTrust)에서, "2차적 저작물의 전형적인 예는 소설을 다른 언어로 변역, 소설을 영화나 연극으로 각색, 또는 소설을 e-북이나 음성책으로 개작한 것을 포함"한다고 했다. 755 F.3d 87, 95 (2d Cir. 2014). 그러한 변화는 변형으로 묘사될 수 있지만, 공정이용 인정에 유리한 일종의 변형 목적은 없다. 법의 정의는 2차적 저작물이 일반적으로 형식의 변화라는 성격을 가진 변형이라는 것을 암시한다. 17 U.S.C. §101. 반면 원작을 비판하거나 비평, 또는 정보를 제공할 목적으로 원작을 복제하는 것은[22] 첫째 요소의 분석과 관련된 캠벨 판결의 변형적인 목적 개념을 명백하게 충족한다.

이러한 내용을 고려하여 우리는 먼저 구글의 검색 및 토막글 보기 기능이 원고들의 저작권과 관련하여 공정이용의 첫째 요소를 충족하는지 검토한다(이러한 기능들이 원고들의 2차적 저작물 작성권을 침해하는 지는 다음 항에서 살펴본다.).

(2) 검색기능

우리는 검색자가 관심 용어가 들어 있는 책을 알아보려는 목적으로 구글이 원고들 책을 디지털복사한 행위가 캠벨 판결의 의미로 매우 변형적인 목적이라고 결론내리는데 어려움이 없다. 하티트러스트 판결에서 우리 법원은 이러한 결론을 알려주었다. 그 사건은 이 사건과 똑같지는 않더라도 매우 관련되어 있는 다툼이었다. 저자들은 구글이 만든 디지털 복제물을 모으기 위해 구글 도서관 사업에 참여한 도서관들이 설립한 하티트러스트를 상대로 저작권침해금지소송을 걸었다. 소송은 하티트러스트가 디지털 복제물을 다양하게 사용하는 방법을 문제삼았다. 예컨대 구글이 인터넷 이용자들에게 제공한 검색기능과 마찬가지로, 하티트러스트는 도서관 회원들에게 특정 낱말이나 용어가 나오는 디지털 책을 찾을 수 있도록 "책 검색"기능을 제공하였다. 755 F.3d, 98(하티트러스트 검색에는 토막글보기나 다른 문장 보여주기 기능은 없다.) 우리는 디지털 복제와 검색기능을 제공하기 위한

---

22) 하티트러스트 판결, 755 F.3d, 97-98 (검색자가 글에서 특정 낱말을 쓰는지 알아보기 위한 목적으로 원작을 디지털 복제하는 행위를 변형적인 공정이용 목적으로 인정); A.V. ex rel. Vanderhye v. iParadigms, LLC, 562 F.3d 630, 638-640 (4th Cir. 2009) (다른 저작물을 표절했는지 확인하기 위해 글의 원고를 모두 디지털복제하는 것을 변형적인 공정이용 목적으로 인정); Perfect 10 Inc. v. Amazon.com, Inc., 508, F.3d 1146, 1165 (9th Cir. 2007) (원작의 인터넷 경로를 제공하기 위해 디지털로 썸네일 복제하는 것을 변형적인 공정이용 목적으로 인정); Kelly v. Arriba Soft Corp., 336 F.3d 811, 818-819 (9th Cir. 2003) (같은 내용); Bond v. Blum, 317 F.3d 385 (4th Cir. 2003) (아버지를 죽이고 아이들을 감금하였다는 사실을 보여주기 위해 출간되지 않은 자서전의 원고를 복제한 행위를 공정이용 목적으로 인정); Nuñez v. Carribean Int'l News Corp., 235 F.3d 18, 21-23 (1st Cir. 2000) (공중에게 미인대회 우승이 철회된 이유를 알려주기 위해 우승자의 노출 사진을 신문이 복제한 행위는 변형적인 공정이용 목적으로 인정).

그 복제물의 이용은 공정이용라고 결론지었다. 105.

도서관들이 책 전체의 디지털 복제물을 내려받고 저장했다 하더라도 우리는 검색자들이 관심있는 낱말이나 용어가 나타나는 책을 확인하고 찾기 위해서는 그러한 복제가 불가피하다고 보았다. 97.

우리는 "낱말 검색 결과는 검색된 책 및 쪽과는 목적, 성격, 표현, 의미, 의사에서 다르므로 … 전체 검색 데이터베이스의 제작은 변형적인 이용임에 틀림없다." 우리는 복제물이 "원작과는 다른 기능에 봉사할" 때 저작물의 완전한 디지털 복제는 변형적인 공정이용이라고 인정한 사례들을 인용했다. 하티트러스트 판결, 755 F.3d,97.

하티트러스트 사건(그리고 iParadigms 사건)처럼, 저작권으로 보호되는 원작을 구글이 복제한 목적은 그 책의 중요한 정보를 이용할 수 있게 하여, 검색자가 관심있는 낱말이나 용어를 갖고 있거나 갖지 않은 것들을 확인하도록 한다. ngrams 도구를 통하여 구글은 독자들이 역사적인 기간 동안 출판된 책들속에서 선택어의 이용빈도를 알 수 있게 한다. 우리는 이러한 복제의 목적이 캠벨 판결이 설명한 종류의 변형 목적으로서 첫째 요소를 충족하는데 매우 유리하다고 본다.

우리는 이 사건이 2가지 중요한 면에서 하티트러스트 사건과 다를 수 있다고 본다. 첫째, 하티트러스트는 "이용자에게 저작물의 문장을 보여주지" 않은 반면, 755 F.3d, 91, 구글책은 검색자에게 검색어가 들어 있는 토막글을 보여준다. 둘째, 하티트러스트는 비영리 교육기관이고, 구글은 이익을 추구하는 상업 회사이다. 우리는 이러한 차이점을 아래에서 검토한다.

(3) 토막글보기

원고들이 구글 책 검색 기능은 검색자에게 검색된 책의 토막글을 보여주지만, 하티트러스트는 책을 전혀 보여주지 않는다는 점에서 이 사건은 하티트러스트 사건과 매우 다르다고 지적한 것은 올바르다. 토막글 보기는 검색된 용어가 책에 있는지, 얼마나 자주 있는지를 알려주는 변형적인 검색기능 외에 중요한 가치가 더 있다. 단지 관심 용어가 책에 나타난다고 아는 것만으로는 검색자에게 책을 살 필요가 있는지를 말해주지 않는다. 왜냐하면 용어가 검색자의 관심영역에 해당되는 방식이나 문맥에서 발견되었는지가 나타나지 않기 때문이다. 예를 들면 아인슈타인의 이론을 활용하는 책을 구하는 검색자는 "아인슈타인"을 39번 사용한 책을 발견해도, 저자의 모자 이름이기 때문에 "아인슈타인"을 말한다는 사실을 토막글로 드러난다면 그 책을 무시할 수 있다. 반면에 토막글이 아인슈타인의 이론과 관련되어 있음을 보여준다면, 검색자는 토막글에 의해 입수할 필요가 있는 책이라는 사실을 알게 될 것이다.

구글이 작은 토막글로 내용을 나눈 것은 검색자에게 책이 관심영역내의 것인지를 평가하는데 도움을 주기 위해 (저작권자의 이익을 위협할만큼 공개하지 않고) 검색어를 둘러싼 충분한 맥락을 보여주려고 마련되었다. 그래서 토막글보기는 검색자에게 흥미있는 책을 확인하는 매우 변형 목적을 추가하고 있다. 첫째 요소의 심사와 관련하여 공정이용 인정에 유리하다(변형 목적의 가치가 세 번째 및 네 번째 요소에서 검토하는 바와 같이 원고들 책을 대체하는 자료를 제공하는 방식이 아니라면).

(4) 구글의 상업 동기

원고들은 또한 구글의 상업 동기가 첫째 요소에서 원고들에게 유리하다고 주장한다. 노서관들이 설립한 비영리기관인 하티트러스트 사건과 구글에게 상업 동기가 있는 이 사건은 다르다고 한다. 비록 구글이 구글 책 기능을 운영하여 직접 수입을 얻지 않았다 하더라도, 원고들은 구글이 수익을 좇는 업체이고 인터넷 검색 시장의 전체 지배력을 강화하기 위해 책 검색을 이용하고 있고, 그럼으로써 구글은 간접적으로 구글 책 기능으로부터 수익을 거두고 있다고 강조한다.

이러한 주장의 근거로 원고들은 주로 2가지를 들고 있다. 첫째, 의회가 §107에서 공정이용의 첫째 요소를 열거하면서, "이용의 목적과 성격"의 검토에 "이용이 상업 성격 또는 비영리 교육 목적인지를 포함"해야 한다고 명시하였다. 둘째, Sony Corporation of America v. Universal City Studios, Inc 판결에서 연방대법원이 "저작물의 모든 상업 이용은 불공정한 것으로 추정된다."고 판시하였다. 464 U.S. 417, 451 (1984). 만약 상업 동기 관련성에 선례의 권위가 있다면 원고들의 주장에 인상적인 뒷받침이 될 것이다. 그러나 이용의 상업 동기는 어떤 상황에서는 의심할 여지없이 공정이용 인정에 불리할 수 있지만, 연방대법원, 우리 법원, 다른 법원은 소니 판결의 위 이유가 매우 과장되었다고 인정해왔다.

캠벨사건에서 연방대법원은 "§107조 전문에 예시된 거의 모든 이용이 … 대개 이 나라에서 수익목적으로 이루어지는 것처럼," 의회는 상업적인 공정이용에 대해 그러한 넓은 추정을 의도하지 않았을 거라고 보면서, 항소심 판결을 취소하였다. 연방대법원은 작품의 상업 또는 비영리 성격은 "결정적이지 않고" 단지 "공정이용 판단에서 다른 요소들과 함께 평가되어야 하는 하나의 사실"이라는 취지로 의회보고서 내용을 강조하였다. 법원은 공정이용의 첫째 요소를 설명하면서 "이용이 더 변형될수록, 공정이용 인정에 불리한 상업성과 같은 다른 요소들의 중요성은 줄어든다."고 했다. 579.

우리 법원은 그 후 상업 동기가 설득력있는 변형 목적이나 원작을 대체하는 경쟁 작품이 아니라는 것보다 더 중요하다는 주장을 되풀이하여 배척하였다. Cariou v. Prince, 714 F.3d 694, 708 (2d Cir. 2013), 상고허가신청 기각, 134 S. Ct. 618 (2013) ("영리/비영리 2분법은 원작을 베끼는 직접 결과에 따라 상당한 수입을 올리기 위해 이용자가 저작물을 허락없이 이용할 때 발생하는 불공정성과 관련이 있다. 연방대법원이 인정하는 바와 같이 의회가 상업 목적 이용이 불공정하다고 추정된다는 법리를 의도하지 않았을 것이기 때문에 이 요소는 신중하게 적용되어야 한다. 대신에 새 작품이 더 변형될수록, 상업성과 같이 공정이용인정에 불리한 다른 요소들의 중요성은 줄어든다.")

우리가 어떤 상황에서는 특히 연방대법원이 암시하듯이 설득력있는 변형 목적이 부족할 때, 이용의 상업 동기가 공정이용에 불리할 것이라고 인정하지만, 우리는 이 사건에서 공정이용을 인정하는 이유로서 원작을 대체하는 경쟁 제품이 아니고 매우 설득력있는 변형 목적이 있는데도, 공정이용을 거부하는 이유로 구글의 전체 이윤 동기가 중요한 이유를 알지 못한다. 패러디 뿐만 아니라 뉴스보도와 역사 또는 분석연구 관련 책의 인용과 논평, 책비평, 공연과 같이 보통 공정이용의 형태로 받아들여지는 많은 행위는 모두 상업상 수익을 얻기 위해서 이루어진다.[23)]

23) 상업 이용을 공정이용이 아니라고 추정하면서 대부분 폭넓게 인정되고 논리상 정

B. 두 번째 요소

두 번째 공정이용 요소는 "저작물의 성격"을 검토한다. 이 요소는 공정이용 분쟁을 해결하는데 거의 중요한 역할을 하지 않는다. 연방대법원은 하퍼 사건에서 "법은 대개 허구물 또는 공상물보다는 사실 저작물을 퍼트릴 필요성이 더 크다고 인정하고 있다."고 판시하였다. 471 U.S. 539,563(1985). 법원은 종종 이것이 허구물의 복제보다는 사실적 저작물을 복제했을 때 공정이용의 인정에 유리할 수 있다는 것을 의미한다고 추론하였다. 그러나 저작권은 저작물에 들어 있는 사실 또는 아이디어를 보호하지 않고, 그러한 사실과 아이디어를 표현하는 저작자의 방식을 보호한다. 적어도 공정이용의 정당성에 설득력이 없다면 허구물의 저작자처럼 사실적인 저작물의 저작자도 그들의 보호되는 표현에 권리가 인정되어야 한다. 원작이 사실적인 저작물이라는 이유로 다른 사람들이 자유롭게 베낄 수 있다고 추정되어서는 안 된다. 뉴스를 보도하는 사람들은 사실 저작물을 창작하는 것이 틀림없다. 그 때문에 다른 사람들이 뉴스보도를 자유롭게 베끼고 다시 퍼트릴 수 있다고 말할 수 없다.

원고 세 사람의 책은 각각 사실적이지만, 우리는 그것이 구글의 공정이용 주장을 뒷받침해준다고 생각하지 않는다. 만약 원고들 책이 허구물이라 해도, 우리의 판단이 바뀌리라고는 생각하지 않는다. 이 사건에서 두 번째 요소와 관련하여 달리 영향을 미치는 것은 없다. 원저작물의 성격이 캠벨 판결에서 보듯이, 변형하는 방식으로 원작을 이용했는지를 평가하기 위해 이용물의 "목적과 성격"에 결합되어 있는 범위에서, 원고들 책이 사실적이어서가 아니라, 원작을 의미있게 대체하는 방식으로 보호되는 표현을 베꼈다기보다는 이용(구글의 복제)이 원작의 가치있는 정보를 변형하여 제공하고 있기 때문에 두 번째 요소는 공정이용에 유리하다.

당한 공정이용을 거부할 이유가 없는 것과 마찬가지로, 비영리교육목적의 범주가 공정이용으로 인정된다고 추정할 이유도 없다. 교육목적으로 글을 쓰는 저자와 교육자료를 출판하기 위해 돈을 투자하는 발행인은 만약 이용자가 비영리교육 서비스를 위해 복제를 한다는 이유만으로 누구나 자유롭게 자료를 복제할 수 있다면 수입을 얻을 수 없게 될 것이다. 만약 비영리교육 목적으로 출간물이 자유롭게 복제될 수 있다면 교육자료의 발행은 실질적으로 줄어들 것이다.

C. 세 번째 요소

세 번째 요소는 "원작을 이용한 부분의 양과 질"을 살펴보도록 하고 있다. 세 번째 요소의 분명한 의미는 많이 복제하거나 원작의 가장 중요한 부분을 복제했을 때 보다는 복제된 양이 적거나 중요하지 않은 부분일 때 공정이용이 인정될 수 있다는 것이다. 그 이유는 3번째와 4번째 요소 사이의 관계와 관련되어 있다. 복제된 부분의 양이나 중요성이 더 클수록, 복제한 저작물이 원작과 효과적으로 경쟁하는 대체물이 될 수 있고, 원작 권리자의 판매와 수익이 줄어들 수 있다.

(1) 검색기능

구글 책 프로그램은 원고들 책을 모두 디지털로 복제하였다. 원작을 더 적은 양으로 복제하면 공정이용에 유리하다는 세 번째 요소의 합리적인 추론에도 불구하고, 법원은 전체 복제가 공정이용이 될 수 없다는 법리를 받아들이지 않았다. 변형 목적을 달성하기 위해 합리적으로 적절하고 원작의 경쟁물이 되지 않는 방식으로 이루어졌다면 여러 차례 완벽한 복제도 공정이용으로 인정되어 왔다.[24] 연방대법원은 캠벨 판결에서 "허용되는 복제의 범위는 이용의 목적과 성격에 따라 달라지고" "이용된 양과 질이 복제의 목적과 관련하여 합리적인지 여부"에 달려 있다고 판시하였다. 또한 그 질문에 대한 답은 "복제한 작품이 원작 또는 잠정적으로 이용허락될 수 있는 2차적 저작물에 대한 시장 대체물로 여겨지는 정도"에 의해 영향을 받을 것이라고 판시하였다. 587-588(패러디곡의 경우에 "얼마나 합리적인지는 곡의 가장 주된 목적과 성격이 원작을 패러디하는 정도, 아니면 패러디가 원작의 시장 대체물로 작용하는가"에 달려 있다고 인정).

하티트러스트 판결에서 우리 법원은 세 번째 요소를 살펴보면서 "하티트러스트 디지털 도서관이 전문 검색 기능을 제공하기 위해서 저작물을 통째로 이용할 합리적인 필요가 있었기 때문에 우리는 복제가 지나치다고 믿지 않는다."라고 결론내렸다. 하티트러스트 판결과 마찬가지로 원작을 전체 복제한 것은 구글의 변형 목적에 따라 합리적으로 보아 적절할 뿐만 아니라,

24) Bill Graham Archives v. Dorling Kindersley Ltd., 448 F.3d 605, 613. (2d Cir. 2006) ("저작물의 전체 복제는 때때로 저작물의 공정이용을 위해 필요하다.")

그 목적을 이루기 위해 정말로 필요하다. 만약 구글이 원작 전체를 복제하지 않았다면, 검색기능은 검색자에게 검색어가 책에 나타나는지 (또는 몇 번 나타나는지)를 믿을만하게 알려줄 수 없다.

구글이 책 전체를 허락받지 않고 디지털 복제하였지만, 그 복제물을 공중에 제공하지 않았다. 복제물을 통해 책의 제한되고 중요한 정보를 제공하기 위해 검색기능을 이용할 수 있도록 하였다.

(2) 토막글 보기

구글이 토막글보기를 제공한 것은 하티트러스트 사건의 내용과 다른 3번째 요소의 문제이다. 중요한 것은 복제된 부분의 양과 질이 아니라, 경쟁물로 작용하여 공중이 이용가능한 양과 질이다.

의심할 여지없이 검색자가 복제된 문장의 일부를 보도록 하는 것은 공정이용분석에서 결정적인 영향을 미칠 수 있다. 검색자가 저작물의 더 많은 내용을 볼 수 있고 어느 부분을 볼 것인지 더 잘 검색할수록, 원고의 책을 구입하는 대신에 효과적이고 자유롭게 이용할 수 있게 될 가능성이 커진다. 그럼에도 불구하고 우리는 구글이 현재 만든 토막글보기는 시장에 원작과 경쟁하는 대체물을 제공하는 문제를 드러내지 않는다고 본다.

구글은 토막글 특성을 원고들 책과 효과적으로 경쟁하는 대체물이 되지 않도록 하는 방식으로 만들었다. 이 의견의 배경에서 우리는 구글이 토막글 기능에 더한 여러 제한을 설명하였다. 이것은 토막글의 작은 크기(대개 1/8쪽), 쪽 당 토막글 1개 및 10쪽당 한 쪽 공개금지, 검색어 당 3개 이하 토막글 보여주기, 검색 횟수와 컴퓨터 수와 무관하게 같은 검색어에 같은 토막글을 보여주기를 포함하고 있다. 또한 구글은 일부를 보더라도 검색자의 필요를 만족할 것 같은 사전과 요리책과 같은 책은 토막글보기를 제공하지 않는다. 이러한 제한 결과 기록상 보면, 검색자는 어떤 노력을 해도 원작을 대체하는 경쟁물로 이용될 수 있는 내용을 토막글 검색을 통해 얻을 수 없었다.

토막글 보기에서 책 내용의 약 22%를 영원히 차단하는 것이 구글이 설계한 장애물 중 가장 중요한 것은 아니다. 22% 차단이 이론적으로는 검색자에게 78%에 접근할 수 있는 여지를 남긴 것은 사실이지만, 78%의 많은 부분은 사실상 접근가능하지 않다. 프로그램에서 함께 작동하는 다른 제한 때문에 상당한 기간에 걸쳐 끈질긴 노력을 해도 책의 일부와 군데군데만 접근할 수 있다. 계속되는 토막글 검색을 통해 검색자가 얼마나 많은 부분을 읽을 수 있는지를 보여주기 위해, 원고들 대리인은 조사자들을 채용하여 몇 주간 낱말을 동시 검색했다. 어떤 경우에도 그들은 책내용의 16% 이상을 접근할 수 없었고, 입수한 토막글은 대개 연속되지 않았고 책 전체에 띄엄띄엄 흩어져 있었다. 구글의 토막글은 임의로 동일하게 줄에 따라 나누어졌고 완전한 문장이나 절, 내용으로 나뉘지 않았기 때문에 검색자는 책의 검색어 사용에 관하여 더 많은 정보를 얻는데 어려움이 적지 않다. 토막글 보기는 같은 용어로 반복되는 검색에 쪽당 하나의 토막글만 보여주듯이, 검색자가 낱말을 이용하여 더 확장되고 연속되는 논의를 알아보기 위해 토막글 하나 이상에 접근하는 것은 어렵거나 종종 불가능하다.

원고들 조사자들이 원고들 책 내용의 16%를 알아냈다는 사실은 토막글 보기가 의미있는 대체물을 제공할 수 있다는 정도를 과장하고 있다. 적어도 공개되는 낱말들의 비율만큼 공개되는 방식과 순서가 중요하다. 검색기능이 저작권으로 보호되는 책에 있는 낱말을 모두 공개한다 해도, 만약 낱말이 알파벳 순서로 또는 원래 책에 있는 순서가 아닌 다른 순서로 공개된다면 원작을 대체할 만한 가치는 거의 없을 것이다. 만약 공개가 원작의 의미를 거의 전달하지 않는 형태라면 3번째 요소가 의도하는 "실질적인" 공개라고 말할 수 없다. 단호하고도 성실하며 끈질긴 검색 후에도 토막글이 파편화되고 흩어져 있는 것이라면 설령 책 내용의 16%에 이른다 하더라도, 공개는 실질적이지 않다. 만약 토막글 보기가 책 내용의 16%에 이르는 분량으로 쭉 이어지는 내용을 공개하는데 사용될 수 있다면 그것은 우리의 질문 범위를 넘는 어려운 문제가 된다.

D. 네 번째 요소

네 번째 공정이용 요소인 "저작물의 가치나 잠재 시장에 미치는 이용의 영향"은 복제가 원작이나 2차적 저작물을 대체하는 경쟁품을 시장에 제공하여 잠재 고객이 원작이 아닌 복제품을 구입할 가능성 때문에 권리자에게서 상당한 수익을 빼앗는지에 초점을 맞추고 있다.

캠벨 판결은 원작의 목적과 다른 목적을 이루기 위해 복제가 이루어질수록 복제는 원작을 대체하는 효과는 적을 것이라는 점에서 첫째와 넷째 요소가 아주 가까운 관계임을 강조하였다. 그 관점에 맞게, 하티트러스트 법원은 넷째 요소는 피고에게 유리하다고 보고, 검색어를 포함하고 있는지를 알아보기 위해 책 내용을 검색하는 기능은 "검색된 책의 대체물로 작용하지 않기" 때문에 공정이용을 인정하였다.

그러나 이용이 원작의 효과적인 대체물로 작용할 가능성에 대한 캠벨 판결의 관점은 그 정도에 그친다. 복제의 목적이 가치있는 변형을 하기 위한 것이라 해도, 만약 원작을 대체하는 경쟁물로 이용될 수 있도록 원작의 많은 부분을 널리 공개하는 결과가 되는 방식으로 복제가 이루어진다면 그 복제는 저작권으로 보호되는 원작의 가치를 해칠 수 있다. 우리의 질문은 토막글 보기가 변형 목적에도 불구하고 그러한 가이다. 우리는 적어도 현재의 설정된 토막글 보기는 그렇지 않다는 결론이다.

특히 책의 정상 구입가가 무작위로 흩어진 토막글의 임의적인 정렬을 위해 필요한 인력에 들이는 비용과 비교해서 상대적으로 낮다는 사실에 비추어 볼 때, 우리는 토막글 기능이 섬색자에게 효과적으로 원작을 대체하는 경쟁물의 접근을 허용하지 않는다고 결론짓는다. 많은 노력을 들여도 토막글보기는 합계 16% 이하로 연속되지 않고, 작은 파편들을 내놓을 뿐이다. 이것이 저작권자에게 저작물의 가치에 중대한 피해를 입히거나 저작권수입을 줄이는 위험을 넘기지 않는다.

토막글기능으로 판매가 조금 줄어들 수는 있다. 토막글 보기로 검색자가 책을 볼 필요성이 충분히 충족되고 그 검색자가 책을 사지 않거나 도서관에서 신청하는 수요가 줄어들어 도서관이 책을 더 사지 않는 경우가 분명히 있을 것이다. 그러나 판매의 일부 손실 가능성 또는 개연성이나 확실성은 넷째 요소가 원작의 권리자에게 유리하게, 효과적으로 대체하는 경쟁물을 복제한다고 보기에 충분치 않다. "저작물의 가치나 잠재적인 시장에" 의미있거나 중요한 영향이 있어야 한다. 17 U.S.C. § 107(4).

나아가 위에서 상상한 판매 감소 유형은 저작권이 보호하지 않는 이익과 관련하여 일반적으로 일어난다. 토막글은 검색자가 확인할 필요가 있는 역사적인 사실을 알려주기 때문에 토막글 기능으로 인해 검색자가 저작물에 접근할 필요성이 때때로 충족될 것이다. 예를 들면 루스벨트 대통령에 관한 논문을 쓰는 학생은 루스벨트가 소아마비에 걸린 해를 알 필요가 있을 것이다. 학생은 구글 책 검색에서 "루스벨트 소아마비"를 입력하면 1921년에 소아마비를 앓았다고 말해주는 골드버그의 책 "루스벨트 만들기(1981)" 31쪽의 토막글로 안내될 것이다. 이것으로 검색자가 책을 볼 필요성은 충족되고, 책을 사거나 도서관에서 빌려 볼 필요성은 없어질 것이다. 그러나 검색자가 토막글보기에서 얻은 것은 역사의 사실이다. 저자 골드버그의 저작권은 그의 책이 전달한 사실에 미치지 않는다. 구글은 골드버그의 저작권을 침해하지 않고 골드버그의 책에서 정보를 얻어 루스벨트가 피해를 입은 해에 관한 학생의 질문에 대답할 수 있다. 학생이 토막글 검색을 할 때, 검색자의 요구를 넘어 골드버그 책의 문장 3줄과 함께 정보가 제공되었다는 사실때문에 보호되지 않는 사실을 알게 된 것이 저작권침해로 바뀌지 않을 것이다.

비록 토막글이 저자의 표현을 일부 담고 있다 하더라도, 토막글 한 개가 짧고 토막글보기를 통해 이용가능한 토막글을 모으는 것이 번거롭고 연결이 안 되고 불완전하기 때문에, 우리는 저작물의 보호되는 내용에 대한 검색자의 관심이 토막글 보기를 통해 충족되는 경우는 드물 것이라고 생각한다. 그리고 토막글 보기가 책을 사는 대신 책의 대체물이 되는 것은 더 드문 일이라고 생각한다.

따라서 저작권의 목적에 비추어 볼 때, 넷째 공정이용 요소를 검토하면서 우리는 구글이 공중에게 검색 및 토막글 보기 기능(적어도 지금처럼 설계된 것)을 제공하기 위해 원고들 책을 모두 디지털로 복제한 것은 공정이용이고, 책에 대한 원고들의 저작권을 침해하지 않았다고 결론내린다.

Ⅲ. 검색 및 토막글 보기와 2차적 저작물 작성권

다음으로 원고들은 검색 및 토막글 보기 기능의 적용과 관련하여 §106(2)에 따라 2차적 저작물 작성권을 가지고 있고, 구글이 그러한 2차적 저작권의 배타적인 시장을 빼앗았다고 주장하고 있다.

이 주장은 이유없다. 위에서 설명하였듯이, 특정 낱말이나 용어를 이용하는 지, 얼마나 자주 쓰는 지와 같은 책에 관한 정보를 얻을 수 있도록 공중에게 복제물을 제공한 경우, 구글은 원고들의 저작물을 디지털 복제함으로써 저작권을 침해하지 않았다. 원고들의 저작물로부터 나오는 저작권은 구글 프로그램이 공중에게 제공하는 저작물에 대한 일종의 정보를 주는 배타적인 권리를 포함하지 않고 있다. 실질적으로 같은 이유로 원고들의 저작물을 보호하는 저작권은 디지털화된 복제물에 대한 정보를 제공하는 배타적인 2차적 저작물 작성권을 포함하지 않고 있다.

저작물 원작의 복제 외에 2차적 저작물의 복제도 포함하여 저작권보호를 넓힌 것은 분명하고도 논리적인 정책 선택을 반영한다. 저작물의 배포를 통제하고 이를 통해 이익을 얻는 저작자의 권리는 저작물을 다른 형태로 전환함으로써 배제되어서는 안 된다. 영어로 쓴 책의 저자는 다른 언어로 번역되거나 영화로 변환되는 책의 배포를 통제할 권리가 주어져야 한다. 교향곡이나 노래의 작곡가가 갖는 저작권은 연주의 녹음뿐만 아니라 다른 기악연주를 위한 곡으로 바꾸는 것도 통제하여야 한다.

이 정책은 법의 정의에서 "저작물을 개작, 변형, 또는 각색한 다른 형태" 전에 "번역물, 편곡물, 극화물, 소설화물, 영화화물, 녹음물, 미술복제물, 축약물, 요약물"을 포함한 사례를 들어 "2차적 저작물"의 범위를 설명한 것에 반영되어 있다. 17 U.S.C. §101. 위에서 적었듯이, 이 정의는 불명확하지만 원작의 저작자가 배타적인 권리로 갖고 있는 2차적 저작물은 보통 보호되는 원작의 내용, 즉 표현이 변환된 것임을 강하게 암시하고 있다. 예를 들면 소설을 영화로 변환, 글을 다른 언어로 번역, 그림을 포스터나 엽서 형태로 제작, 만화주인공을 3차원의 장난감형태로 재제작, 음악을 다른 연주곡으로 개작, 또는 다른 비슷한 변환 등 수정된 형태로 바뀐다. 구글은 공중이 디지털 복제물을 보지 못하도록 하고 있고, 검색기능과 토막글 보기를 통해 이용가능한 매우 제한된 정보검색을 공중에게 허용하는 범위에서만 접근을 허락하고 있다. 구글 프로그램은 책의 표현적인 내용에 실질적으로 접근하는 것을 불허하고 있다. 2차적 저작물의 법적 정의나 그에 관한 이론은 원작의 저작자가 구글의 검색 기능이 전달하는 종류의 정보를 제공하기 위한 배타적인 2차적 저작권을 갖고 있다고 시사하지 않고 있다.

원고들은 구글 프로그램의 수익 창출과 같은 저작권관리센터(Copyright Clearance Center)가 제공하는 디지털 저작물의 유료 이용허락 시장이 있거나 있을 것이라는 증명에 의해 그들의 2차적 저작물 주장을 뒷받침하려고 한다. 또한 원고들은 이 사건에서 지방법원이 거부한 합의안(구글이 저작물의 디지털 복제물의 사용에 대해 저작자에게 수수료를 지불하는 내용)을 지적하고 있다. 그러한 유료 이용허락 시장체계의 존재나 가능성은 원고들의 2차적 저작물 주장을 뒷받침하지 않는다. 원고들이 인용한 유료 이용허락합의가 제공하거나 제공하게 될 원작의 표현적인 내용에 대한 접근범위는 구글의 검색 및 토막글 보기 기능이 제공하는 것보다 훨씬 더 넓다. 그 합의는 공중이 책의 상당한 내용을 읽도록 허락하거나 하게 될 것이다. 그러한 이용은 저작권자가 허락하지 않는다면 저작권침해를 구성하게 될 것이다. 따라서 그러한 합의는 구글의 현재 프로그램, 즉 책의 실질적인 내용을 읽도록 허락하지 않고 비침해적인 방식으로 공중이 책내용에 관한 제한된 자료만을 얻을 수 있게 하는 프로그램과는 관련이 없다.

Ⅳ. 원고들이 구글 파일로 인하여 해킹에 노출될 위험(생략)

Ⅴ. 구글이 참여도서관들에게 디지털복제물을 제공한 행위(생략)

결 론

요약하면 우리는 (1) 구글이 저작권으로 보호되는 저작물을 허락없이 디지털로 복제하고 검색기능을 만들고, 그 저작물로부터 토막글을 보여준 것은 비침해적인 공정이용이다. 복제 목적은 매우 변형적이고, 본문의 공개는 제한되며, 공개가 원작의 보호되는 내용에 대한 시장의 대체물을 제공하지 않는다. 구글의 상업 성격과 이윤동기로 인해 공정이용을 배척하는 것은 옳지 않다. (2) 도서관들이 저작권법에 맞는 방식으로 복제물을 쓸 것으로 이해하고, 책을 제공한 도서관들에게 디지털 복제물을 준 구글의 행위는 침해에 해당되지 않는다. 기록상 구글이 기여침해자라고 인정되지 않는다.

지방법원의 판결을 인용한다.

다. 패러디(Parody)

패러디는 희극 효과 또는 사회 비평을 위해 원작의 표현과 형식을 흉내내는 것을 말한다. 저작권법에는 패러디에 관한 규정이 없으나 법원이 공정이용의 한 예로 인정했다.

Campbell v. Acuff-Rose Music, Inc.

연방대법원
510 U. S. 569(1994)

사 안

1964년 오비슨(Roy Orbison)과 디즈(William Dees)는 "Oh, Pretty Woman"이라는 제목의 록 발라드를 만들어 그들의 권리를 피상고인 (Acuff-Rose Music, Inc)에게 양도하였고 피상고인은 이 노래의 저작권을 등록하였다. 상고인들은 랩 음악그룹인 2 Live Crew의 멤버인 캠벨(Luther R. Campbell)을 포함한 4명이다. 1989년 캠벨은 원곡을 익살스런 가사를 통해 풍자할 의도로 "Pretty Woman"이라는 제목의 노래를 만들었다. 1989. 7. 5. 2 Live Crew의 매니저는 피상고인에게 2 Live Crew의 노래와 가사를 보내면서 2 Live Crew가 "Oh, Pretty Woman"의 패러디를 만들었고 원곡에 대한 피상고인과 오비슨, 디즈의 저작권을 인정하며 원곡의 사용수수료를 줄 의사가 있다고 알렸다. 피상고인의 대리인은 "Oh, Pretty Woman"을 패러디로 사용하는 것을 거절하였다. 그럼에도 불구하고 2 Live Crew는 "Pretty Woman"을 담은 음반, 카세트 테이프, CD를 발매하였다. 음반과 CD에는 "Pretty Woman"의 저작자는 오비슨과 디즈로, 발행인은 피상고인으로 적었다.

거의 25만장이 팔리고 나서 1년 뒤 피상고인은 2 Live Crew와 음반회사를 상대로 저작권침해금지소송을 걸었다. 테네시 중부 연방지방법원은 2 Live Crew 승소판결을 했고 연방 제6항소법원은 지방법원판결을 뒤집었다.

판결요지

연방대법관 수터(SOUTER) :

1.

우리는 오비슨의 노래 "Oh, Pretty Woman"에 대한 2 Live Crew의 상업 패러디가 저작권법상 공정이용에 해당되는지에 대하여 판단을 하여야 한다.

저작권의 보호가 시작되면서부터 저작물의 공정한 이용은 저작권 그 자체의 목적을 달성하기 위하여 필요하다고 인식되었다. 연방대법관 스토리는 다음과 같이 풀이하고 있다. "참으로 문학이나 과학, 예술에서 추상적인 의미로 완전히 새롭거나 독창적인 것은 거의 없다. 문학이나 과학, 예술의 모든 책은 과거에 잘 알려진 것이나 사용된 것을 빌리거나 반드시 빌려서 사용해야 한다." 의회가 처음 저작권법을 만들 때 공정이용을 명시하여 규정하지 않았으나 법원은 공정이용법리를 인정해 왔다. 공정이용법리는 원래 장려하고자 하는 창작성 그 자체를 법이 억누를 경우 법원이 저작권법의 엄격한 적용을 피하는 것을 허용하고 또 그렇게 하도록 요청하고 있다.

A. 공정이용판단에 있어서 첫 번째 요소는 "상업 성질의 것인지 또는 비영리 교육목적을 위한 것인지를 포함한, 이용의 목적 및 성격"이다. 여기서의 의문은 §107의 전문에 있는 예, 즉 비평, 논평, 시사보도 등과 같은 이용인지를 살펴보아 실마리를 얻을 수 있다. 이 검토의 중심 목적은 새로운 작품이 단지 원래의 창작물을 대체하는지, 아니면 원작품을 새로운 표현과 의미 또는 메시지로 바꾸면서 추가목적이나 다른 성격을 가진 뭔가 새로운 것을 더했는지를 알아보는 것이다. 달리 말하면 새 작품이 변형되었는지 여부와 얼마나 변형되었는지를 알아보는 것이다. 비록 그러한 변형 이용이 공정이용의 인정에 있어서 반드시 필요한 것은 아닐 지라도 학문과 예술의 발전을 장려하고자 하는 저작권법의 목적은 변형적인 작품의 창작에 의해 일반적으로 촉진된다. 새로운 작품이 변형적될수록 상업성과 같은 공정이용의 인정에 불리한 다른 요소들의 중요성은 줄어들 것이다.

우리는 패러디가 다른 논평이나 비평처럼 §107의 공정이용이 될 수 있음을 인정한 법원들과 같은 입장에 서고자 한다. 현대사전은 패러디를 "희극적인 효과나 비웃음을 위해 다른 작가나 작품의 특징적인 모습을 흉내낸 문학 또는 예술 작품," 또는 "저자 혹은 일정 부류의 저자들의 생각과 문장의 특징적인 표현을 조롱하는 방법으로 흉내내는 산문과 운문의 작문법"이라고 설명하고 있다. 저작권법의 목적상 패러디 정의의 요점과 기존의 자료를 인용하기 위한 패러디스트들 주장의 핵심은 적어도 일부라도 기존 저자의 작품을 비평하는 새로운 작품을 만들기 위해 기존 저자의 작품 일부 요소들을 이용하는 것이다.

물론 패러디가 표절의 합법성을 주장할 수 있다고 해서 패러디스트나 판사에게 어디에 경계를 그어야 할 것인지를 충분히 말해주지 않는다. 비평을 위해 저작물을 인용하는 책 비평처럼 패러디는 공정이용일 수도 있고 아닐 수도 있다. 모든 패러디가 공정이용으로 추정된다는 상고인들의 주장은 시사보도를 위한 이용은 모두 공정한 것으로 추정된다는, 똑같이 희망섞인 주장만큼 법 또는 사실의 측면에서 옳지 않다. 따라서 패러디는 다른 이용과 마찬가지로 저작권법의 목적에 비추어 관련 요소들을 살펴보아 사건별로 판단되어야 한다.

공정이용이 패러디사건에게 제기될 때 기초 문제는 풍자 특성이 합리적으로 인식되느냐 여부이다. 이를 넘어서 패러디가 고상한가 그렇지 못한가는 공정이용과 무관하며 관련되어서도 안 된다. 홈즈대법관이 설명한 바와 같이 "법률가들이 가장 좁고 명백한 경계를 벗어난 그림의 가치를 최종 판단하도록 하는 것은 위험한 일이 될 수 있다. 극단적으로 천재의 몇몇 작품들이 평가받지 못하는 경우도 있다. 그들의 새로움은 대중이 저작자가 말한 새로운 언어를 이해할 때까지 불쾌할 수 있다."[25] 우리가 이 사건의 풍자 요소에 높은 등급을 부여하지 않을 지라도 2 Live Crew의 노래가 어느 정도 원곡을 논평하거나 비판하고 있다고 인정하는 것이 공정하다고 생각한다. 2 Live Crew는 품위가 떨어지는 비웃음과 음란한 성적 욕구와 함께 환상이 실현되는 한 남자의 낭만적인 상념과 아버지로서의 책임으로부터 벗어나는 안도의 한숨을 병렬시키고 있다. 내용은 원곡의 순진함에 대한 비평으로 볼 수 있고 길거리 생활의 지저분함과 타락을 무시하는 정서를 거부

25) Bleistein v. Donaldson Lithographing Co. 연방대법원 188 U.S. 239, 251(1903).

하는 것으로 볼 수도 있다.

그러나 항소법원은 소니 판결[26]을 근거로 첫 번째 요소를 관련된 하나의 사실, 즉 이용의 상업 성격으로 제한함으로써 공정이용주장에 대한 검토를 멈추고 있다. 항소법원이 사실상 패러디의 상업 성격에 결정적인 비중을 둔 것은 잘못이다. 법조문은 작품의 상업 또는 비영리 교육 목적은 첫 번째 요소의 검토에서 하나의 요인일 뿐이라는 점을 분명히 하고 있다. §107(1)은 상업 이용을 언급하고 있는 종속절을 시작하기 위해 "포함하여"라는 말을 쓰고 있고 주절은 목적과 성격에 관한 더 넓은 검토를 말하고 있다. 따라서 이용이 교육적이고 비영리라는 사실만으로 침해를 인정할 수 없는 것은 아니며 이용의 상업 성격이 공정성의 인정을 막는 것은 아니다. 만약 상업성이 불공정성을 추정하는 힘을 가지고 있다면 시사보도, 논평, 비평, 교육, 학문, 연구를 포함하여 §107의 전문에 나열된 모든 예시된 이용들은 일반적으로 영리를 위해 이루어지기 때문에 전문내용을 쓸모없게 될 것이다. 소니 판결 그 자체는 엄격한 증거추정을 요청하지는 않았다. 소니 판결에서 우리는 작품의 상업 또는 비영리 교육 성격이 결정적인 것은 아니며 그보다는 공정이용의 판단에 있어서 하나의 사실은 다른 사실들과 함께 평가되어야 한다고 말한 바 있다. 소니 판결은 비영리가 아닌 상업적이라는 사실은 공정이용의 인정에 불리하게 작용하는 하나의 개별 요소라는 견해를 보여주고 있다.

B. 둘째 요소는 저작물의 성격이다. 이 요소는 어떤 저작물은 다른 것들보다 저작권보호의 본질에 더 가깝고 그 결과 공정이용을 인정하기가 더 어렵다는 점을 인식할 것을 요구하고 있다. 우리는 이 사건 원곡의 창작적인 표현이 저작권 보호목적의 핵심 범위안에 있다는 지방법원과 항소법원의 의견에 동의한다. 그러나 패러디는 공개되어 알려진, 표현적인 작품을 표절하는 것이 불가피하기 때문에 이 사실은 이 사건에 크게 도움이 안 된다.

C. 셋째 요소는 저작물 전체에서 이용된 부분이 차지하는 양 및 질과 사용된 저작물의 가치와 양이 복사의 목적과 관련하여 합리적인가를 묻고 있

---

26) Sony Corporation of America v. Universal City Studio, Inc 연방대법원 464 U.S. 417(1984).

다. 우리는 허용되는 복사의 범위는 이용의 목적과 성격에 따라서 다양하다는 것을 인정하고 있다.(소니 판결 참조) 항소법원이 이 요소가 이용된 물질들의 양 뿐만 아니라 그것들의 질과 중요성도 고려하기를 요청하고 있다고 본 것은 물론 올바르다. 우리는 또한 침해한 작품의 실질적인 부분이 저작물로부터 그대로 복사되었는지 여부는 첫 번째 요소의 변형 성격 또는 목적이 부족하거나 네 번째 요소아래서 시장침해의 가능성이 더 크기 때문에 관련이 있는 문제라는 항소법원의 견해에 동의한다. 원작품, 특히 핵심내용을 거의 더하거나 바꾸지 않고 표절한 작품은 단지 원작품에 대한 수요를 대체할 가능성이 높다.

우리가 항소법원과 의견을 달리하는 것은 이러한 이론을 패러디, 특히 이 사건 노래의 패러디에 적용하는 경우이다. 패러디는 어려운 사건이다. 패러디의 기술은 알려진 원작품과 그것을 풍자하는 쌍둥이 사이의 긴장에 있다. 패러디가 특정한 원작품을 목표로 했을 때 그것은 적어도 비평적인 풍자의 대상을 알 수 있기에 충분할 만큼 원작품을 떠올릴 수 있어야 한다. 그러기 위해서 패러디스트들은 청중이 알 것이라고 확신할 수 있는 원곡의 가장 독특한 또는 기억할만한 특징들을 인용해야 한다. 일단 동일성을 보장하기 위해 충분히 인용한 이상 얼마나 더 많이 인용하는 것이 합리적인가는 노래의 가장 중요한 목적과 성격이 어느 범위까지 원곡을 풍자하는 가 또는 대조적으로 패러디가 원곡의 시장대체로 작용하느냐에 달려 있을 것이다.

우리는 항소법원이 2 Live Crew의 사용을 불합리하다고 판단하였을 때 인식할 수 있는 모습 또는 소리에 대한 패러디의 필요성을 충분히 음미하지 못했다고 생각한다. 물론 2 Live Crew가 원곡의 특징적인 초기 반복선율과 시작부분의 가사내용을 베낀 것은 사실이다. 그러나 만약 도입부의 선율과 가사를 인용한 것이 원곡의 핵심에 이른 것이라고 말할 수 있다면 핵심은 패러디를 위해 가장 쉽게 노래를 떠 올리게 하는 부분이고 패러디가 목표로 삼는 것이다. 단지 표절한 부분이 원곡의 핵심이라는 이유로 패러디의 목적과 관련하여 복사가 정도를 넘지는 않는다. 만약 2 Live Crew가 원곡의 기억하기 어려운 부분을 베꼈다면 패러디의 성격이 어떻게 드러나는지 알기가 어렵다.

이것은 물론 자칭 패러디스트들이 좋은 것을 취하고 대가를 치루지 않아도 된다고 말하는 것은 아니다. 시사보도와 마찬가지로 패러디에서 공정성의 문제는 패러디스트가 원곡의 핵심을 이용하여 그 밖에 무엇을 했느냐를 묻는다. 2 Live Crew가 원곡의 첫 가사를 베꼈지만 이 후 그 자신의 목적을 향해 오비슨의 가사와는 뚜렷하게 다르게 나아갔다. 또한 반복선율을 베꼈고 이를 되풀이하였으나 긁는 소리를 사이에 집어넣고 다른 음조로 독주하는 음악을 겹치게 했으며 드럼의 박자를 바꿔 독특한 소리들을 만들어냈다. 이것은 패러디의 실질 내용이 원곡을 그대로 베껴서 이루어진 경우가 아니다. 베낀 내용과 견주어 볼 때 패러디가 하찮아서 3번째 요소가 패러디스트들에게 불리하게 인정되어야 하는 경우가 아니다.

우리는 항소법원이 가사를 필요 이상으로 베끼지 않았다고 판단한 것은 옳다고 생각한다. 그러나 바로 그 이유 때문에 베낀 부분이 원곡의 핵심이라 하더라도 패러디의 목적상 어떻게 지나치게 베낀 것이 될 수 있는지 의문이다. 곡에 관하여 우리는 선율의 반복이 지나친 표절인지에 관한 의견은 밝히지 않고 환송심에서 노래의 풍자 목적과 성격, 변형된 요소들 그리고 시장대체의 가능성을 고려하면서 베낀 부분을 평가하도록 하기 위해 재심리를 명한다.

D. 공정이용의 넷째 요소는 법원으로 하여금 침해자의 특정한 행위에 의해 발생한 시장침해의 정도 뿐만 아니라 침해자와 같은 행위가 제한없이 그리고 널리 퍼질 때 원곡에 대한 잠재 시장에 실질적으로 부정적인 영향을 가져오는지를 고려하도록 하고 있다. 원곡에 대한 손해 뿐만 아니라 2차적 저작물의 시장에 대한 손해도 검토되어야 한다.

공정이용은 적극항변이기 때문에 주장하는 쪽에서는 관련된 시장에 대한 유리한 증거가 없을 경우에는 공정이용을 입증하는데 어려움이 있을 것이다. 중대한 시장침해가능성을 판단하면서 항소법원은 "만약 상업 이익을 위해 이용되었다면 그 가능성은 추정될 것이다. 그러나 만약 비상업 목적이라면 그 가능성은 입증되어야 한다."는 소니 판결의 판시내용을 인용하였다. 항소법원은 아예 상업 목적으로 저작물을 이용하였으므로 피상고인이 장래 손해를 입을 가능성이 추정된다고 보았다.

소니 사건에 명시된 시장침해의 추정이나 추론은 상업 목적으로 단지 복사하는 행위를 넘어서는 어떤 것이 관련된 사건에는 적용될 수 없다. 변형적으로 이용할 때 시장대체는 확실하지 않으며 손해는 쉽게 추정될 수 없다. 참으로 순전한 패러디에 있어서 새로운 작품이 원작품을 대체함으로써 이 요소 아래에서 인식될 수 있는 방식으로 원작품 시장에 영향을 미칠 것 같지는 않다. 왜냐 하면 패러디와 원작품은 대개 다른 시장에서 활동하기 때문이다.

우리는 물론 패러디가 시장을 전혀 침해하지 않는다고 제안하는 것은 아니나 날카로운 연극비평과 같은 매서운 패러디가 작품 수요를 없앨 때 그것이 저작권법상 인정될 수 있는 손해를 끼친 것은 아니다. 왜냐 하면 패러디는 예술뿐만 아니라 상업상 원작품을 망가뜨려 적법하게 그것을 짓밟는 것을 목표로 하고 있기 때문이다. 법원의 역할은 단지 수요를 억누르는 신랄한 비판과 수요를 빼앗는 저작권침해 사이를 구분한다.

구제가능한 변환과 구제불가능한 비방의 구분은 비평에 대해서는 보호할만한 2차 시장이 없다는 원칙에 반영되어 있다. 2차 사용의 잠재 시장은 보통 원작품의 창작자가 발전시키거나 다른 사람으로 하여금 개발하도록 허락하는 것만을 포함한다. 그러나 보통 창작자들은 자신의 작품을 비판하는 논평이나 풍자용으로 이용하도록 허락하지 않을 것이므로 그러한 이용에 대해 이용허락의 잠재적 시장개념은 떠올릴 수 없다. 사람들은 비평을 요청하지만 오직 칭찬만을 바란다.

법이 비평하는 작품의 2차 시장이 없다고 보는 이유를 설명하면서 우리는 물론 나중의 작품이 마치 비판측면만을 가지고 있는 것처럼 말해 왔다. 그러나 나중의 작품이 비평의 영역뿐만 아니라 보호할만한 2차 저작물시장에도 영향을 미치는 좀 더 복잡한 성격을 가지고 있을 수도 있다. 그런 종류의 사건에서는 법은 이 사건과 마찬가지로 비평 외에 다른 요소들도 검토한다. 2 Live Crew의 노래는 패러디와 랩음악으로 이루어져 있어서 랩음악에 대한 2차 시장문제를 검토하는 것이 적절한 초점이다. 2차 저작물의 이용허락은 원작품의 창작에 중요한 경제적인 동기이므로 2차 시장에 대한 실질적인 손해의 증거는 공정이용의 인정에 불리하게 작용한다. 물론 우리가 관심을 갖는 2차 시장에 대한 유일한 손해는 시장대체손해이다. 패러디가 비판적인 논평의 결과로 2차 이용을 위한 시장에 손해를 일으킬 것이라는 사실은 원래의 시장에 대한 비슷한 위협과 마찬가지로 저작권과는 관계가 없다.

비록 2 Live Crew가 원곡의 시장 손해의 문제에 관하여 다툼 없는 증거를 냈다 할지라도 어느 당사자도 "Oh, Pretty Woman"의 랩버전의 2차 음악시장에 2 Live Crew의 노래가 영향을 미쳤음을 보여주는 증거를 내지 않았다. 잠재적인 랩 시장이 2 Live Crew의 랩패러디에 의해 손해를 입었다는 증거는 없다.

2.

항소심이 2 Live Crew의 "Oh, pretty Woman"에 대한 패러디의 상업성격으로 인하여 불공정한 것으로 추정된다고 판단한 것은 잘못이다. 그러한 증거추정은 패러디와 같은 변형 이용이 공정한지를 결정할 때 공정이용의 첫째와 넷째 요소를 검토하는데 적용할 수 없다. 또한 풍자하는 이용목적을 고려할 때 2 Live Crew가 원곡을 지나치게 베꼈다는 항소법원의 판단은 잘못이다. 그러므로 우리는 항소법원의 판결을 파기하고 재심리를 명한다.(KENNEDY대법관의 동조의견 생략)

첨부 A

Roy Orbison과 William Dees의 "Oh, Pretty Woman"

Pretty Woman, walking down the street,
Pretty Woman, the kind I like to meet,
Pretty Woman, I don't believe you, you're not the truth,
No one could look as good as you
Mercy
Pretty Woman, won't you pardon me,
Pretty Woman, I couldn't help but see,
Pretty Woman, that you look lovely as can be
Are you lonely just like me?
Pretty Woman, stop a while,

Pretty Woman, talk a while,
Pretty Woman give your smile to me
Pretty Woman, yeah, yeah, yeah
Pretty Woman, look my way,
Pretty Woman, say you'll stay with me
'Cause I need you, I'll treat you right
Come to me baby, Be mine tonight
Pretty Woman, don't walk on by,
Pretty Woman, don't make me cry,
Pretty Woman, don't walk away,
Hey, O.K.
If that's the way it must be, O.K.
I guess I'll go on home, it's late
There'll be tomorrow night, but wait!
What do I see
Is she walking back to me?
Yeah, she's walking back to me!
Oh, Pretty Woman.

첨부 B

2 Live Crew가 녹음한 "Pretty Woman"

Pretty woman walkin' down the street
Pretty woman girl you look so sweet
Pretty woman you bring me down to that knee
Pretty woman you make me wanna beg please
Oh, pretty woman
Big hairy woman you need to shave that stuff
Big hairy woman you know I bet it's tough
Big hairy woman all that hair it ain't legit
'Cause you look like 'Cousin It'

Big hairy woman
Bald headed woman girl your hair won't grow
Bald headed woman you got a teeny weeny afro
Bald headed woman you know your hair could look nice
Bald headed woman first you got to roll it with rice
Bald headed woman here, let me get this hunk of biz for ya
Ya know what I'm saying you look better than rice a roni
Oh bald headed woman
Big hairy woman come on in
And don't forget your bald headed friend
Hey pretty woman let the boys
Jump in
Two timin' woman girl you know you ain't right
Two timin' woman you's out with my boy last night
Two timin' woman that takes a load off my mind
Two timin' woman now I know the baby ain't mine
Oh, two timin' woman
Oh pretty woman

Rogers v. Koons

연방 제2항소법원
960 F. 2d 301(2d Cir. 1992)

사 안

전문 사진작가인 원고 로저스(Art Rogers)는 알고 지내던 스캘론(Jim Scanlon)으로부터 8마리의 독일산 쉐퍼드 강아지들을 찍어달라는 부탁을 받았다. 그는 강아지만을 찍는 것은 바람직하지 않다고 판단하고 그 대신에 그것들을 안고 있는 스켈론 부부를 찍기로 결정하였다. 흑백사진 "강아지들(Puppies)"을 구성하고 찍는데 실질적으로 창작적인 노력이 들어갔다. 그는 불빛과 위치, 스켈론 부부가 앉는 자리, 강아지들의 배치 등을 정하였다. 또한 사진기의 기술 문제와 자연광의 사용에서 창작적인 결정을 하였다. 그는 50가지의 다른 인화지들을 준비하고 그 중에서 하나를 골랐다. 스켈론 부부가 사진을 200불에 산 후 "강아지들"은 사진목록의 일부가 되었다. "강아지들"은 여러 차례 사용되고 전시되었고 개인 소장가들에게 팔렸다. 로저스는 그래픽(Museum Graphics)에 다른 작품들과 함께 "강아지들" 사용을 허락하였고 그래픽은 1984년부터 카드를 만들어 팔았다.

피고 쿤스(Jeff Koons)는 조각가로서 그의 작품은 여러 화랑에서 전시되어 왔다. 그는 논란의 대상이 되고 있는 예술가로서 한쪽에서는 그를 현대의 미켈란젤로로 평가하고 다른 쪽에서는 그의 작품을 매우 불쾌한 것으로 비판하고 있다. 쿤스는 "Banality Show"라고 부르는 작품전시회의 1988년 작품전시를 위하여 20개의 조각품들을 만들기 시작하였다. 쿤스는 "String of Puppies"의 출처는 그가 구입한 그래픽의 카드였다는 사실을 인정하고 있다. 쿤스는 카드를 산 후 로저스의 "강아지들"에 대한 저작권표시부분을 찢어버렸다. 쿤스는 카드가 전형적이고 흔하며 친숙하다고 믿었다. 또한 카드는 쿤스가 수집한 동물들을 안고 있는 다른 사람들의 모습과 비슷했다. 그래서 그는 사람들이 실제로 카드를 보았는지 여부에 관계없이 사람들의 집단 잠재의식속에 들어 있는 대중문화의 일부분으로 생각하였다. 쿤스는 카드의 복사본을 조각사들에게 주고 복제하라고 말했다. 2차원의 사진을 3차원의 조각품으로 만드는 것을 지도하기 위해 쿤스는 일주일에 한번씩 작업실에 가서 서면 작업지시서를 주었다. 그의 제작노트에서 쿤스는 "강아지들"이 조각에서 그대로 복제되기를 바란다고 강조하였다. 예를 들면 그는 조각사들에게 작품은 사진과 똑 같아야 하고 사진의 특성이 들어 있어야 한다고 말했다. 조각을 색칠할 때 쿤스는 중앙에 "강아지들"의 확대사진을 붙인 도표를 제공하였다. 사진의 다양한 부분에 그려진 화살표와 함께 채색지시가 적혀있었다. 도표는 "강아지들, 푸른 색조로 색칠. 사진그대로 명암의 변화. 사진처럼 푸른 색으로 실제와 같이 채색. 남자의 머리카락은 흑백사진과 같이 회색의 음영과 함께 흰색으로!"라고 적혀 있었다. 조각품이 완성된 후 화랑(Sonnabend)에서 전시되었고 4점 중 3점은 수집가에게 팔렸으며 1점은 쿤스가 갖고 있다. 쿤스가 "String of Puppies"를 창작하기 위해 "강아지들"을 이용한 것은 원고가 허락하지 않았다.

로저스는 쿤스와 화랑을 상대로 저작권침해와 불공정경쟁을 주장하면서 소송을 걸었다. 뉴욕 남부 연방지방법원은 쿤스가 "String of Puppies"를 만들면서 "강아지들"을 베꼈고 이 복제행위는 공정이용에 해당되지 않는다고 판단하였다.

판결요지

판사 CARDAMONE :

Ⅰ. 창작물의 저작권자

저작권침해를 입증하기 위해서 원고는 저작권의 보유사실과 피고가 권한 없이 보호되는 부분을 베꼈다는 사실을 밝혀야 한다.

이 사건의 몇 가지 쟁점 가운데 첫 번째는 "강아지들"의 독창성에 관한 것이다. 피고들은 원고가 유효한 저작권의 소유자라는 사실을 부인하지 않지만 로저스의 작품 중 침해되었다는 부분은 저작권법이 보호하는 독창적인 창작물이 아니라고 주장하고 있다. 작품이 저작권으로 보호된다는 사실이 저작물의 모든 요소가 보호된다는 것을 의미하지 않는다. 창작자에게 고유한 요소만 저작권으로 보호된다.

사진에서 창작성의 요소는 대상물과 빛, 각도를 배치하고 필름과 카메라의 선택, 의도하는 표현을 불러내는 것, 그 외 다른 관련된 것들을 포함할 것이다. 이러한 요소들이 관련되어 있는 범위에서 "강아지들"은 원고의 예술 창작성이 만들어 낸 작품이다. 사진을 찍기 위해서 사람과 강아지들을 배치하고 사진을 찍고, 인화하면서 들인 원고의 창의적인 노력은 예술작품의 독창성을 충분히 충족하고 있다. 따라서 사진에서 포착된 주제의 독특한 표현이란 면에서 원고는 독창적인 예술작품의 유효한 저작권을 증명하였다.

Ⅱ. 피고의 불법복제

다음으로 원고는 쿤스가 권한없이 보호되는 저작물을 베꼈다는 점을 입증하여야 한다. 지방법원은 저작물의 창작 표현이 복제되었고 복제는 눈에 띌 정도로 뚜렷하여 배심재판이 필요없을 정도라고 판단하였는데 우리는 이에 동의한다. 첫째, 이 사건은 복제의 직접 증거가 있는 드문 사건이다. 쿤스는 사진의 복사본을 조각사들에게 준 사실을 인정하고 있고 조각품을 만드는 과정에서 쿤스가 사진의 매우 자세한 부분들을 베끼라고 강조하였다. 그의 지시는 항상 조각이 사진 그대로 만들어지기를 바라고 있었다. 이러한 다툼이 없는 복제의 직접 증거는 원심판결을 충분히 뒷받침하고 있다.

나아가 복제의 직접 증거가 없다 하더라도 피고가 저작물에 접근한 사실을 인정하고 있고 조각품이 저작물과 실질적으로 비슷하여 합리적인 배심원들은 이 점에 관하여 의견을 달리하지 않을 것이라고 볼 때 지방법원의 판결은 타당하다. 이러한 유사성은 일반 관찰자테스트에 의해 결정된다. 문제는 평범한 일반 관찰자가 복제본이 저작물을 베꼈다고 인정하는지 여부이다. 따라서 예술분야에서 교육을 받지 않은 판사는 적절한 판정자가 아니라는 쿤스의 주장은 초점을 벗어났다. 판사든 배심원이든 판정자는 합리적이고 평범한 일반인 외에 특별한 기술을 가지고 있을 필요는 없다.

우리는 공유영역에서 찾을 수 있는 아이디어, 개념 그리고 비슷한 것들은 모든 사람들의 유산이라는 점을 알고 있다. 그러므로 보호되는 것은 의자에 앉아 있는 8마리의 작은 강아지와 함께 있는 부부라는 아이디어는 아니다. 그보다는 사진을 매력적이고 독특한 특성을 갖게 하는 배치, 특정한 빛과 주제의 표현 속에서 잡히는 이 아이디어의 표현이 말하자면 사진의 독창성이고 저작권으로 보호될 수 있다. 쿤스는 로저스가 창작한 아이디어의 같은 표현, 즉 구성과 자세를 사용하였고 그 표현들은 일반 관찰자테스트 아래에서 합리적인 배심원이 실질적인 유사성의 쟁점에 관하여 의견을 달리하리라고 보지 않을 정도로 모두 조각품에 섞여 있다.

나아가 복제자는 얼마나 많이 표절하지 않았다는 점을 지적함으로써 표절행위를 방어할 수 없을 것이다. 그러므로 실질적인 유사성이 발견된 경우 복제자가 만든 작은 변경은 아무 효력이 없다. 복제의 직접 증거나 접근과 실질적인 유사성의 증거를 바탕으로 "String of Puppies"가 사진 "강아지들"을 베꼈다고 인정되므로 이 점에 관한 지방법원의 판단은 옳다.

Ⅲ. 공정이용원칙

피고는 공정이용의 특권으로 "String of Puppies"를 만들기 위해 "강아지들"을 사용한 행위를 옹호하고 있다. 우리는 공정이용의 요소들을 살펴본 결과 지방법원은 적절하게 원고승소판결을 내렸다고 본다.

1. 이용의 목적과 성격

쿤스가 고의로 로저스의 작품을 이용하여 실질적인 이익을 얻은 것은 공정이용의 인정에 불리한 영향을 미치지만, 원래의 이용목적은 사회적인 논평을 위해서라는 그의 주장을 검토해 본다.

우리는 "String of Puppies"가 사진 "강아지들"에 대한 논평이나 비평으로 고려될 수 있는 지를 검토해 보아야 한다. 쿤스는 그의 조각이 전체로 사회에 대한 패러디 혹은 풍자라고 주장하고 있다. 그는 "String of Puppies"가 공정한 사회비평이며 상품의 대량생산과 미디어 이미지가 사회의 질을 저하시킨다고 믿는 미국예술가유파에 속한다는 명제를 뒷받침하고 있다고 주장하고 있다. 이 예술적인 전통은 이러한 이미지를 예술작품에 섞어 넣음으로써 회사조직과 이를 만든 정치경제체제를 비판적으로 논평하려고 한다는 것이다. 이러한 주제는 큐비즘과 다다이즘에 기초하고 있으며 1913년 처음 회사의 제품을 예술작품에 섞어 넣은 뒤샹에 영향을 끼쳤고 뒤샹은 쿤스의 작업과 다른 현대 미국미술가들의 작품에 직접 영향을 미쳤다고 한다.

쿤스의 패러디항변을 분석하기 위해서는 먼저 이를 정의하여야 한다. 우리가 이해하기로는 패러디 또는 풍자는 한 예술가가 희극 효과 또는 사회비평을 위해 다른 예술가의 표현방식을 비슷하게 흉내내면서 원작의 표현과 형식을 우스꽝스럽게 만드는 예술작품을 만들어내는 것이다. 우리의 판례들은 패러디나 풍자는 가치있는 비평의 형태이며 이러한 종류의 비평 그 자체는 저작권법이 보호하는 창작성을 북돋아 주기 때문에 장려된다고 하였다. 우리는 일관되게 패러디는 공정이용의 원리에 따라 보통 실질적인 유사성테스트아래에서 허용되는 것보다 더 광범위하게 저작물을 이용할 수 있다고 판결해 왔다.

먼저 "String of Puppies"가 공정이용의 법리상 로저스의 작품을 패러디한 것인지가 결정되어야 한다. 우리는 그렇지 않다는 지방법원의 판단에 동의한다. 풍자가 원작품만을 대상으로 한 것일 필요는 없고 현대 사회를 패러디한 것일 수도 있지만 복제된 작품은 반드시, 적어도 일부분이라도 패러디의 대상이 되어야 한다는 것이 이 법원이 인정한 원칙이다. 그렇지 않다면 원작품을 떠올릴 필요가 없기 때문이다. 우리는 이것이 필요한 원칙이며 그렇지 않다면 사회의 어떤 부분을 언급하기 위해 다른 사람의 저작물을 이용하는 복제자에게 실질적인 제한은 없게 될 것이기 때문이다.

저작권으로 보호되는 표현의 침해가 더 높은 또는 다른 예술 목적으로 사용되었다는 침해자의 주장만을 근거로 공정이용으로 정당화될 수 있다면 사실상 공정이용항변을 제한할 수 없게 된다. 그러므로 평범한 것을 비판하는 예술 전통에 따른 것이라는 이유만으로 로저스 저작권의 침해가 공정이용이라는 쿤스의 주장은 받아들일 수 없다. 복제된 작품이 패러디의 대상이어야 한다는 것을 요구함으로써 우리는 단지 관객이 패러디의 바탕에는 다른 예술가의 원래, 다른 표현이 있음을 알아야 한다는 것을 강조하고 있다. 이러한 인식은 복제된 작품이 공중에게 잘 알려진 것이거나 그 존재가 패러디와 연관되어 패러디스트에 의해 일정한 방법으로 이용되었다는 사실로부터 올 수 있다. 이 사건의 문제는 "String of Puppies"가 우리의 물질사회에 대한 풍자 비평이라 할지라도 사진 "강아지들" 그 자체의 패러디인지를 가려내기가 어렵다는 것이다. 그러므로 우리는 공정이용의 첫 번째 요소는 공정이용의 인정에 불리하다고 판단한다. 이 사건의 상황들은 쿤스가 사진 "강아지들"을 베낀 행위는 주로는 이득을 얻기 위한 동기로, 악의에 의한 것이며 원작품의 패러디를 구성하지 않음을 보여주고 있다.

2. 저작물의 성격

이 사건 "강아지들"은 공개된 예술품이다. 창작 표현으로서 전기나 전화번호부와 같은 사실에 바탕을 두었다기보다는 가공적인 것에 더 가깝다. "강아지들"은 창작적이고 구도나 배치 등을 상상하여 만들었기 때문에 이 요소는 공정이용에 불리하다.

3. 이용된 저작물의 양과 질

때때로 모두 복제가 허용될 수도 있고 원저작물의 작은 부분이라도 불공정한 이용이라고 본 사건들도 있다. 항소인들은 자신들이 로저스의 작품을 이용한 것은 공정이용원칙상 허용되는 정도를 넘지 않았다고 주장하고 있다. 이 법원은 지금까지 패러디스트에게 복제의 범위 및 성격과 관련하여 많은 재량권을 주었다. 그러나 그러한 항변아래서도 무엇이 공정이용인가에 관한 한계는 있다. 이 사건에서 조각이 원고 저작물의 패러디라 할지라도 필요한 것보다 훨씬 많이, 로저스 사진의 본질이 거의 그대로 복제되었다. 줄여서 말하면 항소인들은 패러디의 깃발로 나아가지 않고 표절의 깃발로 항해하고 있다.

소니 사건이 100%의 복제도 공정이용을 배제하는 것은 아니라는 항소인들의 입장을 뒷받침하고 있지 않다. 이 사건의 사실관계는 소니 사건과 다르다. 쿤스가 로저스 저작물의 본질적인 부분을 베꼈고 조각사들에게 준 노트에서 분명히 드러나듯이 고의로 베꼈다. 쿤스는 로저스가 창작한 작품의 표현을 집어넣기 위해 사진의 사실적인 대상을 뛰어넘었다. 우리는 합리적인 배심원은 쿤스가 공정이용의 법리상 허용되는 수준을 넘었다고 판단할 것이라고 본다.

4. 원작품의 시장가치에 대한 사용의 효과

이 요소에서는 복제가 불공정한 이용이라고 인정될 때 얻는 이익과 공정한 이용이라고 인정될 때 공중이 얻는 혜택의 사이에 균형이 이루어져야 한다. 이용이 저작권자의 잠재 시장에 미치는 영향이 입증되지 않는다면 예술가의 창작 능력을 기르는 동기를 보호하기 위해 금지될 필요는 없다.

이 요소에서 중요한 문제는 피고들이 로저스에게 사진 이용 대가를 지급하지 않고 "강아지들"을 도용하여 이득을 얻으려 했느냐, 즉 쿤스의 작업이 본래 상업목적인가 하는 것이다. 사진에 대한 원래의 시장에 미치는 손해뿐만 아니라 2차적 저작물시장에 대한 손해도 고려되어야 한다. 다른 예술가가 로저스로부터 권리를 사서 사진과 같은 조각품을 만들려고 할 경우 쿤스의 작품이 있다면 그러한 시장은 축소될 것이다. 비슷하게 피고들이 "String of Puppies"의 사진을 찍어 팔 수 있으며 이는 로저스가 계획하고 있는 다른 2차 저작물 외에도 사진 "강아지들"의 판매를 위한 잠재 시장을 잠식하게 될 것이다. 저작권법의 저명한 학자(Nimmer교수)는 이 사건과 비슷한 사실관계를 예를 들어 설명하면서 다른 매체로 베낀 것은 이 요소의 분석과 무관하다고 설명하고 있다. 즉 영화각본이 책으로부터 만들어 질 때 비록 영화가 책의 판매를 부추겼다 하더라도 각색권의 잠재적인 판매에 미치는 영향 때문에 불공정하다는 것이다.

이 사건에서 쿤스가 높은 가격의 미술품을 판매하는 것 외에 다른 목적으로 "String of Puppies"를 만들었다는 견해를 지지하는 자료는 기록상 어디에도 없다. 그러므로 로저스 사진에 대한 장래의 손해가 발생할 가능성은 추정되고 그의 작품에 대한 원고의 시장은 침해되었다.

Ⅳ. 따라서 지방법원의 판결을 인용한다.

Leibovitz v. Paramount Pictures Corp.

연방 제2항소법원
137 F.3d 109(2d Cir. 1998)

사 안

원고 레보비츠(Leibovitz)는 유명한 사진작가이다. 그녀의 가장 유명한 사진들 중 잡지 Vanity Fair의 1991년 8월호 표지에 실린 여배우 데미 무어의 사진에 대한 저작권이 침해되었다고 주장하고 있다. 데미 무어의 사진은 만삭의 누드사진으로 오른손으로 가슴을 가리고 왼손으로 아래 배를 받치고 있는 모습-유명한 보티첼리의 비너스의 탄생[27]을 연상시키는 자세를 취하고 있다. 오른손 가운데 손가락에 반지가 끼워져 있다. 무어의 얼굴은 웃음기 없는 진지한 표정이다. 표지사진은 널리 관심을 끌었고 가장 잘 팔린 발행본 중의 하나가 되었다.

1993. 8. 피고 파라마운트 영화사(이하 "파라마운트")는 신작 영화 "총알

27) 한 손으로 가슴을 가리고 다른 손으로 음부를 가리는 누드여성의 자세는 고전미술에서는 Venus Pudica로 알려져 있다.

탄 사나이 3(Naked Gun 33 1/3 : The Final Insult)"의 홍보를 위해 광고 대행사 다주(Dazu)에게 아이디어를 구했다. 이 영화는 레슬리 닐슨이 서투른 형사 드레빈으로 출연하는데 가벼운 익살 코메디 시리즈의 3번째 영화이다. 영화의 작은 주제로 드레빈과 그의 처 사이에 아이를 가질 것인가에 관한 다툼과 임신클리닉에서의 진료하는 내용이 있었다. 그러나 파라마운트가 이 주제를 다주에게 알려주거나 이 주제와 관련된 광고를 계획했다는 증거는 없다.

파라마운트는 다주에게 1994. 3. 영화개봉에 앞서 예고 광고의 아이디어를 내보라고 요청했다. 다주는 유명여배우의 얼굴위에 닐슨의 얼굴을 덧붙이는 광고를 제안하였다. 다주는 샤론 스톤, 마돈나, 제인 폰다, 데미 무어의 얼굴위에 닐슨의 얼굴을 덧붙인 4가지 합성사진 복사본을 파라마운트에 보냈다. 제안된 광고는 영화의 개봉일을 뜻하는 문구를 담고 있었다. 임신한 데미 무어와 닐슨의 얼굴을 합성한 사진에는 "3월 개봉"라고 썼다. 파라마운트는 무어의 몸과 닐슨의 얼굴을 합성한 사진을 골랐다. 그러나 파라마운트는 레보비츠가 찍은 데미 무어의 사진을 그대로 복사하는 대신에 비슷한 자세를 한 임신 여성의 누드사진 촬영을 의뢰하였다. 레보비츠가 찍은 사진과 세세한 부분에서도 닮도록 하기 위해 엄청난 노력을 기울였다. 모델은 모습과 손이 레보비츠 사진의 데미 무어와 똑같도록 주의깊게 자세를 잡았다. 커다란 반지도 데미 무어와 같은 손가락에 끼웠다. 레보비츠 사진의 데미 무어와 더 가깝게 피부와 몸에 컴퓨터 디지털작업을 하였다. 마지막 단계는 모델의 몸에 닐슨의 얼굴 사진을 덧붙이는 것이었는데 닐슨의 턱과 눈은 무어와 대략 같은 방향으로 향했으나 무어의 진지한 표정은 닐슨의 짓궂은 웃음으로 바뀌었다.

파라마운트는 예고광고를 1994년초에 잡지에 실어 영화홍보용으로 썼다. 레보비츠는 사진사용에 항의하고 이 소송을 걸었다. 1심 법원은 다툼없는 사실로 파라마운트의 공정이용항변이 인정된다며 원고 청구를 기각하였다.

판결요지

판사 NEWMAN :

당사자는 사실관계의 다툼은 없다고 동의했다. 단지 공정이용항변이 받아들여질 것인지에 대해서만 다투고 있다. 파라마운트는 패러디목적의 이용이 공정한지 여부를 결정하기 위해 캠벨 판결이 제시한 기준에 따라 평가되어야 한다고 주장하고 있다. 레보비츠는 피고의 광고물이 대략 사진의 패러디로 여겨진다 하더라도 상업 목적으로 이용되었고 필요한 정도 이상으로 독창적인 부분을 이용했기 때문에 공정이용에 해당되지 않는다고 주장했다.

1. 공정이용과 패러디

공정이용이론은 다른 사람이 저작물을 저작권자의 동의없이 어떤 목적을 위하여 합리적인 방법으로 이용하는 것을 허용한다. 공정이용이론은 보통법에서 인정되어 1976년 저작권법 107조로 규정되었다. 107조는 논평과 비평 등 이론이 적용될 수 있는 이용목적을 예시하여 열거하고 있고 법원이 공정이용여부를 판단하기 위한 4가지 요소를 규정하고 있다. 이 요소들은 (1) 이용 목적과 성격, (2) 저작물의 성격, (3) 이용된 저작물의 양과 질, (4) 저작물의 시장에 미치는 영향이다. 비록 법이 공정이용이 가능한 예로 패러디를 열거하지 않았다 하더라도 우리는 오랫동안 공정이용이론으로 패러디에 대해 일정한 보호를 부여해왔다. 연방대법원은 캠벨 판결에서 패러디가 공정이용이 될 수 있다고 확인하였다.

2. 캠벨 판결의 공정이용항변 설명

캠벨 판결은 일반적인 공정이용항변과 특히 패러디에 대한 적용을 명확하게 설명하였다. 법원은 공정이용은 사건별로 결정되어야 하고 명백한 원칙에 따라 단순화될 수 없다고 강조하였다. 법원은 4가지 요소들 모두가 분석되어야 하고 서로 평가되어야 한다는 점을 분명히 하였다. 또한 캠벨 판결은 첫 번째 공정이용 요소인 이용의 목적과 성격의 적정한 적용에 대해 의미있는 예시를 하였다. 법원은 이 질문의 초점은 복제물이 단지 원작물을 대체했는가 또는 다른 목적이나 성격을 바탕으로 새로운 표현 또는 메시지로 원작을 수정하면서 새로운 것을 추가했는가에 맞추어져야 한다고 설명했다. 법원은 이 기준은 Leval판사가 제시한 유용한 단어 "변형적"인 이용인가에 따라 판단될 수 있다고 보았다.

이용이 변형적인가에 관한 첫 번째 요소의 질문에 초점을 맞추면 법원은 "저작물의 상업 이용은 모두 불공정한 것으로 추정한다"는 소니 사건(1984년)의 판시내용을 포기하였다. 그 대신 상업 이용은 단지 공정이용의 인정에 불리하게 평가되는 분리된 1개 요소일 뿐이라는 Harper & Row판결(1985년)내용을 원용하였다.

법원이 4가지 공정이용요소를 모두 평가하도록 강조하는 것은 네 번째 요소인 원작의 가치나 잠재 시장에 미치는 영향이 공정이용에서 가장 중요한 요소라는 종전의 견해를 수정한 것이다. 네 번째 요소에 우선적 지위를 부여하기 보다는 캠벨 판결은 분명하게 "이 요소의 중요성은 손해의 양 뿐만 아니라 다른 요소들에서 보이는 상대적인 영향력에 따라 바뀐다."라고 밝혔다.

3. 캠벨 판결의 패러디를 위한 공정이용항변의 설명

어떤 패러디가 공정이용의 보호를 받을 수 있는지에 관해서 초점을 맞추었을 때 법원은 애초에 패러디는 "공정이용일 수도 있고 아닐 수도 있다."고 밝혔다. 그리고 "다른 이용과 마찬가지로 저작권법의 목적에 따라 관련된 요소들을 평가하여 사건별로 판단되어야 한다." 특히 패러디에 관하여 첫 번째 요소에 대해 법원은 "원작을 인용했다는 패러디 작가 주장의 핵심은 적어도 일부라도 원작을 논평하는 새로운 작품을 창작하기 위해 기존 원작의 몇 가지 요소를 이용했다는 것이다." 법원은 패러디의 질은 평가되지 않는다고 판단하였다. 관련된 질문은 "풍자 성격이 합리적으로 인식되느냐"이다. 법원은 풍자 요소가 적고 광범위하게 베낀 경우 단지 원작을 대체한 것으로 볼 수 있기 때문에 풍자적 요소가 작은가 큰가, 그리고 풍자 요소와 관련하여 베낀 양이 적은가 광범위한가가 관련된 질문이라고 지적하였다. 캠벨 판결은 "Oh, Pretty Woman"과 이를 풍자한 2 Live Crew의 노래를 견주어 보면 원곡의 순진함에 대한 비평으로 볼 수 있고 거리 생활의 지저분함과 타락을 가볍게 여기는 정서를 거부하는 것으로 볼 수도 있기 때문에 2 Live Crew의 노래속에는 풍자 요소가 적절하게 드러나 있다고 보았다.

두 번째 요소인 저작물의 성격과 관련해서 캠벨 법원은 패러디는 거의 대부분 널리 알려진, 표현적인 작품을 표절하기 때문에 원작이 저작권 보호 목적의 핵심적인 범위안에 있는 창작물이라는 사실이 크게 도움이 안 되거나 패러디사건에서 공정이용하는 양과 침해하는 염소를 가리는데 도움이 될 것 같지 않다고 판단했다.

세 번째 요소인 전체로서 원작과 관련하여 이용한 부분의 양과 질에 대해서 보면 법원은 패러디가 어려운 사건이라고 인정했다. 패러디의 유머 또는 비평은 반드시 비틀어진 모방을 통해서 대상을 알 수 있는 암시로부터 나오기 때문이다. 법원은 이러한 관점에 따라 세 번째 요소와 관련하여 3가지 의미있는 요점을 지적하고 있다. 첫째, 표절된 부분의 양뿐만 아니라 그 부분이 원작에서 차지하는 질과 중요성을 고려한다. 둘째, 패러디는 적어도 비평적인 재치의 대상을 인식하기에 충분할 만큼 원작을 떠올릴 수 있어야 한다. 셋째, 법원은 "일단 동일성을 충분히 인정할 만큼 인용된 이상 얼마나 더 많이 인용하는 것이 합리적인가는 (패러디의) 가장 중요한 목적과 성격이 어느 범위까지 원곡을 풍자하는 가, 또는 대조적으로 패러디가 원곡에 대한 시장대체로 작용하는 가에 달려 있다."고 설명하고 있다.

네 번째 요소인 원작의 가치 또는 잠재 시장에 미치는 영향과 관련해서 법원은 상업 목적을 위한 단순한 복제를 넘어 다른 어떤 것이 관련된 복제의 경우에 시장에 미치는 피해의 추정을 명백하게 거부했다. 반대로 법원은 "순수하고 단순한 패러디는 알 수 있는 방법으로 원작 시장에 영향을 미칠 것 같지 않다. 왜냐하면 패러디와 원작은 대개 다른 시장에서 활동하기 때문이다."라고 판단하였다. 법원은 또한 패러디의 매서운 성격으로부터 나오는 피해는 저작권법에서 인정되는 피해가 아니라고 보았다. 마지막으로 법원은 패러디가 원작에 대한 부정적인 비평에 따라 인식할 수 있는 정도의 시장 피해를 일으키지 않았다 하더라도 만약 패러디가 원작에 기초한 2차적 저작물의 시장대체물로서 활용된다면 그러한 피해가 발생할 수도 있다고 인정하였다.

4. 파라마운트 광고에 대한 캠벨 판결 법리의 적용

A. 첫 번째 요소

첫 번째 요소에 관한 캠벨 판결 법리를 적용하면, 우리는 파라마운트의 광고가 적어도 일부 레보비츠의 사진을 비평한 새로운 작품으로서 합리적으로 인식되는지 여부에 관하여 알아본다. 분명히 광고는 새로운 것을 추가했고 변형한 작품으로서 자격이 있다. 원작을 비평했는지는 좀 더 살펴보아야 할 문제이다. 닐슨의 짓궂은 얼굴이 무어의 진지한 표정과 뚜렷하게 대조되기 때문에 광고는 원작의 심각함 또는 허세에 대한 비평으로 합리적으로 인식될 수 있다. 캠벨 사건에서 법원이 인정한 조롱의 효과가 충분한 비평으로 작용하여 첫 번째 요소가 패러디 작가에게 유리하게 기운다.

그러나 우리는 패러디 작가가 원작과 대비되는 몇몇 특징을 지적함으로써 쉽게 첫 번째 요소에서 승리하는 것에 대해 우려를 갖고 있다. 원작과 다르다고 해서 반드시 원작의 비평으로 이어지지는 않는다. 그럼에도 불구하고 광고는 단순히 다르지 않다. 광고는 일반인이 레보비츠 사진의 주제가 전달하는 부적절한 자만심을 조롱을 통해 비평하는 것으로 합리적으로 인식될 수 있다는 점에서 다르다. 유명 그림을 연상시키는 방법으로 유명 여배우의 자세를 촬영한 사진작가는 패러디 작가의 조롱을 예상하거나 적어도 용인해야 함에 틀림없다.

조롱하는 허세와 별개로 광고는 또한 레보비츠의 사진을 임신한 여성 육체의 아름다움을 극찬한 것으로 해석하면서 다소 무례하게 이러한 메시지에 대한 부동의를 표현한 것으로 인식될 수 있다. 1심 법원은 임신한 몸에 대한 커다란 자부심을 가진 아름다운 여성의 진지한 묘사와 짓궂고 멍청하게 보이는 임신한 남자의 우스운 모습 사이의 대비를 통해 비평이 합리적으로 인식되었다고 보았다.

그러나 광고가 상업 제품, 즉 영화를 홍보하기 위해 창작되고 전시되었기 때문에 광고가 원작을 패러디로 비평했다는 사실만으로 첫 번째 요소 분석이 끝나는 것은 아니다. 파라마운트는 광고는 단지 영화 홍보보다는 영화의 연장으로 보아야 한다고 주장하면서 광고목적이라는 부정적인 점을 누그러뜨리려고 했다. 파라마운트는 임신과 부모됨을 재미있게 다루었을 뿐만 아니라 영화 전체의 익살스러운 성격을 강조했다.

광고목적의 패러디 복제가 단지 유머러스한 작품을 광고하기 위한 것이라는 이유만으로 전적으로 무시되어서도 안되지만 파라마운트의 주장에 약간의 힘이 실린다. 영화를 보는 사람들은 광고의 패러디적 비평을 합리적으로 인식하고 임신과 부모됨에 관한 영화의 우스운 비평이 강화되었다고 볼 수 있다.

모두를 종합할 때 상업 제품을 홍보한다는 사실에 감점한 후에도 광고의 강한 패러디 성격은 첫 번째 요소를 공정이용 쪽으로 기울게 한다. 이 사건은 원작을 비평한다는 어떠한 핑계도 없이 영화를 광고하기 위해서만 저작물을 이용한 STEINBERG v. COLUMBIA PICTURES INDUSTRIES, INC., 663 F. Supp. 706 (S.D.N.Y.1987)사건과 다르다.

B. 두 번째 요소

비록 파라마운트가 레보비츠의 사진이 의미있는 창작 표현을 보여주고 있다는 점을 인정했지만 캠벨 판결은 원작의 창작적인 성격이 패러디가 공정이용인지를 판단하는데 큰 도움이 주는 것은 아니라고 밝히고 있다. 두 번째 요소는 레보비츠에게 유리하지만 가벼운 정도다.

C. 세 번째 요소

사용된 부분의 양과 질을 평가할 때 우리는 원작의 보호되는 부분에만 초점을 맞춘다. 레보비츠는 임신한 누드 여성의 신체 사진의 겉모습에 대해서는 보호받을 수 없다. 사진작가가 그 몸을 특별히 표현한 부분만이 보호된다. 그러므로 광고가 원작의 핵심을 어느 범위까지 이용했는지에 관한 레보비츠의 주장은 광고가 임신한 몸의 모습을 베꼈다는 사실보다는 데미 무어의 몸이 묘사된 특별한 방법으로 제한된다. 나아가 패러디에서 핵심은 패러디를 위해 원작을 가장 쉽게 떠올릴 수 있는 것, 그리고 그것이 패러디가 목표로 하는 것이다. 그러므로 패러디에서 3번째 요소는 패러디 작가가 원작의 핵심에 가는 것 외에 다른 무엇을 했는가와 관련이 있다.

파라마운트는 레보비츠 사진의 보호되는 부분을 베끼기 위해 엄청난 노력을 했다. 비록 임신한 몸의 기본 자세와 손의 위치는 보티첼리 이전의 화가나 조각가가 사용하였기 때문에 공유영역에 속한다 할지라도, 레보비츠는 특별한 조명, 피부의 색조, 카메라 각도 등과 같은 예술 요소에 대해 저작권의 보호를 받는다. 이러한 요소를 컴퓨터 디지털 향상 기술에 따라 지나칠 정도로 베낀 것은 레보비츠의 사진을 떠올리는데 필요한 최소한도 이상을 베꼈다. 그러나 캠벨 판결은 원작을 떠올리는데 필요한 정도 이상을 복제한 패러디가 반드시 공정이용에 불리하게 판단되는 것은 아니라고 가르치고 있다. 반대로 일단 동일성을 확인하기에 충분하다면 원작을 추가로 이용한 행위의 합리성은 원작을 패러디하는데 베껴야 할 더 중요한 목적과 성격의 범위, 그리고 패러디가 원작의 시장대체제로 이용될 가능성에 달려있다. 이 접근은 첫 번째와 네 번째 요소가 패러디 작가에게 유리하지만 세 번째 요소는 약간 불리하게 평가된다. 이 사건에서 공정이용에 유리한 요소들 때문에 비록 저작권으로 보호되는 부분을 광범위한 복제했다 하더라도 3번째 요소는 레보비츠에게 도움이 되지 않는다.

D. 네 번째 요소

레보비츠는 파라마운트의 사진이 그녀 사진의 잠재 시장이나 2차적 저작물 시장에 개입하지 않았다는 점을 거의 인정하고 있다. 실제 시장 피해에 대한 그녀의 유일한 주장은 피고가 사진을 광고로 이용함으로써 이용료수입을 빼앗아 갔다는 것이다. 그러나 그녀는 패러디로서 공정이용항변이 인정되는 저작물의 이용료수입을 얻을 수 없다. 네 번째 요소는 피고에게 유리하다.

E. 종합 평가

몇몇 사건에서 만약 개별 요소들이 각자 반대편에서 무게있게 평가된다면 최종 결정에 필요한 종합평가는 어려울 수 있다. 그러나 캠벨 판결의 관점에서 원작에 대한 패러디 비평이 관련되어 있을 때 두 번째 요소의 가치가 떨어진다는 점에서 우리는 종합 평가가 피고에게 뚜렷하게 유리하다고 본다. 나아가 우리는 이 사건에 관련되는 4가지 법정 요건을 넘어서서 일반화된 형평법상의 고려 (American Geophysical Union판결 참조)가 필요하다고 보지 않는다.

5. 결 론

이와 같은 이유로 우리는 원심법원의 판결을 인용한다.

제10장
디지털 밀레니엄 저작권법과 인터넷서비스제공자의 책임

1. 개 설

저작권법 §512로 편입된 DMCA(the Digital Millenium Copyright Act) 2편(Title Ⅱ)은 4가지의 경우로 나누어 인터넷서비스제공자(Internet Service Provider; ISP 또는 Online Service Provider; OSP)의 책임을 제한하고 있다. 법이 정한 요건을 충족하는 경우 서비스제공자는 금전배상과 금지명령(injunctive or other equitable relief)에서 면제된다.[1] 다만 법원은 시스템 혹은 네트워크의 이용자나 계정보유자가 인터넷서비스를 침해행위에 이용하는 경우 특정한 이용자나 계정보유자의 계정을 중단함으로써 접근을 금지하도록 서비스제공자에게 명할 수 있다.[2] 또한 법원은 미국 이외 지역의 특정된 온라인 접근을 막기 위한 적절한 조치를 취하여 접근을 차단하도록 명할 수 있다.

서비스제공자의 행위를 4가지 즉, 일시적인 통신, 시스템 캐싱, 이용자의 지시에 의한 시스템이나 네트워크상의 정보저장, 정보검색도구로 나누어 각기 다르게 규정하고 있다.[3]

---

1) 이 때문에 DMCA가 인터넷서비스제공자를 위하여 안전항(safe harbors)규정을 마련하였다고 한다.

2) 17 U.S.C.§ 512(j)(1)(B).

3) 한국저작권법은 제6장에서 비슷한 내용으로 온라인서비스제공자의 책임제한을 규정하고 있다.

2. 서비스제공자의 정의

우선 서비스제공자의 정의를 보면 일시적인 통신과 관련하여서는 “이용자가 선택한 자료를 송신되거나 또는 수신된 상태 그대로 자료의 내용을 수정하지 않고 이용자가 지정한 지점들 간의 디지털 온라인 통신을 위하여 송신, 경로설정을 제공하거나 연결을 제공하는 실체”로 정의하였다.[4] 나머지 3가지 형태에서는 일시적인 통신과 관련한 서비스제공자를 포함하여 온라인서비스와 네트워크 접근의 제공자 또는 그를 위한 설비의 운영자로 더 넓게 정의하였다.[5]

3. 서비스제공자의 일반 자격

저작권책임이 제한되기 위해서는 ① 서비스제공자는 저작권침해를 되풀이하는 이용자의 계정을 적절한 경우에 폐쇄하는 방침을 채택하고 합리적으로 이행하여야 하며, ② 표준기술조치를 받아들이고 이를 방해해서는 안 된다.[6] 표준기술조치란 저작권자가 저작물을 특정하고 보호하기 위하여 쓰는 기술조치로, ⅰ) 개방되고 공정하며 자발적으로 여러 산업에 걸치는 표준화 과정에서 저작권자와 서비스 제공자의 광범위한 동의에 따라 개발되고, ⅱ) 합리적이고 차별하지 않는 조건으로 누구나 이용가능하며, ⅲ) 서비스제공자에게 실질적인 비용이나 부담을 주지 않는 것을 말한다.[7]

그러나 서비스제공자는 서비스를 모니터하거나 침해행위를 나타내는 사실을 적극적으로 찾아야 할 의무는 없다.[8]

4) 17 U.S.C.§ 512(k)(1)(A).
5) 17 U.S.C.§ 512(k)(1)(B).
6) 17 U.S.C.§ 512(i)(1).
7) 17 U.S.C.§ 512(i)(2).
8) 17 U.S.C.§ 512(m).

Perfect 10, Inc. v. CCBill LLC

연방 제9항소법원
488 F.3d 1102 (9th Cir. 2007)

요 약

판사 SMITH :

성인오락잡지 발행인이자 회원제 웹사이트 Perfect 10.com의 소유자인 Perfect 10(이하 "원고")은 CCBill와 CWIE(Cavecreek Wholesale Internet Exchange, 이하 "피고들")가 원고의 잡지 및 웹사이트에서 도용한 이미지들을 게시한 웹사이트들에게 서비스를 제공함으로써 저작권, 상표권, 불공정경쟁, 허위 광고, 퍼블리시티 등의 법을 위반했다고 주장하였다. 연방지방법원은 피고들이 DMCA 17 U.S.C. §512가 규정한 저작권침해 책임의 면제요건을 충족하였다고 판결하였고, 원고는 항소하였다.

배 경

원고는 같은 이름의 성인연예오락잡지 발행인이자 웹사이트 Perfect10.com의 소유자이다. Perfect10.com은 소비자가 웹사이트의 콘텐츠를 이용하기 위해 회원요금을 지불하는 구독사이트이다. 원고는 웹사이트와 잡지에 싣기 위해 5,000장 가량의 모델 이미지를 만들었다. 많은 모델들은 퍼블리시티권을 원고에게 양도하는 서면에 서명하였다. 또한 원고는 그 이미지들에 대해 등록된 미국 저작권을 갖고 있고 다른 관련된 등록 상표 및 서비스표를 가지고 있다.

CWIE는 다양한 웹사이트 소유자에게 웹호스팅 관련 인터넷연결서비스를 제공하고 있다. CWIE는 유료로 그들의 고객들에게 박스("box") 또는 서버가 가동되고 고객의 서비스나 웹사이트가 정보 센터 연결을 통해 인터넷에 연결되는 "ping, power, pipe"서비스를 제공하고 있다. CCBill은 소비자가 전자상거래에서 구독료나 회비를 내기 위해 신용카드나 수표를 쓸 수 있도록한다.

2001. 4. 초 원고는 피고들의 고객이 원고의 저작권을 침해하고 있다는 편지와 이메일을 피고들에게 보냈다. 원고는 이 통신을 침해통지 수령 지정인인 피셔(Fisher)에게 보냈다. 피셔는 피고회사들의 부사장이다. 이 사건의 소송당사자는 아니지만 모델들의 대리인들도 피고들에게 침해통지를 보냈다. 2002. 9. 30.에 원고는 이 소송을 걸었다.

이 유

I. §512 면책

DMCA는 (1) 일시적인 디지털 네트워크 통신, (2) 시스템 캐싱, (3) 이용자의 지시에 따라 시스템이나 네트워크에 남아 있는 정보, (4) 정보검색도구를 위해 책임면제를 규정하는 면책을 확립하였다. 이 규정들은 책임을 제한하지만 직접, 대위, 기여 책임의 다양한 법리에 따른 최종 책임 문제에는 영향을 미치지 않는다. 그리고 §512의 책임제한만 적용된다는 규정은 없다.

A. 합리적으로 이행된 정책 : §512(i)(1)(A)

§§512(a)~(d)의 4가지 면책에 해당되기 위해서는 서비스제공자는 서비스제공자의 요건－시스템이나 네트워크의 가입자와 계정 소유자가 반복 침해자인 경우에 적절한 상황에 이를 차단한다는 정책을 채택하고 합리적으로 이행하며, 그 서비스제공자의 시스템이나 네트워크의 가입자와 계정 소유자에게 이를 알리는 경우－을 포함하여 먼저 §512(i)에 규정된 조건을 충족시켜야 한다.

법은 "합리적으로 이행"을 정의하지 않고 있다. 우리는 만약 서비스제공자가 통지체계 및 DMCA의 적법한 통지 절차를 밟고 있고, 만약 저작권자가 그러한 통지를 하기 위해 필요한 정보를 모으는 행위를 적극적으로 막지 않는다면 서비스제공자는 정책을 이행한 것으로 본다고 판단하였다. 법은 서비스제공자들의 다양한 절차 이행을 허용하고 있으나, 적절한 상황아래서 서비스제공자가 반복 또는 노골적으로 저작권을 침해하는 이용자의 이용을 차단한다면 합리적인 이행이 된다.

1. 이 행

원고는 피고들이 침해를 반복하는 웹마스터를 추적하는데 실패함으로써 정책 이행을 방해했는지에 관하여 중요사실에 관한 진정한 쟁점이 있다고 주장한다. 지방법원은 이 주장을 배척하였고 우리는 동의한다.

엘리슨사건[9]에서 로버트슨이 엘리슨(Harlan Ellison)의 단편소설 복사본을 USENET서버를 통해서 이용할 수 있도록 인터넷 뉴스그룹에 올렸다. 엘리슨은 AOL(America Online, Inc)이 USENET 서버 접속을 제공함으로써 저작권을 침해했다고 주장하였다. AOL은 1999년 가을에 저작권침해통지 수령을 위한 이메일 주소를 바꾸었으나 2000. 4.까지 미국 저작권청에 등록하지 않았다는 사실을 바탕으로 우리는 AOL이 §512(i)의 요건을 충족하였다는 지방법원의 결론이 잘못이라고 판결했다. 비록 엘리슨은 AOL이 미국저작권청에 올바른 이메일 주소를 통지한 이후까지 침해행위를 알지 못했다 할지라도, 우리는 AOL이 잠재적인 저작권침해 통지를 받지 못했고 배심이 AOL이 반복 침해자들에 대한 정책을 합리적으로 이행하지 않았다고 결론내리기에 충분한 사실이 있다는 점을 인정했다.

비슷하게 에임스터사건[10]에서 만약 서비스제공자가 저작권자의 적법한 통지를 방해한다면 §512(i)(1)(A)에 따라 반복침해자 정책을 이행하지 않은 것이라고 판단했다. 에임스터사건에서 지방법원은 에임스터의 암호때문에 이용자들이 어떤 파일을 보내는지 확인할 수 없었기 때문에 에임스터가 반복침해자 정책을 합리적으로 이행하지 않았다고 판단했다. 반복침해자 정책을 채택하였으나 그 정책이 이행될 것이라는 기대를 없애는 것은 §512(i)이 요구하는 "이행"은 아니다. 연방 제7항소법원은 침해를 막는 행위는 하지 않고 이용자들에게 암호화하여 저작물을 불법 배포하도록 가르침으로써 에임스터가 §512(i)(1)(A)의 요건을 충족하지 않았다고 판단하고 지방법원 판결을 인용하였다.[11]

---

9) Ellison v. Robertson, 357 F.3d 1072(9th Cir. 2004).

10) In re Aimster Copyright Litig., 252 F. Supp. 2d 634(W.D. Wash. 2004).

11) In re Aimster Copyright Litig., 334 F.3d 643(7th Cir. 2003).

엘리슨 및 에임스터 판결에 근거하여 침해웹사이트의 웹마스터들을 기록하는데 실질적으로 실패한 것은 서비스제공자가 반복 침해자 정책을 이행했는지에 관한 실질적인 사실문제의 쟁점을 일으킨다. 그러나 이 사건에서는 기록상 그러한 실패가 보이지 않는다. 원고는 피고들의 "DMCA Log"에서 1 페이지를 말하고 있다. 비록 이 페이지에서 "웹마스터 이름"의 스프레드시트란에 비어있는 부분이 있으나, DMCA Log가 침해행위를 추적하려는 노력을 보여주지 못하고 있다는 원고의 주장은 기록상 증거가 없다. 웹마스터의 이메일 주소와 이름이 피고들의 DMCA Log에 정기적으로 기록되었다. 2003. 12. 11.자 CCBill의 답변은 피고들이 웹마스터를 널리 추적하고 있다는 점을 보여주는 도표를 포함하고 있다. 바뀐 이메일 주소와 암호시스템이 반복 침해자에 관한 정보를 모으지 못하도록 한 엘리슨과 에임스터 사건과 달리 피고들은 대부분의 웹마스터들을 기록했다는 사실은 다툼이 없다. 피고들이 반복 침해자 정책을 이행하지 않았다는 사실에 관한 쟁점을 DMCA Log가 제기하지 않는다는 지방법원의 결정은 옳다.

2. 합리성

서비스제공자는 만약 적절할 때 이용자의 이용을 끊을 경우 반복 침해자 정책을 합리적으로 이행한다. §512(i)는 서비스제공자가 언제 행동하는 것이 적절한지를 규정하지 않았다. 단지 서비스제공자가 반복침해자인 이용자의 이용을 종료하라고만 요구하고 있다.

반복 침해자를 확인하고 이용을 끊기 위해서 서비스제공자가 적극 반복 침해의 증거를 찾기 위해 이용자들을 단속할 필요는 없다. §512(c)는 서비스제공자가 만약 침해사실을 알지 못했다면 금전배상책임이 없다고 말하고 있다. 또한 서비스제공자가 만약 (1) 실제 알고 있거나 (2) 침해행위가 분명하다는 사실과 정황을 인식하거나 (3) §512(c)(3)의 요구조건에 맞는 침해통지를 받았을 때, 즉시 침해물을 없애거나 침해물에 대한 접근을 막는다면 §512(c)에 따라 책임을 지지 않는다. 만약 §512(c)에 특정된 경우가 아닌 상황에서 서비스제공자에게 이용자의 이용을 종료하도록 요구한다면, §512(c)의 책임면책은 의미가 없게 된다.

원고는 피고들이 원고의 침해통지, 이 사건의 당사자가 아닌 다른 저작권자들의 침해통지, 저작권침해의 위험신호에도 불구하고 반복침해자 정책을 합리적으로 이행하지 않았다고 주장한다.

a. 원고의 침해 통지

원고는 피고들이 침해통지를 받았고 그 통지에서 확인된 침해가 계속되었기 때문에 반복침해자 정책을 합리적으로 이행하지 않았다고 주장한다. 지방법원은 원고가 §512(c)(3)의 조건에 맞는 통지를 하지 않았으므로 피고들이 반복침해자 정책을 합리적으로 이행했는지에 관하여 사실문제에 관한 진정한 쟁점이 없다고 보았다. 우리는 동의한다.

만약 통지가 §512(c)(3)(A)의 일부 요건만 충족한다면 법규정에 맞는 통지가 되지 못한다. §512(c)(3)(B)(ii)는 서비스제공자의 지정대리인에게 보낸 통지가 실질적으로 (A)의 규정에 따르지 않았으나 (A)의 (ii)(iii)(iv)항에 맞을 때 서비스제공자가 부적절한 통지에 응답해서 적법한 통지요건을 설명하면 침해통지를 받은 것으로 간주되지 않는다고 설명하고 있다. 그러므로 법은 적법한 통지란 §512(c)(3)의 규정 일부가 아닌 모든 규정에 따라야 한다는 신호를 보내고 있다.

원고는 3가지 종류의 서류들을 조합하여 §512(c)(3)의 요건을 충족하였다고 주장하고 있다. 첫째 서류들은 2002. 10. 16.에 피고들의 고객 웹사이트에 게시된 원고 모델들의 사진과 URLs을 포함하고 있는 22,185쪽의 서류이다. 이 서류들은 §512(c)(3)(A)(iv)에 규정된 대로 위증죄의 처벌을 받는다는 조건으로 정당한 권한에 따라 행동한다는 선언문은 포함하고 있지 않다. 둘째 서류들은 2003. 7. 14. 피셔에게 이메일로 보낸 스프레드시트로 이루어져 있고 원고 모델들을 확인하는 내용이지만 선언문은 없다. 2003. 12. 2. 원고는 선언문에 서명한 질문답변서를 보냈다. 이 답변서는 참고용으로 2003. 7. 14. 스프레드시트를 포함하고 있다.

하나씩 볼 때 원고의 통지는 실질적으로 §512(c)(3)의 조건에 맞지 않는다. 각 통지는 단지 사소한 정도 이상의 잘못을 포함하고 있다. 종종 요건의 하나 또는 그 이상이 완전히 빠져 있다. §512(c)(3)의 요건에 맞추기 위해서는 통지는 침해파일을 확인하는 정도 이상이어야 한다. DMCA는 청구인에게 위증벌의 조건으로 저작권자를 대리할 정당한 권한이 있고 침해라는 선의의 믿음을 가지고 있다고 선언할 것을 요구하고 있다. 이 요건은 지나친 게 아니다. 침해 주장은 극단의 결과를 낳는다. 이용자의 콘텐츠는 삭제되고 모든 접속이 막힐 수 있다. 만약 콘텐츠가 (저작권)침해라면 정의가 실현된다. 그러나 만약 침해가 아니라면 수정 헌법 제1조에 따라 보호되는 언론의 자유가 사라질 수 있다. 그러므로 우리는 만약 청구인이 저작권자의 정당한 대리인이고 불법침해물이라는 사실을 위증벌을 받는다는 조건으로 말하지 않으면 서비스제공자에게 수정헌법을 침해할 수 있는 절차를 밟으라고 요구하지 않는다.

저작권자가 흠 있는 통지 여러 개를 대충 합하여 적법한 통지로 만드는 것을 허용하면 서비스제공자에게 지나친 부담을 주게 된다. §512(c)(3)의 문언은 통지가 서면 통신이어야 한다고 요구하고 있다. 이 요건은 단지 세부조항만은 아니다. 피셔는 침해의 각 사례에 관한 정보를 모으는 데 많은 시간이 걸린다. 그렇게 하기 위해서는 피셔는 먼저 저작권자 정보를 가리키는 스프레트시트의 관련 내용을 찾고 나서 적절한 이미지를 찾고 브라우저에 위치정보 – 때때로 일부가 생략된 – 를 넣기 위해 원고가 제공한 22,185 페이지를 샅샅이 훑어보아야 할 것이다. DMCA통지절차는 저작권침해를 단속하고 침해물을 확인하며 침해사실을 기록하는 부담을 저작권자에게 지운다. 우리는 실질적인 부담을 저작권자에게서 서비스제공자로 옮기는 것을 거부한다. 원고의 개별 통지들은 부적법하다.

원고는 효과적인 통지를 하지 않았기 때문에 원고의 통지를 바탕으로 피고들에게 침해의 인식이 있었다고 인정할 수 없다. 원고의 통지는 피고들이 §512(i)(1)(A)의 의미상 반복침해정책을 합리적으로 이행하지 않았다는 점에 관하여 실질적인 쟁점을 제기하지 않는다.

b. 비당사자 통지들

원고는 또한 다른 저작권자들의 침해통지를 가리키면서 피고들이 다른 저작권자들의 권리를 침해한 웹사이트에 서비스를 계속 제공했기 때문에 반복침해자 정책을 합리적으로 이행하지 않았다고 주장하고 있다. 지방법원은 이러한 통지들이 원고의 주장과 무관하다는 이유로 원고 외의 다른 저작권자가 보낸 통지의 증거를 살펴보지 않았다.

이 사건 소송당사자가 아닌 저작권자들에 대한 피고들의 행동은 피고들이 반복 침해자 정책을 합리적으로 이행했는지를 결정하는데 관련이 있다. §512(i)(1)(A)는 특정한 저작권자를 어떻게 대우했는가가 아니라 서비스제공자의 "정책"을 평가하도록 요구한다. 그러므로 비당사자들의 적법한 통지에 대한 피고들의 응답은 그들이 반복침해자에 대한 정책을 합리적으로 이행했는지를 결정하는데 관련이 있다.

서비스제공자가 침해를 알았을 때 대응하는데 실패할 경우에만 비합리적인 정책이 된다. 이 사건에서 지방법원은 원고를 제외한 다른 저작권자들과 관련된 증거를 검토하지 않았다. 우리는 피고들이 원고가 아닌 다른 저작권자와 관련하여 비합리적인 태도로 반복침해자 정책을 이행했는지를 결정하기 위해 지방법원으로 되돌려 보낸다.

c. 명백한 침해 행위

서비스제공자가 반복침해자 정책을 합리적으로 이행했는지의 해석과 관련하여 인식기준을 도입하면서 의회는 §512(c)(1)(A)(ii)의 위험신호(red flags)를 규정하였다. 이 조항에 따르면 서비스제공자는 침해행위가 분명하다는 사실과 정황을 인식하였을 때 침해물과 관련하여 조치를 취하지 않았다면 면책되지 않는다. 그러나 §512(c)(3)에 실질적으로 맞지 않는 통지는 그러한 인식을 했다고 인정될 수 없다.

원고는 피고들이 분명한 침해사실을 보여주는 많은 위험신호를 알고 있었다고 주장한다. 피고들이 "illegal.net"과 "stolencelebritypics.com"에게 서비스를 제공하였기 때문에 명백한 침해행위를 알고 있었음에 틀림없다고 주장한다. 우리는 동의하지 않는다. 웹사이트가 성격상 자극적인 사진들을 제공할 때 "불법" 또는 "훔친"것으로 묘사하는 것은 음탕한 흥미를 끌려는 시도이지 사진들이 실제 불법이거나 훔친 것이라고 인정하는 것은 아니다. 우리는 사진들이 실제 불법인지를 결정하는 부담을 서비스제공자에게 부과하지 않는다.

원고는 illegal.net에 있는 권리포기선언이 침해행위가 일어났음을 뚜렷하게 보여준다고 주장하고 있다. 원고는 피고들이 권리포기선언을 알고 있었다는 점을 입증하는 사실을 주장하지 않고 있다. 우리는 권리포기선언이 분명한 침해사실을 보여 준다고 보지 않는다. 문제의 권리포기선언은 "파일들의 저작권은 창작자에게 있다. 나는 이 파일들을 게시할 권리 외에 어떤 권리도 주장하지 않는다."라고 말하고 있다. 원고의 주장과 달리 권리포기선언은 침해의 위험신호가 아니다. 단지 웹마스터가 특히 파일들을 올릴 권리를 가지고 있다는 것을 말하고 있다.

나아가 원고는 CWIE가 서비스하는 비밀번호 해킹 웹사이트 역시 명백히 저작권 침해사실을 보여 주고 있다고 주장한다. 그러한 사이트들은 직접 저작권을 침해하지 않지만 아마 침해행위에 기여할 수는 있다. 그록스터사건에서 그록스터가 제공한 소프트웨어 역시 그 자체로는 침해가 아니지만 이용자들이 침해파일들을 교환할 수 있게 해주었다. 그록스터판결은 (이용자들에게) 침해에 이용하는 방법을 가르쳐주는 행위는 기여책임을 구성할 수 있다고 판단했다. 비슷하게 이용자들에게 저작물이 있는 웹사이트에 불법 접속할 수 있도록 비밀번호를 주는 행위는 기여책임에 해당될 수 있다.

그러나 웹사이트가 침해의 위험신호에 해당하기 위해서는 이용자들에게 타인의 저작권을 침해하라고 가르쳤거나 쉽게 침해하도록 도와 주었다는 점을 분명히 밝힐 필요가 있다. 우리는 웹사이트의 비밀번호로 침해가 이루어졌는지를 판정하는 책임이 서비스제공자에게 있지 않다고 본다. 웹사이트는 거짓일 수 있고 오래된 것일 수도 있다. 저작물의 소유자는 짧은 기간 홍보용으로 혹은 이용자들로부터 정보를 모으기 위해 비밀번호를 제공할 수도 있다. 비밀번호는 이용자들이 저작권을 침해하지 않고 익명성을 지키도록 도와주기 위해 제공될 수도 있다. 서비스제공자가 비밀번호를 입력해서 저작물에 대한 불법 접근을 허용한다는 것을 확인해보지 않고 비밀번호가 침해를 허용한다고 쉽게 결론내릴 방법은 없다. 우리는 그러한 조사의무가 서비스제공자에게 있다고 보지 않는다. 비밀번호 해킹 웹사이트들은 그 자체로 침해의 위험신호가 아니다.

원고는 또한 제3자가 보낸 위험신호는 반복침해자의 행위가 끝나지 않았다는 것을 확인해주고 있다고 주장한다. 지방법원은 제3자가 보낸 위험신호를 검토하지 않았기 때문에 우리는 제3자의 통지로 피고들이 반복침해자들에게 서비스를 제공한 것을 알게 되었는지, 만약 그렇다면 적절하게 대응했는지를 결정하기 위해 지방법원에 되돌려 보낸다.

B. 표준 기술 조치 : §512(i)(1)(B)

§512(i)(1)(B)에 따라 표준 기술조치를 방해하는 서비스제공자는 §§512(a)-(d)의 면책을 받을 수 없다. 표준기술조치는 온라인 저작권침해에 대응하기 위해 저작권자가 사용하는 기술 해결책을 말한다.(법조문 생략)

원고는 CCBill이 면책의 대상이 아니라고 주장하고 있다. 왜냐하면 CCBill이 제휴 웹사이트들의 저작권 침해 사실을 발견하지 못하도록 그 웹사이트들에 대한 원고의 접근을 막아 표준기술조치를 방해했기 때문이라고 주장한다.

여기서 2가지 사실을 다투고 있다.

우리는 웹사이트에 접근하는 것이 "개방되고 공정하며 자발적이고 여러 산업에 걸치는 표준화 과정에서 저작권자와 서비스제공자의 광범위한 동의에 따라 개발된" (§512(i)(2)(A)) 표준기술조치인지를 기록상 결정할 수 없다. 그러므로 우리는 웹사이트에 대한 접근이 표준기술조치인지, 그리고 CCBill이 그 접근을 방해했는지를 결정하기 위해 지방법원에 환송한다.

만약 접근의 허용이 표준기술조치라면, CCBill은 원고가 이전에 이용료 지급을 취소했기 때문에 원고의 신용카드를 차단했을 뿐이라고 주장하고 있다. 만약 CCBill이 옳다면 침해를 확인하는 원고의 방법－CCBill에게 지불거절과 관련된 벌금과 수수료를 내도록 강제하는 것－은 CCBill에게 실질적인 비용을 부담시키게 될 것이다. 만약 아니라면 CCBill은 침해가능성을 의심받고 있는 웹사이트를 단속하는 원고의 노력을 방해하게 될 것이다. 사실에 관한 다툼이 있기 때문에 우리는 CCBill이 원고의 거래절차를 거절한 것이 침해를 확인하기 위한 표준기술조치를 방해한 것인지를 결정하기 위해 지방법원에 되돌려 보낸다.

C. 일시적인 디지털 네트워크 통신 : §512(a)

§512(a)는 침해물의 전달자 역할을 한 서비스제공자를 위한 면책을 규정하고 있다. §512(a)에 따라 면책을 받는 서비스제공자는 법규정상 다른 면책조항이 적용되는 서비스제공자보다 더 제한된다.

(a)항에 사용된 "서비스제공자"란 용어는 이용자가 선택한 자료를 송신되

거나 또는 수신된 상태 그대로 자료의 내용을 수정하지 않고 이용자가 지정한 지점들 간의 디지털 온라인 통신을 위하여 연결을 제공하고 송신, 경로설정을 제공하는 실체를 말한다. §512(k)(1)(A)

지방법원은 CCBill이 고객웹사이트들에게 결제서비스를 제공하기 위하여 운영하는 시스템을 통하여 고객웹사이트상의 자료에 접근하도록 함으로써 §512(k)(1)(A)의 요건을 충족하였다고 판단하였다. 우리는 CCBill이 §512(a)의 면책을 받을 자격이 없다는 원고의 주장을 받아들이지 않는데 그 이유는 CCBill 스스로 침해물을 전송하지 않았기 때문이다. 서비스제공자는 디지털 온라인 통신을 위한 연결을 제공하거나 송신, 경로설정을 제공하는 실체이다. 법에는 통신 자체가 침해여야 한다는 요건은 없고, 우리가 그 요건을 더할 이유가 없다. 서비스제공자가 공공연히 침해성 정보를 전송하는 행위를 면책시키지만 비침해 정보를 전송하는 행위에 기여책임을 인정하는 것은 잘못일 수 있다.

§512(a)는 자료의 연결이 일시적인 서비스제공자에게 폭 넓은 면책을 제공하고 있다. 개인이 인터넷링크를 눌렀을 때 그의 컴퓨터는 정보요청을 보낸다. 요청을 받은 회사는 그 요청을 다른 컴퓨터에게 보내고 이어서 전달된다. 연속 전송이 이루어진 후에 요청된 정보를 갖고 있는 컴퓨터에 도달한다. 그 때 요청된 정보는 반드시 같은 경로를 따르지 않지만 순식간에 전달된다. 정보를 보내면서 각 매개 컴퓨터는 자료를 일시 복사한다. 잠시 후 정보는 이용자의 컴퓨터 화면에 나타난다.

이러한 매개컴퓨터들은 이용자들 사이에 일시의 연결을 제공한다. 그러한 매개컴퓨터들이 침해물을 차단해야 한다면 인터넷은 존재할 수가 없다. 우리는 §512(a)의 면책부여내용을 글자 그대로 읽는다 : 서비스제공자들은 직접 침해하는 통신만이 아니라 모든 디지털 온라인 통신을 전송하는 행위에 대해 면책된다.

CCBill은 “디지털 온라인 통신”인 신용카드 정보와 지불증명을 전송했다. 그러나 우리는 CCBill이 받은 지급액을 어떻게 계좌보유자에게 보냈는지에 대한 정보는 거의 없다. 그러한 지급이 디지털 통신인지, 자료의 내용을 수정하지 않고 보낸 것인지, CCBill이 단지 일시의 보유자인지 뚜렷하지 않다. 기록상 우리는 CCBill이 §512(a)의 서비스제공자라고 결론내릴 수 없다. 따라서 CCBill이 §512(a)의 요건을 갖추었는지를 더 살펴보기 위해 지방법원에 환송한다.

D. 정보검색도구 : §512(d)

CCBill은 소비자의 신용카드결제를 처리하고 고객 웹사이트에 접근하는 비밀번호를 발급한 후, 하이퍼링크를 띄워 이용자가 고객의 웹사이트에 접근할 수 있도록 했다. CCBill은 소비자와 거래한 결과 하이퍼링크를 화면에 띄움으로써 §512(d)의 면책을 받는다고 주장한다. 우리는 부동의한다.(§512(d) 내용 생략)

CCBill이 제공한 하이퍼링크가 정보검색도구로 비춰진다 하더라도 CCBill의 대부분 기능은 §512(d)의 면책범위 밖이다. §512(d)는 "침해 자료 또는 침해 행위를 담고 있는 온라인상의 위치에 이용자들을 참조하게 하거나 이어주었다는 이유에 따른 저작권 침해"에 대해서만 면책한다. 원고는 CCBill이 하이퍼링크를 제공하여 저작권을 침해하였다고 주장하지 않고 있다. 오히려 원고는 CCBill이 고객웹사이트들에게 다른 사업 서비스를 제공함으로써 침해하였다고 주장하고 있다. 비록 CCBill의 하이퍼링크 제공이 §512(n)에 따라 면책된다고 할지라도, CCBill이 다른 서비스에 대해서도 모두 면책되지는 않는다.

E. 이용자의 지시에 따라 시스템이나 네트워크에 남아 있는 정보 : §512(c)

§512(c)는 "이용자의 지시로 서비스제공자를 위한, 또는 그가 운영하거나 통제하는 시스템이나 네트워크에 남아 있는 자료의 저장에 관한 직접, 대위, 기여침해 청구에 대한 서비스제공자의 책임을 제한하고 있다." 서비스제공자가 §512(i)와 §512(c)(1)의 요건에 맞는다면 §512(c)의 면책을 받을 수 있다.(법조문 생략)

위에서 언급하였듯이 원고는 CWIE에게 §512(c)(1)(A)의 기준에 맞는 인식 또는 사실이나 정황을 제공하지 않았고 §512(c)(3)의 요건에 맞는 통지를 보내지 않았다.

남아 있는 문제는 CWIE가 §512(c)(1)(B), 즉 만약 서비스제공자가 침해행위를 통제할 권리와 능력을 가지고 있다면 침해행위로부터 직접 금전 이익을 얻지 않는다는 요건을 충족하지 못하였기 때문에 CWIE가 §512(c)의 면책을 받을 수 없다는 사실에 관한 진정한 쟁점을 원고가 제기했는지 여부이다.

의회가 보통법상 의미가 쌓여온 용어를 쓰는 경우 성문법이 달리 가리키지 않는 한, 용어의 확립된 의미를 받아들였다고 해석한다는 법리에 근거하여, 우리는 "직접 금전 이익"이 보통법상 대위 저작권 책임과 비슷하게 사용되는 기준에 맞게 해석되어야 한다고 본다. 그러므로 관련된 의문은 침해행위가 추가 이익이 아니라 구독자들을 끌어당겼는가 여부이다. 엘리슨사건에서 법원은 배심은 AOL이 침해물에 대한 접근을 제공함으로써 직접 금전 이익을 얻었다는 결론을 내리지 않을 것이라고 판단하였다. 왜냐하면 AOL이 침해행위 때문에 정기구독을 늘리거나 유지하거나, 또는 AOL이 침해행위를 막았기 때문에 구독자를 잃었다는 증거가 기록상 모자라기 때문이다.

이 사건에서 원고는 CWIE의 직접 금전적 이익에 관한 증거를 거의 제시하지 않고 있다. 원고는 CWIE가 수수료를 받기 위해 웹사이트를 모집했다고만 주장하고 있다. 이 주장만으로는 침해행위가 엘리슨판결에서 요구하는 끌어들이는 행위였다고 보기에는 충분치 않다. 나아가 입법연혁은 침해행위에 관여하고 있는 사람으로부터 1회 설치비와 평범한 정기 수수료를 받는 것은 침해행위에 직접 연관되는 금전적인 이익을 받았다고 볼 수 없다고 명확하게 말하고 있다. 원고는 CWIE가 침해행위로부터 직접 금전 이익을 얻었다는 점에 관하여 사실관계에 관한 진정한 쟁점을 드러내지 못했다. CWIE는 직접 금전 이익을 얻지 않았기 때문에 CWIE는 §512(c)의 요건을 충족하였다.

만약 지방법원이 CWIE가 §512(i)의 요건을 갖춘 것으로 본다면, CWIE는 §512(c)의 면책을 받을 자격이 있다.(Ⅱ. Communications Decency Act, Ⅲ. 직접 저작권 침해, Ⅳ. 소송비용과 변호사비 생략)

결 론

우리는 피고들이 다른 저작권자들을 상대하면서 §512(i)(1)(A)의 정책을 합리적으로 이행했는지를 결정하기 위해 지방법원에 환송한다. 왜냐하면

§512(i)(1)(A)는 기초적인 결정이기 때문에, 우리는 이 의견에 맞게 §512의 남은 쟁점에 대한 추가 절차를 진행하기 위해 환송한다.

4. 일시적인 디지털 네트워크 통신(Transitory Digital Network Communication)[12)]

이용자의 요청에 따라 디지털정보를 전송하는 자료의 경로로서 활동하는 서비스제공자의 저작권침해책임은 일정한 요건을 갖출 경우 제한된다. 서비스제공자의 행위에는 전송, 경로설정, 정보를 위한 연결수단을 제공하는 행위와 네트워크의 운영상 자동으로 만들어지는 중간 및 임시의 복제행위가 포함된다. 서비스제공자의 책임이 제한되기 위해서는 다음의 요건을 충족하여야 한다.

① 서비스제공자가 아닌 다른 사람에 의해, 혹은 그의 지시에 따라 자료의 전송이 시작될 것.

② 전송, 경로설정, 연결수단의 제공 또는 저장이 서비스제공자가 자료를 선택함이 없이 자동화된 기술과정을 통해 이루어질 것.

③ 서비스제공자는 다른 사람의 요청에 따른 자동적인 응답의 경우를 제외하고 자료의 수신인을 선택하지 않을 것.

④ 중간의 임시저장과정에서 예상되는 수신인이 아닌 다른 사람들이 보통 접근할 수 있는 방식으로 서비스제공자가 시스템이나 네트워크상에 자료의 복사본을 가지고 있지 않을 것과 전송과 경로설정, 연결수단의 제공에 필요한 합리적인 기간을 넘어 예상수신인이 일반적으로 접근할 수 있는 방식으로 시스템이나 네트워크상에 복사본을 가지고 있지 않을 것.

⑤ 자료는 내용의 수정없이 시스템이나 네크워크를 통하여 전송될 것.

5. 시스템캐싱(System Caching)[13)]

서비스제공자는 만약 ① 자료가 서비스제공자가 아닌 다른 사람에 의해서

12) 17 U.S.C.§ 512(a).

13) 17 U.S.C.§ 512(b).

온라인에 올려졌고, ② 그 사람의 지시에 따라 자료가 시스템을 통하여 다른 사람에게 전송되었고, ③ 자료가 전송된 후 그 자료에 대한 접근을 요청하는 이용자들이 이용할 수 있도록 할 목적으로 자동화된 기술과정을 통해 저장이 된 경우 자료의 중간적인 임시저장을 이유로 저작권침해의 책임을 지지 않는다. 한정된 시간동안 복사본을 갖고 있는 이익은 서비스제공자의 전송용량부담을 줄이고 같은 정보를 요청한 사람들이 기다리는 시간을 줄이는 데 있다. 책임이 제한되기 위해서는 다음과 같은 요건을 충족하여야 한다.

① 보유하고 있는 자료의 내용이 수정되어서는 안 된다.

② 제공자는 일반적으로 인정되는 산업표준 데이터 통신 프로토콜에 따라 자료를 새롭게 하거나 다시 올리거나 경신하는 것과 관련된 규칙을 따라야 한다.

③ 제공자는 자료를 올린 사람에게 되돌려주는 기술이 일정 조건에 맞을 때 그 기술을 방해해서는 안 된다.

④ 제공자는 자료를 올린 사람이 정한 접근조건(예를 들면 비밀번호)에 따라 이용자들의 자료에 대한 접근을 제한하여야 한다.

⑤ 서비스제공자는 저작권자의 허락없이 올려진 자료를 없애거나 차단하라는 통지를 받거나 제거 혹은 차단하라는 명령을 받았을 때 신속하게 그 자료를 제거 혹은 차단하여야 한다.

6. 이용자의 지시에 의해 시스템이나 네트워크상에 있는 정보(Information Residing on System or Networks at Direction of Users)[14)]

서비스제공자는 다음 요건을 충족하면 이용자의 지시에 따라 시스템이나 네트워크상에 남아있는 자료의 저장을 이유로 저작권 침해에 대한 금전 구제, 또는 금지명령 또는 그 밖의 형평법상의 구제에 대하여 책임을 지지 아니한다.

(A) (ⅰ) 서비스제공자가 그 시스템이나 네트워크상의 자료 또는 그 자료를 이용하는 행위가 침해가 된다는 사실을 실제 인식하지 못한 경우;

---

14) 17 U.S.C.§ 512(c).

(ii) 서비스제공자가 그러한 실제 인식이 없는 상태에서, 침해 행위가 명백하다는 사실이나 정황을 알지 못하는 경우; 또는

(iii) 그러한 인식을 하거나 알게 된 즉시 그 자료를 없애거나 접근을 불가능하게 하기 위해 신속하게 행동하는 경우;

(B) 서비스제공자가 침해 행위를 통제할 수 있는 권리와 능력을 가지고 있는 경우에, 그가 그러한 행위에 직접 기인한 것으로 볼 수 있는 경제 이익을 얻지 아니하는 경우; 그리고

(C) 서비스제공자가 (3)호에 적힌 바와 같은 침해 주장의 통지 즉시 침해하고 있다고 또는 침해 행위의 대상이라고 주장되는 자료를 없애거나 또는 접근을 불가능하게 하기 위하여 신속하게 대응하는 경우.

서비스제공자는 침해통지를 받기 위한 대리인을 임명하여야 하며 통지서가 갖추어야 할 적법한 요건을 요약하면 다음과 같다. ① 저작권자 혹은 그 대리인의 서명, ② 침해저작물의 확인 목록 ③ 서비스제공자가 침해저작물을 확인하고 삭제 혹은 접근 차단을 하기 위한 합리적으로 충분한 정보, ④ 권리주장자에게 연락할 수 있는 주소, 전화 번호 또는 전자 메일 주소 등, 합리적으로 충분한 정보, ⑤ 허락받지 않은 불법 저작물이 맞다는 진술, ⑥ 통지서에 포함된 정보가 정확하며, 사실이 아니면 법적 책임을 진다는 내용의 진술.

UMG Recordings, Inc. v. Shelter Capital Partners LLC

연방 제9항소법원
667 F.3d 1022 (9th Cir. 2011)

요 약

판사 FISHER :

베오(Veoh Networks)는 이용자들이 다른 이용자들과 비디오를 공유할 수 있는 웹사이트를 운영하고 있다. 원고 유니버설 뮤직(Universal Music Group, 이하 “원고”)은 세계에서 가장 큰 음반 및 음악잡지 발행 회사 중의

하나이고 모타운(Motown), 데프잼(Def Jam,) 게펜(Geffen)과 같은 음반상표를 갖고 있다. 음반을 제작, 판매하는 원고는 음악 비디오도 만들고 있다. 비록 베오가 시스템을 통한 저작권침해를 막기 위한 다양한 조치를 이행하고 있다 할지라도, 베오 서비스의 이용자들은 원고의 허락없이 원고가 저작권을 갖고 있는 음악을 포함하고 있는 비디오를 다운로드할 수 있었다. 원고는 베오를 상대로 직접 및 2차 저작권 침해 책임을 묻는 소송을 걸었다. 지방법원은 서비스제공자의 책임을 "이용자의 지시에 의하여, 서비스제공자에 의하여 또는 그를 위하여 통제되거나 운영되는 시스템이나 네트워크상에 남아있는 자료의 저장을 이유로 한 저작권 침해"(17 U.S.C.§512(c))로 제한하는 DMCA의 면책조항에 의해 보호된다고 결정한 후 베오 승소판결을 하였다. 우리는 지방법원 판결을 인용한다.

배 경

베오는 사람들이 인터넷을 통하여 비디오 콘텐츠를 공유하도록 서비스한다. 이용자들은 다른 이용자들이 올린 비디오 뿐만 아니라 SonyBMG, ABC, ESPN과 같은 주요 저작권자들이 이용을 허락한 제휴 콘텐츠를 볼 수 있다. 베오 서비스를 이용하는 방법은 2가지다. 2005년 후반기에 시작된 이용자 응용 독립 소프트웨어를 통하거나, 또는 2006년에 시작되어 이용자들이 표준 웹브라우저를 통해 접속하는 베오 웹사이트(veoh.com)를 통하는 방법이 있다. 두 서비스는 무료로 제공되었다. 베오는 비디오와 함께 나타나는 광고로부터 수익을 얻었다. 2009. 4.까지 베오는 수많은 비디오를 보유하고 있었고 이용자들은 4백만개 이상의 비디오를 올렸다.

이용자가 베오를 통해 비디오를 공유하기 전에 이메일 주소와 이용자 이름, 비밀번호를 제공하고 베오 웹사이트에 등록하여야 한다. 이용자는 베오의 이용약관을 읽고 동의하여야 한다. 이용약관은 이용자들이 침해물이나 불법자료를 포함하고 있는 자료를 제공해서는 안 되며 베오 서비스를 통해 자료의 배포를 허용할 충분한 권리나 권한을 가지고 있는 경우에만 베오에 올릴 수 있다고 안내하고 있다. 이용약관은 업로드된 비디오를 베오 서비스를 통해 원래의 형태나 복사물, 또는 변환된 형태로 공개적으로 전시, 공연, 전송, 배포, 복사, 저장, 복제, 제공할 권한을 베오에게 주고 있다.

비디오의 공유를 바라는 이용자는 베오에게 비디오의 이용, 복제, 수정, 배포, 2차적 저작물 작성, 전시, 발행, 공연, 전송할 권한을 주는 이용조건에 동의하여야 한다. 이용조건은 이용자가 베오에서 공유되는 모든 자료에 관한 저작권 또는 재산권을 베오가 이용하거나 이용할 수 있도록 허락할 권한, 권리 등을 갖고 있다는 사실을 분명하게 말하고 보증한다고 규정하고 있다. 이용자들은 베오 서비스를 통하여 저작권을 침해하는 자료의 올리기, 내려받기, 게시, 제공, 배포, 배포 편의제공, 기타 어떤 행동도 하지 않는다고 동의해야 한다. 이용자가 이용약관과 이용조건에 동의하면 비디오를 업로드할 수 있다. 이용자가 비디오를 베오의 웹사이트에 올리기 시작할 때마다 "저작권을 침해하거나 포르노물, 음란물, 폭력물, 기타 이용약관에 어긋나는 다른 비디오를 올리지 마시오."라는 문구가 화면에 나타난다.

비디오가 업로드되었을 때 자동화된 여러 과정을 거치게 된다. 베오의 소프트웨어는 자동으로 비디오 파일을 더 작은 256킬로바이트의 조각으로 쪼갠다. 이것들은 다른 이용자들이 비디오에 편리하게 접근하게 해준다. 또한 베오 소프트웨어는 자동적으로 비디오 파일을 플래시 7 포맷으로 변환한다. 대다수의 인터넷 이용자들이 이러한 방식으로 비디오를 재생하는 소프트웨어를 가지고 있기 때문에 이 작업이 이루어진다. 베오는 플래시 전환을 위해 필요한 장치를 미리 설치해 둔다. 만약 "Pro"이용자라면 베오 소프트웨어는 업로드된 비디오를 휴대용 장치에서 재생되도록 플래시 8과 MPEG-4 포맷으로 변환한다. 따라서 Pro이용자가 비디오 파일을 올릴 때 베오는 자동으로 4가지 복사물－조각난 파일, 플래시 7파일, 플래시 8 파일, MPEG-4 파일－을 만들어 보유한다. 이러한 자동화된 변환은 비디오의 내용에는 영향을 미치지 않는다.

또한 베오 컴퓨터는 이용자들이 다른 이용자들에게 비디오를 찾는데 도움을 주기 위해 제공하는 정보로부터 메타데이터를 자동으로 추출한다. 이용자들은 비디오를 설명하는 제목뿐만 아니라 꼬리표 또는 검색어를 제공할 수 있고 음악, 신앙, 정치와 같이 비디오를 설명하는 미리 설정된 범주를 선택할 수 있다. 베오 시스템은 이용자들이 비디오를 찾아서 이용할 수 있도록 업로드된 모든 비디오에 자동으로 고유주소(permalink[15]), 또는 웹 주소를 할당한다. 베오의 직원들은 이용자가 제공한 비디오, 제목, 태그를 살펴보지 않는다.

베오 시스템에서 이용자들은 2가지 방법으로 공유비디오에 접근할 수 있다. 첫째, 이용자의 웹브라우저는 파일이 이용자의 컴퓨터에 모두 전송되기 전에 즉시 비디오를 재생하기 시작함으로써 비디오는 서버로부터 재생될 수 있다. 비디오가 끝나기 전에 이용자가 웹브라우저를 중단하는지 여부에 따라 비디오의 일부 또는 전부의 복사물이 이용자의 컴퓨터에 일시 저장된다. 둘째, 이용자는 베오의 웹사이트 또는 이용자 응용프로그램을 통하여 비디오의 복사물을 내려받을 수 있다. 베오는 이용자의 컴퓨터로 쪼개진 파일 복사물을 보내고 소프트웨어는 파일들을 다시 모아서 재생할 수 있게 한다. 다운로드된 파일은 이용자 컴퓨터의 베오 디렉터리에 저장되는데 베오가 파일에 대한 접근을 차단할 수 있도록 되어 있다.

베오는 시스템에서 저작권침해를 자동으로 막을 수 있는 다양한 기술을 쓰고 있다. 2006년에 베오는 해시 필터링 소프트웨어를 채용하였다. 베오가 침해비디오에 대한 접속을 끊을 때마다 해시 필터가 자동으로 같은 비디오에 대한 접근을 금지시키고 후속 복사물의 공급을 차단한다. 베오는 또한 스스로 추가 필터링 방법을 개발하기 시작하였으나 2007년에 오더블 매직(Audible Magic)사가 개발한 제3자 필터링 솔루션을 채용하기로 결정했다. 오더블 매직의 기술은 비디오 파일로부터 음성 지문을 찾아서 저작권자가 제공한 저작물 데이타베이스와 비교한다. 만약 이용자가 금지 자료가 들어있는 오더블 매직 데이터베이스의 음성지문과 맞는 비디오를 올리려 한다면 그 비디오는 전혀 이용할 수 없게 된다. 새롭게 올라오는 모든 비디오들에 대해 오더블 매직의 필터를 적용한 지 대략 9개월 후에, 과거에 업로드된 비디오에 대해서도 적용했다. 6만개 이상의 비디오가 삭제되었는데 원고의 비디오도 포함되어 있었다. 베오는 또한 침해물의 업로드를 되풀이하는

15) 퍼머링크(permalink)는 인터넷에서 특정 페이지에 영구적으로 할당된 URL 주소를 뜻한다.

이용자를 차단하는 방침을 이행해왔고 수천개의 계정을 해지하였다.

시스템상의 저작권침해를 방지하기 위한 베오의 노력에도 불구하고, 베오와 원고는 베오의 몇몇 이용자들이 원고가 저작권을 갖고 있는 노래들을 포함하고 있는 비디오를 불법 다운로드할 수 있었다는 사실을 인정하고 있다. 당사자들은 또한 원고가 소송을 걸기 전에 원고의 저작권침해와 관련하여 베오가 받은 유일한 통지는 미국음반산업협회(RIAA, 이하 "음반협회")가 보낸 것이었다는 점도 인정했다. 음반협회의 통지는 특정한 침해 비디오들을 열거하였고 이 비디오들에 대한 링크를 갖고 있다. 통지는 확인된 음악가와 관련된 모든 저작물에 대해 권리를 주장하지 않았고 원고를 언급하지 않았다. 원고는 베오가 음반협회의 통지에서 확인된 링크를 통해 발견되는 자료를 없앴다는 점에 대해서는 다투지 않는다.

2007. 9.경 원고는 베오를 상대로 직접, 대위, 기여 저작권 침해와 유인침해의 책임을 묻는 소송을 걸었다. 원고는 베오가 수익을 얻기 위해 침해물을 받아들인 이후에도 필터링 기술을 채택하지 않았기 때문에, 그리고 초기에 새로 업로드되는 비디오만을 필터링했기 때문에 저작권침해를 방지하려는 베오의 노력이 너무 적고 늦었다고 주장하였다. 원고는 또한 베오가 침해통지에서 확인된 특정 저작물만을 삭제했고 그 경우에도 베오는 특정 URL과 연관된 비디오 및 그 비디오의 똑같은 복사물만을 삭제했다.

베오는 DMCA면책조항에 의해 보호된다고 항변하였다. 원고는 침해행위가 "이용자의 지시에 따라 [자료의] 저장을 이유로 한"에 해당되지 않으므로 베오는 17 U.S.C.§512(c)에 의해 보호될 수 없다며 부분약식판결을 신청하였다. 지방법원은 원고의 신청을 기각하였다(이하 UMG I 판결).[16] 그 후 베오는 §512(c)의 나머지 요건을 충족하였다는 이유로 약식판결을 신청하였다. 메츠(Matz)판사는 베오는 §512(c)의 모든 요건을 충족하였으므로 면책조항에 의해 보호된다는 주의깊고도 종합적인 판결(이하 UMG II 판결)을 하였다.[17] 그 후 종국판결이 2009. 11. 3.에 선고되었다.

16) UMG Recordings, Inc. v. Veoh Networks Inc., 620 F.Supp.2d 1081(C.D.Cal.2008).
17) UMG Recordings, Inc. v. Veoh Networks Inc., 665 F.Supp.2d 1099(C.D.Cal.2009).

이 유

Ⅰ. (항소심의 판단 기준과 방법 일반론 생략)

Ⅱ. (베오에 대한 항소 부분)

온라인 세계에서 저작권책임에 관한 어렵고 논쟁적인 문제들 때문에 연방의회는 DMCA의 Ⅱ편, 온라인 저작권 침해 책임 제한법(the Online Copyright Infringement Liability Limitation Act; OCILLA)을 만들었다. 의회는 서비스운영자가 서비스를 운영하는 과정에서 일어날 수 있는 저작권 침해책임이 문제되는 모든 종류의 행위에 관여된다는 점을 인식했다. 비록 의회가 베오와 같은 회사의 서비스가 저작권침해행위에 오용될 수 있다는 것을 알고 있었다 하더라도, 저작권책임 때문에 사회에서 유익한 기능을 수행하는 혁신이 움츠러드는 것을 바라지 않았다. 의회는 서비스제공자의 책임을 제한함으로써 인터넷의 효율성이 발전하고 인터넷상 서비스의 다양성과 품질이 계속 늘어나는 것을 보장하려고 하였다. 그러한 목적으로 OCILLA는 특정한 행위의 결과로 발생하는 저작권침해에 대해 서비스제공자의 금전배상책임을 배제하는 4가지 면책조항을 만들었다. 지방법원은 베오가 17 U.S.C.§512(c)의 면책에 해당된다고 결정하였다.

베오와 같은 서비스제공자가 §512(c)의 면책을 받기 위해서는 여러 요건을 충족하여야 한다.(§512(c) 이용자의 지시에 따라 시스템이나 네트워크상에 남아있는 정보에 관한 법규정 생략)

항소심에서 원고는 이러한 요건 중 3가지를 충족하지 못하였다고 주장하고 있다. 첫째, 원고는 침해행위가 §512(c)(1)의 최초 요건인 "이용자의 지시에 따라 (자료의) 저장을 이유로 한 저작권침해"에 해당되지 않는다고 주장한다. 둘째, 원고는 §512(c)(1)(A)에 규정된 바와 같이 베오가 실제 침해행위를 알고 있었거나 또는 침해행위가 분명하다는 사실과 정황을 인식하고 있는지 여부에 관하여 사실상의 쟁점이 남아 있다고 주장한다. 마지막으로, 원고는 베오가 §512(c)(1)(B)에 규정된 대로 통제할 권리와 능력을 가지고 있는 침해행위로부터 직접 나오는 금전 이익을 얻었다는 점에 관한 충분한 증거를 냈다고 주장한다. 우리는 위 주장에 동의하지 않으며 지방법원의 판결을 인용한다.

A.

우리는 먼저 이용자가 비디오를 올렸을 때 베오의 소프트웨어가 자동으로 수행하는 기능이 "이용자의 지시에 따라 저장을 이유로 한"에 해당되는지 여부를 판단하여야 한다. 17 U.S.C.§512(c)(1). 비록 컴퓨터에 저장하는 것이 자료의 복사본을 만드는 행위를 포함하고 있다는 점을 인정했다 하더라도, 원고는 "저장"이라는 용어의 일반 의미가 이용자가 올린 비디오에 공공이 쉽게 접근하도록 해주는 자동 절차까지 포함하지 않는다고 주장한다. 접근을 쉽게 해주는 것은 "저장"을 넘어서는 행위라고 주장한다. 그러므로 조각 파일과 플래시 파일을 만들고 비디오를 재생하거나 내려받는 것은 §512(c)에 해당되지 않는다고 주장한다. 원고는 또한 이러한 자동절차는 "이용자의 지시"에 따라 이루어지는 것은 아니라고 주장한다.

지방법원은 원고가 "저장을 이유로 한"보다는 "침해행위가 저장"이어야 한다는 것을 요구함으로써 너무 제한적으로 해석하고 있다고 판단하였다. 우리는 "이용자의 지시에 따라 저장을 이유로 한"은 원고가 주장하는 일반 의미보다 더 넓어서, 명백하게 단순한 전자 저장 칸막이 이상의 의미가 있다는 지방법원의 판단에 동의한다. 우리는 법조항의 용어와 구조 뿐만 아니라 입법취지를 볼 때 §512(c)가 이용자가 비디오를 베오에 올렸을 때 자동으로 일어나는 접근 편의 절차를 포괄하고 있다는 점이 명확하다고 본다. (이하 §512(c)의 "이유로 한" 규정을 조직범죄법의 동일한 문구 해석과 같아야 한다는 원고의 주장에 대한 판단 부분은 생략)

우리의 의문은 "이유로 한"에 대한 원고의 해석이 법 조항끼리의 내부 충돌을 일으킨다는 사실에 의해 확인된다. §512(c)는 서비스제공자들이 저장한 자료에 이용자의 접근을 제공하는 것을 전제로 하고 있는데, 만약 우리가 그러한 접근때문에 베오가 면책되지 않는다고 판단한다면 우리는 법을 어기게 될 것이다. §512(c)는 저작권자들이 서비스제공자들에게 사이트를 통하여 접근할 수 있는 침해물을 통지하는 자세한 통지 및 삭제절차와 서비스제공자가 통지를 받았을 때 그러한 침해물에 대한 접근을 차단하는 절차를 규정하고 있다. 17 U.S.C.§512(c)(1)(A)(iii), (c)(1)(C), (c)(3)(A) (iii). 주의깊게 고려된 절차와 침해물 접근 차단에 관한 입법자료는 만약 우리가 법조문에 대한 원고의 좁은 해석을 받아들인다면 쓸모없게 된다. 만약 §512(c)가 자료에 대한 접근을 예상하지 않았다면 어떻게 저작권자가 침해사실 통지를 위해 서비스제공자의 사이트상에서 침해물을 발견할 수 있을지 불분명하다.

우리는 §512(c)의 보호가 "웹호스팅"에게만 적용된다고 단정함으로써 법조문의 해석이 가져올 내부 모순을 조정하려는 원고의 노력이 설득력이 없다고 본다. 웹호스트는 서버에 웹사이트를 유치하여 웹사이트 운영자들에게 저장공간을 제공한다. 원고 주장의 요점은 웹호스트는 베오와 같이 쉽게 접근하게 해주는 기능을 수행하면 안 되고 "저장"이라는 정확한 의미로 한정됨으로써 통지 및 삭제 절차와 일치된다는 것으로 보인다. 원고의 논리는 베오와 같은 웹호스트가 이용자들이 제공한 자료를 다른 인터넷 이용자들이 이용할 수 있도록 저장한다는 현실을 설명하지 못하고 있다. 웹사이트를 가지고 있는 이유는 다른 사람들이 볼 수 있게 하기 위해서다. 법정조언자들처럼 이러한 접근 활동이 웹호스팅의 정의에 맞다. 만약 웹호스트가 단지 한 사람을 위한 정보만 저장한다면 그것은 온라인 백업 서비스로 설명되는 게 더 적절하다.

나아가 웹호스팅 서비스를 제공하는데 관련된 기술 과정을 보면 이용자가 저장한 자료를 복사하고 전송하고 다운로드하는 행위가 필요하다. 이용자는 웹호스트의 컴퓨터로 정보를 올릴 때 처음 복사한다. 정보는 가족사진, 시, 음악, 영화 등 수많은 것들이 있다. 다른 이용자가 링크를 누르거나 URL을 입력하여 웹사이트에 접속하기를 원할 때 웹사이트의 모든 관련된 콘텐츠가 이용자의 컴퓨터로 전송된다. 그리고 이용자의 웹브라우저는 보고 들을 수 있도록 자료를 모으기 위해 자동으로 복사한다. 인터넷 이용자들이 웹사이트를 이용하는 기능을 수행하기 위해 웹호스팅 서비스는 정기적으로 자료를 복사하고 인터넷 이용자들에게 전송한다. 우리는 이렇게 접속을 쉽게 하는 과정이 §512(c)(1)의 목적상 베오의 절차와 어떻게 구별될 수 있는지 알 수 없다.

또한 법조문은 아무도 접근할 수 없고 그래서 저장 이상의 행위가 일어나지 않는 단순한 자료 보관행위로는 저작권이 침해될 것 같지 않다는 점을 인정하고 있다. §512(c)(1)(A)(ⅰ)은 "자료 또는 자료를 이용하는 행위가 … 침해"라고 말함으로써 그렇게 인정하고 있다. §512(c)(1)(A)(ⅱ)는 비슷하게 "침해행위"를 언급하고 있다. §512(c)(1)(A)(ⅲ)은 또한 만약 자료가 서비스제공자에 의해 보관되고 있지만 접근할 수 없다면 침해가 아니라는 점을 암시하면서, 서비스제공자에게 "자료의 삭제, 또는 접근 차단"을 요구함으로써 이러한 해석을 보충하고 있다.

마지막으로 만약 의회가 §512(c)를 더 넓은 범위의 서비스제공자가 아닌 웹호스트에만 적용하기로 했다면 "저장을 이유로 한"이라는 모호한 용어를 썼을지 의문이다. 그 대신에 의회가 §512(c)는 웹호스트에게만 적용된다는 식으로 서비스제공자의 정의를 명확히 하는 직접 방법을 취하였을 것으로 우리는 추측한다. 의회는 서비스제공자에 대해 2가지의 정의규정－§512(a)에 적용되는 좁은 의미의 정의와 나머지 §512에 적용되는 더 넓은 의미의 정의－을 두고 있다. 그러므로 우리는 §512(c)가 오직 웹호스팅 서비스에만 적용된다는 원고의 새로운 이론을 받아들일 근거가 없다.

또한 OCILLA의 2가지 "서비스제공자" 정의는 이용자가 올린 비디오를 이용할 수 있도록 만드는 자동 절차가 "이용자의 지시"에 따라 이루어지는 것이 아니라는 원고의 주장을 뒷받침하지 않고 있다. 통로역할만 하는 경우로 §512(a)에만 적용되는 좁은 의미의 정의는 보내거나 받는 도중에 자료의 내용을 수정하는 서비스제공자는 명백히 제외하고 있다. 17 U.S.C.§512(k)(1)(A). 대조적으로 §512(c)에 적용되는 더 넓은 의미의 정의규정 아래서는 베오의 자동화된 절차가 실행하는 것처럼 쉽게 접근과 저장을 하도록 이용자가 공급한 자료를 수정하는 서비스제공자의 능력에 아무런 제한을 두지 않고 있다. 의회가 그러한 제한을 포함시키고자 하였다면 좁은 의미의 정의규정에서와 마찬가지로 모호하지 않게 그렇게 했을 것이다.

베오는 단지 소프트웨어가 자동으로 이용자 제공 콘텐츠를 다른 이용자들이 쉽게 접근할 수 있는 형태로 변환시키는 시스템을 만들었다. 베오는 파일 올리기에 적극 참여하거나 감독하지 않았고 업로드되기 전에 파일을 고르거나 미리 보지 않았다. 그보다는 파일을 접근할 수 있게 하는 자동화된 절차는 모두 베오 이용자의 의지에 따라 시작되었다. 그러므로 우리는 침해가 이용자의 지시에 따라 베오 시스템에 있는 자료의 저장을 이유로 한 것이라는 요건을 베오가 충족하였다고 본다.

B.

§512(c)(1)(A)에 의해서 서비스제공자는 "(ⅰ) 서비스제공자가 그 시스템이나 네트워크상의 자료 또는 그 자료를 이용하는 행위가 침해가 된다는 사실을 인식하지 못한 경우; (ⅱ) 서비스제공자가 그러한 실제 인식이 없는 상태에서, 침해 행위가 명백한 사실이나 정황을 알지 못하는 경우; 또는 (ⅲ) 그러한 인식을 하거나 알게 된 즉시 그 자료를 없애거나 접근을 불가능하게 하기 위해 신속하게 행동하는 경우"에만 면책될 수 있다. 원고는 베오가 음반협회의 DMCA 통지에 따라 침해물을 알게 되었을 때 파일을 삭제했다는 점을 다투지 않는다. 그보다는 베오가 삭제하지 않은 다른 침해 비디오를 인식하였거나 알고 있었다고 주장한다. 지방법원은 원고가 DMCA 통지든, 비공식 통지든, 기타 다른 방법으로든 침해물을 인식하였을 때 신속하게 침해물을 삭제했다는 베오의 입증을 뒤집지 못했다고 판단하였다. 원고는 항소심에서 지방법원이 서비스제공자가 (ⅰ)과 관련하여 실제 인식하고 있다는 상황을 부적절하게 제한함으로써 인식요건을 잘못 해석하였다고 주장하고 있다. 또한 (ⅱ)와 관련하여 침해행위가 분명하다는 사실이나 정황에 기초한 "위험신호"인식에 관하여 엄격한 기준을 세운 것은 잘못이라고 지적하고 있다. 우리는 지방법원이 이러한 요건을 적절하게 해석했다고 본다.

1. 이 소송이 제기될 때까지 원고는 베오의 시스템상에 있는 특정한 침해비디오를 확인해 주지 못했다는 점에 대해서는 다툼이 없다. 원고가 DMCA통지 절차를 포기함으로써 서비스제공자의 인식을 인정할 수 있는 가장 유력한 증거 – 저작권자로부터 침해통지 – 가 사라지게 된다. 그럼에도 불구하고 원고는 베오가 주요 음악 회사로부터 이용허락을 받지 않았음에도 저작권으로 보호되는 범주의 콘텐츠 – 음악 – 를 끌어들였다고 주장한다. 그러므로 서비스가 침해물을 올리는데 이용될 수 있다는 일반적인 인식을 고려할 때 베오는 이 콘텐츠가 불법이라는 점을 알았어야 한다고 주장한다.

원고는 이것으로 침해사실을 알고 있었다는 점이 충분히 증명된 것으로 판단하여야 한다고 주장한다. 우리는 몇 가지 이유로 동의하지 않는다.

원고의 주장과 달리 처음에는 베오에 사실상 적법하게 게시될 수 있는 음악비디오가 많이 있었다. 저작권으로 보호되지만 적법하게 베오의 시스템에서 이용할 수 있는 비디오들 가운데 이용자들이 창작한 비디오와 베오가 SonyBMG와 같은 주요 저작권자들과 합의에 따라 제공한 비디오들이 있었다. 나아가 DMCA가 영화, 음악, 소프트웨어, 어문저작물이 인터넷을 통해 빠르고 편하게 이용-정확하게 베오가 제공하는 서비스-될 수 있도록 하려는 의회의 분명한 의도를 볼 때 원고의 §512(c)에 대한 좁은 해석이 맞는지 의문이 든다. 마지막으로 서비스가 불법복제물을 공유하는데 이용될 수 있다는 일반 인식을 가지고 단지 저작권으로 보호되는 범주의 콘텐츠를 끌어들인 행위가 서비스제공자의 인식을 추인하기에 충분하다면 §512(c)의 면책조항은 사문화되어 버릴 것이다.

2차적 저작권침해사건에서 인식을 분석하는 판례들도 원고의 인식에 대한 일반 접근방식과 다르다. 소니사건[18]에서 연방대법원은 피고가 소비자들이 저작물의 불법 복제물을 만들기 위해 제품(VCR)을 사용할 것이라는 사실에 대한 추정적 인식(의제인식, constructive knowledge)[19]하에 제품을 팔았다는 이론에 기초하여 책임을 인정하는 저작권법의 선례는 없다고 판단하였다. 제품이 실질적으로 비침해용으로 이용될 수 있는 한 소니가 침해를 알고 팔았다고 인정하지 않았다. 소니판결을 인터넷상황에 적용하여, 우리는 냅스터 사건[20]에서 "만약 컴퓨터 시스템 운영자가 시스템상 특정한 침해물이 있다는 사실을 알고서 그것을 시스템에서 없애지 않는다면 운영자는 직접침해행위를 알고서 이에 기여한 것이다."라고 판결하였다. 그러나 "침해행위를 확인하는 특정한 정보가 없다면 컴퓨터 시스템 운영자는 단지 시스템의 구조가 저작물의 교환을 허용한다는 이유만으로 기여책임을 질

18) Sony Corp. of America v. Universal City Studios, Inc., 464 U.S.417(1984).

19) 합리적인 주의를 하거나 또는 지위나 기술 때문에 사실을 알았어야 하는 사람에게 추정되는 인식. 예를 들면 부동산 구입자는 공공기록에 있는 사전 담보권의 존재를 알고 있었을 것으로 추정된다.

20) A&M Records, Inc v. Napster, Inc., 239 F.3d 1004(9th Cir. 2001).

수 없다."

특정 침해행위의 인식을 요구하는 것은 의회가 인터넷상의 저작권침해를 다루면서 저작권자와 서비스제공자 사이에 협력을 권장하기 위해 제정한 DMCA의 경우에 의미가 크다. 저작권자는 정확하게 그들이 갖고 있는 저작물이 무엇인지 알고 있고, 무엇이 저작권으로 보호되고 보호되지 않는 지를 쉽게 확인할 수 없는 베오와 같은 서비스제공자보다 침해물을 더 효과적으로 확인할 수 있다.

이러한 고려는 저작권자에게 특정한 침해물을 서비스제공자에게 확인해 주도록 권장하는 통지 및 삭제 규정을 마련한 의회의 결정에 반영되어 있다. 또한 "서비스제공자가 실제 인식하거나 침해행위가 명백하다는 사실과 정황을 알게 되는 것"과 관련하여 실질적으로 흠결있는 §512(c)(3)(A)의 통지를 고려하지 않도록 한 "배제 규칙"에도 나타난다. 17U.S.C.§512(c)(3)(B)(ⅰ). 의회의 의도는 다음과 같은 DMCA에 직접 규정된 것에도 반영되어 있다. "이 조의 어느 것도 다음 사항에 대한 (a)항 내지 (d)항의 적용 가능성의 조건이 되는 것으로 해석되지 아니한다. (1) 서비스제공자가 그의 서비스를 모니터하거나 침해 행위를 나타내는 사실을 적극 찾는 것."17 U.S.C. §512(m). 의회는 "DMCA의 통지절차가 침해물을 확인하고 침해사실을 적절하게 통지하는 저작권침해 단속의 책임을 정확하게 저작권자에게 부과하는" 정책 결정을 하였다. §512(c)(3)을 분석하면서 우리는 실질적인 부담을 저작권자로부터 서비스제공자에게로 넘기는 것을 사절한다.

원고는 우리에게 인식요건을 넓게 해석함으로써 §512(c)(1)(A)와 관련하여 견해를 바꿀 것을 요청하고 있다. 우리는 그렇게 할 이유가 되는 원리를 발견하지 못했다. 그러므로 우리는 서비스가 침해물을 공유하는데 이용될 수 있다는 일반적인 인식을 가지고 음악비디오와 같은 저작물을 끌어들인 행위만으로는 §512(c)(1)(A)(ⅰ)의 실제 인식 요건을 충족하기에 불충분하다고 본다.

우리는 서비스제공자가 "침해활동이 분명하다는 사실과 정황을 알게 되었는지" 여부에 관한 §512(c)(1)(A)(ⅱ)의 의문과 관련해서도 같은 결론에 이르렀다. 지방법원의 "위험 신호 심사"는 CCBill판결[21]에서 저작권 침해를 단속하는 부담이 서비스제공자보다는 저작권자에게 남아 있다는 점을 되풀이 한 우리의 분석에 따른 것으로 타당하다. CCBill사건에서 원고들은 침해활동이 일어나고 있다는 사실을 뚜렷이 보여주는 수많은 위험신호가 있었다고 주장하였다. 침해가 명백한 "illegal.net"과 "stolencelebritypics.com"와 같은 이름을 가진 사이트들 뿐만 아니라 비밀번호 해킹웹사이트를 피고들이 유치하였다고 지적하였다. 우리는 실제 불법 침해물인지를 결정하는 책임을 서비스제공자에게 부과하지 않았기 때문에 충분한 위험신호라는 점에 대해 동의하지 않았다. 그리고 그러한 조사의무가 서비스제공자에게 있다고 보지 않았다. 같은 이유로 우리는 저작물을 끌어들였고 서비스가 침해용으로 이용될 수 있다는 베오의 일반 인식만으로 위험신호를 구성하기에 불충분하다고 본다.

2. 우리는 베오가 침해행위를 실제 알거나 또는 명백한 인식을 가지고 있다는 점을 입증하기 위해 원고가 낸 다른 증거들이 사실심리를 필요로 할 정도는 아니라고 본다. 첫째, 원고는 베오 서비스에서 "음악 비디오"와 같이 비디오에 꼬리표를 붙이는 것을 지적하고 있다. 원고는 위에서 배척된 이론에 근거하여 이것이 침해물 범주를 끌어들이는 베오의 인식을 보여주는 것이라고 주장하고 있다. 관련하여 베오가 구글의 AdWords프로그램을 통하여 검색어들을 샀는데, "50 Cent", "에이브릴 라빈", "브리트니 스피어스"와 같은 원고 음악가들의 검색어를 산 것은 침해행위에 대한 인식을 보여주는 것이라고 주장한다. 그러나 원고가 브리트니 스피어스 노래 몇 곡에 대해 저작권을 갖고 있지만 그녀의 모든 노래에 대해 저작권을 갖고 있지 않으므로 음악가들은 항상 음반회사들과 독점관계에 있는 것은 아니다. 50 Cent, 에리브릴 라빈, 브리트니 스피어스는 베오에게 소속 음악가들의 비디오를 재생하도록 허락한 SonyBMG와도 제휴관계가 있다. 또한 비록 베오가 그러한 허락을 받지 않았다 하더라도, 우리는 회사들이 비록 검색어가 회사가 실제 제공하는 상품이나 서비스를 설명하지 않는다 하더라도 때때로 잠재 고객을 웹사이트로 이끌 수 있다고 믿고서 검색어들을 구입하는 것으로 알고 있다. 예를 들면 선글라스 회사는 검색어 "햇볕차단제", "휴가"

---

21) Perfect 10, Inc. v. CCBill LLC, 488 F.3d 1102(9th Cir. 2007).

와 같은 검색어를 살 수 있는데 그러한 검색어에 관심을 가지고 있는 사람들이 선글라스에도 관심을 가질 수 있다고 믿기 때문이다. 따라서 베오의 검색어 구입은 침해물을 끌어들인 것을 알았다는 것과 거의 관계가 없다.

원고는 또한 베오가 §512(c)의 통지 및 삭제 절차를 밟았다 하더라도, 음반협회의 통지에서 확인된 불법 콘텐츠를 삭제한 것은 인식사실을 증명해준다고 주장하고 있다. 원고에 따르면 베오는 통지에서 확인된 음악가들의 다른 콘텐츠를 웹사이트에서 찾아서 삭제하는 검색 및 색인 도구를 쓰는 조치를 취했어야 한다. 관련하여 원고는 MTV 또는 다른 방송사로부터 복사한 베오 시스템상의 몇몇 비디오들은 음악가, 노래제목, 음반에 대한 정보를 가지고 있다고 주장하고 있다. 또한 베오는 이 정보를 불법 비디오를 찾아서 삭제하기 위해 이용하였어야 한다고 주장한다. 그러나 우리가 설명했듯이 그러한 요구는 §512(m)와 §512(c)(1)(C), 그리고 서비스제공자에게 조사의무가 없다는 CCBill판결과 배치된다. 그것은 비침해물을 삭제하는 결과가 될 수도 있다.

원고는 베오에서 저작물을 이용할 수 있다고 보도한 언론기사를 언급하고 있다. 몇 몇 주요 미디어 회사들이 베오 웹사이트가 저작물을 보호하는데 가장 소극적인 비디오 공유 사이트들 중의 하나이고 해적물의 천국이라고 말했다는 보도가 있었다. 다른 보도기사는 다음과 같다.

베오 네트웍스 CEO 샤피로는 회사가 공식 업무를 개시한 이후 1주일만에 베오 웹사이트는 대중적인 프로그램의 불법 및 완전한 복사물을 광범위하게 관리하고 있다는 점을 인정하고 있다. 그러나 샤피로는 이는 회사의 잘못이 아니고 회사는 특별히 저작물이 올라오면 삭제한다고 알리는 방침을 가지고 있다고 말했다. 문제는 공개의 민주화이다. 지금은 누구나 인터넷에 비디오를 올릴 수 있다. 가끔 누군가가 권리를 가지고 있는 자료도 있다. 우리는 이것을 매우 심각하게 고려하고 있다.

원고는 샤피로로부터 이 보도를 보았고 때때로 다른 사람 소유의 자료가 베오에 올라오는 것을 알고 있었다는 진술을 이끌어냈다. 원고는 일반적으로 불법 자료가 과거에 베오에 올라온 적이 있다는 사실을 인식하고 있었다는 증거가 §512(c)(1)(A)요구조건을 충족하기에 충분하다고 주장한다.

원고의 주장은 위에서 배척된 이론에 근거하고 있다. 여기서 원고가 인용한 것보다 더 많은 특별한 정보가 필요하다. DMCA의 자세한 통지 및 삭제절차는 다른 사람이 저작권을 소유한 자료가 때때로 서비스제공자의 웹사이트에 올라오고 있고 그러한 불법 복제물의 신속한 삭제를 보장하는 절차를 전제하고 있다. 만약 베오의 CEO가 이러한 일반 문제를 인식하고 있고 관련된 뉴스보도를 알고 있다고 해서 서비스제공자가 DMCA의 면책에서 제외된다면 통지 및 삭제 절차는 아무 의미가 없고 면책조항은 무효가 되어 버릴 것이다. 우리는 의회가 그러한 결과를 의도했다고 보지 않으며 이 증거는 사실심리가 필요할 만큼 충분하지 않다고 본다.

원고는 침해물을 확인한 저작권자나 이용자들이 베오 임원들과 투자자들에게 보낸 이메일을 제시하며 §512(c)(1)(A)요구조건을 충족했는지 다투고 있다. 주요 저작권자인 디즈니 CEO가 투자자 아이스너에게 보낸 메일은 영화 신데렐라Ⅲ과 텔레비전 쇼 로스트의 다양한 에피소드가 디즈니의 허락없이 베오 사이트에 올라와 있다고 말하고 있다. 만약 저작권자가 아닌 베오의 이용자와 같이 제3자가 이 통지를 보냈다면 특정 침해물을 말하였기 때문에 위험신호 심사를 충족시킬 수 있다. 그러나 저작권자로서 디즈니는 비공식 전자우편이 아닌 §512(c)(3)의 통지요건에 따라야 한다. 따라서 이러한 흠있는 통지는 "(1)(A)항에서 서비스제공자가 실제 인식하고 있거나 침해행위가 명백한 사실이나 정황을 알게 되었는지를 결정함에 있어서 고려되어서는 안된다." 17 U.S.C.§512(c)(3)(B)(ⅰ). 나아가 이러한 전자우편이 실제 인식요건을 충족하거나 위험신호가 된다 할지라도, 디즈니에게 보낸 답장에서 아이스너는 베오에게 삭제하라고 지시할 것이고 즉시 실행되도록 하겠다고 보장하였다. 원고는 침해물이 즉시 삭제되지 않았다고 주장한 바 없고, 따라서 베오는 "신속하게 자료를 삭제하거나 차단한다면" 면책조항을 적용받는 §512(c)(1)(A)(iii)에 의해서 보호된다.

원고는 또한 침해물이라는 이유로 거부당한 베오의 이용자가 보낸 전자우편을 지적하고 있다. 그는 베오가 불법복제물을 게시하지 않은 것에 화가 나서 사이트에 있는 수많은 침해물을 보았다며 침해물을 올린 다른 이용자를 확인해주었다. 이 전자우편은 §512(c)(3)의 저작권자로부터 받은 충분한 통지는 아니지만 §512(c)(1)(A)(ii)의 위험신호에 해당될 수 있다. 그렇다 하더라도 원고는 베오가 신속하게 이용자의 전자우편이 확인한 침해물을 없애지 않았다거나 문제의 콘텐츠가 원고의 소유라는 사실을 특별히 주장하지 않았다. 따라서 이 역시 베오가 침해를 알고 있었다는 요건과 관련하여 사실심리가 필요한 진정한 쟁점이 되지 못한다.

C.

서비스제공자는 "서비스제공자가 침해 행위를 통제할 수 있는 권리와 능력을 가지고 있는 경우에, 그러한 행위에 직접 기인한 것으로 볼 수 있는 금전 이익을 얻지 아니하는 경우"에만 §512(c)의 면책을 받을 수 있다. 17 U.S.C.§512(c)(1)(B). 원고는 베오가 침해행위를 통제하기 위해 필요한 권리와 능력이 없었으므로 면책조항으로 보호된다는 지방법원의 결정에 항소하고 있다. 우리는 지방법원의 결정이 옳았다고 본다.

"법의 해석은 법조문의 언어로부터 시작된다." 용어가 법에서 정의되지 않았을 때 일반적인 용어사전과 같은 참고자료를 통해 추론되는 평범하고 일반적인 의미가 부여된다. "법조문은 항상 적절한 문맥속에서 읽어야 한다." "법조문의 의미를 결정하면서 우리는 특정한 법률용어 뿐만 아니라 전체로서 법률의 의도와 목적, 정책을 본다." 가능한 한 우리는 모든 조항들이 유효하고, 쓸모없는 조항이 남지 않도록 해석해야 한다.

여기서 베오가 침해물이 아예 사이트에 업로드되지 않도록 하거나 침해물로 확인되지 않은 불법 자료를 삭제하는 것이 현실에서 불가능한 경우에, 우리는 §512(c)(1)(B)에 의해 면책이 거부되는 경우로 억제력을 행사하는데 충분한 힘과 자원을 보유하고 있다고 말하기 어렵다고 본다.

위에서 본 바와 같이 인식요건을 충족하기 위해서는 서비스제공자가 일반적인 문제로 이용자들이 불법 콘텐츠를 올릴 수 있다고 아는 것만으로는 충분치 않다. 좀 더 특정한 인식이 필요하다. 비슷하게 서비스제공자는 침해물을 없애기 위해 필요한 법률상 권리와 기술을 가지고 있을 수 있으나 특정한 침해물을 알게 될 때까지 특정한 침해물에 대해 권한을 행사할 수 없다. 법이 의도한 침해행위를 통제하는 그런 능력을 가지고 있지 않다. "서비스제공자는 통제하기 전에 특정한 사례를 알고 있어야 한다."[22] "구글의 소프트웨어는 인터넷상의 모든 이미지를 분석하여 각 이미지를 세상에 있는 모든 저작물과 비교하고… 웹상의 어떤 이미지가 누군가의 저작권을 침해했는지를 결정할 능력이 없기 때문에 구글의 감독권은 제한된다."[23)]

§512(c)(1)(B)에 관한 우리의 해석은 만약 우리가 "통제할 권리와 능력"이라는 문구를 원고와 같이 해석한다면 법규정이 일관되지 않다는 우려에서 나왔다. 첫째, §512(m)은 침해물이 사이트에 업로드될 수 있다는 일반적인 인식이 있으면 가능한 한 완벽하게 서비스를 감독할 의무를 발생시킨다는 판단과 상충된다. 이미 설명했듯이 §512(m)은 §512(c)의 면책조항이 "서비스제공자가 그의 서비스를 모니터하거나 침해 행위를 가리키는 사실을 적극 찾는 것"을 조건으로 하지 않는다고 규정하고 있다. 원고의 "통제할 권리와 능력"에 대한 해석은 §512(c)가 "서비스제공자에게 조사의무를 부과하지 않았다. 저작권침해행위를 단속하는 부담은 바로 저작권자에게 있다."고 밝힌 CCBill판결과 충돌한다. 우리는 의회가 모니터의무에 대한 제한을 (B)의 직접 금전 이익을 얻지 않은 서비스제공자에게만 적용할 의도였다는 원고의 주장에 동의하지 않는다. 그보다는 우리는 서비스제공자가 §512(c)(1)(B) 의미내의 침해행위를 통제할 능력을 갖기 위해서는 특정 침해물을 알고 있어야 한다고 결론내린다. 그때 통제할 능력을 이행하지 않으면 면책이 거부될 것이다.

둘째, §512(c)는 실제 서비스제공자들이 §512(c)(1)(B)의 "통제할 권리와 능력"요건에 해당하는 그런 통제력을 가지고 있다는 것을 전제하고 있다. 그들은 침해물을 알게 되었을 때 없애거나 차단하여야 한다. 17 U.S.C. §512(c)(1)(A)(iii)&(C). 원고는 냅스터판결을 들면서 서비스제공자는 침해물을 찾아서 이용자의 접근을 차단할 능력을 가지고 있으면, 침해 행위를 "통제할 권리와 능력"을 가지고 있다고 주장한다. 이러한 해석으로는 서비스제공자가 침해물을 알게 되었는지 여부에 관계없이 침해 행위를 통제할 권리와 능력을 가지게 될 것이다. 또한 §512(c)(1)(A)(iii)&(C)에 따른 §512(c)보호의 필수조건은 동시에 §512(c)(1)(B)아래서는 부적격이 되어 버

---

22) Viacom Int'l Inc. v. Youtube, Inc., 718 F.Supp. 2d 514, 527(S.D.N.Y. 2010).

23) Perfect 10, Inc. v. Amazon. com, Inc., 508 F.3d 1146, 1174(9th Cir. 2007).

릴 것이다. "의회가 DMCA에 의해 특별히 요구되는 행위에 관여했다는 이유로 서비스제공자가 DMCA면책조항으로부터 제외되는 것으로 법원이 판단하도록 의도한 게 아니라는" 메이츠 판사의 판단에 동의한다. 제3자가 올린 자료를 삭제하는 서비스제공자의 능력은 DMCA의 기본적인 삭제 요건을 갖추기 위해 필요하기 때문에 (이 능력을 갖고 있다는 이유만으로 바로) "통제할 권리나 능력"을 갖추고 있다고 볼 수 없다.

따라서 우리는 §512(c)의 "통제할 권리와 능력"은 서비스제공자가 알고 있는 특정한 침해행위를 통제하는 것을 필요로 한다고 본다. 서비스제공자의 자료를 삭제하는 일반의 권리와 능력만으로는 불충분하다. 물론 서비스제공자는 특정한 인식요건이 충족되는 것을 피하기 위해 고의로 머리를 모래에 묻을 수는 없다. 원고에게 가장 유리하게 증거를 살펴볼 때, 우리는 베오가 그러한 태도로 행동했다는 증거가 없다는 지방법원의 결론에 동의한다. 그보다는 베오가 특정한 침해사례를 알게 되었을 때 신속하게 침해물을 없앴다는 증거가 있다. 베오의 서비스에서 가끔 침해물을 이용할 수 있었다는 점을 당사자들이 인정했다 하더라도, DMCA는 명확하게 알지 못한 침해물을 찾아서 없앨 수 없는 서비스제공자가 면책보호를 잃어서는 안된다는 점을 밝히고 있다.

원고는 냅스터판결에서 보통법상 대위책임과 비슷하게 해석한 것처럼 §512(c)도 해석해야 한다고 주장함으로써, 법률의 평이한 용어와 구조를 해석하는 것과 달라야 한다고 요청한다. 우리는 몇 가지 이유로 동의하지 않으며 그 대신에 앞서 논의했듯이 냅스터 판결에서 적용된 대위책임기준은 단지 침해물을 찾아서 이용자의 접근을 차단하는 일반 능력을 가진 것으로도 적용된 반면, §512(c)는 "그 이상 무엇(something more)"을 필요로 한다고 본다.

첫째, §512(c)는 어디에서도 "대위책임"을 말하지 않고 있다. 비록 때때로 보통법의 대위책임을 설명하기 위해 사용되는 단어들을 쓰고 있지만, 보통법에서 사용되는 언어는 어수선하고 다양하다. 예를 들면 그록스터판결[24]에서 침해행위를 통제하기보다는 직접 침해자를 감독하는 것을 언급하고 있

24) Metro-Goldwyn-Mayer Studios Inc. v. Grokster, Ltd, 545 U.S.913(2005).

다. 감독과 통제는 다른 뜻이다. 이미 말했듯이 "지도하거나 관리하는 힘과 권한 : 지시하거나 억제하는 지배력"을 가진 것을 의미하는 "통제"는 "훑어보다, 조사하다, 지켜보다"를 의미하는 "감독"보다 더 명령적이다. 둘째, 냅스터사건은 DMCA가 입법된 후 판결이 선고되었기 때문에 의회는 원고가 의존하는 냅스터의 정확한 적용사례를 수용할 수가 없었다. 셋째, 결정적이지는 않지만 입법과정을 볼 때 의회가 이용자의 침해행위에 대해 보통법상 대위책임을 질 수 있는 모든 서비스제공자를 §512(c)의 면책으로부터 배제하려고 하지 않았다는 것이 우리의 결론이다. 입법과정에서 대위책임의 "통제할 권리와 능력" 요건을 수용하려는 시도도 있었으나 §512(c)(1)(B)는 그 보고서에 따라 수정되지 않았다. 보고서는 통과된 법과는 다른 법안을 말하고 있고 대위책임 논의는 모든 후속 보고서와 법문언에서 사라졌다.

이어지는 입법자료는 의회의 의도를 명확히 정리하는데 도움이 된다. 첫째, 의회는 명시하여 3가지 별개 보고서에서 DMCA가 법적 요건을 충족하는 서비스제공자를 직접, 기여, 대위 침해에 관한 모든 금전적인 책임으로부터 보호하려고 했다고 말하고 있다. 그러나 원고의 해석으로는 대위책임을 지는 모든 서비스제공자는 자동으로 면책에서 제외되게 될 것이다. 둘째, 의회는 보통법의 대위책임기준을 수정하는 것이 아니라, 보통법상 기준은 계속 발전해나가는 반면 인터넷 서비스제공자의 책임에 대해 영구의 면책조항을 만들어냄으로써 면책 보호를 제공하려고 했다는 것을 명백히 하였다.(서비스제공자의 저작권 침해 책임에 관련된 몇 건의 사건들이 있었다. 대부분은 기여 및 대위 책임의 틀로 사건을 분석하였다. 이 법리를 전체적으로 설명하면서 시작하기 보다는 위원회는 현재의 법리는 진화되어가는 상태로 놔두고 그 대신에 서비스제공자의 공통적인 어떤 행위에 대해 일련의 면책조항을 만들기로 결정하였다. 면책조항에 해당하는 서비스제공자는 책임의 제한이라는 혜택을 받는다.)

대위책임을 지는 서비스제공자를 면책조항에 따라 보호하려는 의회의 의도를 고려할 때, 의회가 §512(c)를 대위책임요건과 모두 일치시켜 §512(c)의 면책에서 모든 대위책임청구를 제외하려고 했다고 보는 것은 의문이다. 게다가 정책적으로 볼 때도 의회가 대위책임을 면책대상에서 제외하였지만 기여책임은 보호하려고 한 이유를 생각하기 어렵다. 대위책임을 기여책임보다 더 나쁘게 보는 이유도 분명치 않다.

만약 의회가 §512(c)(1)(B)의 "통제할 권리와 능력"요건을 대위책임법리와 맞추려고 하였다면 법은 좀 더 직접적인 방법으로 그렇게 했을 것이다.

의회가 침해행위로부터 직접 나오는 금전 이익을 얻은 서비스제공자가 어떤 상황에서는 §512(c)의 면책에 해당되지 않는다는 의도를 가지고 있었을 것으로 상상해 볼 수 있다. 그러나 진정 그러한 의도를 가지고 있었다면 더 간단하고 훨씬 더 직접 그렇게 규정했을 것이다. 법원은 의회가 §512(c)(1)(B)와 §512(c)(1)(C)를 직접 서로에게 던지며 혼란스럽고 자기 모순적인 곤경을 만들어 그러한 뜻을 밝혔다고 보지 않는다. DMCA는 서비스제공자가 "침해행위를 통제할 권리와 능력"을 가지고 있다고 하기 위해서는 침해물을 삭제하고 차단하는 단순한 능력 이상을 필요로 한다.[25]

§512의 면책조항과 동시에 입법된 DMCA 1편의 우회금지 규정에서, 의회는 "어떤 기술, 제품, 서비스, 장치, 구성 성분, 또는 부속품과 관련하여 대위 또는 기여 저작권 침해 책임을 넓히거나 줄이지 않는다."라고 명확하게 밝히고 있다. 17 USC§1201(c)(2). 만약 의회가 DMCA면책으로부터 대위책임을 빼려고 하였다면 DMCA 1편과 같이 명시하였을 것이다.

DMCA의 문언, 구조, 목적, 입법과정을 볼 때, 베오가 §512(c)에 따라 침해행위를 "통제할 권리와 능력"을 충분히 가지고 있는지를 판단하기 위해 냅스터 판결의 대위책임 기준을 적용했어야 한다는 원고의 주장을 거부하게 된다. 비록 어떤 사건에서는 대위책임을 지는 서비스제공자가 §512(c)의 면책으로부터 배제될 것이지만 그렇지 않은 사건도 있을 것이다. 우리는 베오가 §512(c)의 모든 요건을 충족하였다고 판단되므로 베오 승소판결을 인용한다.

Ⅲ. (투자자 피고들에 대한 항소 부분 생략)

Ⅳ. (소송비용과 변호사비용에 관한 부분 생략)

---

25) Ellison v. Robertson, 189 F.Supp. 2d 1051, 1061(C.D.Cal. 2002).

결 론

우리는 베오가 §512(c)의 면책보호를 받는다는 지방법원의 판결과 투자자 피고들에 대한 청구 기각판결을 인용한다.

Viacom International, Inc. v. Youtube, Inc.
연방 제2항소법원
676 F.3d 19 (2d Cir. 2012)

요 약

판사 CABRANES :

이 사건 항소는 "서비스 제공자에 의해 또는 그를 위해 운영되거나 통제되는 네트워크나 시스템에, 이용자의 지시에 따라 남아 있는 자료의 저장을 이유로" 일어나는 저작권 침해행위에 대해 온라인 서비스 제공자(OSP)의 책임을 제한하는 디지털 저작권법(DMCA) 면책조항의 의미를 분명히 할 것을 요구하고 있다.

관련 사건들에서 원고(항소인)들은 뉴욕 남부 연방지방법원의 2010. 8. 10. 판결에 항소했다. 지방법원은 피고(피항소인)들 유튜브와 구글에게 승소판결을 하였다. 원고들은 2005년부터 2008년까지 유튜브 웹사이트에 나타난 약 79,000개의 시청각영상물의 공연, 전시, 복제행위에 기초하여 직접 및 2차적 저작권 침해를 주장하였다. 원고들은 §504(c)에 따른 법정 배상액, 또는 실제 손해액과 확인판결 및 금지명령을 청구하였다.

지방법원은 2010. 6. 23.에 피고들은 특정한 침해행위에 대한 충분한 통지를 받지 못했기 때문에 DMCA의 면책을 받는다고 판결했다.[26] 지방법원은 면책조항을 해석하면서, OSP의 면책이 배제되는 §512(c)(1)(A)의 "실제

26) Viacom Int'l, Inc. v. Youtube, Inc., 718 F.Supp.2d 514, 529(S.D.N.Y.2010).

인식"과 "사실과 정황을 아는 것"은 특정되고 확인가능한 침해행위를 아는 것을 말한다고 보았다. 또한 서비스제공자가 §512(c)(1)(B)에 따라 침해행위를 통제할 권리와 능력을 가지고 있기 위해서는 특정 침해물의 인식이 필요하다고 판단하였다. 마지막으로 지방법원은 유튜브에서 동영상의 복제, 전송, 전시는 §512(c)(1)의 의미상 "이용자의 지시에 따른 저장을 이유로"에 해당한다고 결론지었다.

이 사건은 중요한 법률해석의 여러 문제를 드러내고 있다. 우리는 §512(c)의 면책은 특정한 침해행위를 인식하거나 알게 되어야 함을 필요로 한다는 지방법원의 판단은 옳지만, 합리적인 배심은 유튜브가 웹사이트상 특정한 침해행위를 인식하거나 알고 있었다고 판단할 수 있기 때문에 1심 판결을 취소한다. 우리는 또한 지방법원이 "통제할 권리와 능력"을 갖기 위해서는 "특정 침해물"의 인식이 필요하다고 해석한 것은 잘못이라고 판단한다. 마지막으로 우리는 유튜브의 3가지 소프트웨어 기능들이 이용자의 저장을 이유로 발생하는 침해행위에 대한 면책범위에 포함된다는 지방법원의 판단을 인용하나 4번째 소프트웨어 기능과 관련해서 추가 사실확인을 위해 환송한다.

배 경

A. 디지털 저작권법 면책

디지털 저작권법은 1998년 세계지적재산권기구(WIPO)의 저작권조약을 이행하고 디지털시대에 미국저작권법을 개정하기 위해서 제정되었다. II장은 제목이 "온라인 저작권 침해 책임 제한법(OCILLA)"으로 붙여졌고, 네트워크상에서 침해물이 전송될 때 서비스제공자들이 떠안을 책임의 범위를 정하기 위해 입법되었다. 그러나 다양한 저작권 법리를 통틀어 분류하는 대신에 의회는 현재의 법리는 그대로 놔두고 서비스 제공자들의 공통되는 활동에 대해 면책조항을 만들었다. 그러한 목적에 따라 OCILLA는 4개의 면책조항을 신설해서 (a) "일시적인 디지털 네트워크 통신," (b) "시스템 캐싱," (c) "이용자의 지시에 따라 시스템 또는 네트워크상에 있는 정보," (d) "정보검색도구"와 관련한 저작권침해청구에 대해, 요건을 갖춘 서비스제공자들의 책임을 제한하였다.

면책조항에 따라 보호를 받기 위해서는 기초 요건들을 충족하여야 한다. 첫째, 온라인 서비스 또는 네트워크 접근의 제공자, 또는 이들을 위한 설비의 운영자로 정의되는 "서비스제공자"여야 한다. §512(k)(1)(B). 또한 서비스 제공자는 적절한 경우에 서비스제공자의 시스템 또는 네트워크의 이용자와 계정 소유자를 차단하는 반복침해자 방침을 채택하고 이행하는 것을 포함한 적격조건들을 충족하여야 한다. §512(i)(1)(A). 나아가 서비스제공자는 저작권자들이 저작물을 확인하고 보호하기 위해 사용하는 표준기술조치를 받아들여야 한다. §§512(i)(1)(B), (i)(2).

기본 요건을 충족한 서비스제공자는 특정 면책 요건에 해당하여야 한다. 이 사건에서 쟁점이 되는 면책 조항은 §512(c)로써 "서비스 제공자에 의해 또는 그를 위해 운영되거나 통제되는 네트워크나 시스템에, 이용자의 지시에 따라 남아있는 자료의 저장을 이유로" 발생하는 침해 주장과 관련이 있다. §512(c) 면책은 서비스 제공자가 다음에 해당할 경우에만 적용된다.(512(c)(1)(A)-(C) 내용 생략)

§512(c)는 또한 서비스 제공자가 침해주장 통지를 받는 대리인을 지정하도록 요구하고 있고, §512(c)(2), 그 대리인에게 보내는 적정한 통지－보통 삭제통지로 알려진－의 요소들을 규정하고 있다, §512(c)(3). 그러므로 침해물에 대한 실제 인식, 침해행위가 분명하다는 사실과 정황을 아는 것, 또는 삭제 통지 수령은 각각 침해물을 신속하게 제거할 의무를 발생시킨다.

우리는 이러한 법규정을 염두에 두고 이 사건의 사실관계를 살펴본다.

B. 사실관계

유튜브는 인터넷 회사 페이팔의 직원이었던 헐리, 첸, 카림이 2005. 2.에 설립하였다. 유튜브가 2005. 12.에 웹사이트의 공식 개통을 선언했을 때, 보도자료는 유튜브를 사람들이 www.YouTube.com에서 개인 동영상을 보고, 올리고, 공유하는 이용자 미디어 회사로 설명하였다. "스스로를 방송하라(Broadcast yourself)"는 구호아래 유튜브는 빠른 인기와 수익을 얻었고 구글 비디오, 야후 비디오와 같은 경쟁자들을 여유있게 앞서 나갔다. 2006. 11.에 구글은 16.5억 달러에 주식을 사서 유튜브를 인수하였다. 2010. 3.경

유튜브는 하루에 10억회 이상 동영상을 보는 것으로 기록되었고 매분마다 24시간 짜리 이상의 새로운 동영상이 업로드된다.

유튜브 웹사이트의 기본 기능은 이용자들이 동영상을 올리도록 하고 무료로 보도록 하는 것이다. 유튜브에 동영상을 올리기 전에 이용자는 웹사이트에 계정을 만들어 등록해야 한다. 등록절차에서 이용자는 저작권자가 아니거나 저작권자로부터 자료를 게시할 정당한 권한을 받지 않으면 저작물을 올리지 않으며, 유튜브에게 모든 이용권리를 준다는 이용약관조항에 동의하여야 한다. 등록절차가 완료되면, 이용자는 그의 계정에 서명하고 개인컴퓨터, 휴대전화, 그 밖의 다른 기기에서 동영상을 골라서 올리기 버튼을 눌러 유튜브 시스템으로 하여금 동영상을 올리도록 한다.

유튜브 웹사이트에 동영상을 올리기 위해서는 일련의 자동화된 소프트웨어 기능들이 움직인다. 올리는 과정에서 유튜브는 원형 파일 형태로 하나 이상의 정확한 동영상 복사본을 만든다. 또한 유튜브는 코드변환으로 알려진 절차, 플래쉬("Flash") 형태[27]로 하나 이상의 추가 복사본을 만든다. 코드변환절차는 거의 모든 이용자들이 유튜브 동영상을 볼 수 있도록 보장한다. 유튜브 시스템은 재생요청에 따라 이용자의 컴퓨터에서 동영상을 보여줌으로써 이용자들이 동영상에 접근할 수 있도록 한다. 유튜브는 이용자가 보는 동영상에 관련 영상을 확인하여 관련 영상을 보여주기 위해 컴퓨터 알고리즘을 이용한다.

C. 지방법원 절차(생략)

이 유

A. 실제 및 "위험신호" 인식 : §512(c)(1)(A)

항소심에서 첫 번째 및 가장 중요한 쟁점은 DMCA 면책조항이 실제 인식 또는 특정하고도 확인가능한 침해행위를 가리키는 사실 또는 정황의 인식을 필요로 하는 가이다. 우리는 먼저 법조문의 범위를 살펴보고 나서 이

27) 플래쉬 형태는 즉시 재생이 시작되는 초 압축 스트리밍 형태이다. 이용자가 동영상을 보기 전에 모두를 받을 필요가 없다.

사건에 적용여부를 검토한다.

특정성 요건

법 해석에 관한 모든 사건에서와 마찬가지로 우리는 법조문으로부터 시작한다. §512(c)(1)(A)의 면책보호는 서비스제공자가 다음에 해당할 경우에만 적용된다.

(i) 서비스 제공자가 그 시스템이나 네트워크상의 자료 또는 그 자료를 이용하는 행위가 침해가 된다는 사실을 실제 인식하지 못한 경우;

(ii) 서비스 제공자가 그러한 실제 인식이 없는 상태에서, 침해 행위가 명백하다는 사실이나 정황을 알지 못하는 경우; 또는

(iii) 그러한 인식을 하거나 알게 된 즉시 그 자료를 제거하거나 접근을 불가능하게 하기 위해 신속하게 행동하는 경우;

위에서 보았듯이 지방법원은 "자료가 침해라는 실제 인식"과 "침해행위가 분명하다는 사실 또는 정황"은 "특정하고도 확인가능한 침해행위의 인식"을 의미한다고 판단하였다. 다음과 같은 이유로 우리는 그 판단을 받아들인다.

비록 당사자들이 항소심에서 다르게 주장했다 하더라도, 우리는 법조문때문에 그러한 결론을 내리지 않을 수 없다. 특히 §512(c)가 적용되기 위해서는 특정한 침해행위의 인식이나 아는 것을 필요로 한다는 점이 설득력이 있다. §512(c)(1)(A)에서 인식이나 아는 것만이 서비스 제공자를 면책에서 제외시키는 것은 아니다. 침해행위를 인식하거나 알게 된 서비스제공자는 신속하게 자료를 없애거나 접근을 불가능하게 할 경우에 면책보호를 받게 된다. §512(c)(1)(A)(iii). 그래서 삭제의무자체의 성질은 특정한 침해물의 인식 또는 아는 것을 예상하고 있다. 왜냐하면 신속한 삭제는 서비스 제공자가 삭제해야 할 특정 저작물을 알아야만 가능하기 때문이다. 특정한 인식이나 아는 것이 없는 경우에 신속한 삭제를 요구하는 것은 일반적인 침해행위를 알게 된 때 "상업상 합리적인 조치들을 취하도록 하는" 불분명한 의무를 강제하게 될 것이다. 그러한 견해는 문제가 된 자료를 삭제하거나 접근을 불가능하게 하는 신속한 행동을 취하도록 한 법조문과 조화될 수 없다.

항소심에서 원고들은 §512(c)(1)(A)(ii)의 이른바 "위험신호" 인식 조항을 지적하면서 우리의 결론을 반박하고 있다. 원고들의 견해에 따르면 "사실 또는 정황"이라는 문구는 의회가 위험신호조항을 특정한 형태의 인식으로 제한하려고 의도한 것이 아니라는 것을 보여준다고 한다. 원고들은 침해행위가 분명하다는 사실 또는 정황을 알았다고 인정하기 위해서 특정한 침해행위를 알아야 한다고 요구하는 것은 위험신호 규정을 불필요하게 만들어 버린다고 주장한다. 왜냐하면 실제 인식 조항(i)을 충족했을 때에만 위험신호 규정(ii)에도 해당되기 때문이다. 그러한 이유로 원고들은 법원이 위험신호 규정(ii)은 실제 인식 규정(i)보다는 특정 침해행위의 인식 정도가 약한 것으로 해석하도록 요구하고 있다.

이 주장은 실제 인식과 위험신호 인식 사이의 관계를 잘못 해석하고 있다. 우리는 법조문을 불필요하게 만드는 해석은 하지 않는다. 그러나 원고들의 주장과는 달리 §512(c)(1)(A)를 특정한 침해행위의 실제 인식이나 (사실 또는 정황을) 아는 것을 요구한다고 해석해야 위험신호조항을 불필요하게 만들지는 않는다. §512(c)(1)(A)(i)의 "실제 인식" 문구는 주관적인 믿음을 표시하기 위해 자주 이용된다. United States v. Quinones, 635 F.3d 590, 602(2d Cir. 2011)(피고가 갖고 있는 믿음이 합리적인 필요는 없다.) 반면에 법원은 객관적인 합리성 기준을 검토할 때 §512(c)(1)(A)(ii)의 "사실 또는 정황"이란 용어를 사용한다. Maxwell v. City of New York, 380 F.3d 106, 108(2d Cir. 2004)(만약 그들의 의도나 동기를 고려하지 않고, 그들이 직면한 사실과 정황의 면에서 객관적으로 보아 불합리하다면 경찰관들의 공권력행사는 과도하다.)

그러므로 실제 인식과 위험신호 인식 사이의 차이는 특정한 인식과 일반화된 인식 사이의 차이가 아니라 주관적인 기준과 객관적인 기준 사이의 차이이다. 달리 말하면 실제 인식 조항은 서비스 제공자가 실제로 또는 주관적으로 특정한 침해행위를 알고 있었는 지에 관한 것인 반면에, 위험신호 조항은 합리적인 사람이 볼 때 특정 침해행위가 객관적으로 명백한 사실들을 서비스 제공자가 주관적으로 인식했는지에 달려 있다. 객관적인 기준을 채택하였기 때문에 위험신호 조항은 §512(c)의 면책조항에 관한 우리의 해석에서는 실제 인식 조항에 의해 흡수되지 않는다. 두 조항은 독립하여 적용되고 특정한 침해의 사례에만 적용된다.

§512(c)의 인식 규정을 해석한 몇 개의 판례들은 특정성 조건에 관한 우리의 견해와 같다. 가장 최근에 연방제9항소법원은 유튜브와 비슷한 동영상 서비스를 하는 베오 네트워크에 대한 저작권침해소송인 Shelter Capital 사건에서 §512(c)의 적용범위를 다루었다. UMG Recordings, Inc. v. Shelter Capital Partners LLC, 667 F.3d 1022(9th Cir. 2011). 이 사건에서와 마찬가지로 다양한 음악 회사들이 웹사이트에 불법 콘텐츠가 있다는 사실에 근거하여 직접 그리고 2차적 저작권침해를 주장하면서 서비스 제공자를 상대로 소송을 걸었고 웹사이트 운영자는 §512(c)의 면책을 주장하였다. 항소법원은 웹사이트 운영자가 면책보호를 받는다는 지방법원의 판결을 인용하였다. 실제 인식 규정과 관련해서 재판부는 넓은 개념의 인식 요건 채택을 거부하면서 그 대신 면책조항은 특정한 침해행위의 특정한 인식을 필요로 한다고 밝혔다. 항소법원은 위험신호 규정과 관련해서 같은 결론에 이르면서, “우리는 (자료가) 실제 불법인지를 결정하는 짐을 서비스제공자에게 지우지 않는다.”라고 판시하였다.

비록 Shelter Capital판결이 §512(c)의 인식 규정에 관하여 가장 분명한 의견을 담고 있지만 다른 사건들도 대개 일치하고 있다. 원고들이 주장하는 반대의 견해, 즉 위험신호 규정이 실제 인식 규정과 같은 정도로 특정한 침해행위를 인식할 필요가 없다는 견해를 받아들인 법원은 없다.

§512(c)(1)(A)와 관련된 소수의 판례를 바탕으로, 우리는 실제 인식 또는 특정하고 확인가능한 침해사례를 가리키는 사실 또는 정황을 알 경우에 서비스 제공자가 면책되지 않는다는 지방법원의 결론을 인용한다.

2. 약식 판결

이어지는 문제는 위와 같은 §512(c)(1)(A)해석에 따라 지방법원의 유튜브 승소판결이 잘못인지이다. 다음과 같은 이유로 우리는 비록 지방법원이 §512(c)(1)(A)를 올바르게 해석했지만 피고들 승소판결은 이르다고 본다.

ⅰ. 특정한 인식 또는 앎

원고들은 지방법원의 면책조항 해석에 따르더라도, 유튜브의 특정 침해

사례에 대한 실제 인식 또는 '위험신호(red flag)' 인식과 관련하여 사실에 관한 중요한 쟁점들이 있다고 주장한다. 원고들은 유튜브 사이트상의 침해물 비율에 관한 다양한 추정치에 주의를 기울일 것을 요청하고 있다. 예를 들면 비아콤은 유튜브 직원들이 웹사이트 표본조사를 한 결과 모든 동영상의 75~80%가 저작물을 포함하고 있는 것으로 추정되었다. "집단 원고들"도 비슷하게 구글의 재정 조언자인 크레딧 스위스는 유튜브 콘텐츠의 60%가 저작권으로 보호되는 고급물이고 그 중 10%만이 이용허락을 받은 것으로 추정했다고 주장한다. 이 추정치는 피고들이 유튜브상의 많은 동영상이 침해물임을 알고 있었다는 점을 암시한다. 그러나 이 추정치만으로는 유튜브가 실제 (침해사실을) 인식했거나 특정한 침해사례의 존재를 가리키는 사실 또는 정황을 알았는지에 관하여 사실여부에 관한 쟁점을 형성하기에는 충분치 않다.

표본조사결과 외에 원고들은 특정한 동영상들 또는 동영상 집단들을 언급하는 유튜브 내부의 통신들을 가리키고 있다. "집단 원고들"은 유튜브가 동영상이용에 따른 가치를 헤아리기 위해 사이트상에서 특정한 프리미어 리그 동영상을 검색하려고 시도했기 때문에 유튜브가 특정한 침해물을 알고 있었다고 주장한다. 특히 "집단 원고들"은 구글과 유튜브의 비디오 제휴 책임자인 패트릭 워커의 2007. 2. 7.자 이메일에서 그의 직원들이 프리미어 리그 콘텐츠에 대한 권리 입찰을 준비하기 위해 "soccer", "football", "Premier League"에 관한 일일 검색수를 계산하고 있다는 내용을 인용하고 있다. 또한 워커는 몇몇 주요 스포츠 팀과 리그의 대표자들을 만나기 전에 상위 프리미어 리그 클럽(리버풀 축구 클럽, 첼시 축구 클럽, 맨체스터 유나이티드 축구 클럽, 아스날 축구 클럽 포함)의 "침해가 명백한 공식 방송물"은 미리 삭제되어야 한다고 요청했다. 유튜브는 프리미어 리그 권리에 관한 입찰에는 참가하지 않기로 결정했지만 침해물은 웹사이트에 남아 있었다.

비아콤 사건의 기록에는 추가 사례가 있다. 예를 들면 유튜브 설립자 카림은 2006. 3.경 "오늘 현재 다음과 같은 유명한 쇼의 동영상은 [유튜브에서] 여전히 찾을 수 있다: Family Guy, South Park, MTVCribs, Daily Show, Reno 911, Dave Chapelle."는 내용의 보고서를 준비했다. 나아가 카림은

"비록 유튜브는 콘텐츠를 조사하는 것이 법률상 요구되지는 않고 … DMCA의 삭제요청에 따르지만, 우리는 뻔히 위법하고 비판을 받기 쉬운 콘텐츠를 미리 없애지는 않을 것이다"라고 말했다. 그는 또한 이 쟁점에 관하여 "좀더 철저한 분석"이 필요할 것이라고 덧붙였다. 적어도 카림이 언급한 TV쇼 중 일부는 비아콤이 소유하고 있다. 합리적인 배심원은 2006년 보고서로부터 카림이 비아콤이 소유한 저작물이 유튜브에 있다는 것을 알았다고 결론내릴 수 있다. 왜냐하면 유튜브가 오늘 현재까지 콘텐츠를 갖고 있다고 발표하기 전에 그는 문제가 되는 특정 쇼의 동영상을 발견했을 것으로 추정되기 때문이다. 또한 합리적인 배심원은 카림이 그가 발견한 동영상을 침해물로 믿었고(왜냐하면 그가 "뻔히 위법한"이라고 말했기 때문에), 유튜브는 "좀더 철저한 분석"을 할 때까지 웹사이트에서 콘텐츠를 없애지 않았고 따라서 그 동안에 회사가 책임질 위험이 드러났다고 결론내릴 수 있다.

나아가 2005. 6. 4. 이메일을 보면, 유튜브 설립자 헐리는 "budlight commercials(맥주 광고물)"라는 제목으로 공동 설립자에게 보낸 이메일에서 "우리는 이것들을 없앨 필요가 있다"고 말했다. 첸은 "우리가 이것들을 더 오래 남겨둘 수 있을까? 1주 또는 2주는 괜찮을 거야."라고 대답하였다. 비슷하게 2005. 8. 9. 이메일에서 헐리는 그의 동료들에게 "오늘 사이트에 CNN 동영상이 있다. 만약 터너사의 직원들이 사이트를 방문한다면 아마 열받겠지?"라고 말하면서 "저작물이나 부적절한 콘텐츠를 부지런히 없애기 시작할 것"을 촉구하였다. 다시 첸은 반대했다.

그러나 우리는 동영상을 사이트에 놔두어야 한다. 나는 무슨 일이 일어날지 정말 모르겠다. CNN의 누군가 그것을 본다면? 그가 우연히 권한을 가진 사람이라면? 그는 즉시 삭제를 바랄 것이다. 그는 법률부서에 연락한다. 2주 지나서 우리는 중단 통지를 받는다. 우리는 동영상을 삭제한다.

그리고 다시 카림이 "나는 CNN 우주왕복선 동영상을 좋아한다. 우리는 더 잘 알게 되었을 때 삭제할 수 있다. 그러나 우선은 그 동영상은 괜찮다."라며 동의한다.

기록을 살펴볼 때 우리는 유튜브가 특정한 침해사례를 인식하거나 (사실이나 정황을) 알고 있었을 것이라는 점에 관한 중요한 사실상의 쟁점을 원고들이 드러냈다고 본다. 앞서 프리미어 리그의 이메일은 "침해가 명백한 공식 방송물"의 확인과 삭제를 요청하고 있다. 2006년의 보고서는 카림이 "뻔히 위법"하다고 감지한 특정 동영상을 알고 있었다는 점을 보여주고 있다. 비슷하게 버드 라이트와 우주 왕복선 이메일들은 침해물을 웹사이트에서 없앨 것인지에 관하여 연락하는 과정에서 특정한 동영상을 가리키고 있다. 이러한 사실들을 볼 때 합리적인 배심원은 유튜브가 특정한 침해행위를 실제 인식하고 있거나 적어도 특정 침해행위가 분명하다는 사실 또는 정황을 알고 있었다고 결론내릴 수도 있다. 따라서 우리는 이 사건의 모든 동영상들에 관하여 광범위한 기록 내용을 자세히 설명하지 않고는 유튜브 승소 판결이 이르다고 본다.[28)]

그러나 우리는 비록 앞서의 이메일들이 판결문에 증거로 붙어있다 할지라도 언급된 동영상들이 소송대상인 동영상에 포함되는지 불분명하다는 점을 지적한다. 현재의 소송대상인 동영상만이 이 사건의 검토대상이다. 따라서 우리는 1심 판결을 취소하고 지방법원이 이 사건의 소송대상인 동영상들과 관련하여 유튜브가 특정한 침해행위를 인식하거나 알고 있는지 여부에 관하여 결정할 것을 지시한다.

ii. "의도적 외면(Willful Blindness)"

원고들은 유튜브가 특정한 침해행위에 고의로 눈감았다는 증거에도 불구하고 지방법원이 피고들 승소판결을 한 것은 잘못이라고도 주장한다. 우리는 이 쟁점과 관련하여 DMCA에 대해 보통법상 의도적 외면 이론의 적용을 검살펴본다.

"의도적 외면이 인식과 같다는 이론은 거의 새롭지 않다." Tiffany(NJ) Inc., v. eBay, Inc., 600 F.3d 93, 100 주16(2d Cir. 2010). In re Aimster Copyright Litig., 334 F.3d 643, 650(7th Cir. 2003) ("의도적 외면"은 다른

---

28) 우리는 위에서 설시한 증거가 충분한지에 관하여 의견을 말하지 않는다. 특히 워커가 2007. 2. 7. 자 이메일에서 요청한 검색이 이행되지 않았다는 증거가 있다는 점도 기록해 둔다. 또한 우리는 "집단 원고들"이 워커의 요청에 따라 발견된 침해물이 실제 유튜브에 남아 있었다는 점을 뒷받침하는 증거를 지적하지 못했다는 점을 기록해 둔다. "집단 원고들"은 환송된 지방법원에 제출할 서면에서 이 사건의 방대한 기록을 이용하여 이러한 결함을 시정할 수도 있을 것이다.

법에서처럼 저작권법상 인식에 해당한다). 어떤 사람이 문제되는 사실의 존재가능성이 높다는 사실을 알고도 의식적으로 그 사실의 확인을 회피하는 경우에 고의로 외면하거나 또는 "의식적인 회피"로 보아 안 것으로 인정된다. 상표침해사건에서 우리는 "서비스 제공자는 고의의 외면이 허용되지 않는다."고 판단했다. "서비스의 이용자들이 보호상표를 침해한다는 점을 의심할만한 이유가 있을 때 서비스 제공자가 고개를 돌려 다른 쪽을 보면서 특정침해거래를 알지 못했다고 할 수 없다." Tiffany 600 F.3d, 109.

DMCA는 의도적인 외면을 규정하지 않았다. 일반적으로 우리는 법률이 보통법이 다룬 문제를 직접 언급한 때에만 법률이 보통법원칙을 폐기하였다고 본다. 그러므로 관련된 의문은 DMCA가 의도적인 외면 원칙에 대해 직접 말하고 있는지 여부이다. 폐기문제와 가장 연관이 있는 DMCA규정은 면책보호는 "(i)항의 규정에 따른 표준 기술 조치와 일치하는 범위는 제외하고 서비스 제공자가 서비스를 모니터링하거나 침해 행위를 가리키는 사실을 적극 찾는 것"을 조건으로 하지 않는다고 규정한 §512(m)이다. §512(m)은 명백하다. DMCA 면책보호는 서비스 제공자가 적극적으로 감시하는 것을 조건으로 할 수 없다. 그 때문에 §512(m)은 감시하거나 침해가 일어날지도 모른다는 일반 인식에 따라 침해행위를 찾는 보통법상 의무와 양립할 수 없다. 그러나 이 사실이 폐기 쟁점을 해결하지 않는다. 앞서 언급했듯이 의도적인 외면은 감시할 적극 의무로 정의될 수 없다. Aina-Marshall, 336 F.3d 170(논쟁중인 사실이 존재할 가능성이 높다는 것을 알고 있으면서 의식적으로 그 사실의 확인을 회피할 경우에 "의도적으로 외면"을 하였다고 봄). 왜냐하면 법률이 의도적인 외면 이론에 대해 직접 말하고 있지 않기 때문에 §512(m)은 이론을 폐기한 것이 아니라 제한하고 있다. 따라서 우리는 의도적인 외면 이론이 적절한 상황에서 DMCA의 특정 침해 행위의 인식 또는 인지를 밝히기 위해 적용될 수 있다고 본다.

지방법원은 면책보호는 적극 감시를 요구하지 않는다는 점을 뒷받침하기 위해 §512(m)을 들었으나 의도적인 외면 또는 DMCA 면책과의 관계를 뚜렷하게 다루지 않았다. 그 결과 피고들이 (침해행위를) 알게 될 경우 지게 되는 책임 때문에 이를 회피하려는 교묘한 노력을 하였는지 여부는 환송된 후 우선 지방법원이 검토해야 할 사실 문제이다.

B. 통제와 이익 : §512(c)(1)(B)

위의 인식 규정과 별개로 §512(c)면책은 서비스 제공자는 "침해 행위를 통제할 수 있는 권리와 능력을 가지고 있는 경우에, 침해 행위로부터 직접 나온 재정 이익을 얻지 않아야 한다." 지방법원은 이 쟁점을 한줄의 문장으로 다루었는데, §512(c)(1)(B)의 이른바 "통제와 이익"규정을 인용하면서, "침해행위를 통제할 권리와 능력은 침해행위를 알아야 하고 침해물이 특정되어야 한다."고 결론내렸다.

다음과 같은 이유로 우리는 지방법원이 통제와 이익 규정에 특정 인식 조건을 도입한 것은 잘못이므로 통제의 쟁점에 관한 사실 확인을 위해 환송한다.

침해행위를 "통제할 권리와 능력"

항소심에서 당사자들은 침해행위를 "통제할 권리와 능력"에 대한 2가지 대립되는 해석을 옹호하고 있다. 각자의 주장에는 뚜렷한 흠이 있기 때문에 우리는 당사자들의 해석을 거부한다.

피고들이 제시한 첫째 해석은 지방법원이 채택한 것으로 "제공자는 통제하기 전에 특정한 사례를 알아야 한다."는 것이다. 연방 제9항소법원은 최근에 "[서비스 제공자가] 특정한 무단 이용 저작물을 알게 될 때까지 특정한 침해물에 대한 권리나 권한을 행사할 수 없다. 현실적으로 법률이 상정한 침해행위를 통제할 능력을 가지고 있지 않다."고 판단하면서 이에 동의하였다. Shelter Capital, 667 F.3d, 1041. 이 결론의 문제는 특정한 인식 요건을 §512(c)(1)(B)에 도입하면 통제조항이 §512(c)(1)(A)와 중복된다는 것이다. 특정한 침해물의 침해행위를 인식하고 그로부터 재정적인 이익을 얻는 서비스 제공자는 특정한 침해물을 알고 즉시 없애지 못한 것 때문에 이미 §512(c)(1)(A)의 면책으로부터 제외될 것이다. §512(c)(1)(A)에 의해 면책되지 않는 서비스 제공자는 §512(c)(1)(B)에 의해서도 면책되지 않을 것이다. 법률조항이 중복되는 법률해석을 받아들일 수 없으므로 우리는 지방법원의 통제 규정 해석을 거부한다.

원고들이 주장하는 두 번째 해석은 통제규정은 보통법상의 대위저작권책임이론을 성문화한 것이라고 한다. 보통법은 "저작권이 침해된다는 실제 인식이 없더라도, 감독할 권리와 능력이 저작물을 이용하는데 명백하고도 직접적인 재정상의 이해관계와 합쳐져 있을 때" 대위 저작권침해책임을 부과한다. 성문화 주장을 뒷받침하기 위해 원고들은 DMCA의 예비법안을 언급하고 있는 하원보고서에 의존하고 있다. "'통제할 권리와 능력'은 대위책임의 2번째 요소를 성문화하였다. (B)는 1차와 2차 침해자 사이에 관련된 모든 측면을 조사하는 현존 판례이론을 유지하기 위한 것이다." 유튜브는 이에 대해 성문화 언급은 최종 법안을 설명하는 위원회 보고서에서는 빠졌고, 의회는 마지막에 대위책임을 전체로 정리하여 분류하려는 시도를 그만두고 그 대신에 서비스 제공자들의 일반 행위에 대한 면책조항을 만들기로 했다고 지적하고 있다.

다행히 디지털 저작권법의 미래는 통제 조항의 복잡한 입법과정을 보지 않아도 된다. 보통법의 성문화에 관한 일반론은 "의회가 보통법에서 의미가 확립되어 온 용어를 썼을 때, 법원은, 법률이 달리 규정하지 않는 한, 의회가 그 용어의 확립된 의미를 받아들인 것으로 해석해야 한다."는 것이다. 보통법의 대위책임기준에 따르면, "어떤 이유로든 특정한 환경에 침해자의 접근을 막는 능력이 감독 권리와 능력의 증거이다." 그러나 DMCA에 그 원칙을 적용하면 법률조항이 불일치하게 된다. §512(c)는 서비스제공자가 침해물 접근을 막는 능력을 가지고 있다는 점을 사실상 추정하고 있다. 실제로 침해물을 인식하거나 (사실이나 정황을) 알고 있거나 또는 저작권자로부터 삭제통지를 받은 서비스 제공자가 면책의 혜택을 주장하기 위해서는 "침해물을 삭제하거나 접근을 차단"하여야 한다. §§512(c)(1)(A)(iii)&(C). 그러나 그러한 조치를 취하기 위해서 서비스 제공자는－원고들 분석에 따르면－침해물을 통제할 권리와 능력을 가져야 할 것이다. 그러므로 §§512(c)(1)(A)(iii)&(C)에 따른 면책보호의 전제조건은 동시에 §512(c)(1)(B)에 의해 부적격이 될 것이다.

나아가 만약 의회가 §512(c)(1)(B)가 대위책임과 같다고 보았다면 법률은 좀 더 직접적인 방법으로 그렇게 했을 것이다.

의회가 침해행위로부터 직접 유래하는 재정적인 이익을 얻은 서비스 제공자들이 어떤 상황에서도 (c)의 면책보호에는 해당되지 않는다는 의도를 가지고 있었을 것이라고 상상할 수는 있다. 그러나 만약 그것이 정말 의회의 의도였다면 의회는 더 간단하고 더 직접 말했을 것이다. Shelter Capital, 667 F.3d 1045.

어떤 경우에도 위의 긴장은 통제 규정이 보통법의 대위책임 기준으로부터 벗어나서 규정되었다고 보기에 충분하다. 따라서 우리는 §512(c)(1)(B)에 따라 침해행위를 "통제할 권리와 능력"은 "서비스 제공자의 웹사이트에 있는 자료를 없애거나 접근을 차단하는 능력 이상의 것(something more)을 필요로 한다."고 결론 내린다. 남은, 그리도 더 어려운 문제는 (능력) "이상의 것"을 어떻게 정의하느냐이다.

지금까지 서비스 제공자가 §512(c)(1)(B)에 따라 침해행위를 통제할 권리와 능력을 가지고 있다고 인정한 법원이 하나 있다. Perfect 10, Inc. v. Cybernet Ventures, Inc., 213 F.Supp. 2d 1146(C.D.Cal. 2002)사건에서 법원은 서비스 제공자가 모니터링 프로그램을 만들어 이를 통해 이용자의 웹사이트에서 배치, 외관, 내용에 관하여 자세한 지시를 하는 경우에 통제를 인정하였다. 또한 서비스 제공자는 어떤 내용은 금지하고 지시에 따르지 않는 이용자들의 접근을 거부하였다. 비슷하게 그록스터 판결(MGM Studios Inc. v. Grokster, Ltd., 545 U.S. 913(2005))에서 고의로 유책적인 표현과 행위를 책임의 조건으로 하는 저작권 침해 유인도 §512(c)(1)(B)의 통제 수준에 이를 수 있다. 이러한 예들은 반드시 특정한 침해행위에 대한 인식이 없어도 이용자들의 행위에 실질적인 영향을 미치고 있는 서비스 제공자를 포함하고 있다.

§512(c)(1)(B)는 특정한 인식요건을 포함하고 있지 않다는 우리의 판단에 비추어 볼 때, 우리는 합리적인 배심이 유튜브가 침해행위를 통제할 권리와 능력이 있었는지와 침해행위에서 직접 나오는 재정 이익을 얻었는지를 결정할 수 있도록 충분한 증거를 원고들이 냈는지를 우선 지방법원이 검토하기 위해 돌려보내는 것이 합리적이라고 생각한다.

C. 저장을 "이유로" : §512(c)(1)

§512(c)의 면책은 "이용자의 지시에 따라 서비스 제공자에 의해 또는 그

를 위하여 운영되거나 통제되는 시스템 또는 네트워크상에 남아 있는 자료의 저장을 이유로" 침해가 발생한 경우에만 적용될 수 있다. 이 사건에서 지방법원은 유튜브 소프트웨어 기능이 이용자의 저장을 이유로 발생하는 침해에 대한 면책범위에 포함된다고 판단하였다. 그리고 반대되는 결론은 저장이라는 용어를 너무 좁게 한정(해석)함으로써 입법목적을 달성할 수 없게 될 것이라고 설시하고 있다. 다음과 같은 이유로 우리는 3가지 소프트웨어 기능－동영상의 표준 전시 형태로 변환, 보기 페이지에서 동영상의 재생, "관련 동영상" 기능－과 관련하여 위 결론을 인용한다. 우리는 4번째 기능, 즉 유튜브에 올라온 동영상을 제3자에게 배급하는 기능과 관련해서는 추가 사실확인을 위해 돌려보낸다.

먼저 우리는 OCILLA의 구조와 언어가 §512(c)에 따라 면책을 구하는 서비스제공자들이 단순히 자료를 저장하는 행위로 제한되지 않는다는 점을 밝히고 있다는 것을 알고 있다. 법률 구조는 §512(a)의 이른 바 "도관"기능과 §512(c)와 다른 조항의 기능을 구별하고 있다. 가장 뚜렷하게 OCILLA는 2가지 서비스제공자의 정의를 담고 있다. §512(a)의 서비스 제공자에게만 적용되는 더 좁은 정의는 "이용자가 선택한 자료를 송신되거나 또는 수신된 상태 그대로 자료의 내용을 수정하지 않고 이용자가 지정한 지점들 간의 디지털 온라인 통신을 위하여 송신, 경로설정을 제공하거나 연결을 제공하는" 실체로 제한되어 있다. §512(k)(1)(A). 유튜브를 포함하여 §512(c)의 서비스 제공자들에게 적용되는 더 넓은 정의에는 그러한 제한은 없다. 더 넓은 정의에서 '서비스 제공자'는 (A)의 실체를 포함하여 온라인 서비스나 네트워크 접근의 제공자, 또는 그를 위한 시설의 운영자를 말한다. §512(k)(1)(B). 이용자가 제출한 자료를 수정하는 서비스 제공자의 능력에 관한 비슷한 제한이 없어서, 우리는 §512(c)가 단순한 전자저장소 이상을 의미한다고 본다.

관련된 판례법도 §512(c)의 면책이 저장한 자료에 이용자의 접근을 쉽게 해주는 목적을 수행하는 소프트웨어 기능으로 확장된다는 것을 분명히 하고 있다. 667 F.3d, 1031-35. 여기서 2가지 소프트웨어 기능(변환과 재생)은 다른 항소법원이 Shelter Capital 사건에서 살펴보았는데, 이러한 기능에서 나오는 책임은 "이용자의 지시에 따른 저장을 이유로" 발생한다고 판단하였다. 667 F.3d, 1027-28,1031. 변환은 대부분의 이용자들이 동영상을 인터넷에서 볼 수 있도록 하기 위해 다른 형태로 동영상을 복사하는 것을 필요로 한다. 재생절차는 이용자의 요청에 따라 유튜브 동영상 복사본을 이용자의 브라우저 저장공간으로 보내는 행위가 필요하다. 지방법원이 이러한 자동화된 기능을 면책으로부터 제외하면 §512(c)의 서비스 제공자 보호가 유명무실해진다고 본 것은 옳다.

비슷한 분석은 유튜브 컴퓨터 알고리즘이 이용자가 고른 동영상에 관련된 동영상을 확인하여 섬네일로 보여주는 "관련 동영상" 기능에도 적용된다. 원고들은 이러한 일이 저장된 콘텐츠에 접근하는 것이 아니라 홍보역할을 하기 때문에 면책범위를 벗어난다고 주장한다. 기록상 관련 동영상 알고리즘이 유튜브 직원들의 적극 관여없이 이용자의 요구에 반응하여 완전히 자동으로 작동하게 되어 있다는 것이 명백하다. 나아가 관련 동영상 기능은 유튜브 이용자들이 다른 이용자들의 지시에 따라 저장된 자료를 찾고 접근할 수 있도록 도와 준다. 알고리즘이 저장 그 자체와 밀접하게 관련되어 있고 이용자들의 지시에 따라 저장된 자료에 접근을 제공하는 방향으로만 움직이기 때문에 우리는 관련 동영상 기능이 §512(c)면책으로 보호된다고 결론내린다.

이 사건의 쟁점인 제3자 배급이라는 마지막 소프트웨어 기능은 가장 살펴보아야 할 경우이다. 2007년 3월경 유튜브는 선택된 동영상들을 모바일 기기로 이용될 수 있는 형태로 바꾸었고 그 동영상들을 버라이즌사와 다른 회사에 배급하거나 이용허락하였다. 원고들은 제3자에게 이용허락하기 위해 저작물을 고르는 행위를 했을 때 사업상 거래는 §512(c)(1)에 규정된 "이용자의 지시"에 따라 일어나는 것이 아니라는 설득력있는 주장을 하고 있다. 그러나 당사자들은 이 사건에서 문제가 되는 동영상들이 버라이즌사에게 준 약 2,000개의 동영상에 포함되지 않았다는 점은 다투지 않는다. 저장 규정의 범위 이외에 문제에 대해 의견을 내지 않도록 하기 위해, 우리는 이 사건 동영상들이 사실상 제3자에게 배급되었는지 여부에 관한 사실확인을 위해 돌려보낸다.

D. 다른 주장들

1. 반복침해자 방침

집단원고들은 유튜브가 “적절한 경우에 서비스 제공자의 시스템 또는 네트워크상 반복침해자인 이용자와 계정 보유자를 차단하는 방침을 채택하고 합리적으로 이행”하여야 한다는 것을 면책조건으로 하는 §512(i)의 요건을 이행하지 못했다고 주장한다. §512(i)(1)(A). 특히 집단원고들은 유튜브가 교묘하게 집단원고들 저작물의 침해 확인을 회피하려는 장치를 설치했다고 주장하고 있다. 이 주장은 주로 유튜브가 네트워크 검색과 침해물확인을 하는 내용물 확인 장치의 접근을 오로지 임명된 파트너들에게만 허용했다는 주장에 근거하고 있다.

집단원고들은 유튜브의 검색기술 설치에 관하여 이의했기 때문에 우리는, §512(i)의 주장을 §512(m)과 연관시켜서 검토해야 한다. 앞서 설명했듯이 §512(m)은 면책보호는 “(i)의 규정에 따라 표준 기술조치와 일치되는 범위를 제외하고, 서비스 제공자가 그의 서비스를 모니터하거나 또는 침해행위를 가리키는 사실들을 적극 찾는 것”을 조건으로 할 수 없다. 달리 말하면 면책보호는 모니터링이 §512(i)가 의미하는 “표준기술조치”를 따르는 것을 제외하고 적극 감시요건을 명백하게 요구하지 않는다. “표준기술조치”의 수용이나 이행을 거부하면 서비스제공자가 책임을 질 수 있다. 서비스제공자가 그의 네트워크를 감시하는 장치에 대한 접근 제공을 적극 거부하는 행위가 같은 결과를 낳는 것은 아니다. 이 사건에서 집단 원고들은 유튜브의 내용물 확인 장치가 “표준기술조치”를 구성하므로 유튜브가 §512(i)의 책임을 질 수 있다는 주장을 하지 않았다. 그러한 이유로 유튜브가 적절한 검색장치에 대한 접근을 제한한 것 때문에 면책에서 배제될 수 없다.

2. 원고들의 청구

마지막으로 원고들은 지방법원이 그록스터 판결(545 U.S. 913)에 따라 직접 침해, 대위책임, 기여 책임에 관한 청구를 기각한 것은 잘못이라고 주장하고 있다. 피고들 승소판결을 하면서 지방법원은 유튜브가 §512(c)의 보호를 받는다고 판결했고 다른 언급없이 원고들 청구를 기각했다.

지방법원은 면책이 인정됨으로써 모든 금전 청구에서 면책된다고 판단했다. 위에서 말한 대로, 유튜브가 이 사건에서 면책보호를 받는 지를 결정하기 위해서는 사실 조사가 더 필요하다. 따라서 우리는 원고들 청구기각판결을 취소하고 원고들의 청구에 대한 의견을 밝히지 않고 사건을 돌려보낸다.

결 론

요약하면 우리는

(1) 지방법원이 17 U.S.C. §512(c)(1)(A)가 특정하고도 확인가능한 침해 사례를 가리키는 사실 또는 정황을 알거나 인식할 것을 요구한다고 판단한 것은 옳다.

(2) 그러나 합리적인 배심이 적어도 특정한 소량의 동영상들과 관련하여 유튜브가 §512(c)(1)(A)의 인식을 가지고 있다고 결론내릴 수 있기 때문에 2010. 6. 23.의 유튜브 승소판결은 취소한다. 지방법원이 유튜브가 이 사건 동영상들에 대한 특정한 침해 사례를 알고 있었는지를 결정하기 위해 사건을 환송한다.

(3) §512(c)(1)(A)규정상 특정 침해사례의 인식을 증명하기 위해 적절한 경우에 의도적인 외면이론은 적용될 수 있다. 지방법원이 먼저 의도적인 외면이론의 적용여부를 검토하기 위해 사건을 환송한다.

(4) 지방법원이 17 U.S.C. §512(c)(1)(B)규정상 침해행위를 통제할 권리와 능력을 해석하면서 특정 침해물의 인식을 요구한 것은 잘못이다. 법률을 잘못 해석한 부분에 한해서 지방법원의 판결을 취소한다. 지방법원이 통제와 재정적인 이익의 쟁점에 관하여 추가 사실조사를 위해 환송한다.

(5) 지방법원이 3가지 유튜브 소프트웨어 기능－복제, 재생, 연관 동영상－이 17 U.S.C. §512(c)(1)규정의 의미상 "이용자의 지시에 따른 저장을 이유로" 발생한 것이라고 판단한 것은 옳고 그렇게 판단한 부분에 한해서 인용한다. 유튜브 동영상을 제3자에게 배급한 것과 관련된 4번째 소프트웨어 기능에 대하여 추가 사실조사를 위해 사건을 환송한다.

환송된 후 지방법원은 당사자들에게 약식판결신청과 함께 다음 쟁점들에 대해 의견을 제출할 기회를 주어야 할 것이다.

(A) 기록상 유튜브가 (이 판결문에서 명시되지 않은 동영상을 포함하여) 특정 침해행위를 인식하거나 알고 있었는지

(B) 기록상 유튜브가 고의로 특정한 침해행위를 외면했는지

(C) 유튜브가 §512(c)(1)(B)의 의미상 침해행위를 통제할 권리와 능력을 가지고 있었는지

(D) 동영상들이 제3자에게 배급되었는지, 만약 그렇다면 그러한 배급이 §512(c)(1)의 의미상 "이용자의 지시에 따른 저장을 이유로" 일어났는지, 그래서 유튜브가 §512(c)의 면책보호를 주장할 수 있는지

우리는 (C)와 (D)를 해결하기 위해 증거절차가 더 필요한지의 문제는 지방법원의 판단에 맡긴다. 위에서 말한 대로 이 사건의 목적상 (A)와 (B)에 관련된 기록은 완결되었다.

소송비용은 각자 부담한다.

7. 정보검색도구(Information Location Tools)[29]

서비스제공자가 디렉토리, 인덱스, 레퍼런스, 포인터, 하이퍼텍스트링크를 포함한 정보검색도구를 이용하여 이용자들을 저작권침해물을 가지고 있는 사이트로 연결해주거나 사이트를 소개해 주는 행위에 대한 책임을 제한하고 있다. 이 규정의 적용을 받기 위해서는 다음과 같은 요건을 충족하여야 한다.

① 서비스제공자는 침해물 또는 침해행위를 실제로 인식하지 못했고 침해행위를 명백히 나타내 주는 사실이나 상황을 알지 못했으며, 인식하거나 알게 된 후에는 즉시 그 침해물을 없애거나 접근을 차단한다.

② 서비스제공자가 침해행위를 통제할 권리와 능력을 가지고 있는 경우에 그 행위로 인하여 직접 금전 이익을 얻지 않는다.

③ 서비스제공자는 침해를 주장하는 통지를 받은 즉시 침해되었다는 자료를 없애거나 그 자료 접근을 차단한다.

29) 17 U.S.C.§ 512(d).

A & M Records, Inc. v. Napster, Inc.

연방 제9항소법원
239 F. 3d 1004(9th Cir. 2001)

사 안

1987년 영화전문가집단은 MPEG-3(줄여서 MP3)로 불리는, 디지털형태로 음악을 저장하는 표준파일형식을 만들었다. 디지털 MP3 파일은 "리핑"이라고 하는 과정을 통해 만들어진다. 컴퓨터보유자는 리핑 소프트웨어에 의해 오디오 CD에 있는 음성정보를 MP3형식으로 압축함으로써 오디오 CD를 컴퓨터 하드드라이버에 복사할 수 있다. MP3의 압축된 형식에 의해 전자메일이나 다른 파일전송방법을 통해서 디지털오디오파일이 컴퓨터끼리 빠르게 전송될 수 있다.

냅스터는 이용자들이 편리하게 MP3 파일을 전송하게 해준다. 보통 "피어-투-피어(peer-to-peer)" 파일공유라고 부르는 절차를 통해 냅스터는 1) 이용자의 컴퓨터 하드드라이버에 저장된 MP3 음악파일을 다른 이용자들이 복사할 수 있는 상태로 만들어 주고, 2) 다른 이용자의 컴퓨터에 저장된 MP3 음악파일을 찾을 수 있게 하며, 3) MP3 파일내용의 정확한 복사본을 인터넷을 통해 다른 이용자에게 전달해준다. 이러한 기능들은 냅스터의 뮤직쉐어(MusicShare) 소프트웨어에 의해 이루어지며 이 소프트웨어는 냅스터의 인터넷사이트나 네트워크 서버에서 공짜로 얻을 수 있다. 냅스터는 MP3 파일을 분류하고 찾는데 기술 지원을 해주며 그 외에도 음악토론공간인 대화방과 음악가들이 자신들의 음악 정보를 제공하는 자료방에 대한 기술 지원을 하고 있다.

이용자가 냅스터 시스템을 통하여 MP3 파일을 복사하기 위해서는 먼저 냅스터의 인터넷 사이트를 접속하여 뮤직쉐어 소프트웨어를 자신의 컴퓨터로 내려 받아야 한다. 처음 이용자는 이름과 비밀번호를 등록하여야 한다. 만약 등록된 이용자가 그의 컴퓨터에 있는 파일을 다른 사람들이 접근할 수 있도록 냅스터상에서 목록화하기 위해서는 먼저 하드 드라이버에 자료실목록을 만들어야 한다. 그 다음 자료실에 MP3 파일을 보관한 후 냅스터 시스템에 접속한다. 그러면 뮤직쉐어 소프트웨어가 자료실을 검색하고 파일이 적절한 형식으로 되어 있는지 확인한다. 만약 올바른 MP3 형식이라면 파일의 이름이 냅스터의 서버로 보내지며 MP3 파일의 내용은 이용자의 컴퓨터에 남아 있는다. 냅스터의 서버로 보내진 MP3 파일의 이름은 이용자의 이름아래 자료실에 보관되며 전송이 가능한 파일의 집단목록에 들어가게 된다.

냅스터는 이용자가 다른 이용자의 MP3 파일을 2가지 방법 즉, 검색기능과 핫리스트(hotlist)기능으로 찾을 수 있게 해준다. 냅스터의 서버에 있는 소프트웨어는 집단목록의 찾아보기 기능을 가지고 있다. 현재 냅스터의 서버에 연결되어 있는 이용자로부터 내려받을 수 있는 파일을 찾기 위해서는 뮤직쉐어 소프트웨어의 서식을 이용하여 노래나 가수의 이름을 찾아보기의 대상으로 입력한다. 그 서식은 냅스터의 서버로 전송되고 자동으로 서버에 분류되어 있는 MP3 파일의 이름과 비교한다. 냅스터의 서버는 찾아보기 기능을 이용하여 같은 검색어를 포함하고 있는 모든 MP3 파일의 목록을 이용자에게 보낸다. 냅스터의 서버는 MP3 파일의 내용을 검색하지는 않고 파일의 이름만을 검색한다. 핫리스트 기능을 이용하기 위해서는 과거에 MP3 파일을 얻었던 이용자의 명부를 만든다. 냅스터의 서버에 접속했을 때 만약 핫리스트에 있는 이용자도 역시 접속하면 시스템이 그 사실을 알려준다. 그러면 핫리스트에 기재된 이용자의 자료실에 들어있는 모든 MP3 파일의 목록에 접근할 수 있고 파일 이름을 골라서 파일을 요청할 수 있다. 핫리스트에 있는 이용자의 MP3 파일내용은 냅스터의 서버에 저장되지 않는다.

MP3 파일내용의 복사본을 보내기 위해서 냅스터 소프트웨어는 파일을 가지고 있는 이용자의 인터넷주소를 입수하여 파일을 요청하는 이용자에게 알려준다. 이 정보를 이용하여 두 컴퓨터를 연결한 후 MP3 파일복사본을 피투피 방식으로 인터넷에서 내려 받는다. 내려받은 MP3 파일은 뮤직쉐어나 다른 프로그램을 이용하여 하드드라이브에서 바로 들을 수 있으며 오디오 CD에도 저장될 수 있다. 두 경우에 MP3 형식으로 옮겨짐으로써 원래의 음질은 약간 훼손된다.

음반회사인 원고들은 냅스터가 이용자들의 저작권침해에 대해 기여 및 대위책임이 있다고 주장하면서 침해금지소송을 걸었고 캘리포니아 북부 연방지방법원은 피고의 저작권침해를 금지하는 판결을 했다.

판결요지

판사 BEEZER :

1. 냅스터 이용자들의 저작권침해

지방법원은 냅스터 이용자들의 저작물복제 및 배포행위는 직접침해를 구성한다고 판단하였고 피고는 이에 대해 항소하지 않았다.[30]

A. 침해

원고들이 직접 침해를 입증하기 위해서는 1) 침해된 저작물에 대한 저작권의 보유, 2) 침해자가 적어도 저작권법상 배타적인 권리 중 하나를 침해한 사실을 밝혀야 한다. 기록에 의하면 냅스터에서 이용할 수 있는 파일들 중 87%가량이 저작권으로 등록되었고 원고들이 70% 이상의 파일들에 대해 저작권을 갖고 있다. 우리는 냅스터 이용자들이 적어도 2개의 저작권 곧, 복제권과 배포권을 침해하였다는 판단에 동의한다. 다른 사람이 복사할 수 있게끔 파일의 이름을 검색목록에 올린 이용자는 배포권을 침해하였고 저작물질이 들어 있는 파일을 내려 받은 이용자는 복제권을 침해하였다.

B. 공정이용

냅스터는 이용자들이 저작물을 공정하게 이용하였기 때문에 저작권을 침해한 것은 아니라고 주장하고 있다. 냅스터는 다음과 같은 3가지의 특정한 공정이용을 가리키고 있다. 물건을 사기 전에 잠깐 저작물을 복사하는 견본이용, 이용자들이 이미 오디오 CD로 가지고 있는 음악을 냅스터 시스템을 통하여 접속하는 공간이동(space-shifting), 신인과 기성 음악가들에 의한

30) 저작권침해에 대한 2차 책임(secondary liability)은 제3자의 직접 침해가 없으면 존재하지 않는다. 판결문 주 2.

음반배포.

지방법원은 공정이용의 4가지 요소들을 검토한 끝에 냅스터 이용자들이 공정이용자가 아니라고 결론지었고 우리도 이에 동의한다.

(1) 이용목적과 성격

이 요소는 새 작품이 단지 원래의 창작품을 대체한 것인지 아니면 다른 목적이나 특성을 추가한 것인지에 초점을 맞추고 있다. 곧 새 작품이 변형되었는지 그리고 어느 정도까지 변형되었는지를 묻고 있다.[31] 지방법원은 먼저 MP3파일을 내려 받은 것이 저작물을 변형하지 않았다고 보았다. 이 결론은 지지할만하다. 법원은 원작품이 단지 다른 매체로 옮겨진 경우 공정이용으로 인정하기를 꺼려왔다.

또한 이 요소는 법원으로 하여금 침해행위가 영리목적인지 아니면 비영리목적인지를 판단하도록 요청하고 있다. 영리 이용은 공정이용에 불리하나 결정적인 요소는 아니다. 지방법원은 1) 파일을 보내는 이용자가 익명의 요청자에게 그 파일을 보내는 것이 개인의 이용이라고 볼 수 없고, 2) 냅스터 이용자들은 원래는 사야 되는데 공짜로 얻기 때문에 저작물질을 영리로 이용하고 있다고 판단하였다. 지방법원의 판단에 명백한 잘못은 없다.

직접의 경제 이득은 영리 이용을 입증하기 위해 요구되는 것은 아니다. 그보다는 반복되고 부당한 저작물의 복사는 판매를 위한 것이 아니라 해도 영리 이용에 해당할 수 있다. 기록상 합법 제품을 사는 비용을 줄이기 위해 부당하게 되풀이하여 불법 복제하였다는 사실을 밝힘으로써 영리 이용은 입증되었다.

(2) 이용성격

창작성이 높은 성질의 저작물은 사실에 바탕을 둔 저작물보다 저작권보호의 핵심에 더 가깝다. 지방법원은 원고들의 음악과 음반은 창작성이 높기 때문에 두 번째 요건은 공정이용의 인정에 불리하다고 판단하였다. 우리는 이 판단에 잘못은 없다고 본다.

(3) 이용된 부분

전체 복사는 그 자체로 공정이용이 안되는 것은 아니지만 작품을 모두

31) Campbell v. Acuff-Rose Music. Inc 연방대법원 510 U.S. 569(1994) 참조.

베끼는 것은 공정이용의 판단에 불리하게 작용한다. 지방법원은 파일전송은 저작물전체의 복사를 필요로 하기 때문에 냅스터 이용자들이 저작물 모두를 복사하였다고 판단하였다. 우리는 이에 동의한다.

(4) 시장에 대한 사용의 효과

공정이용이 적절하게 적용될 때는 복제된 저작물의 시장성을 실질적으로 손상시키지 않은 복사로 제한된다. 이 요건의 중요성은 손해의 정도와 다른 요건들의 입증정도에 따라 달라진다. 저작물을 비영리로 이용할 경우에는 특정한 이용이 해롭다거나 만약 그 이용이 널리 퍼진다면 저작물의 잠재적 시장성에 나쁜 영향을 미친다는 점을 입증하여야 한다. 만약 영리 이용인 경우 시장 피해는 추정될 수 있다.

지방법원은 냅스터는 적어도 2가지 면에서 시장에 피해를 끼쳤다고 판단하였다. 즉 대학생들에 대한 오디오 CD의 판매를 줄였고 디지털음악의 전송시장에 대한 원고들의 진입을 어렵게 하였다. 나아가 기존 시장의 피해가 적다는 이유로 저작권자가 다른 시장을 개발할 권리를 빼앗기는 것은 아니다. 이 사건 기록은 음반회사인 원고들이 인터넷을 통해 디지털음악을 팔기 위해 이미 많은 돈과 노력을 들였다는 지방법원의 판단을 뒷받침하고 있다. 냅스터 시스템에서 디지털음악을 공짜로 얻을 수 있게 한 것은 같은 방법으로 음악을 판매하려는 저작권자들의 시도에 피해를 입힐 수밖에 없다.

(5) 특정한 사용

냅스터는 견본사용과 공간이동으로서의 사용이 공정이용에서 제외된 것은 잘못이라고 주장하고 있다.

a. 견본이용

냅스터는 사용자들이 음반의 구입여부를 결정하기 위해 음악을 시험삼아 들어보려고 MP3파일을 내려 받았다고 주장하고 있다.

지방법원은 이용자들이 결국 음악을 샀다 하더라도 견본이용은 영리행위라고 판단하였다. 음반회사들이 제공하는 무료 내려 받기는 30초 또는 60초짜리 견본이거나 전곡이라 하더라도 내려 받은 컴퓨터에서 짧은 기간동안만 머무르도록 만들어진다. 반면에 냅스터 이용자들은 완전하고, 무료이며, 영구적인 음반복사본을 받게 된다. 따라서 견본이용의 영리 목적과 성격에 관한 지방법원의 판단에 명백한 잘못은 없다.

냅스터는 견본이용이 시장에 미친 영향을 지방법원이 구체적으로 적시하지 못했다고 주장하고 있으나 기록은 1) 이용자들이 음악을 견본으로 많이 내려 받을수록 오디오 CD를 살 가능성은 더 낮고, 2) 설령 오디오 CD시장이 피해를 입지 않았다 하더라도 냅스터는 디지털음악의 전송시장에 부정적인 영향을 미쳤다는 것을 보여주고 있다.

냅스터는 지방법원이 이용자들이 견본을 내려 받은 행위가 오디오 CD의 판매를 늘리거나 그럴 가능성이 있다는 증거를 배척한 잘못이 있다고 주장하고 있다. 우리는 불법사용으로 인한 저작물의 판매증가 때문에 저작권자로부터 그 저작물을 이용허락할 권리를 빼앗아서는 안 된다고 본다. 견본이용이 공정이용에 해당되지 않는다는 지방법원의 결론에 잘못은 없다.

b. 공간이동

공간이동은 냅스터 이용자가 이미 자신의 오디오 CD에 들어 있는 음악을 듣기 위해서 MP3파일을 내려 받을 때 일어난다. 우리는 지방법원이 소니[32)]와 다이아몬드 판결[33)]의 "이동"법리를 적용하지 않은 잘못은 없다고 본다. 다이아몬드와 소니 사건은 이동방법이 저작물을 일반 공중에 배포하는 것을 포함하고 있지 않았다는 점에서 이 사건에 적절하지 않다. 즉 저작물의 시간과 공간이동은 그 저작물을 원래의 이용자에게만 제공되었다. 예를 들면 다이아몬드사건에서 음악은 이용자의 컴퓨터 하드드라이버에서 MP3플레이어로 옮겨졌다. 소니 사건에서도 마찬가지로 대부분의 VCR구입자들은 녹화한 TV방송을 배포하지 않고 단지 집에서만 보았다. 반면에 이용자가 냅스터 시스템에 자기가 가지고 있는 음악의 목록을 올린 이상 그 음악은 단지 원래의 CD소유자만이 아니라 수백만의 다른 사람들도 이용할 수 있게 된다.

2. 기여침해

32) Sony Corporation of America v. Universal City Studios, Inc. 연방대법원 464 U.S. 417(1984).

33) Recording Industry Association of America v. Diamond Multimedia Systems Inc. 연방 제9항소법원 180 F. 3d 1072(9th Cir. 1999).

A. 인식

기여책임에 있어서 2차 침해자는 직접 침해행위를 알거나 알만한 이유를 가지고 있어야 한다. 기록상 냅스터는 직접침해행위를 실제로 알고 있었거나 알고 있었음이 추정된다. 그럼에도 불구하고 냅스터는 소니 판결에 따라 기여책임을 지지 않는다고 주장하고 있으나 우리는 이에 동의하지 않는다. 소니 판결은 피고들이 저작권침해행위와 함께 실질적으로 침해가 아닌 행위에 사용될 수 있는 제품을 만들고 팔았을 경우에 침해행위의 인식이 있었음을 인정하지 않았다. 그러나 냅스터는 시스템이 상업상 중요한 비침해행위에 이용될 수 있다는 점을 밝히지 못했다.

우리는 만약 컴퓨터시스템 운영자가 그의 시스템에 특정한 침해물이 있다는 것을 알면서 그 침해물을 없애지 않았다면 그는 직접 침해행위를 알고 있었고 이에 기여했다고 본다. 반면에 침해행위를 확인하는 특정한 정보가 없는 경우에는 단지 시스템의 구조가 저작물을 서로 주고받게 한다는 이유만으로 컴퓨터시스템운영자가 기여책임을 질 수 없다. 컴퓨터네트워크가 침해 이용을 가능하게 한다는 이유만으로 이를 막는 것은 소니 판결의 취지에 어긋나고 침해 이용과 관련이 없는 행위를 제한할 수도 있게 된다. 그러나 냅스터가 특정한 침해물을 시스템을 통해 받을 수 있다는 점을 실제로 알고 있었고 침해물을 제공한 사람들이 시스템에 접속하는 것을 막을 수 있었으며 침해물을 없애지 않았다는 사실은 기록에 나타나 있다.

B. 실질적인 기여

지방법원은 냅스터의 서비스가 없었다면 이용자들은 그 서비스가 제공하는 손쉬운 방법으로 원하는 음악을 찾거나 내려 받을 수 없을 것이라고 판단하였다. 우리는 냅스터가 직접 침해를 위한 “장소와 설비”를 제공하였다는데 동의한다.

우리는 원고들이 저작권의 기여침해책임에 대한 본안소송에서 승소가능성을 보여주었다는 지방법원의 판결을 인정한다.

3. 대위침해

A. 경제 이익

경제 이익은 침해물이 고객들을 끌어들이는 역할을 할 때 존재한다. 냅스터의 장래 수입은 이용자들의 증가에 직접 달려 있다. 이용할 수 있는 음악의 양과 질이 늘어나면서 더 많은 이용자들이 냅스터 시스템에 등록할 것이다. 냅스터는 저작물질의 이용가능성으로부터 경제 이익을 얻는다는 지방법원의 판결에 잘못은 없다.

B. 감독

어떤 이유로든 침해자가 특정한 환경에 접속하는 것을 차단하는 능력은 감독할 권리와 능력의 증거가 된다. 냅스터는 만약 이용자의 행위가 법에 어긋나거나 또는 어떤 이유로든 냅스터의 단독재량에 의해 서비스를 거부하거나 계정을 중단할 권리를 명백히 보유하는 방침을 가지고 있다. 대위책임에서 벗어나기 위해서는 유보된 감독권한을 충분히 행사하여야 한다. 이익을 얻기 위해 찾아낼 수 있는 침해행위에 눈감으면서 책임을 면할 수 없다.

지방법원이 냅스터가 시스템을 감독할 권리와 능력을 가지고 있었고 저작물의 교환을 방지할 권리를 행사하지 않았다고 인정한 것은 올바르다. 냅스터 시스템은 음악이 적절한 MP3파일에 들어 있는지를 확인하는 것 외에 파일내용을 읽지는 않는다. 그러나 냅스터는 검색목록에 나열되어 있는 침해물을 찾을 능력과 시스템에 대한 이용자의 접속을 차단하는 권리를 가지고 있다. 그러므로 파일이름목록은 냅스터가 감독할 능력을 가지고 있는 범위안에 있다. 냅스터가 시스템 내부를 감독하지 못했고 시스템상에 계속 남아 있는 침해물로부터 경제 이익을 얻었기 때문에 대위책임을 피할 수 없다.

4. 디지털 밀레니엄 저작권법

냅스터는 저작권침해로부터 인터넷서비스제공자를 보호하는 디지털 밀레니엄 저작권법의 면책 규정에 따라 책임이 제한된다고 주장하고 있다. 지방법원은 §512(d)가 기여침해자를 보호한다고 볼 수 없다고 판단하였다. 우리는 §512가 2차 침해자를 전혀 보호하지 않는다는 단순한 결론을 받아들일 필요는 없다. 냅스터의 잠재적인 기여와 대위책임이 디지털 밀레니엄 저작권법의 적용을 배제한다고 보지 않는다. 우리는 이 쟁점이 본안재판과정에서 좀 더 충분히 다루어질 것이라고 본다. 원고들은 위 법아래에서 다음과 같은 심각한 의문을 제기해왔다. 1) 냅스터가 §512(d)에 규정된 서비스제공자인지 여부, 2) 서비스제공자가 침해행위를 알도록 하기 위해서 저작권자가 반드시 서비스제공자에게 침해행위를 공식 통보하여야 하는지 여부, 3) 냅스터가 서비스제공자로 하여금 알맞은 때에 자세한 저작권준수방침을 확립하도록 한 §512(i)를 지켰는지 여부

5. 결 론

지방법원이 냅스터가 저작권침해에 참여하는 것을 임시로 금지할 필요가 있다고 본 것은 올바르다. 그러나 우리는 금지명령의 범위가 우리의 의견에 따라 수정될 필요가 있다고 믿는다. 특히 우리는 냅스터가 1) 저작권으로 보호되는 음악과 음반이 들어 있는 특정한 침해파일을 합리적으로 알고 있었고, 2) 그러한 파일들을 냅스터 시스템에서 얻을 수 있다는 것을 알고 있거나 알았어야 하고, 3) 저작물의 배포를 막는데 실패한 한도내에서만 기여책임이 인정될 수 있다는 것을 되풀이하고자 한다. 실제 통보를 한 사실과 냅스터가 침해물을 없애는데 실패한 사실이 없는 경우에 단순히 냅스터 시스템의 존재만으로 기여책임을 인정하기에 부족하다.

반면에 냅스터가 시스템을 감독할 능력을 적극 행사하지 않았고 검색목록에 들어 있는 침해물에 대한 접속을 중단하지 않았을 때 대위책임이 인정될 수 있다. 지방법원의 임시금지명령은 원고들의 저작물에 대한 복제, 올리기, 내려받기, 전송, 배포행위를 막는 모든 부담을 냅스터에게 지우고 있기 때문에 너무 광범위하다. 우리는 앞서 말한 대로 냅스터가 접속을 금지할 의무를 갖기 전에 원고들은 냅스터에게 시스템상에 존재하는 자신들의 저작물과 그 저작물이 들어 있는 파일을 통지할 책임이 있다.

임시금지명령의 일부내용을 수정하기 위해 파기환송하는 것 외에 지방법원의 판결을 인용한다.

Perfect 10, Inc. v. Amazon.com, Inc.(Google Inc.)

연방 제9항소법원
508 F.3d 1146(9th Cir. 2007)

요 약

판사 IKUTA :

항소심에서 우리는 인터넷 검색엔진이 침해물에 대한 접근을 용이하게 하는 것을 중단시키려는 저작권자의 노력을 살펴본다. 원고 Perfect 10(이하 "원고"라 함)은 저작물인 누드모델사진을 침해했다는 이유로 구글을 제소했다. 원고는 Amazon.com과 자회사인 A9.com(이하 합하여 "아마존"이라 함)에 대해서도 비슷한 소송을 걸었다. 캘리포니아 중부 연방지방법원은 임시로 구글이 원고의 이미지를 섬네일 형태로 만들어 공개 전시하는 행위를 금지시켰으나, 구글이 원고의 실제 크기 이미지를 전시하는 제3의 웹사이트에 링크하는 행위를 금지시키지 않았다. 또한 아마존이 이용자들에게 구글이 제공한 정보에 접근하도록 안내하는 행위를 금지시키지 않았다. 원고와 구글은 지방법원의 결정에 항소하였다. 우리는 일부 인용하고 일부 파기하여 환송한다.

Ⅰ. 배 경

구글은 수천 개의 웹사이트(웹페이지들의 집합)에 자동으로 접속하여 구글의 컴퓨터에 저장된 데이터베이스내에 색인을 만드는 소프트웨어 프로그램 검색엔진을 운영하고 있다. 구글의 이용자가 구글의 웹사이트에 접속하여 검색어를 입력했을 때 구글의 소프트웨어는 그 검색어에 맞는 웹사이트를 찾기 위해 데이터베이스를 검색한다. 구글은 관련된 검색정보를 이용자의 컴퓨터에 보낸다. 구글의 검색엔진은 문자, 이미지, 비디오의 형태로 결과를 제공할 수 있다.

이미지의 형태로 결과를 제공하는 구글의 검색엔진은 구글 이미지 검색("Google Image Search")이라고 불린다. 검색어에 반응하여 구글 이미지 검색은 데이터베이스에서 검색어에 맞는 문자를 확인하여 문자와 함께 연관된 이미지들을 이용자에게 보낸다. 구글의 소프트웨어는 이미지 자체를 인식하거나 색인할 수 없다. 구글 이미지 검색은 검색결과를 섬네일이라고 부르는 작은 이미지의 웹페이지로 제공하며 섬네일은 구글의 서버에 저장된다. 섬네일 이미지는 제3자의 컴퓨터에 보관된 실제 크기의 이미지에 비해 축소되고 저해상도의 형태이다.

구글은 또한 캐시에 웹페이지 내용을 저장하고 있다.34) 구글의 캐시는 색인당시 웹페이지의 문자는 저장하지만 이미지는 저장하지 않는다. 구글은 이용자의 검색질문에 맞춰 캐시에 저장된 웹페이지의 링크를 제공한다.

검색엔진기능에 더하여 구글은 AdSense라는 영업프로그램을 통하여 수입을 올린다. 이 프로그램으로 웹사이트 소유자는 구글에 AdSense파트너로 등록할 수 있다. 웹사이트 소유자는 웹페이지 내용과 관련이 있는 광고를 배치하도록 구글 서버에게 신호를 주는 HTML명령어를 웹페이지에 넣는다. 구글의 컴퓨터 프로그램은 알고리즘을 이용하여 자동으로 광고를 선택한다. AdSense 참여자들은 그 광고 수입을 구글과 나누기로 합의한다.

구글은 또한 아마존에게 구글의 검색결과에 인라인링크를 허용하는 계약을 통해 수입을 얻는다. 아마존은 이용자들에게 검색결과를 제공하는 것과 같은 인상을 주지만 구글이 검색결과를 직접 아마존 이용자들에게 제공한다. 아마존은 이용자들의 검색질문을 구글에 보내고 자동으로 구글이 답변(예컨대 구글의 검색결과에 링크하기 위한 HTML 명령어)을 이용자들에게 제공한다.

원고는 누드 모델의 이미지를 시장에 내놓고 판다. 인터넷에 회비웹사이트를 운영한다. 회원은 월회비를 내고 사이트의 회원영역에서 원고의 이미지를 본다. 회원들은 회원영역에 로그인하기 위해서는 비밀번호를 사용해야 한다. 구글은 비밀번호로 보호되는 회원영역의 이미지들은 색인 또는 데이터베이스에 포함하고 있지 않다. 원고는 폰스타즈 미디어(Fonestarz Media Limited)에도 휴대전화에 다운받아 이용하기 위해 축소된 크기의 이미지들을 팔고 배포할 권한을 주었다.

---

34) 일반적으로 캐시(cache)는 신속하게 접근하기 위해 자주 또는 최근에 이용한 명령 또는 자료를 저장하는 컴퓨터 기억장치이다. 이 사건에서는 2가지 종류의 캐시가 있다. 이용자의 개인 컴퓨터는 이용자가 최근에 본 웹페이지나 이미지에 더 빨리 접근하기 위해 복사본을 저장하고 있는 내부 캐시를 가지고 있다. 구글의 컴퓨터들 역시 다양한 목적을 수행하기 위해 캐시를 가지고 있다. 구글의 캐시는 구글의 검색엔진이 웹페이지를 효과적으로 편성하고 색인할 수 있도록 수많은 웹페이지들의 복사본을 저장한다.

몇몇 웹사이트 발행인들은 허락없이 인터넷에서 원고의 이미지들을 올리고 있다. 구글의 검색 엔진은 자동으로 그 이미지들을 담고 있는 웹페이지를 색인하고 이용자의 요청에 따라 섬네일 이미지를 제공한다. 이용자가 구글의 검색엔진이 보낸 섬네일 이미지를 누를 때, 이용자의 브라우저는 제3자의 웹페이지에 접속하여 웹사이트 발행인의 컴퓨터에 저장된 실제 크기의 침해이미지에 인라인 링크된다. 구글의 웹페이지에서 온 정보에 의해 만들어진 이용자 컴퓨터 화면의 아래 부분에 원래의 크기로 이미지가 나타난다.

지방법원 절차

2001. 5.경 원고는 구글에게 섬네일 이미지와 실제 크기의 이미지에 대한 인라인링크가 자신의 저작권을 침해했다는 통지를 하기 시작하였다. 원고는 2005년까지 이러한 통지를 계속 보냈다.

2004. 11. 19.에 P10은 구글에 대해 저작권침해금지 소송을 걸었다. 2005. 6. 29.에는 아마존에 대한 비슷한 소송이 뒤따랐다. 2005. 7. 1.과 8. 24.에 원고는 아마존과 구글이 사진들을 복제, 배포, 전시, 개작 등의 침해 또는 침해에 기여하는 행위를 중지하는 임시 금지 명령을 신청하였다. 그리고 허락없이 실제 크기의 사진들을 제공하는 웹사이트에 대한 링크와 원고의 이용자이름/비밀번호 조합을 침해하는 행위의 금지 명령도 신청하였다.

지방법원은 두 소송을 병합하고 2005. 11. 7.에 신청을 심리하였다. 지방법원은 구글에 대한 신청을 일부 인용하고 일부를 기각하였으며 아마존에 대한 신청을 기각하였다. 원고와 구글은 쌍방 항소하였고 원고는 아마존에 대한 기각결정에 항소하였다. 2006. 7. 15. 지방법원은 금지명령을 임시로 정지하였다.

Ⅱ. 검토 기준(생략)

Ⅲ. 직접 침해

원고는 구글의 검색엔진프로그램이 저작권자의 전시권과 배포권을 직접 침해하고 있다고 주장하고 있다.[35] "원고들은 직접 침해가 인정되는 사건이

35) 원고는 구글의 저작권침해 책임여부를 결정함에 있어서 법원은 DMCA규정에 의해 제한을 받는다고 주장하고 있다. DMCA는 저작권법을 변경하지 않았다. 그보다 의

라는 점을 입증하기 위해서는 2가지 요건을 밝혀야 한다. (1) 침해물의 저작권자임을 증명. (2) 침해자가 17 U.S.C. §106에 의해 저작권자에게 부여된 배타적 권리 중 하나를 침해했다는 사실을 증명." 만약 원고들이 2가지 요건을 충족하고 직접 침해가 인정된다 하더라도 피고는 이미지의 사용이 17 U.S.C. §107에 규정된 "공정이용"이라는 사실을 증명한다면 책임이 없다.

원고의 이미지에 대한 저작권보유는 다툼이 없다. 지방법원은 구글이 섬네일과 관련하여 전시권을 침해했다는 P10의 주장이 인용될 가능성이 있다고 판단했다. 그러나 지방법원은 구글이 실제 크기의 침해 이미지와 관련하여 전시권 또는 배포권을 침해했다는 원고의 주장은 인용될 가능성이 없다고 판단하였다.

A. 전시권

원고가 전시권의 침해를 입증했는지를 살펴보면서, 지방법원은 이미지를 전자정보로 저장하여 이용자에게 직접 서비스하는 컴퓨터 소유자는 저작권자의 배타적인 전시권을 침해하여 전자정보를 전시하는 것이라고 보았다. 거꾸로 전자정보를 저장하거나 제공하지 않는 컴퓨터 소유자는 비록 전자정보에 인라인링크나 프레이밍한다 할지라도 그 정보를 전시하는 것은 아니다. 지방법원은 이 심사를 서버심사라 불렀다.

서버심사를 적용하면서 지방법원은 구글의 섬네일이 직접 침해를 구성한다는 원고의 주장은 인용될 가능성이 있고 실제 크기의 이미지에 대한 구글의 인라인링크가 직접 침해에 해당된다는 주장은 인용될 가능성이 없다고 결론내렸다.

아래에서 설명하는 바와 같이 이 분석은 저작권법과 같기 때문에 우리는 이 2가지 쟁점에 대한 지방법원의 결론에 동의한다.

우리는 과거에 컴퓨터가 §106(5)의 규정상 저작물을 전시한 때가 언제인

회는 만약 서비스제공자가 기존의 법리에 따라 책임이 있다면 DMCA의 책임제한이 적용된다고 규정하고 있다. 그 결과 서비스제공자의 직접, 기여, 대위 저작권 침해 책임에 대한 청구는 일반적으로 비온라인세계와 마찬가지로 평가된다. 그러므로 우리는 DMCA의 규정과 관계없이 저작권법상 구글의 책임을 검토해야 한다.

지에 관해 판단하지 않았다. §106(5)는 저작권자는 저작물을 공개 전시할 배타적인 권리를 가진다고 규정하고 있다. 저작권법은 전시란 "직접 또는 영화, 슬라이드, 텔레비전 영상, 또는 다른 장치나 공정에 의해 복제물을 보여주는 것"을 뜻한다고 설명하고 있다. 복제물은 "현재 알려졌거나 또는 앞으로 개발될 방법으로 저작물이 고정된, 음반 이외의 유체물로서, 그로부터 저작물이 직접 또는 기계나 장치를 통하여 지각, 복제, 또는 달리 전달될 수 있는 것"으로 정의하고 있다. 17 U.S.C. §101. 마지막으로 저작권법은 "저작물은 그것의 복제물이나 음반에의 수록이, 저작자에 의하여 또는 그의 허락을 받아 저작물이 순간의 시간을 넘는 기간 동안, 지각, 복제, 또는 그 밖에 전달될 수 있을 만큼 충분히 영속되거나 안정될 경우에, 유형의 표현매체에 '고정된' 것"이라고 규정하고 있다.

우리는 이제 이러한 정의를 이 사건의 사실관계에 적용한다. 사진이미지는 컴퓨터서버(또는 하드디스크나 다른 저장 장치)에 저장되었을 때 저작권법규정상 유형의 표현매제에 고정된 것이다. 컴퓨터에 저장된 이미지는 저작권법의 취지상 복제물이다. 컴퓨터 소유자는 저장된 사진이미지를 컴퓨터 화면에 띄우기 위해 컴퓨터를 이용할 때 장치나 공정에 의해 복제물을 보여주고 있고 저장된 이미지를 전자방식으로 다른 사람의 컴퓨터로 보내면서 복제물을 보여준다. 요약하면 저작권법의 규정에 근거할 때, 저장장치에 고정된 사진이미지의 복사본을 화면에 띄우기 위해 컴퓨터를 이용함으로써 사진이미지를 전시한다. 구글의 컴퓨터가 원고 이미지의 섬네일을 저장하고 있다는 사실과 섬네일의 복사본을 구글의 이용자들에게 보낸다는 사실은 다툼이 없다. 그러므로 구글이 저장된 섬네일 이미지를 보내는 행위가 직접 전시권을 침해한다는 원고의 주장은 인정된다.

그러나 구글이 이용자의 컴퓨터 화면에 나타나는 인라인 링크된 이미지를 만들었을 때 저작권법상 실제 크기의 사진 이미지 침해물을 전시한 것은 아니다. 왜냐하면 구글의 컴퓨터는 사진이미지를 저장하지 않기 때문에 구글은 저작권법상 이미지의 복사물을 가지고 있지 않다. 달리 말하면 구글은 그로부터 지각되고 복제되고 달리 전달될 수 있는 고정된 유체물을 가지고 있지 않으며 복사물을 보낼 수 없다.

이미지의 복사물을 보내는 대신에, 구글은 이용자의 브라우저에게 실제 크기의 사진 이미지를 저장하는 웹사이트 발행인 컴퓨터로 안내하는 HTML 명령어들을 제공한다. HTML명령어들을 제공하는 것은 복사물을 보여주는 것과는 다르다. 첫째, HTML명령어들은 문자열들이지 사진이미지는 아니다. 둘째, HTML명령어들은 그 자체로는 이용자의 컴퓨터 화면에 나타나는 침해 이미지를 불러오지 않는다. 단지 이용자의 브라우저에 이미지의 주소를 제공할 뿐이다. 이 때 브라우저는 침해이미지를 저장하고 있는 컴퓨터와 서로 작용한다. 이용자의 컴퓨터 화면에 침해이미지가 나타나도록 하는 것은 이러한 상호작용이다. 구글은 침해이미지에 이용자가 쉽게 접근할 수 있도록 해 줄 수는 있다. 그러나 그러한 도움은 기여책임 쟁점과만 관련이 있고 저작권자의 전시권의 직접 침해를 구성하지 않는다.

컴퓨터소유자가 복사본의 HTML주소만 보냈을 때 이미지의 복사본을 전시한 것이 아니라는 우리의 판단이 전시권을 복제권속으로 사라지게 하는 잘못을 범한 것은 아니다. 저작권은 다양한 권리가 겹치는 것을 막지 않는다. 어떤 상황에서는 침해주장이 성립하기 위해서는 하나 이상의 권리가 침해되어야 한다. 예를 들면, 게임자가 닌텐도 컴퓨터 게임의 특징을 변경하도록 한 게임 지니 장치는 게임 그 자체의 일부를 포함하고 있지 않기 때문에 닌텐도의 2차적 저작물 작성권을 침해하지 않았다.[36] 우리는 2차적 저작물이라고 주장되는 것이 구체적이고 영구의 형태로 보호저작물을 결합하고 있지 않는 한 2차적 저작물을 작성할 저작권자의 권리는 침해되지 않는다고 판단하였다. 달리 말하면 어떤 상황에서는 청구인이 2차적 저작물 작성권을 침해하였다고 주장하기 위해서는 복제권의 침해를 주장할 수 있어야 한다.

구글의 캐시는 단지 웹페이지의 문자만 저장하고 있기 때문에, 구글의 검색엔진프로그램이 원고의 전시권과 배포권을 침해했는지에 관한 분석은 구글의 캐시에도 똑같이 적용된다. 원고는 실제 크기의 침해이미지에 인라인 링크된 캐시 웹페이지가 전시권과 배포권을 침해했다고 인정받기 어렵다.

B. 배포권

36) Lewis Galoop Toys, Inc. v. Nintendo of Am., Inc., 964 F.2d 965,967(9th Cir. 1992).

지방법원은 또한 구글이 직접 실제 크기의 이미지를 배포할 권리를 침해했다는 원고의 주장이 인정되기 어렵다고 결론내렸다. 지방법원은 배포는 복사본의 실제의 배포가 필요하다고 설명하였다. 구글은 실제 크기의 이미지를 이용자의 컴퓨터에 보내지 않았기 때문에 이미지를 배포하지 않았다.

지방법원의 결론은 저작권법의 규정에 맞는다. §106(3)은 저작권자는 "보호되는 저작물의 복제물이나 음반을 판매, 그 밖의 소유권의 이전, 또는 대여, 리스, 또는 대출에 의하여 공중에게 배포"하는 배타적인 권리를 가지고 있다고 규정하고 있다. "복제물"은 저작물이 고정된 유체물을 뜻한다. 연방대법원은 전자 환경에서는 복제물이 전자방식으로 배포될 수 있다고 판시하고 있다.[37] 구글의 검색엔진은 이용자의 브라우저에게 웹사이트 발행인의 컴퓨터에 있는 실제 크기의 이미지를 어디서 찾는지를 알려주는 HTML명령어들을 전달한다. 구글은 스스로 침해사진의 복사물을 배포하지 않는다. 사진이미지를 전자적으로 이용자의 컴퓨터에 보내서 이미지의 복사물을 배포하는 것은 웹사이트 발행인 컴퓨터이다. Tasini사건에서와 마찬가지로 이용자는 그 때 사진을 내려받거나 인쇄함으로써 복사본을 얻을 수 있다.

따라서 구글이 실제 크기의 이미지들과 관련하여 배포권을 침해했다는 원고의 주장이 인용될 가능성이 없다는 지방법원의 결론은 정당하다.

C. 공정이용 항변

원고는 구글의 섬네일 이미지들이 전시권을 침해했다는 점을 입증하였기 때문에 적극 항변의 성립에 관한 입증책임은 구글에게 넘어간다. 구글은 섬네일의 사용이 이미지들의 공정이용이므로 원고의 저작권 침해에 해당되지 않는다고 주장하고 있다.(공정이용 설명 및 법조문 생략)

우리는 공정이용을 적용하는데 있어서 유연해야 한다. 법은 사건별로 해석하도록 요청하고 있기 때문에 공정이용원칙이 명확한 기준을 가진 것으로 단순화되어서는 안 된다. 또한 4가지 법정 요소는 분리되어 다루어져서는 안 된다. 모든 요소가 검토되어야 하고 그 결과는 저작권법의 입법취지에 비추어 함께 평가되어야 한다.[38] 저작권법의 목적은 과학과 실용기술의

37) N.Y.Times Co. v. Tasini, 533 U.S. 483(2001).

38) Campbell v. Acuff-Rose Music., 510 U.S. 577-78.

발전을 촉진하고 공공의 번영을 추구하는 것이다.

우리는 이 사건 사진이미지의 사용과 실질적으로 똑같이 사용한 사건을 검토하였던 켈리 판결[39]을 참조한다. 켈리사건에서 사진작가는 인터넷 검색엔진의 운영자인 아리바(Arriba)를 상대로 직접 침해를 주장하였다. 검색엔진은 검색요청에 맞춰 사진작가의 이미지를 섬네일로 제공했다. 우리는 아리바의 섬네일 이미지 이용은 주로 검색엔진의 변형 성격에 기초한 공정이용이고 공중에게 이익이 된다고 판단하였다. 또한 아리바의 섬네일 이미지 이용은 사진작가의 이미지 판매 시장에 피해를 입히지 않는다고 결론지었다.

이 사건에서 지방법원은 구글의 섬네일 이용은 공정이용이 아니고 켈리사건과 다르다고 판단했다. 우리는 공정이용의 4가지 요소를 분석하는 과정에서 이러한 구별을 검토한다.

이용의 목적과 성격.

첫 번째 요소는 법원에게 이용이 상업 또는 비영리교육 목적인지를 포함하여 이용의 목적과 성격을 고려하도록 요구하고 있다. 이 질문의 중심 취지는 새로운 작품이 얼마나 변형되었는지이다. 새 작품이 단지 원작을 대체하지 않고 새로운 표현, 의미 또는 메시지로 원작을 변경함으로써 다른 목적이나 특성을 가진 새로운 것을 추가했을 때 변형되었다고 인정된다.[40] 거꾸로 만약 새 작품이 원작의 이용을 대체한다면 그 이용은 공정이용이 아닐 것이다. (미발표 원고의 핵심 내용을 공개하여 저작권자의 공표권을 빼앗는 행위는 공정이용이 아니다.)[41]

---

39) Kelly v. Arriba Soft Corp., 336 F.3d 811(9th Cir. 2003).

40) Campbell v. Acuff-Rose Music., 510 U.S. 579.

41) Harper & Row Publishers, Inc. v. Nation Enters., 471 U.S. 539 (1985). 공정이용을 주장하는 당사자는 일반적으로 선의와 공정한 처리의 원칙에 따라 행동해야 한다. 위 판결 562-63. Video Pipeline사건과 Atari Games사건의 침해자가 상업적으로 이용하기 위해 저작물을 고의로 유용한 것과 달리, 구글은 포괄적인 검색엔진을 운영하면서 단지 우연히 침해 웹사이트를 색인했을 뿐이다. 이러한 우연한 영향이 공정이용원리를 뒷받침하는 선의와 공정거래의 남용에 이르지 않는다. 따라서 우리는 구글이 인터넷 검색엔진 활동을 하면서 침해 웹사이트로부터 얻은 섬네일 이미지들을 보관하고 있는 것 때문에 구글이 공정이용항변을 제기할 수 없다고 보지 않는다.

캠벨 판결에서 판시한 대로 변형된 작품이란 새로운 표현, 의미, 또는 메시지로 원작을 변경한 것이다. 피고가 원고의 저작물을 변경하거나 새로운 창작품으로 변형되는 다른 환경에서 원고의 저작물을 이용할 경우에만 변형 이용으로 여겨진다.

구글이 섬네일로 이용한 것은 매우 변형적이다. 켈리사건에서 우리는 아리바가 섬네일을 이용한 것은 인터넷과 예술표현의 정보에 대한 접근을 높이려는 켈리의 이용과는 다른 기능을 수행한다고 판단하였다. 비록 이미지가 원래 오락, 심미 또는 정보 기능을 제공하도록 창작되었다 할지라도 검색엔진은 이미지를 이용자에게 정보의 출처를 가리키는 것으로 변형하였다. 패러디가 종전 작품에 비추어 새로운 작품을 창작함으로써 사회에 혜택을 줄 수 있기 때문에 변형 가치가 있다는 명백한 주장을 할 수 있는 것처럼, 검색엔진은 원작(사진이미지)을 전자 참조 도구라는 새로운 작품(섬네일이미지)에 넣어서 사회에 혜택을 주고 있다. 패러디는 전형적으로는 원작과 같은 연예오락의 목적을 가지고 있는 반면에, 검색엔진은 원작에 비해 전혀 새로운 이용에 제공되기 때문에 패러디보다 더 변형적일 수 있다. 달리 말하면 검색엔진은 이미지들을 다른 상황에 넣어서 그들은 새로운 창작품으로 변형되었다.

구글이 원고의 모든 이미지를 검색엔진 결과에 편입했다는 사실이 구글 이용의 변형 성격을 줄이지 않는다. 지방법원이 올바르게 판시했듯이 우리는 켈리사건에서 정확한 복사조차도 원작과는 다른 역할을 하는 한 변형적일 수 있다고 결정했다. 예를 들면 연방 제1항소법원은 신문이 모델 사진을 베낀 것은 연예오락용 뿐만 아니라 정보를 제공하기 위해 사용되었으므로 변형적이라고 판단했다.[42] 반대로 교회 종교 서적을 다른 교회에서 쓰기 위해 베낀 행위는 변형 이용이 아니다. 라디오 방송을 전화상으로 단순히 재전송하는 행위는 원래의 방송에 새로운 표현이나 의미, 메시지를 더하지 않은 경우 변형 이용이 아니다. 구글은 원고의 이미지들을 새로운 환경에서

42) Nunez v. Caribbean Int'l News Corp., 235 F.3d 18(1st Cir. 2000). 옮긴이 주) 사진 자체가 특별히 뉴스가치가 있었고 사진을 선의로 얻었으며 사진이 이미 공개되었다는 이유 등으로 공정이용을 인정하였다.

다른 목적에 맞추어 사용하였다.

그럼에도 불구하고 지방법원은 구글이 섬네일로 이용한 것은 원고가 휴대전화에서 이용하기 위해 줄어든 크기의 이미지를 팔 권리를 빼앗았기 때문에 구글이 섬네일 이미지를 사용한 것은 켈리사건에서 아리바가 섬네일로 이용한 것보다 덜 변형적이라고 판단했다. 지방법원은 휴대전화 이용자들이 구글 이미지 검색이 보여준 섬네일을 내려받아 그들의 휴대전화에 저장할 수 있다고 판시하고 휴대전화 이용자들이 줄어든 크기의 이미지들을 사기보다는 공짜로 다운로드받는 것을 선택하는 범위내에서는 구글의 이용은 원고의 권리를 빼앗고 있다고 결론내렸다.

또한 지방법원은 구글의 섬네일 이용에 따르는 상업 성격이 변형 성격에 부정적으로 평가된다고 판단하였다. 비록 켈리판결이 아리바의 검색엔진이 사진작가 이미지를 상업상 이용한 것이 전형적인 상업 이용보다는 정도가 약하고 공정이용인정에 조금 부정적으로 평가될 뿐이라고 판단했지만, 지방법원은 AdSense프로그램에서 몇몇 웹사이트 소유자들이 원고의 이미지들을 침해하였다는 이유로 켈리사건과 달리 판단했다. 지방법원은 구글의 섬네일은 이용자들을 사이트로 안내하고 있고 AdSense프로그램은 구글 이용의 상업 성격을 키운다.

저작권법의 취지상 공정이용에 관한 사건별 분석을 하면서, 우리는 구글의 검색엔진이 저작권법의 취지를 발전시키고 공공의 이익에 봉사하는 범위 뿐만 아니라 구글의 중요한 변형 이용에 대해 섬네일 이미지의 수요를 대체하는, 상업 이용을 평가해야 한다. 비록 지방법원이 구글 이미지검색과 같은 검색엔진이 공중에 커다란 가치를 제공하고 있다는 사실을 인정하고 있지만, 이 가치가 수요를 대체하는 이용 또는 상업 성격보다 더 중요한지를 분명하게 고려하지 않았다. 그러나 연방대법원은 이용이 저작권법의 목적을 발전시키고 공중의 이익에 봉사하는 범위를 유념하라고 지시하고 있다.

우리는 이 사건에서 대체이용은 현재 중요하지 않다고 본다. 지방법원은 휴대전화 이용을 위한 다운로드가 있었다는 사실을 확인하지 않았다. 나아가 침해물이 있는 AdSense파트너로 안내하는 구글의 섬네일이 켈리사건에는 없는 상업 측면이 있지만, 지방법원은 이 상업 요소가 중요한 것인지는 결정하지 않았다.

우리는 이 사건에서 특히 공중의 이익이라는 점에서 구글 검색엔진의 상당한 변형 성격이 섬네일의 수요를 대체하는 상업 이용보다 중요하다고 판단한다. 이러한 결론에 이르면서 우리는 새로운 상황이라는 점에서 유연하게 공정이용을 해석하는 중요성을 언급하고자 한다(소니 판결). 또한 우리는 새 작품이 더 변형적일수록 공정이용 인정에 불리하게 평가되는 상업성과 같은 다른 요소들의 중요성은 떨어진다는 연방대법원의 가르침을 잊지 않고 있다.

따라서 우리는 구글의 섬네일 이용이 원고의 휴대전화 다운로드 이용을 대체하기 때문에, (켈리사건에서) 아리바의 이용보다 더 상업성이 크기 때문에 첫째 요소가 원고에게 조금 유리하게 평가된다는 지방법원의 결론에 동의하지 않는다. 그 대신에 우리는 구글 이용의 변형 성격이 우연한 대체 이용이나 구글 검색엔진 및 웹사이트의 사소한 상업 측면보다 더 중요하다고 본다.

저작물의 성격.

두 번째 요소와 관련하여 켈리판결이 직접 관련되어 있다. 우리는 사진작가의 이미지들은 창작성이 높은 성격을 가지고 있기 때문에 사실에 기초한 저작물보다 저작권보호의 핵심에 더 가깝다고 판결했다. 그러나 사진은 아리바가 검색엔진결과에서 섬네일로 이용하기 전에 인터넷에서 볼 수 있었기 때문에 이 요소는 사진작가에게 조금 유리하게 평가될 뿐이다.

여기서 지방법원은 원고의 이미지들은 창작적이지만 이미 공개된 사실을 인정했다. 공표권은 저작자가 그의 표현을 처음으로 공표하는 것을 통제하는 권리이다. 이 권리는 언제, 어디서, 어떤 형태로 저작물을 처음 공표할 것인지에 관한 선택을 포함하고 있기 때문에 저작자는 어떤 매체로 저작물을 공표함으로써 한 번뿐인 권리를 행사한다. 일단 원고가 유료회원들을 위해 인터넷에 이미지들을 올림으로써 상업상 가치있는 공표권을 행사한 이상, 원고는 비공표저작물에게 적용되는 더 강한 보호를 받을 수 없다. 따라서 지방법원이 두 번째 요소가 원고에게 조금 유리하게 평가될 뿐이라고 판단한 것에 잘못은 없다.

이용된 부분의 양과 질.

세 번째 요소는 전체로 보아 저작물이 이용된 부분의 양과 질이 복제의 목적과 관련하여 합리적인지를 묻는다. 켈리사건에서 우리는 아리바가 모든 사진이미지들을 이용한 행위는 검색엔진의 목적에 비추어 합리적이라고 판단하였다. 특히, 우리는 이용자들이 이미지를 보고 그 이미지나 웹사이트에 관하여 정보를 더 구할 것인지를 결정하도록 하기 위해 아리바가 이미지 모두를 복사할 필요가 있다고 판단했다. 만약 아리바가 이미지의 일부만 복사했다면 이미지를 확인하기가 더 어렵게 되고 검색엔진의 유용성이 줄어들게 될 것이다. 따라서 우리는 이 요소가 어느 쪽에도 유리하게 평가되지 않는다고 본다. 같은 분석이 구글의 원고 이미지의 이용에도 적용되기 때문에 지방법원의 같은 결론에 잘못은 없다.

시장에 미치는 이용의 효과.

켈리사건에서 우리는 아리바의 섬네일 이미지 이용이 사진작가의 실제 크기 이미지 시장에 피해를 주지 않는다고 결론내렸다. 우리는 섬네일은 실제 크기 이미지의 대체물이 아니기 때문에 실제 크기이미지들을 팔고 이용허락하는 사진작가의 능력을 해치지 않는다고 판시하였다. 켈리판결에 따라 지방법원은 구글의 섬네일 이용은 원고의 실제 크기의 이미지들 시장에 피해를 주지 않는다고 판단하였다. 우리는 동의한다.

원고는 만약 이미지의 이용의도가 상업 이익을 얻기 위한 것이라면 시장피해가능성은 추정되기 때문에 지방법원의 판단은 잘못이라고 주장한다. 그러나 이 추정은 작품이 변형되었을 때는 시장대체는 확실치 않고 시장피해는 쉽게 추론되지 않기 때문에 이러한 추정은 일어나지 않는다.[43] 위에서 말했듯이 검색엔진용으로 구글의 섬네일 이용은 크게 변형적이고 그래서 시장피해는 추정될 수 없다.

또한 켈리사건에서는 고려되지 않은 쟁점이었지만 원고는 축소 크기의 이미지 시장을 가지고 있었다. 지방법원은 구글의 섬네일 이용이 휴대전화에 축소 크기의 이미지를 내려 받는 원고의 잠재적 시장에 피해를 입힐 수

43) Campbell, 510 U.S. 591.

도 있다고 판단했다. 지방법원은 원고의 이미지들을 구글로부터 공짜로 얻을 수 있는 사람들은 돈 주고 받지 않을 것이고 구글의 섬네일 이미지를 이용할 수 있다는 것은 원고의 휴대전화 다운로드 시장에 피해를 줄 것이라고 판시하였다. 우리가 위에서 설시한 대로 지방법원은 구글 이용자들이 휴대전화이용을 위해 섬네일 이미지들을 내려 받고 있다는 사실여부를 확인하지 않았다. 우리는 이 요소는 어느 쪽으로도 유리하게 평가되지 않는다고 본다.

우리는 4가지 요소를 이 사건에 적용하여 분석하고 저작권법의 목적에 비추어 함께 평가한다. 이 사건에서 구글은 원고의 섬네일 이미지들(다른 수백만의 섬네일 이미지들과 함께)을 원고가 이용하려고 의도한 것과는 전혀 다른 이용에 제공하였다. 휴대전화 다운로드용으로 구글의 섬네일을 이용한다는 점이 입증되지 않은 것에 반하여 이러한 중요한 변형적인 이용을 평가하고 다른 공정이용 요소들을 저작권법의 목적에 비추어 고려할 때, 우리는 구글의 원고 섬네일의 이용은 공정이용이라고 결론내린다. 지방법원은 여기서 공정이용 요소들을 평가하기에 충분한 사실을 확인하였으므로 우리는 사실관계를 더 확인하기 위해 파기할 필요를 느끼지 않는다. 우리는 구글이 공정이용항변을 입증하는데 성공할 것이고 따라서 구글의 섬네일 이미지들의 이용과 관련한 임시금지명령을 취소한다.

Ⅳ. 저작권침해에 대한 2차 책임

우리는 다음으로 구글이 기여책임과 대위책임의 원리상 실제 크기의 이미지들을 침해하는 인라인링크에 대해 2차 책임이 지지 않는다는 지방법원의 결정을 본다. 지방법원은 원고가 제기하는 실제 크기의 이미지들과 관련한 원고의 기여침해나 대위침해 주장이 인정될 가능성이 없다고 판단했다. 지방법원의 결론을 살펴보면서 우리는 2차 책임에 관한 연방대법원의 최근 해석을 따른다. 즉, 직접 침해를 고의로 유도하거나 권장함으로써 기여책임을 지고, 직접침해행위를 중단하거나 제한할 권리를 행사하지 않으면서 그로부터 이익을 얻으면 대위책임을 진다.[44]

제3자에 의한 직접 침해의 기초 문제로 구글에게 2차 책임이 있다는 원

44) MGM Studios Inc. v. Grokster Ltd., 545 U.S. 930.

고의 주장을 검토하기 전에 원고는 제3자에 의한 직접 침해행위가 있다는 사실을 증명해야 한다. 원고는 제3자가 3가지 방법으로 이미지들을 직접 침해했다고 주장하고 있다. 첫째, 원고는 제3자 웹사이트가 허락없이 원고의 이미지들을 복제, 전시, 배포함으로써 저작권을 직접 침해했다고 주장한다. 구글은 항소심에서 이 주장을 다투지 않고 있다.

둘째, 원고는 구글 검색엔진의 개인 이용자들이 그들의 컴퓨터에 실제 크기의 이미지들을 저장함으로써 원고의 저작권을 침해했다고 주장하고 있다. 우리는 원고가 이 주장을 뒷받침하는 충분한 증거를 내지 못했다는 지방법원의 결론에 동의한다.

마지막으로 원고는 침해웹사이트에 링크한 이용자들이 자동으로 실제 크기의 이미지들을 캐시 복사함으로써 직접 원고의 복제권을 침해하였다고 주장한다. 지방법원은 그러한 복제는 공정이용이라고 판단하고 이 주장을 배척하였다. 지방법원은 '개인 이용자들의 브라우저가 하는 캐싱은 비상업, 변형, 그리고 네트워크 대기시간을 줄이고 불필요한 과부하를 최소화하기 위한(인터넷에 본질적인) 목적을 이루기 위해 필요하다. 원저작물의 잠재시장에 작은 충격이다.'라고 설시하였다. 우리는 동의한다. 그러한 자동 복사가 직접 침해에 해당된다고 가정하더라도 이러한 상황에서는 공정이용이다. 이용자의 컴퓨터가 인터넷에 접속하는 것을 도와주기 위해 자동으로 이루어지는 복사기능은 변형 이용이다. 나아가 지방법원이 설시한 대로 캐시 복사는 단지 이용자가 인터넷을 이용하는데 필요하다. 개인 컴퓨터의 이용을 촉진하기 위해서 이고 저작권자의 저작물 이용을 대체하기 위해서가 아니다. 그러한 자동 복사는 원고 권리에 최소한의 영향이 미칠 뿐이지만 공공의 이익은 많다. 4가지 요소가 캐시 복사는 공정이용에 해당된다는 결론에 유리하게 평가되므로 구글은 이 쟁점에 관하여 승소할 가능성이 있다. 따라서 원고는 이용자들의 실제 크기 이미지들의 캐시 복사가 직접 침해에 해당된다는 점을 증명할 책임을 다하지 못했다.

이제 우리는 당사자들이 다투지 않는 직접 침해(제3자 웹사이트가 허락없이 원고의 이미지들을 인터넷에서 복제, 전시, 배포하는 행위)에 구글이 2차 책임이 있다는 원고의 주장을 판단해야 한다.

A. 기여 침해

원고가 구글에 대한 기여책임주장을 인정받기 위해서는 구글의 행위가 최근에 그록스터판결에서 선언된 기여책임의 정의에 맞는다는 점을 밝혀야 한다. 의도적으로 직접 침해행위를 유도하고 권장함으로써 기여침해를 한다는 일반 원리내에서 법원은 2가지 범주의 기여책임을 인정했다. 기여책임은 특별한 행위를 통해서 적극 침해행위를 권장(또는 유도)하거나, 또는 제품이 실질적 또는 상업상 의미있는 비침해 용도로 이용되지 않는다면 저작권을 침해하는데 이용되는 제품을 배포하는 것에 근거한다. 연방대법원에 의해 확인된 2번째 범주의 책임(제품 배포)을 주목하면서 구글은 소니판결에 근거하여 만약 제품이 실질적인 비침해용도로 이용될 수 있다면 (소비자들이 제품을 저작권침해용으로 쓴다는 사실을 알았다고 해도) 단지 제품을 판 행위만으로는 책임이 발생하지 않기 때문에 기여침해에 대한 책임이 없다고 주장하고 있다. 구글은 검색엔진 서비스가 그러한 제품이라고 주장한다. 소니 판결에서 선언된 원칙이 구글의 검색엔진의 운영에 적용될 수 있다고 가정한다면 구글은 검색엔진이 침해를 용이하게 했다는 이유만으로 기여침해책임을 질 수 없다. 뿐만 아니라 구글은 검색엔진이 자동으로 침해이미지들을 회피하는 기술을 개발하지 않았다는 이유만으로 책임을 질 수 없다. 그러나 원고는 구글의 검색엔진에 근거하여 침해주장을 하는 것은 아니고 소니 법리가 구글을 다른 기여책임원리로부터 면책시키지 않는다고 한다.

우리는 구글이 연방대법원에 의해 확인된 기여책임의 첫 번째 범주에 따른 책임, 즉 특별한 행위를 통해 고의로 침해를 권장하는 경우의 책임이 있는지를 검토한다.[45] 그록스터 판결은 책임이 발생하려면 침해에 대한 기여가 의도적이어야 한다는 점을 말해주고 있다. 그러나 그록스터는 보통법에서 나온 과실에 기초한 책임이론에 비추어 기여책임을 분석할 것을 가르치고 있다. 불법행위법은 일반적으로 행위의 자연적이고 충분히 가능한 결과를 일으킨 고의를 행위자에게 귀속시킨다. 연방대법원이 특허법의 "주요 상

45) 구글은 특별히 저작권을 침해하기 위해 검색엔진을 쓰도록 조장하지 않았기 때문에 구글의 행위는 그록스터 판결이 설명한 유인 심사 대상이 아니다.

업 제품 이론"을 저작권사건에 도입했을 때 또한 귀속된 고의 원칙도 채택했다. 그러므로 그록스터 판결에 따라 행위자가 직접 침해를 야기하는 것이 실질적으로 확실한 조치를 알면서도 취한다면 직접침해행위를 고의로 권장한 것으로 기여책임이 있다.

기여책임에 관한 우리의 해석은 그록스터 판결에 설명된 법리와 일치한다. 우리는 Gershwin판결[46]에서 설명된 일반 법리를 채택하였다. 즉 "침해행위를 알고서 타인의 침해행위를 유도하거나, 일으키거나, 실질적으로 기여한 자는 기여침해자로서 책임이 있다."

우리는 사이버 공간이라는 환경에서 인터넷 접속이나 서비스의 제공자에게 언제 기여책임을 인정할 수 있는지를 결정하기 위해 이 분석을 수정하였다. 냅스터판결에서 우리는 전자파일공유시스템 운영자가 개인 이용자들이 그들의 컴퓨터에 저장된 저작권 보호 음악파일을 다른 이용자들과 교환하는 것을 도와 준 행위에 대해 기여책임이 있다는 주장을 검토하였다. 우리는 만약 컴퓨터 시스템 운영자가 특정한 침해물이 그의 시스템에 있다는 사실을 알았고 그 침해물을 시스템에서 없애지 않았다면 직접 침해행위를 알고서 기여한 것이라고 설시하였다. 냅스터는 침해음악파일의 이용상황을 알고 있었고, 이용자들이 그 파일에 접근하는 것을 도와 주었으나 접근을 막는 데는 실패하였기 때문에 우리는 냅스터가 침해행위에 실질적으로 기여했다고 결론내렸다.

비록 냅스터나 네트콤 판결이 분명하게 고의의 발견을 요구하지 않았지만 두 판결이 서비스제공자가 침해행위를 방지하지 못한 것이 기여책임을 인정하는 근거가 될 수 있다고 판단했기 때문에 그록스터판결과 같다. 그러한 상황에서는 고의는 귀속된다. 나아가 냅스터와 네트콤 판결은 침해행위에 대한 행위자의 기여는 기여책임을 물을 정도로 실질적이어야 한다는 오래된 요건과 일치한다. 두 판결은 전 세계에서 웹사이트에 대한 접근을 용이하게 해주는 서비스나 제품은 작은 침해행위의 결과를 매우 확대해 버릴 수 있다고 인식하였다. 연방대법원은 피고의 소프트웨어를 이용하는 개인들

46) Gershwin Publishing Corp. v. Columbia Artists Management, Inc., 443 F.2d 1159 (2d Cir. 1971).

이 날마다 엄청난 양의 침해물을 내려받을 수 있을 때 간접 책임 주장은 특히 강력하다는 점을 인식하였다. 나아가 저작권자가 서비스나 제품의 제공자들을 냅스터판결에서 설명된 기준에 따라 책임을 물을 수 없다면 그들의 권리를 의미있는 방법으로 보호할 수 없다. 따라서 우리는 컴퓨터 시스템 운영자들이 특정한 침해물이 시스템에서 이용될 수 있다는 점을 실제 인식하고 있고 저작물에 대한 추가 피해를 막기 위한 간단한 조치를 취할 수 있으나 계속해서 침해물에 대한 접근을 제공한다면 기여책임을 질 수 있다고 본다.

지방법원은 구글이 침해물을 시스템에서 이용할 수 있다는 점을 실제 알고 있다고 가정하는 경우에도 침해 웹사이트의 방문을 권장하는 실질적인 홍보나 광고를 하지 않았고 침해 웹사이트에 상당한 수입을 제공하지 않았기 때문에 침해행위에 실질적으로 기여하지 않았다고 판단하였다. 이 분석은 잘못이다. 웹사이트들이 침해물을 전세계로 배포하고 이용자들이 침해물에 접근하는 것을 구글이 실질적으로 도와주었다는 점에는 다툼이 없다. 우리는 비록 구글의 도움이 침해 웹사이트만이 아니라 모든 웹사이트들에 주어졌다 하더라도 그러한 서비스가 저작권자에게 미치는 효과를 무시할 수는 없다. 우리의 분석을 적용하자면 구글은 만약 원고의 침해 이미지들이 검색엔진으로 이용할 수 있다는 사실을 알고서 원고의 저작물에 대한 추가 피해를 막기 위한 간단한 조치를 취할 수 있으나 그러한 조치를 취하지 않았다면 기여책임을 질 수 있다.

지방법원은 구글에 대한 원고의 통지와 그에 대한 구글의 반응이 적정한지에 관한 사실상의 다툼을 해결하지 않았다. 나아가 구글이 침해 이미지에 대한 접근을 제공하는 것을 억제하는 합리적이고 가능한 수단이 있는지에 관한 사실상의 다툼이 있다. 그러므로 우리는 구글이 실제 크기의 침해물에 대한 인라인링크에 기여책임있다는 점을 원고가 밝혔는지에 관하여 재검토를 위해 지방법원에 되돌려 보낸다.

B. 대위책임

원고는 구글에 대해 대위책임이론에 따라 책임을 물을 수 없을 것이라는 지방법원의 결론을 다투고 있다. 그록스터 판결은 침해행위를 중단하거나 제한할 권리를 행사하지 않으면서 직접 침해행위로부터 이익을 얻음으로써 대위책임을 진다고 말하고 있다. 이 공식이 가리키는 대로 대위책임을 묻기 위해서는 원고는 피고가 직접 침해자에 대해 필요한 통제를 행사했고 직접 침해행위로부터 직접 경제 이익을 얻었다는 점을 밝혀야 한다. 그록스터 판결은 대위책임의 "통제" 요건을 직접 침해자를 감독할 권리와 능력으로 설명하고 있다. 그러므로 그록스터 판결아래서는 피고가 침해행위를 중단 또는 제한할 법적인 권리 뿐만 아니라 그럴 실제 능력이 있을 때 직접 침해자를 통제한다.

우리는 구글이 당사자 사이에 다툼이 없는 직접 침해, 즉 제3자 웹사이트가 인터넷에 원고의 이미지들을 허락없이 복제, 전시, 배포하는 행위에 대위책임이 있다는 원고의 주장을 판단한다. 예비적 금지명령 단계에서 승소하기 위해서는 원고는 구글이 제3자 웹사이트의 침해행위를 중단 또는 제한할 권리와 능력을 가지고 있다는 점을 밝히는 데 성공할 가능성을 입증해야 한다. 더하여 원고는 구글이 그러한 행위로부터 직접 경제 이익을 얻었다는 점을 밝혀야 한다.

그록스터 판결에서 설명한 "통제"요소와 관련하여 원고는 구글이 제3자 웹사이트의 직접 침해행위를 중단 또는 제한할 법적인 권리를 가지고 있다는 점을 보여주지 못했다. 판매인과 "폭넓은 계약"에 의해 벼룩시장 운영자가 판매인이 시장내에서 위조 음반 판매를 중단시킬 권리를 가진 포노비자 판결[47]과 달리, 원고는 구글이 제3자 웹사이트와 계약을 체결하여 인터넷상에서 원고의 이미지들을 복제, 전시, 배포하는 것을 중단 또는 제한할 권리를 갖고 있다는 사실을 밝히지 못했다. 원고는 감시할 권리와 저작권을 침해하는 업체와 동업관계를 끝내는 권리를 가진 구글의 AdSense프로그램을 지적하지 않았다. 그러나 AdSense동업관계를 끝내는 구글의 권리가 구글에게 제3자 웹사이트의 직접 침해행위를 중단시킬 권리를 주지 않는다. 제3자 웹사이트는 AdSense프로그램참여가 끝난 이후에도 원고 이미지들의 불법복제물을 계속해서 복제, 전시, 배포할 수 있다.

또한 구글은 냅스터와 비슷한 상황에 있지 않다. 냅스터 이용자들은 냅스

47) Fonovisa, Inc. v. Cherry Auction, Inc., 76 F.3d 259(9th Cir. 1996).

터의 음악파일 공유시스템을 이용하여 원고들의 복제권, 배포권을 침해했다. 침해행위는 음악을 올리고 내려받는 냅스터 서비스의 이용이었다. 냅스터는 이용자 등록을 필요로 하는 시스템을 가지고 있었고 이용자의 계정을 해지할 수 있고 냅스터 시스템에 대한 접근을 차단할 수 있었기 때문에, 냅스터는 시스템을 통하여 냅스터 이용자들이 파일 이름을 올리고 음악파일을 내려받는 침해행위에 관여하는 것을 막을 권리와 능력을 가지고 있었다. 대조적으로 구글은 침해행위가 제3자 웹사이트에서 일어났기 때문에 제3자 웹사이트가 허락없이 원고 이미지들의 사본을 복제, 전시, 배포하는 것을 중단시킬 수 없었다. 구글은 제3자 웹사이트를 차단하거나 인터넷상에서 실제 크기 이미지들을 서비스하는 그들의 능력을 중단시킬 수 없었다.

나아가 지방법원은 구글이 제3자 웹사이트의 침해행위를 단속할 실제 능력이 없다고 인정하였다. 특히 법원은 구글의 소프트웨어가 인터넷상의 모든 이미지를 분석하여 세상에 존재하는 저작권으로 보호되는 모든 이미지와 비교하여 웹상의 어떤 이미지가 다른 사람의 저작권을 침해하는지를 결정하는 능력이 없기 때문에 구글의 감독권이 제한되어 있다고 인정하였다. 지방법원은 또한 구글의 웹수집기가 침해 웹사이트를 색인하거나 침해 이미지에 접근을 차단할 수 있는 방법에 관한 원고의 제안은 실행될 수 없다고 결론내렸다. 그 제안은 너무 부정확하고 지나치게 광범위하다는 문제가 있다. 우리는 이러한 사실인정이 명백하게 잘못되었다고 보지 않는다. 이미지 인식 기술 없이는 구글은 제3자 웹사이트의 침해행위를 단속할 현실적인 능력이 없다. 이것이 구글이 냅스터 및 포노비자 사건에서 책임이 인정된 피고들과 구분되는 점이다.

원고는 구글이 침해물을 가진 웹사이트를 색인하고 제3자 침해사이트와 연결하는 것을 막는 기능을 갖고 있었다고 주장한다. 이것은 대위책임이 아닌 기여책임에 관한 주장이다. 비록 직접 침해, 기여침해, 대위침해에 관한 경계가 분명하게 그어지는 것은 아니라 할지라도, 일반적으로 기여책임은 피고가 제3자의 침해행위를 용이하게 하는 행위를 중단하는데 실패한 것에 바탕을 두고 있는 반면 대위책임은 제3자의 직접 침해행위를 중단하도록 하는데 실패한 것에 바탕을 두고 있다. 구글이 침해물을 배포하는 웹사이트를 도와주는 행위를 차단하는데 실패한 것은 기여책임에 해당될 수 있다. 그러나 이 실패는 제3자 웹사이트가 직접 침해행위를 중단하도록 하는 권리와 능력을 행사하지 않는 것과 같지 않다. 우리는 이 구분을 흐리려는 원고의 시도를 받아들이지 않는다.

우리는 원고가 제3자 웹사이트의 직접 침해행위를 중단하거니 제한하는 구글의 권리와 능력을 입증하는데 성공할 가능성을 보여주지 못했기 때문에 우리는 원고가 대위책임의 통제 요건을 입증하지 못했다는 지방법원의 결론에 동의한다.[48]

C. 디지털 저작권법(DMCA)

구글은 DMCA Ⅱ편(17 U.S.C. §512)에 규정된 책임제한에 해당된다고 주장한다. 특히 §512(d)는 "디렉토리, 인텐스, 레퍼런스, 포인터 또는 하이퍼텍스트 링크를 포함하는 정보검색도구를 이용하여 침해물 또는 침해행위를 담고 있는 온라인상의 위치에 이용자들을 참조하게 하거나 연결하였다는 이유로 저작권의 침해"에 대해 만약 서비스제공자가 일정한 범주에 해당된다면 책임을 제한하고 있다. 우리는 17 U.S.C. §512의 책임제한은 직접 침해자 뿐만 아니라 2차 침해자도 보호한다고 판단하였다.

구글이 특정한 범주에 해당되는지에 대해 당사자들은 다투고 있다. 원고는 구글에게 적법한 통지를 보냈고 구글은 침해물을 신속하게 없애지 않았다고 주장한다. 구글은 원고의 통지는 §512의 통지 규정에 따르지 않았고 인터넷의 침해 이미지들의 위치를 알려주고 저작물을 확인하기에는 적절하지 않았다고 주장한다. 구글은 또한 원고가 확인한 웹페이지들을 조사하고 구글이 침해를 확인한 웹페이지들의 연결을 억제함으로써 모든 통지에 대해 응답을 하였다고 주장한다.

지방법원은 원고의 기여 및 대위 책임 주장이 인정될 것 같지 않다고 결정하였기 때문에 §512에 관한 구글의 주장은 다루지 않았다. P10의 기여침해 주장을 재검토하면서 지방법원은 구글이 DMCA가 제공한 금지명령의 제한이 적용된다는 점을 입증할 수 있는지도 또한 고려하여야 한다.

---

48) 그렇게 결론내리기 때문에 우리는 구글이 직접 경제 이익을 얻었다는 원고의 주장을 다룰 필요가 없다.

V. 아마존

원고는 아마존이 저작권으로 보호되는 이미지들을 전시하고 배포했으며 제3자 웹사이트들과 아마존 이용자들의 침해행위에 기여책임이 있다고 주장하고 있다. 지방법원은 아마존이 구글 서버의 섬네일과 제3자 웹사이트의 실제 크기 이미지들에 단지 인라인링크를 하였기 때문에 아마존이 직접침해자는 점을 입증하는데 성공하지 못할 것으로 결론내렸다. 나아가 지방법원은 아마존이 AdSense과 비슷한 프로그램이 없고 침해 사이트에 어떤 수익을 제공하지 않았기 때문에 아마존에 대한 원고의 2차 책임 주장도 실패할 것으로 보았다. 마지막으로 지방법원은 제3자 웹사이트의 침해행위를 통제할 아마존의 권리와 능력은 구글과 비교해 실질적으로 없다고 결론내렸다. 따라서 지방법원은 원고의 아마존에 대한 임시 금지 명령을 기각하였다.

우리는 아마존이 직접 이미지들을 침해하였다는 원고 주장이 받아들여지기 어려울 것이라는 점에 동의한다. 아마존은 이용자의 브라우저를 구글의 컴퓨터(섬네일 이미지) 또는 제3자의 컴퓨터(실제 크기 이미지)에게 안내하는 HTML명령어만을 전달했다. 그러므로 아마존은 섬네일 또는 실제 크기 이미지를 이용자들에게 전시하거나 배포하지 않았다.

또한 우리는 아마존이 구글이나 제3자의 침해행위를 감독할 권리와 능력을 가지고 있지 않다는 지방법원의 결론에 동의한다. 아마존이 침해행위에 대한 직접 경제 이해관계가 없다는 지방법원의 결론에 명백한 잘못은 없다. 그러므로 아마존이 제3자의 침해행위에 대위책임이 있다는 원고의 주장이 받아들여질 것 같지 않다.

그러나 지방법원은 아마존이 특정한 침해물을 그 시스템을 통해 이용할 수 있는지에 대해 실제 알고 있었는지, 그리고 저작물의 추가 손해를 막을 간단한 수단을 가지고 있었으나 침해물 접근을 계속 제공했는지에 대하여 검토하지 않았다. 원고가 아마존에게 침해물에 대한 이용자의 접근을 용이하게 해준다는 통지를 했다는 증거를 냈다. 통지가 아마존에게 그 시스템을 이용하여 일어날 수 있는 특정한 침해행위를 실제 알게 해주었고 아마존이 그러한 이미지들에 접근을 제한하는 합리적이고 현실적인 조치를 취할 수 있었으나 실패했는지 여부에 관하여 다툼이 있다. 지방법원은 아마존이 DMCA 규정에 따라 책임이 제한되는지에 대하여 판단하지 않았다. 지방법원은 우리의 법리에 따라 금지명령의 범위에 관한 제한 가능성뿐만 아니라 아마존의 기여책임 가능성에 대해서도 고려하여야 한다.

VI. (결론)

우리는 구글의 공정이용항변이 본안에서 받아들여질 가능성이 있으므로 원고 이미지들의 구글 섬네일이 직접 침해에 해당된다는 지방법원의 결정을 취소한다. 또한 지방법원은 구글과 아마존이 침해행위를 알고서 침해물 접근을 제한하는 합리적이고 가능한 조치를 취하지 않았는지 여부를 검토하지 않았기 때문에 2차 책임 해석에 관해서도 잘못이 있다. 그러므로 우리는 원고가 2차 책임 주장에 대해 승소할 가능성이 없다고 판단한 지방법원의 결정을 취소한다. 이러한 잘못 때문에 지방법원은 구글과 아마존이 DMCA가 규정한 책임제한에 해당되는지 여부를 검토하지 않았다. 구글과 아마존이 2차 책임이 있는지, 그리고 DMCA에 따른 책임을 제한할 수 있는지에 관한 의문은 사실확인작업이 필요하고 파기환송 후 지방법원에 의해 해결될 수 있다.

그러므로 우리는 원고 이미지들의 구글 섬네일 이용과 관련하여 지방법원의 임시 금지명령을 취소한다. 우리는 구글과 아마존이 원고의 실제 크기 이미지들의 침해에 대해 2차 책임이 있다는 주장을 배척한 지방법원의 결정을 취소한다. 그 밖에 지방법원의 결론을 인용한다. 우리는 이 결정에 맞는 추가 심리절차를 위해 환송한다. 당사자는 항소비용을 각자 부담한다.

제11장 오디오 가정 녹음법 (THE AUDIO HOME RECORDING ACT; AHRA)

아날로그 녹음방식과는 달리 새로 개발된 디지털 녹음기술로 거의 완벽한 음질의 복제품을 얻을 수 있게 되었다. 이러한 기술의 CD시장 잠식을 우려한 음반산업계는 전자산업계와 음반회사들이 피해를 입지 않으면서 새로운 기술을 개발할 수 있는 타협점을 찾는 협상을 진행했다. 그 결과 1992년 오디오 가정 녹음법이 만들어졌다.

이 법은 디지털 음의 녹음장치, 디지털 음의 녹음매체, 아날로그 녹음장치, 혹은 아날로그 녹음매체의 제조, 수입 또는 배포에 대하여 또는 디지털 음악 녹음물이나 아날로그 음악 녹음물을 만들기 위하여 소비자가 그러한 장치 또는 매체를 비영리로 사용한 것에 대하여 저작권침해소송을 제기할 수 없도록 하였다.[1] 여기서 "디지털 음의 녹음장치"는 사적으로 사용하기 위하여 주로 디지털 음을 복제한 녹음물을 만들 목적으로, 그리고 그러한 녹음물을 만들 수 있게 고안되었거나 판매되는 디지털 녹음기능을 가진 것으로서, 다른 기계나 장치에 포함되어 있거나 그 기계나 장치의 일부를 형성하고 있거나에 관계없이 개인 용도를 위해 개인에게 일반적으로 배포되는 형태의 기계 또는 장치를 말한다.[2] "디지털 음을 복제한 녹음물"은 다른 디지털 음악의 녹음물로부터 직접 만들어지건 또는 송신에 의해 간접적으로 만들어지건 간에, 디지털 음악의 녹음물을 디지털 녹음 형태로 제작한 복제물을 말한다.[3] "디지털

1) 17 U.S.C.§ 1008.
2) 17 U.S.C.§ 1001(digital audio recording device).
3) 17 U.S.C.§ 1001(digital audio copied recording).

음악의 녹음물"은 (ⅰ) 디지털 형태의 음과 그에 부수되는 물질, 진술 또는 설명이 고정되는 대상물과 (ⅱ) 음 및 물질이 직접 또는 기계나 장치의 도움으로 지각, 복제 또는 기타 전달될 수 있는 대상물을 말한다.[4)]

음반산업을 보호하기 위하여는 복사본으로부터 다시 복사를 하는 디지털 복사행위를 금지시키는 연속복사관리체계(the Serial Copy Management System : SCMS)를 갖추지 않은 디지털 녹음장치의 제조, 수입 또는 배포를 금지하였다.[5)] 또한 디지털 녹음장치의 제조, 수입업자는 음악 저작물과 녹음물에 대해 저작권자에게 법정사용료를 지급하도록 규정하고 있다.[6)]

Recording Industry Association of America v. Diamond Multimedia Systems Inc.

연방 제9항소법원
180 F. 3d 1072(9th Cir. 1999)

사 안

미국음반산업협회(Recording Industry Association of America, RIAA)와 음악가들 및 음반회사들의 연맹(통틀어 "음반협회"라 함)은 미국에서 판매되는 음반의 약 90%를 관리하는 6개의 주요 음반회사를 대표하고 있다. 다이아몬드(Diamond Multimedia Systems Inc.)는 이용자가 컴퓨터로부터 MP3오디오 파일을 내려 받아 다른 곳에서 들을 수 있도록 하는 카세트크기의 작은 휴대용 음악연주기 리오(Rio)를 만들어 팔고 있다. 오디오 파일이 인터넷이나 CD 등으로부터 컴퓨터 하드드라이버로 들어오면 이용자는 리오와 함께 제공되는 소프트웨어(Rio Manager)를 이용하여 리오와 컴퓨터를 연결한 선을 통해 리오로 그 파일을 내려 받을 수 있다. 리오는 리오

4) 17 U.S.C.§ 1001(digital musical recording).
5) 17 U.S.C.§ 1002(a).
6) 17 U.S.C.§ 1003.

매니저가 있는 개인 컴퓨터가 아닌 다른 곳으로부터는 오디오파일을 받을 수 없다. 리오의 유일한 출력은 헤드폰을 통해 이용자에게 아날로그 음악신호를 보내는 것이다. 리오는 저장하고 있는 오디오 파일을 복제할 수 없고 파일을 컴퓨터나 인터넷으로 보내거나 올릴 수 없다. 음반협회는 리오가 연속복사관리체계를 장착하지 않았기 때문에 오디오 가정 녹음법(AHRA)이 규정한, 디지털 음의 녹음장치를 위한 요구조건을 이행하지 않았다고 주장하면서 리오의 제작과 판매를 금지시키기 위해 소송을 제기하였다. 캘리포니아 중부 연방지방법원은 음반협회의 청구를 기각하였다.

판결요지

판사 O'SCANNLAIN :

이 사건에서 우리는 리오가 AHRA의 제한을 받는 디지털 오디오 녹음장치인지 여부를 판단해야 한다. AHRA는 특정한 종류의 녹음장치에 대하여만 제한을 가하고 있다. 이 사건과 관련하여 법은 "누구든지 연속복사관리체계 또는 같은 기능적 특성을 가지고 있는 체계를 따르지 않는 … 디지털 음의 녹음장치를 수입, 제조 또는 배포하여서는 안 된다."고 규정하고 있다. 또한 "누구든지 통지내용을 기록하고 회계명세서 및 적절한 사용료를 기탁하지 아니하는 한, 모든 디지털 음의 녹음장치를 수입 및 배포나 제조 및 배포를 할 수 없다."고 규정하고 있다. 그러므로 연속복사관리체계와 사용료지급요건에 해당하기 위해서는 리오는 법이 정의한 디지털 음의 녹음장치여야 한다. 법이 정의한 디지털 음의 녹음장치가 되기 위해서는 리오는 디지털 음악의 녹음물을 직접 혹은 전송을 통해 복제할 수 있어야 한다.

우리는 먼저 리오가 디지털 음악의 녹음물을 직접 복제할 수 있는 지를 살펴본다. 리오가 직접 녹음한 전형적인 컴퓨터 하드드라이버는 여러 프로그램과 데이터베이스를 가지고 있기 때문에 "음 및 그에 부수한 물질이나 진술, 설명" 이상을 가지고 있다. 디지털 음의 녹음장치에 관한 정의 규정에 따르면 컴퓨터와 하드드라이버는 주된 목적이 디지털 음을 복제한 녹음물을 만드는 것이 아니라 다양한 프로그램을 돌리고 여러 임무를 수행하기 위한 자료를 기록하는 것이기 때문에 디지털 음의 녹음장치가 아니다. 이 법의 목적은 개인의 그리고 비영리 목적으로 저작권으로 보호되는 음악을 디지털 음으로 녹음하거나 아날로그녹음을 하는 소비자의 권리를 보장하는 데에 있다. 리오는 단지 이미 이용자의 하드 드라이버에 있는 파일을 휴대할 수 있도록 또는 공간이동할 수 있도록 복사한다. 그러한 복사는 입법취지에 모두 들어맞는 비영리 개인이용이다.

비록 리오는 디지털 음악의 녹음물을 직접 복사할 수 없다 하더라도 만약 송신에 의해 복사를 할 수 있다면 디지털 음의 녹음장치에 해당될 수 있을 것이다. “전송”이란 용어는 법에서 정의되지 않았지만 공중에 전달한다는 의미를 담고 있는 것으로 보인다. 법은 디지털 음악 녹음물의 직접 복사와 그 녹음물의 전송을 통한 간접 복사행위에 적용된다. 상원보고서에 따르면 상업적으로 배포된 CD 또는 오디오 카세트, 이들의 라디오방송으로부터 만들어진 디지털 음의 녹음물이 디지털 음을 복사한 녹음물이다. 녹음물의 전송으로부터 복사를 함으로써 디지털 음악을 간접 녹음하는 장치가 법에 규정된 디지털 음의 녹음장치이다. 리오는 전송으로부터 복사를 할 수 없고 그 대신에 컴퓨터 하드 드라이버로부터만 복사를 할 수 있으므로 디지털 음의 녹음장치가 아니다.

지방법원 판결을 인용한다.

제 12 장 저작권 보호 기술 조치와 우회 금지 (COPYRIGHT PROTECTION SYSTEM AND ANTICIRCUMVENTION)

컴퓨터와 인터넷이 널리 사용되면서 컴퓨터 프로그램은 암호화나 비밀번호와 같은 기술 조치만으로는 사실상 불법 복제를 막을 수 없게 되었다. 새로운 기술 조치가 나올 때마다 해킹이 가능하고, 기술조치가 가끔 소프트웨어의 이용을 불편하게 만들기 때문이다. 국제 지적재산권기구는 가입국에게 저작권자가 쓰는 저작권 보호 기술 조치의 우회를 막는 효과있는 법률 장치를 두도록 요청하였다.

미국 의회는 디지털저작권법(DMCA)으로 저작권 보호 기술조치의 우회를 금지하는 규정을 신설하였다.[1] 1201조는 저작물에 접근을 통제하는 효과가 있는 기술 조치의 우회를 금지하였다(the anti-circumvention provision).[2] 또한 저작물 접근 통제조치의 우회를 돕는 기술의 거래를 금지하였고, 저작권자의 권리를 보호하는 기술조치를 우회하는 기술의 거래를 금지하였다(the anti-trafficking provision). '기술조치의 우회'는 저작권자의 허락 없이 변환(scramble)된 저작물을 역변환(descramble) 하거나, 암호화된 저작물을 해독, 또는 기술 조치를 회피, 우회, 제거, 무력화 또는 손상하는 것을 말한다.

구체적으로 보면 저작물 접근을 통제하는 효과가 있는 기술조치를 우회

1) 한국 저작권법도 2011년에 비슷한 내용으로 '기술적 보호조치의 무력화 금지' 조항(제6장의2)을 신설하였다.

2) 17 U.S.C. § 1201(a)(1)(A).

할 목적으로 만든 기술, 제품, 서비스, 장치, 구성품, 또는 부품을 고의로 제조, 수입, 불법 거래하는 행위가 금지된다. 금지되는 기술 등은 저작물 접근 통제 기술 조치의 우회 외에 다른 의미있는 상업 목적이나 용도가 거의 없는 것을 말한다. '저작물 접근을 효과적으로 통제하는 기술조치'는 저작물에 접근하기 위해 저작권자의 허락과 함께 정보의 제공 또는 절차나 처리 등을 요구하는 기술조치를 말한다.[3)]

한편 저작권자의 권리를 보호하는 효과가 있는 기술조치의 보호를 우회하는 목적으로 만든 기술, 제품, 서비스, 장치, 구성품, 또는 부품을 고의로 제조, 수입, 불법 거래하는 행위가 금지된다. 금지되는 기술 등은 저작물 보호 기술 조치 우회 외에 다른 의미있는 상업 목적이나 용도가 거의 없는 것을 말한다.[4)]

저작권 보호 기술조치의 우회 금지 조항은 저작권법 규정에 따른 기존의 권리나 제한, 공정이용을 포함한 항변에 영향을 미치지 않는다.[5)]

비영리도서관, 기록보존소, 교육 기관, 정부기관, 컴퓨터 프로그램의 호환성 확보 목적의 역분석, 암호 연구 등을 위해서는 제한된 법률요건에 따라 우회를 허용하고 있다.[6)]

1201(a)(2)에 따라 기술조치의 우회 금지를 청구할 때 법조문의 통일된 해석과 부품시장의 독점 방지 등을 위해 침해와의 관계, 즉 우회 기술의 거래가 저작권법상 저작권의 보호와 합리적인 연관관계가 있어야 한다는 판결(연방항소법원의 Chamberlain판결)이 있는 반면, 법조항의 문리해석상 그러한 연관관계가 요구되지 않는다는 판결(연방 제9항소법원의 Blizzard판결)도 있다.

3) 17 U.S.C. § 1201(a)(2).
4) 17 U.S.C. § 1201(b)(1).
5) 17 U.S.C. § 1201(c).
6) 17 U.S.C. § 1201(d)-(g).

Chamberlain Group Inc. v Skylink Technologies, Inc.

연방항소법원
381 F. 3d 1178(Fed. Cir. 2004)

판사 GAJARSA :

원고 체임벌린은 일리노이 연방지방법원의 스카이링크 승소판결에 항소하였다. 지방법원은 스카이링크가 디지털 저작권법(DMCA)의 1201조 등을 위반하지 않았다고 판단하였고, 특허 침해 청구를 포함한 모든 청구를 기각하였다.

항소심에서 체임벌린 주장은 지방법원이 기술조치의 우회 행위에 따라 저작권으로 보호되는 소프트웨어에 허락없는 접근이 가능하다는 점을 체임벌린이 증명해야 한다고 해석한 것은 잘못이라고 한다. 그러나 스카이링크의 도구로는 저작권법이 분명하게 허락한 이용만을 할 수 있으므로 합법성이 추정된다. 체임벌린은 스카이링크의 우회도구와 합법 추정을 뒤집기 위해 저작권법에 따른 보호 사이와의 연관관계를 주장하지도, 증명하지도 않았다. 체임벌린이 입증책임을 다하지 못했기 때문에 우리는 지방법원의 판결을 인용한다.

배 경

A. 적용 법률

당사자들과 참고인들이 낸 항소심 서면과 함께 지방법원의 판결이유는 디지털 저작권법의 여러 조항을 다루고 있다. 그러나 이 사건에서 핵심 조항은 모두 1201(a)에 들어 있다.

B. 다툼

지방법원은 체임벌린의 청구를 기각하면서 기본 사실관계와 관련 기술을 살펴보았다. 당사자들은 지방법원이 인정한 사실관계의 다른 측면을 강조하고 있다 하더라도, 어느 쪽도 사실인정의 정확성을 다투지 않고 있다.

이 사건 기술은 차고 문 개폐기(Garage Door Operner)이다. 개폐기는 휴대하는 송신기와 집의 차고에 장착된 차고 문을 여닫는 장치로 이루어져 있다. 문을 여닫는 장치는 신호를 처리하는 소프트웨어를 가진 수신기와 차고 문을 여닫는 전동기로 구성되어 있다. 차고 문을 열거나 닫기 위해서, 이용자는 송신기로 수신기에 신호를 보낸다. 신호를 처리하는 소프트웨어가 신호를 받아 인식하고 전동기를 움직여 차고 문을 여닫는다.

집주인이 차고 문 개폐기를 살 때, 제조회사는 여닫는 장치와 송신기를 준다. 송신기를 하나 더 원하거나 바꾸려는 집주인은 부품 시장에서 사야 한다. 부품 시장 소비자들은 지금까지 제조사나 모델과 관계없이 개폐기와 호환되도록 프로그램 된 "일반 송신기"를 살 수 있었다. 스카이링크와 체임벌린만이 일반 송신기 주요 판매자였다. 체임벌린은 개폐기를 팔 때 송신기 종류를 제한하지 않았다. 그래서 체임벌린의 소비자들은 개폐기 및 소프트웨어의 사용과 관련하여 저작권법이나 다른 법이 규정한 모든 권리를 갖고 있었다.

이 사건 다툼은 체임벌린의 시큐리티 계폐기와 스카이링크의 모델39 일반 송신기가 관련되어 있다. 체임벌린의 시큐리티 개폐기는 차고 문을 여는 데 필요한 신호를 끊임없이 바꾸는 "롤링 코드(rolling code)"라는 컴퓨터 프로그램을 갖고 있다. 롤링 코드가 없는 스카이 링크의 모델39 송신기를 써도 시큐리티 개폐기를 작동할 수 있다. 체임벌린은 스카이링크 송신기가 롤링 코드 보안을 허락없이 우회하도록 허용함으로써 시큐리티 개폐기를 불안정하게 만든다고 주장하고 있다. 체임벌린은 이러한 모델39 특성 때문에, 스카이링크는 디지털 저작권법 우회 금지 조항의 거래금지, 특히 1201(a)(2)를 위반하였다고 주장하고 있다.

표준 송신기의 코드는 독특하지만 고정되어 있다. 그래서 체임벌린에 따르면 전형적인 차고 문 개폐기는 "코드 수집기"를 써서 문을 열 수 있는 도둑의 침입에 취약하다. 도둑은 차고 문 가까이에서 집주인이 송신기로 개폐기에 보내는 신호를 코드 수집기로 기록하고, 나중에 다시 와서 기록된 신호를 보내고 차고 문을 연다. 그러나 체임벌린은 코드 수집은 주로 이론상 그렇다는 점을 인정했다. 체임벌린 증인 중 아무도 코드 수집 문제를 알지 못했고 문제가 있음을 보여주는 자료도 보지 못했다. 그럼에도 체임벌린은 특히 코드 수집을 막기 위해 롤링 코드 체계를 개발했다고 주장한다.

스카이링크는 일반 송신기를 1992년에 팔기 시작했다. 스카이링크는 롤링코드가 있든 없든 모든 개폐기에 작동할 수 있도록 모델39를 2002년에 개발하였다. 체임벌린은 모델39 전송기가 다른 많은 개폐기들도 작동할 수 있다고 인정했지만, 스카이링크가 롤링 코드 컴퓨터 프로그램을 우회할 용도로 모델39 송신기를 팔았다고 주장한다. 체임벌린은 롤링 코드만을 작동시키기 위해 모델39를 만들었다고 강조하고 있다. 스카이링크의 모델39는 롤링 코드 기술을 쓰지 않는다.

체임벌린이 디지털 저작권법 위반 청구를 하고 있고, 당사자들은 과연 스카이링크가 체임벌린의 저작물과 무관하게 모델39를 개발했는지를 다투고 있지만,[7] 체임벌린은 스카이링크가 자신의 저작권을 침해했다거나 기여 침해를 했다고 주장하지는 않았다. 체임벌린의 주장은 개폐기와 송신기가 "저작권으로 보호되는" 컴퓨터프로그램을 갖고 있고, 롤링 코드는 이 프로그램에 "접근을 통제하는" "기술조치"이기 때문에, 스카이링크는 1201(a)(2)를 위반한 책임이 있다는 것이다. 지방법원은 "체임벌린은 롤링 코드 컴퓨터 프로그램이 스스로를 보호하는 보호 수단을 갖고 있다고 주장한다."고 보았다. 그래서 하나의 컴퓨터 프로그램이 두 가지 기능을 갖고 있다. (1) 롤링 코드 확인과 (2) 롤링 코드가 확인되면 개폐기의 마이크로 프로세서에 지시하여 개폐기 전동기를 작동하는 것.

C. 지방법원 절차

체임벌린은 1201(a)(2) 위반으로 스카이링크를 제소하였다.

체임벌린의 주장은 법률의 "분명한 법문" 해석에 따르고 있다. 체임벌린은 먼저 스카이링크가 1201(a)(2)(A)에 위반하여, 저작권으로 보호되는 체임벌린의 컴퓨터프로그램에 접근을 통제하는 효과가 있는 롤링 코드 기술

---

7) 체임벌린에 따르면, 전송기의 프로그램과 수신기의 컴퓨터프로그램을 저작권청에 등록하였다. 당사자들은 프로그램에서 사용된 코드가 정확하게 등록된 코드인지, 또는 조금 바뀌었지만 2차적 저작물로서 보호되는지 다투고 있다. 그러나 이 사건은 스카이링크 승소판결에 대한 항소이므로, 우리는 다툼이 있는 사실관계를 체임벌린에게 가장 유리하게 보기 때문에, 문제된 프로그램은 저작권법으로 모두 보호받는다고 가정한다.

조치를 우회할 목적으로 모델39를 설계하고 생산하였다고 주장한다. 둘째, 모델39는 1201(a)(2)(B)에 위반하여, 체임벌린의 컴퓨터 프로그램에 접근을 통제하는 효과가 있는 롤링 코드 기술 조치를 우회하는 것 외에 달리 상업상 중요한 목적이나 용도가 없다고 주장한다. 셋째, 스카이링크는 1201(a)(2)(C)에 위반하여 체임벌린의 컴퓨터프로그램에 접근을 통제하는 효과가 있는 롤링 코드 기술 조치를 우회하는 용도로 모델39를 광고하였다고 주장한다.

스카이링크는 몇 가지 항변을 하였다. (1) 모델39 송신기는 우회와 무관한 많은 기능을 갖고 있다. (2) 체임벌린은 자신의 개폐기가 저작권으로 보호되는 컴퓨터프로그램을 갖고 있다는 사실을 증명하지 못했다. (3) 소비자들은 체임벌린의 동의아래 시큐리티 개폐기를 작동하기 위해 모델39를 쓴다. (4) 스카이링크는 1201(f)(프로그램 역분석)의 면책에 해당되기 때문에 저작권법을 위반하지 않았다. (5) 체임벌린의 롤링코드는 저작권으로 보호될 수 없는 절차이다. 지방법원은 위와 같은 모든 주장을 다루었지만, 이용허락과 동의와 관련된 세 번째 주장만을 근거로 판결했다.

체임벌린은 소비자들에게 모델39를 사용하도록 허락했다는 스카이링크의 주장에 대해 2가지로 반박했다. 첫째, 체임벌린은 스카이링크의 행위가 이용허락받았다는 점은 항변이기 때문에 그 증명책임이 스카이링크에 있다고 주장했다. 둘째, 체임벌린은 경쟁자가 코드에 침입할 것을 전혀 예상하지 못했기 때문에, 소비자들에게 경쟁사 송신기를 롤링 코드 개폐기로 프로그램하도록 명시적으로 허락하지 않았다고 하였다. 스카이링크는 이 점을 다투지 않았지만, 뚜렷한 제한이 없으면 소비자들은 소프트웨어를 포함한 소비제품에 정상적으로 붙어 있는 모든 권리를 샀다고 추론하는 것이 마땅하다고 주장했다.

지방법원은 허락 쟁점을 판단하면서 법률 정의에 따라 "기술조치의 우회"는 "저작권자의 허락없이 변환된 저작물을 역변환하거나, 암호화된 저작물의 암호를 풀거나, 또는 기술조치를 회피, 우회, 제거, 무력화, 망가뜨리는 행위"를 뜻한다고 적고 있다. 1201(a)(3)(A).

다툼없는 사실에 따르면, 체임벌린의 개폐기를 산 집주인은 차고를 여닫기 위해 개폐기를 사용할 권리가 있다. 체임벌린은 구입자가 제품을 쓰는 방식을 제한하기 위해 명확한 요건이나 조건을 두지 않았다. 모델39를 쓰려는 집주인은 먼저 개폐기에 프로그램을 설정해야 한다. 스카이링크는 이 조치를 집주인이 모델39가 개폐기와 호환되도록 허락한 것으로 보았다. 달리 말하면 스카이링크 송신기를 산 체임벌린의 개폐기 소유자들은 문을 여는데 어느 회사의 송신기든 사서 이용하는 것에 대해 체임벌린의 묵시적인 허락을 받았다. 지방법원은 체임벌린이 아무 조건을 달리 않고 판매함으로써 묵시적으로 허락하였다는데 동의하였다.

체임벌린은 웹페이지와 보증서가 경쟁 회사 송신기의 사용을 묵시적으로 제한하고 있다고 주장하였다. 그러나 지방법원은 관련 산업계에게 오랫동안 일반 송신기를 광고해 왔던 실정을 특히 고려할 때, 체임벌린의 웹페이지에서 경쟁제품을 거론하지 않았다고 해서 묵시적인 제한이 있다고 인정하지 않았다. 지방법원은 소비자들은 늘 자유롭게 제품 보증서의 혜택을 지나치기도 하고 바라는 대로 제품을 이용할 수 있다면서, 체임벌린 보증서의 의미를 더 강력하게 배척하였다.

요약하면 지방법원은 체임벌린이 시큐리티 제품에 경쟁 회사의 송신기 사용을 제한하지 않았기 때문에, 그 소비자들은 스카이링크 모델39의 사용을 묵시적으로 허락하였다고 결론내렸다. 체임벌린은 스카이링크가 저작권으로 보호되는 체임벌린의 컴퓨터 프로그램에 허락없이 접근하기 위해 기술 조치를 우회하려고 고안된 도구를 거래하였다는 점을 입증하지 못했다. 그러므로 지방법원은 체임벌린의 디지털 저작권법 청구에 대해 스카이링크 승소판결을 했다.

이 유

A. 관할(생략)
B. 당사자의 주장(생략)
C. 검토 기준(생략)
D. 디지털 저작권법과 책임

우회 금지 조항의 본질은 1201(a),(b)가 책임을 묻는 청구원인을 만들었다는 것이다. 새로운 재산권을 만들지 않았다. 디지털 저작권법의 법문은 우회는 침해가 아니라고 말하고 있고, 1201(c)(1), 법률 체계는 더 분명하다. 재산권과 책임 사이의 구분은 중요하다. 저작권은 특허권과 마찬가지로 재산권인 반면, 허락없는 우회에서 나오는 책임은 단지 새로운 청구 원인일 뿐이다. 재산권과 책임 사이의 구분은 지방법원이 스카이링크 승소판결을 한 허락의 쟁점으로 이어진다.

저작권 침해를 주장하는 원고는 단지 "(1) 유효한 저작권의 보유와 (2) 저작물의 독창적인 요소의 복제"를 증명하면 된다. "독점적이든 비독점적이든 이용허락받은 사실은 저작권침해청구에 대한 적극 항변이다." 달리 말하면 원고는 피고가 저작물을 사용했다는 점만 밝히면 되고, 허락받은 이용인지의 입증책임은 피고에게 있다. 그러나 디지털 저작권법은 우회를 "저작권자의 허락없이" 한 행위로 정의하고 있다. 1201(a)(3) (A). 그러므로 법률의 평범한 언어는 우회(또는 거래)를 주장하는 원고가 피고가 허락없이 접근했다는 점을 증명하도록 요구하고 있다. 이 사건처럼 소비자들이 산 개폐기에 들어 있는 체임벌린의 소프트웨어 복사본을 사용하도록 저작권법이 허락했을 경우 중요한 증명책임이다. 이러한 증명책임의 분배에 깔려 있는 전제는 저작권법은 공중이 저작물에 접근하는 것을 허락하고 있지만 복제를 금지하고 있다는 것이다. 그래서 법은 이러한 정상적인 상황에서 벗어나는 사건임을 밝히려는 당사자에게 입증책임을 주고 있다. 즉 피고는 허락받은 복제임을 증명하고 원고는 허락없는 접근임을 증명하여야 한다.

재산권과 책임 사이의 구분은 체임벌린이 초점을 맞추고 있는 중요한 정책 사안을 다루고 있다. 체임벌린은 구두 변론에서도 되풀이하여 강조하면서, 디지털 저작권법은 저작권으로 보호되는 소프트웨어가 들어 있는 제품을 정당하게 사용하는 문제에 대해 지금까지 소비자들이 가졌던 모든 기대를 뛰어넘었다. 체임벌린은 의회가 1201(a)(1)을 통과시켰을 때, 소비자들이 경쟁 제품과 연결하여 소프트웨어가 들어 있는 제품의 사용을 금지할 권한을 제조회사에 주었다고 주장한다. 체임벌린에 따르면, 저작권으로 보호되는 소프트웨어가 들어 있고 기술조치가 접근을 통제하고 있는 제품의 사용은 제조 회사가 명시적으로 허락하지 않는 한 디지털 저작권법에 의해 이제는 그 자체로 불법이다. 그러므로 체임벌린의 디지털 저작권법 해석에 따르면 제조 회사는 독점금지법과 저작권 오용 법리로부터 폭 넓게 면제된다.

그러나 그러한 면제는 우회금지 조항이 저작권자의 다른 법률 책임과 충돌할 수 있는 새로운 재산권을 만들었을 때에만 가능하나, 우리가 이미 말한 바와 같이 새로운 재산권이 아니다. 우회금지 조항은 저작권자의 재산을 지키는 새로운 방법을 제공하였을 뿐이다. 재산을 지키는 정당한 조치를 취하는 다른 모든 재산권자들처럼, 우회금지조항을 쓰는 저작권자도 모든 다른 법률 체제에 따라 제약받는다. 체임벌린의 주장과 달리, 디지털 저작권법은 소비자나 경쟁자들의 합리적인 예상을 다루는 법률 풍경의 근본을 바꾸지 않았다고 강조하고 있다. 즉 법원이 산업계 실태를 분석하는 방식을 바꾸지 않았고, 디지털 저작권법이전의 개폐기 산업을 무시하지도 않았다.

디지털 저작권법은 저작물의 불법 접근의 맥락에서 새로운 책임의 근거를 신설했다. 법의 명백한 언어는 접근을 통제하는 기술 조치를 우회하는 사람들이 저작권자의 허락없이 그렇게 했다는 사실을 원고가 증명하도록 요구하고 있다. 1201(a)(3)(A). 우리의 의문은 그 뚜렷한 법문에서 끝난다. 그러나 우리는 법률 구조, 입법 과정, 저작권법내의 맥락이 모두 우리의 해석을 지지하고 있다는 점을 설명한다. 또한 체임벌린의 보증 조건과 웹사이트 글이 있다고 해서 스카이링크 모델39의 이용자들이 디지털 저작권법의 거래 책임에 필요한 불법 이용자일 수 없는 이유를 설명하는데도 도움이 된다.

E. 법률 구조 및 입법 연혁

이 사건의 조항은 1201(a)(2)이다. 디지털 저작권법의 구조는 논리상 우회와 침해를 구분하는 법문에서 나온다. 우회와 관련있는 조항은 모두 저작권법의 새로운 장, 즉 12장 "저작권보호와 관리 제도"에 있다. 위반자는 1203조의 새로운 민사제제와 1204조의 형사제제를 받지만, 반드시 저작권 침해책임이 있는 것은 아니다.

연방 제2항소법원은 먼저 헌법 분석을 하면서, 법률의 역사와 구조를 다음과 같이 요약하였다.

디지털 저작권법은 세계지적재산권기구의 저작권협약("WIPO Treaty, 위포 협약")을 이행하기 위해 1998년에 입법되었다. 그 협약은 가입국들에게 "저작자가 위포 협약이나 베른 협약에 따른 권리를 행사하는 것과 관련하여 저작자가 이용하고, 저작자나 법이 허용하지 않은 저작물과 관련된 행위를 제한하는 효과적인 기술 조치의 우회에 대한 적절한 법률 보호와 효과적인 법률 구제수단을 마련하도록 요구하였다. 협약 이전에도 의회는 디지털 시대에 저작권법이 마주치고 있는 문제에 관심을 기울이고 있었다. 이 주제로 몇 년간 청문회가 열렸고 … 이러한 입법 노력이 디지털 저작권법으로 이어졌다.

법은 기술보호의 우회 행위를 대상으로 한 3가지 조항을 갖고 있다. 첫째, 우회금지조항인 1201(a)(1)(A)이다. 이 조항은 "저작권법에 따라 보호되는 저작물에 대한 접근을 통제하는 효과가 있는 기술조치의 우회"를 금지하고 있다.

둘째와 셋째 조항은 거래금지조항인 1201(a)(2)와 1201(b)(1)이다. 1201(a)(1)은 우회 기술의 거래가 아니라 우회기술의 사용을 대상으로 하고 있다는 점에서 이 거래금지조항과 다르다.

디지털 저작권법은 예외조항들도 갖고 있고 … [1201(d),(f),(g)] 민사구제조항(1203), 형사재제 조항(1204)을 두고 있다. 특히 "법원에 위반행위를 막거나 제한하기 위해 합리적이라고 여기는 조건으로 임시 및 영구의 금지명령을 할" 권한을 주었다. 1201(b)(1). Universal City Studios v. Corley, 273 F.3d,440-41 (2d Cir. 2001)(이하 "콜리", 273 F.3d, 440-41).

이 사건에서도 1201조의 다른 조항들도 연관되어 있다고 하더라도 주로 1201(a)(2)를 둘러싸고 다투고 있다. 우리는 우회 금지 및 거래 금지의 책임을 모두 해석해야 한다. 우리는 법문에 들어 있는 의회의 의도를 확인해야 하고, 올바르게 해석한 법률을 사실에 적용해야 한다.

디지털 저작권법은 많은 예외를 포함하고 있는 몇 가지 새로운 청구 원인을 만든 복잡한 법이기 때문에, 우리는 법을 전체로 보아 우리의 해석이 타당하다고 보장해야 한다. 1201(a)(1), (a)(2), (b)에 따른 책임 사이의 관계를 짧게 살펴본다. 법률 구조와 입법연혁을 보면 1201조가 보호되는 권리와 합리적으로 관련이 있는 우회에만 적용된다는 것이 뚜렷하다. 침해를 쉽게 해주는 방식으로 접근 통제를 우회하는 도구를 거래하는 피고들은 1201(a)(2)의 책임을 질 수 있다. 그 도구를 쓰는 피고들은 침해를 하든 하지 않는 1201(a)(1)의 책임을 질 수 있다. 권리 통제를 우회하는 도구를 거래하는 모든 피고들은 반드시 침해를 쉽게 해주기 때문에 1201(b)의 책임을 질 수 있다. 그러한 도구를 쓰는 피고들은 저작권 침해 책임을 질 수 있다. 그리고 마지막으로 침해를 쉽게 해주지 않는 우회 도구를 쓰는 피고들은 1201조의 책임을 지지 않는다.

이러한 관계를 이해하는 열쇠는 1201(b)에 있다. 그 조항은 보호되는 저작물에 접근을 허용하면서도 개별 저작권 보호에 좁게 맞춰진 기술 조치를 우회하는 도구의 거래를 금지하고 있다. 비록 1201(b)가 1201(a)(2)의 거래 금지와 같은 1201조에 있지만, 1201(a)(1)과 같이 직접 우회를 금지하는 내용은 없다. 의도적으로 빠트렸다.

1201(a)(1)의 금지는 이전에는 우회 행위가 불법이 아니었기 때문에 필요했다. 1201(a)(2)의 도구 규제는 이러한 새로운 금지를 집행한다. 저작권법은 오랫동안 저작권 침해를 금지했고 새로운 금지는 불필요했다. 1201(b)의 도구 규제는 오랫동안 이어져온 침해 금지를 집행하고 있다. 상원 보고서(1998).

디지털 저작권법 이전에는 저작권자가 기술 통제를 우회하지만 침해하지 않는 자를 상대로 소송을 걸 수 없었다. 디지털 저작권법은 이러한 문제를 저작권자에게 유리하게 조정하고, 1201(a)(1)로 "디지털 침해"에 대해 우회 책임을 만들었다. 또한 그러한 우회를 쉽게 해주는 1201(a)(1) 및 침해를 쉽게 해주는 1201(b)의 거래 책임을 만들었다.

디지털 저작권법의 우회 금지 및 거래 금지 조항[1201(a)(1), (2)])의 입법 연혁을 관통하는 가장 중요하고 일관된 주제는 의회가 이해 대립을 조정하려고 했고, 우회금지권이 창작자와 정보이용자의 이익 사이에서 균형을 지키는 방법을 가능하면 명확하게 구체화하려고 하였다는 점이다. 하원 위원회 보고서는 1201조가 저작권자와 이용자 모두의 이익을 위해 미국 지적재산권법의 바탕에 깔려 있는 균형의 원칙을 디지털 환경에서도 존중하고 넓히고 있다고 결론지었다.

그러므로 이 사건 법률 해석 다툼의 요점은 의회가 법문에서 좇고 있는 저작권자와 이용자 사이의 올바른 균형을 둘러싼 논쟁에서 나온다. 우리는 이 다툼을 해결하기 위해 그 균형을 깨달아야 한다.

F. 접근과 보호

의회는 저작권법을 정보 시대에 맞추어 적용하기 위해 새로운 우회금지와 거래금지 조항을 만들었다. 지난 몇 십년간 디지털 기술의 발전은 저작권자에게 그동안 익숙했던 많은 기술 및 경제 측면의 보호를 빼앗았다. 저작물의 대규모 복제와 배포가 어렵고 값비싼 일이었으나, 이제는 쉽고도 비용이 들지 않은 일이 되었다. 그래서 의회는 저작권법이 보호하는 저작물에 접근하거나[1201(a)], 저작권자의 권리를 침해[1201(b)]하기 위해 고안된 일부 기술 조치를 규제하는 입법을 만들었다. 우회는 새로운 형태의 침해가 아니라 침해를 쉽게 해주는 행위나 제품을 금지하는 새로운 위반이지만, "접근"을 말하는 사실상 1201조의 모든 내용이 "접근"과 "보호"를 이어주고 있다는 것이 중요하다. 이러한 연결이 뚜렷하지 않을 수 있다. 아마 이 연결의 필요성을 이해하는 가장 좋은 방법은 디지털 저작권법 구조에 들어 있는 상호 연관된 3가지 문제를 살펴보는 것이다. 1201(a)(2)가 1201(b)의 금지를 넘어서 금지하는 것이 무엇인가?

1201(a)로 금지되는 "접근" 유형과 저작권법이 보호하는 권리 사이에 관계는 무엇인가? 1201(a)(1)의 우회금지 책임과 1201(a)(2)의 거래금지 책임 사이의 관계는 무엇인가? 1201(a)(1), (a)(2), (b)의 세 조항이 만든 새로운 책임 사이의 관계가 디지털 저작권법의 적용범위를 제한하고 있고, 체임벌린의 청구가 법의 범위내에 있는지를 판단할 수 있다. 그리고 이러한 관계를 풀어주는 열쇠는 접근과 보호 사이의 연결을 이해하는 데에 있다.

체임벌린은 저작권자가 이미 갖고 있는 보호나 저작권법이 공중에 부여한 권리와 무관하게 의회가 새로운 저작물의 보호를 만들어낸 것처럼 풀이하고 있다. 체임벌린은 스카이링크의 모델39가 자신의 저작권을 침해하고 있다거나, 모델 39가 제3자의 저작권침해에 기여하고 있다고 주장하지 않았다. 모델39가 시큐리티 개폐기와 상호 운용되는 방식은 저작권으로 보호되는 소프트웨어에 "접근"하는 것뿐이다. 체임벌린은 접근과 저작권 사이에 연계가 존재할 필요가 없다고 우리에게 강조하고 있다. 의회는 그렇게 넓은 해석을 의도하지 않았다.

체임벌린은 같은 법률 조항이 관련된 사건인 Universal City Studios, Inc. v. Reimerdes, 111 F. Supp. 2d 294, 319 (S.D.N.Y. 2000) ("Reimerdes") 판결을 근거로 주장을 펴고 있다. 체임벌린이 지방법원 판결인 Reimerdes 판결의 일부 내용을 근거로 삼은 것이 맞다 하더라도, 디지털 저작권법이 무엇을 허용하거나 금지하는지를 올바로 밝히는데 가장 쓸모있는 부분에서 차이가 있다.

이 사건의 사실은 Reimerdes와 매우 다르다. 그 사건에서 영화제작사들은 DVD의 불법복제를 막기 위해 금지명령을 청구하였다. 원고들은 암호풀기 기술이 들어 있는 DVD 재생기를 이용하여, 영화 DVD를 틀 수는 있으나 복제할 수 없는 변환시스템(a content scrambling system;CSS)을 갖고 있었다. 피고는 이용자가 이용허락된 기술을 갖고 있는 DVD 재생기를 가지고 있든 없든 간에, 변환시스템을 우회하고 DVD에서 영화를 보거나 복제할 수 있는 프로그램 DeCSS를 다운로드할 수 있는 웹사이트 링크를 제공하였다. 피고는 그의 행동이 "전자 민사 불복종"이라고 떠벌렸다. 법원은 DeCSS가 CSS를 푸는 오직 한 가지 목적만을 가지고 있기 때문에 피고가 1201(a)(2)(A)를 위반했다고 인정하였다.

체임벌린의 법해석은 복제를 가능하게 하는 제품을 만들어 배포한 피고들과 저작권으로 보호되는 소프트웨어의 정당한 이용만을 가능하게 하는 제품을 만든 스카이링크사이의 중요한 차이를 무시하고 있다. 체임벌린은 "전자 민사 불복종"이라고 떠벌리는 피고들을 대상으로 한 판시내용에 지나치게 의존하여 법조문을 잘못 해석하고 있다. 체임벌린은 제품이 저작물에 접근을 통제하는 기술 조치를 갖고 있을 것이기 때문에 디지털 저작권법 제정으로 구입한 제품을 사용하는 공중의 권리에 대한 소비자의 기대는 모두 없어졌다고 주장한다. 그러나 체임벌린은 분명한 사실을 지나친 것 같다. 본래 지적 재산을 침해할 수 있도록 하는 "열쇠(도구)"를 만들고, 이용하고, 판매하는 행위에 대한 책임 및 손해배상을 만든 의회의 결정은 그 재산권을 침해하는 행위에 대한 책임 및 손해배상과 비교해서 범위가 같을 필요가 없기 때문에, 1201조가 공중이 저작물을 비침해하는 방식으로 이용하는 행위를 금지했을 가능성이 있을 수 있다. 이른바 디지털 혁명이 만든 특별한 문제를 다루려는 목적으로 이해관계의 균형을 유지하였다.

Reimerdes 판결은 체임벌린이 근거로 인용한 유일한 판결은 아니지만, 다른 인용 자료의 어느 것도 도움이 되지 않는다. 3건의 다른 사례[Lexmark International, Inc. v. Static Control Components, Inc., 253 F. Supp. 2d 943, 969 (E.D. Ky. 2003), Sony Computer Entertainment America, Inc. v. Gamemasters, 87 F. Supp. 2d 976 (N.D. Cal. 1999), RealNetworks, 2000 U.S. Dist. LEXIS 1889]에서 지방법원은 체임벌린의 법해석을 지지하는 금지명령을 하였다. 그러나 어느 것도 요점에서 벗어나 있다. 렉스마크 사건에서 지방법원은 피고의 행위가 저작권침해에 해당된다고 판결했다. 소니 사건에서 원고들의 주장은 상표 및 저작권 침해를 포함하고 있었고, 피고는 그의 제품이 원고의 컴퓨터프로그램을 조금 수정한 것이라고 인정하였다. 리얼네트웍스 사건에서 피고의 제품은 저작물의 소유자가 리얼네트웍스 미디어 재생기에서 재생될 수 있도록 허용하고 재생되는 동안 복제여부를 선택하도록 고안된 기술조치인 "복제 스위치"를 무력화하였다. 법원은 복제 스위치의 회피는 우회와 침해 외에 다른 상업 가치는 거의 없는 것 같다고 분명히 밝혔다. 요약하면 위 세 판결에서 주장된 접근은 보호되는 권리와 뒤얽혀 있다. 어느 사건도 체임벌린이 주장하는 넓은 해석을 지지하지 않는다.

나아가 금지로부터 접근을 분리하는 것이 맥락상 가능하다 할지라도, 법률 구조상 풀 수 없는 많은 문제를 낳게 된다. 1201(a)는 접근하여 가능한 행위가 정당한지 또는 불법인지와 무관하게 저작물에 대한 접근을 보호하는 저작권자의 권한을 강화하고 있는 반면에, 1201(b)는 저작권을 보호하기 위해 저작권자의 권한을 강화한 것처럼 보일 수 있기 때문에 분리가능성을 생각해 볼 수 있다. 그러한 해석은 연방 제2항소법원의 설명과 같다. "1201(a)(2)의 초점은 저작물에 접근을 막기 위해 고안된 기술의 우회이고, 1201(b)(1)의 초점은 저작물에 접근을 허용하지만 저작물의 복제, 또는 저작권을 침해하는 다른 행위를 막는 기술의 우회이다." 콜리, 273 F.3d, 440-41.

그러나 2항소법원이 체임벌린이 주장하는 것처럼 저작권법내에서 "접근"의 개념을 과감하게 비트는 내용을 의미했다고 보기 어렵다. 1201(a)가 저작권자에게 저작물에 대한 모든 접근을 차단하는 기술 조치의 사용을 허락했다면, 두 가지 유형의 저작권체계를 만드는 효과를 낳게 된다. 첫 번째 저작권으로 보호되는 저작물에 대한 전통의 저작권자는 공정이용과 같은 저작권법에 규정된 추가조항, 예외조항, 제한조항에 따라 106조의 권리만을 보유하게 된다. 기술 발전이 저작권을 위험에 빠트린다고 느끼고 기술 침해로부터 권리를 보호하기 위해 기술 조치를 추가한 저작권자는 우회도구를 이용하여 저작권을 침해하는 위험에 빠트렸다는 이유로 1201(b)에 따라 우회도구를 거래하는 자의 책임을 물을 권리를 얻게 된다.

체임벌린의 해석에 따른 두 번째 체계에서는 저작권과 1201(a)에 따라 저작물에 대한 접근 통제 효과가 있는 기술조치로 보호되는 저작물의 권리자는 접근으로 저작권법이 공중에 준 권리만을 행사한다 해도, 단순히 저작물에 접근했다는 이유로 1201(a)에 따라 우회의 책임을 묻는 무제한의 권리를 갖게 된다. 두 번째 체계는 여러 이유로 문제가 많다. 첫째, 연방대법원이 최근에 설명하였듯이, "의회는 헌법의 저작권 조항을 합리적으로 행사하여야 한다." 저작권법의 특정한 부분이 저작권조항이 부여한 입법권의 합리적인 행사인지를 결정할 때 … 우리는 실질적으로 의회를 존중한다. 공중이 저작물에 적절하게 접근하도록 … 저작자에게 주어지는 독점의 범위를 제한하는 임무는 의회에게 맡겨져 있다. Eldred v. Ashcroft, 537 U.S. 186, 20-5(2003). 체임벌린의 1201(a)해석은 디지털 저작권법을 입법하면서 의회가 저작권자에게 공중의 접근을 모두 거절할 수 있도록 허용함으로써 저작물에 대한 공중의 적절한 접근을 주었다는 것이다. 의회의 결정을 실질적으로 존중한다 해도 그러한 정의는 합리적이지 못하다.

그러나 그러한 비합리성은 두 번째 체계가 함축하는 가장 중요한 문제는 아니다. 그 체계는 "이 조항은 이 법에 따른 공정이용을 포함한 저작권 침해에 대한 권리, 구체, 제한, 항변에 영향을 미치지 않는다"[1201(c)(1)]는 법조항과 어울릴 수 없다. 저작권법의 다른 내용과 무관하게 접근을 금지했다는 조항은 구제와 항변이 아니라 해도, 권리와 제한에는 분명히 영향을 미치고 있다. 체임벌린의 1201(a) 해석은 같은 법률에서 함께 만들어진 1201(c)(1)과 뚜렷하게 모순된다. 그래서 우리는 만약 할 수만 있다면, 그러한 모순이 없는 다른 해석을 하여야 한다.

1201(a)에서 "보호"로부터 "접근"을 분리하는 체임벌린의 주장은 다른 여러 문제가 있다. 의회가 저작물을 위해 새롭고도, 강력한 보호체계를 함축하기 위해 제정했다는 것을 넘어서; 1201(c)(1)을 포함한 같은 법률의 다른 조항과 모순되고; 1201(f)에 따라 우회금지책임으로부터 상호운용성을 명백하게 면책했다는 점을 무시했으며; "보호"가 없는 진공상태에서 "접근"을 고려하는 폭넓은 정책 함의는 터무니없고도 끔찍하다. 구두변론에서 밝힌 체임벌린의 해석에 따르면, 저작권으로 보호되는 책, 음악, 미술, 잡지가 있는 집에 "접근"하기 위해 도둑 경보를 무력화하는 행위는 법위반일 것이다. 그렇게 하는 자는 "저작권법에 따라 보호되는 저작물에 접근을 통제하는 효과가 있는 기술 조치를 우회"했음이 틀림없을 것이다. 이러한 행위의 적절한 억제는 불법행위법과 형법에 맡길 일이지 저작권법은 아니다. 우리가 체임벌린이 강조하는 바와 같이 법률의 평범한 법문을 해석한다면, 도둑 경보를 무력화하는 일은 그 자체로 디지털 저작권법 위반이다.

마찬가지로 체임벌린의 해석에 따르면 제조사는 저작권을 보호한다는 한 문장 또는 소프트웨어를 추가하고, 저작물을 사소한 암호 체계로 포장하여, 경쟁 제품과 연결하여 제품을 이용하는 소비자의 권리를 제한하는 권리를 얻게 될 것이다. 달리 말하면 체임벌린의 해석은 사실상 어느 회사든 제품을 판매하여 부품 시장 독점, 즉 독점금지법과 저작권 오용의 법리가 보통 금지하는 독점으로 이끄는 시도를 허용하게 될 것이다.

마지막으로 지방법원이 스카이링크 승소판결을 한 근거인 "허락"은 체임벌린의 해석에서 또 다른 불일치를 남긴다. 이용허락은 1201(a)를 이해하는 중심개념이다. 체임벌린이 그러한 허락을 하지 않았다는 항소심에서의 주장에는 체임벌린이 소프트웨어를 정당하게 산 소비자가 이를 이용하여 소프트웨어에 접근하는 행위를 금지할 자격이 있다는 전제가 깔려 있다. 체임벌린의 해석은 저작권자가 두려워하는 잘못된 이용이 없어도 공정이용을 배타적으로 금지할 수 있게 한다. 그러므로 저작권자는 계약조건과 기술 조치를 결합하여 개인 저작물에 대해 공정이용법리를 폐기할 수 있게 된다. 이것은 1201(c)(1)과 직접 모순된다. 저작권법 자체는 공중에게 저작물의 어떤 이용을 허락하고 있다. 소프트웨어가 들어 있는 복제물을 포함한 제품을 산 소비자들은 그 소프트웨어의 복제물을 이용할 법률상 권리가 있다. 법이 허용한 것을 체임벌린이 취소할 수 없다.[8)]

체임벌린이 "보호"로부터 "접근"을 분리하는 것은 저작권법의 전체 법률 체계와 함께 입법된 디지털 저작권법의 다른 조항, 그리고 의회의 뚜렷한 의도가 보여주는 종합 맥락과 전혀 어울리지 않는다. 법률 체계와 입법 연혁은 모두 디지털 저작권법이 저작권자에게 법률 보호를 부여하였지만, 저작물에 대한 공중의 비침해 및 공정이용 허용을 철회하지 않았고, 1201(c), 1201(d)(f)(g)(j)의 면책과 같이 우회 기술의 여러 유용한 이용을 금지하지 않았다.

그러므로 우리는 체임벌린의 해석을 모두 받아들이지 않는다. 우리는 1201조가 저작권법이 원래 저작권자에게 준 보호와 합리적인 관계가 있는 형태의 접근만을 금지한다고 결론내린다. 그러한 법리가 일부 불확실성을 낳고 사법 분쟁을 일으킬 수 있지만, 의미있는 법률 해석이다. 의회는 저작권자의 정당한 이익과 저작물 소비자의 정당한 이익 사이에 균형을 지키려고 하였다. 법원은 의회가 그 균형을 어떻게 얻을 것인지를 결정하기 위해 제정한 법문에 충실하여야 한다.

위에서 본 바와 같이 의회는 우회와 우회 도구의 거래에 대한 새로운 청구 원인을 만들었다. 의회는 새로운 재산권을 만들지 않았다. 그것이 우리가 확인한 의회의 선택이다. 우리가 법문을 해석하면서 모든 균형을 없애고 저작권자에게 모든 이용을 배제하는 전권을 위임했다는 방식으로 해석한다

8) 이용자가 저작물에 접근을 통제하는 기술조치를 저작권법이 허용하는 방식으로 우회하였지만 계약상 금지되는 경우, 디지털 저작권법 위반의 책임이 있는지는 불분명하다. 그러나 체임벌린은 소비자들의 제품 사용을 제한하려고 하지 않았기 때문에, 우리는 이 쟁점을 다루지 않는다.

면, 헌법의 의도는 현실화되지 않을 것이다.

이 사건에서 체임벌린은 스카이링크가 위험에 빠트린 저작권이 무엇인지 말하지 못한다. 디지털 저작권법은 저작권법이 소비자들에게 준 가장 기본 권리, 즉 그들이 산 체임벌린의 소프트웨어 복제본을 이용할 권리를 체임벌린이 취소하는 행위를 허용할 수 없다.

G. 체임벌린의 디지털 저작권법 청구

그러므로 1201(a)(2)의 올바른 해석에 따르면 체임벌린은 승소할 수 없다. 1201(a)(2)위반을 주장하는 원고가 증명해야 하는 사항은 (1) 저작물에 대한 유효한 저작권의 보유, (2) 우회된 기술조치가 효과적으로 통제, (3) 제3자가 접근할 수 있고, (4) 허락받지 않았고, (5) 저작권법이 보호하는 권리를 침해하거나 침해를 쉽게 해주는 방식, (6) 피고가 (ⅰ) 본래 우회 목적으로 설계 또는 제조하였고, (ⅱ) 우회 이외에 다른 상업상 중요성이 제한되어 있거나 (ⅲ) 통제하는 기술 조치의 우회용도로 광고된다는 점이다. 원고는 (1)부터 (5)까지의 요건을 모두 입증해야 한다. 그 후 피고에게 입증책임을 넘기기 위해 6(ⅰ), (ⅱ), (ⅲ) 중 한 가지만을 입증하면 된다. 이 지점에서 1201조에 나열된 많은 적극 항변이 나올 수 있다.

지방법원은 산업계가 오랫동안 예상한 상황을 고려하여 스카이링크의 행위, 의도, 제품에 좁게 초점을 맞추고, 체임벌린의 주장을 정확하고 올바른 방식으로 분석하였다. 지방법원은 체임벌린이 첫째 요소, 즉 저작권 보유를 증명했다고 가정하였고, 둘째 요소인 접근 통제 기술을 증명하는 체임벌린의 증거도 받아들였다. 지방법원은 체임벌린의 넷째 요소, 즉 허락이 없었다는 점을 입증할 책임을 다하지 못했다는 이유로 스카이링크 승소판결을 했다.

항소심에서 체임벌린은 허락이 없었다는 점을 밝히지 못했을 뿐만 아니라, 다섯 번째 요소, 즉 접근과 보호 사이의 중요한 연계도 증명하지 못했다. 체임벌린은 저작권침해를 주장하지 않았고, 모델39 송신기로 접근하면 저작권법이 보호하는 권리를 어떻게 쉽게 침해되는지를 설명하지 않았다. 그래서 집주인이 스카이링크의 모델39 송신기를 쓸 때 체임벌린의 소프트웨어에 접근하는 것과 저작권법이 체임벌린에게 준 보호 사이에 합리적인 관련이 없다. 저작권법은 체임벌린의 소비자들이 개폐기를 사서 소프트웨어의 복제본을 이용하도록 허락하고 있다. 그래서 체임벌린의 소비자들은 1201(a)(1)의 우회 책임으로부터 면책된다. 저작권침해 또는 1201(a)(1) 우회 주장이 인정되지 않는다면, 스카이링크는 1201(a)(2)의 거래에 대한 책임이 없다.

결 론

디지털 저작권법은 저작권자를 위해 새로운 재산권을 만들지 않았다. 저작권법이 공중에게 오랫동안 준 권리도 빼앗지 않았다. 우회금지와 거래금지는 새로운 책임 근거이다. 우회하는 자에게 책임을 묻고자 하는 저작권자는 우회와 저작권과 관련된 이용 사이에 합리적인 관계가 있음을 증명해야 한다. 거래하는 자에게 책임을 묻고자 하는 저작권자는 거래되는 도구가 저작권 침해나 금지된 우회를 가능하도록 해준다는 사실을 증명하여야 한다. 이 사건에서 지방법원이 소프트웨어의 불법 이용과 스카이링크 송신기 사이의 연관관계를 체임벌린이 밝히지 못했다고 본 것은 옳다. 이 연관관계는 디지털 저작권법에 따른 청구원인을 유지하는데 중요하다. 그러므로 우리는 지방법원의 스카이링크 승소 판결을 인용한다.

MDY Industries, LLC v. Blizzard Entertainment, Inc.

연방 제9항소법원
629 F.3d 928 (9th Cir. 2010)

판사 CALLAHAN :

블리자드는 여러 게임자들이 가상세계에서 70단계의 게임 등급을 높이기 위해 참여하는 인기있는 온라인 역할 놀이 게임 워크래프트(World of Warcraft)의 창작자다. 원고 MDY와 단독 사원인 도넬리는 게임자들을 위해 워크래프트의 초기 등급 게임을 자동으로 하는 소프트웨어 프로그램인 글라이더를 만들어서 팔았다. 원고는 글라이더 판매가 블리자드의 저작권이나 다른 권리를 침해하지 않았다는 확인을 받기 위해 이 소송을 걸었다. 블리자드는 디지털 저작권법(DMCA) 17 U.S.C. § 1201 위반과 아리조나법의 불법 계약 침해를 이유로 반소를 냈다. 지방법원은 원고들이 1201(a)(2)와 (b)(1)을 위반하여 2차 저작권 침해 책임이 있고 계약을 불법 침해하였다고 판결했다. 우리는 1201(a)(2) 위반 부분을 제외한 지방법원 판결을 취소하고 불법계약침해부분은 재심리를 위해 환송한다.

Ⅰ.

A. 워크래프트

2004. 11. 블리자드는 엄청나게 많은 게임자들이 가상세계에서 참여하는 온라인게임 워크래프트를 만들었다. 워크래프트는 1천만명의 회원이 있고 250만명이 북아메리카에 있다. 워크래프트 소프트웨어는 2가지로 구성되어 있다. (1) 게임자가 컴퓨터에 설치하는 클라이언트 소프트웨어, (2) 게임자가 워크래프트의 온라인 서버에 연결하여 회원으로 접근하는 게임서버 소프트웨어. 워크래프트는 단독 게임자나 오프라인용은 없다.

워크래프트 게임자는 사람, 요정, 난장이와 같이 각기 다른 등장인물의 역할을 맡는다. 게임의 핵심 목표는 주인공들이 탐색하고 괴물들과 전투를 치르면서 70단계를 통과하는 것이다. 게임자가 높은 단계로 나아가면서 주인공들이 게임에서 쓰는 돈과 무기, 방호장비와 같은 보상을 받는다. 워크래프트의 가상세계는 자체 경제구조를 갖고 있고 주인공들은 서로간에, 판매점이나 경매하는 곳에서 가상의 돈으로 직접 물건을 사고 판다. 일부 게임자들은 다른 사람들과 소통하기 위해서 워크래프트의 대화기술을 활용하기도 한다.

B. 블리자드의 이용 계약

각 게임자는 블리자드 이용약관(이하 “약관”)과 이용조건을 읽고 동의해야 한다. 약관은 게임자가 게임클라이언트를 설치하기 전과 처음 구동할 때 동의한다. 이용조건은 게임자가 온라인 서비스 계정을 만들 때와 처음 연결할 때 동의한다. 약관과 이용조건에 동의하지 않는 게임자는 환불받고 게임클라이언트를 돌려줄 수 있다

C. 글라이더와 워든의 개발

도넬리는 워크래프트의 게임자이자 소프트웨어 개발자이다. 2005. 3. 그는 개인용도로 초기 단계의 게임을 자동으로 수행하는 소프트웨어 봇(로봇 줄임말) 글라이더를 만들었다. 이용자는 글라이더가 구동되는 동안 컴퓨터 앞에 있을 필요가 없다.

글라이더는 워크래프트 게임의 클라이언트 소프트웨어를 수정하거나 베끼지 않았고, 게임자가 블리자드에 달마다 내는 회비를 내지 않도록 하지 않았으며, 워크래프트와 별도로 상업 이용을 하지 않았다. 글라이더는 처음부터 블리자드의 추적을 피하기 위해 설계되지 않았다.

당사자들은 글라이더가 워크래프트 이용에 어떤 영향을 미쳤는지 다투고 있다. 블리자드는 글라이더 이용자들이 빠르고 불공정하게 게임을 하고 게임 자산을 추가로 모을 수 있도록 함으로써 글라이더를 사용하지 않는 게임자들의 워크래프트 환경을 허물어뜨린다고 주장한다. 원고는 글라이더를 쓰지 않는 게임자들에게 미치는 영향이 매우 적고, 글라이더 이용자들의 워크래프트 경험을 쌓게 해주며, 자동 게임을 통해 장애가 있는 게임자들이 워크래프트를 쉽게 이용할 수 있게 해준다고 주장한다.

2005년 여름 도넬리는 웹사이트에서 15~25 달러의 이용료를 받고 글라이더를 팔았다. 글라이더를 팔기 전에 도넬리는 블리자드의 약관과 클라이언트 서버 정책을 살펴보았다. 그는 그 자료를 보고서 블리자드는 봇을 금지하지 못한다는 결론에 이르렀다.

2005. 9. 블리자드는 워크래프트 서버에 연결할 때부터 봇을 포함하여 허락받지 않은 제3자가 개발한 소프트웨어를 게임자들이 이용할 수 없도록 한 워든(Warden)을 발표하였다. 워든은 글라이더를 찾을 수 있었고, 블리자드는 거의 모든 글라이더 이용자들을 차단하기 위해 워든을 사용한다. 이에 원고는 탐지를 피하기 위해 글라이더를 수정하였고 새롭게 탐지금지 기능을 만들었다. 원고는 한달에 5달러를 받고 탐지 소프트웨어를 피하는 기능을 제공하는 글라이더 엘리트 서비스를 추가하였다.

원고는 2005년 후반 블리자드가 봇을 금지하고 있다는 사실을 알았다. 원고는 글라이더를 사용하는 행위는 블리자드의 이용조건을 어긴다는 사실을 알리기 위해 웹사이트를 고쳤다. 2005. 11. 도넬리는 이메일 인터뷰에서 다음과 같이 썼다. “탐지를 피하는 일은 분명히 흥미롭다. 블리자드가 봇이 구동되는 것을 바라지 않기 때문에 봇의 사용은 위반이다.” 2008. 9.까지 원고는 12만 번의 이용허락하여 350만 불의 수입을 거두었다.

Ⅱ.

2006. 12. 1. 원고는 글라이더가 블리자드의 저작권이나 다른 권리를 침해하지 않는다는 확인을 구하는 내용으로 청구취지를 바꾸었다. 2007. 2. 블리자드는 기여 및 대위 저작권 침해, DMCA 1201(a)(2) 및 (b)(1) 위반, 불법 계약 침해를 이유로 반소를 냈다.

Ⅲ. (항소심 판단 대상 생략)

Ⅳ.

우리는 먼저 원고가 글라이더를 워크래프트 게임자들에게 파는 행위로 블리자드의 저작권을 기여 또는 대위 침해 (합하여 “간접 침해”)를 했는지를 살펴본다. 만약 글라이더 이용자들이 직접 침해행위를 했다면, 원고는 기여 및 대위 침해의 다른 요건들을 충족했다는 점을 다투지 않는다.

저작권자로서 블리자드는 저작물을 복제할 독점권을 갖고 있다. 당사자들은 워크래프트 게임을 할 때, 게임자의 컴퓨터가 램(RAM)에 게임 소프트웨어의 복제본을 만든다는 점에 동의한다. 이 복제본은 게임자가 (1) 소프트웨어의 이용허락을 받은 사람으로 이용허락범위 밖에 있거나 (2) 소프트웨어 복제본의 소유자가 아니라면 저작권침해이다. Sun Microsystems, Inc. v. Microsoft Corp., 188 F.3d 1115, 1121 (9th Cir. 1999) (“Sun I”); 17 U.S.C. § 117(a). 이용허락의 범위에 대해 이용조건 §4(B) “서비스 이용 제한”은 다음과 같이 규정하고 있다.

당신은 (ii) 워크래프트 게임을 수정하려고 설계된 치트(cheats), 봇(bots), 모드(mods), 핵(hacks), 또는 다른 제3의 소프트웨어를 만들거나 이용하지 않고, (iii) 프로그램이나 서비스로부터 정보를 가로채거나 파내거나 달리 모으는 제3자 소프트웨어를 쓰지 않는다는데 동의한다.

한편 만약 게임자가 소프트웨어의 복제본을 소유한다면, 컴퓨터프로그램을 이용하기 위해 필수 단계로만 복제본이 만들어지고 이용될 경우 컴퓨터 프로그램의 복제본을 만드는 행위는 침해에 해당되지 않는다는 “필수 단계”

항변 규정이 있다. 17 U.S.C. § 117(a)(1).

A. 필수 단계 항변

우리는 글라이더 이용자를 포함한 워크래프트 게임자들이 워크래프트 소프트웨어 복제본의 소유자 또는 이용허락받은 자인지를 살펴본다. 만약 워크래프트 게임자들이 원고 주장대로 복제본을 소유하고 있다면, 글라이더 이용자들은 게임을 하는 동안 램에 워크래프트 소프트웨어를 복제하는 행위가 침해가 아니고, 원고는 저작권 침해의 간접 책임을 지지 않는다.

우리는 최근에 버너판결에서 필수 단계 항변에 따라 복제본의 소유자와 이용허락받은 자를 구분하였다. Vernor v. Autodesk, Inc., 621 F.3d 1102, 1108-09 (9th Cir. 2010) 등. 버너 판결에서 우리는 “저작권자가 (1) 이용자가 이용허락받았다고 밝힌 경우, (2) 소프트웨어의 양도 권한을 매우 제한한 경우, (3) 눈에 띄게 이용을 제한한 경우에 소프트웨어 이용자는 복제물의 소유자가 아니라 이용허락받은 자”라고 판결했다.

버너 판결을 적용하여 우리는 워크래프트 게임자들이 게임 클라이언트 소프트웨어를 이용허락받은 자라고 본다. 블리자드는 소프트웨어의 권리를 유보하고 있고 게임자에게 비독점적이고 제한된 이용허락을 주었다. 블리자드는 게임자가 이용허락받은 권리를 양도할 경우 그 양도를 일부 제한하였다. 게임자는 (1) 모든 원래 제품과 서류들을 양도해야 하고, (2) 게임 클라이언트의 복제물과 설치물을 모두 없애야 하며, (3) 이용약관을 승인한 자에게만 양도하여야 한다. 게임자는 계정을 팔거나 줄 수 없다.

블리자드는 이용도 여러 가지로 규제하였다. 게임은 비상업의 오락 목적으로만 이용되어야 하고 블리자드의 허락없이 사이버 카페와 컴퓨터 게임방에서 사용할 수 없다. 게임자는 허락없이 제3자의 프로그램을 함께 이용할 수 없다. 블리자드는 게임자 몰래 또는 허락을 받지 않고 원격으로 게임 클라이언트를 고칠 수 있다. 그리고 만약 게임자가 규정을 어기면 약관이나 이용조건에 따라 이용자의 워크래프트 접속 및 게임을 끊을 수 있다. 중단되면 게임자는 컴퓨터에서 바로 게임 복제물을 없애고 게임 클라이언트를 삭제해야 하지만 소프트웨어를 블리자드에 돌려줄 필요는 없다.

글라이더 이용자를 포함하여 워크래프트 게임자는 소프트웨어의 복제물을 소유하지 않기 때문에 글라이더 이용자들은 필수 단계 항변을 할 수 없다. 117(a)(1). 그래서 이용자 컴퓨터가 워크래프트 소프트웨어를 램에 복제할 때, 블리자드의 제한된 이용허락범위에 들어가지 않는다면 게임자는 저작권을 침해하게 된다.

B. 계약 약정 대 이용허락 조건(생략)

Ⅴ.

원고가 글라이더를 팔기 시작한 후, 블리자드는 봇을 사용하는 게임자의 워크래프트 서버 연결을 막는 기술인 워든을 만들었다. 블리자드는 2005. 9. 워든을 이용하여 거의 모든 글라이더 이용자를 막았다. 블리자드는 원고가 그 뒤 워든의 탐지를 피하기 위해 글라이더를 개작했기 때문에 저작권법 1201(a)(2)와 (b)(1)에 따라 책임이 있다고 주장하고 있다.

A. 워든 기술

워든은 두 가지로 이루어져 있다. 첫째, 게임자가 워크래프트 서버에 연결하기 전에 컴퓨터의 램을 검사하는 스캔(scan.dll)이라는 소프트웨어 모듈이다. 만약 스캔이 글라이더와 같은 봇이 작동중임을 발견하면 이용자의 연결과 게임을 허락하지 않는다. 블리자드가 워든을 사용하자 원고는 글라이더를 개작하여 스캔이 검사를 마친 후 구동되도록 스캔을 우회하였다. 워든의 두 번째 구성물은 게임자의 컴퓨터가 워크래프트 서버에 연결되었을 때 주기적으로 컴퓨터를 조사하는 "상주(resident)" 파일이다. 컴퓨터에 램에서 구동중인 워크래프트의 코드 부분을 보고하도록 요청하고 알려진 봇이나 치트와 연계된 코드의 형태를 찾는다. 만약 봇이나 치트를 발견하면 저작권으로 보호되는 코드를 램에 복제하는 행위를 중단하여 게임을 못하게 한다.

B. 디지털 저작권법

의회는 1998년 국제 지적재산권기구 조약에 따른 의무를 미국 저작권법에 규정하기 위해서 디지털 저작권법(DMCA)를 입법하였다. 그 조약은 가입국에게 저작권자가 쓰는 저작권보호 기술 조치의 우회를 막는 효과있는 법률 장치를 두도록 요구하고 있다. 디지털 저작권법을 제정하면서 의회는 디지털 시대에 저작권법이 마주한 문제를 해결하려고 하였다. 디지털 저작권법은 저작권자의 기술 조치의 우회를 겨냥한 조항 3가지를 갖고 있다. 연방대법원은 이 조항들을 아직 해석하지 않았고, 우리 법원에서도 첫 사건이다.

첫째 조항은 "저작권법으로 보호되는 저작물에 대한 접근을 통제하는 효과를 가진 기술 조치의 일반적인 우회" 금지이다. 17 U.S.C. § 1201(a)(1)(A). 둘째, 저작물에 대한 "접근을 통제하는 효과가 있는" 기술 조치를 우회하는 기술의 거래 금지이다. 17 U.S.C. § 1201(a)(2). 셋째는 저작권자의 권리를 "보호하는 효과가 있는" 기술조치를 우회하는 기술의 거래금지이다. 17 U.S.C. § 1201(b)(1).

C. 지방법원의 판결

지방법원은 원고가 3가지 워크래프트 구성부분과 관련하여 디지털 저작권법 §§ 1201(a)(2)와 (b)(1)을 위반하였는지 평가하였다. 첫째, 지방법원은 게임 클라이언트 소프트웨어, 게임자의 하드 드라이브에 저장되어 있는 원시코드의 문언 요소를 살펴보았다. 둘째, 지방법원은 게임소프트웨어의 개별적인 비문언 요소, 괴물의 모습과 울부짖는 소리와 같은 40만개 이상의 화면 및 음성 내용을 검토하였다. 마지막으로 게임의 움직이는 비문언 요소, 즉 다른 세상을 여행하고, 다른 세상의 소리를 듣고 체제를 보며, 거주자와 괴물을 만나고 다른 게임자와 마주치는 실시간의 경험을 살펴보았다.

지방법원은 워크래프트의 문언 요소와 관련하여 블리자드의 1201(a)(2)청구를 기각하였다. 지방법원은 워든 게임자가 게임 서버에 연결하거나 워든을 마주치지 않고도 문언 요소에 접근할 수 있기 때문에 워든이 문언 요소에 대한 접근을 통제하는 효과가 없다고 보았다. 게임자들은 오직 그들 컴퓨터에 게임 클라이언트 소프트웨어를 설치하면 되었다. 지방법원은 또한 워크래프트의 개별 비문언 요소가 워든을 마주치지 않고도 게임자의 하드 드라이버에서 접근할 수 있다는 이유로 블리자드의 1201(a)(2) 청구를 기각하였다.

그러나 지방법원은 워크래프트의 움직이는 비문언 요소, 또는 워크래프트 게임의 "실시간의 경험"과 관련하여 블리자드의 1201(a)(2)와 (b)(1) 청구를 인용하였다, 워든은 블리자드 서버로 연결하지 않고는 접근할 수 없는 이러한 성분들에 대한 접근을 통제하는 효과가 있다고 판단하였다. 지방법원은 글라이더 이용자들이 탐지 특성을 피하거나 우회할 수 있고 원고는 워든을 우회하는 용도로 글라이더를 팔았다고 보았다.

우리는 글라이더 이용자들이 워크래프트의 많은 요소들에 접근하기 위해 글라이더를 통해 워든을 우회함으로써 디지털 저작권법 1201(a)(2)와 (b)(1)을 어겼는지 살펴본다. 원고는 워든의 스캔파일과 상주파일을 나누어, 스캔파일만이 1201(a)(2)의 접근통제 조치로 여겨져야 한다고 주장한다. 그러나 우리는 (1) 처음 접근을 막는 기능 뿐만 아니라, (2) 만약 2차 확인하여 접근이 불법이라고 판단되면 접근을 차단하는 기능도 접근 통제 조치로 본다. 우리는 워든의 스캔 파일과 상주 파일이 게임자가 봇을 이용하여 워크래프트 소프트웨어를 계속 접근하는 행위를 막는다는 같은 목적을 갖고 있기 때문에 함께 살펴본다.

D. 1201조의 해석

항소심의 쟁점 중 하나는 접근이 저작권침해에 해당되지 않을 때 1201조의 어떤 조항이 접근 통제 우회를 금지하는지이다. 이 문제와 다른 쟁점들을 해결하기 위해서 우리는 전체 저작권법의 취지에 맞추어 1201조 규정들의 성격과 상호 관계를 본다.

우리는 1201조의 세 조항, 즉 1201(a)(1), 1201(a)(2), 1201(b)(1)의 범위를 살펴보면서 시작한다. 우리는 "법문을 따로 따로 해석하지 않으며 법률을 전체로 해석하기 때문에" 세 조항을 나란히 살펴본다.(인용 판례 생략)

1. 조항의 문언

1201(a)(1)(A)는 "이 법에 따라 보호되는 저작물에 대한 접근을 통제하는 효과가 있는 기술 조치의 우회"를 금지하고 있다. 1201(a)(2)는 "이 법에 따라 보호되는 저작물에 대한 접근을 통제하는 효과가 있는 기술조치를 우회하는," 그리고 1201(b)(1)은 "저작권자의 권리를 보호하는 효과가 있는 기술 조치의 보호를 우회하는" 각 "기술, 제품, 서비스, 장치, 구성품, 그 일부의 제조, 수입, 공급 제안, 제공, 그 밖에 달리 거래하지 못한다."고 규정하고 있다.(자세한 조문 내용 생략)

2. 디지털 저작권법 조항의 조화

우리는 아래에서 보는 이유로 1201조가 2가지 형태의 권리를 만들었다고 이해하는 것이 가장 낫다고 믿는다. 첫째, 1201(a)는 보호되는 저작물에 대한 접근을 통제하는 효과가 있는 기술 조치의 우회를 금지하고 저작권자에게 그 금지를 집행할 권리를 주고 있다. 둘째, 1201(a)와 달리, 1201(b)(1)는 "저작권자의 권리"를 보호하는 효과가 있는 기술 조치를 우회하는 기술 거래를 금지하고 있다. 그래서 그 금지는 저작권 자체를 보호하는 조치의 우회를 목표로 삼고 있고, 저작권자에게 저작권법에 따른 배타적인 권리들을 보호할 권리를 주고 있다. 그 배타적인 권리는 복제, 배포, 공연, 공개 전시, 2차 저작물 작성의 권리이다. 역사를 보면 저작물 자체에 대한 "접근"의 금지는 저작권법에서 나오는 저작권자의 권리가 아니었다.

우리는 1201(a)와 (b) 사이의 4가지 중요한 차이때문에 1201조를 다음과 같이 해석한다. 첫째, 1201(a)(2)는 이 법에 따라 보호되는 저작물에 대한 접근을 통제하는 효과가 있는 기술의 우회를 금지하고 있는 반면에, 1201(b)(1)은 이 법에 따라 저작물에 대한 저작권자의 권리를 보호하는 효과가 있는 기술 조치에 관심을 두고 있다. 우리는 1201(b)(1)의 "이 법에 따른 저작권자의 권리"를 쉽게 침해할 수 있도록 해주는 우회 도구를 거래하는 자들에 대해 추가로 소송을 걸 수 있도록 하여 106조 규정된 저작권자의 전통적인 독점권을 강화하였다고 본다. 그러나 1201(a)(1)과 (a)(2)는 "이 법에 따라 보호되는 저작물"이란 용어를 쓰고 있다. 이 두 조항은 전통의 저작권 침해를 명시하지 않고 있다. 따라서 우리는 이 용어를 새로운 형태의 보호를 넓혀, 이 법에 따라 보호되는 저작의 접근 통제를 우회하는 행위를 막는 권리를 인정하였다고 해석한다.

둘째, 1201(a)에서 사용되는 "기술조치 우회"는 "저작권자의 허락없이 변환된 저작물을 역변환하거나, 암호화된 저작물의 암호를 풀거나, 또는 달리 기술 조치를 회피하거나, 우회하거나, 없애거나, 무력화하거나, 망가뜨리는 행위"를 뜻한다. 1201(a)(3)(A). 1201(a)에서 말한 불법 우회의 2가지 특정 사례-변환된 저작물을 역변환하는 행위와 암호화된 저작물의 암호를 푸는 행위-는 꼭 저작권을 침해하거나 침해가 쉽도록 도와주지 않는다.[9] 역변환하거나 암호를 푸는 행위만으로는 허락없이 저작물을 보거나 들을 수 있

9) 아마 이러한 이유로, 의회는 역변환하거나 암호를 푸는 행위를 1201(b)(1)을 어기는 우회 행위의 사례로 열거하지 않았을 것이다.

지만 저작권자가 가진 전통의 배타적인 권리를 침해하지 않는다. 달리 말하면 역변환하거나 암호를 푸는 행위는 저작물의 복제, 배포, 공연, 공개 전시도 아니고 저작물을 바탕으로 2차 저작물을 만드는 결과를 낳는 것도 아니다.

세 번째 중요한 차이는 1201(a)(1)(A)는 효과적인 접근 통제 조치의 우회를 금지하고 있는 반면에, 1201(b)는 우회 도구를 거래하는 행위를 금지하고 있지만 우회 행위는 이미 저작권 침해로 위법이기 때문에 우회 자체는 금지하지 않는다. 상원 법사위원회는 다음과 같이 설명하였다.

이것이 1201(a)(1)의 우회 행위 금지와 비슷한 금지가 1201(b)에 없는 이유이다. 이 법 전에 우회 행위는 불법이 아니었기 때문에 1201(a)(1)의 금지는 필요하다. 1201(a)(2)의 도구 제한은 새로운 금지를 행위에 적용하고 있다. 저작권법은 오랫동안 저작권 침해 행위를 금지해 왔고, 그래서 새로운 금지는 필요없었다.

이 차이는 1201(b)가 저작권자의 저작권침해행위에 대한 전통의 권리를 강화한 것이고, 1201(a)는 저작권자에게 새로운 우회금지권을 준 것으로 해석하는 우리의 견해를 뒷받침해준다.

넷째, 1201(a)(1)(B)-(D)에서 의회는 저작물 이용자의 비침해이용에 미칠 수 있는 부정적인 영향을 고려하여, 의회도서관에 1201(a)(1)(A)의 우회 금지가 3년간 그 이용자에게 적용되지 않는 저작물의 종류를 확인하도록 지시한다. 비슷한 조항이 1201(b)에는 없다. 우리는 이러한 비슷한 조항이 없는 이유는 의회가 저작권자의 새로운 우회 금지 권리와 공공의 저작물 접근권 사이에 균형을 잡을 필요성 때문이었다고 본다. 그래서 1201(a)(1)(B)-(D)에서 의회도서관이 접근을 제한하는 저작권자의 이익보다 공공의 접근권이 더 중요하다고 결론내리는 특별한 상황에서는 접근통제의 효과가 있는 조치를 우회해도 면책되도록 함으로써 공공의 접근권을 보장하고 있다.[10] 접근을 통제하는 저작권자의 권리를 제한하면서도, 의회도서관이 저

10) 예를 들면, 1201(a)에 따라서 의회도서관은 최근에 이용자들이 아이폰과 스마트폰으로 알려진 비슷한 무선전화기에 제3자의 소프트웨어 앱을 설치하고 구동하도록 하기 위해 이 전화기에 들어 있는 기술조치의 우회를 승인하였다. http://www.copyright.gov/fedreg/2010/75fr43825.pdf.

작권자가 갖는 본래의 배타적인 권리의 침해를 허락해서는 안 되고 침해가 허용되지 않는다. 의회도서관은 1201(a)(1)에 따라 만들고 한계가 설정된 우회금지권리를 수정할 권한만 있다.

우리의 1201(a) 및 (b)의 해석으로 두 조항이 중복되지 않는다. 우회 자체를 금지하는 1201(a)(1)(A)의 위반은 비슷한 우회 금지내용이 없는 1201(b)의 위반은 아니다. 접근 통제 조치의 우회를 쉽게 해주는 도구의 거래를 금지하는 1201(a)(2)의 위반이 저작권침해를 쉽게 해주는 도구의 거래를 금지하는 1201(b)(1)의 위반은 아니다. 물론 저작권자가 (1) 접근을 통제하고, (2) 저작권 침해를 보호하는 효과가 다 있는 조치를 한다면, 그 조치를 우회하는 도구를 거래하는 피고는 1201(a) 및 (b)에 따라 모두 책임질 수 있다. 그럼에도 불구하고 우리는 1201(a)와 (b)의 구조상 차이를 보면 다른 요건과 함께 다른 권리를 만들어서 다른 관심사를 다룬 의회의 의도가 반영되었다고 본다.

3. 우리의 디지털 저작권법 해석은 입법 연혁이 뒷받침한다

비록 법문이 쟁점을 해결하는데 충분하지만, 우리는 그 외 관련된 당사자의 주장을 다루기 위해 입법연혁도 보기로 한다. 입법연혁을 검토한 결과 의회가 전통의 저작권침해와 독립하여 1201(a)(2)의 새로운 우회금지권을 만들었고, 저작권자에게 1201(b) (1)에서 저작권침해에 대해 새로운 무기를 주었다는 견해가 타당하다. 예를 들면 상원 법사위원회 보고서는 1201(a)(2)와 (b)(1)이 서로 다르다고 설명한다. 또한 그것들은 2가지 다른 권리를 보호하기 위해 설계되었고, 2가지 다른 종류의 도구를 대상으로 하고 있으며, 많은 도구들이 두 조항 중 하나에만 적용될 것이다. 즉 1201(a)(2)는 저작물의 접근을 보호하기 위해 고안된 반면, 1201(b)(1)은 저작권자가 갖는 본래의 저작권을 보호하기 위해 고안되었다. 그래서 상원 법사위원회는 1201조가 다음과 같은 체계를 만들었다고 이해하였다.

효과적인 기술 보호 조치가 저작물의 접근을 막지 못하지만, 저작물의 복제를 막기 위해 고안되었다면, 그 기술조치를 우회하기 위한 도구의 제조자에 대한 청구는 1201(a)(2)가 아니라 1201(b)(1)에 따라 가능하다. 거꾸로 만약 효과적인 기술보호조치가 접근을 허락받은 사람에게만 저작물을 접근

하도록 제한하지만 저작물의 불법 복제, 전시, 공연, 배포를 막지 못한다면, 그 조치를 우회하는 도구의 제조자를 상대로 한 청구는 1201(b)(1)이 아니라 1201(a)(2)에 따라 가능하다.

상원 법사위원회는 1201(a)의 책임 사례와 침해의 연관성을 말하지 않았다. 만약 저작권자가 비밀번호를 사용하여 저작물의 접근을 효과적으로 보호하고 있다면,

비밀번호를 알아내거나 우회하거나 그렇게 하기 위한 방법을 만들어 내는 행위는 원래의 목적이 그러한 행위를 하기 위해서라면 1201(a)(2)(A)위반일 것이다. 이것은 도구의 원래 목적이 집을 침입하는데 사용될 때 그 도구를 이용하여 집에 침입하는 행위가 불법인 것과 거의 비슷하다.

하원 법사위원회도 1201(a)(2)를 비슷하게 설명한다. "저작권자가 저작물 접근을 통제하기 위해 쓰는 기술보호조치를 우회하는 행위는 책의 복제본을 얻기 위해 잠긴 방에 침입하는 행위와 비슷한 전자 방식의 행위이다." 저작물을 읽거나 보기 위해 비밀번호를 우회하거나 잠긴 방에 침입하는 행위는 저작권자가 가지고 있는 전통의 배타적인 권리 중 어느 것도 침해하지 않는다.

이러한 입법 과정을 보면 오늘날의 디지털 시대에 비추어 저작권자에게 효과적인 접근 통제 기술의 우회를 금지할 수 있는 독립된 권리를 주려는 의회의 의도를 확인할 수 있다. 1201(a)에서 의회는 소비자가 한정된 시간 동안, 또는 한정된 수의 이용자들이 저작물을 빌려서 이용하도록 허용하는 "주문형 시청"이나 "유료 시청"과 같이 저작권자가 디지털 형태로 저작물을 이용하도록 허용하는 것에 특히 관심을 가졌다. 하원 보고서는 다음과 같이 설명하였다.

이용자가 효과적으로 빌려 이용하는 "클라이언트-서버" 방식(예를 들면 값비싼 소프트웨어를 가끔 이용하는 사람이 이용권을 사거나, 유료 시청제로 영화 보기)으로 배포하는 저작물이 점점 늘어나고 있다. 이러한 환경에서 콘텐츠 제공자는 새로운 이용이 가능하도록 함과 동시에 저작권침해로부터 저작물을 보호하는 법률 체계가 필요할 것이다.

입법과정을 검토해보면 우리의 1201조 해석이 타당하다고 본다. (a)는 저

작권침해와 다른 새로운 우회금지권을 만든 반면, (b)는 저작권침해에 대한 전통의 금지를 강화하였다. 이제 우리는 1201조를 달리 해석한 연방항소법원의 판결을 살펴본다.

4. 연방항소법원 판결

연방항소법원은 디지털 저작권법을 달리 해석하였다. 그 법원은 1201(a)를 주장하는 원고에게 우회 기술이 원고의 저작권을 침해하거나 침해행위를 쉽게 해준다는 사실을 밝히라고 요구하였다. 체임벌린 판결[Chamberlain Group, Inc. v. Skylink Techs., Inc., 381 F.3d 1178, 1203 (Fed. Cir. 2004)]; Storage Tech. Corp. v. Custom Hardware Eng'g Consulting, Inc., 421 F.3d 1307 (Fed. Cir. 2005).

중요한 판결은 체임벌린 판결이다. 그 사건에서 원고는 차고 문의 개폐장치를 팔았는데, 문을 여는데 필요한 전송 신호를 끊임없이 바꾸어 범죄 위험을 줄이는 "롤링 코드(rolling code)" 보안 체계도 들어 있었다. 소비자는 차고 문을 여닫기 위해 신호를 바꾸는 송신기를 썼다.

원고는 원고의 개폐 장치에 쓰는 송신기를 판 피고를 상대로 1201(a)(2)에 따라 소송을 걸었다. 원고는 자신의 개폐장치와 송신기가 둘 다 저작권으로 보호되는 컴퓨터 프로그램을 갖고 있고, 롤링 코드 보안 체계는 그 프로그램에 대한 접근을 통제하는 기술 조치라고 주장하였다. 따라서 원고는 피고가 원고의 개폐장치와 호환되는 송신기를 팔아서 원고의 저작물에 대한 접근을 통제하는 효과가 있는 기술 조치(롤링 코드 보안 체계)의 우회 목적으로 쓰는 기술을 거래하였다고 주장하였다.

연방항소법원은 피고의 송신기가 원고 저작권으로 보호되는 컴퓨터프로그램을 침해하거나 침해를 도와주지 않았기 때문에, 피고가 1201(a)(2)를 어기지 않았다며 원고의 주장을 받아들이지 않았다. 체임버린 판결의 핵심은 디지털 저작권법의 적용범위가 저작권법 106조에서 규정한 권리로 제한된다는 결론이다. 그래서 1201(a)는 저작권자에게 새로운 우회 금지권을 준 것이 아니라, 피고가 저작물에 허락없이 접근하여 106조에 정한 저작권자의 권리를 침해하였을 때 새로운 청구 사유를 인정하였다고 판결했다. 따라서 1201(a)(2)에 따라 청구하는 원고는 침해와의 관계, 즉 피고의 우회 기술 거래가 저작권법이 저작권자에게 준 보호와 합리적인 연관관계가 있음을 밝혀야 한다. 연방항소법원은 다음과 같이 설명하였다.

침해가 쉽도록 도와주는 방식으로 접근통제를 우회하는 도구를 거래한 피고들은 1201(a)(2)에 따라 책임을 질 수 있다. 그러한 도구를 쓴 피고들은 침해를 하든 그렇지 않든 1201(a)(1)에 따라 책임을 질 수 있다. 권리통제를 우회하는 도구를 거래한 모든 피고들은 반드시 침해를 도와주어야 하기 때문에, 그들은 1201(b)에 따라 책임을 질 수 있다. 그러한 도구를 쓴 피고들은 저작권 침해에 책임을 질 수 있다. 그리고 마지막으로 우회 도구가 침해를 도와주지 않는다면 그 도구를 거래한 피고들은 1201조에 따른 책임은 없다.

체임벌린 판결은 여섯 가지 이유로 1201(a)가 저작권침해와 다른 새로운 우회금지권이 아니라 저작권침해와 연결된 새로운 청구사유를 만들었다고 결론지었다.

첫째, 체임벌린 판결은 의회가 저작권자와 정보 이용자 사이에 이익의 균형을 잡기 위해서 디지털 저작권법을 입법하였고, 침해 연계 요건은 그 균형을 실제 얻기 위해서 우회 금지권에 필요했다는 이유를 들었다. 둘째, 체임벌린 판결은 저작권자가 설령 오용하지 않는다 하더라도 저작물의 공정이용을 배타적으로 금지하려고 접근 통제권을 쓸 수 있다는 것을 두려워하였다. 셋째, 체임벌린 판결은 1201(a)가 독점금지법과 저작권 오용 원리에 위반하여 부품시장의 독점을 허용할 수 있다고 걱정하였다. 넷째, 체임벌린 판결은 저작물을 보관하고 있는 집에 들어가기 위해 도둑방지 경보를 무력화하는 행위로 디지털 저작권법에 따른 책임을 지는 것과 같이 "터무니없고 끔찍한 결과"를 막기 위해 침해 연계 요건이 필요하다고 보았다. 다섯째, 체임벌린 판결은 의회가 헌법의 저작권 조항에 따른 권한을 올바로 행사하기 위해서는 침해 연계 요건이 필요하다고 판시했다. 저작권 조항은 의회에게 "저작물에 대한 공중의 접근을 허용하기 위해 … 저작자에게 주어야 하는 제한된 독점의 범위를 정의하는 임무"를 의회에 주었다. 침해 연계 요건이 없으면 의회는 1201(a)에서 우회를 허용하지 않는 곳에 효과적인 접근 통제 조치를 둠으로써 공중의 모든 접근을 거부하는 행위를 허용할 수도 있다.

마지막으로 체임벌린 법원은 침해 연계 요건은 저작권법 내부의 일관성을 위해서 필요하다고 보았다. 함께 입법된 1201(c)(1)은 "이 조항은 이 법에 따른 공정이용을 포함하여 저작권 침해에 관련된 권리, 구제, 제한, 항변에 영향을 미치지 않는다."고 규정하고 있다는 이유를 들었다. 체임벌린 법원은 만약 1201(a)가 저작권법의 다른 내용과 무관하게 접근에 대한 책임을 규정했다면, 구제와 항변이 아니라면 권리와 제한에는 명확하게 영향을 미쳤을 것이라는 의견이었다.

따라서 연방항소법원은 피고가 침해를 도와주지 않는 도구를 거래했다면 1201(a)(2)에 따른 청구는 인정되지 않는다고 판결했다.

5. 우리는 침해 연계 요건을 받아들이지 않는다

연방항소법원이 체임벌린 판결에서 보여 준 정책상의 고려를 인정하지만, 우리는 법률의 명확한 문언과 반대되기 때문에 그 해석을 따를 수 없다. 또한 연방항소법원은 우리의 법률 해석 논리를 인정하지 않았고, 위임받은 의회가 다루어야 할 정책적 고려를 바탕으로 하고 있다.

ⅰ. 법률상 불일치

침해 연계 요건을 요구하는 체임벌린 판결에 따른다면, 우리는 법률의 뚜렷한 문언을 무시하게 될 것이다. 1201(a)에서 침해와 다른 새로운 우회금지권을 만든 의회의 의도를 보여주는 중요한 법문상 증거가 있다. 위에서 설명한 대로, 이 증거는 (1) 1201(b)(1)만을 분명하게 침해와 연결한 의회의 선택, (2) 역변환과 암호 해제의 도구가 저작권을 침해하지 않고 저작물 접근만 가능하게 한다 할지라도, 1201(a)의 책임을 질 수 있다는 1201(a)(3)(A)의 규정, (3) 1201(a)(1)로부터 어떤 비침해행위를 면책하기 위해 의회는 1201(a)(1) (B)-(D)를 만들었는데, 이는 침해 연계 요건이 있다면 필요없을 내용이다.

법문이 뚜렷하기 때문에 우리의 결론에는 필요없지만, 입법과정도 의회가 저작권을 침해하지 않는 우회와 그 도구의 거래를 금지하려고 했다는 결론을 뒷받침하고 있다. 또한 1201(a)에 침해 연계를 요구한다면, 우리는 비침해 접근에 대해 구제받도록 하기 위해 의회가 준 중요한 권리집행 수단을 저작권자로부터 빼앗게 된다. 예를 들면 저작권자는 접근 통제 조치로 보호되는 영화나 음악을 직접 또는 간접으로 돈을 내고 온라인에서 이용하도록 허락할 수 있다.

체임벌린 법원은 만약 1201(a)가 저작권법의 다른 내용과 무관하게 접근에 대한 책임을 인정했다면, "구제나 항변이 아니라면, 권리와 제한에 뚜렷하게 영향을 미쳤을 것이다."라는 이유를 들었다. 이 긴장은 1201(a)가 저작권자가 가진 전통의 배타적인 권리와 다른 새로운 우회금지권을 만들었다는 우리의 인식으로 사라진다. 그러면 1201(a)가 106조의 배타적인 권리 체계나 공정이용을 포함한 항변들을 제한하지 않게 된다.[11] 그래서 우리는 법문과 구조에 대한 체임벌린 판결의 해석이 설득력이 없다고 본다.

ii. 해석상 추가 고려 사항

우리는 의회의 의도를 보여주는 증거가 더 필요하지 않지만, 체임벌린 판결을 인용하는 당사자들이 다른 주장을 내놓고 있어서 짧게 살펴본다. 체임벌린 판결은 1201(a) 해석을 뒷받침하기 위해 정책적인 고려사항에 크게 기대고 있다. 먼저 우리는 그러한 고려가 법률의 뚜렷한 법문과 구조를 뛰어넘을 수 없다고 강조한다. 이 사건에서 허용될 수 있는 고려사항이 있다 하더라도, 우리는 침해 연계 요건을 채택할 필요가 없다고 본다. 체임벌린 법원은 1201(a)가 독점금지법과 저작권 오용 원칙과의 긴장속에서 부품 시장의 독점을 허용하게 될까 두려워했다(Eastman, 504 U.S. 455 (독점금지); Assessment Techs., 350 F.3d, 647 (저작권 오용) 인용).

독점금지법과 관련하여 이 사건에서는 블리자드가 경쟁 게임을 제공하는 직접 경쟁자를 사업에서 내쫒으려고 하지 않았고 당사자들도 다투지 않기 때문에 뚜렷한 반경쟁행위 쟁점이 없다. 만약 앞으로 다른 사건에서 1201(a)(2)의 피고가 독점금지법을 위반하는 방식으로 우회금지권을 행사하려고 한다고 주장한다면, 우리는 그 때 가서 새로운 우회금지권과 독점금지

11) 체임벌린 법원처럼 우리도 저작권법 107조의 공정이용과 1201조 위반 사이의 관계를 다룰 필요가 없고 다루지 않는다. 원고는 글라이더 이용이 워크래프트의 움직이는 비문언 요소들의 공정이용이라고 주장하지 않았다. 따라서 우리 역시 공정이용이 1201조 위반에 대해 적극 항변으로 작용할 수 있는지의 문제는 남겨 둔다.

법 사이의 상호관계를 살펴볼 것이다.

체임벌린 판결은 저작물을 보관하고 있는 집에 접근하기 위해 도둑 경보를 무력화하는 행위로 디지털 저작권법 책임을 지는 것과 같은 “터무니없고 끔찍한 결과”를 막기 위해 침해 연계 요건이 필요하다고 보았다. 나아가 연방항소법원은 침해 연계 요건이 없으면, 1201(a)로 저작권자는 공중의 우회가 허락되지 않는 곳에 효과적인 접근 통제 조치를 둠으로써 모든 접근을 거부할 수 있다고 걱정한다. 두 가지 관심사는 부풀려졌지만, 정당한 관심사로 받아들인다 해도, 이 때문에 침해 연계 요건을 부과하는 법 해석이 허용되지 않는다. 1201(a)가 다른 권리를 만들었다고 해서, 공공의 권리와 저작권법에 따라 저작권자가 갖는 전통의 권리 사이에 균형을 흔들지 않는다. 나아가 1201(a)(1)(B)-(D)는 의회 도서관에 공공의 이익을 위해 1201(a)의 우회금지권에 대한 예외를 만들도록 하고 있다. 만약 공중이 저작물에 접근하기 위해 더 큰 보호가 필요하다면, 의회는 법을 개정하여 보호할 것이다.

요약하면 우리는 입법 과정과 함께 법률을 공정하게 해석하면 의회가 침해 연계 요건없이 1201(a)로 우회금지권을 만들었다고 결론내린다. 그래서 체임벌린 판결이 밝힌 우려를 받아들인다 해도, 그러한 우려 때문에 우리가 의회의 의도를 뛰어넘고 법문에 없는 요소를 더할 권한이 없다. 따라서 우리는 침해 연계 요건의 부과를 거부한다. 이제 우리는 원고가 1201(a)(2)와 (b)(1)을 어겼는지를 살펴본다.

E. 블리자드의 1201(a)(2) 청구

1. 워크래프트의 문언 요소들과 개별 비문언 요소들

우리는 원고의 글라이더가 워크래프트의 문언 요소들과 개별 비문언 요소들과 관련하여 1201(a)(2)를 어기지 않았다는 지방법원의 결론에 동의한다. 왜냐하면 워든은 이러한 요소들에 접근을 통제하는 효과가 없기 때문이다. 첫째, 워든은 워크래프트의 문언 요소들에 대한 접근을 통제하지 않는다. 이러한 요소들－게임 클라이언트 소프트웨어 코드－은 게임 클라이언트 소프트웨어가 설치된 이상 게임자의 하드 드라이브에 있기 때문이다. 둘째, 지방법원은 다음과 같이 인정하였다.

워크래프트의 개별 비문언 요소들은 서버에 접속하지 않고도 이용자가 접근할 수 있다. 변론할 때 예시된 것처럼, 게임 클라이언트 소프트웨어의 소유자는 그 소프트웨어 안에서 화면이미지나 녹음된 소리를 불러내기 위해 다른 컴퓨터 프로그램을 사서 이용할 수 있다. 예를 들면 이용자는 게임 안의 특정 괴물을 불러서 그의 소리를 들을 수 있다. 또는 이용자는 그 괴물의 화면 이미지를 불러낼 수 있다.

게임자가 워크래프트의 개별 비문언 요소들에 접근하기 위해 워든을 마주칠 필요가 없기 때문에, 워든은 이러한 요소들에 대한 접근을 통제하는 효과가 없다. 우리 결론은 연방 제6항소법원의 Lexmark International v. Static Control Components, 387 F.3d 522 (6th Cir. 2004) 판결과 같다. 렉스마크 사건에서 원고는 레이저프린터를 팔았는데 저작권으로 보호되는 소프트웨어가 확인하는 인증시퀀스가 들어 있었다. 이를 통해 원고의 토너 카트리지만이 프린터에 넣을 수 있었다. 피고는 원고의 프린터와 호환되는 다른 회사의 카트리지에 주는 인증시퀀스를 만들 수 있는 마이크로칩을 팔았다.

제6항소법원은 인증 시퀀스가 저작권으로 보호되는 컴퓨터 프로그램의 접근을 통제하는 효과가 없기 때문에 1201(a)(2)에 따른 원고의 청구를 기각하였다. 원고 프린터를 구입하기만 해도 그 프로그램에 접근할 수 있었다. 프린터 구입자는 인증 시퀀스를 거치지 않고도 프린터 메모리로부터 직접 프로그램 코드를 읽을 수 있었다. 그래서 인증 시퀀스는 한 가지 형태의 접근, 즉 프린터 이용만을 차단하였다. 그러나 다른 형태의 접근, 즉 컴퓨터 프로그램의 문자 코드를 읽고 이용하는 접근을 막지 않았다. 제6항소법원은 다음과 같이 설명하였다.

앞문에는 없는 뒷문 자물쇠가 집에 대한 접근을 통제한다고 말할 수 없고, 집 매수인이 열쇠를 받은 뒤 문의 자물쇠가 집의 접근을 통제한다고 말할 수 없는 것처럼, 디지털 저작권법의 이 조항이 쉽게 접근할 수 있는 저작물에 적용된다고 말하는 것은 옳지 않다. 여기에 디지털 저작권법이 접근을 통제하기 위한 기술 조치를 요구할 뿐만 아니라 그 접근을 효과적으로 통제하는 조치를 요구한다는 사실(1201(a)(2))을 더하면, 이 조항이 한 가지 형태의 접근을 제한하지만 다른 접근 방법은 널리 열어 놓은 기술조치에까지 자연스럽게 확대되지 않음은 분명한 것 같다.

이 사건에서 워크래프트의 게임 클라이언트를 산 게임자는 게임의 문언 요소와 개별 비문언 요소들을 접근할 수 있다. 워든은 이러한 요소들에 대한 한 가지 접근 형태, 즉 서버에 연결되어 있는 동안의 접근 가능성을 차단하고 있다. 그러나 렉스마크 사건의 상황과 비슷하게, 워든은 이용자의 컴퓨터에서 직접 이러한 요소들을 접근할 수 있게 열어놓았다. 우리는 워든이 워크래프트의 문언 요소와 개별 비문언 요소들과 관련하여 접근을 통제하는 조치로서 효과가 없다고 결론내린다.

2. 워크래프트의 움직이는 비문언 요소들

우리는 원고가 워크래프트의 움직이는 비문언 요소들과 관련하여 1201(a)(2)를 위반하는 여섯 가지 법문 내용에 들어맞는다고 본다. 즉 원고는 (6)저작물에 (5)접근을 통제하는 효과가 있는 (4)기술 조치를 우회하기 위해 (3)고안, 생산, 판매되며, 그 우회외에 상업상 의미 있는 사용이 제한되는 (2)기술 또는 그 일부를 (1)거래하였다.

처음 두 요소는 원고가 기술 또는 그 일부를 거래, 즉 글라이더를 팔았기 때문에 충족되었다. 원고가 워든을 우회하는 용도로 글라이더를 팔았고 그래서 1201(a)(2)(C)의 요건을 충족했다는 사실을 블리자드가 밝혔기 때문에 셋째와 넷째 요소에도 해당된다. 글라이더는 워크래프트 게임을 쉽게 하도록 도와주는 것외에 다른 기능은 없다. 지방법원이 판결했듯이, 워크래프트의 움직이는 비문언 요소들은 저작물이기 때문에 여섯째 요소에도 해당된다. Atari Games Corp. v. Oman, 888 F.2d 878, 884-85 (D.C. Cir. 1989) (컴퓨터 게임의 화면은 비록 일부는 이용자의 입력에 따라서 생긴다 하더라도, 소프트웨어 프로그램 코드와 별개로 저작권으로 보호될 수 있다).

워든이 접근을 통제하는 조치로 효과가 있기 때문에 다섯 번째 요소에 들어맞는다. 저작물에 대한 접근을 통제하는 효과가 있기 위해서는 기술조치가 "저작물에 접근하기 위해 저작권자의 허락으로 정상의 작동 과정에서 정보, 또는 절차나 처리의 적용을 요구"해야 한다. 1201(a)(3)(B). 워든의 두 가지 구성물은 둘 다 "정보, 또는 절차나 처리의 적용을 요구"하고 있다. 게임자가 워크래프트의 움직이는 비문언 요소에 접근할 수 있도록 블리자드의 서버에 연결하기 위해서는 스캔 파일이 게임자 컴퓨터의 램을 검사하고 봇이나 치트가 없음을 확인한다. 상주 파일도 이용자가 저작물을 계속 접근하기 위한 "절차"로서 요구하고 있다. 이용자 컴퓨터는 램에서 구동하고 있는 워크래프트 코드 부분을 서버에 보고해야 한다. 또한 워든은 블리자드가 제공하고 있기 때문에 저작권자의 허락을 받아 작동하고 있다. 따라서 워든은 워크래프트의 움직이는 비문언요소에 접근을 통제하는 효과가 있다. 우리는 워크래프트의 움직이는 비문언 요소와 관련하여 원고가 1201(a)(2)에 따라 책임이 있다고 판결한다.[12] 우리는 향후의 1201(a)(2) 위반을 막기 위해 원고에 대한 지방법원의 금지명령을 인용한다.

F. 블리자드의 1201(b)(1) 청구

블리자드의 1201(b)(1)에 따른 청구가 성립되기 위해서는 워든이 저작권법상 블리자드의 "권리를 보호하는 효과"가 있어야 한다. 블리자드는 워든이 불법 복제로부터 복제권을 보호하고 있다고 주장하고 있다. 우리는 동의하지 않는다.

첫째, 워크래프트 게임자가 게임을 하는 동안 램에 소프트웨어 코드를 복사하지만, 블리자드의 약관과 이용조건은 허가받은 게임자들이 그렇게 하도록 허락하고 있다. 우리는 이용조건 4(B)의 봇 금지는 조건이라기보다는 약정이라고 설명하였다. 그래서 이 약정을 어긴 글라이더 이용자가 코드를 램에 복사해도 침해가 되지 않는다. 원고가 허락받고 램에 코드를 복사하는 행위를 방해하는 워든을 피할 수 있도록 했다 하더라도 글라이더 이용자들은 1201(b)(1)을 어기지 않았다.

둘째, 비록 워크래프트 게임자들이 이론상 화면을 찍어서 게임내용을 기록할 수 있다 해도, 워든이 그러한 침해행위를 탐지하거나 막는다는 증거는 없다. 워든은 치트나 봇을 줄이는 목적이었고 워크래프트의 움직이는 비문언 요소의 복제를 막기 위해서 고안된 것은 아니었다. 우리는 워든이 저작권법이 규정한 블리자드의 저작권권을 보호하는 효과가 없고, 원고는 글라이더의 워든 우회행위로 1201(b)(1) 위반 책임이 없다고 결론내린다.

---

12) 디지털 저작권법은 선의의 위반자는 손해배상액의 감액 또는 면제를 청구할 수 있도록 하고 있다. 1203(c)(5).

Ⅵ. (원고의 계약 불법 침해 부분 생략)

Ⅶ.

지방법원은 원고의 불법 계약 침해, 간접 저작권침해, 디지털 저작권법 위반에 도넬리 개인의 책임이 있다고 판단했다. 우리는 원고가 간접 저작권 침해 책임이 없고, 워크래프트의 움직이는 비문언 요소와 관련해서만 디지털 저작권법 1201(a)(2)를 위반한 책임이 있다고 결정했기 때문에 지방법원의 판결을 취소한다. 또한 우리는 아리조나 법에 따라 블리자드의 불법 계약 침해 청구에 대한 요약 판결이 부당하다고 결론내린다. 따라서 환송심에서 지방법원은 도넬리의 개인 책임 문제를 다시 살펴보아야 한다. 지방법원 판결을 취소하고 이 의견에 맞는 추가 절차를 위해 되돌려 보낸다.

소송비용은 각자 부담한다.

■ 부 록

Copyright Law of the United States of America*)

Chapter 1 Subject Matter and Scope of Copyright

§101. Definitions

Except as otherwise provided in this title, as used in this title, the following terms and their variant forms mean the following :

An "anonymous work" is a work on the copies or phonorecords of which no natural person is identified as author.

An "architectural work" is the design of a building as embodied in any tangible medium of expression, including a building, architectural plans, or drawings. The work includes the overall form as well as the arrangement and composition of spaces and elements in the design, but does not include individual standard features.

"Audiovisual works" are works that consist of a series of related images which are intrinsically intended to be shown by the use of machines or devices such as projectors, viewers, or electronic equipment, together with accompanying sounds, if any, regardless of the nature of the material objects, such as films or tapes, in which the works are embodied.

The "Berne Convention" is the Convention for the Protection of Literary and Artistic Works, signed at Berne, Switzerland, on September 9, 1886, and all acts, protocols, and revisions thereto.

The "best edition" of a work is the edition, published in the United States at any time before the date of deposit, that the Library of Congress determines to be most suitable for its purposes.

A person's "children" are that person's immediate offspring, whether legitimate or not, and any children legally adopted by that person.

---

*) 미국 저작권법은 분량이 많아 본문에 관련된 일부 내용(2017년 3월 기준)만 실었다. 미국 저작권법 전문과 자세한 입법연혁, 기타 관련 자료는 미국저작권청 웹사이트 www.copyright.gov에서 구할 수 있다.

A "collective work" is a work, such as a periodical issue, anthology, or encyclopedia, in which a number of contributions, constituting separate and independent works in themselves, are assembled into a collective whole.

A "compilation" is a work formed by the collection and assembling of preexisting materials or of data that are selected, coordinated, or arranged in such a way that the resulting work as a whole constitutes an original work of authorship.

The term "compilation" includes collective works.

A "computer program" is a set of statements or instructions to be used directly or indirectly in a computer in order to bring about a certain result.

"Copies" are material objects, other than phonorecords, in which a work is fixed by any method now known or later developed, and from which the work can be perceived, reproduced, or otherwise communicated, either directly or with the aid of a machine or device. The term "copies" includes the material object, other than a phonorecord, in which the work is first fixed.

"Copyright owner", with respect to any one of the exclusive rights comprised in a copyright, refers to the owner of that particular right.

A "Copyright Royalty Judge" is a Copyright Royalty Judge appointed under section 802 of this title, and includes any individual serving as an interim Copyright Royalty Judge under such section.

A work is "created" when it is fixed in a copy or phonorecord for the first time; where a work is prepared over a period of time, the portion of it that has been fixed at any particular time constitutes the work as of that time, and where the work has been prepared in different versions, each version constitutes a separate work.

A "derivative work" is a work based upon one or more preexisting works, such as a translation, musical arrangement, dramatization, fictionalization, motion picture version, sound recording, art reproduction, abridgment, condensation, or any other form in which a work may be recast, transformed, or adapted. A work consisting of editorial revisions, annotations, elaborations, or other modifications, which, as a whole, represent an original work of authorship, is a "derivative work".

A "device", "machine", or "process" is one now known or later developed.

A "digital transmission" is a transmission in whole or in part in a digital or other nonanalog format.

To "display" a work means to show a copy of it, either directly or by means of a film, slide, television image, or any other device or process or, in the case of a motion picture or other audiovisual work, to show individual images nonsequentially.

An "establishment" is a store, shop, or any similar place of business open to the general public for the primary purpose of selling goods or services in which the majority of the gross square feet of space that is nonresidential is used for that purpose, and in which nondramatic musical works are performed publicly.

The term "financial gain" includes receipt, or expectation of receipt, of anything of value, including the receipt of other copyrighted works.

A work is "fixed" in a tangible medium of expression when its embodiment in a copy or phonorecord, by or under the authority of the author, is sufficiently permanent or stable to permit it to be perceived, reproduced, or otherwise communicated for a period of more than transitory duration. A work consisting of sounds, images, or both, that are being transmitted, is "fixed" for purposes of this title if a fixation of the work is being made simultaneously with its transmission.

A "food service or drinking establishment" is a restaurant, inn, bar, tavern, or any other similar place of business in which the public or patrons assemble for the primary purpose of being served food or drink, in which the majority of the gross square feet of space that is nonresidential is used for that purpose, and in which nondramatic musical works are performed publicly.

The "Geneva Phonograms Convention" is the Convention for the Protection of Producers of Phonograms Against Unauthorized Duplication of Their Phonograms, concluded at Geneva, Switzerland, on October 29, 1971.

The "gross square feet of space" of an establishment means the entire interior space of that establishment, and any adjoining outdoor space used to serve patrons, whether on a seasonal basis or otherwise.

The terms "including" and "such as" are illustrative and not limitative.

An "international agreement" is.

(1) the Universal Copyright Convention;

(2) the Geneva Phonograms Convention;
(3) the Berne Convention;
(4) the WTO Agreement;
(5) the WIPO Copyright Treaty;
(6) the WIPO Performances and Phonograms Treaty; and
(7) any other copyright treaty to which the United States is a party.

A "joint work" is a work prepared by two or more authors with the intention that their contributions be merged into inseparable or interdependent parts of a unitary whole.

"Literary works" are works, other than audiovisual works, expressed in words, numbers, or other verbal or numerical symbols or indicia, regardless of the nature of the material objects, such as books, periodicals, manuscripts, phonorecords, film, tapes, disks, or cards, in which they are embodied.

The term "motion picture exhibition facility" means a movie theater, screening room, or other venue that is being used primarily for the exhibition of a copyrighted motion picture, if such exhibition is open to the public or is made to an assembled group of viewers outside of a normal circle of a family and its social acquaintances.

"Motion pictures" are audiovisual works consisting of a series of related images which, when shown in succession, impart an impression of motion, together with accompanying sounds, if any.

To "perform" a work means to recite, render, play, dance, or act it, either directly or by means of any device or process or, in the case of a motion picture or other audiovisual work, to show its images in any sequence or to make the sounds accompanying it audible.

A "performing rights society" is an association, corporation, or other entity that licenses the public performance of nondramatic musical works on behalf of copyright owners of such works, such as the American Society of Composers, Authors and Publishers (ASCAP), Broadcast Music, Inc. (BMI), and SESAC, Inc.

"Phonorecords" are material objects in which sounds, other than those accompanying a motion picture or other audiovisual work, are fixed by any method now known or later developed, and from which the sounds can be perceived, reproduced, or otherwise communicated, either directly or with the aid of a machine or device. The term "phonorecords" includes the material object in which the sounds are first fixed.

"Pictorial, graphic, and sculptural works" include two-dimensional and threedimensional works of fine, graphic, and applied art, photographs, prints and art reproductions, maps, globes, charts, diagrams, models, and technical drawings, including architectural plans. Such works shall include works of artistic craftsmanship insofar as their form but not their mechanical or utilitarian aspects are concerned; the design of a useful article, as defined in this section, shall be considered a pictorial, graphic, or sculptural work only if, and only to the extent that, such design incorporates pictorial, graphic, or sculptural features that can be identified separately from, and are capable of existing independently of, the utilitarian aspects of the article.

For purposes of section 513, a "proprietor" is an individual, corporation, partnership, or other entity, as the case may be, that owns an establishment or a food service or drinking establishment, except that no owner or operator of a radio or television station licensed by the Federal Communications Commission, cable system or satellite carrier, cable or satellite carrier service or programmer, provider of online services or network access or the operator of facilities therefor, telecommunications company, or any other such audio or audiovisual service or programmer now known or as may be developed in the future, commercial subscription music service, or owner or operator of any other transmission service, shall under any circumstances be deemed to be a proprietor.

A "pseudonymous work" is a work on the copies or phonorecords of which the author is identified under a fictitious name.

"Publication" is the distribution of copies or phonorecords of a work to the public by sale or other transfer of ownership, or by rental, lease, or lending. The offering to distribute copies or phonorecords to a group of persons for purposes of further distribution, public performance, or public display, constitutes publication. A public performance or display of a work does not of itself constitute publication.

To perform or display a work "publicly" means.

(1) to perform or display it at a place open to the public or at any place where a substantial number of persons outside of a normal circle of a

family and its social acquaintances is gathered; or

(2) to transmit or otherwise communicate a performance or display of the work to a place specified by clause (1) or to the public, by means of any device or process, whether the members of the public capable of receiving the performance or display receive it in the same place or in separate places and at the same time or at different times.

"Registration", for purposes of sections 205(c)(2), 405, 406, 410(d), 411, 412, and 506(e), means a registration of a claim in the original or the renewed and extended term of copyright.

"Sound recordings" are works that result from the fixation of a series of musical, spoken, or other sounds, but not including the sounds accompanying a motion picture or other audiovisual work, regardless of the nature of the material objects, such as disks, tapes, or other phonorecords, in which they are embodied.

"State" includes the District of Columbia and the Commonwealth of Puerto Rico, and any territories to which this title is made applicable by an Act of Congress.

A "transfer of copyright ownership" is an assignment, mortgage, exclusive license, or any other conveyance, alienation, or hypothecation of a copyright or of any of the exclusive rights comprised in a copyright, whether or not it is limited in time or place of effect, but not including a nonexclusive license.

A "transmission program" is a body of material that, as an aggregate, has been produced for the sole purpose of transmission to the public in sequence and as a unit.

To "transmit" a performance or display is to communicate it by any device or process whereby images or sounds are received beyond the place from which they are sent.

A "treaty party" is a country or intergovernmental organization other than the United States that is a party to an international agreement.

The "United States", when used in a geographical sense, comprises the several States, the District of Columbia and the Commonwealth of Puerto Rico, and the organized territories under the jurisdiction of the United States Government.

For purposes of section 411, a work is a "United States work" only if.

(1) in the case of a published work, the work is first published.

(A) in the United States;

(B) simultaneously in the United States and another treaty party or parties, whose law grants a term of copyright protection that is the same as or longer than the term provided in the United States;

(C) simultaneously in the United States and a foreign nation that is not a treaty party; or

(D) in a foreign nation that is not a treaty party, and all of the authors of the work are nationals, domiciliaries, or habitual residents of, or in the case of an audiovisual work legal entities with headquarters in, the United States;

(2) in the case of an unpublished work, all the authors of the work are nationals, domiciliaries, or habitual residents of the United States, or, in the case of an unpublished audiovisual work, all the authors are legal entities with headquarters in the United States; or

(3) in the case of a pictorial, graphic, or sculptural work incorporated in a building or structure, the building or structure is located in the United States.

A "useful article" is an article having an intrinsic utilitarian function that is not merely to portray the appearance of the article or to convey information. An article that is normally a part of a useful article is considered a "useful article".

The author's "widow" or "widower" is the author's surviving spouse under the law of the author's domicile at the time of his or her death, whether or not the spouse has later remarried.

The "WIPO Copyright Treaty" is the WIPO Copyright Treaty concluded at Geneva, Switzerland, on December 20, 1996.

The "WIPO Performances and Phonograms Treaty" is the WIPO Performances and Phonograms Treaty concluded at Geneva, Switzerland, on December 20, 1996.

A "work of visual art" is.

(1) a painting, drawing, print or sculpture, existing in a single copy, in a limited edition of 200 copies or fewer that are signed and consecutively numbered by the author, or, in the case of a sculpture, in multiple cast,

carved, or fabricated sculptures of 200 or fewer that are consecutively numbered by the author and bear the signature or other identifying mark of the author; or

(2) a still photographic image produced for exhibition purposes only, existing in a single copy that is signed by the author, or in a limited edition of 200 copies or fewer that are signed and consecutively numbered by the author.

A work of visual art does not include.

(A)(i) any poster, map, globe, chart, technical drawing, diagram, model, applied art, motion picture or other audiovisual work, book, magazine, newspaper, periodical, data base, electronic information service, electronic publication, or similar publication;

(ii) any merchandising item or advertising, promotional, descriptive, covering, or packaging material or container;

(iii) any portion or part of any item described in clause (i) or (ii);

(B) any work made for hire; or

(C) any work not subject to copyright protection under this title.

A "work of the United States Government" is a work prepared by an officer or employee of the United States Government as part of that person's official duties.

A "work made for hire" is.

(1) a work prepared by an employee within the scope of his or her employment; or

(2) a work specially ordered or commissioned for use as a contribution to a collective work, as a part of a motion picture or other audiovisual work, as a translation, as a supplementary work, as a compilation, as an instructional text, as a test, as answer material for a test, or as an atlas, if the parties expressly agree in a written instrument signed by them that the work shall be considered a work made for hire. For the purpose of the foregoing sentence, a "supplementary work" is a work prepared for publication as a secondary adjunct to a work by another author for the purpose of introducing, concluding, illustrating, explaining, revising, commenting upon, or assisting in the use of the other work, such as forewords, afterwords, pictorial illustrations, maps, charts, tables, editorial notes, musical arran-

gements, answer material for tests, bibliographies, appendixes, and indexes, and an "instructional text" is a literary, pictorial, or graphic work prepared for publication and with the purpose of use in systematic instructional activities.

In determining whether any work is eligible to be considered a work made for hire under paragraph (2), neither the amendment contained in section 1011(d) of the Intellectual Property and Communications Omnibus Reform Act of 1999, as enacted by section 1000(a)(9) of Public Law 106-113, nor the deletion of the words added by that amendment.

(A) shall be considered or otherwise given any legal significance, or

(B) shall be interpreted to indicate congressional approval or disapproval of, or acquiescence in, any judicial determination, by the courts or the Copyright Office. Paragraph (2) shall be interpreted as if both section 2(a)(1) of the Work Made for Hire and Copyright Corrections Act of 2000 and section 1011(d) of the Intellectual Property and Communications Omnibus Reform Act of 1999, as enacted by section 1000(a)(9) of Public Law 106-113, were never enacted, and without regard to any inaction or awareness by the Congress at any time of any judicial determinations.

The terms "WTO Agreement" and "WTO member country" have the meanings given those terms in paragraphs (9) and (10), respectively, of section 2 of the Uruguay Round Agreements Act.

§102. Subject matter of copyright : In general

(a) Copyright protection subsists, in accordance with this title, in original works of authorship fixed in any tangible medium of expression, now known or later developed, from which they can be perceived, reproduced, or otherwise communicated, either directly or with the aid of a machine or device. Works of authorship include the following categories :

(1) literary works;

(2) musical works, including any accompanying words;

(3) dramatic works, including any accompanying music;

(4) pantomimes and choreographic works;

(5) pictorial, graphic, and sculptural works;

(6) motion pictures and other audiovisual works;

(7) sound recordings; and

(8) architectural works.

(b) In no case does copyright protection for an original work of authorship extend to any idea, procedure, process, system, method of operation, concept, principle, or discovery, regardless of the form in which it is described, explained, illustrated, or embodied in such work.

§103. Subject matter of copyright : Compilations and derivative works

(a) The subject matter of copyright as specified by section 102 includes compilations and derivative works, but protection for a work employing preexisting material in which copyright subsists does not extend to any part of the work in which such material has been used unlawfully.

(b) The copyright in a compilation or derivative work extends only to the material contributed by the author of such work, as distinguished from the preexisting material employed in the work, and does not imply any exclusive right in the preexisting material. The copyright in such work is independent of, and does not affect or enlarge the scope, duration, ownership, or subsistence of, any copyright protection in the preexisting material.

§104. Subject matter of copyright : National origin

§104a. Copyright in restored works

§105. Subject matter of copyright : United States Government works

Copyright protection under this title is not available for any work of the United States Government, but the United States Government is not precluded from receiving and holding copyrights transferred to it by assignment, bequest, or otherwise.

§106. Exclusive rights in copyrighted works

Subject to sections 107 through 122, the owner of copyright under this title has the exclusive rights to do and to authorize any of the following :

(1) to reproduce the copyrighted work in copies or phonorecords;

(2) to prepare derivative works based upon the copyrighted work;

(3) to distribute copies or phonorecords of the copyrighted work to the public by sale or other transfer of ownership, or by rental, lease, or lending;

(4) in the case of literary, musical, dramatic, and choreographic works, pantomimes, and motion pictures and other audiovisual works, to perform the copyrighted work publicly;

(5) in the case of literary, musical, dramatic, and choreographic works, pantomimes, and pictorial, graphic, or sculptural works, including the individual images of a motion picture or other audiovisual work, to display the copyrighted work publicly; and

(6) in the case of sound recordings, to perform the copyrighted work publicly by means of a digital audio transmission.

§106a. Rights of certain authors to attribution and integrity

(a) Rights of Attribution and Integrity.—Subject to section 107 and independent of the exclusive rights provided in section 106, the author of a work of visual art.

(1) shall have the right.

(A) to claim authorship of that work, and

(B) to prevent the use of his or her name as the author of any work of visual art which he or she did not create;

(2) shall have the right to prevent the use of his or her name as the author of the work of visual art in the event of a distortion, mutilation, or other modification of the work which would be prejudicial to his or her honor or reputation; and

(3) subject to the limitations set forth in section 113(d), shall have the right.

(A) to prevent any intentional distortion, mutilation, or other modification of that work which would be prejudicial to his or her honor or reputation, and any intentional distortion, mutilation, or modification of that work is a violation of that right, and

(B) to prevent any destruction of a work of recognized stature, and any intentional or grossly negligent destruction of that work is a violation of that right.

(b) Scope and Exercise of Rights..Only the author of a work of visual art has the rights conferred by subsection (a) in that work, whether or not the author is the copyright owner. The authors of a joint work of visual art are coowners of the rights conferred by subsection (a) in that work.

(c) Exceptions..(1) The modification of a work of visual art which is the result of the passage of time or the inherent nature of the materials is not a distortion, mutilation, or other modification described in subsection (a)(3)(A).

(2) The modification of a work of visual art which is the result of conservation, or of the public presentation, including lighting and placement, of the work is not a destruction, distortion, mutilation, or other modification described in subsection (a)(3) unless the modification is caused by gross negligence.

(3) The rights described in paragraphs (1) and (2) of subsection (a) shall not apply to any reproduction, depiction, portrayal, or other use of a work in, upon, or in any connection with any item described in subparagraph (A) or (B) of the definition of "work of visual art" in section 101, and any such reproduction, depiction, portrayal, or other use of a work is not a destruction, distortion, mutilation, or other modification described in paragraph (3) of subsection (a).

(d) Duration of Rights. (1) With respect to works of visual art created on or after the effective date set forth in section 610(a) of the Visual Artists Rights Act of 1990, the rights conferred by subsection (a) shall endure for a term consisting of the life of the author.

(2) With respect to works of visual art created before the effective date set forth in section 610(a) of the Visual Artists Rights Act of 1990, but title to which has not, as of such effective date, been transferred from the author, the rights conferred by subsection (a) shall be coextensive with, and shall expire at the same time as, the rights conferred by section 106.

(3) In the case of a joint work prepared by two or more authors, the rights conferred by subsection (a) shall endure for a term consisting of the life of the last surviving author.

(4) All terms of the rights conferred by subsection (a) run to the end of the calendar year in which they would otherwise expire.

(e) Transfer and Waiver..(1) The rights conferred by subsection (a) may not be transferred, but those rights may be waived if the author expressly agrees to such waiver in a written instrument signed by the author. Such instrument shall specifically identify the work, and uses of that work, to which the waiver applies, and the waiver shall apply only to the work and uses so identified. In the case of a joint work prepared by two or more authors, a waiver of rights under this paragraph made by one such author waives such rights for all such authors.

(2) Ownership of the rights conferred by subsection (a) with respect to a work of visual art is distinct from ownership of any copy of that work, or of a copyright or any exclusive right under a copyright in that work. Transfer of ownership of any copy of a work of visual art, or of a copyright or any exclusive right under a copyright, shall not constitute a waiver of the rights conferred by subsection (a). Except as may otherwise be agreed by the author in a written instrument signed by the author, a waiver of the rights conferred by subsection (a) with respect to a work of visual art shall not constitute a transfer of ownership of any copy of that work, or of ownership of a copyright or of any exclusive right under a copyright in that work.

§107. Limitations on exclusive rights : Fair use

Notwithstanding the provisions of sections 106 and 106A, the fair use of a copyrighted work, including such use by reproduction in copies or phonorecords or by any other means specified by that section, for purposes such as criticism, comment, news reporting, teaching (including multiple copies for classroom use), scholarship, or research, is not an infringement of copyright. In determining whether the use made of a work in any particular case is a fair use the factors to be considered shall include.

(1) the purpose and character of the use, including whether such use is of a commercial nature or is for nonprofit educational purposes;

(2) the nature of the copyrighted work;

(3) the amount and substantiality of the portion used in relation to the copyrighted work as a whole; and

(4) the effect of the use upon the potential market for or value of the copyrighted work.

The fact that a work is unpublished shall not itself bar a finding of fair use if such finding is made upon consideration of all the above factors.

§108. Limitations on exclusive rights : Reproduction by libraries and archives

§109. Limitations on exclusive rights : Effect of transfer of particular copy or phonorecord

(a) Notwithstanding the provisions of section 106(3), the owner of a particular copy or phonorecord lawfully made under this title, or any person authorized by such owner, is entitled, without the authority of the copyright owner, to sell or otherwise dispose of the possession of that copy or phonorecord. Notwithstanding the preceding sentence, copies or phonorecords of works subject to restored copyright under section 104A that are manufactured before the date of restoration of copyright or, with respect to reliance parties, before publication or service of notice under section 104A(e), may be sold or otherwise disposed of without the authorization of the owner of the restored copyright for purposes of direct or indirect commercial advantage only during the 12-month period beginning on.

(1) the date of the publication in the Federal Register of the notice of intent filed with the Copyright Office under section 104A(d)(2)(A), or

(2) the date of the receipt of actual notice served under section 104A(d)(2) (B), whichever occurs first.

(b)(1)(A) Notwithstanding the provisions of subsection (a), unless authorized by the owners of copyright in the sound recording or the owner of copyright in a computer program (including any tape, disk, or other medium embodying such program), and in the case of a sound recording in the musical works embodied therein, neither the owner of a particular phonorecord nor any person in possession of a particular copy of a computer program (including any tape, disk, or other medium embodying such program), may, for the purposes of direct or indirect commercial advantage, dispose of, or authorize the disposal of, the possession of that phonorecord or computer program (including any tape, disk, or other medium embodying such program) by rental, lease, or lending, or by any other act or practice in the nature of rental, lease, or lending. Nothing in the preceding sentence shall apply to the rental, lease, or lending of a phonorecord for nonprofit purposes by a nonprofit library or nonprofit educational institution.

The transfer of possession of a lawfully made copy of a computer program by a nonprofit educational institution to another nonprofit educational institution or to faculty, staff, and students does not constitute rental, lease, or lending for direct or indirect commercial purposes under this subsection.

(B) This subsection does not apply to.

(i) a computer program which is embodied in a machine or product and which cannot be copied during the ordinary operation or use of the machine or product; or

(ii) a computer program embodied in or used in conjunction with a limited purpose computer that is designed for playing video games and may be designed for other purposes.

(C) Nothing in this subsection affects any provision of chapter 9 of this title.

(2)(A) Nothing in this subsection shall apply to the lending of a computer program for nonprofit purposes by a nonprofit library, if each copy of a computer program which is lent by such library has affixed to the packaging containing the program a warning of copyright in accordance with requirements that the Register of Copyrights shall prescribe by regulation.

(B) Not later than three years after the date of the enactment of the Computer Software Rental Amendments Act of 1990, and at such times thereafter as the Register of Copyrights considers appropriate, the Register of Copyrights, after consultation with representatives of copyright owners and librarians, shall submit to the Congress a report stating whether this paragraph has achieved its intended purpose of maintaining the integrity of the copyright system while providing nonprofit libraries the capability to fulfill their function. Such report shall advise the Congress as to any information or recommendations that the Register of Copyrights considers necessary to carry out the purposes of this subsection.

(3) Nothing in this subsection shall affect any provision of the antitrust laws. For purposes of the preceding sentence, "antitrust laws" has the

meaning given that term in the first section of the Clayton Act and includes section 5 of the Federal Trade Commission Act to the extent that section relates to unfair methods of competition.

(4) Any person who distributes a phonorecord or a copy of a computer program (including any tape, disk, or other medium embodying such program) in violation of paragraph (1) is an infringer of copyright under section 501 of this title and is subject to the remedies set forth in sections 502, 503, 504, and 505. Such violation shall not be a criminal offense under section 506 or cause such person to be subject to the criminal penalties set forth in section 2319 of title 18.

(c) Notwithstanding the provisions of section 106(5), the owner of a particular copy lawfully made under this title, or any person authorized by such owner, is entitled, without the authority of the copyright owner, to display that copy publicly, either directly or by the projection of no more than one image at a time, to viewers present at the place where the copy is located.

(d) The privileges prescribed by subsections (a) and (c) do not, unless authorized by the copyright owner, extend to any person who has acquired possession of the copy or phonorecord from the copyright owner, by rental, lease, loan, or otherwise, without acquiring ownership of it.

(e) Notwithstanding the provisions of sections 106(4) and 106(5), in the case of an electronic audiovisual game intended for use in coin-operated equipment, the owner of a particular copy of such a game lawfully made under this title, is entitled, without the authority of the copyright owner of the game, to publicly perform or display that game in coin-operated equipment, except that this subsection shall not apply to any work of authorship embodied in the audiovisual game if the copyright owner of the electronic audiovisual game is not also the copyright owner of the work of authorship.

§110. Limitations on exclusive rights : Exemption of certain performances and displays

§111. Limitations on exclusive rights : Secondary transmissions of broadcast programming by cable

§112. Limitations on exclusive rights : Ephemeral recordings

§113. Scope of exclusive rights in pictorial, graphic, and sculptural works

§114. Scope of exclusive rights in sound recordings

§115. Scope of exclusive rights in nondramatic musical works : Compulsory license for making and distributing phonorecords

§116. Negotiated licenses for public performances by means of coin-operated phonorecord players

§117. Limitations on exclusive rights : Computer programs

§118. Scope of exclusive rights : Use of certain works in connection with noncommercial broadcasting

§119. Limitations on exclusive rights : Secondary transmissions of distant television programming by satellite

§120. Scope of exclusive rights in architectural works

§121. Limitations on exclusive rights : reproduction for blind or other people with disabilities

§122. Limitations on exclusive rights : Secondary transmissions of local television programming by satellite

Chapter 2 Copyright Ownership and Transfer

§201. Ownership of copyright

(a) Initial Ownership.—Copyright in a work protected under this title vests initially in the author or authors of the work. The authors of a joint work are coowners of copyright in the work.

(b) Works Made for Hire.—In the case of a work made for hire, the employer or other person for whom the work was prepared is considered the author for purposes of this title, and, unless the parties have expressly agreed otherwise in a written instrument signed by them, owns all of the rights comprised in the copyright.

(c) Contributions to Collective Works.—Copyright in each separate contribution to a collective work is distinct from copyright in the collective work as a whole, and vests initially in the author of the contribution. In the absence of an express transfer of the copyright or of any rights under it, the owner of copyright in the collective work is presumed to have acquired only the privilege of reproducing and distributing the contribution as part of that particular collective work, any revision of that collective work, and any later collective work in the same series.

(d) Transfer of Ownership.—

(1) The ownership of a copyright may be transferred in whole or in part by any means of conveyance or by operation of law, and may be bequeathed by will or pass as personal property by the applicable laws of intestate succession.

(2) Any of the exclusive rights comprised in a copyright, including any subdivision of any of the rights specified by section 106, may be transferred as provided by clause (1) and owned separately. The owner of any particular exclusive right is entitled, to the extent of that right, to all of the protection and remedies accorded to the copyright owner by this title.

(e) Involuntary Transfer.—When an individual author's ownership of a copyright, or of any of the exclusive rights under a copyright, has not previously been transferred voluntarily by that individual author, no action by any governmental body or other official or organization purporting to seize, expropriate, transfer, or exercise rights of ownership with respect to the copyright, or any of the exclusive rights under a copyright, shall be given effect under this title, except as provided under title 11.

§202. Ownership of copyright as distinct from ownership of material object

Ownership of a copyright, or of any of the exclusive rights under a copyright, is distinct from ownership of any material object in which the work is embodied. Transfer of ownership of any material object, including the copy or phonorecord in which the work is first fixed, does not of itself convey any rights in the copyrighted work embodied in the object; nor, in the absence of an agreement, does transfer of ownership of a copyright or of any exclusive rights under a copyright convey property rights in any material object.

§203. Termination of transfers and licenses granted by the author

§204. Execution of transfers of copyright ownership

(a) A transfer of copyright ownership, other than by operation of law, is not valid unless an instrument of conveyance, or a note or memorandum of the transfer, is in writing and signed by the owner of the rights conveyed or such owner's duly authorized agent.

(b) A certificate of acknowledgment is not required for the validity of a transfer, but is prima facie evidence of the execution of the transfer if—

(1) in the case of a transfer executed in the United States, the certificate is issued by a person authorized to administer oaths within the United States; or

(2) in the case of a transfer executed in a foreign country, the certificate is issued by a diplomatic or consular officer of the United States, or by a person authorized to administer oaths whose authority is proved by a certificate of such an officer.

§205. Recordation of transfers and other documents

Chapter 3 Duration of Copyright

Chapter 4 Copyright Notice, Deposit, and Registration

Chapter 5 Copyright Infringement and Remedies

§501. Infringement of copyright

(a) Anyone who violates any of the exclusive rights of the copyright owner as provided by sections 106 through 122 or of the author as provided in section 106A(a), or who imports copies or phonorecords into the United States in violation of section 602, is an infringer of the copyright or right of the author, as the case may be. For purposes of this chapter (other than section 506), any reference to copyright shall be deemed to include the rights conferred by section 106A(a). As used in this subsection, the term “anyone” includes any State, any instrumentality of a State, and any officer or employee of a State or instrumentality of a State acting in his or her official capacity. Any State, and any such instrumentality, officer, or employee, shall be subject to the provisions of this title in the same manner and to the same extent as any nongovernmental entity.

(b) The legal or beneficial owner of an exclusive right under a copyright is entitled, subject to the requirements of section 411, to institute an action for any infringement of that particular right committed while he or she is the owner of it. The court may require such owner to serve written notice of the action with a copy of the complaint upon any person shown, by the records of the Copyright Office or otherwise, to have or claim an interest in the copyright, and shall require that such notice be served upon any person whose interest is likely to be affected by a decision in the case. The court may require the joinder, and shall permit the intervention, of any person having or claiming an interest in the copyright.

(c) For any secondary transmission by a cable system that embodies a performance or a display of a work which is actionable as an act of infringement under subsection (c) of section 111, a television broadcast station holding a copyright or other license to transmit or perform the same version of that work shall, for purposes of subsection (b) of this section, be treated as a legal or beneficial owner if such secondary transmission occurs within the local service area of that television station.

(d) For any secondary transmission by a cable system that is actionable as an act of infringement pursuant to section 111(c)(3), the following shall also have standing to sue : (i) the primary transmitter whose transmission has been altered by the cable system; and (ii) any broadcast station within whose local service area the secondary transmission occurs.

(e) With respect to any secondary transmission that is made by a satellite carrier of a performance or display of a work embodied in a primary transmission and is actionable as an act of infringement under section 119(a)(5), a network station holding a copyright or other license to transmit or perform the same version of that work shall, for purposes of subsection (b) of this section, be treated as a legal or beneficial owner if such secondary transmission occurs within the local service area of that station.

(f)(1) With respect to any secondary transmission that is made by a satellite carrier of a performance or display of a work embodied in a primary transmission and is actionable as an act of infringement under section 122, a television broadcast station holding a copyright or other license to transmit or perform the same version of that work shall, for purposes of subsection (b) of this section, be treated as a legal or beneficial owner if such secondary transmission occurs within the local market of that station.

(2) A television broadcast station may file a civil action against any satellite carrier that has refused to carry television broadcast signals, as required under section 122(a)(2), to enforce that television broadcast station's rights under section 338(a) of the Communications Act of 1934.

§502. Remedies for infringement : Injunctions

(a) Any court having jurisdiction of a civil action arising under this title may, subject to the provisions of section 1498 of title 28, grant temporary and final injunctions on such terms as it may deem reasonable to prevent or restrain infringement of a copyright.

(b) Any such injunction may be served anywhere in the United States on the person enjoined; it shall be operative throughout the United States and shall be enforceable, by proceedings in contempt or otherwise, by any United States court having jurisdiction of that person. The clerk of the court granting the injunction shall, when requested by any other court in which enforcement of the injunction is sought, transmit promptly to the other court a certified copy of all the papers in the case on file in such clerk's office.

§503. Remedies for infringement : Impounding and disposition of infringing articles

(a)(1) At any time while an action under this title is pending, the court may order the impounding, on such terms as it may deem reasonable.

(A) of all copies or phonorecords claimed to have been made or used in violation of the exclusive right of the copyright owner;

(B) of all plates, molds, matrices, masters, tapes, film negatives, or other articles by means of which such copies or phonorecords may be reproduced; and

(C) of records documenting the manufacture, sale, or receipt of things

involved in any such violation, provided that any records seized under this subparagraph shall be taken into the custody of the court.

(2) For impoundments of records ordered under paragraph (1)(C), the court shall enter an appropriate protective order with respect to discovery and use of any records or information that has been impounded. The protective order shall provide for appropriate procedures to ensure that confidential, private, proprietary, or privileged information contained in such records is not improperly disclosed or used.

(3) The relevant provisions of paragraphs (2) through (11) of section 34(d) of the Trademark Act (15 U.S.C. 1116(d)(2) through (11)) shall extend to any impoundment of records ordered under paragraph (1)(C) that is based upon an ex parte application, notwithstanding the provisions of rule 65 of the Federal Rules of Civil Procedure. Any references in paragraphs (2) through (11) of section 34(d) of the Trademark Act to section 32 of such Act shall be read as references to section 501 of this title, and references to use of a counterfeit mark in connection with the sale, offering for sale, or distribution of goods or services shall be read as references to infringement of a copyright.

(b) As part of a final judgment or decree, the court may order the destruction or other reasonable disposition of all copies or phonorecords found to have been made or used in violation of the copyright owner's exclusive rights, and of all plates, molds, matrices, masters, tapes, film negatives, or other articles by means of which such copies or phonorecords may be reproduced.

§504. Remedies for infringement : Damages and profits

(a) In General..Except as otherwise provided by this title, an infringer of copyright is liable for either.

(1) the copyright owner's actual damages and any additional profits of the infringer, as provided by subsection (b); or

(2) statutory damages, as provided by subsection (c).

(b) Actual Damages and Profits..The copyright owner is entitled to recover the actual damages suffered by him or her as a result of the infringement, and any profits of the infringer that are attributable to the infringement and are not taken into account in computing the actual damages. In establishing the infringer's profits, the copyright owner is required to present proof only of the infringer's gross revenue, and the infringer is required to prove his or her deductible expenses and the elements of profit attributable to factors other than the copyrighted work.

(c) Statutory Damages.

(1) Except as provided by clause (2) of this subsection, the copyright owner may elect, at any time before final judgment is rendered, to recover, instead of actual damages and profits, an award of statutory damages for all infringements involved in the action, with respect to any one work, for which any one infringer is liable individually, or for which any two or more infringers are liable jointly and severally, in a sum of not less than $750 or more than $30,000 as the court considers just. For the purposes of this subsection, all the parts of a compilation or derivative work constitute one work.

(2) In a case where the copyright owner sustains the burden of proving, and the court finds, that infringement was committed willfully, the court in its discretion may increase the award of statutory damages to a sum of not more than $150,000. In a case where the infringer sustains the burden of proving, and the court finds, that such infringer was not aware and had no reason to believe that his or her acts constituted an infringement of copyright, the court in its discretion may reduce the award of statutory damages to a sum of not less than $200. The court shall remit statutory damages in any case where an infringer believed and had reasonable grounds for believing that his or her use of the copyrighted work was a fair use under section 107, if the infringer was : (i) an employee or agent of a nonprofit educational institution, library, or archives acting within

the scope of his or her employment who, or such institution, library, or archives itself, which infringed by reproducing the work in copies or phonorecords; or (ii) a public broadcasting entity which or a person who, as a regular part of the nonprofit activities of a public broadcasting entity (as defined in section 118(f)) infringed by performing a published nondramatic literary work or by reproducing a transmission program embodying a performance of such a work.

(3) (A) In a case of infringement, it shall be a rebuttable presumption that the infringement was committed willfully for purposes of determining relief if the violator, or a person acting in concert with the violator, knowingly provided or knowingly caused to be provided materially false contact information to a domain name registrar, domain name registry, or other domain name registration authority in registering, maintaining, or renewing a domain name used in connection with the infringement.

(B) Nothing in this paragraph limits what may be considered willful infringement under this subsection.

(C) For purposes of this paragraph, the term "domain name" has the meaning given that term in section 45 of the Act entitled "An Act to provide for the registration and protection of trademarks used in commerce, to carry out the provisions of certain international conventions, and for other purposes" approved July 5, 1946 (commonly referred to as the "Trademark Act of 1946"; 15 U.S.C. 1127).

(d) Additional Damages in Certain Cases..In any case in which the court finds that a defendant proprietor of an establishment who claims as a defense that its activities were exempt under section 110(5) did not have reasonable grounds to believe that its use of a copyrighted work was exempt under such section, the plaintiff shall be entitled to, in addition to any award of damages under this section, an additional award of two times the amount of the license fee that the proprietor of the establishment concerned should have paid the plaintiff for such use during the preceding period of up to 3 years.

§505. Remedies for infringement : Costs and attorney's fees

In any civil action under this title, the court in its discretion may allow the recovery of full costs by or against any party other than the United States or an officer thereof. Except as otherwise provided by this title, the court may also award a reasonable attorney's fee to the prevailing party as part of the costs.

§506. Criminal offenses

§507. Limitations on actions

§508. Notification of filing and determination of actions

§509. [Repealed]

§510. Remedies for alteration of programming by cable systems

§511. Liability of States, instrumentalities of States, and State officials for infringement of copyright

§512. Limitations on liability relating to material online

(a) Transitory Digital Network Communications..A service provider shall not be liable for monetary relief, or, except as provided in subsection (j), for injunctive or other equitable relief, for infringement of copyright by reason of the provider's transmitting, routing, or providing connections for, material through a system or network controlled or operated by or for the service provider, or by reason of the intermediate and transient storage of that material in the course of such transmitting, routing, or providing connections, if.

(1) the transmission of the material was initiated by or at the direction of a person other than the service provider;

(2) the transmission, routing, provision of connections, or storage is carried out through an automatic technical process without selection of the material by the service provider;

(3) the service provider does not select the recipients of the material except as an automatic response to the request of another person;

(4) no copy of the material made by the service provider in the course of such intermediate or transient storage is maintained on the system or network in a manner ordinarily accessible to anyone other than anticipated recipients, and no such copy is maintained on the system or network in a manner ordinarily accessible to such anticipated recipients for a longer period than is reasonably necessary for the transmission, routing, or provision of connections; and

(5) the material is transmitted through the system or network without modification of its content.

(b) System Caching..

(1) Limitation on liability..A service provider shall not be liable for monetary relief, or, except as provided in subsection (j), for injunctive or other equitable relief, for infringement of copyright by reason of the intermediate and temporary storage of material on a system or network controlled or operated by or for the service provider in a case in which.

(A) the material is made available online by a person other than the service provider;

(B) the material is transmitted from the person described in subparagraph (A) through the system or network to a person other than the person described in subparagraph (A) at the direction of that other person; and

(C) the storage is carried out through an automatic technical process for the purpose of making the material available to users of the system or network who, after the material is transmitted as described in subparagraph

(B), request access to the material from the person described in subparagraph

(A), if the conditions set forth in paragraph (2) are met.

(2) Conditions..The conditions referred to in paragraph (1) are that.

(A) the material described in paragraph (1) is transmitted to the subsequent users described in paragraph (1)(C) without modification to its content from the manner in which the material was transmitted from the person described in paragraph (1)(A);

(B) the service provider described in paragraph (1) complies with rules concerning the refreshing, reloading, or other updating of the material when specified by the person making the material available online in accordance with a generally accepted industry standard data communications protocol for the system or network through which that person makes the material available, except that this subparagraph applies only if those rules are not used by the person described in paragraph (1)(A) to prevent or unreasonably impair the intermediate storage to which this subsection applies;

(C) the service provider does not interfere with the ability of technology associated with the material to return to the person described in paragraph (1)(A) the information that would have been available to that person if the material had been obtained by the subsequent users described in paragraph

(1)(C) directly from that person, except that this subparagraph applies only if that technology.

(i) does not significantly interfere with the performance of the provider's system or network or with the intermediate storage of the material;

(ii) is consistent with generally accepted industry standard communications protocols; and

(iii) does not extract information from the provider's system or network other than the information that would have been available to the person described in paragraph (1)(A) if the subsequent users had gained access to the material directly from that person;

(D) if the person described in paragraph (1)(A) has in effect a condition that a person must meet prior to having access to the material, such as a condition based on payment of a fee or provision of a password or other information, the service provider permits access to the stored material in significant part only to users of its system or network that have met those conditions and only in accordance with those conditions; and

(E) if the person described in paragraph (1)(A) makes that material available online without the authorization of the copyright owner of the material, the service provider responds expeditiously to remove, or disable access to, the material that is claimed to be infringing upon notification of claimed infringement as described in subsection (c)(3), except that this subparagraph applies only if.

(i) the material has previously been removed from the originating site or access to it has been disabled, or a court has ordered that the material be removed from the originating site or that access to the material on the originating site be disabled; and

(ii) the party giving the notification includes in the notification a statement confirming that the material has been removed from the originating site or access to it has been disabled or that a court has ordered that the material be removed from the originating site or that access to the material on the originating site be disabled.

(c) Information Residing on Systems or Networks at Direction of Users.

(1) In general..A service provider shall not be liable for monetary relief, or, except as provided in subsection (j), for injunctive or other equitable relief, for infringement of copyright by reason of the storage at the direction of a user of material that resides on a system or network controlled or operated by or for the service provider, if the service provider.

(A)(i) does not have actual knowledge that the material or an activity using the material on the system or network is infringing;

(ii) in the absence of such actual knowledge, is not aware of facts or circumstances from which infringing activity is apparent; or

(iii) upon obtaining such knowledge or awareness, acts expeditiously to remove, or disable access to, the material;

(B) does not receive a financial benefit directly attributable to the infringing activity, in a case in which the service provider has the right and ability to control such activity; and

(C) upon notification of claimed infringement as described in paragraph (3), responds expeditiously to remove, or disable access to, the material that is claimed to be infringing or to be the subject of infringing activity.

(2) Designated agent..The limitations on liability established in this subsection apply to a service provider only if the service provider has designated an agent to receive notifications of claimed infringement described in paragraph (3), by making available through its service, including on its website in a location accessible to the public, and by providing to the Copyright Office, substantially the following information :

(A) the name, address, phone number, and electronic mail address of the agent.

(B) other contact information which the Register of Copyrights may deem appropriate. The Register of Copyrights shall maintain a current directory of agents available to the public for inspection, including through the Internet, and may require payment of a fee by service providers to cover the costs of maintaining the directory.

(3) Elements of notification.

(A) To be effective under this subsection, a notification of claimed infringement must be a written communication provided to the designated agent of a service provider that includes substantially the following :

(i) A physical or electronic signature of a person authorized to act on behalf of the owner of an exclusive right that is allegedly infringed.

(ii) Identification of the copyrighted work claimed to have been infringed, or, if multiple copyrighted works at a single online site are covered by a single notification, a representative list of such works at that site.

(iii) Identification of the material that is claimed to be infringing or to be the subject of infringing activity and that is to be removed or access to which is to be disabled, and information reasonably sufficient to permit the service provider to locate the material.

(iv) Information reasonably sufficient to permit the service provider to contact the complaining party, such as an address, telephone number, and, if available, an electronic mail address at which the complaining party may be contacted.

(v) A statement that the complaining party has a good faith belief that use of the material in the manner complained of is not authorized by the copyright owner, its agent, or the law.

(vi) A statement that the information in the notification is accurate, and under penalty of perjury, that the complaining party is authorized to act on behalf of the owner of an exclusive right that is allegedly infringed.

(B)(i) Subject to clause (ii), a notification from a copyright owner or from a person authorized to act on behalf of the copyright owner that fails to comply substantially with the provisions of subparagraph (A) shall not be considered under paragraph (1)(A) in determining whether a service provider has actual knowledge or is aware of facts or circumstances from which infringing activity is apparent.

(ii) In a case in which the notification that is provided to the service provider's designated agent fails to comply substantially with all the provisions of subparagraph (A) but substantially complies with clauses (ii), (iii), and (iv) of subparagraph (A), clause (i) of this subparagraph applies only if the service provider promptly attempts to contact the person making the notification or takes other reasonable steps to assist in the receipt of notification that substantially complies with all the provisions of subparagraph (A).

(d) Information Location Tools..A service provider shall not be liable for monetary relief, or, except as provided in subsection (j), for injunctive or other equitable relief, for infringement of copyright by reason of the provider referring or linking users to an online location containing infringing material or infringing activity, by using information location tools, including a directory, index, reference, pointer, or hypertext link, if the service provider.

(1) (A) does not have actual knowledge that the material or activity is infringing;

(B) in the absence of such actual knowledge, is not aware of facts or circumstances from which infringing activity is apparent; or

(C) upon obtaining such knowledge or awareness, acts expeditiously to remove, or disable access to, the material;

(2) does not receive a financial benefit directly attributable to the infringing activity, in a case in which the service provider has the right and ability to control such activity; and

(3) upon notification of claimed infringement as described in subsection (c)(3), responds expeditiously to remove, or disable access to, the material that is claimed to be infringing or to be the subject of infringing activity, except that, for purposes of this paragraph, the information described in subsection (c)(3)(A)(iii) shall be identification of the reference or link, to material or activity claimed to be infringing, that is to be removed or access to which is to be disabled, and information reasonably sufficient to permit the service provider to locate that reference or link.

(e) Limitation on Liability of Nonprofit Educational Institutions.

(1) When a public or other nonprofit institution of higher education is a service provider, and when a faculty member or graduate student who is an employee of such institution is performing a teaching or research function, for the purposes of subsections (a) and (b) such faculty member or graduate

student shall be considered to be a person other than the institution, and for the purposes of subsections (c) and (d) such faculty member's or graduate student's knowledge or awareness of his or her infringing activities shall not be attributed to the institution, if.

(A) such faculty member's or graduate student's infringing activities do not involve the provision of online access to instructional materials that are or were required or recommended, within the preceding 3-year period, for a course taught at the institution by such faculty member or graduate student;

(B) the institution has not, within the preceding 3-year period, received more than 2 notifications described in subsection (c)(3) of claimed infringement by such faculty member or graduate student, and such notifications of claimed infringement were not actionable under subsection (f); and

(C) the institution provides to all users of its system or network informational materials that accurately describe, and promote compliance with, the laws of the United States relating to copyright.

(2) For the purposes of this subsection, the limitations on injunctive relief contained in subsections (j)(2) and (j)(3), but not those in (j)(1), shall apply.

(f) Misrepresentations..Any person who knowingly materially misrepresents under this section.

(1) that material or activity is infringing, or

(2) that material or activity was removed or disabled by mistake or misidentification, shall be liable for any damages, including costs and attorneys' fees, incurred by the alleged infringer, by any copyright owner or copyright owner's authorized licensee, or by a service provider, who is injured by such misrepresentation, as the result of the service provider relying upon such misrepresentation in removing or disabling access to the material or activity claimed to be infringing, or in replacing the removed material or ceasing to disable access to it.

(g) Replacement of Removed or Disabled Material and Limitation on Other Liability.

(1) No liability for taking down generally..Subject to paragraph (2), a service provider shall not be liable to any person for any claim based on the service provider's good faith disabling of access to, or removal of, material

or activity claimed to be infringing or based on facts or circumstances from which infringing activity is apparent, regardless of whether the material or activity is ultimately determined to be infringing.

(2) Exception..Paragraph (1) shall not apply with respect to material residing at the direction of a subscriber of the service provider on a system or network controlled or operated by or for the service provider that is removed, or to which access is disabled by the service provider, pursuant to a notice provided under subsection (c)(1)(C), unless the service provider.

(A) takes reasonable steps promptly to notify the subscriber that it has removed or disabled access to the material;

(B) upon receipt of a counter notification described in paragraph (3),

promptly provides the person who provided the notification under subsection (c)(1)(C) with a copy of the counter notification, and informs that person that it will replace the removed material or cease disabling access to it in 10 business days; and

(C) replaces the removed material and ceases disabling access to it not less than 10, nor more than 14, business days following receipt of the counter notice, unless its designated agent first receives notice from the person who submitted the notification under subsection (c)(1)(C) that such person has filed an action seeking a court order to restrain the subscriber from engaging in infringing activity relating to the material on the service provider's system or network.

(3) Contents of counter notification..To be effective under this subsection, a counter notification must be a written communication provided to the service provider's designated agent that includes substantially the following :

(A) A physical or electronic signature of the subscriber.

(B) Identification of the material that has been removed or to which access has been disabled and the location at which the material appeared before it was removed or access to it was disabled.

(C) A statement under penalty of perjury that the subscriber has a good faith belief that the material was removed or disabled as a result of mistake or misidentification of the material to be removed or disabled.

(D) The subscriber's name, address, and telephone number, and a statement that the subscriber consents to the jurisdiction of Federal District Court for the judicial district in which the address is located, or if the subscriber's address is outside of the United States, for any judicial district in which the service provider may be found, and that the subscriber will accept service of process from the person who provided notification under subsection

(c)(1)(C) or an agent of such person.

(4) Limitation on other liability..A service provider's compliance with paragraph (2) shall not subject the service provider to liability for copyright infringement with respect to the material identified in the notice provided under subsection (c)(1)(C).

(h) Subpoena to Identify Infringer..

(1) Request..A copyright owner or a person authorized to act on the owner's behalf may request the clerk of any United States district court to issue a subpoena to a service provider for identification of an alleged infringer in accordance with this subsection.

(2) Contents of request..The request may be made by filing with the clerk.

(A) a copy of a notification described in subsection (c)(3)(A);

(B) a proposed subpoena; and

(C) a sworn declaration to the effect that the purpose for which the subpoena is sought is to obtain the identity of an alleged infringer and that such information will only be used for the purpose of protecting rights under this title.

(3) Contents of subpoena..The subpoena shall authorize and order the service provider receiving the notification and the subpoena to expeditiously disclose to the copyright owner or person authorized by the copyright owner information sufficient to identify the alleged infringer of the material described in the notification to the extent such information is available to the service provider.

(4) Basis for granting subpoena..If the notification filed satisfies the provisions of subsection (c)(3)(A), the proposed subpoena is in proper form, and the accompanying declaration is properly executed, the clerk shall expeditiously issue and sign the proposed subpoena and return it to the requester for delivery to the service provider.

(5) Actions of service provider receiving subpoena..Upon receipt of the

issued subpoena, either accompanying or subsequent to the receipt of a notification described in subsection (c)(3)(A), the service provider shall expeditiously disclose to the copyright owner or person authorized by the copyright owner the information required by the subpoena, notwithstanding any other provision of law and regardless of whether the service provider responds to the notification.

(6) Rules applicable to subpoena..Unless otherwise provided by this section or by applicable rules of the court, the procedure for issuance and delivery of the subpoena, and the remedies for noncompliance with the subpoena, shall be governed to the greatest extent practicable by those provisions of the Federal Rules of Civil Procedure governing the issuance, service, and enforcement of a subpoena duces tecum.

(i) Conditions for Eligibility.

(1) Accommodation of technology. The limitations on liability established by this section shall apply to a service provider only if the service provider.

(A) has adopted and reasonably implemented, and informs subscribers and account holders of the service provider's system or network of, a policy that provides for the termination in appropriate circumstances of subscribers and account holders of the service provider's system or network who are repeat infringers; and

(B) accommodates and does not interfere with standard technical measures.

(2) Definition. As used in this subsection, the term "standard technical measures" means technical measures that are used by copyright owners to identify or protect copyrighted works and.

(A) have been developed pursuant to a broad consensus of copyright owners and service providers in an open, fair, voluntary, multi-industry standards process;

(B) are available to any person on reasonable and nondiscriminatory terms; and

(C) do not impose substantial costs on service providers or substantial burdens on their systems or networks.

(j) Injunctions..The following rules shall apply in the case of any application for an injunction under section 502 against a service provider that is not subject to monetary remedies under this section :

(1) Scope of relief..(A) With respect to conduct other than that which qualifies for the limitation on remedies set forth in subsection (a), the court may grant injunctive relief with respect to a service provider only in one or more of the following forms :

(i) An order restraining the service provider from providing access to infringing material or activity residing at a particular online site on the provider's system or network.

(ii) An order restraining the service provider from providing access to a subscriber or account holder of the service provider's system or network who is engaging in infringing activity and is identified in the order, by terminating the accounts of the subscriber or account holder that are specified in the order.

(iii) Such other injunctive relief as the court may consider necessary to prevent or restrain infringement of copyrighted material specified in the order of the court at a particular online location, if such relief is the least burdensome to the service provider among the forms of relief comparably effective for that purpose.

(B) If the service provider qualifies for the limitation on remedies described in subsection (a), the court may only grant injunctive relief in one or both of the following forms :

(i) An order restraining the service provider from providing access to a subscriber or account holder of the service provider's system or network who is using the provider's service to engage in infringing activity and is identified in the order, by terminating the accounts of the subscriber or account holder that are specified in the order.

(ii) An order restraining the service provider from providing access, by taking reasonable steps specified in the order to block access, to a specific, identified, online location outside the United States.

(2) Considerations..The court, in considering the relevant criteria for injunctive relief under applicable law, shall consider.

(A) whether such an injunction, either alone or in combination with other such injunctions issued against the same service provider under this subsection, would significantly burden either the provider or the operation of the provider's system or network;

(B) the magnitude of the harm likely to be suffered by the copyright owner in the digital network environment if steps are not taken to prevent or restrain the infringement;

(C) whether implementation of such an injunction would be technically feasible and effective, and would not interfere with access to noninfringing material at other online locations; and

(D) whether other less burdensome and comparably effective means of preventing or restraining access to the infringing material are available.

(3) Notice and ex parte orders..Injunctive relief under this subsection shall be available only after notice to the service provider and an opportunity for the service provider to appear are provided, except for orders ensuring the preservation of evidence or other orders having no material adverse effect on the operation of the service provider's communications network.

(k) Definitions.

(1) Service provider. (A) As used in subsection (a), the term "service provider" means an entity offering the transmission, routing, or providing of connections for digital online communications, between or among points specified by a user, of material of the user's choosing, without modification to the content of the material as sent or received.

(B) As used in this section, other than subsection (a), the term "service provider" means a provider of online services or network access, or the operator of facilities therefor, and includes an entity described in subparagraph (A).

(2) Monetary relief..As used in this section, the term "monetary relief" means damages, costs, attorneys' fees, and any other form of monetary payment.

(l) Other Defenses Not Affected..The failure of a service provider's conduct to qualify for limitation of liability under this section shall not bear adversely upon the consideration of a defense by the service provider that the service provider's conduct is not infringing under this title or any other defense.

(m) Protection of Privacy..Nothing in this section shall be construed to condition the applicability of subsections (a) through (d) on.

(1) a service provider monitoring its service or affirmatively seeking

facts indicating infringing activity, except to the extent consistent with a standard technical measure complying with the provisions of subsection (i); or

(2) a service provider gaining access to, removing, or disabling access to material in cases in which such conduct is prohibited by law.

(n) Construction..Subsections (a), (b), (c), and (d) describe separate and distinct functions for purposes of applying this section. Whether a service provider qualifies for the limitation on liability in any one of those subsections shall be based solely on the criteria in that subsection, and shall not affect a determination of whether that service provider qualifies for the limitations on liability under any other such subsection.

§513. Determination of reasonable license fees for individual proprietors

Chapter 6 Importation and Exportation

Chapter 7 Copyright Office

Chapter 8 Proceedings by Copyright Royalty Judges

Chapter 9 Protection of Semiconductor Chip Products

Chapter 10 Digital Audio Recording Devices and Media

Chapter 11 Sound Recordings and Music Videos

Chapter 12 Copyright Protection and Management Systems

§ 1201 · Circumvention of copyright protection systems

(a) Violations Regarding Circumvention of Technological Mea-sures.—(1)(A) No person shall circumvent a technological measure that effectively controls access to a work protected under this title. The prohibition contained in the preceding sentence shall take effect at the end of the 2-year period beginning on the date of the enactment of this chapter.

(B) The prohibition contained in subparagraph (A) shall not apply to persons who are users of a copyrighted work which is in a particular class of works, if such persons are, or are likely to be in the succeeding 3-year period, adversely affected by virtue of such prohibition in their ability to make noninfringing uses of that particular class of works under this title, as determined under subparagraph (C).

(C) During the 2-year period described in subparagraph (A), and during each succeeding 3-year period, the Librarian of Congress, upon the recommendation of the Register of Copyrights, who shall consult with the Assistant Secretary for Communications and Information of the Department of Commerce and report and comment on his or her views in making such recommendation, shall make the determination in a rulemaking proceeding for purposes of subparagraph (B) of whether persons who are users of a copyrighted work are, or are likely to be in the succeeding 3-year period, adversely affected by the prohibition under subparagraph (A) in their ability to make noninfringing uses under this title of a particular class of copyrighted works. In conducting such rulemaking, the Librarian shall examine—

(i) the availability for use of copyrighted works;

(ii) the availability for use of works for nonprofit archival, preservation, and educational purposes;

(iii) the impact that the prohibition on the circumvention of technological measures applied to copyrighted works has on criticism, comment, news reporting, teaching, scholarship, or research;

(iv) the effect of circumvention of technological measures on the market for or value of copyrighted works; and

(v) such other factors as the Librarian considers appropriate.

(D) The Librarian shall publish any class of copyrighted works for which the Librarian has determined, pursuant to the rulemaking conducted under subparagraph (C), that noninfringing uses by persons who are users of a copyrighted work are, or are likely to be, adversely affected, and the prohibition contained in subparagraph (A) shall not apply to such users with respect to such class of works for the ensuing 3-year period.

(E) Neither the exception under subparagraph (B) from the applicability of the prohibition contained in subparagraph (A), nor any determination made in a rulemaking conducted under subparagraph (C), may be used as a defense in any action to enforce any provision of this title other than this paragraph.

(2) No person shall manufacture, import, offer to the public, provide, or otherwise traffic in any technology, product, service, device, component, or part thereof, that—

(A) is primarily designed or produced for the purpose of circumventing a technological measure that effectively controls access to a work protected under this title;

(B) has only limited commercially significant purpose or use other than to circumvent a technological measure that effectively controls access to a work protected under this title; or

(C) is marketed by that person or another acting in concert with that person with that person's knowledge for use in circumventing a technological measure that effectively controls access to a work protected under this title.

(3) As used in this subsection—

(A) to "circumvent a technological measure" means to descramble a scrambled work, to decrypt an encrypted work, or otherwise to avoid, bypass, remove, deactivate, or impair a technological measure, without the authority of the copyright owner; and

(B) a technological measure "effectively controls access to a work" if the measure, in the ordinary course of its operation, requires the application of information, or a process or a treatment, with the authority of the copyright owner, to gain access to the work.

(b) Additional Violations.—(1) No person shall manufacture, import, offer to the public, provide, or otherwise traffic in any technology, product, service, device, component, or part thereof, that—

(A) is primarily designed or produced for the purpose of circumventing protection afforded by a technological measure that effectively protects a right of a copyright owner under this title in a work or a portion thereof;

(B) has only limited commercially significant purpose or use other than to circumvent protection afforded by a technological measure that effectively protects a right of a copyright owner under this title in a work or a portion thereof; or

(C) is marketed by that person or another acting in concert with that person with that person's knowledge for use in circumventing protection afforded by a technological measure that effectively protects a right of a copyright owner under this title in a work or a portion thereof.

(2) As used in this subsection—

(A) to "circumvent protection afforded by a technological measure" means avoiding, bypassing, removing, deactivating, or otherwise impairing a technological measure; and (B) a technological measure "effectively protects a right of a copyright owner under this title" if the measure, in the ordinary course of its operation, prevents, restricts, or otherwise limits the exercise of a right of a copyright owner under this title.

(c) Other Rights, Etc., Not Affected.—(1) Nothing in this section shall affect rights, remedies, limitations, or defenses to copyright infringement, including fair use, under this title.

(2) Nothing in this section shall enlarge or diminish vicarious or contributory liability for copyright infringement in connection with any technology, product, service, device, component, or part thereof.

(3) Nothing in this section shall require that the design of, or design and selection of parts and components for, a consumer electronics, telecommunications, or computing product provide for a response to any particular technological measure, so long as such part or component, or the product in which such part or component is integrated, does not otherwise fall within the prohibitions of subsection (a)(2) or (b)(1).

(4) Nothing in this section shall enlarge or diminish any rights of free speech or the press for activities using consumer electronics, telecommunications, or computing products.

(d) Exemption for Nonprofit Libraries, Archives, and Educational Institutions.—(1) A nonprofit library, archives, or educational institution which gains access to a commercially exploited copyrighted work solely in order to make a good faith determination of whether to acquire a copy of that work for the sole purpose of engaging in conduct permitted under this title shall not be in violation of subsection (a)(1)(A). A copy of a work to which access has been gained under this paragraph—

(A) may not be retained longer than necessary to make such good faith determination; and

(B) may not be used for any other purpose.

(2) The exemption made available under paragraph (1) shall only apply with respect to a work when an identical copy of that work is not reasonably available in another form.

(3) A nonprofit library, archives, or educational institution that willfully for the purpose of commercial advantage or financial gain violates paragraph (1)—

(A) shall, for the first offense, be subject to the civil remedies under section 1203; and

(B) shall, for repeated or subsequent offenses, in addition to the civil remedies under section 1203, forfeit the exemption provided under paragraph (1).

(4) This subsection may not be used as a defense to a claim under subsection (a)(2) or (b), nor may this subsection permit a nonprofit library, archives, or educational institution to manufacture, import, offer to the public, provide, or otherwise traffic in any technology, product, service, component, or part thereof, which circumvents a technological measure.

(5) In order for a library or archives to qualify for the exemption under this subsection, the collections of that library or archives shall be—

(A) open to the public; or

(B) available not only to researchers affiliated with the library or archives or with the institution of which it is a part, but also to other persons doing research in a specialized field.

(e) Law Enforcement, Intelligence, and Other Government Activities.— This section does not prohibit any lawfully authorized investigative, protective, information security, or intelligence activity of an officer, agent, or employee of the United States, a State, or a political subdivision of a State, or a person acting pursuant to a contract with the United States, a State, or a political subdivision of a State. For purposes of this subsection, the term “information security” means activities carried out in order to identify and address the vulnerabilities of a government computer, computer system, or computer network.

(f) Reverse Engineering.—(1) Notwithstanding the provisions of subsection (a)(1)(A), a person who has lawfully obtained the right to use a copy of a computer program may circumvent a technological measure that effectively controls access to a particular portion of that program for the sole purpose of identifying and analyzing those elements of the program that are necessary to achieve interoperability of an independently created computer program with other programs, and that have not previously been readily available to the person engaging in the circumvention, to the extent any such acts of identification and analysis do not constitute infringement under this title.

(2) Notwithstanding the provisions of subsections (a)(2) and (b), a person may develop and employ technological means to circumvent a technological measure, or to circumvent protection afforded by a technological measure, in order to enable the identification and analysis under paragraph (1), or for the purpose of enabling interoperability of an independently created computer program with other programs, if such means are necessary to achieve such interoperability, to the extent that doing so does not constitute infringement under this title.

(3) The information acquired through the acts permitted under paragraph (1), and the means permitted under paragraph (2), may be made available to others if the person referred to in paragraph (1) or (2), as the case may be, provides such information or means solely for the purpose of enabling interoperability of an independently created computer program with other programs, and to the extent that doing so does not constitute infringement under this title or violate applicable law other than this section.

(4) For purposes of this subsection, the term “interoperability” means the ability of computer programs to exchange information, and of such programs mutually to use the information which has been exchanged.

(g) Encryption Research.—

(1) Definitions.—For purposes of this subsection—

(A) the term “encryption research” means activities necessary to identify and analyze flaws and vulnerabilities of encryption technologies applied to copyrighted works, if these activities are conducted to advance the state of knowledge in the field of encryption technology or to assist in the development of encryption products; and

(B) the term “encryption technology” means the scrambling and descrambling of information using mathematical formulas or algorithms.

(2) Permissible acts of encryption research.—Notwithstanding the provisions of subsection (a)(1)(A), it is not a violation of that subsection for a person to circumvent a technological measure as applied to a copy, phonorecord, performance, or display of a published work in the course of an act of good faith encryption research if—

(A) the person lawfully obtained the encrypted copy, phonorecord, performance, or display of the published work;

(B) such act is necessary to conduct such encryption research;

(C) the person made a good faith effort to obtain authorization before the circumvention; and

(D) such act does not constitute infringement under this title or a violation of applicable law other than this section, including section 1030 of title 18 and those provisions of title 18 amended by the Computer Fraud and Abuse Act of 1986.

(3) Factors in determining exemption.—In determining whether a person qualifies for the exemption under paragraph (2), the factors to be considered shall include—

(A) whether the information derived from the encryption research was disseminated, and if so, whether it was disseminated in a manner reasonably calculated to advance the state of knowledge or development of encryption technology, versus whether it was disseminated in a manner that facilitates infringement under this title or a violation of applicable law other than this section, including a violation of privacy or breach of security;

(B) whether the person is engaged in a legitimate course of study, is employed, or is appropriately trained or experienced, in the field of encryption technology; and

(C) whether the person provides the copyright owner of the work to which the technological measure is applied with notice of the findings and documentation of the research, and the time when such notice is provided.

(4) Use of technological means for research activities.—Notwithstanding the provisions of subsection (a)(2), it is not a violation of that subsection for a person to—

(A) develop and employ technological means to circumvent a technological measure for the sole purpose of that person performing the acts of good faith encryption research described in paragraph (2); and

(B) provide the technological means to another person with whom he or she is working collaboratively for the purpose of conducting the acts of good faith encryption research described in paragraph (2) or for the purpose of having that other person verify his or her acts of good faith encryption research described in paragraph (2).

(5) Report to Congress.—Not later than 1 year after the date of the enactment of this chapter, the Register of Copyrights and the Assistant Secretary for Communications and Information of the Department of Commerce shall jointly report to the Congress on the effect this subsection has had on—

(A) encryption research and the development of encryption technology;

(B) the adequacy and effectiveness of technological measures designed to protect copyrighted works; and

(C) protection of copyright owners against the unauthorized access to their encrypted copyrighted works.

The report shall include legislative recommendations, if any.

(h)~(k)

Chapter 13 Protection of Original Designs

| 판례 찾아보기 |

〔연방대법원 판례〕

〔연방항소법원 판례〕

장 주 영(張朱煐)

■ 약력

○ 서울대학교 법과대학 졸업
○ 제27회 사법시험 합격
○ 사법연수원 제17기 수료
○ 미국 워싱턴주립대학(UW) 로스쿨 석사과정(LL.M.) 졸업(법학석사)
○ 미국 뉴욕주 변호사시험 합격
○ 사법연수원 저작권법 강사
○ 고려대 법무대학원 미국저작권법 강사
○ KAIST 지식재산대학원 겸직 교수 (글로벌 저작권법)
○ 법무법인 상록 대표변호사

■ 저서

미국 저작권판례 육법사 2003.
증보판 미국 저작권 판례 육법사 2012.
미국 수정헌법 제1조와 표현의 자유 판결 육법사 2015.

제2증보판 미국 저작권판례

2003. 1. 15. 제1판 1쇄 발행
2012. 3. 31. 제2판 1쇄 발행
2017. 4. 30. 제3판 1쇄 발행

저 자 장주영
펴낸이 백 욱
펴낸곳 **육법사**
04039 서울특별시 마포구 홍익로5길 65
TEL (02) 332-1830·1831
FAX (02) 332-1836
http://www.yp1966.co.kr
등록연월일 1966. 8. 19. 1-300호

ISBN 978-89-7214-208-9 93360
정가 45,000원